Karl Valentin
Gesammelte Werke in einem Band

Karl Valentin

Gesammelte Werke in einem Band

Herausgegeben von
Michael Schulte

Zweitausendeins

Zeichnungen von Franziska Bilek

ISBN 3-86150-043-4

Lizenzausgabe für Zweitausendeins, Frankfurt am Main
Gesetzt aus der Trump-Antiqua
Druck und Bindung: Clausen & Bosse, Leck
Printed in Germany.

Dieses Buch gibt es nur bei Zweitausendeins im Versand
(Postfach, D-60381 Frankfurt am Main)
oder in den Zweitausendeins-Läden in Berlin, Essen, Frankfurt,
Freiburg, Hamburg, Köln, München, Nürnberg,
Saarbrücken, Stuttgart.

Inhalt

MONOLOGE UND GESCHICHTEN

Monologe und Geschichten

Das Aquarium

Weil wir grad vom Aquarium redn, ich hab nämlich früher – nicht im Frühjahr – früher in der Sendlinger Straße gwohnt, nicht *in* der Sendlinger Straße, das wär ja lächerbar, *in* der Sendlinger Straße könnt man ja gar nicht wohnen, weil immer die Straßenbahn durchfährt, in den Häusern hab ich gwohnt in der Sendlinger Straße. Nicht in allen Häusern, in einem davon, in dem, das zwischen den andern so drin steckt, ich weiß net, ob Sie das Haus kennen. Und da wohn ich, aber nicht im ganzen Haus, sondern nur im ersten Stock, der ist unterm zweiten Stock und ober dem Parterre, so zwischen drin, und da geht in den zweiten Stock eine Stiege nauf, die geht schon wieder runter auch, die Stiege geht nicht nauf, wir gehn auf die Stiege nauf, man sagt halt so.

Und da hab ich, in dem Wohnzimmer, wo ich schlaf, ich hab ein extra Wohnzimmer, wo ich schlaf, und im Schlafzimmer wohn ich, und im Wohnzimmer hab ich zu meinem Privatvergnügen ein Aquarium, das steht so im Eck drin, das paßt auch wunderschön in das Eck hinein.

Ich hätt ja so ein rundes Aquarium auch haben können, dann wär das Eck halt nicht ausgefüllt. Das ganze Aquarium ist nicht größer als so *(zeigend)*, sagn wir, das sind die zwei Glaswände – das sind meine Hände, ich erklär's Ihnen nur, daß Sie's besser verstehn –, und das sind auch zwei Wände, und unten is der Boden, der 's Wasser haltet, damit 's Wasser nicht unten wieder durchläuft, wenn man oben eines hineinschüttet. Wenn der Boden nicht wär, da dürfen Sie oben zehn, zwanzig, dreißig Liter neinschütten, das tät alles wieder unten durchrinnen. Bei einem Vogelhaus ist das ganz etwas anderes.

Bei einem Vogelhaus sind die Wände auch so ähnlich wie bei einem Aquarium, nur sind die beim Vogelhaus nicht aus Glas, sondern aus Draht. Das wär natürlich ein großer Unsinn, wenn das bei einem Aquarium auch so wär, weil dann das Aquarium 's Wasser nicht halten könnt, da rinnet 's Wasser immer neben dem Draht heraus. Drum is eben alles von der Natur so wunderbar eingrichtet. Ja, und ich hab eben in dem Aquarium Goldfisch drin, und im Vogelhaus hab ich einen Vogel; jetzt hat mich neulich einmal die Dummheit plagt, hab ich die Goldfisch ins Vogelhaus und den Kanarienvogel ins Aquarium getan.

Natürlich sind die Goldfisch im Vogelhaus immer wieder vom Stangl runtergrutscht, und der Kanarienvogel wär mir im Aquarium bald ersoffen, dann hab ich wieder die ganze Gschicht beim alten lassen und hab den Vogel wieder ins Vogelhaus und die Goldfisch wieder ins Aquarium getan, wo s' hingehören.

Jetzt sind die Fisch wieder lustig im Aquarium umhergeschwommen,

zuerst so nüber, dann so nunter, die schwimmen fast jeden Tag anders. Vorgestern ist mir nun ein Malheur passiert, ich hab gsehn, daß die Fisch mehr Wasser brauchen, und hab einen Wassereimer voll nachgfüllt, derweil war das zuviel, jetzt ist das Wasser so hoch *(zeigend)* über das Aquarium herausgstandn, das hab ich aber erst den andern Tag bemerkt, und ein Goldfisch ist über den Rand nausgschwommen und ist am Boden nuntergfallen, weil wir in dem Zimmer, wo das Aquarium steht, habn wir unten einen Boden, und da ist er dann dortglegn, aber erst, wie er 's Fallen aufghört hat.
Jetzt hat aber der Fisch am Boden kein Wasser ghabt, weil wir so außer im Aquarium habn wir weiter kein Wasser im Zimmer.
Dann hat meine Hausfrau gsagt: »Sie werden sehn, der Fisch wird am Boden drunt kaputt, es ist das beste, Sie bringen den Fisch um.« Daß er nicht so lang leiden muß, hab ich mir gedacht, mit'n Hammer erschlagn? Schließlich haust dich aufn Finger, also erschieß ich ihn. Dann hab ich mir aber gedacht: Schließlich triffst ihn nicht recht, dann muß er erst recht leiden, da ist's schon gscheiter, hab ich gsagt, ich nehm den Fisch und trag ihn in die Isar und tu ihn ertränken.

Ich bin ein armer magerer Mann

Ach, es ist doch schrecklich gwiß,
Wenn der Mensch recht mager ist;
Ich bin mager, welche Pein,
Mager wie ein Suppenbein.

Was muss ich denn verbrochen haben, daß mich die Natur gar so grauslich zsammgricht hat. – Ich versteh das nicht, in unserer Familie kann das unmöglich liegen, denn mein Vater wiegt über drei Zentner, meine Mutter über zwei Zentner, und meine Schwester hat einen Bahnexpeditor geheiratet, und gerade ich muß so mager sein. Ja, jetzt tut's es ja noch, aber früher solln S' mich gsehn habn, gleich nach der Geburt, da hab ich ausgschaut wie a Salami. – Darum hab ich auch als kleines Kind keine Wiege gebraucht, mich hat meine Mutter ganz einfach in einen Lampenzylinder neingsteckt und mich am Tisch umhergewalkerlt, so mager war ich. – Und trotzdem ist mein Vater stolz auf mich, der mag die fetten Kinder selber nicht, und grad deshalb, weil ich so mager bin, drum *mag er* mich so gern. Er sagt, Vetter kann ich immer noch werdn, wenn amal mei Schwester heirat. Einmal bin ich in einem Kaffeehaus an einem Billard

dortglehnt, und weil ich so mager bin und weil ich am Billard dortglehnt bin, jetzt hat einer glaubt, ich bin der Billardmager. –
Aber die größte Gaudi war das, wie ich zur Musterung gehen hab müssen, also habn die da drobn a Gaudi ghabt, wie s' mich gsehn haben. – Net, und ich hab doch, wenn ich auszogen bin, so Rippen da rüber, quer rüber, mich hat halt früher meine Mutter zum Meerrettichreiben hergnommen. – Kurz und gut, wie die mich gsehn habn, habn 's gsagt: Ja, Kerl, Sie kommen ja daher wie a Bahnwärterhäusl aus Wellblech. – Aber trotzdem daß ich so gebaut war, habn s' mich nicht gnommen zu den Soldaten, nicht amal zum Militär habn s' mich brauchen können.
Natürlich bin ich auch furchtbar leicht; wenn ich zum Beispiel in einem Restaurant sitz, und da Wirt reibt an Ventilator auf, da muß ich mich immer am Tisch anbinden, daß's mich net ins Röhrl neizieht. – Dann hat amal einer zu mir gsagt: »Sie sind doch wirklich a gräuslicher Kerl, Sie können Ihnen jetzt schon in der Anatomie verkaufen«; dann bin ich auch hingegangen zu dem Anatomieprofessor und hab mich offeriert, nun hat er gsagt: »Was verlangen S' denn für Ihnen?« – »Ja«, sag ich, »unter achtzig Mark kann ich mich nicht hergeben, weil auf fünfzig Mark komm ich mich ja selbst.« – »Ja«, sagt der Herr Professor, »wie können Sie das behaupten, daß Sie fünfzig Mark wert sind?« – »Ja«, sag i, »ich hab mich kürzlich ausgezogen und hab meine Knochen so abgegriffen, und da hab ich rausgefunden, daß ich fünfzig Knochen hab, und weil ich in jedem Knochen *a Mark* hab, bin ich fünfzig Mark wert.« –
Dann hab ich amal was glesen von einem Leichenverbrennungsverein, denk ich mir, da gehst auch hin und laßt dich amal verbrennen, wennst gstorbn bist: dann bin ich auch hingegangen und hab den Leichenverbrennungsvorstand gfragt, ob das überhaupt geht bei mir. Dann hat er mich angschaut und hat gsagt: »Ja, Sie sind ja schon arg dürr, Ihnen müß ma immer zuerst mit zehn Pfund Schweinsfett einreibn, daß S' überhaupt brennen, und zweitens kommt's bei Ihnen bedeutend teurer.« – »Ja«, sag ich, »warum denn grad bei mir?« – »Ja«, sagt er, »weil ma bei Ihnen im Verbrennungsofen drin an neuen Rost brauchen, weil Sie durch den jetzigen unbedingt durchrutschen würden.« –
Und trotzdem ist die Magerkeit mein Lebensretter, denn wie ich einmal in Afrika war bei den Kannibalen, da habn mich die Menschenfresser erwischt und habn mich braten wollen. Da habn s' a Feuer gmacht und habn mich auszogen – wie mich die auszogen gsehn habn, sind s' alle davonglaufen, weil's denen graust hat vor mir, und mein Leben war gerettet.

Der schneidige Landgendarm

Vortragender erscheint auf der Bühne als alter Landgendarm, angeheitert, mit einer großen Mappe und einer Hundekette mit daranhängendem Hundehalsband.
Gesang (Melodie: Üb immer Treu und Redlichkeit)

Ich bin ein schneidiger Landgendarm
Und habe einen scharfen Blick.
Und grad weil ich so dünn bin,
Habn mich diese Spitzbubn dick.

ICH BIN der dünnste Gendarm, nicht der dümmste – der dünnste Gendarm von unserem ganzen Dorf, das heißt, mir sind ja nur zu zweit, ich und mein Wachtmeister, der ist gerade das Gegenteil von mir; der ist so dick, daß er gar nicht mehr gehen kann, viel weniger laufen. Drum erwischt auch der keinen Spitzbuben mehr, die muß alle ich fangen, und ich erwisch auch jeden; und da hab ich eine närrische Freude, wenn ich einem nachgelaufen bin und hab ihn erwischt – nur eins kann ich für den Teufel nicht leiden, wenn *mir* die gemeinen Kerle nachlaufen, da krieg ich einen Zorn, weil das gar nicht sein darf, daß der Spitzbub dem Gendarmen nachläuft, da hätte ich das Recht, daß ich sofort einen aufschreibe, aber unterm Laufen kann ich doch nicht schreiben. Ich kann überhaupt nicht schreiben, das ist ja das Dumme bei mir, ich muß jeden Spitzbuben, den ich auf der Straße gefangen habe, abzeichnen. Sie, das ist eine Hundsarbeit, einen solchen Spitzbuben abzeichnen; meinen Sie, von diesen Spitzbuben tät sich einmal einer eine Stunde ruhig halten? Nicht ums Sterben. Unterm Bleistiftspitzen sind sie mir schon davon, da kann ich Ihnen gleich ein paar zeigen, die ich vorige Woche gefangen habe. *Valentin holt aus der Mappe ein riesiges Zeichenheft – sein »Verbrecheralbum« – hervor. Er zeigt nun dem Publikum die Bilder.*
Das hier ist ein Schwerverbrecher, der hat bei einem Schlosser einen Amboß gestohlen mit acht Zentner.
Hier ein Taschendieb, der hat bei einem Bauern einen Heuwagen genommen.
Wegen Schnellfahrens auf der Lokalbahn habe ich den Lokomotivführer während der Fahrt verhaftet.
Das hier ist eine Falschmünzerbande, ein ganzes Kompott. Vier Brüder, die habn Goldfische gestohlen, habn den Goldfischen das Gold runtergeschabt und habn aus diesem Gold Goldstücke gemacht.
Hier sehn Sie eine Leiter, da hab ich ein paar Bauernburschen beim Fen-

sterln ertappt, die sind mir aber auskommen, dann hab ich wenigstens die Leiter erwischt.
Hinter einer alten Kehrrichttonne hab ich einen Vatermörder entdeckt, hab ihn aufs Landgericht hinauf, und da habens mich recht ausglacht, weil es nur ein Kragen war, ein Vatermörderkragen.
Das ist die Käsfrau von unserm Dorf; stellt die freche Person mittn auf der Landstraß ihrn Kässtand auf. Ich hab ihr das verboten, am nächsten Tag steht der Stand wieder da, dann hab ich sie verhaftet wegen Widerstand.
Jetzt mit diesen Spitzbuben und den Verbrechern wär's nicht das gefährlichste, aber die Kinder – also, wir haben böse Kinder in unserem Dorf, direkt Angst hab ich, wenn um vier Uhr die Schule aus ist. Sehn wenn s' mich tun, ist es schon gfehlt – muß ich mit ihnen mitspielen; vorgestern haben wir auf der Sauwiesn hint »Blindekuh« gspielt, muß ich da als königlicher Landgendarm die blinde Kuh machen, aber was will ich denn tun? Spiel ich nicht mit, dann haun sie mich recht, die Lausbuben die bösen. Ja, lang mach ich den Spaß nicht mehr mit, wie mir etwas Passenderes unterkommt, gib ich die ganze Gendarmerie auf – ich hab es satt bis da rauf. Wissen Sie, ich hab überhaupt kein Gendarm werden wollen, aber das war so: der Vater war Gendarm, der is pensioniert wordn; jetzt war die Uniform und alles schon da, dann bin ich eben auch einer gworden. Wie oft war ich schon in Lebensgfahr, wenn ich so in den Räuberhöhlen umeinanderkriechen hab müssen, da wär's mir schon oft knapp gestanden, wenn ich nicht meinen Polizeihund dabei ghabt hätt. Gell Wakki! – *Schaut sich nach seinem Hund um.* Ja gibt's denn eine solche Gemeinheit auch, jetzt haben mir die frechen Spitzbuben meinen Hund auch gestohln, drum denk ich mir schon, daß er seit acht Tag so brav ist und nicht mehr bellt – ja weit fort kann er nicht sein, weil das Halsband noch da ist – da darf ich mir sofort wieder einen neuen Hund kaufen – ob aber der neue Hund in das Halsband hineinpaßt? – Jetzt darf ich gleich meinen Hund suchen und werd ihn auch erwischen. Drum sag ich's, mit solche Lumpen soll man sich gar nicht abgeben, denn a Lump is a schlechter Mensch, und schlechte Menschen soll man meiden, aber no mei – als Schutzmann muaß i mi ja mit de schlechtn Menschen abgebn, des is doch mein Geschäft, des wär genauso, als wenn a Schuster koan Stiefel mehr anrührn sollt. Hund kaufn – Papagei kaufen – Halts'n auf –
Valentin klebt auf der Bühne ein Plakat an:

Wer hat mir mein Wackerl gstohln?
Der geb ihn wieder her, der geb ihn wieder her,
Sonst wird ihn der Gendarm holen
Mit dem Schießgewehr.

Auf dem Flugfeld

Vortragender erscheint mit einem kindischen Aeroplan auf der Bühne. Gesang (Melodie: Behüt dich Gott)

Es ist im Leben herrlich eingerichtet,
Daß man jetzt wie ein Vogel fliegen kann,
Und wenn sich auch noch mancher dabei 's Gnick bricht,
Das hat er für die Wissenschaft getan;
Ich fliege auch und habe hier erfunden
Nen Aeroplan so winzig und so klein,
Und fliegt er nicht, denk ich wie mancher andere:
Mit'm Fliegn is nix – es hat nicht sollen sein.

DAS WAR HEUT eine Hetz auf dem Flugplatz drauß. Zum Fliegen bin ich ganga, wäre viel gscheiter gwesn, ich wär zum Fliegenfangen gangen, dann hätt ich wenigstens für meinen Laubfrosch Futter heimgebracht, so hab ich gar nix ghabt als Schand und Spott. Also die Leute habn glacht, den ganzen Nachmittag bin ich versuchsweise auf der Wiesen rumgrannt. Meinen Sie, ich wär in d' Höh naufkommen, keinen Millimeter. Ich bin ja froh, daß es nicht geht, aber die Blamage. Drei Jahre arbeit ich jetzt an die Erfindung hin, und jetzt geht's nicht. Gehn braucht's eigentlich gar nicht, wenn's nur wenigstens fliegen tät. Ich trau mir gar nicht mehr heim, ich schäm mich so viel, z' Haus hab ich heut schon feierlich Abschied gnommen von Frau und Kind, von den ganzen Hausinwohnern: mei Frau hat gsagt zu mir, wennst dich nur einmal dafalln tätst, mit deiner dummen Fliegerei. Ja, hab ich gsagt, da muß ich schon erst einmal hinaufkommen, herunten werd ich mich nicht gut dafalln könna. Sehr viel Leut warn heut auf dem Flugfeld, der Aviatiker, wenn Sie sich erinnern können, der sich vor zehn Jahr in Paris erstürzt hat, war heut auch drauß und hat sich meinen Flugapparat besichtigt. Er hat zu mir gsagt, mein lieber Herr ... mit dem kleinen Ding werden Sie niemals fliegen können. Ja, hab ich gsagt, ich bin ja froh, wenn ich net fliegen kann, meinen Sie, ich mag auch so jung sterben wie Sie? – Talent ghört halt dazu zum Fliegen. Mein Freund fliegt alle Woche ein paarmal, der braucht aber keinen Aeroplan dazu, der fliegt nur in Stiegenhäusern herum – mein Freund ist nämlich Reisender. Wissen Sie, 's Fliegen ist nicht gefährlich, sehn Sie, ich setz den Fall, ich könnt mit dem Apparat wirklich fliegen, mir passiert nie was, weil ich da viel zu vorsichtig bin. Sehn S' das Kissen hier. Wär ich da wirklich so drei- bis sechstausend Meter in der Luft, und ich hätte gemerkt, daß ich stürz, hätt ich sofort das Kissen auf die Erde

runtergworfen und wär dann draufgfalln, so hart fällt man doch nicht wie am blanken Boden, außer man fällt neben das Kissen, dann ist man auch selbst schuld, das muß eben gelernt sein. Das sicherste wäre es freilich, wenn man das Kissen schon vorher dahin legen tät, wo man später runterfällt, aber das weiß man eben nicht. – Mein erster Plan, wenn ich fliegen hätt können, wäre nach H. gewesen zu meinem Onkel. Dem hab ich geschrieben, daß ich am Sonntagnachmittag um zwei Minuten über fünf Uhr oder um fünf Minuten über zwei Uhr bei ihm mit der Flugmaschine eintreffe, der hat schon die größte Freud ghabt, sein Haus hat er mit Fahnen und Girlanden dekorieren lassen, und aufs Hausdach hat er ein sinnreiches Plakat aufmachen lassen mit den sinnreichen Worten: »Willkommen!« Freilich hätte ich kommen wollen, wenn ich gekonnt hätte. Dieses hier ist schon mein zweiter Apparat, den ich erfunden habe. Mein erster Apparat ist noch viel weniger geflogen als der, wo der schon nicht fliegt. Jetzt können S' Ihnen vorstellen, daß mein erster Apparat überhaupt nicht geflogen ist. Einen Fernflug hab ich auch einmal mitgemacht, das heißt, eigentlich hätt ich einen mitmachen können, der erste Preis fünfzigtausend Mark, aber ich hab nicht mögen, denn bei einem Fernflug muß man doch unbedingt in der Früh um vier Uhr wegfliegen, und ich steh doch wegen fünfzigtausend Mark nicht schon in der Früh um vier Uhr auf. Ich will Sie jetzt nicht mehr länger stören mit der vielen Rederei, sondern will Ihnen zeigen, daß, wenn ich auch nicht fliegen kann, wenigstens die Courage besitze zum Fliegen. Ich werde mir jetzt erlauben, einen kleinen Rundflug durch den Saal zu machen. Aus diesem Grunde ersuche ich die werten Damen, die Hüte abzunehmen. Also los:
Gesang (Melodie: Jahrmarktsrummel *von Paul Lincke)*

So, nun werd ich mich verduften, jetzt mit meinem Aeroplan,
Stell die Steuer nach dem Winde, der Motor läuft langsam an,
Immer schneller, der Propeller wird wohl nicht explodiern,
Ja, mir steht vor lauter Angst der Todesschweiß schon auf der Stirn.
So, nun geht's los, das Fliegen, das ist duft, hoch oben in der Luft.
Wenn der Motor so pufft, so wie ich flieg, da ist doch nichts dabei,
Da brichst dir 's Gnick auf keinen Fall. Ein Hoch der Fliegerei!

Riesenblödsinn

Gestatte mir, Ihnen ein Lied mit Gesang zum Vortrag zu bringen, ich hab nämlich a wunderbare Stimm, ich habe das Singen gelernt auf einer Maschine, auf einer Singermaschine, ich hab bis neunzehn Jahre einen wunderbaren Tenor gehabt, mit zwanzig Jahren hab ich an Baß bekommen, einen Reisepaß.

Vorspiel auf der Gitarre.

Also ein Lied mit Gesang! Jetzt fällt mir der Anfang nicht ein von dem Lied, das ist mir aber peinlich, daheim hab ich's großartig können, aber ich kann doch jetzt nicht extra heimgehen, an Schluß weiß ich schon, aber wenn ich mit'n Schluß anfang, werd ich zu früh fertig – fällt mir nicht ein – dann erzähl ich Ihnen daweil was, bis mir das Lied einfällt. – Sehn Sie, die Gitarre da, das ist noch ein Andenken von meinem Großvater, denn diese Gitarre hab ich mir vor vierzehn Tagen gekauft, aber nicht auf einmal, sondern so stückweise, zuerst hab ich mir das billige Zeug dazu gekauft, das Loch hier! Da hab ich eine Mordslauferei ghabt, bis ich das Loch bekommen hab; ich bin zu einem Instrumentenmacher gegangen und hab gsagt: »Bitte, habn Sie ein Loch?« – »Ja«, sagt er, »zu was brauchen Sie denn ein Loch?« – Sag ich: »Für meine Gitarre.« – »Nein«, sagt er, »ein solches hab ich leider nicht!« – Dann hab ich mir ein Ofenrohr gekauft, hab das Loch von dem Ofenrohr weggerissen, und ich hab dadurch ein Loch bekommen, dann hab ich um das Loch Bretter machen lassen, dazu einen Saitenhals, hab Saiten drangspannt, und die Gitarre war fertig. Zum Aufziehen der sechs Saiten hab ich zwei Tag gebraucht, denn ich hab die Saiten in die Schraubwirbel neigsteckt – hab 's Drehen angefangen, aber ich hab vergessen, daß ich die Saiten unten nicht angefügt hab. Durch dieses Untennichtangefügtsein haben sich die Saiten immer auf den – na, das verstehn Sie ja doch nicht, wenn Sie noch nie im Leben eine Gitarre gsehn habn, für die Gitarre hab ich einen Sack machen lassen, aus Wachsleinwand – der Sack is immer größer und größer worn, weil er aus Wachsleinwand war ...

Also ein Lied:

> In einem kühlen Grunde, da geht ein Mühlenrad!
> Mein Liebchen ist verschwunden, das dort gewohnet hat.

Sehn Sie, das ist ein schönes altes Lied, aber ich find das furchtbar blöd. Des müassn S'Ihnen amal genau überlegen, des kummt doch in dem Lied grad so raus, als wenn das Liebchen – also mir is ja ganz Wurscht, wo die gwohnt hat – vor mir aus kann ja das Liebchen wohnen, wo's mag – aber dem Lied nach hat die unbedingt in dem Mühlenrad gwohnt, wie gsagt, von mir aus kann die wohnen, wo's mag, aber wenn das Liebchen wirklich in dem Mühlenrad gwohnt hat, dann hat das Mädel noch koa ruhige Stund ghabt! Es gibt ja noch so Lieder – da hab ich amal einen singen hören, der is auf der Bühne gstanden und hat gsungen: »Ob du mich liebst, hab ich den Wind gefragt!« An Wind muaß er fragn, er soll s' doch glei selber fragn, der Gletzenkopf, der kann sich's do denken, daß er eine windige Antwort kriagt! Einen noch größeren Blödsinn hab ich in einem Theater singen hören, bei der Operette – ich weiß nicht mehr, wie es heißt, da kommt das schöne Lied vor: »Und der Himmel hängt voller Geigen«, also das tät ich mir noch gfalln lassn, daß der Himmel voller Geigen hängt – aber den möcht ich kennen, der wo die vielen Nägel in Himmel neigschlagn hat, wo die Geigen alle dran hängen!

Na, da sehn Sie doch ganz deutlich,
Hochverehrtes Publikum,
Nichts als Blödsinn, Blödsinn, Blödsinn,
Nehmen S' mir die Sach nicht krumm!

All Heil

Der Vortragende soll auffallend schlank gewachsen sein.

Wenn man es eigentlich richtig nimmt, ist das Radfahren eine große Dummheit. – Ich zum Beispiel würde überhaupt nicht radfahren, aber mir hat es der Doktor verordnet. »Sie müssen Bewegung haben, sonst werden Sie zu fett«, hat er gsagt. Fett bin ich eigentlich gar nicht, ich bin nur leichtsinnig. Wie oft bin ich schon auf d' Nacht ohne Glocke ausgfahrn, nicht amal a Licht hab ich dabei ghabt. Auf d' Nacht fahr ich nämlich nie ohne Licht aus – bei Tag weniger, außerdem es wird recht früh Nacht wie im Winter zum Beispiel. Und im Winter fahr ich überhaupt nicht. Malheur hab ich schon ghabt mit der Radlerei, und immer fahr i wieder. Erst kürzlich bin ich mit meim Radl unter ein Automobil neinkommen. Da hab ich ein Mordsglück ghabt: der Chauffeur war nämlich a guata Freund von mir – hat mich gleich erkannt, wia ich dahergfahrn bin, und hat deswegn natürlich sofort bremst, sonst wär ich sicher kaputt gwesn. Darum sage ich, ich gib die ganze Radfahrerei noch auf; aber bevor ich mei Radl einem andern verkauf, fahr ich doch lieber selber, und mir tut das Radfahren gut. Ein jeder kann's net vertragn – da muß man gut beinand sein, vor allem gsund auf der Brust. *Hustet verdächtig.* Jetzt, ich

halt was auf mei Gsundheit, ich leb auch danach. Bei mir heißt's in der Früh um 11 Uhr raus aus'm Bett, a paar guate Zigarrn graucht, z' Mittag a paar Regensburger in Essig und Öl – recht sauer, des macht Blut. Nachmittags a kleine Radtour nach Holzkirchen, aber gemütlich 40 km. Wenn man dann so erhitzt am Ziel angelangt ist, net gleich in a warms Lokal neisetzen, nein, zuerst im Hausgang stehn bleibn, wo's recht zieht, und wenn's einem dann friert, dann a frische Maß Bier nunterstürzen und a Stückl Brot danach essen – da kann einem nix passiern. Nur auf diese Weise bekommt man ein kräftiges, blühendes Aussehen. Schaun S' mich an – ich treib das schon wochenlang. A paar Freund vor mir habn diesen Rat auch befolgt – denen fehlt jetzt nix mehr.
Verunglückt bin ich auch schon. Beim letzten Rennen hab ich einen Nabelbruch erlitten, an Gabelbruch wollt ich sagn; seit dieser Zeit hab ich die Rennerei satt. In meinem Leben mach ich kein Radrennen mehr mit. Zu meiner Schande muß ich gestehen, daß ich bei jedem Rennen der letzte war; da war aber nicht ich schuld, da warn die andern schuld, weil mir die immer vorgfahrn sind. Schaun S', der wo den ersten Preis gmacht hat, der Mann is krank – der leidet an Verfolgungswahn, der bildet sich bei jedem Rennen ein, der zweite fahrt ihm immer nach; natürlich fährt er dann wie wahnsinnig dahin, dann muß er doch der erste werdn. Jeder kann ja auch nicht der erste sein, das soll bei einem richtigen Rennen gar nicht vorkommen – das hätte auch gar keinen Sinn.
A paarmal hab ich einen Schrittmacher gmacht, aber da ham s' mich net brauchen können, weil ich zuwenig Luft verdrängt hab.
Was Interessantes muß ich Ihnen noch erzähln. Ich bin doch der Vorstand vom Radlerclub D' Windhund, und neulich ham wir von der Fabrik für unsern Club eine neue Standarte kriegt. Eine wunderschöne Standarte! Und in diese Standarte war mit goldenen Buchstaben der schöne Spruch hineingestickt: Der Mensch denkt, und Gott lenkt. Einige Sekunden besann ich mich grübelnd und nachdenklich über dieses Symbol der Velozipedistik. Stillschweigend nahm ich mein Rad, verließ den Club, setzte mich auf meine Maschine, verschränkte die Arme ineinander, die Nase stolz zum Himmel gerichtet, und fuhr eben dahin, ohne zu lenken. Nach fünf Meter Fahrt schleuderte es mich gegen ein Hauseck, und ich lag unschwer verwundet am Boden. Ich stand zerknirscht auf, setzte mich wieder auf mein Rad, und seit dieser Zeit lenke ich wieder selbst.
Die Radfahrerei betreib ich schon seit meiner Jugend. Als ich kaum ein Kind von 19 Jahren war, beschloß ich, mit meinem Dreirad nach Nürnberg zu fahren. Pro Stunde leistete dieses Veloziped 4 km, und ich dachte bei gutem Rückenwind in 9 Tagen in Nürnberg einzutreffen. Ich konnte damals erst übermorgen starten, denn der Abschied von meinen Eltern

dauerte einen Tag, der von meiner Braut – eine Nacht. Keine Behörde, kein Bürgermeister, nur ich selbst hatte mich am Startplatz eingefunden. Das Wetter war herrlich – fast schön. Leise Winde durchhuschten die Speichen meiner Überlandmaschine. Ein kühner Sprung auf das Stahlroß, noch ein Rückblick auf die Heimat, und mein Vehikel durchschnitt die Atmosphäre. Nach einer halben Stunde rasender Fahrt kehrte ich zum erstenmal ein. Da ich mein Rad auf dieser langen Fahrt voraussichtlich beim Einkehren immer allein auf der Straße stehen lassen mußte, habe ich vorsichtshalber ein großes Blechschild angebracht: Bitte nicht stehlen! Und so war ich wenigstens vor einem eventuellen Diebstahl sicher, und frisch gestärkt ging die Fahrt fortwährend hurtig weiter. – All Heil!

Der Feuerwehrtrompeter

Kreuz Sakra, könnt ich da nervös werdn mit der saudummen Fragerei! Sooft wir Feuerwehrleut in Uniform auf der Straßn gehn, fragt jeder Mensch: »Wo brennt's denn?« Das ist doch zu dumm, dann müßte man doch einen Polizisten auch fragen: »Wer hat denn da was gstohln, Herr Polizist?« Überhaupt, was für dumme Leut es gibt, das ist nicht zu glauben. – Es gibt tatsächlich Leut, die können keinen Trompeter von einem Feuerwehrmann unterscheiden. Ich bin doch ein Trompeter – das heißt, ich bin schon ein Feuerwehrmann, aber ich bin eigentlich kein direkter Feuerwehrmann, der wo es direkt mit dem Feuer zu tun hat, ich muß natürlich schon dabeisein beim Feuer – nur brauch ich nicht spritzen, sondern ich muß blasen, damit der andere spritzen kann; denn wenn ich nicht blas, dann kann der andere nicht spritzen, das heißt, können tut er ja schon, aber dürfen tut er nicht – ich darf ja auch nicht blasen, wenn ich will, ich häng wieder vom Kommandanten ab; der schafft mir an, wenn ich blasen muß; schafft mir der Kommandant nix an, dann darf ich auch nicht blasen, und wenn ich nicht blas, darf der andere nicht spritzen, und wenn der nicht spritzt, verbrennt das Haus.

Drum ist die Hauptsache von der ganzen Feuerwehr der Kommandant, und ich bin der Trompeter, und darum ärgert mich das so furchtbar, wenn mich die Leut immer für einen Feuerwehrmann anschaun. Bei dem letzten Brand bin ich auch wieder verwechselt worden. Wir stehn vor dem brennenden Haus am Brandplatz, auf einmal kommt eine Frau aus dem brennenden Haus herausgestürzt und rennt ausgerechnet auf mich zu und sagt: »Bittschön, Herr Feuerwehrmann, holen Sie mir mein kleines Kind herunter vom fünften Stock, das liegt in der Wiegn drinnen und muß sonst verbrennen.« – »Liebe Frau«, hab ich gesagt, »das geht mich nichts an, das müssen Sie dem Feuerwehrmann sagen, ich bin der Trompeter; aber daß Sie sehen, daß ich auch tue, was in meinen Kräften steht: blasen tu ich Ihrem Kind schon, daß es runterkommen soll.«

Ja, ja, die Sach ist nicht so einfach, wie Sie sich die Blaserei vorstellen, die vielen Signale, wo ich im Kopf haben muß! Viel Signale haben wir eigentlich nicht, nur zwei, aber von diesen zwei Signalen hängt alles ab. Sehn Sie, Sie werden das ja nicht begreifen, weil Sie ja selbst keine Feuerwehr sind. Das erste Signal, Nr. 1, heißt: »Zum Angriff!« Signal Nr. 2 heißt: »Gefahr vorüber – abrücken!« Stellen S' Ihnen vor, was das für eine Sauerei gibt, wenn ich die zwei Signale verwechsle und statt »Zum Angriff!« – »Gefahr vorüber!« blas!

Ja, das ist nicht so einfach, das muß alles gelernt sein. Mein Gott, wenn ich an meine Lehrzeit denk, wie ich die Feuerwehrerei glernt hab, da graust's mir heut noch. Wissen Sie, ich hab auch, offen gestanden, nichts lernen können, weil's grad ausgerechnet die drei Jahr, wo ich in die Lehr gangen bin, nirgends brennt hat, und selber haben wir nichts anzünden wolln, wegen dem Verdruß von den Leuten.

Ich wär überhaupt kein Feuerwehrmann geworden, aber das war so: Mein Vater, der war dreißig Jahr dabei, dann war die Uniform da, dann hab ich mir denkt, wirst halt auch einer. Passen tut mir alles bis auf den Helmriemen, der ist mir zu weit, weil mein Vater so einen großen Kropf ghabt hat. – Ich könnt ihn schon kürzer machen lassen, aber schließlich krieg ich auch einmal einen Kropf, dann hört die Abänderei nicht auf – lieber wart ich, bis ich auch einen Kropf krieg. Ja, mein Vater war bei der Berufsfeuerwehr, der hat immer die Leiter betreiben müssen, die wo so naufgeht, der war Betriebsleiter.

Wissen Sie, wir haben zweierlei Feuerwehr; es gibt eine freiwillige Feuerwehr und eine Berufsfeuerwehr. – Jetzt, wir in unserem Dorf, wir haben nur eine freiwillige Feuerwehr, zehn Mann und die Spritze. Den größten Brand, wo ich mitgmacht hab, das war damals, wie unser Dorf abbrennt ist. Heut sind es grad sechs Jahr, das war groß! Fünfzig Meter breit und sechzig Meter hoch, zweiundsechzig Meter darf man sagen, ganz genau habn wir's nicht abmessen können, weil's immer so hinaufgschwänzlt ist.

Ja, das Feuer wär nicht so groß geworden, wenn wir es gleich bemerkt hätten, aber erstens ist es bei der Nacht auskommen, und unser Dorf ist so schlecht beleuchtet gwesen, daß wir nicht einmal das Feuer gsehn habn. Zweitens hat der Turmwächter grad in dieser Nacht Ausgang ghabt. Am dritten Tag haben wir es erst gemerkt, daß das halbe Dorf lichterloh gebrannt hat.

Dann sind wir erst ausgrückt. Wie wir an das Spritzenhaus hinkommen, sehen wir zum größten Unglück, daß das Spritzenhaus selber schon abbrennt ist; jetzt hat der Kommandant sofort zum Baumeister hinübergschickt, er soll so schnell wie möglich ein neues Spritzenhaus bauen, daß wir wenigstens die Spritzn rausfahrn können. – Zu uns hat er gsagt, wir sollen einstweilen löschen, so gut als es geht. »Ja, mit was denn?« haben wir gsagt. »Im Winter, wo das ganze Wasser eingfroren ist!« Jetzt haben wir schnell ein paar Zentner Wasser gekocht, daß wir Wasser bekommen haben zum Löschen. Das gekochte Wasser war aber so heiß, daß wir uns die Finger verbrannt haben beim Spritzen. Nach zehn Minuten ist Wassernot eingetreten, da hat der Herr Apotheker in liebenswürdiger Weise zehn Flaschen Mineralwasser gespendet, das war natürlich gleich verspritzt. – Die Wassernot war so groß, daß zwei Feuerwehrmänner mit einer Kinderbadewanne zum Dorfschuster hinunter gangen sind, der wo schon sechs Jahre die Wassersucht hat; den haben s' ersucht, ob er nicht mit ein paar Maß Wasser aushelfen könnt, sonst ist das ganze Dorf beim Teufel. –

Auf einmal ist doch ein anderer Wind kommen, und das Feuer hat aufghört am Abend, und seit dieser Zeit haben wir zur Erinnerung an das große Feuer alle Abend – Feierabend.

Die Uhr von Loewe

Gestatte mir, Ihnen die Ballade Die Uhr von Loewe vorzutragen mit Zitherbegleitung. Ich begleite mich selbst. Gott sei Dank kann ich mich selbst begleiten. Neulich hab ich mich selbst nach Hause begleitet, das hat furchtbar dumm ausgschaut, wie ich so allein neben mir gegangen bin. – Die Uhr von Loewe – aber die Hauptsache ist eben, daß man sich selbst begleiten kann, da bin ich meinem Vater noch dankbar, daß er mich so streng musikalisch erzogen hat. Ich hab als Kind zu Haus nur mit der Stimmgabel essen dürfen, gschlagen hat mich mein Vater nach Noten. – 's Schönste war, wie mir mei Vater 's Zitherspieln lernen hat lassen, da hat er mir eine ganz alte Zither gekauft, bei einem Tändler um zwei Mark, auf dieser Zither war keine einzige Saiten mehr drauf, also nicht amal a einzige, aber mei Vater hat gsagt, zum Lernen tut's die auch. – Die Uhr von Loewe. Ich schicke voraus, daß der Loewe kein Uhrmacher war, sondern Komponist. Die Uhr von Loewe. Sehn Sie, weil wir grad von einer Uhr reden, mein Urgroßvater, der lebt nämlich noch, und dem habn 's vor vierzehn Tag d' Uhr gstohln, und durch den Diebstahl is er jetzt

wieder jünger geworden, denn jetzt is er wieder Großvater. – Die Uhr von Loewe. Ich hab auch amal was Dummes erlebt mit einer Uhr. Da hab ich mir bei einem Uhrmacher eine Taschenuhr gekauft, mit dieser Uhr bin ich drei Wochen rumgelaufen und hab nicht gewußt, wieviel Uhr daß is, weil kein Zifferblatt dran war und keine Zeiger, koane Zeiger, keine Zoager net, und das ist doch die Hauptsach von einer Uhr. Aus lauter Wut, weil ich mich mit dieser Uhr nicht ausgekannt hab, hab ich die Taschenuhr an d' Wand hingschmissen, hab ich mir gedacht, vielleicht wird dann wenigstens eine Wanduhr draus, daweil hab ich s' zu tausend Scherbn gschmissen, und unter die Scherben hab ich rausgefunden, daß ein Zifferblatt dabei war und Zeiger auch, aber jedenfalls war das innen drin. Dann bin ich aber sofort zu dem Uhrmacher hin und hab ihm alles gsagt. »Ja«, sagt der, »da hätten Sie doch bloß den Sprungdeckel aufmachen solln.« – »So«, sag ich, »das sagen Sie mir jetzt, weil ich die Uhr daworfen hab.« – Die Uhr von Loewe. Und über den Uhrmacher, sehn S', da hab ich heut noch eine Wut, weil er mir das nicht gsagt hat mit dem Sprungdeckel. Dann hab ich mir aus Rache bei ihm eine wirkliche Wanduhr gekauft, so a altmodische mit Ketten und Perpendikel, hab mir mit einem Hammer einen kleinen Nagel in die Brust geschlagen und die Uhr hingehängt. Ich sag Ihnen, da wäre ich bald wahnsinnig geworden. Wie ich das erstemal mit dieser Wanduhr spazierengegangen bin, sind mir immer die Gewichte zwischen d' Füß neinkommen – und der Nagel hat mir weh getan. – Die Uhr von Loewe: Ich trage, wo ich gehe, stets eine Uhr bei mir, wieviel ... Sehn S', wenn man's richtig nimmt, paßt eigentlich diese Ballade gar nicht für Zitherbegleitung, weil es heißt, ich trage, wo ich gehe, stets eine Uhr bei mir, ich geh aber jetzt nicht, ich sitz ja, und zweitens hab ich gar keine Uhr, die hab ich versetzt.
Hochgeehrtes Auditorium – nachdem ich unterm Zitherspielen nicht gehen kann und außerdem meine Uhr versetzt hab, ist es mir leider nicht möglich, Ihnen die Uhr von Loewe zum Vortrag zu bringen.

Im Gärtnertheater

ICH WEISS NICHT mehr genau, war es gestern, oder war's im vierten Stock oben, da bin ich mit meiner Mutter ins Gärtnertheater gegangen. Wir haben zwei Billetten ghabt, eins hab ich ghabt und 's andere sie, und die zwei Billetten haben wir zusammengetan, und mit diesen *zwei* Billetten sind wir zu *einer* Vorstellung gangen.
Wir hätten uns zuerst bald nicht hineintraut, weil wir glaubt habn, ins

Gärtnertheater dürfen nur die Gärtner hinein, wir haben aber vorsichtshalber in einem Auskunftsbüro telefonisch angfragt, und da hat's dann gheißen »Ja«, dann waren wir wenigstens sicher, daß wir uns nicht umsonst anzogen habn – weil wir unanzogn nicht ins Theater hineingangen wären.

Kaum sind wir drin gsessen – is's noch lang net angangen, da habn wir uns gedacht, jetzt wartn wir schon, bis es angeht, wenn wir schon positiv das Theaterstück sehen wollen, denn wegen dem Theaterstück sind wir hauptsächlich hineingegangen. No, wie wir so a halbe Stund drinsitzen, auf einmal – geht's noch nicht an. Ja, habn wir uns gedacht, wir zahln doch nicht fürs »noch net angehn«.

Auf einmal sind die Musiker hereinkommen, die habn sich gleich vorn an die Bühne hingsetzt, daß sie ja alles recht gut sehn und hörn, die andern Leut, wo zahln und 's Jahr vielleicht einmal ins Theater neinkommen, die dürfen sich hint hinsetzen.

Endlich is dann 's Theaterstück selbst angangen, jetzt das hat uns eigentlich weniger interessiert, weil's uns der Vater zu Haus schon erzählt hat, gehn habn wir aber auch nicht gleich wieder wolln, wenn wir schon extra deswegen hergangen sind.

Nach dem ersten Akt ist eine Pause gekommen, während der Pause haben sie überhaupt nicht gspielt, da is der Vorhang runtergangen, dann habn wir nicht mehr gsehn, wie's droben weiterspieln. Jetzt habn uns ich und meine Mutter gedacht, jetzt könnten wir eigentlich in den Erfrischungsraum naufgehn, weil's uns so heiß war; no, wir sind naufgangen, da habn wir uns gar nicht auskennt droben, da hat's Flaschenbier geben, Schokoladebonbons, belegte Brötchen und lauter so Zeugs, und ich und meine Mutter, wir haben uns den Erfrischungsraum so wie ein Brausebad vorgestellt.

No, dann sind wir wieder nuntergangen auf unsere Plätz, ins Parkett, da is uns beim nächsten Akt was Dumms passiert, da habn wir sehn wolln, ob auf der Bühne ein Teppich liegt, drum sind wir aufgstanden von unsere Sitz, derweil schrein s' hinter uns »setzen«; wie wir uns niedersetzen wolln, haben wir keine Sessel mehr, habn s' uns in diesem Moment d' Sessel gstohln.

Jetzt habn uns ich und meine Mutter, bis der Akt aus war, in der Kniebeuge so hinbuckln müssen, wissen S', wie uns d' Haxn weh getan habn; erst wie der Akt gar gewesen ist und wie das Theater heller wurde, sind wir auch heller worn, da sind wir draufgekommen, daß die Sitz bloß so naufgschnappt sind.

Nach dem vierten Akt war's dann beim Schluß gar, jetzt hat's uns erst intressiert, wie das Theaterstück heißt, wo wir grad gsehen habn. Wir habn

schon einen Theaterzettel dabeighabt, aber den alten, vom Hoftheater einen, aus »Lohengrün«, den habn wir uns nur mitgnommen, daß wir uns im Gärtnertheater nicht extra einen kaufen müssen, drum hat nix gstimmt drauf, weil das Stück, wo wir grad gsehen habn, hat der Herr neben uns gsagt, heißt »Bruder Straubinger«. Drum ist auch kein Schwan dahergekommen, anstatt dem Schwan is eben dann der Bruder kommen, der Straubinger. – Wir wärn dann schon noch sitzen blieben, aber die andern Leut sind schon alle drauß gwesen, haben wir uns denkt, gehn wir auch, und weil wir so müd warn, wärn wir gleich gefahren, weil grad, wie wir zum Theater naus sind, is a Auto drauß gstanden – drauß gstanden sind ja mehr, jetzt wir wärn bloß mit einem gefahrn, weil wir nicht mehr Geld dabeighabt haben.
Wie wir an das Auto hinkommen, fragt der Chauffeur, wo wir hinfahren wolln – da sind wir nicht gfahren, grad weil er so neugierig gewesen ist, und zweitens hätt sich 's Fahren bei uns so nicht recht rentiert, weil wir gleich vis-à-vis vom Theater wohnen.
No, dann sind wir heim und ins Bett gegangen, d. h. nicht gegangen, sondern hineingestiegen, weil wir vom Zimmer bis zum Bett nicht gar so weit zum Gehen haben.
Wir haben die ganze Nacht geschlafen, wie wir in der Früh aufwachen, hat uns die ganze Nacht vom Theaterstück geträumt, habn wir das ganze Theaterstück im Bett gsehn, wissen S', wie uns das Geld gereut hat für die zwei Billetten, wir haben uns aber verschworen, daß wir nie mehr ins Gärtnertheater gehen, außer wir sind den Tag vorher im Bett gelegen.

Der Liebesbrief

Januar den 33. München, 1925½.

Lieber Geliebter!

Mit weinenden Händen nehme ich den Federhalter in meine Hände und schreibe Dir. –
Warum hast Du so lange nicht geschrieben, wo Du doch neulich geschrieben hast, daß Du mir schreibst, wenn ich Dir nicht schreibe. – Mein Vater hat mir gestern auch geschrieben. Er schreibt, daß er Dir geschrieben hätte. Du hast mir aber kein Wort davon geschrieben, daß er Dir geschrieben hat.
Hättest Du mir ein Wort davon geschrieben, daß Dir mein Vater geschrieben hat, so hätte ich meinem Vater geschrieben, daß Du ihm schon

schreiben hättest wollen, hättest aber leider keine Zeit gehabt zum Schreiben, sonst hättest Du ihm schon geschrieben.
Mit unserer Schreiberei ist es sehr traurig, weil Du mir auf kein einziges Schreiben, welches ich Dir geschrieben habe, geschrieben hast.
Wenn Du nicht schreiben könntest, wäre es was anderes, dann tät ich Dir überhaupt nicht schreiben, so kannst Du aber schreiben und schreibst doch nicht, wenn ich Dir schreibe.
Ich schließe mein Schreiben und hoffe, daß Du mir nun endlich einmal schreibst, sonst ist dies mein letztes Schreiben, welches ich Dir geschrieben habe. Solltest Du aber diesmal wieder nicht schreiben, so schreibe mir wenigstens, daß Du mir überhaupt nicht schreiben willst, dann weiß ich wenigstens, warum Du mir nie geschrieben hast.
Verzeihe mir die schlechte Schrift, ich bekomme immer den Schreibkrampf unterm Schreiben, Du bekommst natürlich nie den Schreibkrampf, weil Du nie schreibst.

Gruß und Kuß

Deine N. N.

Wie Karl Valentin das Schützenfest 1927 erlebte

Kaum war der Kanonendonner des 30jährigen Krieges verhallt, begann die Schießerei von neuem. Diesmal auf der Theresienwiese. Die Nachbarschaft der Theresienwiese, also des Bavariarings, hatte sich schon sehr oft beschwert über den furchtbaren Lärm des Oktoberfestes. Nun kam gleich gar das Schützenfest mit der unaufhörlichen Knallerei. Unser Magistrat hatte aber vorgesorgt und hatte um das ganze Schützenfest eine endlose Bretterwand geschlungen. Aber das Krachen der Büchsen klang trotzdem nach außen. Die Bretterwand war mindestens 35 Zentimeter zu nieder, oder die Schützen hätten leiser schießen müssen, eventuell mit Gummikügerl und Brausepulver. Das heurige Schützenfest wollte man eigentlich auf neunzehnhundert28 verschieben, wurde aber auf allgemeinen Wunsch in diesem Jahre abgehalten. Manche Tage wurde miserabel geschossen, was bei dem föhnartigen Wetter nicht überraschte, da jede abgeschossene Kugel vom Winde, wenn auch ganz minimal, doch etwas verweht wurde. Insgesamt wurde den Schützen der bittere Vorwurf gemacht, daß sich dieselben bei ihrer Ankunft in München, wie immer, zuerst nach dem Bierpreis, dann erst nach dem Pulverpreis erkundigten. – Ein Probeschießen wurde von der Festleitung unbedingt vorgeschlagen, ein Probesaufen dagegen fand man für vollständig überflüssig. Die Schützerei ist eine uralte Erfindung und stammt aus dem grauen Alterdumm. 89 000 Jahre vor Christi muß es schon Schützen gegeben haben, besonders in München, denn der Name Schützenstraße läßt unbedingt darauf schließen.

Von dem letzten Schützenzug im Jahre 18hundertweißichnichtmehrgenau ist mir folgendes noch in Erinnerung. Ich und wir standen auf dem Marienplatz, ich war ein damaliger Knabe von ungefähr 15 Jahren, und da mein Vater ein kleiner, dicker Mann war und nicht über die Menschenmauer hinübersah, nahm ich ihn auf meine Schulter, und er sah nun bequem den fast dreistündigen Schützenfestzug an uns vorbeiziehen. Am Anfange des Zuges kamen zwei berittene Schutzengel zu Pferde (oder Schutzmänner, was man durch den lauten Lärm nicht gut sehen konnte), dann kam der Tölzer Schützenmarsch ebenfalls zu Pferde, dann Tausende von Schützen und zuletzt der Schützenkönig; dieser hatte einen großen Schnurrbart und ebenso viele Orden, aus Gold und Silber, die alle an einer Schützenkönigkette hingen und im Winde lustig umherflattern wollten. Alle Menschen und Frauen schrien aus Leibeskräften »Glück auf«. Plötzlich verdunkelte sich das Firmament und der Himmel, und ein strömender Regen plätscherte hernieder. Die Schützen, die leider statt Regenschirmen ihre Gewehre bei sich hatten, flüchteten, bis auf die Haut durchnäßt, in die Häuser der Stadt, und vom ganzen Schützenzug war in einigen Minuten nichts mehr zu sehen als die leere Straße. Die ganzen Menschenmassen stuben auseinander und gingen nach Hause. Auch ich. – Als ich heimkam, erschrak meine Mutter furchtbar, sie glaubte, ich sei übergeschnappt, denn in der Panik hatte ich ganz darauf vergessen, daß mein Vater noch immer auf meinen Schultern saß. Ich hub ihn herunter, und alles war wieder gut. Genau dasselbe passierte mir bei dem heurigen Schützenfest – – nicht mehr. Nach Aussagen blödsinniger Schützenfestzuschauer soll der heurige Schützenzug mit dem heurigen deutschen Bundesschießen wenig Ähnlichkeit gehabt haben, denn die Dekoration des Festplatzes soll fast 300 Goldmark betragen haben, eventuell auch mehr. Vielen Münchnern ist es ein Rätsel, daß man das Schützenfest und die Ausstellung zugleich und direkt nebeneinander abgehalten hat. – Auf Anfrage wurde uns von dem Komitee darüber mitgeteilt, daß das von vornherein so beabsichtigt war, weil nach Beendigung des Schützenfestes das Defizit in der Ausstellung ausgestellt wird.

Und wer war an dem Defizit schuld? Nur das nasse Regenwetter und die schlechte Witterung. – Nun ist das Schützenfest vorüber, – vorbei, – es ist gewesen, – es ist nicht mehr, – es war erst kürzlich, – oder wie man sich hierüber ausdrücken mag. Die Vorbereitungen für das nächste Schützenfest sind bereits schon wieder in vollem Gange. Nach den jetzigen Voraussagen des amtlichen Wetterberichtes werden wir zum nächsten Schützenfest in München 1940 besseres Wetter bekommen, wenigstens für die ersten Tage, die letzten acht Tage sollen wieder teilweise bewölkt und mit gewitterartigen Niederschlägen umsäumt sein.

Der verlorene Brillantring

Trotzdem ich zwei Jahre beim Militär gedient habe, hab ich vor acht Tag meinen Brillantring verlorn. Den Ring kann ich halt gar nicht vergessen, denn jedesmal, wenn ich da herschau, wo ich immer hingschaut hab, muß ich gleich wegschaun. Also der Ring war einzig – erstens schon aus dem Grund, weil ich bloß den einzigen ghabt hab ... Ein Feuer hat der Ring ghabt – wegen dem Ring is scho amal d' Feuerwehr ausgruckt. Blitzt hat der Ring wie der Blitz. Dem Ring hat nur mehr das Donnern gfehlt, dann wär's direkt ein Donnerwetterring gwesen. – Einer hat sogar einmal zu mir gsagt: »Donnerwetter, ham Sie an schönen Ring.« – Wie das gegangen is, daß ich den Ring verloren hab, is mir heut noch ein Rätsel, denn acht Tag vorher hab ich ihn doch noch ghabt; also hat der Ring neun Tag gebraucht, bis er verlorengegangen is. Mir liegt ja weniger an dem Ring, aber was tu ich jetzt mit dem blausamtenen Etui, da hat der Ring so schön neipaßt. Wer weiß, ob ich wieder so einen Ring krieg, der wo so schön da neipaßt wie der. Aber mei, jetzt is er schon fort, jetzt kann ma nix mehr ändern. Ja freilich, einmal hab ich ihn schon ändern lassen beim Goldarbeiter, da hab ich den Ring weiter machen lassen, weil er mir immer vom Finger runtergfallen is. Der Goldarbeiter hat ihn aber gleich wieder so weit gmacht, daß'n mei Frau als Armreif tragn hat könna. Durch das is er wieder verlorngegangen. – Wissen Sie, ich hätt den Ring schon wiederbekommen, wenn ich gleich eine Annonce aufgegeben hätt in der Zeitung, aber jetzt is auch schon wieder acht Tag her, jetzt weiß ich nicht mehr genau, wie der Ring ausgschaut hat; ich weiß bloß noch, daß er in der Mittn a Loch ghabt hat, wo man den Finger durchsteckt, und daß er 50 Mark kost hat.
Aber mein Gott, solche Ring gibt's halt mehr auf der Welt. –
Eigentlich bin ich froh, daß ich den Ring verlorn hab, wie leicht hätt's sein können, daß er mir amal gstohln wordn wär.

Der Menter Xaver hat Zahnweh

VON GESTERN BIS heut, hat er gsagt, der Menter Xaver, hat er drei Nächt net gschlafa vor lauter Zahnweh.

Ganz hint in der Eck hat er an Stockzahn, a Mordstrumm, aba hohl wia a alter Trankhafa. Da Xaver sagt, des kann er net versteh, wenn do a Zahn hohl is, dann is doch im Zahn nix drin, und wia des »nix« weh toa ko, des konn er net versteh, des wui eahm gar net eigeh. Denn dann müassat do der Burgermoaster allawei Kopfweh ham, sagt er.

Es is aba aa zwida für'n Xaver, weil er an ganzen Tag mit'n rotdipfedn Zahnbund rumlaffa muaß – ja jeda fragt'n scho aa: »Hast Zahnweh, Xaver?«

»Naa«, brüllt er, »an Fuaß hab i mir verstaucht, drum bind i mir an Kopf ein.« Er hat scho recht, der Xaver, des muaß do jeder am ersten Blick glei sehng, daß er Zahnweh hat, sunst tat er do koan Zahnbund umabinden.

Soweit i an Xaver kenn, konn er ja gar nix dafür, sei Muatter, ham s' erzählt, soll aa am selben Platz an hohln Zahn ghabt ham, und da hat'n halt der Xaver geerbt, da konn ma eahm wirkli koan Vorwurf macha.

Gestern soll's aba ganz gfehlt gwesn sei. Gestern hat er gwimmert wia 's Sturmglöckerl, wann's brennt, vor lauter Zähntweh, dann is eahm z' dumm worn. Er hat sei schöne Joppn ozogn, hat sei Plüschhüatl mit'n Adlerflaum aufgsetzt, dessell war eahm aba um fünf Nummern z' kloa, wegn am Zahnbund, aba er hat's mit an Spagatschnürl obundn, sein Stecka packt, und dahi is ganga.

Und wia's halt scho oft vorkemma is, wia da Xaver in der Stadt vorm Zahnarzt seiner Tür steht, war's eahm grad, als wia wenn der Zahn auf oamal gar nimma so weh tat. Halt, hat si da Xaver denkt, des hast schö daratn, a Viertelstund später wenn er aufghört hätt, war er scho herausgwesn, da hab i aba a Glück ghabt. Und glacht hat er, wei er sich das Markl erspart hat. Auf de Zehaspitzl is er runtaganga vom drittn Stock, und heruntn hat er sich glei a Maß Bier kaft und a Laugnbrezen. Seine andern Zähn hat des eiskalte Bier und de stoaharte Laugnbrezen net gschadt, bloß der oane Zahn, der wehe, war mit dera Behandlung net zfriedn, und er hat halt wieda zum Tobn und zum Ziagn ogfangt, so daß da Xaver vor lauter Schmerz as Zahln vergessn hat. Und de Kellnerin hat gschrian: »Halt, z'erst zahln!« – und bald hätt er des aa net ghört wegn dem dicken Zahnbund.

Und wia a alter Leimsieda is da Xaver wieda zum Zahndokta aufe mit dem oan Gedanken – jetzt muaß er aussi, der Knocha! – Narrisch hat er oglitten, und a paar Minutn drauf is er scho auf dem gspaßigen Stuhl drom ghockt. Zittert, sagt er, hat er wia a Schweinssulz. Aba wia da Zahndokta zu eahm gsagt hat: »No, mei Liaba, wo fehlt's denn?« – da hat der Xaver 's ganze Vertrauen verloren. Mei, hat er si denkt, wenn der aa no so dumm fragt und als Zahndokta net selba kennt, daß i Zahnweh hab, na werd's grad recht. »Ja, Zahnweh hab i«, hat der Xaver gsagt.

»Ja, ja«, moant da Dokter, »des glaub i schon, daß du mir koan Stiefe zum Doppeln bringst, aber i muaß do wissn, wo du Zahnweh hast?«

»In mein Mai drinna«, sagt der Xaver.

»Ja«, sagt der Dokter, »na muaßt aber dei Mai aufmacha, daß i den wehen Zahn siehg.« – Mei, hat da Xaver denkt, is der neugieri, der werd do als Zahndokter scho öfters an wehen Zahn gsehng ham. Dann hat er sei Mai aufgrissn, und da Dokter hat einegschaut, hat sei Zangerl gholt, und da Xaver hat si denkt ›Jetzt hoaßt's aushalten‹ und hat sich im stillen gwunschen: Liaba lassat i mir jetzt den größten Holzschiefer aus'n großn Zeha rausziagn, des tuat zwar aa narrisch weh, aba i kannt wenigstens vor Schmerzen de Zähn zsammbeißn, weil da Dokter sagt: »So, jetzt macha S' an Mund recht schö weit auf!« Aba desmal hat da Dokter zum Xaver gsagt: »Gar so notwendig is eigentli de Rausreißerei net mit dem wehen Zahn, weil man den vielleicht no plombiern kannt. Ich moan, der halt's no aus.« Na is er auf sei Schrankerl zuweganga, hat 's Zangerl neiglegt und is mit so a neumodischen Bohrmaschin daherkemma. Des war a langa Schlauch, und vorn dro is a Bohrer gwesn, der hat si draht wia da Teufe. – »Halt«, hat da Xaver gsagt zum Dokter – »gehst glei weg mit dera Maschin, mir waar's ja schön gnua, was möchst ma denn mit dem Teifelsglump otoa?«

Aber da Dokter hat's eahm ganz vernünfti erklärt, an Xaver, daß er den hohlen Zahn vorm Plombieren ausbohren muaß. »Den braucha S' nimmer ausbohrn«, hat da Xaver gsagt, »der is ja so scho hohl.« Da Dokter hat aba mit'n Xaver a rechte Geduld ghabt und hat gmoant, da Xaver soll sich halt dann doch den bösen Zahn reißen lassen. Er hat eahm aa versprocha, daß er gar nix gspürat, weil er ihn mit Lachgas behandeln tät.

Jetzt hat da Xaver d' Lippen übereinandergschobn, hat oa Aug zuzwickt und hat gmoant: »Nix gspürn, des waar scho mei seligster Wunsch beim Zahnreißen, aba mit Lachgas, dessell trau i mir net, wei mei Basn vor vier Wocha gstorbn is, und da hab i no Trauer.«

»Ja mei«, hat der Dokter wieda an Xaver vertröst, »woaßt, des is a schware Sach mit euch Bauern, jetzt bleibt mir nix mehr übrig als an Nerv töten und a Goldkrone aufsetzen.« – Wia des da Xaver ghört hat, is er vom Stuhl aufgrumpelt, hat sein Huat packt und sei Packl, denn vom Töten hat er no nie was wissen wolln, und jetzt in da Republik a Goldkrone aufsetzen?

»Naa, naa!!! – Pfüat Gott, Herr Dokta – nix für unguat!!!«

Auf dem Marienplatz

Die neue Verkehrsordnung

Der grosse Dichter Josef Ding (i. J. 1520) sagte einmal: »– Es geschieht nichts Neues unter der Sonne!« – Dieser Mann hatte nicht recht oder vielmehr, er hatte nicht Gelegenheit, heute über den Marienplatz in München zu gehen. Der Marienplatz vor hundert Jahren (siehe Maillingersammlung) – der Marienplatz von heute (siehe Marienplatz). – Schutzleute zu Podium (früher zu Pferd) und Schutzleute zu Fuß tuen ihre Pflicht. Der Marienplatz ist voll von Menschen – Kindern – Automobilen – Radfahrern – Hunden – Tauben – Glockenspiel – Straßenbahnen – Pflaster – Inseln – Wasserpfützen – Bogenlampen – Zigarrenstumpeln – verfallenen Straßenbahnbilletten – Kontaktdrähten – Benzingestank usw. – Das sind die gegenwärtigen Requisiten des Marienplatzes. Was treiben diese Requisiten? – Die Schutzleute dirigieren – die Menschen folgen nicht – die Gaffer gaffen – staunen, betrachten, grinsen, spotten, sind noch biedermeierisch veranlagt, wollen sich nicht an den Großstadtbetrieb gewöhnen. – Die Automobile hupen – die Radfahrer warten – die Hunde stören – die Tauben fliegen – das Glockenspiel klingt hell und »rein« – die Straßenbahnen kommen daher und fahren dahin – das Pflaster wird betreten, die Inseln ebenfalls – die Wasserpfützen auch ebenfalls – die Bogenlampen brennen (nachts) – die Zigarrenstumpel liegen – die weggeworfenen Straßenbahnfahrscheine flattern – die Kontaktdrähte schwingen wie Spinnennetze – der Benzingestank ist tagtäglich – und somit der ganze Zustand unerträglich. –

Die Verkehrspolizei will nun das Beste. – Aber wir Städter sind immer noch Dörfler. – Macht es der Schutzmann so – gehn wir so. – Macht es der Schutzmann aber so – gehen wir gewiß so. – Es soll klappen, aber es klappt nicht. Vielleicht in zehn Jahren, dann ist es aber zu spät, bis dahin fliegen wir alle. – Für die ganze Verkehrsordnung hätte ich eine neue Idee. Und jeder Irrsinnige wird mir voll und ganz beistimmen.

Mein Prinzip wäre folgendes:

Am Montag dürfen in ganz München nur Radfahrer fahren, am Dienstag nur Automobile, am Mittwoch nur Droschken, am Donnerstag nur Lastautos, am Freitag nur Straßenbahnen, am Samstag nur Bierfuhrwerke. Die Sonn- und Feiertage sind nur für Fußgänger. Auf diese Weise könnte nie mehr ein Mensch überfahren werden.

Ein zweiter Vorschlag wäre auch dieser:

Von 6 bis 7 Uhr morgens sind die Straßen Münchens nur für Radfahrer, von 7 bis 8 Uhr für Automobile, von 8 bis 9 Uhr für Droschken, von 9 bis 10 Uhr für Lastautos, von 10 bis 11 Uhr für elektrische Straßenbahnen, von 11 bis 11¼ Uhr für das Glockenspiel, von 11¼ bis 12 Uhr für Bierfuhrwerke bestimmt.

Der Regen

Eine wissenschaftliche Plauderei

Der Regen ist eine primöse Zersetzung luftähnlicher Mibrollen und Vibromen, deren Ursache bis heute noch nicht stixiert wurde. Schon in früheren Jahrhunderten wurden Versuche gemacht, Regenwasser durch Glydensäure zu zersetzen, um binocke Minilien zu erzeugen. Doch nur an der Nublition scheiterte der Versuch. Es ist interessant zu wissen, daß man noch nicht weiß, daß der große Regenwasserforscher Rembremerdeng das nicht gewußt hat. Siedendes Regenwasser gehört zu den heißesten Flüssigkeiten der Gegenwart. Dem Regen am nächsten liegend ist der Regenwurm – er lebt vom Regen, genau wie der Regenschirmfabrikant. Regenschirm und Sonnenschirm sind zwei gleiche Begriffe, und doch würde ihre Verwechslung zu einer nicht vorausgeahnten Katastrophe führen, denn einen Regenschirm kann man im Notfalle als Sonnenschirm benützen, dagegen kann man einen Sonnenschirm im Notfalle kaum als Regenschirm benützen.

Die Regentropfen gleichen in der Form den Hoffmannstropfen, die, an der Medizinflasche hängend, eine ovale, frei in der Luft schwebend, eine runde, und auf einer Tischplatte liegend, eine platte Form besitzen. Regenwasser benützt man häufig zum Gießen von Wiesen, Gräsern, Blumen, Unkraut und Gärten. Kinder benötigen den bekannten Mairegen zum Wachstum, und es ist statistisch nachgewiesen, daß die Kinder wirklich wachsen, auch wenn sie nicht mit Mairegen begossen wurden.

Der allerschönste Regen ist der Regenbogen – gar kein Vergleich mit dem Münchner Maffeibogen, jener ist ein Wunder des Himmels, letzterer ein Greuel der Stadt München. Nur an Farbenschönheit überragt ersterer den letzteren.

Das Regenwetter wird oft mit Sauwetter, Hundswetter betitelt. Die Theater-, Kino- und Kaffeehausbesitzer haben derlei Ausdrücke noch nie über ihre Lippen gebracht. Heftige Regengüsse nennt man Wolkenbrüche; damit ist gemeint, daß irgendeine Wolke so schwer mit Wasser gefüllt ist, daß sie bricht, welchen Vorgang man beim menschlichen Biermagen mit Katzenjammer bezeichnet. Gegenmaßnahmen zur Heilung von Wolkenbrüchen sind zur Zeit noch nicht gemacht worden, da Wolkenbruchbänder der großen Dimension halber noch nicht hergestellt werden können, und zwar aus technischen Gründen.

Künstlicher Regen wird durch Gießkannen erzeugt. Unglaubliche Sitten und Bräuche werden aus dem Mittelalter erzählt. Ich zähle hier schon einige mehr an Aberglauben grenzende Tatsachen auf: Bei den alten Germanen wurden schnell alternde Kinder mit frisch gefallenen Regentropfen geimpft. Während dieser Injektion mußte der Urgroßvater des betreffenden Kindes einen vierstimmigen Choral singen. Ein weiterer Aberglaube bestand darin, Ehesünder auf folgende Art zu entlarven: Bei strömendem Regen mußte der Ehemann 100 Meter weit laufen, unmittelbar nach seiner Ankunft am Ziel wurden die auf seinen Körper gefallenen Regentropfen schnell gezählt, waren es über 1000 Tropfen, war er ein Ehesünder.
Weitere wissenschaftliche Fortschritte über Regenwasser sind bis heute noch nicht gemacht worden. – Die Feuchtigkeit des Regens soll auch im Mittelalter nicht so stark gewesen sein wie heutzutage, was ja auch der jüngstvergangene langanhaltende Regen beweist. Denn die verflossene Feuchtigkeit konnte nicht mehr mit Bodenfeuchtigkeit, sondern mit Hochwasser angedeutet werden. Und was Hochwasser bedeutet, wissen wir alle noch von der Sündflut her, die vielen unvergeßlich bleiben wird. Aber dennoch denken wir dabei an die Worte des Dichters:

Sich regen – bringt Segen.

Neues vom Starnberger See

FÜNF METER von Starnberg abwärts liegt der Starnberger See. Am linken Ufer des Sees liegt eine Leoni, kurz genannt Leoni. Wie in Neuyork, so landen auch hier stündlich Dampfschiffe. Mit den Dampfschiffen nehmen alltäglich die Starnberger Dampfschiffseerundfahrten ihren werten Anfang. Die Rundreisebilletten auf den Dampfern sind aus Pappkarton, und wenn es regnet, ist meistens während der Fahrt die Aussicht auf das bayerische Gebirge wegen schlechter Aussicht nicht zu sehen. Der Starnberger See selbst ist melancholisch, was bei anderen Seen stets meistens auch immer hie und da sehr oft der Fall ist. Einer alten Sage nach aus dem Jahre 1925 sollen sich vom Undosabad aus vorigen Sommer aus unbekannten Ursachen Tausende von Menschen in den See gestürzt haben; dieselben konnten sich aber dank ihrer guten Schwimmkenntnisse alle selbst aus den Wellen befreien. Im selben Jahre ereignete sich auch noch ein anderer bedauernswerter Unfall. Ein Mann stieß mit dem Ruderboot, ungefähr 50 Meter vom Ufer entfernt, an eine grüne Schlingpflanze, sogenannte Wasserrose, an, das Schiff kippte um, und im Handumdrehen fiel der Mann in das in der Nähe befindliche Wasser. Breit und weit kein Mensch, der dem Ärmsten Hilfe bringen konnte, trotzdem er fortwährend um Hilfe schrie. Zufälligerweise kam ein Briefbote daher und bemerkte die Hilferufe des um Hilfe Schreienden. Statt nun wacker (nicht identisch mit Fußballklub Wacker) ans Rettungswerk zu schreiten, rief der hartherzige Briefträger dem Ertrinkenden die nicht minder harten Worte zu: »Ich kann Ihnen leider nicht helfen, da ich selbst nicht schwimmen kann, aber ich kann Ihnen die Adresse eines guten Schwimmlehrers mitteilen.«

Jeder Mensch ohne Ausnahme soll also in der heutigen Zeit schwimmen lernen, das finde ich unbedingt notwendig, damit er einen nicht Schwimmenkönnenden jederzeit aus dem Wasser retten kann. Aber eigentlich ist es auch wieder zwecklos, denn wenn jeder Mensch einmal schwimmen kann, braucht man ja keinen mehr retten. Also wäre es angebracht, daß jeder, der schwimmen kann, dasselbe sofort wieder verlernen soll. Ein weiterer Sport außer dem Ertrinken ist das sogenannte Fischen von lebenden Fischen. Daß die Fische gefangen werden müssen, leuchtet jedem ein, und das ist auch klar. Wäre im Starnberger See zum Beispiel seit Gründung, oder besser gesagt seit dem vieltausendjährigen Bestehen desselben noch nie ein Fisch gefangen worden, so hätten sich diese Fische seit diesen Jahrtausenden so vermehrt, daß vielleicht mehr Fische im See wären als Wasser. Die Folge davon wäre, daß die Fische vor lauter Fischen nicht mehr schwimmen könnten, zuwenig Wasser hätten und daher nicht mehr existieren könnten. Nachdem aber im Starnberger See viel Wasser ist, bleibt die Frage offen, ob tatsächlich schon so viele Fische gefangen worden sind. Eine Kontrolle hierüber käme jetzt natürlich zu nachträglich. Das Fischen mit der Angel ist von vielen Seiten als Tierquälerei empfunden worden, hauptsächlich vom Fisch selbst. Einen Dieb fängt man ja auch nicht mit der Angel, sondern eben aus Humanität mit List und Schlauheit. Stellen wir uns einmal einen Schutzmann vor, der mit der Angel einen Dieb fangen will; der Schutzmann geht mit der Angel in eine Wirtschaft, in der er den Dieb vermutet, befestigt an dem spitzen Angelhaken ein Stück Schweinsbraten, hält diesen dem Dieb vor die Nase, der Dieb beißt an, und schon hat der den Haken in der Oberlippe. Das wäre eine Grausamkeit. Ist es bei einem Fischlein keine Grausamkeit? Eigentlich noch mehr, denn der Fisch ist ja unschuldig, weil er nichts gestohlen hat.

Über die Tiefe des Starnberger Sees gehen die Ansichten weit auseinander. Einige behaupten, er sei tiefer als lang, andere sagen, er sei länger als tief. Fachmännisch wurde genau berechnet, daß er tief, seicht, lang, kurz, schmal und breit zu gleicher Zeit ist. Die Tragkraft des Wassers wurde erst kürzlich von Ingenieuren geprüft und dabei die erfreuliche Tatsache festgestellt, daß die irrige bisherige Meinung »je tiefer das Wasser, desto mehr Tragkraft« nicht richtig ist. Eine Probe brachte den sicheren Beweis. Während ein faustgroßer Stein in der Mitte des Sees, also an der tiefsten Stelle, rapid unterging, blieb ein ebenso großer Gummiball an der seichtesten Stelle auf der Wasserfläche liegen. Ob dieses Experiment eine Tragweite für die Zukunft bedeutet, wird uns die Zukunft beweisen. Jedenfalls ersieht man daraus das fortwährende wissenschaftliche Tasten nach Problemen. Auf alle Fälle steht fest, daß, je weiter sämtliche Ufer eines Sees voneinander entfernt sind, desto größer sich also die Wasserfläche gestaltet. Ein See ohne Ufer wäre daher kein See mehr, denn einen uferlosen See hat es bis heute noch nicht gegeben. Dasselbe gilt auch für den Ammersee.

Geschichtliches ist vom Starnberger See nur noch zu berichten, daß der damalige bayerische Herzog der Pfiffige einen Antrag des Starnberger Bürgermeisters: Errichtung einer Handelsflotte auf dem Starnberger See, schnöde abwies. Die heutigen noch existierenden Starnberger-See-Salondampfer können nur noch in den Augen der Firmlinge Gewaltiges auslösen, denn für Weltreisende bedeuten dieselben nur mehr ein Lustspiel auf offener See. »Bei schönem Wetter«, sagt der kleine Maxl, »ist es auf dem Starnberger See herrlich, regnet es aber, so wird der See naß.« Über Starnberg selbst ist wenig zu berichten. Starnberg hat seinen eigenen Reiz und seinen eigenen Bahnhof, in welchem unsere neuen elektrischen Schnellzüge stehen. Bei den elektrischen Schnellzügen, die einen Gipfel der deutschen modernen Technik darstellen, haben sich die alten Gasfunseln (aus dem Jahre 1880 ungefähr) so gut bewährt, daß dieselben jetzt in den modernen Münchner Straßenbahnwagen statt der elektrischen Glühlampen eingeführt werden sollen. In Starnberg sind jetzt schon viele Fremde zu sehen, die aus München geflüchtet sind, wegen den unaufhörlichen chronischen Straßenbauarbeiten.

Soweit wäre über Starnberg alles berichtet. Nächsten Sonntag nachmittag um halb 21 Uhr findet im Starnberger See ein Karpfenrennen statt, mit darauffolgendem Brillantfeuerwerk. Zwölf zehnpfündige dressierte Karpfen schwimmen mit Motorboot und Musikbegleitung von Starnberg nach Seeshaupt; während dem Rennen ist der See für Fußgänger gesperrt.

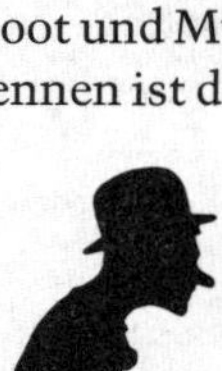

Fußball-Länderkampf

Ich bin erst kurz beim Fußballkampf gewesen,
Dort war es schön und intressant,
Den Platz hab ich schon irgendwo gesehen,
Die Fußball-Mannschaft hab ich nicht gekannt.
Und als sie Abschied nahmen von den Toren,
Das Spiel war aus, sie reichten sich die Hand,
Ich hab mein Herz in Heidelberg verloren,
Mein Herz, das wohnt am Isarstrand.

GROSSE TAGESPLAKATE kündigten einen großen Fußballkampf an. Ich hab noch nie einen solchen gesehen. Flugs eilte ich an eine Autowartestelle und frug den Führer, ob er gewillt wäre, mich zu dem heutigen Fußball-Rennen zu bringen. Nachdem mich der Autoführer aufgeklärt hatte, daß heute kein Fußball-Rennen, sondern ein Fußball-Kampf stattfindet, stieg ich in das Auto und fuhr los. So was von Menschen habe ich noch nie gesehen, eine direkte Völkerwanderung von der Stadt bis zum Fußballplatz. Ich zählte mindestens 5000 Autos. Wenn man bedenkt: wegen *einem* Fußball 5000 Autos, das ist kolossal. Am Sportplatz selbst eine Menschenmasse von 50 000 Menschen, dazu 5000 Autos gerechnet, also zusammen 55 000. Am Fußballplatz angelangt, frug ich sofort einen Platzanweiser: »Wo ist die Drehbühne?« – »Drehbühne?« sagte er, »gibt es hier nicht.« – »Was?« sag ich, »50 000 Menschen und keine Drehbühne? Sind Sie verrückt? Ich habe doch im Kartenvorverkauf eine Drehbühnenkarte gekauft!« Ich wies meine Karte vor, der Irrtum wurde mir klar – es war keine Drehbühnen-, sondern eine Tribünenkarte. Ich wälzte mich also zur Tribüne hinauf. Schlängelte mich amphibisch zu Platz Nr. 4376 hinauf. Ich saß. Ich saß kaum – wer stand vor mir? Ein Mann mit einem heißen Blechkessel. »Wollen Sie heiße Würstchen?« sprach er. – »Nein«, sagte ich, »das Gegenteil – ich will das Fußballwettspiel sehen.« Ich zog meine Uhr aus der Tasche und sah – 4 Uhr 10. Beginn 4 Uhr.
»Wann geht es endlich los?« – Ich wurde ungeduldig und schrie aus Leibeskräften!! – Schon wieder war einer da – »Wer wünscht hier Los? Ziehung unwiderruflich Freitag, den 1. April.« Nun begann die Musikkapelle drei Musikpiecen zu spielen. Vom Fußballspiel war noch keine einzige Spur zu sehen. Die Musikkapelle spielte hierauf ein Dacapo. Währenddessen nahte ein Flieger samt Flugapparat surrend zum Flugplatz heran. – Der Flieger war hoch oben, der Platz tief unten, das Publikum ebenfalls. Es war ein ergreifendes Schauspiel. Besser hätte man es in einem Schauspielhaus auch nicht gesehen. Ich habe schon in meinem Le-

ben viel Flieger gesehen, aber diesmal nur einen, oder besser gesagt, damals nur diesen. Als das Flugzeug sich dieses Fußballs entledigt hatte, flog es hurtig von dannen. Nachdem uns die Musik wiederum etwas geblasen hatte und das Fußballspiel noch immer nicht begann, rief ich zum zweitenmal aus Leibeskräften: »Los!!!« Wer kam wieder daher? Der Mann mit den Losen! »Ziehung unwiderruflich am Freitag, den 1. April.« – Nun wurde es mir fast zu dumm, wir wollten gehen ... Sie staunen, weil ich *wir* sagte – wir waren zu zweit, ich und mein Regenschirm. Um wieder auf den Fußball zu kommen, ich vergesse nie den Anblick, wie auf dem riesigen Festplatz dieser kleine Fußball lag – einsam und verlassen. Hätte ich Tränen dabei gehabt, ich hätte dieselben geweint. Auf einmal – wir konnten es kaum erwarten – fing es endlich an ... zu regnen.
Von diesem Augenblick an war ich überzeugt, daß die Menschen vom Affen abstammen. Denn wie bekannt, machen doch die Affen alles nach. Beim ersten Regentropfen öffnete ich meinen Regenschirm, und siehe da – – – alle 45 000 Menschen machten mir es nach. – Was sagen Sie dazu?
Hätte ich vielleicht meinen Regenschirm nicht aufgespannt, hättens alle anderen auch nicht getan. Und alle 45 000 Menschen wären naß geworden bis auf die Haut, die sich ja bei jedem Menschen unter den Kleidern befindet. Plötzlich ein Fahnenschwenken, die Musikkapelle spielte dazu, und das erste Fußballbataillon marschierte mit klingendem Spiel auf das Spielfeld. Ich sprach zu meinem neben uns stehenden Freund: »Nun geht's los.« Wer stand wieder da? Der Mann mit dem Los: »Ziehung unwiderruflich Freitag, den 1. April.« ... Es war zum Kotzen. Ich werde dieses Datum nie mehr vergessen. – Und nun begann der Anfang. Es erschienen nun die Fußballieblinge, die vom Publikum vergötterten Fußballisten. Da begannen die 45 000 Menschen ein 90 000händiges Applaudieren. Der Torwärter stand schon vor den Toren, und die Musik spielte dazu »Am Brunnen vor dem Tore«. Alles stand kampfbereit, aber der Fußball stand noch immer allein und einsam in der Mitte. Es war bereits 4 Uhr 30 alte und 16 einhalb Uhr neue Zeit zugleich. Da ging wie ein Lauffeuer ein unleises Raunen durch die Menschenmassen ... »Die Fotografen kommen.« Mindestens ein halbes Dutzend Fotografen ohne Ateliers bevölkerten jetzt das Spielfeld. Das Spiel begann nun – – immer noch nicht und die Kapelle spielte dazu das alte Volkslied »Es kann doch nicht immer so bleiben«. Das war denn auch meine Meinung, und nach einigen kürzeren Minuten erschienen endlich drei Kinooperateure. Nun trat eine Pause ein, nach deren Ende plötzlich die Sanitätsmannschaft auf dem Platze Platz nahm. Anschließend daran kam der Herr Amtsrichter – Verzeihung – Schiedsrichter, um seines Amtes zu walten. Er ging in die

Mitte, pfiff und das Spiel begann. Enden tat das Spiel mit dem Sieg der einen Partei – die andere Partei hatte den Sieg verloren. Es war vorauszusehen, daß es so kam.

Karl Valentins Olympiabesuch

Hier sitz ich alleine und spähe umher
und lausche hinauf und hernieder,

so heißt es in dem alten Lied »An der Weser«.
So ähnlich erging es mir, als ich allein im Olympiastadion saß. – Wie kam es, fragte ich mich selbst, daß ich zur Olympiade zu spät kam? – Ich blieb mir die Antwort nicht schuldig, Ihr Leichtsinn ist daran schuld! erscholl es von meinen Lippen. (Ihr bedeutet ich selbst). Denn aus Eigentrotz sage ich selbst zu mir nicht du, sondern Sie, weil man da vor sich selber viel mehr Respekt hat als mit der Duzerei. – Nur *einen* Tag zu spät und dennoch zu spät! – O Herr, bewahre mich bei der nächsten Olympiade 1940 vor solchen Etwaigitäten! – Trotzdem ich mich setzte, war es doch entsetzlich, als ich allein dasaß, in einer Hand die verfallene Eintrittskarte, die andere Hand in meiner eigenen Hosentasche. – Um mich herum saß nirgends niemand – das große Schweigen ringsumher war still und lautlos. – Meine einzige Unterhaltung war das Warten. Zuerst wartete ich langsam, dann immer schneller und schneller, kein Anfang der Olympischen Spiele ließ sich erblicken – da endlich von mir ein schriller Blick, und meine Augen starrten hinunter zu dem Eingang bei der Kampffläche. – Ich sahte einen kleinen Jemand, der Jemand scheinte mich zu suchen, was diesem auf den ersten Blick gelang. Unsere Pupillen kreuzten sich in der Mitte unserer Entfernung. Ich saß – sie kam – nur sie allein, die kleine Liesl Karlstadt, klärte mich darüber auf, daß gestern der letzte olympische Tag gewesen ist. – »Ist das schade!« schrie ich teilnahmserregt in den blauen Äther hinaus – ich schnellte langsam von meinem Sitz empor, flugs verließen wir die Stätte des großen Gewesenseins. Freudezerknittert traten wir per Verkehrsmittel die Heimfahrt an in die Stammkneipe am Kurfürstendamm. – Wir Sachsen haben in Berlin einen eigenen Stammtisch, dort kommen täglich alle Münchner zusammen, und da wird erzählt, von diesem und jenem, von jenem weniger, dafür öfter von diesem. Ich konnte leider heute zu meinem Bedauern nichts von den Olympischen Spielen erzählen, da ich ja nichts gesehen hatte – und alle lauschten umsonst.

Erste Narrenrede

Das war so! – Wie der moderne Maler malt, so kann der moderne Schriftsteller schreiben.
In Magdeburg am Rhein wohnte eine Verwandte, nämlich meiner Mutter ihre Braut, die gegenwärtig von Mexiko vorübergehend nach Rom reiste. Dadurch ist das Privatvermögen der Sauerkrautverleihanstalt »Eldorado« in Konkurs geraten, weil die Pläne zur Grundsteinlegung des neuen Kreisrealschul-Projektes durch Prolongation des Innern nicht genehmigt worden sind.
Ich finde es übertrieben, deshalb meine Zimmer tapezieren zu lassen, denn in kurzer Zeit kommt die Sache ans Tageslicht, und wenn sich drei Schwestern heiraten, kann von einem Quartett keine Rede sein.
Mir ist die Sache furchtbar peinlich, denn wenn ich die Gummischuhe einmal getragen habe, faßt der Kanzleisekretär die Sache falsch auf, und statt daß ich für das Segelflugzeug zweihundert Mark Einsatz bekomme, muß ich von Frankfurt bis Köln zu Fuß heimfahren.
Mein Rechtsanwalt gab sich alle Mühe, in 3000 Meter Höhe ein Zündholz aufzutreiben, aber deshalb ist nicht gesagt, ob das Filmdrama einem Lustspiel gleichkommt, denn mit einem bloßen Händedruck kann man heutzutage kein Stiegengeländer lackieren – und warum? Weil das Zutrauen fehlt! Obwohl kein Zeuge beweisen kann, daß man mit einem Freibillett eine Telefonstörung vermeiden kann. Die Hauptsache ist schließlich doch, daß der Schönschreibunterricht in den Volksschulen nicht mit dem Walchenseekraftwerk in Fühlung kommt, denn der städtische Knabenhort hat alle Hebel in Bewegung gesetzt, daß eine abermalige Erweiterung des Potsdamer Platzes nur dann zustande kommen darf, wenn sämtliche Kinos in Berlin in Freudenhäuser verwandelt werden. Was natürlich mit einer Verlängerung der Polizeistunde vor Mitternacht nichts zu tun hat. Im gegebenen Falle würde natürlich hygienischen Rücksichten entsprechend ein öffentliches Hausieren mit elektrischen Klavieren nur dann in Betracht kommen, wenn die Lederindustrie zur Erzeugung von Tabakprodukten die Grenze zwischen Ostern und Pfingsten nicht überschreitet. –
Hinsichtlich Paragraph Nummer Null könnte also die Erlaubnis, auf dem Plötzensee ein Trabrennen abzuhalten, nicht erteilt werden, was durch das Entgegenkommen der Kleinwohnungsgenossenschaft sehr in Frage gestellt ist. –
Ob die vier Könige unter den Tarockkarten dieses Jahr noch abdanken, ist ebenfalls fraglich, denn zehn Pfennig für eine Straßenbahnfahrkarte ohne Speisewagenbenützung ist eher zu teuer als notwendig.

Infolge dieser Preistreiberei können also Hypotheken auf Star- und Maikäferhäuser vor dem 0. Dezember 1702 nicht gekündigt werden, ebenso wird Zusendung von Neujahrsenthebungskarten an den beiden Osterfeiertagen gerichtlich verfolgt. Halbamtlich, eigentlich viertelamtlich, sei noch mitgeteilt, daß farbiges Konfetti in den verehrlichen Apotheken nicht mehr als Kopfwehpulver verkauft werden darf, und deshalb rufe ich unter Tränen aus:
Nieder mit dem Aschermittwoch – nieder mit dem Karneval
Es lebe der 1. April!
Volkus plumentus – ex!? ––

Hochwasser

HEUTE NACHMITTAG drei Uhr dreißig sind genau achthundert Jahre verflossen seit Bestehen unserer Isar. Das Isarbett selbst wurde erbaut von Herzog Jakob dem Wäßrigen. Seine Gemahlin, die spätere Kronprinzessin Cenzi von Harlaching, der frühere Kurprinz Maximilian der Wamperte, Großherzog von Kleinhesselohe waren bei der Isarenthüllung zugegen. Es war ein feierlicher Akt, ein historisches Jubiläum, als die ganze Münchner Bürgerschaft, der Stadtmagistrat samt den Stadtvätern auf der Fraunhoferbrücke standen und jeden Moment auf die ersten Isarwellen warteten. – Auf der damaligen Praterinsel standen schon Böller salutbereit, die kleinen Häuser und Herbergen waren schon den ganzen Tag illuminiert in den Münchner Stadtfarben, und Tausende gelbe und schwarze Flämmchen leuchteten in den sonnigen Tag hinein.
Punkt vier Uhr sollte der grüne Fluß eintreffen, aber es wurde später und später, und kein Tropfen Isar war zu sehen. Es wurden sofort Extrablätter verteilt mit der Inschrift: »Isar noch nicht eingetroffen, eine Stunde Verspätung!«
Große Bestürzung unter der Bevölkerung, aber das Volksgemurmel wurde durch ein eigenartiges, unleises Rauschen unterbrochen – ein kurzes Horchen der Menge, und aus tausend Kehlen schallt es durch die Auen: Die Isar kommt, die Isar kommt, die Isar kommt, die Isar ist schon da. Vom Frauenturm herab (der allerdings erst später erbaut wurde) hielt Bürgermeister A. Bcdef eine Ansprache, welche durch das damalige trübe Wetter für die Allgemeinheit sehr schwer verständlich war; nur der Turmwächter, welcher die Rede mitstenografierte, konnte dieselbe der Nachwelt überliefern. Die Ansprache lautete:
»Willkommen, edler Gebirgsfluß, willkommen in deiner Heimat, in der

Haupt- und Residenzstadt München. Endlich haben deine Wogen unsere Stadt berührt, und wir alle freuen uns, des großen Nutzens und Schadens wegen, den wir durch dich bekommen. Du wirst in Zukunft unsere Windmühlen treiben, du gibst uns einen großartigen Aufenthaltsort für unsere armen Fische, wir können in dir baden. Geheimrat Pettenkofer wird dir etwas Gruseliges (nämlich die Fortschwemmung der Fäkalien) anvertrauen. – Liebe Mitbürger, wir können nicht umhin, uns selbst den herzlichsten Dank auszusprechen, denn gerade ich und wir waren es, welche uns am meisten ins Zeug gelegt hatten zur Errichtung einer Isar in der Stadt München. – Aber noch wer ist uns beigestanden bei unserer harten Arbeit; nämlich der da oben *deutet vom Frauenturm noch höher hinauf*, er hatte uns das nasse Element, allerdings in etwas knapper Anzahl, zur Verfügung gestellt; alles in allem, ich ersuche, sämtliche Anwesende möchten sich von ihren Sitzen erheben und möchten mit mir in den Ruf einstimmen: ›Die schöne grüne Isar, sie lebe hoch!‹ *Böller* ›Hoch!‹ *Böller* ›Hoch!‹«

Aber Gott läßt seiner nicht spotten, nach dem letzten »Hoch« stieg der Pegel auf ein – zwei – drei – vier – fünf und gar sechs Meter, die gutmütige Isar schäumte gelb vor Wut, die haushohen Wellen waren mindestens ein bis zwei Meter hoch, die am Ufer stehenden Menschen flohen in die Stadt – ins Hofbräuhaus, welches bald überfüllt war, der Rest zog traurig von dannen – in die Kirche.

Mittlerweile wimmerte auf den Kirchtürmen der Stadt die Sturmglocke und verkündete Unheil – die Hunde heulten, der Wind ebenfalls, die furchtsamen Weiber auch ebenfalls, die Kinder gingen nicht in die Schule, der Bäcker backte, die Kinos wurden geschlossen, und die Schweine grunzten, aber das Hochwasser stieg trotzdem immer tiefer. Eine allgemeine Angst überfiel jeden, die Stadtväter traten mit gerunzelter Stirn zusammen, um Sicherheitsmaßregeln auszudenken, aber bei ihnen war alles Denken umsonst. Man beschloß, hundert Silbertaler demjenigen als Belohnung zu geben, der das Hochwasser zum Sinken brächte. Verschiedene Vorschläge von Mitbürgern sind gemacht worden:

1. Sofortige Tiefergrabung des Flußbettes.
2. Der Vorschlag, eine Arche Noah zu bauen, wurde des alten Systems wegen verworfen.
3. Ein Bittgang zum hl. Nepomuk war zu spät, da das Hochwasser bereits zu groß geworden war.
4. Ein Spaßvogel meinte, das Überwasser abzuschöpfen, aber wohin?

Aber dem einen Vorschlag: abzuwarten, bis das Hochwasser selbst aufhört, wurde allgemein zugestimmt, da das auch kostenlos wäre.

Und einige Tage später war aus dem Hochwasser ein Niederwasser und

wurde noch öfters Hochwasser, und 1899 wurde es gleich so hoch, trat wieder aus den Ufern heraus, riß alle modernen Eisenbetonbauten um, die unmodernen alten Holzbrücken blieben stehen. Da wurde es den technischen Wasserbaumenschen einmal zu dumm, und sie sprachen: »Schluß mit den Überschwemmungen!«
Sie bauten Kaimauern in München, und zwar so hoch, daß die Isar niemals mehr über die Ufer fließen kann, und die Geschichte war für immer erledigt.
Und die Herren Ingenieure und Architekten machten sich lustig über Schillers Worte: »Denn die Elemente hassen das Gebild von Menschenhand!«, und auch mit Recht, denn sie allein wissen es ja bestimmt, wie hoch die Isar in Zukunft werden kann!

Brief aus Bad Aibling

Hochwohlgeborne Anni,
liebe Ehefrau und Zuckerschneckerl!

Liebe Frau, teile Dir mit, daß ich in Bad Aibling gut angekommen bin. Bei Ankunft stiegte ich aus demselben Zug aus, in dem ich am Bahnhof zu München einstug. Ich wollte absichtlich nicht weiterfahren, da mein Billet nur bis Aibling giltig war und hätte eine Weiterfahrt keinen Wert gehabt, da ich sonst über Bad Aibling hinausgefahren wäre. Die Eisenbahnfahrt ging sehr schnell, da es ein Schnellzug war; wäre es ein Güterzug gewesen, wäre die Fahrt natürlich nur Güter gewesen. Während der Fahrt aßte ich mein Butterbrot und trankte meinen roten Wein. Vis a vis von meinem Schnellzug sauste auf einmal ein anderer Schnellzug vorbei, und zwar so schnell, daß man die Leute, die in dem anderen Schnellzug saßten, kaum grüßen konnte, obwohl vielleicht ein guter Bekannter hätte drin' sitzen können, der dann am andern Tag zu mir gesagt hätte: Gestern waren Sie aber protzig, weil Sie mich nicht einmal gegrüßt haben. Die Fahrt ging dann weiter; auf einmal wurde es mir not, die Notkabine war aber besetzt; deshalb zogte ich die Notbremse und der Zug stund. Der Eisenbahnbesitzer stiegte zu mir in das Kouplet und schrub mich auf wegen Notzug. Die Gesellschaft im Eisenbahnwagen war sehr gemischt; es waren fast lauter Reisende, nur der eine Herr, der in München den Zug versäumte, fuhr nicht mit, da er wahrscheinlich mit dem nächsten Zug hinter uns nachkommt, in welchem wir auch gefahren wären, wenn wir den

Zug auch versäumt hätten. – In Aibling selbst ist es sehr schön, obwohl es, glaube ich, sehr wenig Weinkneipen dort gibt. Gestern hat mich der Kurarzt untersucht, er meint, ich müßte nicht im Bett liegen bleiben, nur bei Nacht müsse ich im Bett bleiben, was ich ja so wie so getan hätte. Sonst geht es mir gut; ich habe mein eigenes Zimmer, in welchem sechs Betten stehen, wovon aber nur vier besetzt sind von vier Patientinnen. – Ich schließe nun meinen Brief und hoffe, daß Du mir in München treu bleibst, wenigstens halbe treu, zum mindesten viertel über zwei. Meine Uhr habe ich vergessen, wir haben auch in unserem Schlafsaal keine Uhr. Wenn Du mir wieder schreibst, schreibe bitte in den Brief hinein, wieviel Uhr es ist. Ich weiß gar nicht, wie ich an der Zeit bin.

Es grüßt und küßt Dich

hochachtungsvollst

ergebenst

Nepermuk Semmelmeier, Patient,

z. Zt. Bad Aibling

Der Weltuntergang

GESTERN NACHMITTAGS um neun Uhr sitz ich im Restaurant »Zur derfaulten Blutorange«, und weil ich am Tag vorher meine goldene Uhr zum Konditor tragn hab, zum Reparieren, hab ich einen solchen Heißhunger kriegt, daß ich mir zwei Portionen Senftgefrorenes und an gsottnen Radi als Abendessen zum Frühstück bestellt hab. Nachdem ich aber Hausbesitzer bin und in jeder Wohnung eine wanzenreiche Familie hab, hab ich trotz meines siebenundachtzigjährigen Halsleidens mit den Kindern von mein Nachbarn »Fürchtet ihr den weißen Mann« gespielt. Im selben Moment haute der Fotograf im Rückgebäude 's Fenster ein. I laß in der Angst an Zitherlehrer komma, und der gemeine Kerl von einer Kellnerin behauptet, sie hätt im Eiskasten scho Feuer gmacht; währenddem mein jüngster Sohn sich mit dem Magneteisen d' Hühneraugen aus'm Ellbogen herauszieht, habn s' in der Volksküche zu Leipzig an der Ruhr a Staudn Nißlsalat mit dem neuen Trambahntarif verwechselt, der Bürgermeister will im hintern Anhängewagen vom Telefonautomat einsteign, kann aber leider nicht schwimmen und stößt mit seiner Batikkrawatte a Loch in a neugebackene Schlagrahmtorte. In der Verwirrung führt der Turmwächter von St. Emeran einen Bismarckhering ins Hundebad, der Nürnberger Schnellzug is ins Nymphenburger Trambahngleis neigfahrn;

sämtliche Droschkenkutscher von München sind zum Beichten gangen, und wenn nicht zufälligerweis auf dem Wendelstein drobn ein Schutzmann seinen Wecker ablaufen läßt, verlangt die Obsthausiererin für zwei Pfund Kinderhemden einen Freundschaftskuß. Trotz allen Bemühungen, auf der rechten Kuppel des Frauenturms ein Männerfreibad für Damen zu errichten, bleibt die Kanzlei vom Brunnenbuaberl vorläufig geschlossen, und auf allgemeinen Wunsch wird unter Kindern mit zehn Jahren die Zuchthausstrafe auf lebenslänglich abgeschafft. Sollten dagegen die Münchner Schlittschuhläufer wegen dem eingetretenen Weißbrotmangel vor Ablauf vorigen Jahres ihre Schlittschuhe nicht doppeln lassen, so sind auf Kosten des Fremdenverkehrs starke, gewitterartige Niederschläge zu erwarten. Leider aber hat sich der Bürgermeister im Finstern verlaufen, weil am Zeppelin-Luftschiff keine Hausnummer dort war; er läßt unglücklicherweise die Türe auf, und im Zeitraum von fünf Minuten san ihm vierzig Mitesser auskemma. Er läuft ihnen nach, stolpert mit die Gummischuh über der Frau ihre Giselafransen, tritt seim dreijährigen Buam in d' Sandtorten nei und schreit: »Wer will unter die Soldaten?« Alles war vergeben und vergessen, sei Frau hat ihre Krampfadern als Ringelnattern verkauft, die Köchin hat sich verlobt mit'm Papagei, der Hausherr hat sich mit de Hypotheken gurgelt, und in der Maikäferschachtel is die Maul- und Klauenseuche ausbrocha. »Wehe, wehe«, sprach der Oberlehrer von der Gasanstalt: »Richtet nicht, sonst werdet ihr gerichtet«, da öffnen sich die Wolken, und mit blinzelnden Augen treten achtzehn Packträger hervor und verkünden das Ende der Welt. Links und rechts stehen je vier goldene Jungfrauen mit Semmelbrösel bepappt und halten ein vernickeltes Butterbrot in der Hand. Die Luft zitterte wie Schweinssulz, die Erde wühlte sich auf, die Vesuve speiten Honig und Sauerkraut. Nacht- und Tageulen, Junikäferln und Lämmergeier schwirrten gespensterhaft auf dem Fußboden umher, panikartig zerplatzte ein alter Leberkäs, und am Ende des Vortrags trat plötzlich der Schluß ein.

Zwangsvorstellungen

WOHER DIESE leeren Theater? Nur durch das Ausbleiben des Publikums. Schuld daran – nur der Staat. Warum wird kein Theaterzwang eingeführt? Wenn jeder Mensch in das Theater gehen muß, wird die Sache gleich anders. Warum ist der Schulzwang eingeführt? Kein Schüler würde die Schule besuchen, wenn er nicht müßte. Beim Theater, wenn es

auch nicht leicht ist, würde sich das unschwer ebenfalls doch vielleicht einführen lassen. Der gute Wille und die Pflicht bringen alles zustande. Ist das Theater nicht auch Schule, Fragezeichen!
Schon bei den Kindern könnte man beginnen mit dem Theaterzwang. Das Repertoire eines Kindertheaters wäre sicherlich nur auf Märchen aufgebaut, wie »Hänsel und Gretel«, »Der Wolf und die sieben Schneewittchen«.
In der Großstadt sind hundert Schulen, jede Schule hat tausend Kinder pro Tag, das sind hunderttausend Kinder. Diese hunderttausend Kinder jeden Tag vormittags in die Schule, jeden Nachmittag ins Theater – Eintritt pro Kinderperson fünfzig Pfennig, natürlich auf Staatskosten, das sind hundert Theater je tausend Sitzplätze. Also per Theater 500 RM – sind 50 000 RM bei hundert Theatern.
Wieviel Schauspielern wäre hier Arbeitsgelegenheit geboten! Der Theaterzwang bezirksweise eingeführt, würde das ganze Wirtschaftsleben neu beleben. Es ist absolut nicht einerlei, wenn ich sage: Soll ich heute ins Theater gehen, oder wenn es heißt: Ich muß heute ins Theater gehen. Durch diese Theaterpflicht läßt der betreffende Staatsbürger freiwillig alle anderen stupiden Abendunterhaltungen fahren, wie Kegelschieben, Tarocken, Biertischpolitik, Rendezvous, ferner die zeitraubenden blöden Gesellschaftsspiele: »Fürchtet ihr den schwarzen Mann«, »Schneider, leih mir deine Frau« usw.
Der Staatsbürger weiß, daß er ins Theater muß – er braucht sich kein Stück mehr herauszusuchen, er hat keinen Zweifel darüber, soll ich mir heute »Tristan und Isolde« anschauen – nein, er muß sich's anschauen – denn es ist seine Pflicht.
Er ist gezwungen, dreihundertfünfundsechzigmal im Jahr ins Theater zu gehen, ob es ihm nun vor dem Theater graust oder nicht. Einem Schüler graust es auch, in die Schule zu gehen, aber er geht gern hinein, weil er muß. – Zwang! – Nur durch Zwang ist heute unser Theaterpublikum zum Theaterbesuch zu zwingen. Mit guten Worten haben wir jetzt Jahrzehnte hindurch wenig Erfolg gehabt. Die verlockendsten Anpreisungen wie geheizter Zuschauerraum oder während der Pause Rauchen im Freien gestattet oder Studenten und Militär vom General abwärts halbe Preise; alle diese Begünstigungen haben die Theater nicht füllen können. – Die Reklame, die bei einem großen Theater jährlich Hunderte von Mark verschlingt, fällt bei dem Theaterzwang gänzlich weg. Ebenfalls auch die Preise der Plätze; denn die Plätze werden nicht mehr nach Standesunterschieden, sondern nach den Schwächen und Gebrechen der Theaterbesucher eingeteilt:

1.– 5. Parkettreihe: Die Schwerhörigen und die Kurzsichtigen.

6.–10. Parkettreihe: Die Hypochonder und Neurastheniker.
10.–15. Parkettreihe: Die Haut- und Gemütskranken.
Sämtliche Rang- und Galerieplätze stehen den Asthmatikern und Gichtleidenden zur Verfügung.
Auf eine Stadt wie Berlin kämen also – ausgenommen die Säuglinge und Kinder unter acht Jahren, Bettlägerige und Greise – täglich rund zwei Millionen Theaterbesuchspflichtige, eine Zahl, die die jetzige Theaterbesucherzahl der Freiwilligen weit überschreitet.
Man hat ja mit der freiwilligen Feuerwehr ebenfalls bittere Erfahrungen gemacht – und nach langer Zeit nun eingesehen, daß es heute ohne Pflichtfeuerwehr nicht geht.
Warum geht es also bei der Feuerwehr und nicht beim Theater? Gerade Feuerwehr und Theater sind heute so innig verbunden – ich habe in meiner langjährigen Bühnenpraxis hinter den Kulissen noch nie ein Theaterstück ohne Feuerwehrmann gesehen.
Sollte die vorgeschlagene »Allgemeine Theaterbesuchspflicht«, genannt »ATBPF«, zur Einführung kommen und, wie oben erwähnt, täglich zwei Millionen Menschen in das Theater zwingen, so müssen in einer Stadt wie Berlin zwanzig Theater mit je hunderttausend Plätzen zur Verfügung stehen. Oder vierzig Theater mit je fünfzigtausend Plätzen – oder hundertsechzig Theater mit je zwölftausendfünfhundert Plätzen – oder dreihundertzwanzig Theater mit je sechstausendzweihundertfünfzig Plätzen – oder sechshundertvierzig Theater mit dreitausendeinhundertfünfundzwanzig Plätzen – oder zwei Millionen Theater mit je einem Platz.
Was aber dann für eine famose Stimmung in einem vollbesetzten Hause mit, sagen wir, fünfzigtausend Besuchern herrscht, weiß nur jeder Darsteller selbst. Nur durch solche eminenten Machtmittel kann man den leeren Häusern auf die Füße helfen, nicht durch Freikarten – nein – nur durch Zwang – und zwingen kann den Staatsbürger nur der Staat.

Die Schlacht bei Ringelberg

Im Zeichen des Krieges stand ein Flammenschwert, gebildet aus schneeweißen Wolken am Abendhimmel. Gegen sechs Uhr am Morgen rückte ein Kriegsheer, bestehend aus vier Mann und siebenhundert Pferden, bis an die Zähne bewaffnet gegen Ringelberg vor.
Und es sei denn, daß es so kam. Da befahl König Pharao seinem Chauffeur: »Gehe hin und streue Rotzglocken unter das Volk.« – Und er tat es. Kriegsgeheul und Krankheiten verpesteten die Luft – die Glocken läute-

ten und verkündeten die nahe Mittagsstunde, und das Unheil war nicht mehr aufzuhalten. War es die Wachsamkeit oder die Liebe zum Vaterlande, oder war es nur stolze Eitelkeit, die Ringelberger sahen die Zeit gekommen, denn sie sprachen gemeinsam: »Entweder – Oder.«
Die anderen behaupteten Frankfurt an der Oder. – Kurzum, in drei darauffolgenden Nächten stiftete man überall Brand, Ringelberg war nicht mehr die verhaßte Fremdenstadt, sondern ein Flammenmeer – Frauen und Fräuleins, Schwestern, Mädchen und Eltern flüchteten ins Unendliche und brachten den Hilfesuchenden Bier und Zigaretten. –
Kanonen, Sportwagen, Fallschirme und dergleichen Kriegsgeräte rasselten Tag und Nacht durch die Straßen Ringelbergs, und ehe man sich umsah, war die Stadtmauer umstellt. Aber leider waren die Stadttore mit einem Vexierschloß versperrt, und guter Rat war nicht billig. –
Die Wut des bösen Feindes wuchs ins Aschlochgraue, und zugleich stand durch die Belagerung ein zweiter böser Feind vor Ringelberg – das Hungergespenst. Ganz Ringelberg sollte nun spätestens in einigen Stunden ausgehungert werden, samt Hab und Gut – die Ringelberger trotzten aber dem Hunger, waren froh und heiter und aßen und tranken mehr als zuvor.
Der Feind hatte hier wieder einmal die Rechnung ohne den Wirt gemacht. – Die Stadt war verraten – ein fünfundsechzigjähriger Bursche namens Hopfenzupfer, von Beruf Huber, hatte sich nächtlicherweile in einem Grammophontrichter versteckt, somit das ganze Gespräch des Feindes belauscht und demselben wieder alles verheimlicht und erzählt.
Als am andern Morgen der warme Westwind föhnartig über die Dächer der alten Residenzstadt wehte, verkündete ein Husarenbläser die Übergabe der Stadt, und zwar in schwäbischem Dialekt. Stolz und voll Ingrimm liefen die Bürger wirr durcheinander, und am Vormittag des 15. Mai veranstaltete man zugunsten des Überfalles eine polizeiliche Razzia, bei der nicht weniger als eineinhalb Gefangene (Vater und Sohn) in unsere Hände fielen. – Der Jubel wollte keinen Anfang nehmen, als zehn Volksschulklassen (zusammen fünfzig Kinder) aus voller Kehle sangen: »Nun sei bedankt, mein lieber Schwan.« – Als dieses Lied verklungen war, kam wieder Leben in die Bude, vielmehr in die Stadt. Vielhundert Jahre später hatte die lange Zeit die Kriegswunden zugeheilt, und kein Mensch in ganz Ringelberg spricht heute mehr von diesen Tagen zu jener Zeit.

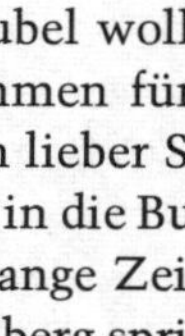

Der Naturprofessor

Putzt die Augengläser, streift seinen Spitzbart, nimmt das Sacktuch und schneuzt sich – verbeugt sich mehrmals.

SEHR GEEHRTER ZUSCHAUERRAUM, es freut mich hundsgemein, daß Sie sich heute zu meinem wissenschaftlichen Vortrag über den Nutzen und Schaden der Haustiere hier eingefunden haben. Wenn man von Haustieren spricht, so ist jeder darüber im Zweifel, handelt es sich hier um die Haustiere am Haus oder im Haus. – Mein heutiger Vortrag behandelt die Haustiere im Haus. Unter einer Haustüre und einem Haustier ist ein himmelweiter Unterschied, denn erstere ist aus Holz, letzteres aus Fleisch und Blut.

1. Eines unserer bekanntesten Haustiere ist der populäre schwarzbläuliche Küchenschwabe. Er wird in vielen Fällen über sechs bis vier Wochen alt und findet meist einen unnatürlichen, jedoch schnellen Tod durch die menschliche Schuhsohle. Der bekannte Knall beim Zertreten eines Küchenschwaben wird durch Eindrücken des Brustkorbes hervorgerufen. Der Küchenschwabe läuft sehr schnell, was darauf schließen läßt, daß es ihm die meiste Zeit pressiert. Sind mehrere Schwaben beisammen, so nennt man das einen Schwabenschwarm, sind es ausgerechnet sieben Stück, so sind das die sieben Schwaben, welche aber mit den Sieben Schwaben nicht identisch sind. Erstere haben ihre Heimat in der Küche, letztere in Ulm.

2. In meiner zweiten Abteilung stehe ich im Zeichen der Wanze. – Liebe Zuhörer und Zuhörerinnen! Von der Wanze glaube ich Ihnen nicht viel sagen zu brauchen, denn Sie alle kennen ja das Leben und Treiben dieses scheußlichen Blutsaugers von der Schule her, wo Ihnen das Tier schon näher erklärt worden ist.

3. Ich komme nun zum dritten Haustier, zum Floh. Hier ist es mir möglich gewesen, eine fotografische Abbildung zu gewinnen. Eine geradezu wahnsinnige Arbeit war es, dieses flinke Tierchen zu fotografieren. Über dreitausendmal hüpfte es dem Fotografen aus der Stellung, und nur durch gutes Zureden ist es ihm gelungen, das Tier zu einer Momentaufnahme zu bewegen. – Der Floh nährt sich vom Blut des Menschen oder, besser ausgedrückt, vom menschlichen Blut; nach eigener Erfahrung und Ansicht ist ein Floh trotz seiner winzigen Körpereigenschaft imstande, sechzig Liter Menschenblut in sich aufzunehmen.

4. Wir kommen nun zu der Laus. Die Laus bewohnt den Haarboden des menschlichen Kopfes. Nicht jeder Mensch ist mit Läusen geplagt. Am meisten werden davon die Buben heimgesucht. Ist ein Bube mit Läusen bedacht, so entsteht daraus der sogenannte Lausbub. Bei älteren Perso-

nen, Glatzköpfe oder Plattenberger genannt, finden diese Liliputschildkröten keine Wohnstätten. Die zweite Abart sind die Gewandläuse, welche sich im Gewande der Menschen aufhalten. Adam und Eva im Paradies kannten diese Sorte Läuse nicht, da dieselben kein Gewand besaßen, sondern nur Blätter. Es gibt auch Blattläuse, welche aber nicht zu den Haustieren gehören. Eine vierte Art von Läusen ist mir noch bekannt, die sich aber nur in Bierfilzln und Filzschuhen aufhalten. – Eine Laus tritt nur einen Tag auf, ist von den Kindern gefürchtet und heißt Nikolaus. – Auch die Bühnenkünstler, Sänger, Schauspieler und Komiker haben die Läuse gern, jedoch nicht Kopfläuse, sondern Appläuse.

5. Nach Erklärung der kleineren Haustiere folgen nun die Haustiere größerer Körpereigenschaften. Da steht in erster Linie die Maushaus. Die Maus besteht nach zoologischer Feststellung aus *Mau* und *Ringl-s* und ist mit einem mausgrauen Fell überzogen. Die Maus läuft auf vier Füßen oder in die Mausfalle. Sind zwei Mäuse beisammen, so vermehren sie sich sehr schnell. Die jungen Mäuse dagegen sind um ein großes Stück kleiner als die älteren. Die Maus verwandelt sich oft sehr schnell. Fällt eine Maus in einen Honigtopf, so entsteht daraus eine zuckersüße Maus. Am wohlsten fühlt sich die Maus im Loch, im Mausloch, auch ich – bin der Überzeugung. Die nächsten Verwandten der Maus sind die Ratten, im Volksmund der Ratz genannt. Die Ratzen sind häßliche Tiere, und man nennt einen Ratzen im allgemeinen schialiga Ratz.

Sechstes Haustier: Die Fliege. Die Fliege gehört zum Geflügel. Die Fliege ist eines der reinlichsten Haustiere. Es ist festgestellt, daß die Fliegen sehr oft heiße Bäder nehmen. Zum Ärgernis der Hausfrau nehmen sie diese Bäder im Suppenhafen. Die Fliege dient auch als Nahrungsmittel, jedoch nicht für den Menschen, aber für den Laubfrosch. Die Fliege wird von den Menschen sehr lästig befunden, weshalb man ihr todbringende Fallen stellt, in Form von Fliegenhüten.

Ein Fliegenhut ist ein Apparat aus Packpapier, welcher im fünfundsiebzigsten Gradwinkel zu einem komischen Zylinderkegel geformt und mit einem zähen Leim, sogenannten Fliegenleim, bestrichen ist. Stellt man die auf lateinisch mit Papp bestrichene »Stranitze« auf eine flache Ebene, Küchentisch usw., und die Fliege bemerkt diesen Vorgang, nähert sich die Fliege diesem Apparat, umkreist ihn summend, bei der Fliege treten sodann indirekt Halluzinationen ein, sie ist der sicheren Meinung, der auf dem Papierkegel befindliche Leim ist kein Leim, fliegt auf den Leim, und siehe da, sie pappt.

Der lächelnde Blick der Fliege verschwimmt, in ihrem Gesichtskreis tritt ein leichtes Erröten ein, die Flügel werden schlapp, weil sie voll Papp, und mit stierem Blick erwartet sie das langsame Sterben. Mit Aufgebot

aller Kräfte entreißt sie einen Flügel aus der klebrigen Masse, um mit demselben Schwingungen zu erzeugen, der durch Vibration summende Schallwellen hervorruft. Durch dieses Gesumm werden die anderen Fliegen auf die traurige Situation ihrer Kollegin aufmerksam, fliegen hilfebringend herbei, und auch sie pappen. Sakra, jetzt papp i aa.
Zum Schluß das letzte Haustier, die Kuh. Leider ist es mir wegen Mangel an Platz unmöglich, ein lebendes Exemplar einer Kuh mitzubringen. Ich finde es auch nicht durchaus nötig, denn ich setze voraus und bin überzeugt, daß die meisten der Anwesenden schon eine Kuh gesehen haben. Ich bediene mich deshalb einer Kripperlfigur zur näheren Erklärung. Der Hauptbestandteil der Kuh ist die Milli, kurz gesagt die Milch. Die Milch ist das flüssigste Nahrungsmittel außer dem Wasser. Die Milch ist an ihrer weißen Farbe erkenntlich. Die Milch kann in Tassen, Flaschen, Büchsen, Gläsern oder anderen hohlen Gefäßen aufbewahrt werden. Ist zum Beispiel ein Kübel voll Milch, so nennt man sie Vollmilch. Die Milch gewinnen wir Menschen von den Bauern oder von der Ziege; die bekannteste Milch ist jedoch die Kuhmilch, es gibt auch Lilienmilch, nur werden die Lilien nicht gemolken, sondern gepflückt. Wir haben auch Milchstraßen, eine am Himmel, eine in Haidhausen. Diese kommen aber zur Milchlieferung nicht in Betracht. Wird zum Beispiel die Kuhmilch auf dem Feuer gesotten, so entsteht daraus die sogenannte heiße Milch, welche zum Kochen verwendet werden kann. Die Milch ist am leichtesten zu verdauen, da sie weder gebissen noch trichinenfrei ist. Die Milch kann getrunken, gefahren oder getragen werden. Viele Frauen können die Milch trinken, aber nicht tragen, da dieselben keine haben. Schüttet man in die Milch Kaffee, entsteht daraus Melange, schüttet man in die Milch Wasser, so ist es eine Gemeinheit, welche mit Gefängnis bestraft wird, und der Milchfrau wird die Milch entzogen, oder besser gesagt die Konfession. Die neueste Entdeckung, aus Milli Soldaten herzustellen, steht wohl einzig in der Welt. Der berühmte Komiker Rzpleckp hat diese Erfindung einem eigentlichen Zufall zu verdanken; das Rezept ist folgendes: Man nimmt einen großen Kübel Teer, gießt in diesen Teer Milli, vermengt die Milli mit dem Teer und es entsteht daraus Militär. –
Ich beschließe nun meinen wissenschaftlichen Vortrag und fordere Sie auf, sich von den Sitzen zu erheben und mit mir in den Ruf einzustimmen: Unsere sämtlichen Haustiere, sie leben, vivat hoch! Hoch! Hoch!
Ansager: Im Namen des Herrn Professors gebe ich Ihnen bekannt, daß die Sammlung dieser wissenschaftlichen Spirituspräparate an jedem Mittwoch und Freitag vormittags von drei bis vier Uhr im Speisesaal des Hotels ... zur allgemeinen Besichtigung ausgestellt sind. Eintritt à Person sechs Mark inklusive Erbschaftssteuer.

Der Fotograf

VORIGES JAHR auf Weihnachten hat mir meine Gemahlin-Frau einen Ding gekauft, einen – entschuldigen, ich bin nämlich furchtbar vergeßlich, was hab ich jetzt grad gsagt? – Ja, ja, daß ich vergeßlich bin – nein, meine Frau hat mir zum Christkindl ein Präsedent gemacht, einen wunderschönen – was war jetzt das gleich, was ich bekommen hab?
ZURUF AUS DEM PUBLIKUM: Spazierstock.
Naa, naa, koa Spazierstock – gibt's das auch, daß man so was vergessen kann.
PUBLIKUM: Strohhut.
Geh reden S' doch net so saudumm daher, auf Weihnachten brauch ich doch keinen Strohhut! Was war jetzt das, was ich von meiner Frau bekommen hab?
PUBLIKUM: A Kind.
Schmarrn! A Kind braucht ma doch mei Frau net kaufen, des könna mir uns doch – des kriegn wir doch umsonst. Mir liegt's auf der Zunge, man braucht so Platten dazu.
PUBLIKUM: A Grammophon.
Ach, a Grammophon ist doch kein Präsent – das ist doch ein Musikinstrument. Das was ich von meiner Frau kriegt hab, macht kei Musik – is so klein und viereckig.
PUBLIKUM: A Paket Kunsthonig.
Geh reden S' doch koan solchen Mist – hat denn a Paket Kunsthonig drei lange Füß? – Wia man nur so was vergessen kann? Ich weiß ganz gut, was ich mein, nur der Name fällt mir net ein! Es ist halt ein Apparat, wo man damit fotografieren kann. – Jetzt hab ich's, an Fotograf-Apparat hab ich zu Weihnachten kriegt.
Seit einem Vierteljahr apparate ich mit dem Fotografie – umgekehrt wollte ich sagen, fotografiere ich mit dem Apparat und krieg nichts fertig. – Ich glaube, das liegt an der Witterung, oder besser gesagt, es muß alles gelernt sein. Meine Bilder werden halt nichts. Sehn S', da hab ich meine Nichte gemacht, die ist überhaupt nicht zum Fotografieren, des sagt schon das Wort Nicht-Nichte. – Da hab ich noch verschiedene Aufnahmen. *Er zeigt dem Publikum verschiedene Fotografien.* Das hier ist eine Naturlandschaft, eine Herbststimmung, die hab ich im Frühjahr aufgenommen; ist aber gar nichts worden, da war nur das schuld, weil ich bei der Aufnahme vergessen hab, den Deckel runterzutun von dem, von dem Obelsik, nicht Obelisk – wie heißt jetzt gleich das runde Vergrößerungsglas vorn dran?
PUBLIKUM: Erbsen oder Linsen.

Nein, mit O geht's an.
PUBLIKUM: Ob du mich liebst.
Schmarrn! Objekthoch – nein, Objektiv heißt's.
Die schönste Aufnahme, die ich je gemacht habe, ist das hier, da hab ich a ganze Familie fotografiert von unserm Haus – im Hof drunt, alle im Sonntagsgwand, mei, hab ich gschwitzt. Beim Negativentwickeln hab ich's scho gspannt, daß ich was Saudumms gmacht hab. In acht verschiedenen Stellungen hab ich die ganze Familie aufgenommen; sitzend, stehend, von der Seiten, von hinten, von oben und unten.
Bei jeder Stellung hätt ich doch eine neue Platte nehmen solln – ich in meinem Eifer mach sämtliche Aufnahmen auf *eine* Platte. Interessehalber hab ich einen Abzug davon gemacht. Glacht hab ich selber so viel, daß mir der Bauch weh getan hat. *Das Bild dem Publikum zeigend.* Da sehn S', der Vater hängt in der Mutter drin, der Sohn sitzt dem Wickelkind im Gsicht drinna, die Großmutter hat an Dienstmädel ihren Kopf auf, die Füß vom Dienstmädel hat der älteste Sohn auf'm Arm liegen, die kloa Elsa hat drei Nasen im Gsicht, und der Großvater hat Kindsfüß kriagt vom kloan Peperl.
Futuristischer kann's der modernste Sezessionist net maln. Beim Plattenentwickeln hab ich auch schon oft a Pech ghabt. Unsere Toilette dahoam hab ich als Dunkelkammer verwandelt, da stinkt's oft drin – nach den Chemikalien. A rote Latern hängt drin – eingricht bin ich wie a Hebamm.
A schöner Sport ist 's Fotografieren ja nicht – außer de Momentaufnahmen, und zu Momentaufnahmen bin ich z' langweilig. Wie einmal über mein Haus, wo ich wohne, ein Flieger hoch oben drübergeflogen ist, hätt ich von meinem Fenster aus a Momentaufnahme machen wolln. Ja mei – bis ich bloß mein Apparat gfunden hab, hat der Flieger, glaub ich, in Schleißheim scho d' Flugmaschin abmontiert ghabt. – Personenaufnahmen mach ich speziell ungern, weil sich die Leut nie ruhig halten, besonders d' Damen. A Dame wenn sich fotografieren läßt, sind die Mundpartien am Bild immer verschwommen; weil koane ihr Pappen ganz ruhig halten kann.
Gegenstände sind viel leichter zu fotografieren. Neulings hab ich ein Stück Kernseife fotografiert zu drei Mark fünfzig – die ist mir großartig gelungen; zum »Sprechen«, sag ich Ihnen. Ich könnte eigentlich jetzt eine kleine Aufnahme machen, mit Blitzlicht. Herr Theatermeister, bringen S' mir mein Ding herein, meinen – jetzt weiß ich schon wieder an Namen nicht, meinen –
PUBLIKUM: Überzieher.
Nein, meinen ...

PUBLIKUM: Spazierstock.
Reden S' doch kein solchen Blödsinn, mit an Spazierstock kann ich doch net fotografiern – halt – mein Fotograf-Apparat rein – jetzt hab ich's wieder. So, einen Moment, dann mach ich schnell eine Momentaufnahme.
Er stellt den Apparat auf, richtet das Blitzlichtpulver her, verwickelt sich in dem schwarzen Tuch, der Apparat fällt um, großes Durcheinander. Schließlich gelingt es ihm, wieder alles in Ordnung zu bringen.
Also bitte recht freundlich, die Liebespaare im Saale können sich ruhig umarmen. Sie halten das Glas hoch – Sie beißen grad in ein Stück Brot nein – Sie geben mir vielleicht ein Glas Bier rauf. Bitte möchten Sie Ihr Monokel rausnehmen, das macht sich sehr schlecht auf dem Bild, weil's blendet, und für Sie ist's auch besser, weil S' dann besser sehen.
Also bitte, jetzt alles ruhig! – Eins – zwei – *Man hört ein Telefon läuten.*
THEATERMEISTER: Sie möchten sofort ans Telefon kommen!
Einen Moment, bleiben Sie ruhig in der Stellung. *Geht schnell hinter die Kulissen.* Wie? Da sind Sie falsch entbunden! *Kommt eilig wieder herein.*
So, nun bitte, eins – zwei – drei – fertig. Danke schön.
Die Aufnahme ist glänzend geworden; das werden glänzende Bilder auf mattem Papier. Also kommen Sie in acht Tagen wieder, dann erhält jedes ein Bild gratis – hoffentlich sind s' gut geworden.
THEATERMEISTER: *Bringt eine Schachtel.* Bitte gehört die Schachtel vielleicht Ihnen? Da steht drauf »Fotografische Platten für Blitzlicht-Aufnahmen«.
Kreuzsakra – ich hab ja ohne Platten fotografiert. *Zum Publikum:* Das ist mir aber unangenehm. – Also entschuldigen S' vielmals!

Unpolitische Käsrede

HOCHGEEHRTE VERSAMMLUNG! – Es freut mich ungemein, daß Sie, wie Sie, wenn Sie hätten, widrigenfalls ohne direkt, oder besser gesagt, inwiefern, nachdem naturgemäß es ganz gleichwertig erscheint, ob so oder so, im Falle es könnte oder es ist, wie erklärlicherweise in Anbetracht oder vielmehr, warum es so gekommen sein kann oder muß, so ist kurz gesagt kein Beweis vorhanden, daß es selbstverständlich erscheint, ohne jedoch darauf zurückzukommen, in welcher zur Zeit ein oder mehrere in unabsehbarer Weise sich selbst ab und zu zur Erleichterung beitragen werden, ohnedem es wie ja unmöglich erscheint in bis jetzt noch nie, in dieser Art wiederzugebender Weise, ein einigermaßen in sich selbst, angrenzend der Verhältnisse, die Sie, wie Sie, ob Sie gegen sie oder für sie nutz-

bringend in sich selbst von vorne als gänzlich ausgeschlossen erachtet werden wird und daß ohnehin einer ferngehaltenen Verschlimmerung ein, oder ein in irgendeinen einigermaßen einzig verschwiegen ist.
Dennoch treten eine insgesamt wie sich zeigende, weniger oder einschließlich von unabsehbarer Weite sich kreuzende Meinungsverschiedenheiten die in unbestimmt einschneidende Zirkulationshemmungen auftretenden Gesichtspunkte auf. Gegebenen Falles erscheinen also nie wiederkehrende Emanzipationen, welche einer dringenden Abhilfe insofern gegenüberzustehen erscheinen, wenn beiderseits die interesselose Resignation widerspenstiger Auftritte seitens der Gedankenhalluzination beiderlei Geschlechtes sich in mehrheitigen Gesinnungsvibrationen durch Kontrapunkte in nichts verwandeln und eine parteilose, hochprozentige Stimmungsmehrheit vorläufig zu Tage treten wird.
Gerade die machtlose Erscheinungsmöglichkeit, ob und wie, jetzt oder später, ist die Grundessenz der lageveränderten Zeitpunkte, welche keinerlei maßgebende eventuelle Aktualitäten in sich birgt und der zeitweiligen Vernichtung von Privatexistenzen zugrunde liegt, obwohl Europa nie Anteil daran genommen hat.
Ich beschließe die Versammlung und heiße Sie zum Schlusse herzlich willkommen und begrüße Sie hochachtungsvollst im Namen sämtlicher Zuhörer – habe die Ehre!

Verein der Katzenfreunde

Von Liesl Karlstadt

MEINE LIEBEN MITGLIEDER des Vereins Die Katzenfreunde! Als Schriftführerin des Vereins Die Katzenfreunde habe ich Ihnen bei der heutigen Generalversammlung folgendes zu berichten:
Die Mitgliederzahl hat sich bis zum heutigen Tag auf 26 Mitglieder erhöht. Es sind dies: die Frau Generaldirektor Buchner, Frau Kanzleisekretär Brandt, Frau Oberpostrat Kamberger, Frau Konsistorialrat Ammerland, Frau Bezirkskommissär Hoffmann, Frau Oberinspektor Sallinger, Frau Gerichtsassessor Strohmeier, Frau Magistratsfunktionär Eisemann, Frau Straßenbahnkontrolleur Stangl, Frau Aufsichtsrat Lochpichler, Frau Polizeiwachtmeister Nennhuber, Frau Gewerberat Schättler, Frau Reichsbahnexpeditor Ebentaler, Frau Geheimrat Löffelberger, Frau Kapitän Bernreitner, Frau Hauptzollamtsverwaltungsgattin Meininger, Frau Bahnadjunkt Wallner, Frau Finanzminister Sollfrank, Frau Akademieprofessor Oberstädter, Frau Generalmajor Gallinger, Frau Oberregie-

rungsrat Scheinweilner, Frau Baumeister Troppt, Frau Oberbaurat Lechner, Frau Revierförstersgattin Kleinmeier, Frau Kommerzienrat Spitzinger und Frau Realitätenbesitzersgattin Randelkofer.
An alle diese Genannten haben wir Einladungen zu unserer heutigen Generalversammlung geschickt. Leider haben sich heute nur folgende Mitglieder eingefunden: die Frau Bahnadjunkt Wallner, Frau Finanzminister Sollfrank, Frau Akademieprofessor Oberstädter, Frau Generalmajor Gallinger, Frau Oberregierungsrat Scheinweilner, Frau Baumeister Troppt, Frau Oberbaurat Lechner, Frau Revierförstersgattin Kleinmeier, Frau Kommerzienrat Spitzinger und Frau Realitätenbesitzersgattin Randelkofer.
Wenn aber die heute fehlenden Mitglieder, nämlich die Frau Generaldirektor Buchner, Frau Kanzleisekretär Brandt, Frau Oberpostrat Kamberger, Frau Konsistorialrat Ammerland, Frau Bezirkskommissär Hoffmann, Frau Oberinspektor Sallinger, Frau Gerichtsassessor Strohmeier, Frau Magistratsfunktionär Eisemann, Frau Straßenbahnkontrolleur Stangl, Frau Aufsichtsrat Lochpichler, Frau Polizeiwachtmeister Nennhuber, Frau Gewerberat Schättler und Frau Reichsbahnexpeditor Ebentaler meinen, sie können ohne Entschuldigung der Generalversammlung fernbleiben, so ist unser Vorstand, Herr Gewerberatinspektor Weber, genötigt, das Fernbleiben der Mitglieder, und zwar der Frau Generaldirektor Buchner, Frau Kanzleisekretär Brandt, Frau Oberpostrat Kamberger, Frau Konsistorialrat Ammerland, Frau Bezirkskommissär Hoffmann, Frau Oberinspektor Sallinger, Frau Gerichtsassessor Strohmeier, Frau Magistratsfunktionär Eisemann, Frau Straßenbahnkontrolleur Stangl, Frau Aufsichtsrat Lochpichler, Frau Polizeiwachtmeister Nennhuber, Frau Gewerberat Schättler und Frau Reichsbahnexpeditor Ebentaler, zu rügen.
Wenn die zuletzt hier angeführten Damen glauben, unsere Vorstandschaft schickt die Einladungen an die Mitgliedschaft nur deshalb, daß die eingeladenen Mitglieder kommen wollen, wann es ihnen gefällig ist zu kommen, oder es zu sein, so täuschen sich die eingeladenen Mitglieder schwer.
An folgende Mitglieder, Frau Generaldirektor Buchner, Frau Kanzleisekretär Brandt, Frau Oberpostrat Kamberger, Frau Konsistorialrat Ammerland, Frau Bezirkskommissär Hoffmann, Frau Oberinspektor Sallinger, Frau Gerichtsassessor Strohmeier, Frau Magistratsfunktionär Eisemann, Frau Straßenbahnkontrolleur Stangl, Frau Aufsichtsrat Lochpichler, Frau Polizeiwachtmeister Nennhuber, Frau Gewerberat Schättler und Frau Reichsbahnexpeditor Ebentaler ergeht nun eine ernstliche Mahnung. Sollten die Mitglieder bei der nächsten Generalversammlung

wieder nicht erscheinen, so werden die Mitglieder, die Frau Generaldirektor Buchner, Frau Kanzleisekretär Brandt, Frau Oberpostrat Kamberger, Frau Konsistorialrat Ammerland, Frau Bezirkskommissär Hoffmann, Frau Oberinspektor Sallinger, Frau Gerichtsassessor Strohmeier, Frau Magistratsfunktionär Eisemann, Frau Straßenbahnkontrolleur Stangl, Frau Aufsichtsrat Lochpichler, Frau Polizeiwachtmeister Nennhuber, Frau Gewerberat Schättler und Frau Reichsbahnexpeditor Ebentaler aus unserem Verein Die Katzenfreunde einfach ausgeschlossen.

Vereinsrede

In großem Raum gesprochen. Die Volksmenge bricht beim Erscheinen des Volksredners in Bravorufe und Händeklatschen aus.

Meine lieben Gäste und Gästinnen!

Wenn ich heute das Wort ergreife, so halte ich es für meine Pflicht, einer Sache näherzutreten, die Ihnen und uns und für alle Zukunft ein Problem von schwerwiegender Bedeutung zu bleiben scheint. Gewiß haben wir nicht die volle Gewißheit, was in Anbetracht einer Zerklauberei der ewig unmöglich erscheinenden Begleiterscheinungen in sich vereinigt, denn gerade hier bieten sich einschneidende Bedingungen, die von vorneherein ein für allemal ausgemerzt werden müssen. Die Vergangenheit hat uns gezeigt, daß gerade in diesem Punkte gesündigt wurde, schon aus dem Grunde, weil ein Zusammenkommen jener wichtigen Erscheinungen stets verschwiegen wurde. Wir haben uns mehr denn je über diese Kleinigkeiten immuniert und haben in Sachen herumgewühlt, statt zu sagen: »Freunde, geht ans Werk«, »Greift zu, und Ihr werdet es nicht bereuen.«
Glauben Sie nicht, meine Herren, o bewahre, schauen Sie sich selbst ins Gesicht, und Sie sehen Ihre eigenen Masken – herunter damit! Nein, fühlen Sie sich nicht dazu genötigt, denken Sie an das Problem der Atomzertrümmerung, denken Sie an die Worte des Sokrates: »Femina, feminina monstrum vivat concenbinatum – o eleonoris causa veni veni vizi.« Meine Herren, Schatten der Gegenwart möchte ich verpflanzen wie Minderwertigkeiten, welche nur zu deutlich aufgerollt werden, wenn uns die Zeit nicht selbst den Stempel des Daseins auf die Stirne drückt. Aber wenn wir der Einsicht nähertreten, so werden die Nebenstehenden die Schäden und Nutzen am eigenen Leibe verspüren, denn zu heiß

wurde noch keine Suppe gegessen, und wenn, dann verbrennen sich die den Schnabel, die sich mit den bittersten Enttäuschungen selbst am Ufer der Vernunft ins Lächerliche gezogen haben. Es ist nicht gleichgültig, ob ich sage: »Ich bin oder ich werde«, nein, meine Herren, Zufälligkeiten und Abdrosselungen eigener Anschauungen haben sich noch nie zu einer Konservierung von Gedanken verbinden lassen. Wehe dem, der sich selbst, wehe dem, dem derjenige nur das ist, was wir uns von diesem erwartet haben. – Selbst ist die Frau! – Meine Herren! Wenn die Besonnenheit uns von unseren Sorgen, deren wenige ein verblendendes Spiel in uns gesetzt zum Zwecke des Mittels, einen wie bei jedem, wir können nicht das gute Gewissen mit derselben Resignation verknüpfen, der unserem Standpunkt von vorneherein gegenüberstand. Wenn wir in lückenloser Vergangenheit eine Parallele ziehen, wenn wir uns vergegenwärtigen, daß nur Trotz und ein Gegenspiel von weittragender Bedeutung ein Resultat fördert und damit nie wiederkehrende Gelegenheitsfinumen erzielt werden können und wir hiermit unser Gewissen nicht unnötig belasten, daß eine Voraussagung eventueller Submissionsschwierigkeiten einen spontanen Verlauf nehmen, oder nehmen müssen, dann ist es besser, wir vermeiden jegliche Inspirationen, die durch Sicherungen seitens kollektiver Kongreßerörterungen ausgerottet werden. Es gab eine Zeit und diese Zeit läßt sich Zeit, denn im Zeitabschnitte dieses Zeitabschnittes wird die Zeit kommen, die wir zeitlebens nicht vergessen werden. Und wenn es am Sonntag wider alles Erwarten wirklich schlechtes Wetter ist, müssen wir unser Stiftungsfest auf den nächsten Sonntag verschieben. *Bravorufe – Applaus.*

Historisches

MORGEN MITTAG, 3/4 12 Uhr, sind es zweihundert Jahre, daß der fromme Schweppermann von der Neuhauser Straße zusammen mit seinem Freund Columbus den Malzkaffee entdeckte. Lange vorher schon, als König Herodes in einer Wirtschaft dem Grafen Zeppelin zeigte, wie man ein Ei auf die Spitze stellt, kam der Stein ins Rollen, den der Riese Goliath dem David an den Kopf warf. Einige Wochen später sah sich König Barbarossa genötigt, der Hochzeit zwischen der Jungfrau Schneewittchen und dem Bergwerksbesitzer Herrn Josef Rübezahl beizuwohnen. Aber das Hochzeitsmahl wurde jäh unterbrochen durch plötzliche Vorbereitungen zum Dreißigjährigen Kriege. Allein schon die Tatsache, daß die feierliche Eröffnung der Zugspitzbahn auf einen Tag vorher verschoben werden mußte, brachte unter die Zuschauer des großen Fußballänderspieles große Bestürzung. Pfarrer Kneipp, der sich damals zu einer Kaltwasserkur nach Wörishofen begab, um dort Heilung zu finden, die er auch fand, arbeitete damals schon an den Plänen des Walchenseeprojektes. Napoleon Bonaparte, der sich mit seinem Schulkameraden Negus von Abessinien während einer Verdunkelungsübung den Boxkampf des Weltmeisters Nurmi anhörte, ließ sich von Professor Piccard mit den neu erfundenen Todesstrahlen impfen und hatte es faustdick hinter den Ohren. Dem Edison sein Sohn, der bei einem Kameradschaftsabend im Beisein von Andreas Hofer im Restaurant zum Fünfwaldstättersee einen Vortrag hielt über den letzten Stratosphärenflug des Motorradfahrers Max Schmeling, wurde vom Prälat des oberbayerischen Hopfenzupfer-Syndikats der Nobelpreis für Fingernägelbeißen verliehen. Wenn man nun eine Parallele zieht zwischen den Befreiungskriegen und dem Fortschritt der Farbenfotografie, so verknüpft sich in einem selbst der Gedanke an Maria Stuart, als sie auf der Ruine von Karthago stehend ausrufte: »Ist denn kein Stuhl da für meine Hulda?« Mit Wehmut denkt heute jeder noch zurück, als Schillers Glocken den Frieden von 1940 einläuteten! Hans Albers gab zehn Minuten hierauf die Anregung, der Münchner Schäfflertanz soll nicht wie üblich im Grunewald, sondern am Äquator abgehalten werden. Doch Kurfürst Max Emanuel trat ihm energisch entgegen und stiftete bei der Hochzeit zu Kanaa zehn Portionen Jopa-Eis, was wieder zur Folge hatte, daß unter den Klängen des Tölzer Schützenmarsches das Volksauto seinen Einzug hielt. Da stiftete nun zum Trotz Kaiser Nero zur Einweihung des Wittelsbacherbrunnens zehn Hektoliter Mangfallwasser. Das ärgerte den alten Diogenes so, daß er sein Faß verkaufte und mit dem Lohengrin seinem Schwan auf dem Rhein vor dem Loreleyfelsen vorbeifuhr und zur Loreley hinaufschrie: »Ich weiß nicht, was soll das bedeuten ...« – Genau wie jeder vernünftige Mensch nach diesem Vortrag sich denken wird: »Ich weiß nicht, was soll das bedeuten!«

Teilnehmer meldet sich nicht

Die lustige Geschichte von dem selbsteingerichteten Fernsprecher verdient erzählt zu werden. Man konnte sich in jedem Schreibwarengeschäft um das Jahr 1895 einen Telefonapparat kaufen und die ganze Apparatur, zwei Pappschachteln mit Pergamentpapier bespannt und eine 10 Meter lange feine Schnur, kostete 20 Pfennige. Man hätte sich ja auf 10 Meter Entfernung auch ohne Telefon verständigen können. (Bitte, in einem modernen Betrieb sprechen heute die Menschen von Zimmer zu

Zimmer per Telefon.) Wir Buben, ich und mein Freund Finkenzeller Schorsche, wollten gleich hoch hinaus und legten uns ein Spagattelefon von meiner Wohnung in der Entenbachstraße 63 bis in die Lilienstraße, also eine Strecke von ungefähr 500 Meter. Leitern wurden angelegt, Dächer wurden bestiegen, um den Leitungsdraht vom Sender zum Empfänger zu legen. Ein Hof war zu überspannen, in welchen wir uns nicht hineintrauten, aber ein eiserner Schraubenschlüssel sollte die Leitungstelefonschnur über den Hof befördern – ein Wurf – aber zu kurz, und ein Fenster klirrte. »Es Hundsbuam, es miserable, des war wieder der rotharete Fey-Batzi; aber wart, wenn i di dawisch, dann kriagst Nuß [Prügel]!« schrie der Nachbar den kleinen Telefonarbeitern nach. Unbekümmert um die Glasscherben vollzog sich die Arbeit. Als das Telefonkabel gespannt war, wurden die Pappschachteln an die jeweiligen Endstationen, bei mir und ihm, am Fensterstock befestigt, und das Telefon war fertig. Wer sollte zuerst hineinsprechen, und wer sollte zuerst horchen, das war hier die Frage! Wahrscheinlich horchten wir nun beide, oder wir sprachen beide. Extrahörer hat es hier nicht gegeben, an dem Pappschachtelmikrophon wurde aber damals auch gehorcht und gesprochen wie an einem Sprachrohr. – Ich entschloß mich nun, meinem Freund Schorsche ohne Telefon aus voller Kehle hinüberzuschreien: »Schorsche, red du zuerst nei, dann horch i, ob der Telefon funktioniert!« Darauf horchte ich – – – keine Antwort! Wieder schrie ich hinüber: »Schorsche, red halt was nei, dann horch i – – –!« Wieder kein Resultat. – Wiederum schrei ich hinüber: »Was is denn, Schorsche, so red halt amol was ins Telefon eini – – –!« Und der Schorschi schreit herüber: »I woaß ja net, was i neiredn soll!!!«

Schamgefühl

EINE ALTE, sehr fromme Bäuerin auf dem Lande klagt seit längerer Zeit über Schmerzen im Unterleib. – Der Bauer meint: »Ja mei, Kathi, da muaßt halt doch amal in d' Stadt einifahrn zu an Dokta, da werd nix anders übrigbleibn«, und schweren Herzens fährt die Bäuerin am andern Tag zu einem Doktor.

Als sie wieder zu Hause ankam, frug sie der Bauer: »Na, was hat denn der Dokta gsagt?« – »Ja mei«, sagt die Bäuerin, »a Salbn hat er mir verschriebn, da sollt i mir 's Handgelenk damit einreibn.« – »'s Handglenk?« sagt der Bauer, »ja d' Schmerzn hast doch im Unterleib?« – »Freili hab i d' Schmerzn im Unterleib«, sagt die Bäuerin. »I hab aber gsagt, zum

Dokta, an der Hand hab i d' Schmerzn, denn wenn i gsagt hätt im Unterleib, dann hätt ich mich sicher vor dem Dokta nackert ausziagn müassn.«

Eine seltsame Sache

EINE KLEIDERMACHERIN, ein junges Mädchen von fünfundzwanzig Jahren, wurde gerade um die Weihnachtszeit, in der sie mit Arbeit überhäuft war, krank. Übelsein, Erbrechen, Mattigkeit in allen Gliedern etc. quälten sie. Sobald sie aber ins Freie kam, wurde ihr besser, und hatte sie viel in der Stadt zu tun, war sie also längere Zeit außer Haus, so kam sie gesund und froh heim, das ging einige Tage so fort. Als es immer ärger wurde, ging sie zum Arzt und erklärte dem Doktor, das Furchtbarste, an dem sie zur Zeit leide, sei der furchtbar süßliche Geruch in der Nase. Sobald dieser Geruch sich bemerkbar mache, folge hierauf sofort Übelsein und Erbrechen. Der Arzt dachte sofort an eine »Stinknase« und behandelte sie mit Höhensonne. Das Mädchen ging heim, zu Hause angekommen setzte es sich sofort an seine Nähmaschine, es wurde ihm wieder übel, und das Erbrechen ging los wie alle Tage. Die Mutter des Mädchens war nicht immer in demselben Zimmer, wäre es dieser auch immer übel gewesen, hätte man meinen können, in dem Zimmer sei etwas nicht in Ordnung, eine Gasausströmung oder dergleichen. Nur die Tochter bekam, sobald sie sich zur Arbeit setzte, diesen furchtbaren Zustand. Sie magerte sichtlich ab, konnte wegen des furchtbaren Geruchs, den sie stets in der Nase hatte, nichts mehr essen und trinken als Tee und einige süße Sachen. Sie selbst meinte, sie hätte den Eindruck, als ob sie von innen heraus verfaule. Nun nahm sie Abführmittel ein, aber der Körper war schon zu schwach, und statt der erhofften Wirkung traten Ohnmachtsanfälle ein. Aber trotz allem mußte sie doch arbeiten, denn Weihnachten stand vor der Tür, und das arme Ding saß alle Tage an der Maschine bis spät in die Nacht. Da stockte plötzlich die Maschine – das auch noch – soviel Arbeit – zum Sterben krank, die Maschine hatte auch viel gearbeitet die Zeit her und verlangte nach Öl – außen in alle Schmierlöcher muß Öl getropft, auch innen das Werk muß geölt werden. Dazu muß man aber die Maschine umkippen, was die Nähmaschinistin auch tat – in dem Moment war das Rätsel und die Ursache ihrer wochenlangen Krankheit enthüllt – in den Ölbehälter, welcher sich unter dem Werk jeder Maschine befindet, um das Tropfen des Öls zu verhindern, war auf irgendeine Weise eine Maus gekrochen und darin verendet und verwest. Der Leichengeruch war so stark, daß Kunden die Näherin aufmerksam machten, sie solle doch zum

Arzt gehen, sie rieche dermaßen, daß es niemand in ihrer Nähe aushalten könne. – Die Leiche wurde entfernt, die Näherin ist wieder gesund, die Weihnachtsarbeiten sind geliefert und alles ist wieder in bester Ordnung.

»Die haben aber natürlich gespielt!«

Noch nie hatten Theaterbesucher so etwas erlebt. In der Singspielhalle im ehemaligen »Frankfurter Hof« in der Schillerstraße zu München war ich vor dem Krieg als Komiker engagiert. Ich forderte den Besitzer öfters auf, er möchte doch einmal eine neue Bühne bauen lassen, denn die gegenwärtige existiere schon seit 1870 und war nicht mehr der Zeit entsprechend. Nach vielem Zureden war er endlich dazu bereit, eine neue Bühne mit Vorhang, Podium und Beleuchtung anfertigen zu lassen.
Diese schöne neue Bühne stand schon in der Werkstatt des Bühnenbauers. Der Hauptpunkt der Sache war aber, daß deshalb keine Vorstellung am Abend ausfallen durfte. Nach Schluß des Theaters, nachdem die Zuschauer das Lokal verlassen hatten, mußte sofort mit dem Abbruch der alten Bühne begonnen und die ganze Nacht durchgearbeitet werden, damit am anderen Abend die nächste Vorstellung schon auf der neuen Bühne vom Stapel laufen konnte.
Da kam mir eine Idee. Also, nach Schluß der Vorstellung sollte mit dem Abbruch begonnen werden! Ja, dachte ich, warum denn nicht schon vor dem Publikum?
Wir hatten als Schlußkomödie eine Bauernszene, bei der ein Bauer zu spät nach Hause kommt und von der Bäuerin eine Gardinenpredigt erhält. Der Bauer bekommt deshalb Streit mit seiner Frau, fängt an zu toben und schlägt mit den Fäusten auf den Tisch; sonst tat er nichts. Im Ernstfall würde der Bauer vielleicht im Jähzorn die Möbeleinrichtung demolieren. Das könnte er doch eigentlich heute machen, dachte ich mir, denn die alte Bühne brauchen wir morgen sowieso nicht mehr.
Gut, ich teilte meine Idee dem Bauern mit, sonst niemand, nicht einmal der Bäuerin, die am Abend die Szene spielen mußte.
Am Abend wurde das übliche Programm heruntergespielt, und dann kam die Schlußkomödie mit der letzten Szene. Als die Gardinenpredigt der Bäuerin zu Ende war, ergriff der Bauer nicht bloß das Wort, sondern auch ein Beil, und schrie: »Jetzt wird's mir aber amol zu dumm, Himmisaprament!«, und ein wuchtiger Hieb zertrümmerte gleich die Zimmertüre, die natürlich nur aus Kulissenplatten und Leinwand bestand. Dann schrie er zum Fenster hinaus: »Großknecht, da geh rei.« Ich erschien

ebenfalls mit einem Beil – und nun ging es los.
Alle, der Besitzer des »Frankfurter Hofes«, die Besitzerin, die Stammgäste, das Publikum und die Bäuerin – alle sperrten Augen und Mund auf, als die ganze Bühne vor ihren Augen in Trümmer zerfiel. Sogar die Podiumfußbodenbretter rissen wir auf. Einige Gäste flohen aus dem Saal, weil sie glaubten, die Schauspieler wären wahnsinnig geworden.
Kopfschüttelnd verließen die Gäste die Singspielhalle, und einige meinten: »Die haben aber natürlich gespielt ...!«
Und am nächsten Abend spielten wir auf den neuen Brettern, die die Welt bedeuten.

Kreszenz Hiagelgwimpft

»Was moana S', wie schnell wir uns emporgschwunga ham – nix hamma ghabt, i und mei Mo – nix – als wia a kloans Kind. Aber mit Kleinem fängt man an, und mit Großem hört man auf. Und heut hätt ma so ziemlich alles, was unser Herz begehrt. Alles könn ma uns kaffa, beinand san ma, daß 's zwischen der Burschwoassi und uns koan Unterschied gibt. – Bloß 's Mäu wenn ma aufmacha, dann san ma verlorn, dann haut's uns naus aus der Rolln, zwega der Haidhauser Grammatik. Drum muaß i jetzt von mein Mo aus Anstandskurse mitmacha, in der Anstandsanstalt beim Knigge. Voraussichtlich bleib ja i im ersten Kursus scho hocka, wie a erster Klaßler, weil's i halt gar net recht dapacka konn, mit der Bildung. – Wia gestern bei meiner Friseuse, bei der Frau Speer in der Sendlinger Straße, hab i mi wieder in Gedanken vergessen und hab mei Giesinger Abstammung öffentlich bekanntgegeben, weil mir de kletzerte Friseuse a so a gräusliche Mohnweckerlfrisur aufs Haupt aufidraht hat, daß mir mindestens fünfhundert Schulbuben nachglaufen warn, wenn i damit auf d' Straß auße war. – ›Moanst, daß i mit dera Bollnfrisur aus dem zwölften Jahrhundert Spießruaten laffa tua – an Bubikopf schneidst ma – aba schleunigst – mit sämtlichen Raffinessen der Gegenwart und Zukunft‹ – hab i zu der Ondolischuxen gsagt. ›Und verschneidn balstn tuast, na pack i di so lang beim Schlund, bist an Geist aushauchst.‹ In dem feina Schuahladen beim ... ist's ma aa so ganga. Hab i mi auch wieder vergessen. Da hab i mir feine Schuah kaffa wolln, feine Lack mit Pariser Goldbrokateinsätze. Zwoa volle Stund bin i strumpfsockert in dem Ladn drin ghockt. Moana S', i war drokemma? Auf oanmal ist's mir z' dumm worn. Jetzt bin i aufganga wia d' Morgensonne. ›Ja, du windiger Ladenratz‹, hab i zu dera Verkäuferin gsagt. ›Tua fei ja net launenhaft sei und beicht amal, wia oft daß d' jetzt bei mir no vorbeisaust, wennst siehgst, daß ma pressiert. Wiast mi net augenblickli prompt bedienst, dann fahr i dir strumpfsockert in d' Nasenlöcher nei, daß d' dastickst.‹ Aber da hat's ihr auf einmal pressiert, und glei ist s' mit zwölf Schachteln Damenschläuch angruckt. ›Was willst denn da mit dera Schachtel? Inhalt Schuahnummer fünfunddreißig. – Moanst, i bin im Säuglingsheim auskemma?‹ – Mit drei Paar 42er hab ich das Schuhasyl verlassen, bin aus'n Laden zornig raustanzt, in mein Auto eingstiegn und meinem Schauffeur befohlen: ›Alise, reib auf, hoam geht's.‹ –– O mei, unser trautes Heim solln Sie amal dalurn, da kannten S' Ihna amal a paar Stund lang an am Reichtum ergötzen. Eine Zwölf-Zimmer-Wohnung ham ma uns zuaglegt, ist ja nix aa – an Rokokokoko-Salon solln S' sehn, mit de geschneckelten Säuln und de persischen Fußabstreifer. Und das glänzerte Speisemagahoni-Zimmer aus der Zeit Lugge des Vierzehnten. De elektrische Trambahn kenna ja mir nur vom Sehng. Mir ham in unsern Autostall an unhäßlichen Mercedes und einen Maybach-Achtsitzer je hundert SP – ah, PS. Des aufsehenerregende Getös solln S' amal erlebn, wenn wir mit unserm lila lackierten Töff-Töff vorm Nationaltheater landen. Es ist halt so ziemlich dasselbe als wia ehemals mit Seiner Majestät bis aufs Hochschrein. Und im Theater drin nacha, ersten Rang Vorderplatz, auf grünem Samt, da geht dann das allgemeine Gegaff o auf unsre Wenigkeit. Mei Alter mit'n Opernherzarrer und ich mitn goldnen Linseisen. Vor acht Tagen warn ma in ›Tristan und Isolde.‹ – A-a-a – da schneidst o, mit dem Gschpui – Der Tristan geht ja noch, aber d'Isolde, de gschroamaulert Fee, mit dem chronischen Stimmbandlgeknarz, des is allerhand. Und unterhaltlich war's im Ganzen, so oft hab i mein Alten gar net aufwecka könna, als er mir eingschlummert ist. A-a-a – de Opern, daß i net rutsch, da geh i scho tausendmal lieber in d' Auermühlbachlichtspiele. Aber mir könna doch heut mit unsern sichtbaren Pomp net in an Vorstadtkino auftaucha. Jaja – Geld alloa macht auch nicht glücklich. Je mehr Geld, desto mehr Verdruß. Hast Geld, dann brauchst Dienstboten – hast Dienstboten, dann muaßt di Tag und Nacht ärgern über Magd und Gesinde. Gegenwärtig such ich eine Herrschaftsköchin. Moana S', ich treibert eine passende auf? De wo ma jetzt ham, dera gfallt's nimmer bei uns, ham Sie Worte? Tuat ma dem Trampe alles, was ma ihr an de Augn absieht. Mittags gibt ma ihr 's ganze Essen, des was mir nimmer mögn, hat ihr eignes Bett, d' Ortskrankenkasse laß ma ihr selber zahln, und da gfallt's ihr nimmer bei uns. I moan, wenn ma einem Menschen in jeder Weise entgegenkommt – und ein wüffes Frauenzimmer ist das – jetzt ist sie schon fünfunddreißig Jahre alt, moana Sie, de fürcht noch an Kaminkehrer? Ja an Schafkas, im Gegenteil – nachlaufa tuat s' ihm noch. Aber da derf ma nix sagn, da war's aus mit mein Alten – bei mein Xade – über sei Fanny laßt er nichts kemma – de wenn eahm viereckerte Knödel am Tisch hinstellt, dann san s' aa rund bei ihm. Alle vierzehn Tag hat 's Fräulein Fanny Ausgang von 2–8 Uhr. Sie kommt aber jedesmal erst an andern Tag in der Fruah mit grasgreane Froschaugn. Schaun S', auf Weihnachten hat man kein Geld angschaut, mei Xade hat ihr drei Ohrringeln kauft, und ich hab ihr, daß aa a Freud hat, vom Kaspar Ostermeier 's Magdzimmer desinfektiern lassen. Moana S', ich hab an Dank ghabt? Ja an Dreck – ausgricht hat s' mi bei der ganzen Nachbarschaft, daß ma soviel Wanzen ham. Aber heuer auf Weihnachten, wenn s' noch bei uns ist, soll sie s' selber fangen. – Kinoschauspielerin möcht sie jetzt werden! Ham Sie Worte! – ›Sie – mit dera broatgfotzerten Bauernfünfalarva! – – Denka S' liaber an Eahna Kocherei‹, hab i gsagt, ›daß S' amal lerna, auf was für a Seite man Butterbrot schmiert, moana denn Sie, mit Eahnan gwarzerten Verdrußfaltengsicht und mit Eahnan Baumhacklteint wern Sie a Schauspielerin? – A Schauspielerin? – A Abspülerin könna S' macha in der Speisehalle, Sie Prachtdotschen!‹ Ja, es ist unglaublich, eingebildet ist die Person – sie bildet sich immer ein, mein Gemahl ist in sie ganz verrückt – so was braucht sie sich doch net einbilden, de freche Naßl, wo es doch bittere Wahrheit ist. An ganzen Tag hat s' nur ihre Mannsbilder im Kopf, drum ist s' auch so furchtbar zerstreut. – Was tut s' nicht neulings? – Reibt s' net in unsern eleganten Speisesalon die schöne Goldtapete mit Stahlspäne ab, daß d' Fetzen glei bis am Fußboden nunterghängt san. – An Parkettboden putzt sie regelmäßig mit Sidol – an Kanarienvogel gibt s' manchmal vor lauter Zerstreutheit 's Hundsfressen – auf Weihnachten hat s' uns amal Ostereier gfärbt – am Heiligendreikönigtag hat s' Kirtanudeln bacha – auf Pfingsten hat 's auf unsern schöna schwarzpolierten Blüthner-Flügel mit der weißen Ölfarb ›Kaspar, Melchior und Balthasar‹ naufgschriebn – und d' Goldfisch … reibt s' Rindviech mit'n Staublumpen ab. Punkt.«

Die Frau Funktionär

Na, die Welt ist ein Theater,
Auf der Welt, da geht's jetzt zu,
Wo'st nur hinschaugst, muaßt di ärgern,
Nirgends hast a Rast und Ruah.
In der Ehe mit de Kinder,
Mit der Wohnung, mit'm Mann,
Machst du in der Fruah die Augn auf,
Geht das Kreuz scho wieder an.

MEI GOTT, is des heutzutag a Kreuz, sozusagen ein direkter Kampf ums Leben – ja, ein direkter Kampf, wenn ma's richtig nimmt, de ganze Welt ist eine Falschheit, ein Schwindel, oana schwindelt den andern o, koan Menschn derfst mehr traun, naa, naa, is des a Jammer, aber mitmacha mußt, bis d' stirbst, und als Toter hast na aa no koa Ruah, da schimpfa s' na aa no über di, daß d' in koan altn Schuach mehr neipaßt, wie man so sagt. – Bei der Beerdigung von meiner Freundin ihrn Mann, dem Herrn Trambahnkontrolleur Kammerberger, war's glei so, is a so a guata, braver und fleißiger Mann gwen, mit so an gefährlichen Beruf, mit oan Fuß is a so an ganzen Tag im Grab gstanden, er war nämlich bei der Münchner Straßenbahn Kontrolleur, wie der Herr Hochwürden, Herr Dekan Obermeier von Sankt Heiligengeist, in der Grabred betont hat – ein fleißiger Mann in seinem Beruf – na habn s' hinter mir gsagt: »A fleißiger Mann, daß i net rutsch, an ganzen Tag is er Trambahn gfahrn und to hat er gar nix, als wie an ganzen Tag hat er bloß gsagt: Billetten vorzeigen – Danke.« – Sehn S', so bös san die Leut, und der elektrische Trambahnberuf ist doch wirklich ein ganz aufopferungswürdiger Beruf. –
In unserm Haus, vielmehr in unserm Gang, wohnt auch eine Frau, von dera Frau d' Schwägerin, a liebe, nette Frau, i kenn s' zwar net, aber was i ghört hab, die soll auch bei der Trambahn sein, Schaffnerin, und noch dazu auf der Linie 13 – du heiliger Josef, i bin net abergläubisch, aber wie kann man denn so gewissenlos sein, stelln S' Eahna vor, wenn die Frau grad am 13. mit der 13er Linie 13 Mark einnimmt, da muß doch a Unglück passieren – aber mei, des is halt Schicksal, wie's eim bestimmt is, so kommt's; so hat mei Mo amal glaubt, daß er 's Ludwigskreuz kriegt, des is halt lauter Bestimmung, so was kommt plötzlich daher, ma hat oft vorher nicht die geringste Ahnung. –
Mit mein Sohn geht's jetzt die letzte Zeit, Gott sei Dank, wieder besser, mei Gott, was hat der arme Kerl ausgstandn, da Doktor Meier in der Kaufingerstraßn hat'n operiert an Stirnhöhleneiterung, unterm Operiern rutscht der Doktor auf einer Zitronenschaln aus und fahrt ihm mitm Lanzett ins Hirn nei, gut, daß mei Sohn 's Hirn so weit hint hat, sonst war's gfehlt gwen. Da Alfred, der Zwoatälteste, hat a Zahnfistel ghabt, da war aber unser Hausarzt dran schuld, der hat'n falsch behandelt, und der hat an Bubn auf Glenkrheumatismus kuriert. – Jetzt geht er scho bald ins 16. Jahr, da Alfred, hoffentlich kommt er nimmer zum Krieg dazu, wenn er nur grad recht langsam gedeihn tät, da Bua, gsund is a ja so net recht, denka S' Eahna, der grat ganz an Vater nach – mei Mann is nämlich Magistratsbeamter, aber sehr leidend, der hat so a Art Schlafkrankheit, die is nicht schmerzhaft, aber sehr zeitraubend – stelln S' Ihnen das Unglück vor, wenn die Krankheit mei Sohn auch kriegn tät, mit der Schlafkrank-

heit kann ja der Bua koa Gschäft lerna; no ja, gfehlt wär's nie, wenn alle Strick reißatn, bringt'n halt der Papa in'n Magistrat nei. –
O mei, mit de Kinder is jetzt scho a rechts Kreuz, a Familie, wo heutzutag acht oder neun Kinder hat, is net zum Beneidn, mir ham Gott sei Dank nur siebn, geht da der Ärger und der Verdruß scho net aus. – – – Mei Kloane, de mit sechs Jahr, d' Anni, bringt neulings von der Schul d' Gsichtsrosn mit hoam, mei Gott, i war ganz resultatlos: »Hundsbankat, reidiger«, hab i gsagt, »wie kimmst denn du zu der Rose, zu dera Gsichtsrosn, hättst lieber d' Parkettrosn mitbracht, na hätt ma wenigstens was zum Bodenputzen ghabt.« – Und so kommt alle Tag was anders daher. – Unter uns da wohnt a Filmschauspielerin, und dera muß d' Gretl, mei zweitälteste Tochter, imma 's Sach holn; neilings hat 's es furtgschickt um an Puder, und de Kloa hat s' falsch verstandn und hat ihr an Butta bracht, a Fünftl. – – Hat 's zu meiner Kloan gsagt: »Mach 's nächstmal deine Ohrwaschl besser auf, dumms Ding, dumms.« Aba da bin i auffi. »Was«, hab i gsagt, »is mei Tochter, wos für a dumms Ding hat Ohrwaschln? Sie alte Filmschuxn, san S' froh, daß Eahna 's Deandl an Butter bracht hat statt an Puder, dann kenna S' wenigstens Eahnan ausdürrten Magen damit einschmiern, daß a net allwei so knarzt, Sie Filmgspenst; Eahnane Gsichtsfaltn san ja so scho die reinsten Dachrinnen, de könna S' nimma verpudern, da is gscheiter, Sie kaufen Eahna a Gasmaske oder an Taucherhelm und decka S' Eahnan gfalteten Fesselballon ganz zua, und wenn S' nächstmal wieder was braucha, na lassn S' Eahna Eahnane Gsichtsutensilien 's nächstemal von an Packträger mitn Zwoaräderkarrn holn und verschona S' mei Tochter mit Eahnan Gang, Sie langhaxate Blindschleicha.« – – –
Ja, wissen S', d' Leut taten mit de andern Leute eahnane Kinder grad was s' wolln, naa, naa, des gibt's net. – Mei Mann natürlich, der kann ja mit de Kinder gar net umgeh, der hat keine Ahnung von der Kindererziehung; unsern dreijährigen Pepperl gibt er neilich 's offene Rasiermesser zum Spieln – i kimm grad dazua, schrei glei: »Um Himmels willen, reiß an Buam 's Messer aus der Hand!« Sagt mei Mann: »Laß ihm doch, der kann sich ja doch no net rasiern.« Sehn S', so dumm redn d' Mannsbilder daher. – – –
Ja ja, 's is a Kreuz, jetzt derf i heut no umanandlaufa, daß i für morgn was auftreib, das is jetzt eine Umanandrennerei, heutzutag an Haushalt führn, is direkt a Kunst, ma werd nimmer fertig. Kaum moanst, jetzt kannt 's Kocha anfanga, fehlt dir wieder des und das, nacha hast wieder koane Kohln, wennst nacha um Kohln gehst und bist beim Kohlenhändler, hast d' Kohlenmarken wieder vergessen, dann lauft ma wieder hoam um d' Kohlenmarken, kimmst dann mit de Marken zum Kohlnhändler, derweil hat der koane Kohln mehr. – – –

I sag ja, es is schrecklich, und manche Leut habn no alles, was eahna Herz begehrt, die Ungerechtigkeit ist zu groß auf der Welt, drum soll unser Herrgott wieder amal a Sündflut kemma lassen und alles wegschwoabn lassen. – – –
Und mit de Dienstboten ist das heutzutage aa so a Kreuz. Moana S', ich treibert jetzt a neue Köchin auf? Nicht um alles in der Welt. Die ma jetzt ham, dera gfallt's nimma bei uns ...

Von hier an textidentisch mit der zweiten Hälfte des Monologs der Kreszenz Hiagelgwimpft. Hier folgen noch die Schlußverse:

Mancher Mensch hat keine Ahnung,
Na, heut hab i schon was gflucht,
Wenn man so wie eine Nadel
Eine neue Köchin sucht,
Telefonisch, telegrafisch,
Durch die Zeitung, durch die Post,
Ich such eine gute Köchin,
Hohen Lohn und gute Kost.

Quo vadis

Also gestern war ein direkter Freudentag für mich. Sagt mein Mann zu mir: »Kreszenz, heut gehn wir in das neue Kinematografentheater nüber und schaugn uns das große Filmdrama an ›Quo vadis‹, das soll großartig sein.«
Ich hab mich zsammagschneckelt so gut als 's halt noch geht, und um 1/2 2 Uhr san ma scho vorm Kino dortgstanden. Wir ham gmeint, mir komma noch z'früh, daweil san da Menschen dortgstanden, hingrafft ham sie sich zu dera Kasse wie die Wilden.
Ich und mein Alter san gleich an die Kasse hin und ham gschaut, was die Billetten kosten.
»Mögt's euch schon hinten anstelln!« schreit so a junges Frauenzimma. – »Wird Ihnen schon passen«, sag ich, »wenn ma zuerst schaun, was es kost; das wissen wir schon selber, daß wir uns hinten anstellen müssen. Sie schaug o, 's rotzige Zimmamadl.«
Mei Mann packt mich gleich am Arm und will mich zruckziehn, reißt mir aber von meiner neuen Blusen an halberten Ärmel runter. »No, Lackl«, sag ich, »jetzt schau dich wieder an, was du wieder gmacht hast, ich sag ja, wiast halt du was in dei Pratzen nimmst, is schon hin auch.«

»Aber deshalb brauchen Sie Ihren Mann aa koan Lackl hoaßen«, sagt *sie* drauf, die ganz andere, »weil Ihna Sie mit Ihrem Schnacklkopf auch de Blusen net selber kauft ham.« – »Halten S' fei Eahna Maul, Sie gschnappige Person, und mischen S' Ihna nicht in Familienangelegenheiten, sonst stoß ich Ihna naus aus der Reihe der ›Angestellten‹.« – Und dann ham mir die Gescheiteren gemacht und haben uns hinten angestellt bis mir die Billetten ghabt ham.

Punkt 2 Uhr ham s' uns hineinlassen. Ich hätt ja den schönsten Platz erwischt, aber natürlich, der langweilige Herr Gatte, der beim hellichten Tag schon zu langsam schaut, ist im finsteren Zuschauerraum umeinandergetappt wie a junger Hund, der im Wasser an Hundstapperer macht. »Ich sieh ja nichts, ich sieh ja nichts«, hat er allaweil gschrian, und wenn ihn *ich* nicht auf einen Platz hingsetzt hätt wie ein Schullehrer einen Abc-Schützen, dann hätt er die Kinoleinwand auch noch durchgrennt mit seinem Gipskopf. Einen schlechten Platz ham wir erwischt in einer Nischen drin; vor uns ist glücklicherweise ein Mordstrumm viereckige Säuln gstanden. »So, jetzt haben wir's«, hab i zu meim Mann gsagt, »jetzt kannst ums Eck nüberschaun, oder du kannst dir um den Eintritt zwei Stunden lang die viereckige Säuln betrachten.«

»Ach, möchten S' net so freundlich sein, Herr Nachbar«, sag ich zu dem Herrn, der neben mir gesessen ist, »und möchten S' ein wenig nach links nüber rücken, daß wir besser vorsehn.« – »Das können S' Ihnen denken«, sagt der, »ich bin schon ganz narrisch, wenn Ihna die Säuln geniert, dann strecken S' halt Ihrn Ganskragen um die Säuln nüber.« – »Ich dank recht schön, Herr Nachbar«, hab ich gsagt, »Sie sind halt ein liebenswürdiger Mensch«, und dann hab ich mir beim ersten Akt den Hals so verdreht, daß ich ausgschaut hab wie ein erdrosselter Flamingo im zoologischen Garten. Also gschimpft hab ich so viel in dem Kino drin, daß ich bald die Klaviermusik übertönt hätte. Auf einmal schreit einer von der hinteren Reihe zu mir vor: »Gell, tun S' fei bald Ihre Gebiß-Schatulle zumachen, sonst falln Ihna noch die ganzen Beißperlen raus, wo Ihna die Ortskrankenkasse die Hälfte dazugezahlt hat.« Jetzt schaun S' eine solche Frechheit an, und darfst nichts sagen, sonst kriegst noch Prügel auch.

Vor mir sitzt so ein Lucki, hat an Goggs auf, und weil ich halt a bisserl klein bin, sieh ich natürlich nichts wegen dem sein Hut. »Ach, möchten S' nicht so freundlich sein, schöner Herr, und möchten S' Ihren Stops runtertun, weil ich sonst nichts sehe«; und weil er nicht gleich darauf reagiert hat, hab ich ihm mit meinem Zeigefinger von hinten ein wenig auf die Achsel hinaufgstupft. Der schaut um und staucht mich gleich so zusammen.

»Tu mich fei noch einmal betupfen, da hinten, dann heb ich dich raus aus die Klappsitz, alte Hyazinthn. Und jetzt, mein ich, wirst es packen mit'n Stillentium, gräuslicher Hausaff.«

Jetzt bin ich narrisch worden. – »Wer ist a alter Hausaff?« hab ich gsagt und hab dem Schlawinerbuben von hinten meine zehn Fingernägel so ins Genick neingsetzt, daß er gemeint hat, er hat seinen Kopf in eine Roßhaarzupfmaschine neibracht.

Mei Mann will mir helfen, der dumme Depp packt mich in der Finsternis und haut mir oane nach der andern runter. Der Platzanweiser hat sich mit seiner Uhrketten in meinen Lockenchignon verwickelt, die Leut haben alle geschrien: »Licht, Licht!«, und bis wir uns besonnen haben, war schon Licht – aber Tageslicht, sind wir schon auf der Straße draußen gelegen. Ausgeschaut ham mir, als wenn wir 14 Tage in einem feindlichen Stacheldrahtverhau dringehängt wären. Ganz verhaut und zerfetzt sind wir von dannen gezogen. Beim Heimgehn sind uns die Schulkinder alle noch nach und ham gschrien: »Ah, ah, Mann und Frau im Essigkrug!«

Vor der Wohnungstüre angekommen, hab ich erst gemerkt, daß ich bei dieser Rauferei mein Tascherl mit die Wohnungsschlüssel verloren hab. Ich mußte in dem Verzug zum Schlosser laufen, der war natürlich nicht daheim, jetzt haben uns mein Mann und ich den ganzen Nachmittag im Stiegenhaus aufs Fensterbrettl gsetzt und haben auf den Schlosser gewartet, und anstatt zur Erinnerung an das schöne Filmdrama »Quo vadis« haben wir beide geseufzt: »O fad war's!«

Allerhand Sport …

Ein Mann, Doppelgänger von Beruf, Kamin (kam in) eine baumarme Waldgegend, um elektrischen Strom zu kaufen. An der Haustüre einer alten Sandgrube blieb er verdrossen stehen und ging heiteren Mutes seiner Wege weiter. Es war ein sonniger, kinderreicher Frühlingstag, und selten fuhr kein Auto hinter dem andern. Trotzdem in der ganzen Gegend kein Haus zu erblicken war, stand mitten in dieser Kleinstadt ein Kino, welches sehr schlecht besetzt war – ein Mensch saß drin – die Besitzerin selbst. Ein bildschönes Mädchen von 26 Jahren. Ihr Mann lernte sie einmal kennen, das war das einzige, was dieser Mann in seinem Leben gelernt hatte. Er führte das Mädchen in die nächstliegende (nächststehende) Kirche und ließ sich dort hochzeiten. Über der unbewölkten Einöde und am nahen Dorfbrunnen spielten alte Schulkinder mit Schneider und Scheren und pflückten aus Übermut Trinkwasser. Nach der Trauung begaben sich beide sofort auf den Sportplatz und spielten Fußball, nach dem

alten Grundsatz: Zuerst der Sport und dann die Liebe. Und wer den Sport und das Turnen liebt, der fördert seinen Haarwuchs, denn schon der alte Sport- und Turnvater Jahn soll einen mächtigen Vollbart gehabt haben. – Also betreibet alle den Sport, denn Sport ist Leben – und Leben ist schwer. Genauso schwer ist es, wenn man während des Sitzens aufsteht und erst dann gehen will, wenn man sich niedergelegt hat.
Wie waren doch schon unsere Vorfahren durch den Sport gestärkt! Der Riese Goliath (wohnhaft Löwengrube, Hausnummer ?) hat 1000 Jahre alte Eichenbäume mit Daumen und Zeigefinger aus dem Erdboden gerissen, den zugefrorenen Nil stieß er mit der blanken Fußsohle bis auf den Meeresgrund durch. Zeppeline und Aeroplane fing er mit der Hand wie Schmetterlinge – Riesenschlangen nahm er als Selbstbinder her, und die größten Kirchtürme benützte er als Zahnstocher. Kurzum: er hatte »Kraft und Schönheit« in sechs Akten. Aber daß sich Sport und Schicksal ohnedies die Hand geben, liegt klar auf der Hand. Beispiele: Ein Hochtourist bestieg zehnmal den Montblanc, ohne jeden Schaden zu erleiden, jedoch beim Anblick eines Steuerzettels wurde er ohnmächtig und mußte minutenlang das Bett hüten.
Ein anderer Fall: Dem bekannten Rekordschwimmer M. Sxdnhpfdb wurde kurz vor Beginn seines geplanten sechzigstündigen Rückenschwimmens ohne jeden Grund seine Badehose gestohlen. Aus diesem Anlaß mußte die Veranstaltung, bei der unzählige Menschenmassen als Zuschauer erschienen waren, abgesagt werden. – Der berühmte Fußballtourist Johann Wacker soll seine Siege nur durch eigenes Verschulden gemacht haben. Somit sieht man, daß Sport und Schicksal zwei eng ineinandergreifende Begriffe sind. Am meisten davon berührt ist die Turnerei. (Eigene Schutzmarke F.F.F.F.)
Frisch – Fromm – Fröhlich – Frei. Es ist kindisch, wenn ich mir erlaube, zu berichten, daß ich mir als junges Kind dieses Turner-Symbol-Zeichen ganz anders erklärt habe, als es in Wirklichkeit ist. Ich glaubte, jeder Turner muß vor dem Turnen ein Bad nehmen, daß er frisch wird. Hierauf muß er in die Kirche gehen, daß er fromm wird. Dann muß er einige Maß Bier trinken, daß er fröhlich wird, und dann muß er sich von seiner Frau scheiden lassen, daß er frei wird. Dann ist er F.F.F.F. –
Man sieht also, daß man sich als Kind schon falsche Vorstellungen vorstellt, die man im Alter nie verantworten, höchstens verwerten kann ...

Magnet – Fisch – Angel – Fix!

Eine zeitgemäße Erfindung

Ein wahrer Triumph ist es zu nennen, was der geniale Erfinder Karl Valentin erfunden hat. Die Verzweiflung der Angelfischer über jahrelanges »Nichtserwischen« ist behoben. Jeder Angelfischer ist von nun an »Beuteheimträger« geworden. Das jahrzehntelange Warten auf den »Fischanbiß« ist durch das Patent Valentins aus der Welt geschafft. Kein Auslachen der Zuschauer mehr beim Zuschauen des Fischens. Die Anwendung des »Emfaf« ist Knaben und Mädchen leicht. (Kurz gesagt kinderleicht.) Aus Anglerkreisen wird uns berichtet, daß alte leidenschaftliche Angler, die 40 bis 45 Jahre und darüber hinaus noch nie beim Angeln etwas »erwischt« haben, aus Freude über diese Erfindung haselnußgroße Tränen geweint haben. Unter den Fischen selbst ist, wie uns berühmte Taucher mitteilen, eine große Bestürzung ausgebrochen. Scharenweise schwimmen sie beisammen und beraten Gegenmaßregeln gegen »Emfaf«. Sämtliche Verlage von lustigen Blättern, die seit Bestehen des Angelsportes an den Anglerwitzen Geld verdient haben, haben ihre Verlagshäuser schwarz beflaggt. So schwer die Erfindung des »Emfaf« zu begreifen ist, so leicht ist sie für den Laien verständlich. Statt dem scheußlichen Mordinstrument, »Angelhaken« genannt, tritt nun das Angelmagnet. Während der Angelhaken aus Stahl und einem gebogenen Haken geformt ist, besteht das Magnet aus Mag und net. Der Angelhaken mit Widerhaken mußte stets beim alten System trotz »Tierschutzvereinswidrigerweise« mit einem lebenden Regenwurm »geschmückt« werden, der als Leckerbissen den zu fangenden Fisch anlocken sollte. Bei »Emfaf« kommt dies völlig in Hinwegfall, da die Krümmung des Magneten an und Pfirsich schon einem gekrümmten Wurm ähnelt. Der Fisch betrachtet sich nun im Bedarfsfalle das Magnet und denkt sich dabei vielleicht »instinktisch« ... Ja, was ist denn das für eine Angel? Er betrachtet sich das Magnet näher (besonders, wenn es sich um einen kurzsichtigen Fisch handelt), und schon hat ihn das Magnet erfaßt, und warum ... Weil der Fisch »Eisen« in sich hat, und Eisen wird bekanntlich vom Magnet angezogen. Wie werden aber die Fische eisenhaltig? Diese Frage ist aber ebenfalls von dem feinsinnigen Erfinder gelöst worden. Man geht tags zuvor an die betreffende Stelle, wo der Fischfang stattfinden soll, und füttert die Fische mit den kleinen Patentbrotkügelchen, welche unter dem Namen »Aha« in den Handel gekommen sind. Diese Patentbrotkügelchenmischung ist ebenfalls eine Erfindung von Karl Valentin. Die Mischung der Kügelchen besteht aus Mehlteig, »Regenwurmblut« und »Eisenfeilspänen«. Die von Fischen verschluckten »Patentbrotkügelchen« sind nun eisenhaltig und damit die Fische auch. Folglich wird der Fisch, falls er sich dem Magnet nähert, von demselben angezogen; der Fischer merkt am Untergehen des Angelkorkes, daß ein Fisch angebissen hat, also in diesem Falle am Magnet haftet. Nach Entfernung des Fisches vom Magnet wird der Magnet »abgetrocknet« (da er im trockenen Zustande mehr Anziehungskraft besitzt) wieder in das Wasser geworfen, und derselbe Vorgang wiederholt sich nach Belieben. »Emfaf« funktioniert in jedem Wasser, sogar in dem stark salzhaltigen Meereswasser. Nur im »schwarzen Meer« müssen Pillen mit »Radiummischung« verwendet werden, da die Fische in dem tiefschwarzen Wasser nur »beleuchtete« Kügelchen erkennen können. Allerdings kommt dieses Verfahren ziemlich teuer, aber der Erfinder Karl Valentin hat Mittel und Wege gefunden, die Herstellungskosten bedeutend zu ermäßigen, indem er statt Radiummischung die Pillen mit »Glühwürmchensirup« verarbeitet, womit er dieselbe »Leuchtkraft« erzielt.

Klagelied einer Wirtshaussemmel

Nicht jede Semmel hat so ein schweres Dasein als gerade wir Wirtshaussemmeln. Eine Privatsemmel z. B. wird beim Bäcker gekauft, heimgetragen und meistens gleich gegessen. Aber wir Wirtshaussemmeln und meine Kolleginnen, die Römischen Weckerln, die Loabeln und die heruntergeschnittenen Hausbrote, wir haben meistens ein ekliges Dasein, bis wir von den Menschen verspeist werden.
Es hat sich ja einmal der Magistrat um uns gekümmert und hat in jeder Wirtschaft kleine Tafeln anbringen lassen mit der Inschrift: »Das Betasten der Nahrungsmittel zum Zwecke ihrer Prüfung ist verboten.« Aber darum kümmert sich heute keine Sau mehr, viel weniger ein Mensch. Nicht genug, daß wir gleich nach unserer Erschaffung aus Mehl und Wasser sofort ins Krematorium kommen, werden wir, wenn wir fertiggebakken sind, von rohen Bäckerlehrbuben in die Lieferkörbe geworfen, diese Körbe werden wiederum unsanft ins Lieferauto geschwungen, und im 60-km-Tempo rasen wir armen Semmeln dem Restaurant oder Gasthof zu, in welchem wir heute noch verspeist werden sollen.
Nicht jeder Semmel blüht dieses kurze Dasein wie einer sogenannten Eintagsfliege. Manchen Semmeln geht es wie den alten Jungfrauen. Sie bleiben über, wenn auch nicht so lange.
Nach Wochen und Monaten kommen wir in eine vielschneidige Guillotine (Knödelbrotschneidemaschine genannt), werden zu Scheiben ge-

schnitten und bilden den Bestand der berühmten bayerischen Semmelknödel.

Aber wie traurig und dreckig geht es uns armen Wirtshaussemmeln! Wir werden von den Kassierinnen (früher Kellnerin) in aller Frühe ins Brotkörbchen gelegt und auf den Tisch gestellt. So – und nun sind wir der sogenannten Hygiene unterworfen.

Zum Frühschoppen kommt schon um 10 Uhr direkt vom Bahnhof die Familie Bliemchen aus Sachsen. Sie setzen sich alle an den Tisch, und Frau Bliemchen entnimmt gleich dem Brotkörbchen ausgerechnet »mich«, drückt mir den Brustkorb ein und sagt zu ihrem Mann: »Gustav, guck mal, fühl mal das Brötchen an, wie weich das ist. Hier in Bayern ist das Brot nicht so knusprig gebacken wie bei uns in Leipzig.«

Herr Bliemchen hatte keine Zeit, mich gleich zu drücken, er hatte sich mit seinem Taschentuch eben die Nase geputzt, und erst, nachdem er dieses eingesteckt hatte, nahm er mich in die Hand, drückte mich zusammen, daß ich beinahe aussah wie ein Pfannkuchen, legte mich wieder in das Körbchen und sagte: »Du hast recht, liebes Paulinchen, die Brötchen sind hier scheinbar alle so weich« – indem er sich auch davon überzeugte und eine Semmel nach der andern zerdrückte. Mit gebrochenem Brustkorb lagen wir Semmeln im Körbchen.

Herr und Frau aßen ihre Weißwürste, welche ihnen scheints auch nicht besonders schmeckten, aber die mußten sie ja schließlich essen, weil sie dieselben bestellt hatten. Wir Semmeln stehen aber unbestellt am Tisch, mit uns kann ja jeder tun und lassen, was er will.

Nach der Familie Bliemchen nahm ein alter Herr, der zwar sehr gut gekleidet war, aber trotzdem einen riesigen Schnupfen hatte, an dem Tische Platz. O weh, dachte ich Semmel, der wird mich und meine Kolleginnen wohl anniesen – gesagt – getan – einige Dutzend Male ging ein kräftiges Hah-zieh über uns Semmeln nieder, begleitet von einem heftigen Bakteriensprühregen.

Wir ertrugen gerne diese Schmach des Angespucktwerdens, uns war es nur um die armen Menschen leid, die nach dieser Sauerei vom Schicksal an diesen Tisch geführt werden.

Der alte Herr aß, trank, zahlte, nieste und ging.

Eine Mutter mit vier Kindern waren die nächsten. Wir Semmeln zitterten, als wir die vier Kinder an den Tisch kommen sahen.

»Mutter, Mutter – darf i mir a Semmel nehmen!« schrie es durcheinander, und wie Sioux-Indianer überfielen die Buben das Brotkörberl, welches dem Ansturm nicht standhielt und über den Tisch hinunterkollerte, und natürlich wir Semmeln auch. Die Mutter schalt leise: »Glei klaubt's die Semmeln auf und tut s' wieder ins Körberl neilegn schö, daß niemand

siecht, de Semmeln genga euch gar nichts an, mir bstelln uns Brezen.«
Zerdrückt, beschmutzt lagen wir vier Semmeln wieder ungegessen im Körbchen. Was wird aus uns noch werden! dachten wir.
Da kamen die vielen Mittagsgäste, schauten uns verächtlich an und bestellten sich anderes Brot, aber direkt vom Büfett.
Wir Semmeln sahen selber ein, daß wir zu unappetitlich aussahen, um verspeist zu werden. Keiner von den vielen Mittagsgästen wollte von uns was wissen – wir blieben auf dem Tisch stehen, obwohl wir fast von allen Gästen berührt, zerdrückt und angehustet wurden.
Bis der Abend kam, bis die Nacht kam – und schon gleich die Polizeistunde, da kam noch schnell ein Liebespaar geschlichen, setzte sich an den Tisch und trank mitsammen ein Glas Bier.
Sie hatten auch noch Hunger – aber nicht viel Geld. Wie wär's mit den vier Semmeln? Indem sich beide verliebt in die Augen sahen, aßen sie dazu – uns vier Semmeln. Die beiden hatten gar nicht bemerkt, wie wir aussahen, denn Liebe macht blind ...!

Kragenknopf und Uhrenzeiger

ICH HABE MICH ja schon furchtbar geärgert! Heute nicht, nein, jahrelang schon. Nicht, daß Sie glauben, wegen Familienangelegenheiten, nein – nur über meinen Kragenknopf! Sehen Sie, man muß ihn ja haben, den Kragenknopf, man ist ja direkt darauf angewiesen, auf den Kragenknopf! Wenn man bedenkt, was an einem Kragenknopf alles dranhängt: der Kragen, die Hemdbrust, die Krawatte usw.
Bitte, stellen Sie sich mal einen feinen Mann ohne Kragenknopf vor, wie der daherkommt! Was nützt da ein feiner Zylinder, wenn man keinen Kragenknopf hat? Rutscht ja alles herunter!
Den einzigen Menschen, den ich mir ohne Kragenknopf vorstellen kann, das ist ein Matrose, aber es kann doch nicht jeder ein Matrose sein, da müßte ja jeder Mensch ein Schiff haben, und außerdem hat nicht jeder Matrose ein Schiff! Dasselbe ist's mit dem Kaffee.
Stellen Sie sich mal einen Kaffee ohne Tasse vor! Man kann ihn doch nicht aus der Kaffeemühle trinken! Oder – einen Tisch ohne Füße – da braucht man ja überhaupt keinen Tisch, da kann man sich ja gleich auf den Boden setzen. Dasselbe ist's mit einer Uhr ohne Zeiger.
Schauen Sie, ich lauf zum Beispiel schon jahrelang herum mit meiner Uhr ohne Zeiger; die hat doch gar keinen Wert! Eine *Uhr* ist sie natürlich auch so – Sie werden doch nicht behaupten, daß es ein *Papagei* ist? Ich

könnte sie ja zum Uhrmacher geben, aber in dem Moment, wo ich sie dem Uhrmacher gebe, hab ich gar keine, also ist's doch gescheiter, wenn ich wenigstens *die* hab, wenn sie auch nicht geht; das weiß ich ja sowieso – sie *kann* ja auch nicht gehen, ohne Zeiger. Das heißt, gehen kann sie schon – innen –, aber sie zeigt es nicht an, drum hat auch die ganze Uhr keinen Wert. Ich trage ja die Uhr nur wegen der Kette, was will man denn sonst mit einer Uhrkette anfangen, das sagt ja schon das Wort: Uhrkette! Das ist doch selbstverständlich, daß da eine Uhr daran sein muß, ich kann doch keinen Hund hinhängen! Dann wär's ja eine Hundekette. Und wer wird einen Hund in die Westentasche hineinschieben? Niemand.
Ich halte ja eine Uhr für überflüssig. Sehn Sie, ich wohne ganz nah beim Rathaus. Und jeden Morgen, wenn ich ins Geschäft gehe, da schau ich auf die Rathausuhr hinauf, wieviel Uhr es ist, und da merke ich's mir gleich für den ganzen Tag und nütze meine Uhr nicht so ab!
Die heutigen Uhren gehen ja noch eher, aber früher war's fad mit den Sonnenuhren: Keine Sonne – keine Uhr! Da ist mir ja die meinige ohne Zeiger lieber, da ist man doch wenigstens nicht auf die Sonne angewiesen, bloß auf die Zeiger, und Zeiger kann man schließlich machen lassen, wenn man sie braucht.
Das wäre ja traurig, wenn man nicht ohne Uhr leben könnte! Der Uhrmacher, ja, der kann nicht ohne Uhr leben, bei dem ist's Geschäftssache. Glauben Sie, daß ein Uhrmacher, wenn er wissen will, wie spät es ist, auf alle die tausend Uhren hinschaut, die er in seinem Laden hängen hat? Er denkt nicht dran, er schaut nur auf eine, die andern verkauft er an die Leute, die eine Uhr brauchen; einer, der keine Uhr braucht, der kauft sich ja sowieso keine.
Aber, wie gesagt, es hat keinen Zweck, daß ich die Uhr reparieren lasse: schließlich stiehlt sie mir noch einer, dann hat der eine gehende Uhr, und ich bin jahrelang mit der kaputten rumgelaufen! Drum laß ich sie lieber so, wenn sie dann wirklich einer stiehlt, dann kann sich der damit ärgern! …

Alte Volksliedertexte – wieder zeitgemäß

ES IST DOCH LUSTIG, wenn heute (1943) der verliebte Erich oder Egon sein Lottchen ansingt mit dem alten Schlagerlied:
Liebchen, ich kaufe dir ein Automobil …
Was hat sie schon davon, wenn er ihr eins kauft? Sie darf ja nicht fahren! Sie kann sich nur hineinsetzen und saudumm dreinschauen.

Ein altes Lied heißt:
Im tiefen Keller sitz ich hier …
Heute? Dieses Lied kann uns heute wirklich nicht mehr begeistern.

Oh! Du lieber Augustin, alles ist hin …
Dieses Lied hat man stets gern gehört; heute hat es einen weiteren Sinn bekommen, genauso wie das Rheinlied:
Nur am Rhein, da möcht ich leben, nur am Rhein …

Hamburg ist ein schönes Städtchen, siehste wohl …
Es war einmal …

Wenn die Schwalben wieder kommen, die wern schaugn, die wern schaugn …
All diese alten verstaubten Liedertexte wirken heute gradezu frisch, aber tragikomisch!
Man vergleiche zum Beispiel den Text eines uralten Liedes mit der heutigen Zeit:
So leb denn wohl – du stilles Haus,
Wir ziehn betrübt – von dir hinaus.
Wir ziehn betrübt – und traurig fort,
Doch unbestimmt – an welchen Ort.
Noch drastischer und aktueller wirkt jedoch das Lied aus dem Rattenfänger von Hameln, das da heißt:
Wandern, ach wandern – von Ort zu Ort
in einem fort.
Weiter, ach eilen – von Land zu Land
Nirgends verweilen – von niemand gekannt.

Weh, daß wir scheiden müssen …

Nach der Heimat möcht ich wieder …

Verlassen, verlassen, verlassen bin i …

Wer weiß, ob wir uns wiedersehn …
Alle diese Volkslieder und viele andere mehr haben in der Jetztzeit einen bitteren Nachgeschmack erhalten!
Vater, Mutter, Schwestern, Brüder
Hab ich auf der Welt nicht mehr …

Um die Jahrhundertwende komponierte und dichtete ein bekannter Wiener Volkssänger das Lied:
Mondnacht is' ...
War dieser Dichter nicht auch zugleich ein glänzender Prophet, als er seinem Lied den Refrain anknüpfte:
Wenn der Mond in seiner Pracht – so vom Himmel runterlacht,
Da geschieht gar manches oft – ganz unverhofft ...

Was kommt dort von der Höh – was kommt dort von der Höh?
Was kommt dort von der Höh – juhe ...
Der Freudenlaut »juhe« kann heute als überflüssig betrachtet werden.

So leben wir, so leben wir, so leben wir alle Tage ...
Auch diesem alten Scherzlied könnte man ruhig heute den alten Sang entgegensetzen:
Glücklich ist – wer vergißt,
Was nicht mehr – zu ändern ist ...

Auch Paul Linckes Marschlied:
Laßt den Kopf nicht hängen ...
wirkt momentan sehr aufmunternd.

Es gibt sogar einen Liedertext, der lautet:
Ja, die Welt ist schön ...

O schöne Zeit – o selige Zeit,
Wie liegst du fern – wie liegst du weit ...
(Geht zurück bis auf das Jahr 1914)

Aber trösten wir uns mit dem alten netten Volkslied, das da lautet:
Alles neu – macht der Mai ...

Und zum Schluß die Münchner Nationalhymne:
Solang der Alte Peter – am Petersbergl steht,
Solang die grüne Isar – durch d' Münchner Stadt no geht,
Solang da drunt am Platzl – noch steht das Hofbräuhaus,
Solang stirbt die Gemütlichkeit – der Münchner niemals aus.

Im Jenseits

EIN PROBLEM, das mich sehr interessiert, ist das Jenseits, oder besser gesagt, ein Weiterleben nach dem Tode. Gedanken über das Jenseits kann man natürlich nur im Diesseits haben. Im Jenseits über das Diesseits nachzudenken, ist schon zweifelhaft – vielleicht ausgeschlossen. Wenn der Mensch gestorben ist, ist er tot – das ist sicher, also todsicher, wie man so sagt. Scheint es nur so, als wäre er tot, so ist er scheintot und kann in seltenen Fällen wieder lebendig werden und später noch mal sterben. Ist ein Mensch wirklich tot, so ist natürlich nur der Körper gemeint, denn die Seele lebt weiter – aber diese ist unsichtbar, das ist wissenschaftlich einwandfrei bewiesen, da bei Röntgenaufnahmen, die alle inneren Organe des menschlichen Körpers zeigen, noch nie die Seele sichtbar gewesen ist. Die Seele flieht also unsichtbar aus dem menschlichen Körper. Aber wohin? Das wird die Seele schon selbst wissen. Ins Jenseits – und da entweder in den Himmel oder in die Hölle. Die Seele muß also allein wissen, wo sie hinflieht.
Nehmen wir zum Beispiel an, die Seele des verstorbenen braven Bäckermeisters Meier schwirrt ins Jenseits. Dem Herrn Meier ist seine liebe, unvergeßliche Frau vor vielen Jahren im Tode schon vorausgegangen, befindet sich also schon im Jenseits. Im Diesseits heißt es aber wie bekannt: Im Jenseits gibt's ein Wiedersehen. Wie kann nun die im Jenseits angekommene unsichtbare Seele des verstorbenen Herrn Meier die ebenfalls unsichtbare Seele der schon im Jenseits umherfliegenden Frau wiedersehen? Nun, sei es wie es sei. Diese beiden wollten sich ja wiedersehen. Wie ist es aber mit der Kehrseite? Hat einer eine böse Schwiegermutter, so ein Ehemann getraut sich ja gar nicht zu sterben, aus Angst vor einem Wiedersehen im Jenseits. Sein einziger Trost ist vielleicht der, daß die böse Schwiegermutter nicht in den Himmel kommt, sondern in die Hölle. Überhaupt, wenn man mit all denen, die man im Diesseits schon nicht riechen kann, im Jenseits wieder zusammenkommen sollte, ist das allein schon ein schrecklicher Gedanke. Man denke an große Persönlichkeiten, so zum Beispiel an Karl den Großen mit Napoleon – die Päpste mit Dr. Martin Luther usw. oder an die Kollegen im Berufsleben. Besonders vom Theater! Droben im Jenseits gibt es keinen Haß und Neid, das hält doch die Seele eines Kollegen nie aus!
Nun machen sich aber viele Menschen wieder ein anderes Bild vom Jenseitshimmel. Die Engel! Wo kommen denn die her? Die sind doch nicht unsichtbar, die haben goldenes Lockenhaar, haben zwei große Flügel und sind nackend, wenigstens die kleineren, die Amoretten. Die Engel waren aber doch früher auch einmal Menschen, deren Seelen ins Jenseits ge-

flüchtet sind. Dort haben sie Flügel bekommen. Das wird aber nur die weiblichen Wesen betreffen, vom ersten bis dreißigsten Lebensjahr. Ich könnte mir nämlich den oben benannten Herrn Bäckermeister Meier nicht so himmlisch vorstellen, wenn er nackend mit zwei großen Flügeln in den Wolken herumflattert – dann lieber unsichtbar! Die Meinungen gehen also hier sehr auseinander. Nun hat aber dieses angenommene Weiterleben nach dem Tode noch eine andre Seite. Auf Erden lebt der Mensch durchschnittlich 60 bis 70 Jahre. Das Leben ist aber mannigfaltig und bringt durch Arbeit, Freude, Sorgen, Leid usw. Abwechslung in die Bude. Wie ist das nun im Jenseits? Hier besteht keine Altersgrenze, sondern Ewigkeit. Also in Ewigkeit nur im Jenseits umherfliegen und als einzige Beschäftigung, wie uns aus der Bibel bekannt, nur Hosianna singen, das kann die ersten acht Tage ganz unterhaltlich sein, aber, man denke sich das ewig – das muß unbedingt langweilig werden.
Nun steht wieder eine Frage offen: Werden die Seelen – oder die Engel im Jenseits auch älter, so wie dies im Diesseits der Fall ist? Wenn ja, dann muß also der erste Mensch, der selige Adam, der 7000 Jahre alt geworden ist, der erste Mensch gewesen sein, der im Paradies bei der Eröffnung des Jenseits Zutritt hatte. Der erste Mensch, der im Jenseits angekommen ist, kann aber der Adam doch nicht gewesen sein, da ihm seinerzeit der heilige Petrus mit dem Himmelsschlüssel die Pforte zum Jenseits geöffnet hat. Demzufolge muß der Petrus schon vor dem Adam im Jenseits gewesen sein. Er war sozusagen der himmlische Hausmeister, der heute noch auf seinem sicheren Posten steht und keinen hineinläßt, der im Diesseits böse war. Und doch stimmt das auch nicht! Petrus lebte doch erst lange Zeit nach der Paradiesgeschichte als Apostel auf der Welt, wurde später heiliggesprochen, und nach seinem Tode kam er erst ins Jenseits. Der Adam kam also anscheinend ohne Kontrolle ins Jenseits, weil eben der Petrus noch gar nicht da war. Weiter nachgedacht, kann aber Petrus nicht als Seele allein die Welt verlassen haben, denn die unsichtbare Seele kann doch keinen Schlüssel in die Hand nehmen, und wo kommt denn der Schlüssel her? Im Gegensatz zu allen anderen Jenseitsbewohnern, die müßig umherfliegen, wird dem Petrus als einzigem nicht langweilig werden, denn viele Jahrtausende das Himmelstor auf- und zusperren ist ausreichende Beschäftigung.
Wenn Wissenschaftler befragt werden um obige Angelegenheit des Weiterlebens, so ändert sich die Sache wiederum. Diese behaupten nämlich, daß es schon seit vielen Millionen von Jahren Menschen gibt, die inzwischen längst gestorben sind und jetzt das Jenseits bevölkern. Wie viele unzählige Trillionen Seelen im Jenseits schon weiterleben, ist niemals zu bemessen. Dabei geht das immer so weiter in aller Ewigkeit oder we-

nigstens so lange, als die Welt besteht. Es ist ein ewiges Kommen und Gehen und Seligwerden – also ein Fortleben nach dem Tode. Aber warum sollen wir Menschen uns darüber den Kopf zerbrechen. Wir werden es niemals ergründen. Aber, daß ein Mensch, der bereits das Diesseits verlassen hat, nicht nur im Jenseits, sondern auch im Diesseits und nicht nur seelisch, sondern genau wie er gelebt hat, weiterlebt, habe ich erst im Kino in einem älteren Film gesehen, in welchem ein vor Jahren verstorbener Filmschauspieler seine Rolle heute noch spielt. Es gibt also in unserer Gegenwart zwei Weiterleben nach dem Tode: eines im Jenseits, und eines im Kino.

Das Münchner Kindl vom Rathausturm besucht die unter ihm liegende Stadt

Ich bin das Münchner Kindl, ein wirklich armer Wurm,
Ich steh seit vielen Jahren dort drobn am Rathausturm,
Ich schaue so herunter auf unsre Münchnerstadt,
Will Ihnen nun erzählen, was sich ereignet hat.

Also, jetzt stelln S' Ihna amal vor, das Hockerl da war der Rathausturm. An Rathausturm selber hab i natürlich net reintragen könna, weil er mir z' schwer war, und er hätt überhaupt koan Platz da herin.
Sehn S', so steh i jetzt vierzig Jahr lang drobn auf mein Platzerl und derf mi net rührn. An ganzen Tag muß i mi mäuserlstad halten – warum? Damit i ja die Beamten net aufweck, die im Rathaus drin schlafa. Vierzig Jahr lang hab i a gußeiserns Gwand an, des is fei koa Kleinigkeit. Aber das gußeiserne Gwand muaß i tragen, des hat das Bayerische Zentrum mir anmessen lassen, daß mir der Wind an Rock net in d' Höh wehn kann, denn des waar so was für unser sittenreines München. Die oanzige Unterhaltung, die i auf'n Turm hab, is 's Glockenspiel – da dank i unsern Herrgott wirkli, daß i a gußeisernes Ohrwaschl hab. Manchmal wird's sogar lebensgfährlich bei mir herobn, namentlich jetzt, wo die vielen Flieger kommen. Es ist nur gut, daß i recht fest ognagelt worn bin, sonst wär i scho lang in Propeller neikemma. –
Neulich schau i am Himmel nauf, siech i, wia die Wolken schiebn. Des wird halt unser Herrgott noch net wissen, daß Schiabn in München verboten ist. Das wenn halt die Polizei amal sieht, die macht da koa Ausnahm, da wern an Herrgott oft fünfzig Mark Straf treffa. Jetzt heut is's mir amal z'dumm worn, und i bin runterganga. Mein Gott, geht's auf

dem Marienplatz zua! – Der Schutzmann, der am Marienplatz den ganzen Tag steht, der woaß am besten, der muaß de ganze Zeit Obacht gebn, daß er net überfahrn werd. – Jetzt hab i dann so an kloana Rundgang gmacht, in mei Stammlokal, wo i früher verkehrt bin, a Maß Bier zu trinken. Wie i hinkomm, hängt a groß Plakat heraus, a Kassa is dort, viel mehr Leut san drin gwesen als früher, wo's no a Wirtschaft war. – Is da a Kino hineinbaut worn. – Jetzt bin i voll Ärger ums Eck nüberganga, dawei san da no mehr Leut gstandn; i will schaun, ob da was passiert ist, dawei siech i wieder so a groß Plakat – war des aa a Kino! –
Naa, hab i mir denkt, da hört sich do scho alles auf, jetzt kaufst dir a Haferl Kaffee. Natürlich hab i mi nimmer so recht auskennt, weil i scho z'lang nimmer herunt war. – Frag i da an Herrn, wo 's Sendlingertorcafé ist. Sagt der: »Ja, da könna S' net hi, da is auch a Kino drin.« Jetzt bin i aber narrisch worn, i bin fort – und glei geh i jetzt wieder nauf auf mein Turm – so ungern als wia i zerst drom war. –
Denn daß des koa leichte Arbeit is, de ganze Stadt zu überwachen, des könna S' Eahna denken. Solln sie's nur amal probiern und oan von der Wach- und Schließgesellschaft naufstelln, der verlangt mindestens sechs bis sieben Mark pro Tag, bei täglicher Ausbezahlung no dazua. Da müßt na jeden Tag oaner am Turm naufsteign und dem 's Geld naufbringa … Aber i verlang nichts und gib auf mei München aa so Obacht und geh so lang von mein Platz net runter, bis die Flieger über mich kemma.
Gesang

Solang die grüne Isar durch d' Münchnerstadt no geht,
Solang der Alte Peter am Petersbergl steht,
Solang uns schmeckt a Rade, a Bier und a Trumm Brot,
Verlaß i aa mein München net, und jetza Pfüat enk Good!!!!!

Ansprache an die UN

Die Cholerierungspodestillation des Nichteinmischungspaktes

Unausgesetzt treibt der am Horizont des Weltalls sich zeigende Gedanke der ganzen Menschheit, daß sich ein Problem, welches dazu geeignet ist, Formen anzunehmen, die einen Konflikt, sei es über die Kolonien-Frage oder der Wille, der sich seinen kommenden Geschlechtern des Fernen Ostens nähert. Immer und immer wieder haben wir die gleichen Erscheinungen. Was vor Tausenden von Jahren, sei es nun die Zeit einer Emanzipation der alten Griechen, oder ergründen wir die Vorzeit amerikanischen Strebens, so spricht die Zeit ein deutliches Wort, ohne daß an das Merkwürdigste im Zeitenraum der Phantasie den geringsten Zweifel aufkommen läßt. Ob ein Zustandekommen oben erwähnter Weltanschauungen von so schwerwiegender Bedeutung ist, um Vorteile, wie sie die Inder damals gezeigt haben, muß bezweifelt werden. So tragen wir es geduldig, solange ein Volk aus Ost oder West, Süd oder Nord Repontionen erhält, spielt dabei keine nennenswerte Rolle, nur der Wille einer Nation kann nach Lage der Vernunft ersetzt werden, so wird sich die Meinung der ganzen Welt zerschlagen, wenn die Einigkeit Spuren hinterläßt, die nur dazu die Nerven des Volkes beunruhigen. Wenn Lumiotto, der einzige Mann, der schon vor Beginn seine Worte zusammenfaßte und sich in Äußerungen verstieg, einen Regierungsabschnitt verhüllt, dann treten wir der Sache näher, aber wir werden niemals daran zweifeln, da demgegenüber keine Absicht bestanden hat, neutral zu bleiben. Schauen wir zurück, die Vergangenheit ist unser wahrhaftigster Zeuge, wenn die Zügel der Vernunft sich lockern, wenn der Sinn für alles verlorengeht, so sollen sich diejenigen, die schuldbeladen, selbst prüfen, denn ein einiges Volk, denken Sie dabei an das Land der Versionen, an das Land der Kulturismuses. Ja, leere Redensarten, Phrasen etc. damit, womit sich viele ereifern könnten, in Verbindung mit den einfachsten Mitteln Wege zu bilden, die solche Banalitäten ein für allemal aus der Welt schaffen. Es ist an der Zeit, sich in den Nichteinmischungspakt hineinzumischen, um die Nichteinmischung zu dumidizieren.

Die Geldentwertung

Vortrag, gehalten von Herrn Hepperteppérneppi, der sich in angeheitertem Zustand befindet

Die Worte meines Vorredners, ich möchte es unterlassen, mich zu Worte zu melden, da ich betrunken sei, ist nicht wichtig. – Ich bin – das verneine ich nicht – nicht betrunken –, sondern – ich gebe zu – etwas – angeheitert. Wer kann bestreiten, daß ein heiterer, vielmehr angeheiterter Mensch nicht auch ernste Angelegenheiten zu debattieren imstande sein kann – wie viele Redner waren schon nüchtern und haben einen furchtbaren Papp zusammengepappt – vielmehr gepappelt. Zu meinem heutigen Thema über die Geldaufwertung – oder Ab- oder Entwertung möchte ich die Erklärung konstatieren, daß es sich um eine finanzielle Angelegenheit handelt. Es ist ein schmieriges – Verzeihung – ein schwieriges Problem von fantastischer – ah, fanatischer Bedeutung. Die Aufwertung hat mit einer Stabilität nichts gemein – gemein wäre das, wenn die Entwertung oder Auswertung einer Aufwertung gleichkäme, dann ist eine Installation unausbleiblich. Eine Auflocherung, vielmehr Auflockerung des Wirtschaftslebens wird nur dann konfisziert, oder besser gesagt kompliziert, wenn das Ausland Kompromißemanzipationen entgegennimmt. Unsere Mark stinkt – ah, sinkt in dem Moment, wenn ... jetzt weiß ich nicht mehr, was ich hätt sagen wollen – aber es ist so. Was ist heute eine Mark? – Ein Papierfetzen. Außerdem sind es nur zwei Fuchzgerln. Fuchzgerln aus Hartgeld, und das ist ein schäbiges Blech, genannt Amilinium. Warum werden heute keine Goldmünzen mehr geprägt? – Sehr einfach, weil wir kein Gold mehr haben. Wir haben keins mehr, weil das ganze Gold zu Goldplomben verarbeitet wurde. Die Ursache – das Volk hat schlechte Zähne, weil wir vor dem Krieg zu viel Süßigkeiten genossen haben. Alles wollte nur Goldplomben nach dem wahren Sprichwort: Morgenstund hat Gold im Mund. Jetzt ist es zu spät für Goldplomben – es ist sogar heute nicht mehr möglich, sich Zementplomben machen zu lassen, weil es auch keinen Zement mehr gibt. Daher wieder Papiergeld. Raus mit den braunen Tausendern, die braune Farbe hat gar nichts zu tun damit, die waren schon braun im achtzehnten Jahrhundert, damals waren wir noch gar nicht verbrannt. – Also, wertet die braunen Tausender wieder auf, man braucht sie nur zu suchen, die sind alle vergraben – raus mit dem Papiergeld – wir brauchen kein Hartgeld – das Geld ist sowieso hart zu verdienen – oder schafft das Geld ganz ab und damit zugleich auch die Kriege ab – denn Geld regiert die Welt, das weiß jedes junge Kind. Geld ist ein Kapitel für sich – Kapital ist die Ursache jedes Krieges – also nieder mit dem Kapital! – Es lebe der Krieg – ah – nieder mit dem Krieg! Nieder mit dem Krieg – es lebe das Kapital. – Nieder mit dem Finanzamt – es lebe die Geldentwertung. – Nieder mit dem Hartgeld – es lebe das Weichgeld. – Nieder mit den Lebendigen – es leben die Toten. – Nieder mit den Hohen – es leben die Niedrigen. – Nieder mit den Niedrigen – es leben die ganz Niedrigen. – Nieder mit dem Verstand – es lebe der Blödsinn.

Die Friedenspfeife

LANGE VOR DEM UMSCHEIN einer verkrümten Nacht saßen sie zusammen. Wolkenlos ballten sich weiße Nebelschwaden zuhauf. Es kargte an diesem und jenem. – So aber ist es. – Wenn der Mensch sich selbst abgibt, dann wird sein Sein betrübt durch seine gewollte Selbstbejahung. – Aber laßt sie alle elendidieren und laßt diese Kopflosen alle wieder behaupten.

Eines Nachts werden die Hexen nicht zum Ziele kommen, sondern das Ziel kommt zu ihnen.
Und wenn Aefa und Ufa sich zürnend und tobend in die Augenmuscheln schreien, liegt Aeufa auf dem satten Rasen und raucht die Friedenspfeife.

Jugendstreiche

Vorwort

AUF VIELES ANRATEN meiner Freunde und Bekannten habe ich mich beschlossen, meine mir noch in Erinnerung gebliebenen Erlebnisse aus meiner Jugend-, Jünglings- und Mannszeit zu sammeln. Die tollen Streiche, die ich in meiner Jugend beging, haben sich fast alle in dem Anwesen Entenbachstraße 63 – jetzt Zeppelinstraße 41 –, im Hofe des Möbeltransportgeschäftes Falk & Fey, München, abgespielt, das meinem Vater gehörte. Dort habe ich eines Tages das Licht der Welt erblickt. Hochachtungsvollst

Karl Valentin / Komiker / gewesenes Kind.

Winterstreiche

»'S WEIBERZAMMBINDEN« in der Christmette ist ein uralter Auer Brauch und soll schon aus dem sechzehnten Jahrhundert stammen – erzählen heute noch die alten Auer –, eine Gaudi wie das Geldbeutelwaschen am Aschermittwoch im Fischbrunnen am Marienplatz.
Natürlich war das für uns Auer Buben ein Gfrett. Der Mutter wurde zu Hause ein Stück – ungefähr zehn Meter – vom Waschstrick abgeschnitten, im Hosenbein versteckt, und um elf Uhr nachts trafen wir uns in der Christnacht bei irgendeinem Kameraden. Um zwölf Uhr gingen wir, wie alle anderen Leute, in die Mette, aber wir Buben drückten uns immer hinten herum bis zum Schluß. Dann nahm ich den Strick und drängte mich in einen Haufen alter Weiber.
Das andere Ende des Strickes hielt ein anderer von uns fest in der Hand und blieb standhaft auf seinem Platz stehen, bis ich wieder zu ihm kam; dann hatte ich mindestens schon zwanzig Weiberleut in meiner Schlinge. Am Schluß der Mette knüpften wir die zwei Enden zusammen und warteten nun, bis der Gottesdienst aus war und die Leute aus der Kirche gingen. Da hub auf einmal ein leises Schimpfen an – die Frauen konnten nicht mehr auseinander, und der ganze Pack wurde von der hinausströmenden Menge mitgezerrt bis auf die Treppe, worauf dann edeldenkende Herren und Damen den Strick aufknüpften und die Gefesselten befreiten. Nun ging erst das richtige Schimpfen los: »De Saubazi ham uns zsammghängt, dene ghöreten fünfundzwanzig auf den Nackaten!«, und die gschertesten Auer Kraftausdrücke verhallten in der kalten Weihnachtszeit. – »Kyrie eleison!« –

Das Schönste im Winter war immer das Schlittenfahren am Isarberg. Von vier Uhr nachmittags an – also nach Schulschluß – bis zum Eintritt der Dunkelheit wurde gerodelt, die besseren Buben hatten Schlitten, die ärmeren nahmen gleich den Schulranzen. Der Berg war ziemlich lang und steil, und es gab natürlich fortwährend Karambolagen und nicht selten Verunglückte. Mit Kleinem fängt man an, und mit Großem hört man auf: Ich holte mit noch einem ganzen Haufen Buben aus unserem Lagerplatz einen riesigen Pferdeschlitten. Mit großer Mühe und letzter Kraftanstrengung wurde der schwere Koloß auf den Berg gezogen. Im Nu war er von zwanzig oder dreißig Buben besetzt, aber die Abfahrt ging nicht so leicht. Wer sollte uns über die Bergkante schieben? Wir konnten es doch nicht selbst, denn wir saßen ja alle auf dem Schlitten. Die Situation wurde sofort von den vorübergehenden Erwachsenen erfaßt, und einige starke Männer schoben den vollbesetzten Schlitten über die Bergkrempe hinaus – aber schief! Der Schlitten überschlug sich ein paarmal! Und dann war wieder einmal ein Wunder geschehen, daß es keinen von uns dapatzt hatte. Dieses Experiment wurde sofort wiederholt.
Diesmal ging es richtig den Berg hinunter, aber leider zu weit: der Schlitten machte, unten angekommen, an einem kleinen Hügel einen Sprung, als ob er von einer Skischanze spränge, und wir saßen bis über die Knie im Eiswasser. Wenn auch einer von uns am anderen Tag krank wurde, so bedeutete das kein Unglück, denn dann brauchte er nicht in die gräusliche Schule zu gehen, das war ja noch schöner als das Schlittenfahren, wenigstens für mich. Ich hätte jedes Schulhaus niederbrennen können!

Übrigens möchte ich hier erwähnen, daß einmal, es wird ungefähr 1892 gewesen sein, die Wagner-Weinberger-Buben von ihren Verwandten aus Norwegen drei Paar Ski geschenkt bekommen hatten und sie am Isarberg ausprobierten. Wir alle haben diese »Latten« angezogen und sind damit hinuntergerutscht. Aber nur einige Tage lang, denn wir waren nicht im geringsten begeistert von dieser Neuheit. Wir lehnten alle dieses fremde Zeug ab und kehrten zu unseren Rodelschlitten zurück. Ich kann mich also rühmen, außer den Weinberger-Buben einer der ersten Skifahrer in München gewesen zu sein. Bitte nachmachen!

Zum Wintersport gehörte auch das Fahren auf schwimmenden Eisschollen. Mit einer Stange ausgerüstet stießen wir uns selbst vom Ufer los in die Isar und schwammen hinunter zur Isarlust. Hier ging es wegen der Schleusen nicht mehr weiter, und wir mußten dann wieder zur Fraunhoferbrücke hinauf, uns neue Platten loslösen, und wieder ging die Fahrt stromabwärts. Zerbrach einmal eine Scholle während der Fahrt, so standen wir bis über die Knie im Wasser, und es gab ein Mordshallo, wenn wir dann auf das Eis eines anderen Buben hinaufstiegen, das selbstverständlich hernach wegen der doppelten Last nicht mehr schwamm, sondern mit allen beiden Fahrgästen absackte. Mit gefrorenen Hosen kamen wir abends nach Hause: »Mutter, i kon nix dafür, der Tone hat mi heut ins Gwasch einigstessen!« Aber die Mutter glaubte mir gar nichts mehr und auch das war mir Wurst.

Einmal sind die Leute am Ufer des zugefrorenen Kleinhesseloher Sees zusammengelaufen und haben gelacht. Was gibt's denn da? Ein Bub steht händeringend auf dem Eis, hilflos allein, die Schlittschuhe rutschen ihm immer wieder unter den Füßen weg, er purzelt wie ein Besoffener, und jeder der Zuschauer denkt sich im stillen: »Der Bua gstellt sich schon ganz saudumm zum Schlittschuhfahren.« Dieses Theater dauerte so einige Minuten. Plötzlich änderten sich die Gesichter der Zuschauer. Aus dem Lachen wurde ein Staunen. Denn der Bub machte plötzlich ein paar kunstvolle Schleifen, drehte sich in eine Acht, und mit einem Ansprung auf den Spitzen der Schlittschuhe sauste er im Renntempo über den See und entschwand den Blicken des enttäuschten Publikums, das mitten im Winter einem Aprilscherz zum Opfer gefallen war. Die Adresse des Aprilscherzfabrikanten hieß: Valentin Fey, Entenbachstraße 63/I.

Der zünftigste Sport aber war das sogenannte »Schwankeisfahren«. Diese Gaudi hängt natürlich vom Wetter ab und ist daher nur ganz selten möglich. Wenn nach starker Kälte plötzlich der Föhn kommt, so wird die Eisdecke in zwei bis drei Tagen sehr dünn, und da gibt es dann manchmal – aber nur an ganz tiefen Stellen eines Sees – ein Schwankeis. Dazu müssen die Schlittschuhfahrer stundenlang, immer im Gänsemarsch aneinanderhängend, die gleiche Stelle passieren, bis das Eis bröckelt, sozusagen weich wird und »schwimmt«. An der »Tiefen Gumpe«, unterhalb des Muffatwehrs, entstehen oft interessante Schwankeise, und an Sonntagen war der Muffatwehrsteg voll von Zuschauern, wenn wir Buben über die Eiswellen huschten. Wird die Eisdecke wässerig, so ist das ein Zeichen der Gefahr und es dürfen über das Schwankeis nur mehr einzelne Personen fahren, denn dann bekommt das Eis schon kleine Löcher und für einen normalen Fahrer ist es aus.

Aber für uns begann jetzt erst das richtige Vergnügen: »Wer traut sich noch umifahrn?« hieß es. »Vale, laß di koan Drenza [Muttersöhnchen] hoaßn, pack's no moi, schnell gewagt, ist halb gewonnen!« – Und ich sauste über die ungefähr fünfzig Meter langen gefährlichen Stellen, hinter meinen Füßen krachte und knirschte es unheimlich, meine Kameraden hinter mir drein. Gut angekommen, Applaus auf der Brücke und am anderen Ufer. Nach einigem Besinnen meint der Ade, »Geht's wega, i pack's no moi!« – startet, ich hinter ihm drein – ein Schrei der Buben und der Zuschauer auf der Brücke: das Schwankeis ist geplatzt! Und Ade unter der Eisdecke! Ich breche auch ein, kann mich aber noch halten, Bretter werden mir gereicht, ich bin gerettet. Mein Kamerad Ade wurde am andern Tag als Leiche geborgen. Er liegt im Ostfriedhof begraben. Er hatte sich den Tod geholt und ich mir ein schweres Asthma, welches mir geblieben ist.

Knalleffekte

ICH WUNDERE MICH, daß ich heute noch am Leben bin. Denn was ich in meiner Jugend alles mit Pulver angestellt habe, ist enorm. Man konnte sich damals bei jedem Eisenhändler sogenanntes Böllerpulver kaufen, das Paket zu sechzig Pfennig. Damit machten wir uns Feuerwerksfrösche, schoben sie heimlich angezündet irgendeinem Bekannten in die Tasche und ergötzten uns dann über sein Erschrecken, wenn er nicht wußte, was in seinen Taschen auf einmal solch einen Krawall machte. Eine Rakete, selbstverständlich eigener Herstellung, die ich anzünden wollte, mochte absolut nicht brennen. Als ich sie betrachtete, bekam ich plötzlich ihre ganze Ladung ins Gesicht, verbrannte mir aber dann nur die Augenbrauen. Außer dem Schreck war ich wieder einmal noch gut weggekommen.

Eines Tages hatten wir die Installateure in unserem Anwesen. Wir machten uns aus einem Stück Wasserleitungsrohr eine regelrechte Bombe, füllten sie mit Pulver, nagelten sie auf ein Brett, befestigten einen dünn zu einer Schnur geschnittenen Zündschwamm daran, zündeten ihn an und stießen den ganzen Apparat unterhalb der Wittelsbacherbrücke in die Isar. Nichts Gutes ahnend, machten wir uns schleunigst aus dem Staub. Von dem Fußweg des Isarbettes aus warteten wir auf den Knall. »Auweh, nix is!« meinte der Kolb Heini, »da is höchstens d'Zündschnur naß wordn – aa z'lang is, des werd erst weiter drunnt kracha!« – so gingen die Meinungen auseinander, und vergebens warteten wir auf den Knall. Auf einmal ... ein Kanonenschuß! Die ganze Au hallte davon wider. Was war geschehen? Die Menschen auf der Straße blieben einen Moment stumm stehen. »Da muß wo a Dampfkessel explodiert sei!« Wieder andere meinten: »So gschossen wird doch in der Au nur frühmorgens im

Juni bei der Fronleichnamsprozession!« Nur wir sechs Buben wußten bestimmt, was es war. »Uuih!« sagte ich zu den anderen, »iatzt derf ma ins aba dünnmacha!« Und mit leichenblassen Gesichtern zerstreuten wir uns in verschiedenen Richtungen heimwärts. Unsere letzten Worte waren nur mehr: »'s Mäu hoitn, fei nix pfeifa, wer's gwen is!« Die Fraunhoferbrücke war kurz nach dem Attentat schwarz von Menschen.
Nach ungefähr drei Tagen suchten wir in der damals seichten Isar nach und fanden tatsächlich an der Explosionsstelle die zerrissene Bombe. Das dicke Eisenrohr war durch die gewaltige Pulverladung in der Mitte aufgeschlitzt – zu unserem größten Glück. Denn wäre sie in Stücke zerrissen, hätte es vielleicht ein großes Unglück gegeben. Aber ein altes Sprichwort heißt: Die Auer haben immer Glück.

Zum Fischesprengen suchten wir uns eine alte Flasche, holten uns auf der Kalkinsel um fünf Pfennige ungelöschten Kalk und füllten das Gefäß halb damit voll. Oben wurde in den Kork ein Federkiel gesteckt, unten kam ein Ziegelstein daran. Dann wurde das Ganze an einer tiefen Stelle der Isar ins Wasser geworfen. Nach kurzer Zeit ein dumpfer Knall! Wasser sprudelte. Die Flasche war im Wasser explodiert und hatte eine ganze Anzahl Fische aufs Land geworfen, die wir dann heimtrugen. Aber wir mußten sehr vorsichtig sein. Denn das Fischesprengen wurde damals von der Polizei streng bestraft.

Auch wenn wir Drachen steigen ließen, ging es nicht ohne Donner und Blitz. Wir bauten uns die Luftsegler selbst aus Latten und Seidenpapier. Dann kauften wir uns bei dem Feuerwerker Heinrich Burg eine Portion Knallfrösche oder gleich ganz große Kanonenschläge und befestigten sie daran. Außerdem kam an den Drachenschwanz ein etwa dreißig Zentimeter langer Zündschwamm, der beim Start angezündet wurde. Wenn der Drache eine Höhe von fünfzig bis achtzig Metern erreicht hatte, gab es einen furchtbaren Krach und meistens riß alles dabei in Fetzen. Dann hieß es aber »davonbretschen«, denn schon waren uns die »Greana«, die Gendarmen, auf den Fersen.
Wenn wir dieses Manöver abends ausführten, ließen wir außer dem Kanonenschlag noch ein paar brennende Lampions mit emporsteigen. Ein Knall, und alles war beim Teufel. Am liebsten hätten wir unseren Schullehrer auch noch dazu hingehängt, aber das war leider nicht möglich.
Einmal bekam mein Vater vom Grafen Löwenstein in Traunstein als Dank für einen gut ausgeführten Möbeltransport einen schönen, wertvollen schwarzen jungen Seidenpudel geschenkt. Darob herrschte große Freude in unserem Hause. Aber nicht lange – nur zehn Minuten. Ich

führte den Hund in den Hof, band ihm einen sogenannten Feuerwerksfrosch an den Schwanz und zündete ihn an: Bum – Bum – Bum! Der Frosch krachte fünf- oder sechsmal furchtbar wie ein feuerspeiender Drache. Der Pudel war dem Verfolgungswahn nahe, legte die Ohren hinter, raste zum Hof hinaus und ward nie mehr gesehen. Das war 1890. Bis heute ist er nicht wiedergekommen.

Hundsgschichtn

ALS ICH JUNG war, haben überhaupt die Hunde wegen mir vieles durchmachen müssen. Später war es dann umgekehrt ... Vielleicht wollten sie mir's heimzahlen?

Da war zum Beispiel die Gaudi mit dem Schinkenknochen. Wie viele Köter aus der Au haben vergeblich danach geschnappt und ihn doch nicht bekommen!

Wenn ein neuer Mensch zur Welt kommt, so kann er das nicht allein, denn dazu ist er viel zu unbeholfen. Er braucht also Hilfestellung. »Holt schnell die Frau Meier!« heißt es dann. Es geht also jemand zu ihr hin, sie schaut heraus und fragt bloß: »Wohin?« Bei dem Geburtenrückgang von heute kommt es gar nicht mehr so oft vor, daß einer an ihrer Glocke läutet. Wir hatten aber so um 1895 herum reichen Kindersegen zu verzeichnen, und da bimmelte das Geburtsglöcklein wenigstens jede Woche einmal in der Au. Wie es nun aber kam, daß die arme Frau an einem Tag oft fünf- oder sechsmal herausgeklingelt wurde, daran war nicht so sehr der Wille der Auer zum Kind schuld, sondern der besagte Schinkenknochen, den wir Buben an den Griff der Hebammenglocke gehängt hatten und nach dem jeder vorbeistreifende Hund einen oder mehrere Schnapper gemacht hat.

Recht bös hätte ein kleines Abenteuer ausgehen können, das mir als achtzehnjährigem Burschen einmal in Neubayern am Inn in der Sommerfrische passierte, wo eine alte, schöne Burg steht. In der Bauernwirtschaft am Fuße des Schloßberges fragte ich einen alten Briefträger, wann die Besichtigungszeit sei. »Ja«, meinte er, »eigentlich nur dienstags und freitags, aber wenn Sie den eisernen Torriegel wegschieben, können Sie jederzeit hinein. Sie brauchen nur zwischen dem Gitter durchgreifen, es geht ganz leicht auf, und die zwei Hunde im Hof tun Ihnen nichts.«

Ich hatte gerade Zeit und machte mich auf den Weg. Oben standen schon zwei Fremde vor der Tür, ein Herr und eine Dame, und wollten gerade

umkehren, wie sie das Schild von den Führungszeiten gelesen hatten. Aber ich verkündete ihnen stolz, daß man auch jetzt hineinkönnte, und griff zwischen die Gitterstangen. Im Nu fauchten zwei gewaltige Hofhunde daher und fletschten uns die Zähne entgegen. Ich ließ mich nicht irremachen, berief mich auf die Wissenschaft des Briefträgers, daß die Bestien harmlos seien, und wir gingen ohne Furcht in den Schloßhof, die Hunde knurrend hinter uns drein. Als wir im Schloßinneren durch den ersten und zweiten Stock und alle Prunksäle gekommen waren, vernahmen wir auf einmal eine Stimme: »Holla, ist hier wer im Zimmer?« Ein Lakai kam uns ganz verstört entgegen und rief: »Ja, wie sind Sie denn hereingekommen? Wer hat Ihnen denn das erlaubt?«
Ich berief mich auf den Briefträger. »Um Gottes willen!« war die Antwort. »Und die Hunde? Das sind ganz scharfe, auf den Mann dressiert, und es ist ausgeschlossen, daß die Sie nicht zerfleischt haben!« Da bekamen wir nachträglich richtig das Zittern in die Knie. Nachdem die Hunde angebunden waren, geleitete man uns wohlbehalten hinaus.
Auch die bissigsten Hunde tun einem nichts, wie sich hier wieder gezeigt hat, wenn man keine Angst vor ihnen hat.

Der Rattenfänger von Hameln hat sich wahrscheinlich gewaltig darüber gefreut, daß ihm alle Ratten nachgelaufen sind. Weniger beglückt ist gewiß der Schreinergehilfe Schlegel von der Firma J. Hallhuber in Haidhausen – zu der ich nach meiner Schulzeit in die Lehre gekommen war – darüber gewesen, daß sich eines Tages mindestens zwanzig Hunde aller Rassen, Größen und Ausführungen unentwegt an seine Spuren hefteten und nicht wankten und wichen, so sehr er sie auch zusammenschimpfen mochte. Die Ratten von Hameln waren von den sanften Flötentönen ihres Fängers bezaubert. Der Schreinergehilfe Schlegel jedoch hatte ein vollständig lautloses Lockmittel bei sich. Es war keinerlei Instrument, sondern nur ein kleines Schächtelchen voll Hundehaare, die ich unserem Hofhund »Lotte« an einer gewissen Stelle abgeschnitten hatte. Ein Lehrbub hatte das Zaubermittel dem Gesellen in die Rocktaschen praktiziert, und als der wackere Schwabe pünktlich auf den Schlag zwölf aus der Werkstatt auf die Straße trat, lief, wie von einem Magneten angezogen, ein Hund nach dem anderen auf ihn zu, und all seine Abwehr blieb vergebens. Den ganzen Weg von der Weißenburger Straße 19 bis zum Wörthplatz und hinunter zum Gasthaus Waldherr, wohin er essen ging, kamen ihm die Tiere nach. Er schimpfte unausgesetzt in seiner Heimatsprache: »Ihr Sauseckel, macht, daß 'r zom Doifl kömmt!« Aber ohne dergleichen zu tun, folgte ihm die Hundeschar mit treu erhobenen Nasen und Schwoafn bis zur Türe der Wirtschaft. Und – welch ein Schreck! – als er nach seinen zwei Stunden Mittagspause wieder aus der Gaststube trat, schnupperte ihm die ganze Köterherde noch immer erwartungsvoll entgegen und folgte ihm in langem Zuge feierlich bis zur Werkstätte …

Ein Freund von mir hatte einen langhaarigen, schneeweißen Zwergpinscher. Dieses Viech glich seinem Aussehen nach mehr einer Portion Putzbaumwolle, als einem Hund. Wenn der Pianist Josef Ortner zum Stammtisch des »Tritschvereins« in den Gasthof »Stubenvoll« kam, fehlte auch sein treuer Begleiter nicht und lag am Boden zwischen den Tischbeinen. Einmal gab es geschnittene Nudelsuppe, aber die meine war kochend heiß und von den länglichen dampfenden Nudeln blieben mir schon beim ersten Löffel welche an den Lippen hängen. »Heiß!« schrie ich, »oha!« und wollte mir das verflixte Zeug schnell mit einer Serviette vom Munde wegwischen. Es war aber keine am Tisch. Da sah ich den Hund am Boden, packte ihn und putzte mir damit den Mund ab. Das war im Jahre 1906, da wußte noch keiner etwas von Charlie Chaplin …

Ein andermal hat mir mein Fahrrad das Leben gerettet. Von Rechts wegen müßte ich ihm eine Rettungsmedaille kaufen und umhängen.
Ich besuchte in Planegg den Theaterdirektor Josef Vallé und wollte mein Rad vor dem Eingang seiner Villa stehenlassen, aber ein guter Geist flüsterte mir zu: »Nimm es mit hinein!« Kaum war ich durch das Eisengitter in den Garten gekommen, als ein großer Wolfshund zähnefletschend auf mich zugerannt kam. Er hätte mich gewiß zerrissen, wenn ich ihm nicht von jeder Seite, von der er mich anfallen wollte, mein Rad entgegengehalten hätte. Er hat sich direkt in das Vehikel verbissen. Nicht einmal die Haushälterin, die auf mein Schreien und das Gebrüll des Hundes hin herbeieilte, konnte das Tier bändigen, und erst als ein in der Nähe arbeitender Gärtner mit einem Prügel herbeirannte und auf das wütende Tier einschlug, war es zu überwältigen.
Mit einem Nervenschock verließ ich den Schauplatz. Seitdem fände ich zehntausend Mark Hundesteuer im Jahr pro Exemplar nicht zu hoch.

Gleichwohl habe ich stets einen Foxl gehabt. Zu Hause ist so ein kleiner Kerl immer brav, weil es in einer Wohnung keine Baumstämme und Laternenpfähle gibt. Aber unterwegs …! Welches Herrchen zieht er da nicht auf jedem Spaziergang an mindestens zwanzig Bäume! Und du meinst jedesmal, er muß; er muß aber gar nicht, er schnuppert nur und wiederholt dieses Manöver immer aufs neue. Je nach Temperament läßt du dir das ein oder ein paar dutzendmal gefallen. Aber wenn er dann

schließlich auch noch die Leine im Handumdrehen ein paarmal um einen Stamm herumgewickelt hat, reißt auch dir der Geduldsfaden, du magst einfach nimmer und merkst plötzlich, daß du in der Wut doch der Stärkere bist. »Jetzt bleibst amal da, Schinderhund mistiger, dei Schnuppern werd ma jetzt z'dumm!«
Natürlich entrüstet sich sofort eine immer gerade in diesem Moment daherkommende Frau auf das heftigste über deine Brutalität. – »Jetzt schau amal so was an! Lassen S' doch den Hund an den Baum hin, wenn er muß, Sie sehn doch, daß er hinzieht!« Die Galle steigt dir in die Höhe wie das Quecksilber im Thermometer bei Sonnenschein. »Kümmern S' Eahna net um mein Hund, Tante!« schreist du, »den kenn ich besser wie Sie! Der will nix macha, sondern nur schnuppern, und wenn S' des net glaubn, dann wer i's Eahna beweisen!« Du läßt deinen Foxl an den Baum, und was tut er? Er schnuppert nicht, er tut endlich das, was ihm offenbar erst jetzt einfällt.
»Hab ich net gsagt, daß er was machen muß?« hörst du triumphierend und bist sprachlos über die Blamage. In solchen Augenblicken kann man auch ein noch so liebs Hundsviecherl vor Zorn zerreißen. Da büßt man als reifer Mann reichlich alles ab, was man vielleicht einstmals als unreifer Lausbub an den Hundevölkern seines Jugendparadieses gesündigt hat!

Viechereien

MIT NEUN JAHREN durfte ich mit den Eltern nach Darmstadt in die Heimat meines Vaters reisen. Was ich dort angestellt habe ... In meinem kindlichen Unverstand warf ich Katzen in die im Hofe befindliche Odelgrube, machte mit allen erdenklichen Mitteln die Hofhunde rebellisch, mähte mit der Sense die schönsten Gartenblumen und Rosenbeete ab, warf Fensterscheiben ein, kitzelte die Kühe mit Brennesseln in der Nase, kniff den Stallhasen und Ziegen Wäscheklammern in die Ohren und öffnete trotz häufiger Warnung die Schweinestalltüre, weil's verboten war. Und weil ich nichts lieber tat als reiten, setzte ich mich gleich auf die erste beste Sau, hielt mich an ihren Ohren fest, und dahin ging's im sausenden »Fackeltrab«. Einen halben Tag hatten mein armer Onkel und sein Gesinde zu tun, um die Säue in der ganzen Umgebung zu suchen und wieder einzufangen.

Mit Speck fängt man Mäuse, aber daß man mit harten Semmelbrocken gewöhnliche Bauernenten fangen kann, weiß mancher nicht. Wir Auer

Buben zogen dazu nach Steinhausen, und im nahen Entenweiher und auf der Wiese warfen wir den leckeren Vögeln unsere Brocken hin, die an einer feinen, aber festen Schnur befestigt waren. Die Enten kamen angewackelt und verschlangen die Lockspeise. Aber als das Semmelstück im Entenmagen war, zogen wir Buben es wieder zum Halse heraus, und die dummen »Antn« fraßen den gleichen Bissen drei-, vier- und fünfmal. Daß eine Ente gut schmeckt, weiß ich; aber daß sie so saudumm ist, habe ich nicht gewußt.

Mit Bierbrocken kann man Hühner fangen. Man nimmt eine Schüssel, tut weiche Brotstücke hinein, übergießt sie mit einem Liter Bier und stellt das Ganze in einen Hühnerhof. Das Geflügel macht sich darüber her, und es dauert nicht lange, so purzelt alles wie besoffene Menschen durcheinander, legt sich auf den Rücken, gackert ganz närrisch dazu und fällt bei jedem Schritt auf die Nase. Das Schönste aber ist das »Schiagln«; wie so ein Huhn die Augen verdrehen kann, wenn es betrunken ist, ist zum Schreien. Wir haben uns oft gebogen und halbtot gelacht darüber.

Zum Fledermäusefangen braucht man keinen Speck, sondern ein Taschentuch, in das ein Stein eingewickelt ist. Wenn an Sommerabenden die Sonne untergegangen und gegen acht Uhr die Dämmerung gekommen ist, begann bei uns die Fledermausjagd. Ein Bub mußte mit zwei faustgroßen Steinen die Fledermäuse anlocken, indem er damit klapperte. Noch heute ist mir unbekannt, warum die Fledermäuse in der Dämmerung auf dieses Steinklopfen hin auf einmal daherschwirren. Ich weiß nur, daß es so war.
Sobald sich so ein kleines Ungeheuer über unserem Hof sehen ließ, warfen wir Buben unsere Sacktücher mit dem eingebundenen Stein etwa ein Stockwerk hoch in die Höhe, und das Tier flog sofort darauf zu und packte die Leinwand mit Krallen und Zähnen. Der schwere Stein riß den Angreifer meistens sofort mit in die Tiefe, und wir deckten am Boden schnell einen Hut darüber – die Beute war gefangen. Vorsichtig griffen wir unter die Krempe, packten die Maus und steckten sie in einen bereitstehenden Käfig. Meistens ließen wir die Gefangenen später wieder aus. Nur hin und wieder haben wir dem Lehrer ein besonders schönes Exemplar mit in die Schule genommen, um uns einzuschmeicheln. Aber jedesmal, wenn ich heute noch eine Ankündigung der unsterblichen Straußoperette lese, denke ich an meine Jugendzeit.

Da es in Deutschland keine Stierkämpfe gibt, veranstalteten wir oft in

irgendeiner Mauerecke unseres Anwesens, wo wir ein Spinnennetz fanden, ein Kreuzspinnenturnier. Wir fingen aus einem anderen Netz eine große Kreuzspinne und setzten sie in ein fremdes. Das gab jedesmal eine Sensation im Kleinen. Sobald der Fremdling das Netz berührt, das wir zum Kampfplatz ausersehen hatten, saust die Hausherrin aus ihrem Versteck blitzschnell auf den Eindringling los, und dann beginnt ein erbitterter Kampf, wobei die größere Spinne Sieger zu bleiben und die Schwächere aus ihrem Besitztum hinauszuschmeißen pflegt. Interessant wäre ein Kampf zwischen zwei gleich großen Spinnen, denn hierbei kann ich mir weder Siegerin noch Besiegte vorstellen. Vielleicht könnte man solch ein Experiment verfilmen?
Heute kann ich keiner Fliege mehr etwas zuleide tun, und sähe ich einen Buben, der die zierlichen kleinen Spätzlein vom Baum schösse, im Eilschritt holte ich einen Schutzmann, um so einen gemeinen Wildschützen der gerechten Strafe zuzuführen. Und doch habe ich es selbst getan. Warum hat man als Kind von Natur aus nicht mehr Liebe zu Tieren?

Auch von Hygiene wußten wir nichts. Wir fingen mit der Hand Fliegen bis zu zehn Stück und oft noch mehr, warfen sie mit einer schnellen Bewegung in den offenen Mund, ließen sie darin umherkrabbeln, und erst als wir das Gekitzel nicht mehr aushalten konnten, spuckten wir den ganzen Segen mit aller Wucht an die nächste Wand.
Was müßten Sie mir heute bezahlen, wenn ich auch nur eine einzige Fliege in den Mund nehmen sollte?

Dafür habe ich einmal ganz unverhofft ein paar hundert Ameisen zwischen den Zähnen gehabt. Die armen Tierchen hatten sich eine Schaumrolle zur Wohnstätte ausgesucht, die ich mir einmal nichtsahnend bei einem kleinen Krämer um zehn Pfennige erstand. Das Wasser war mir schon im Maule zusammengelaufen, und der Bissen, der mir im Munde stak, dementsprechend groß. Aber anstatt Schlagsahne zu schlürfen, mußte ich Ameisen speien. Das war eine Überraschung ...!

Trotz dieses Schwures bin ich unschuldig doch noch einmal in den Verdacht des Fischraubes gekommen. Meine Leidenschaft ist es, Frösche, Salamander und ähnliches Viehzeug zu fangen und meinem künstlichen Weiher in Planegg einzuverleiben. Oberhalb der Großhesseloher Eisenbahnbrücke stand ich einmal mit Gummistiefeln, Netz und einer alten Konservenbüchse als Fangbehälter in einem Tümpel und fing Kaulquappen. Das Gewässer hatte einen Flächeninhalt von etwa fünf Quadratmetern, man konnte also leicht mit freiem Auge von einem Ufer zum anderen sehen. Doch mit einem polizeischen Wächter ist kein ewger Bund zu flechten! Ein grasgrüner Landgendarm, der nichts anderes zu tun hatte, erblickte in mir einen Fischräuber und wollte mir partout nicht glauben, daß ich nur auf Kaulquappenjagd war. Vielleicht konnte er auch richtige Fische nicht von diesen Froschlarven unterscheiden. Er schrieb mich auf, und nach zwei Monaten bekam ich vom Amtsgericht in der Au eine Vorladung wegen Herumtreibens im Isarbett. Und wegen dieses Vergehens wurde ich von dem Amtsrichter auch grausam verurteilt, und es nützte mir nichts, daß ich als Münchner Stadtbürger jahraus, jahrein willig meine Steuern bezahlt hatte.

Auf Fischraub gingen wir mit einer an einen Spazierstock gebundenen spitzen Gabel aus, an den rechten Isararm. Die sogenannten Mühlkoppen wurden mit diesem Instrument im seichten Wasser gestochen und dann auf irgendeiner Isarinsel am Spieß gebraten. Das geschah in der Tracht der »Sie-Ochs!«-Indianer.

Auch später habe ich mich noch einmal im Angeln versucht. Eines Tages war ich in einer Villa am Starnberger See zu Gast. Der Inhaber, ein Oberamtsrichter, war ein leidenschaftlicher Angler, damals jedoch zufällig abwesend. Dafür stand eine Angel fangbereit an einem Baum nahe dem Ufer, ich fühlte mich ganz allein, und es gelüstete mich, auch einmal wieder zu angeln, wie ich es seit meiner Bubenzeit nicht mehr getan hatte. Also schnell einen Wurm her! Kaum brachte ich es übers Herz, das lebendige Geschöpf auf den eisernen Haken zu spießen. Aber da bekanntlich Fische sonst nicht anbeißen, blieb mir nichts anderes übrig. Ich warf die Angel ins Wasser, und gleich darauf zappelte ein kleines fingerlanges Ding an meiner Leine. Als ich es herauszog, sah ich, daß dem armen Tier der Angelhaken durchs Auge gedrungen war. Da ist mir die ganze Lust vergangen. Ich machte mir die größten Vorwürfe wegen meiner Grausamkeit und bat einen Gärtner im Nebenanwesen, mein armes Opfer sofort zu töten. Mit Tränen in den Augen schwur ich mir selbst, keine Angel mehr anzurühren.

Die schönste Viecherei ist mir aber nicht zu Hause passiert, sondern in Wien. Da hat sich mir einmal ein richtiger Wiener Spatz eines Nachmittags auf die Lackschuhspitze gesetzt, als ich mit übergeschlagenen Beinen auf einer Promenadenbank ausruhte, nur daß dieses Vogerl keinen Zettel im Schnabel trug. Wenn es in München gewesen wäre, in meiner Vaterstadt, in welcher ich seit Jahrzehnten sehr bekannt bin, hätte mich das nicht besonders überrascht …

Der Schrecken der Au

»Da Fey-Bua kommt!« schrien oft die Kinder und flüchteten panikartig in irgendeinen Schlupfwinkel. Warum ich es besonders auf Mädchen mit langen Zöpfen abgesehen hatte, weiß ich nicht. Vielleicht, weil sie besser zu fassen waren. Und wenn ich eine hatte, schlug ich ihr die Peitsche um die Waden, bis sie hell aufschrie: »Muatta, der Fey-Bua hat mi ghaut!« Kam die Mama dann zu Hilfe, machte ich mich dünne. Heute wäre das alles nicht möglich: denn erstens haben die Mädchen keine Zöpfe mehr, sondern Bubiköpfe, zweitens keine Wadln, sondern Stecken.

O selig, o selig, ein Kind noch zu sein! Bei mir hätte es heißen müssen: O traurig, o traurig, ein Flegel zu sein! Oder war es etwa eine Heldentat, einem braven Mädchen, das vorsichtig mit einem großen Milchtopf an unserem Hause vorbeiging und sorgfältig aufpaßte, daß es ja nichts verschütte, einen sogenannten Roßbolln in ihren Hafen zu werfen? Sie war die Tochter eines Baumeisters von der Entenbachstraße, und darum war die Büberei meinen Eltern peinlicher als mir selbst. Mein Vater schüttelte den Kopf dazu, und der Schullehrer diktierte mir eine Stunde Karzer. Es ist ja auch nur ein Pferdeapfel gewesen.

Zum Steinschleudern nahmen wir einen langen Stock, der an einem Ende gespalten wurde, um den kirschengroßen Stein hineinzwängen zu können. Am anderen Ende schwangen wir den Prügel in der Wurfrichtung, der Stein löste sich mit Schwung und flog fünfzig oder gar hundert Meter weit. Nur war diese Schleuder, wie sie ja bei allen wilden Volksstämmen in Gebrauch ist, nicht sehr treffsicher.
Ganz genau konnte man dagegen mit der Schleudergabel zielen und treffen. Wir Buben machten uns so einen »Schleuderer«, wie wir es nannten, aus der Astgabel einer Haselnuß- oder Weidengerte. Daran wurden zwei doppelte Gummischläuche gebunden, fünfzehn Zentimeter lang und durch ein Lederstück mit Spagat verbunden, in das der kirschgroße Stein hineinkam. Die Wirkung war oft gewaltig. Wenn man einem Menschen auf zwanzig Meter Entfernung an den Kopf getroffen hätte, würde ihm der Stein bestimmt den Schädel zertrümmert haben. Dabei ist diese Waffe fast lautlos. Man hört das Pfeifen des Steines, aber niemand weiß, woher er kommt. Ich will heute noch wetten, daß ich mit einer solchen Schleuder auf zweihundert Meter Entfernung binnen zehn Minuten sämtliche Fenster eines vierstöckigen Hauses kaputtschieße, ohne daß jemand merkt, wer es gemacht hat …
Die Taschen voll Munition, sind wir Buben in den Isaranlagen auf hohe

Bäume geklettert und haben von dort aus in der damals unbewohnten Schweren-Reiter-Kaserne fast alle Fenster eingeschossen. Natürlich haben wir Saububen auch auf Katzen, Hunde und Hühner gezielt. Auch bei den bekannten Auer Schlachten traten die »Schleuderer« in Tätigkeit.

Sogar als Höhlenforscher waren wir tätig. Am Isarabhang mündete ein alter Kanal, der das schmutzige Altwasser von der Au in den Fluß leitete. Mit hochgekrempelten Hosenbeinen krochen wir zehn Buben barfuß in diesen stinkenden Höhlenrachen, jeder ein brennendes Christbaumkerzl in der Hand. Es war gar nicht ungefährlich, denn der schleimige, schlammige Steinboden ließ sich nur langsam begehen. Es zog eiskalt im Dunkel der unterirdischen Vorstadt Au, und die Luft war zum Ersticken.

Als wir einmal ungefähr zehn Minuten gegangen waren und uns unter der Erde in der Mitte der Au befunden haben mögen, blies plötzlich ein starker Luftzug alle unsere Lichter aus. Wir machten sofort kehrt, und im Finstern ging es wieder auf den Eingang zu. Todesangst überfiel uns. Atemlos hielt sich immer einer am anderen fest. Als wir glücklich wieder unter dem blauen Himmel standen, wischte sich jeder seine nassen Augen, denn wir hatten alle geweint; nur zugeben wollten wir es nicht.

Recht dumm hätte auch das »Messerln« ausgehen können. Mit einem Knicker wurden allerlei Wurffiguren gemacht. Soviel ich in Erinnerung behalten habe, hieß es: »Meter – Ober – eins zwei drei – fäusteln – schwaibeln – fingerln – eins zwei drei vier fünf – naseln – köpfelts – achseuts – hupfata Has – Italiener – aus.« Oft flog dabei ein Messer in Knie oder Waden eines Mitspielers, der dann laut aufschreiend nach Hause lief – und die anderen wie die wilde Jagd hinter ihm drein, jeder mit dem gleichen Ruf: »I war's fei net!«

Wenn man dasselbe Spiel mit Holz und Eisenstäben ausführte, hieß es »Pickeln«. Es war noch lustiger, aber sehr gefährlich.

»Hütet euch vor den Gezeichneten«, lautet ein alter Volksspruch. In der Au hätte es heißen müssen: »Nehmt euch in acht vor dem Fey Valentin, der euch für ewig zeichnen will.«

Ungefähr dreißig Buben mußten daran glauben. Ein Möbelpacker hat es mir gelernt. Er war Matrose. Das richtige Tätowieren wird mit drei zusammengebundenen Silbernadeln und vollständig giftfreier Tusche ausgeführt. Ich nahm drei ganz gewöhnliche Nähnadeln, die ich mit Blumendraht zusammenband, und steckte sie in eine Holzhülse. Als Farbe

verwendete ich gewöhnliche Tusche, das Glas um zehn Pfennige. Vorher zeichnete ich den Buben mit einem naß gemachten Tintenblei die Figuren, die ich stechen wollte, auf die Haut des inneren Unterarmes oder auf den Handrücken. Anker, Totenköpfe, Athletenkugeln, Ochsenköpfe und Herzen waren am beliebtesten.
Wir brauchten zwei Mann zu dieser Prozedur. Einer spannte mit beiden Händen die Haut des Opfers und riß sie auf. Drei spitze Nadeln gossen ihre Tusche in das aufgerissene Fell, und eine Wunde reihte sich an die andere, immer von links nach rechts. Nach jedem dritten Stich wurde mit einem dunkelweißen Bubentaschentuch das Blut abgewischt, damit man die Zeichnung sehen konnte. Schon während der Operation schwollen Arme und Hände oft mächtig an. Mancher Halbfertige hatte bereits genug und meinte: »Vale, jetzt derfst aufhören, des tuat ja net schierle weh, mir gangst.« Der eine hielt es aus, der andere nicht. Ich selbst hatte mir zwei gekreuzte Schwerter in den Arm gestochen und bekam eine Stunde später Schüttelfrost und Wundfieber. Nach zehn Jahren ließ ich mir die ganze Herrlichkeit mit Milch ausstechen. Aber das war zehnmal schmerzhafter als das Hineinstechen. Mit den Jahren wird man empfindlicher. Daß damals von uns Buben keiner eine Blutvergiftung bekam, ist ein wahres Wunder.

Außerhalb Haidhausen bei den zwei Gaszirkussen stand an den Bahnen um 1890 die Feuerstutzenschießstätte. Alle Sonntage wurde dort auf Scheiben geschossen. Das Blei blieb in dem zum Schutz dahinter aufgeworfenen Erdwall stecken. Nach dem Festschießen hatte der Zieler, der nebenbei Vereinsdiener war, das Vergnügen, das tags zuvor verschossene Blei auszugraben. Dann verkaufte er es und verschaffte sich damit einen kleinen Nebenverdienst. Die Schützen waren unsere Väter. Kaum hatten wir Buben von diesem Bleibergwerk gehört, dachten wir: Was ein anderer kann, können wir auch. Montags früh um sechs, als die Sonne gerade im Osten aufgegangen war, liefen wir leichten Schrittes dem schönen Sommertag entgegen nach Steinhausen. Mit alten Tischmessern entlockten wir der Erde das blaue Blei. Bald zogen uns die vollen Taschen den Buckel krumm, denn jeder von uns hatte ja zwanzig bis vierzig Pfund zu schleppen. So schlichen wir den langen Weg von Steinhausen nach München heimwärts. Vollständig »dahaut«, entluden wir uns in der Waschküche des Gartenhauses. Das Blei wurde geschmolzen und verkauft, das Geld vernascht.

Auf der Wäscherwiese vor unserem Anwesen haben wir oft auch das »Blinde-Schimmel-Reiten« gespielt. Einer macht das Pferd, einer den

Reiter, der dann am Schluß der Geprellte ist. Die Augen werden ihm verbunden, und er bekommt einen Stecken in die Hand, der mit Dreck beschmiert ist, dessen Qualität der Bubenphantasie überlassen bleibt. Einmal machte bei uns ein stolzer Jüngling aus der Realschule nichtsahnend mit. »Du«, sagten meine Kumpane, »mir tun jetzt blinden Schimmel reiten, und da laß ma an Fey Vale an Reiter machen. Wenn er dann d' Augen verbunden hat, dann kriagt er an Stecka in d' Hand mit lauter Dreck. Und du machst das Pferd, wo der Vale drauf reiten muaß.« Der Feine war sofort bereit und bückte sich; ich setzte mich auf seinen Rücken, und mit einem Taschentuch wurden mir die Augen verbunden. Mit den Worten »Hier, Reiter, hast du deinen Reiterstab« gab er mir den beschmutzten Stiel in die Hand, daß mir der »Letten« zwischen den Fingern herausquoll. Mein Pferd wieherte aus vollem Halse vor Schadenfreude. Aber nicht lange – denn nun spielte ich meinen aufgesparten Trumpf endlich aus und schmierte dem Roß den stinkigen Brei ins Gesicht. Endresultat: Es waren wieder einmal zwei Stunden Karzer fällig.

Einmal hatte ich meiner Mutter zwanzig Mark gestohlen, ein richtiges Goldstück. An diesem Nachmittag war ich der reichste Schüler der Klenzeschule. Vielleicht hat nicht einmal der Lehrer soviel dabeigehabt. Um vier Uhr nachmittags ging es wie der Wind zum Konditor Imhof, Ecke Fraunhofer- und Klenzestraße. Alle meine Busenfreunde waren dabei. Wir waren unser zwanzig, und für solchen Andrang war das Pförtlein der Konditorei viel zu schmal. Darum gingen immer nur fünf zusammen hinein; ich als der Geldmann voraus. Die Konditorsfrau traute kaum ihren Ohren, als ich um zwanzig Mark Schaumkuchen für uns alle verlangte. Wie die Wilden nahmen wir auf den weißlackierten, verschnörkelten Rokokostühlen Platz. Vor uns auf dem Tisch eine Prachttorte mit Schlagrahm. Aber vor lauter Gelächter und Herausplatzen kamen wir Buben über der Gaudi gar nicht zum Essen. Kaum hatte wieder einer einen Löffel Schlagrahm im Munde, lachten die anderen dermaßen, daß er sich verschluckte und den herrlichen Schaum wieder unter den Tisch spuckte. So ging es von einem zum anderen weiter, bis wir überhaupt nicht mehr konnten. Unfähig, noch ein Wort herauszubringen, verließen wir die Konditorei, und noch draußen auf der Gasse wären wir fast geplatzt vor lauter Lachen. Siebzehn Mark bekam ich heraus. Die habe ich unter meinen Kameraden verteilt, und ich machte sie dadurch alle zu reichen Leuten, denn mehr als ein Zwanzgerl hatte ja sonst nie einer bei sich.

In unserem Hause wohnte ein städtischer Straßenbaumeister. Als er mit seiner Familie bei uns einzog, war ich sieben Jahre alt und freundete mich natürlich mit dem gleichaltrigen Ludwig sofort an. Aber schon nach vier Wochen ging unsere Freundschaft in die Brüche.
Eines Morgens, früh um sieben Uhr, ging ich hinauf und frug, ob der Ludwig schon aufgestanden sei. »Nein, der schläft noch.« – »Darf ich zu ihm?« – »Geh nur nei zu ihm und weck ihn auf!« sagte die Mutter. Leise schlich ich mich in die Kammer, kroch unter sein Bett und wartete so lange, bis er aufstand. Als er den ersten Fuß herausstreckte, packte ich ihn fest mit beiden Händen. Da hat der Ludwig geschrien, wie wenn eine Sau abgestochen wird ...

Einen, der den Deppen machte, brauchte man auch zum »Sum-Sum-Spielen«. Drei Eingeweihte und der Neue stellten sich in ein Viereck zusammen und spannen ein Taschentuch, indem jeder einen Zipfel in der Hand hält. Dann wird ein Stein auf die Leinwand gelegt, und einer schreit immer: »Hopp!« Dazu wird an den vier Zipfeln gleichmäßig gezogen, so daß der Stein stets ein wenig in die Höhe schnellt. Alle singen dazu laut »Sum, sum, sum, sum, sum ...« und bemühen sich, jedesmal den Stein höher zu treiben. Der Neue ist davon so gefesselt, daß er gewöhnlich erst zu spät merkt, daß er inzwischen von seinen Mitspielern »naßgemacht« wird.

Drum fand sich immer ein Dummer, wenn es ans »Goldgraben« ging. Wir gruben in der Wiese ein kopfgroßes Loch, legten alles mögliche Zeug, wie Taschenmesser, ein Pfennigstück, einen Hosenknopf, einen Apfel und was jeder sonst noch mit sich herumtrug, hinein. Dann wurde vor den Augen des Neulings alles mit Erde zugeschüttet, bis das Loch voll war. Nun banden wir dem Goldgräber die Augen zu, und er wurde von einem anderen Buben im weiten Kreise um das Loch geführt. Inzwischen hatte ein anderer geschwind alles wieder ausgegraben und statt der Schätze Hundsdreck hineingeschüttet, dann alles wieder fein zugemacht. Auf den Ruf »Goldgräber, fang z' sucha o« kroch das arme Opfer so lange auf der Wiese herum, bis es mit den Händen tief im Dreck steckte. Und dann wollte der Jubel kein Ende nehmen.

1894 hatte es ein furchtbares Hochwasser in München. Irgendwo im Isartal muß es einen kleinen Kramerstand vom Ufer mitgerissen haben, denn wir entdeckten nicht nur Baumstämme, Äste, Bretter und Balken, sondern auch eine Unmenge Nüsse in der braunen Sturmflut. Bei der Fraunhoferbrücke, in einer kleinen Bucht des Isardammes, schwemmte es die Früchte so weit ans Ufer, daß wir Buben sie beinahe mit den Händen greifen konnten. Wie die Wilden waren wir dahinter her. Als mich einer beiseite drückte, gab ich ihm einen Renner, daß er kopfüber in die Isar stürzte. Aber ich erwischte ihn noch im letzten Moment am Ärmel und zog ihn wieder ans Land. Da war ich zugleich Täter und Lebensretter.

Ein alter Auer Brauch war das »Ostereispecken«. Das Stadion dafür befand sich damals bei der Frau Heustätter am Mariahilfplatz vor der Auer Schule. Am Ostersonntag gingen wir Buben nicht zur Kirche, sondern zum »Oarspecka«. Jeder hatte seine drei bis sechs Oar mitgenommen oder bei der Kramerin um drei Pfennige gekauft. Sie war eine siebzigjährige Frau und besaß nur noch zwei Vorderzähne, mit denen sie vor den Augen des Käufers ihre Ostereier auf ihre Härte ausprobierte. Darin war sie Spezialistin. Nur hartschalige Eier hielten es aus.

Wer mit einem anderen specken wollte, hielt das Ei so in der Hand, daß es mit der Spitze knapp aus der Faust herausschaute. Dann wurde leicht aufeinandergeschlagen – und gewonnen hatte, wer die meisten fremden Eier kaputtmachte. So konnte es kommen, daß der Besitzer eines besonders harten Eies alle Eier von dem gewann, der mit ihm speckte.

Mein Freund Ludwig Niederreither, den ich einstmals in seiner Schlafkammer so erschreckt hatte, und ich kauften uns die weißen Porzellaneier, die die Bauern in den Hühnerstall legen, um die Hühner zum Legen anzuregen. Damit haben wir alle Rekorde geschlagen.

Aber plötzlich erscholl der Ruf der empörten Auer Jugend: »De zwoa Batzi ham Gipsoar.« Wir nahmen die Beine unter die Arme und flohen – hinter uns die Meute. Aber trotz unseres Nurmilaufes wurden wir bald eingeholt. Nun schlugen die anderen einen Rekord – aber nicht auf die Eier, sondern auf unsere Buckel.

Heit werd grafft!

DER KRIEGSRUF »Auf in den Kampf« wurde bei uns Auern ins Boarische übersetzt. »Heit werd grafft«, hieß es, und wenn man alle kleinen Plänkeleien dazurechnen wollte, so hätten wir singen können: »So raufen wir, so raufen wir, so raufen wir alle Tage!«

Kinderkriege gibt es in der ganzen Welt, und das Land muß erst noch entdeckt werden, wo die Jugend nicht Krieg spielt.

Freilich waren die Schlachten zwischen den Auern und Haidhausern, den

Sendlingern und Schwanthalerhöhern, den Giesingern und Wasserstraßlern schon nicht mehr kindlich. Wir Auer waren oft über zweihundert Buben, die Haidhauser hatten ein ebenso großes Heer; und wenn man bedenkt, daß wir mit ziemlichen Latten zugeschlagen haben, in deren Enden ein großer Nagel befestigt war, und daß auch Steinschleudern zur Bewaffnung gehörten, mit denen taubeneigroße Kiesel auf den Feind geschossen wurden, dann kann man eine solche Schlacht kaum mehr als harmloses Kinderspiel ansehen. Später kämpften sogar sechzehn- bis achtzehnjährige Burschen mit, und als zu guter Letzt richtige Revolverschüsse fielen, von denen nie herauskam, ob sie scharf oder mit Platzpatronen abgefeuert worden waren, machte die Polizei Schluß, und die Kriege wurden einfach abgeschafft.

Von diesem Polizeiverbot blieben die kleineren Schlägereien verschont. Als ich einmal mit dem Pfaller Gustl eine gute Viertelstunde lang raufte und so viel Prügel bekam wie noch nie in meinem Leben, wäre ich direkt froh gewesen, wenn ein Polizist uns getrennt hätte. Es kam aber keiner, und so mußte ich als Besiegter mit einem blauen Auge acht Tage lang zum Onkel Doktor.

Einmal hatte ich beim Telefondrahtziehen über die Hausdächer ein Nachbarfenster eingeschmissen, und dafür bekam ich vom ältesten Sohn des Friseurs in der Lilienstraße eine Ohrfeige. Weil er viel größer war als ich, blieb mir zu meiner Verteidigung nichts anderes übrig, als ihm einen nagelneuen Ziegelstein an den Kopf zu werfen. Gott sei Dank traf ich ihn nur an der Achsel, sonst hätte er vielleicht das Zeitliche gesegnet ... Seitdem bin ich gespannt, ob sich nicht eines Tages herausstellt, daß ich meinen Stammbaum auf den biblischen David zurückführen kann, der den Riesen Goliath mit einem Stein besiegt hat.

Übrigens habe ich im gleichen Hausgang, in dem mein Zweikampf mit dem Friseurgehilfen stattfand, auch Bekanntschaft mit der kleinen siebenjährigen Mary Irber gemacht, die mit ihrer noch kleineren Freundin Lily Mooshammer, einer jetzigen Gräfin Eulenberg, zweistimmig zu singen pflegte und von den Leuten, die durch den Tunnel gingen, oft ein paar Pfennige dafür bekam. Nach 1900 war die Irber Mary Deutschlands größte Kabarettistin.

Ein sehr lustiges, aber gefährliches Spiel war bei uns Buben das sogenannte »Bockstessen«. Man konnte es nicht auf der Straße, sondern nur auf einer Wiese ausführen. Mindestens drei Mann hoch waren dazu nö-

tig: einer, der keine Ahnung von der Sache hatte, der zweite, der sich hinter diesen Harmlosen, auf Knie und Ellenbogen gestützt, lautlos zum Bock hergab und der dritte, der dem Ahnungslosen einen Stoß auf die Brust versetzte, daß dieser über den Bock ins Gras fiel.
Mancher hätte sich dabei das Genick brechen können. Richtig lebensgefährlich wurde das Spiel aber erst dann, wenn zwanzig oder dreißig Buben auf der Wiese umeinanderwurlten, denn dann waren auch die Eingeweihten keinen Augenblick sicher, ob nicht hinter ihnen einer schnell heimlich, still und leise gekrochen kam, über den sie alsbald rüberpurzeln sollten.
Das Bockstessen gefiel uns so gut, daß wir mit der Zeit sogar alte Frauen, die zum Ratschen auf der Wiese standen, über den Bock warfen. Aber da mischte sich die Schulbehörde ein, und aus war's mit der Hinterfotzigkeit.

Vom Taucher auf der Oktoberfestwiese hatten wir abgeschaut, wie man Tauchversuche macht. Aber der Einfachheit halber gingen wir damit nicht ins Wasser, sondern in unser Strohmagazin. Mit ein wenig Phantasie, einem Gummischlauch und einem Blasebalg war die Taucherei dieselbe. Mein Freund Hager Emil und ich wechselten ab. Einmal wühlte ich mich in das Strohgrab hinein, wobei ich den Gummischlauch im Mund stekken hatte, und wenn ich auf dem eigenartigen Meeresgrund herumhantierte, betätigte mein Freund fleißig den Blasebalg, daß es mir die Gesichtsbacken nur so auf und zu blähte. Es war kein schönes, aber ein interessantes Spiel, und manchen Nachmittag, wenn uns nichts Besseres einfiel, spielten wir eben wieder Taucher. Als aber mein Freund Emil in dem Strohozean versank, hörte ich einmal mit Blasen sekundenlang auf, und da ich wußte, daß er den Schlauch im Mund hatte, zog ich den Blasebalg heraus und goß in die Öffnung so eine Viertelflasche Terpentinöl, das dann meinem Freund in den Rachen floß. Selbstverständlich war zehn Minuten später wieder eine zünftige Rauferei fällig.

In der Schule war mir das Liebste die Pause, nicht etwa wegen des Frühstücks, sondern wegen der Gaudi. Zu deren Dämpfung war einer der scheinheiligen Musterschüler als Vertreter des Lehrers angestellt, die Ungezogenen aufzuschreiben. Aufgeblasen von seiner Wichtigkeit, stand er an der Tafel, die Kreide zwischen den Fingern, und musterte seine Kameraden mit Argusaugen. Wenn dann die Pause vorbei war, prangten wieder unsere Namen da vorn, weiß auf schwarz: Fey, Mayer, Huber, Fischer usw. Weder im Fleiß noch in anderen Fächern bin ich jemals der Erste gewesen, aber bestimmt immer auf der Tafel. Wenn dann

der Lehrer die Klasse betrat, mußten wir Übeltäter vor dem Katheder erscheinen und »Tatzen« oder »Überglegte« in Empfang nehmen.
Dabei sagte mir leise meine innere Stimme: »Wart nur, Schlawinerbua, spitznasata, no hat der letzte net gschobn! Du kriegst no dein Hanf! Wenn wir aus der Schule entlassen werden!« – Diesen Schwur habe ich später gehalten.
Nach dem Schlußgottesdienst bei der Schulentlassung in der Matthäuskirche in der Sonnenstraße stand ich schon auf der Lauer. Mit Adlerblikken spähte ich nach meinem Opfer, damit es mir ja nicht entkomme. Er mußte schon Lunte gerochen haben und drückte sich immer am Ausgang herum, damit er gleich entwischen konnte. Aber ich blieb auf der Hut, und als die Kirchentüre sich öffnete, hatte ich ihn schon beim Kragen und nahm ihn auf der Treppe so vor, daß sein Gebetbuch in hohem Bogen davonflog. Dafür bekam ich von einigen Erwachsenen ein paar Ohrfeigen gratis, aber die spürte ich in meinem Rachedurst gar nicht. War das eine Wonne, zu wissen, daß ich am anderen Tag nicht mehr in die Schule mußte!

Dann ging's in die Schreinerlehre und an einem Sonntag hell und klar, einem selten schönen Tage, in den Wirtsgarten beim Radlwirt. Dort wimmelte es von Auer Früchtln im Durchschnittsalter von sechzehn bis achtzehn Jahren. An unserem Tisch saßen der Kolb Heini, der Finkenzeller Schorsche, da Dürr Toni, da Reiter Ade und da Fey Vale, alle in Gala, beisammen; ich in einer taubengrauen Hosen mit breiten schwarzen Nähten, zeamen, spitzigen Lackschleich, Eckerlkragen, blauseidenem Plastina-Krawattl, kurzem braunem Smoking und schmalkrempigem Gigerl-Strohstops, kurz gesagt, tausendmal fescher als die junge Generation von heute. Und ebensowenig fehlte es an Stoff zur Unterhaltung; wir waren vielseitig. Dös war no a Hetz und a Gaudi, und jeder Tag und jede Nacht war halt immer zu kurz. Und wenn's pfeilgrad am allerlustigsten war, dann ging's meistens auf – so auch an dem besagten Sonntag.
Ein junger Pflasterlehrbub saß in dem gleichen Sonntagsstaat am Tisch neben uns und sagte zur Kellnerin: »Jungfrau! Jonglier an Liter flüssigs Malz her zu mir.« Darüber, daß der kaum Fünfzehnjährige zur Kathi »Jungfrau« gesagt hat, hat er mir grasselt, wie wir damals statt geärgert gesagt haben. Ich koppte zu ihm hinüber: »Da muaßt schon no a paar Jahr in d' Schui geh, bis d' woaßt, was a Jungfrau is.« Fragend warf er mir die Blicke seiner Augen zu. »Jaja«, sagte ich, »i moan scho di, junger Mo!« Der stand auf, ging aber nicht auf mich zu, sondern irgendwo anders hin und tauchte plötzlich zu zweit mit seinem großen Bruder neben unserem Tisch wieder auf. Ich vernahm nur noch zwei Sätze: »Welchana hat's

denn gsagt?« Antwort: »Der mit dem Strohhut!« Dann hatte ich schon eine Riesenohrfeige drin und kollerte auf den Kies.
Flugs erhob ich mich, und was ich sah, war die Rückseite meiner fliehenden Freunde. Nach der ausgezeichneten Qualität meiner Ohrfeige konnte ich ihnen diese Flucht auch nicht verübeln. Am Nachhauseweg bekam ich von dem Kleinen hinterrücks noch einen tüchtigen Schlag, so daß ich blutete wie eine Sau. Aber schon nach einigen Tagen war die Wunde wieder zugeheilt, denn mir Auer san zach.

So ein Zirkus

ACH, WAS GÄBE ICH dafür, wenn nur für einen Sonntagnachmittag meine Jugendzeit und der alte Zirkus Bavaria auf der Theresienwiese wiederkäme! Mit dem Schlag drei Uhr bretschten wir Auer Buben eine Stunde vor Beginn hinaus, jeder mit einem Zwanzgerl bewaffnet. Zwei Schwierigkeiten waren zu überwinden. Einmal kostete ein Kinderbillett zwanzig Pfennig. Da wir aber schon halbe Lackln von vierzehn bis sechzehn Jahren waren, gingen wir vor der Kasse in die Kniebeuge und bemühten uns, recht kindlich zu erscheinen. Meistens bekamen wir auf diese Weise anstandslos unsere Kinderkarte.
Aber nun galt es die zweite Feuerprobe beim Billettabreißer, der im Zirkusgang stand. Bei dem half keine Kniebeuge. Nur seine Laune und sein Pflichtgefühl hatten zu bestimmen, ob wir als Kinder oder als Erwachsene zu gelten hatten. War er schlecht aufgelegt, dann hieß es: »Macht's, daß zum Teufi kemmt's, ihr Schwindler, gleich geht's an d' Kasse und holt's euch a anders Billett!« Dann huben wir ein Flehen und Betteln an. »Bittschön, Herr Zirkusmann, lassen S' uns nei, mir habn bloß a Zwanzgerl dabei, mir san arme Kinder, da Vatta is krank, mir ham dahoam nix z' essen, d' Muatter is operiert worden.« Kurz, was es eben an Familienunglück gab, leierten wir in der Schnelligkeit herunter, und wenn wir Glück hatten, erweichten wir damit das Herz des Billetteurs, und er ließ uns hinein. Manchmal rauchte er aber keinen Guten. Dann konnte ihn kein Mitleid rühren. Seine Seele blieb hart wie Granit, und wir mußten mit unsrem Zwanzgerl traurig wieder den Heimweg antreten. Dann war's mit dem Zirkus für heut nix. Alles wegen dem Sauhund, weil er des net glaubt hat, daß mir no Kinder san.
Hatten wir aber einmal Glück, dann bedeutete so eine Zirkusvorstellung das halbe Himmelreich. Mund und Nase offen, hingen wir an der Galeriebrüstung und staunten über die tausend Künste. Am meisten gefielen

uns natürlich die Hans Kasperln, die Kugelläufer, die Jongleure und Akrobaten. Und am nächsten Tage wurde alles, was wir sahen, nach der Schule nachgemacht.

Einmal habe ich zu Hause alle Zirkuskunstreiter übertroffen. Unser Rappe Maxl war sonst ein braves Pferd, und ich schwang mich oft auf seinen breiten Rücken. Dazu kletterte ich zuerst an der Stallwand hoch und blieb oft stundenlang auf ihm sitzen. Einmal habe ich sogar meine Schulaufgaben dort oben gemacht.
Aber eines Tages hatte der Maxl einen Furunkel auf dem Hals, von dem ich nichts ahnte; und ausgerechnet an dieser Stelle faßte ich ihn kräftig in die Mähne. Natürlich brachte ich das biedere Roß zur Verzweiflung. Aber je mehr es um sich schlug, desto fester krallte ich mich an der verhängnisvollen Stelle ein. Dabei schrie ich aus vollem Halse, bis man mir zu Hilfe kam.
Diesen Ritt habe ich bis heute nicht vergessen, und wenn ich gezwungen wäre, wieder einmal einen Pferderücken zu besteigen – und sei es auch nur der eines hölzernen Jahrmarktkarussellpferdes –, ich würde zuerst die Mähne auf Furunkel untersuchen.
Öffentlich bin ich zum erstenmal am Chinesischen Turm aufgetreten. Das war 1885. Ich werde noch davon erzählen. Mein zweites Debüt fand im Gasthaus Zur Lilienbrauerei in der Au Anno 1890 statt. Dort tagte in der Lilienstraße der Stammtisch meines Vaters. Lauter »Dreiquartelprivatiers« kamen da allabendlich zusammen. Der Niederreither Karl und ich wollten an einem Faschingsdienstag meinen Vater überraschen. Wir hatten nämlich im Zirkus Bavaria auf der Theresienwiese zwei Clowns gesehen, die den altbekannten Spaß vom Tellschuß aufführten, wo der »junge Tell« immer den Apfel auffrißt, ehe der alte Tell seinen Meisterschuß anbringen kann. Für mich war die Kritik der Stammgäste ein besonderer Ansporn, denn sie waren einmütig davon überzeugt, noch keinen so saudumm schauen gesehen zu haben wie den Fey-Buam.

1895 waren Fallschirmabsprünge noch nicht Mode. Doch wir sind schon damals vom ersten Stock unseres Rückgebäudes auf eine alte Matratze in den Hof gesprungen. Es hat tatsächlich ziemlicher Mut dazu gehört, so einen Sprung zu riskieren. Trotz der weichen Unterlage bekamen wir manche Verletzung, und einmal stieß ich mich mit dem Unterkiefer so gegen die Knie, daß ich mir beinahe die Zunge abgebissen hätte.
Da kam einer von uns Buben auf die Idee, mit dem Regenschirm abzuspringen; und nun wurde die Sache ungefährlicher. Jahre später erst hörten wir von dem Fallschirmspringer Lattemann, der bei dem großen Gar-

tenfest zugunsten der Pensionskasse des Gärtnertheaters im Maximilianskeller in Bogenhausen, wo heute das Prinzregententheater steht, aus einem Luftballon mit dem Fallschirm aus 500 Meter Höhe abgesprungen ist. Damit hatte er unseren Rekord gebrochen, denn wir sprangen nur fünf Meter. Wir waren dafür früher dran; er hat es uns bloß nachgemacht, und das ist ja schließlich keine Kunst.

Beim Karussellfahren war für uns Buben die Hauptsache das Ringziehen. Wem es gelang, beim Vorbeipassieren aus einer blechernen Hülse, in der sechs Ringe steckten, fünf eiserne und einer aus Messing, mit dem Zeigefinger den Goldring zu erwischen, der konnte ein paarmal umsonst fahren. Das hing allerdings von der Gunst des Ringbuben ab, der vom Besitzer für den Ringziehapparat engagiert war, denn für seine Freunde hielt er den »Goldenen« zurück. So wurde schon damals geschoben ...

Auch wenn es galt, in einer schönen Sommernacht irgendwo ein Feuerwerk abzubrennen – sei es im Bürgerbäu oder auf der Theresienwiese, in der Isarlust im Herzogpark, im Volksgarten Nymphenburg oder im Schleibinger-Keller an der Rosenheimer Straße –, so waren wir Buben schon am Nachmittag zur Stelle und schauten den Pyrotechnikern zu, wie sie die Wiese pflanzten. Und wenn dann am Abend die Raketen zischten, die Feuerräder fauchten und die Bomben in der Luft platzten, da waren wir das lauteste Publikum auf den eintrittsfreien Plätzen, irgendwo auf einer Holzplanke.
Einmal war ich so begeistert davon, daß ich mir in einer Buchhandlung in der Theatinerstraße das Buch »Die Kunstfeuerwerkerei« kaufte und anfing, zu Hause Feuerwerk zu machen. Da wurden Pulver gekauft, Papierrollen geleimt und Chemikalien zurechtgerichtet, alles nach Rezept. Manche Feuerwerkskörper gingen schon während der Fabrikation los; wunderbarerweise immer ohne Unglück. Leider ist es zu einem Programm pyrotechnischer Vorführungen in unserem Hof nie gekommen, denn vor lauter Probieren hat es bei uns so oft gekracht, daß sich die Nachbarschaft an die Polizei wandte, die uns dann die Feuerwerkerei streng verboten hat. Und da es trotz der Dunkelheit beim Abbrennen nie zu Farbeneffekten, sondern nur zu Funken und Explosionen gekommen ist, sahen wir mit der Zeit ein, daß die Pyrotechnik doch nicht so einfach ist. Trotz aller Knallerei ist hierbei noch kein Meister vom Himmel gefallen.

München hatte schon 1895 viele Radrennbahnen, eine im Volksgarten in Nymphenburg, eine in Perlach, eine am Schyrenplatz in Giesing und eine vielleicht sogar in Milbertshofen. Fast jeden Sonntag war »Veloziped-Rennen«. Es gab auch schon Rennfahrer wie Rabel Toni, Schildberger Hans, Fischer, Rucker, Oberberger und Opel, den späteren Direktor der Opel-Autowerke. Heute vergöttert unsere Jugend die Fußballer. Wir machten es genau so mit den Rennfahrern. Und als wir das erste Radl geschenkt bekamen, trainierten wir an Wochentagen heimlich am Schyrenplatz, wo die Rennbahn wegen Bankrott offenstand. Dort wurde in einem Tempo gejagt, daß ich mich heute noch wundere, daß wir nicht alle die galoppierende Schwindsucht bekommen haben. Die Manege hat eben doch eine mächtige Anziehungskraft – und ganz besonders für mich.

Das muß man mir auch später direkt angesehen haben. Als ich einmal mit Liesl Karlstadt in Wien gastierte, kamen wir auf einem Spaziergang an einem Trödlerladen vorbei. Der Komiker Karl Flemisch, der Schauspieler Otto Wenninger und meine Partnerin grinsten alle über das alte Geraffel, das der Tändler auf offener Straße feilbot. Nur ich hatte einen grantigen Tag und machte ein bitteres Gesicht. Da kam der Trödler ausgerechnet auf mich zu, eine alte Klarinette in der Hand, und meinte: »Genga S' zua, kaufen S' mir doch dies Instrument ab, dös is was für Eahna, Sie san g'wiß a Zirkusclown.« Ich war platt.

Mutterängste

BIST DU AUCH so ein Unnütz gewesen wie ich, lieber Leser? Schon als kleines zweijähriges Kind hatte ich eine Vorliebe fürs Handwerk. Mit Hammer und Nägeln machte ich poch, poch, poch. Aber leider hatte ich mir dazu nicht ein Stück Holz, sondern die fein polierten Renaissancemöbel meiner Mutter ausgesucht. Oh, wie hat sie da die Hände gerungen! In der Makart-Zeit war doch die dicke Politur das ein und alles häuslicher Eleganz!

Einmal bin ich als Hosenmatz mit der Leiter auf einen von meines Vaters Möbelwagen geklettert, der gerade gestrichen wurde, und als ich oben auf dem runden Dach nicht weiter wußte, habe ich dann so lange geschrien, bis mich die Mutter durchs Fenster wieder in die Stube holte. Seitdem hatte ich eine solche Vorliebe für Fensterbretter, daß ich immer gern darauf herumgestiegen bin, auch wenn sie nur mit dünnem Spagat außen an der Hauswand befestigt waren.

Mörderisch geschrien habe ich einmal in unserem Stiegenhaus, als ich den Kopf zwischen die Geländerstäbe gesteckt hatte und weder vor noch zurück konnte. Wäre nicht gerade ein braver Handwerksmann mit seiner Säge zur Hand gewesen, der mich befreien half, so stäke ich vielleicht heute noch dort.

Meine arme Mutter hat wirklich viel mit mir auszustehen gehabt, und doch konnte ich es auch später nicht lassen, ihr manchen Schreck einzujagen. Als ich Schreinerlehrling war, gab es in meiner Werkstätte eine kleine Kreissäge. Das ist ein gefährliches Ding. Wie schnell ist da ein Finger weg, wenn man einen Moment nicht aufpaßt. Seitdem sie wußte, daß ich mit einem solchen Werkzeug zu tun hatte, konnte meine Mutter keine Kreissäge mehr summen hören. Natürlich wurde mir das mit der Zeit zuviel und ich beschloß, ihr einmal wirklich Angst zu machen. Ich tauchte ein Stückl Schwamm in die nußbraune Beize, nahm's in die hohle Hand, lief nach Hause und schrie: »Muatta, hol schnell an Dokta, i bin in d' Kreissägn neikomma!« Dabei drückte ich das Schwämmchen zusammen, daß die Brühe nur so hervorquoll.

Die arme Mutter muß vor Schreck farbenblind geworden sein. Sie sah sofort rot statt braun, kreischte »Um Gottes willen!« und war einer Ohnmacht nahe. Aber da lachte ich schon und rief: »Aprilaff!«

Heute glaube ich freilich, daß nur ein Halbwüchsiger in den Flegeljahren auf die Idee kommen kann, physiologische Versuche über Farbenblindheit in der Schrecksekunde ausgerechnet mit seiner eigenen Mama anzustellen.

Wie alle Kinder den schwachen Punkt ihrer Eltern sehr schnell heraus haben, so wußte ich auch gleich, was das Telefonieren meiner Mutter für ein Graus war. Um keinen Preis war sie an den Apparat zu bringen. Nur wenn ihr nichts anderes übrigblieb, ging sie hin, wenn es klingelte, aber nur, falls niemand zu Hause war oder ich noch im Bett lag. Dann hörte ich ihr immer mit diebischer Freude zu. Trotz ihrer siebzig Jahre funktionierte ihr Gehör noch tadellos. Nur die Aufregung war daran schuld, wenn sie kaum etwas verstand. Jedes Gespräch kostete einen Nervenschock, und wenn es zu Ende war, mußte sie sich immer sogleich niedersetzen, und dann meinte sie in ihrem schönsten Sächsisch, denn sie stammte aus Zittau: »Nä, Falendihn, ich biddch um Himmels willn, verschon mich mit däm Zeich! Ich bin doch viel ze ald und ziddre chedes Mal an Händn und Fihßn, wenn's Dehlefohn leit. Ich geh ähmnd eenfach nich mähr hin!«

Eines Tages rief mich ein Bekannter an, als ich gerade zur Türe hinaus bin. Ich höre es noch klingeln, kehre schnell wieder um; bis ich aber den zweiten Stock erreichte, die Türe aufgesperrt hatte und wieder hinein kam, war es schon zu spät. Freudestrahlend kam mir die Mutter entgegen. »Noch geene Minude warschde ford, da ging 's Dehlefohn, ich saache ›Falendihn hier‹, da meinde der Mann, ob er dich schprechn gennde. ›Echaa‹, habch gesaachd, ›där is ähmd weggegang. Er gann heechsdens graade zer Hausdihre nausgegang sin, sind S'n denn nich begähchnd?‹«

Einmal verwechselte sie den zweiten Hörer, den ich ihretwegen angeschafft hatte, mit dem Federhalterglas voll grüner Glasperlen und schüttelte sich die munteren Kügelchen teils ins Ohr, teils wie einen Hagelschauer auf Schreibtisch und Fußboden. Mit dem verfluchten Telefon passierte eben immer etwas anderes, und sie hat schon ganz recht gehabt mit ihrer Furcht vor dieser Erfindung des Teufels.

Im Jahre 1897 haben wir alle einen furchtbaren Schreck gehabt. Aber ehe wir uns versahen, war die Gefahr schon vorbei. Ein schweres Gewitter stand über München. Der Donner rollte, die Blitze zuckten, und die ängstliche Mutter meinte, wir sollten doch lieber die Fenster schließen. Aber Vater war dagegen. »Laß nur auf«, sagte er, »oder hast du etwa Angst, daß der Blitz zu uns ins Zimmer kommt?« Das Wort war ihm noch nicht aus dem Munde, als es einen furchtbaren Schlag tat und ein Lichtstrahl tatsächlich durch unser Zimmer fuhr, eine Schleife machte und wieder zum Fenster hinaus verschwand. Wir saßen leichenblaß und stumm. Wir waren noch am Leben. Aber seitdem habe ich immer an meine Mutter gedacht, wenn es gedonnert und geblitzt hat.

Haariges

Als ich unseren Knecht einmal beim Roßscheren beobachtete, kam ich auf die Idee, ob ich nicht mit dieser Roßschere auch meinen Kameraden die Haare schneiden könnte. Gesagt, getan. Sofort ging es an die Arbeit. »Da geh her, Maxe, tua dei haarigs Haupt her!« Und nach fünfzehn Minuten war er bereits ein Gscherter. »A fein hast des gmacht, Vale, i hol glei die andern.« Und sie kamen. Meistens hatten sie Frisuren wie die Trauerweiden. Mancher konnte kaum sehen, was ihm bevorstand, denn d' Haar hingen ihnen bis über die Augäpfel. Aber nach einer Stunde zogen sie ratzekahl geschoren wie junge Zuchthäusler freudig strahlend von dannen. Sogar eine Mutter brachte eigenhändig einen sechsjährigen Rotzbankert dahergezogen und bat: »Geh, schneid meim Seppl aa d' Haar mit dera Maschin!«

Ich war schon arg müde. Gleichwohl schlug ich der flehenden Mutter die Bitte nicht ab. Aber ich hatte Schlimmes vor. Ich zog den Buben hinter einen Möbelwagen und tat den armen Josef Rippold, einen Glasermeisterssohn, schändlich zurichten. In der Mitte ließ ich einen Kamm stehen, wie den Raupenhelm eines »Schwolischärs«, und an den Ohren links und rechts zwei dicke Haarbüschel. Wie ein richtiger dummer August eilte er in die Arme seiner entsetzten Mutter. Sie krakeelte – aber ich blieb verschwunden. Die Friseurkosten hatte sie sich sparen wollen, als sie zu mir kam. Und nun mußte sie doch zu einem richtigen Haarschneider gehen. Der erkannte aber sofort die maschinelle Behandlung und lehnte aus Konkurrenzgründen den Auftrag ab. Da hat die arme Frau ihrem Buben den Raupenhelm selbst amputieren müssen – natürlich stufenweise, so daß man die Handarbeit schön hat sehen können.

Übrigens habe ich auch ganz zünftige Tonsuren schneiden können. Schon mit zehn Jahren dachte ich mir, daß so ein ausrasierter Kreis auf dem Hinterkopf auch bei einem Nichtgeistlichen sauber ausschauen müsse. Und so schnitt ich meinem Freunde Emil Hager einen so wunderbaren Kopfschmuck heraus, daß der Lehrer mich dafür gleich zwei Stunden in den Karzer steckte. Und das auch mit Recht.

Heutzutage kämmt sich jeder die Haare aus der Stirne. Als ich jung war, war es umgekehrt. Da wurde vom Friseur noch extra ein schöner Sechser auf die Stirn gelegt. Ich habe mir sagen lassen, daß ganz früher auch die Offiziere, vor allem die Leutnants, die ja immer die elegantesten sein wollten, diese ganz besonders bevorzugt hatten, und dachte dabei an Napoleon mit der berühmten Locke. Bei uns tragen heutzutage oft sogar die vornehmsten Damen in der allerfeinsten Gesellschaft gleich zwei Sechser, da weiß man nicht, soll das eine Zwölf oder sechsundsechzig bedeuten.
Meine Mutter konnte sich mit dieser Frisur nicht befreunden. Und weil ich mir meine Locke immer vorkämmte statt hinter, kündigte sie mir feierlich an, daß sie mir dieses Ärgernis einmal im Schlaf abschneiden würde. Und so geschah es auch. Ich muß kurz darauf aufgewacht sein und fingerte vergebens auf meiner Stirn nach dem Sechser herum. Aber dort war er nicht zu finden, sondern er lag am Nachtkastl und die Schere daneben. Wie ich das sah, wurde ich mit einem Male munter, und ich sprang im Hemd hinüber ans Fensterbrett, wo Mutters falscher Zopf lag. Schnipp-schnapp machte die Schere, und der schöne »Wilhelm« war entzwei. Sogar einen Zettel habe ich danebengelegt und daraufgeschrieben:

»Liebe Mutter! Wie Du mir, so ich Dir.« Aber sie hat es mir nicht nachgetragen.

Dafür war sie um so ehrlicher erschrocken, als ich eines Tages aus der Schule kam, mich mit allen zehn Fingern auf dem Kopf kratzte und schrie: »Muatta, mi beißt's so!« – »Nee, Goddchen, nee, de werschd doch geene Leise von der Schule middgebrachd hamm! Gämmdch ner gleich middn Schdaubgamm dichdch durch un leche e weißes Bladd Babier uffn Disch!« Und so machte ich es auch. Mitten unter dieser lausigen Handlung läutete die Hausglocke, und der Graf Löwenstein, für den wir damals den Transport besorgten und der uns dafür den schönen Seidenpudel geschenkt hat, welchen ich zum Hof hinausgeschossen habe, betrat ausgerechnet in dem gleichen Moment das Zimmer, in dem meine erste Kopflaus aufs Papier fiel: »Muatta, Muatta, i hab scho a Laus, schau hera!« Einen Elefanten wenn ich gehabt hätte, wäre ihr vielleicht lieber gewesen.

Eigentlich wundere ich mich, warum ich mit soviel einschlägigen Erfahrungen, wie ich sie bereits im zartesten Alter sammeln konnte, nicht Friseur geworden bin. Später habe ich dann wenigstens auf der Bühne den Haarschneider gespielt – und mit welcher Begeisterung!
Im Frankfurter Hof spielten wir zum Beispiel eine komische Szene, betitelt »Im Friseurladen«, worin der dicke Rückert immer als Rammelbauer zum Rasieren kam. Ausgiebig wurde ihm der Seifenschaum ins Gesicht geschmiert und dann mit einem Riesenrasiermesser aus Holz wieder abgeschabt. Aber eines Tages schnitt ich ihm mit einer richtigen Friseurhaarschneidemaschine wirklich die Haare ab – und das Publikum kam aus dem Staunen nicht heraus. Macht er das alle Tage? fragten sich die Leute. Aber es war ganz einfach. Ich habe eben wirklich seine Haare auf der Bühne geschnitten, genau so, wie er's sich sonst beim Friseur machen ließ …

Übrigens habe ich mir auch selbst ein Toupet auf meinen schwachbehaarten Schädel geklebt, als ich kein Jüngling im lockigen Haar mehr war. Damals saßen wir im Restaurant des Hotels Wagner in der Sonnenstraße so fröhlich beisammen und hatten einander so lieb. Ein Herr namens Koch, der jahrelang von München weg gewesen war, ging an unserem Tisch vorbei und hatte eine Riesenfreud, mich wiederzusehen. Gleich stürzte er auf mich zu und rief: »Ja Valentin, grüaß di Gott, des freit mi wirkli, daß i di auch wieder amal siech«, und fuhr mit den gespreizten Fingern der rechten Hand liebevoll übers Haupt. Der hat net schlecht gschaut, als die Perücke nicht mehr meinen Oberkopf, sondern seinen Handrücken zierte, und er kam sich vor wie ein europäischer Indianerhäuptling, als mein Skalp an seinen Fingern klebte. Ei, war das ein Hohngelächter am Tisch! Darum:

Wenn du eine Glatze hast,
Brauchst dich nicht zu schämen;
Nur wenn's dir wie mir ergeht,
Dann mußt du dich grämen.

Schulgeschichten

WEIL ICH IMMER im Laufschritt in die Schule gerannt bin, lieber Leser, darfst du nicht denken, daß ich deshalb so gerne hingegangen wäre. Nein, es war nur immer allerhöchste Eisenbahn, und trotzdem kam ich fast immer zu spät.

Einmal hatte uns der Lehrer eine schwere Rechnung aufgegeben und frug am nächsten Tage nach der Lösung. Einen nach dem andern rief er auf. Aber jeder hatte ein falsches Ergebnis. Der Klassenerste, namens Hofer, ein Zögling vom Ustrichs-Pädagogium, der im Ruf der Unfehlbarkeit stand, brachte auch eine falsche Rechnung. Nachdem die halbe Klasse schon durch war, kam ich an die Reihe. »Fey, was hast du herausgebracht?«

»Der Weizen hat dem Kaufmann einen Verdienst von 40,86 Prozent eingebracht und ist durch den Zwischenhandel mit 66 Prozent gestiegen im Preis.«

»Richtig«, sagte der Herr Lehrer, und dann war er eine Weile sprachlos, daß ausgerechnet ich diese schwere Rechnung gelöst hatte. »Bravo, Fey, das laß ich mir gefallen! Da nehmt euch ein Beispiel!« sagte er zu der ganzen Klasse. »Komm heraus an die Wandtafel und rechne diesen Dummköpfen die Rechnung vor!«

»Auweh«, dachte ich, »jetzt wird es brenzlich.« Ich hatte doch keinen blassen Dunst davon, weil mir jede Hausaufgabe der bei uns wohnende Brauereibuchhalter Heinrich Schweiger anfertigte. Eine besondere Vorliebe besaß er für schwere Rechnungen. Ließ er mich einmal im Stich, so schrieb ich von irgendeinem Mitschüler ab, denn das ganze Zeug interessierte mich einen Schmarrn ... Nun stand ich mit der Kreide an der Wandtafel, wie der dumme Junge von Meißen aus dem sächsischen Sprichwort.

»Nun«, sagte der Lehrer, »los damit!« und sprach mir die Aufgabe noch einmal vor: »Ein Kaufmann kaufte bei einem Müller 176 Zentner Weizen, den Doppelzentner zu 32 Mark. Der Müller hat für den Zentner beim Bauern 13,50 Mark bezahlt. Wenn nun ein Käufer des Weizens im ganzen 3520 Mark bezahlt, wieviel Prozent hat dann der Kaufmann verdient, und um wieviel Prozent hat sich der Weizen durch den Zwischenhandel verteuert?«
Ich stand da wie versteinert. »Dahoam hab i's scho kenna, Herr Lehrer; i hab d' Ausrechnungen dahoam.« »Dann gehst nach Haus und holst sie!« »De hat d' Muatta glei verbrennt, wia i d' Rechnungen fertig ghabt hab.« Da fragte er die Schüler der Reihe nach durch – aber keiner hatte die Rechnung richtig; nur ich allein unter meinen fünfzig Klassenkameraden. Das ging dem Lehrer über die Hutschnur, und er ist so grimmig geworden, daß ich zu guter Letzt doch noch gestehen mußte, wer der »Gescheiteste« von allen war: unser Herr Schweiger.

Mein Spezi, Emil Hager, war Schüler der Auer Schule; ich ging in die Klenzeschule. Frühmorgens trafen wir uns gewöhnlich vor unserem Haus. Einmal habe ich zu ihm gesagt: »Hast ghört, Emile, heut schwanz ma d' Schui! Heut ham ma Rechnen und Rechtschreiben, des hätt i net viel kanti [mag ich nicht]. Woaßt was? Mir reibn uns 's Gsicht mit Mehl ei, dann schaugn ma recht blaß aus, und dann meint mei Muatta und dei Muatta, mir san krank, und dann brauch ma net in d' Schui geh. Nach achte werd's uns dann wieder besser, und dann dean ma wieda Ratzn fanga in unserm Stall.«
Die Idee wurde sogleich in die Tat umgesetzt. Aber Emil hatte Pech, denn schon eine Viertelstunde nach Schulbeginn war bei ihm zu Hause der Schulpedell erschienen, der ihn wegen seiner chronischen Schwänzerei schon längst auf dem Strich hatte. Er entdeckte mit Basiliskenblick zu seiner Überraschung das abgefallene Mehl auf Emils Jacke, wo er doch gekommen war, die Blässe des armen Kranken zu bedauern. Er führte sofort den Sünder in die Schule, wogegen ich als angeblicher Patient Kamillentee trinken durfte. Als die Schule aus war, kam Emil zu mir und berichtete, daß er für den Mehlanstrich sechs zerme Tatzen gekriegt habe, wozu er meinte: »Do müss ma 's nächste Moi scho a andere Farb nehma; mit'm Meu [Mehl] is nix, des foit oiwei ober.«

Die gleiche Glocke, die den Unterricht einläutete, bimmelte auch zur Pause. Aber da klang sie ganz anders, bedeutend herzlicher. Kaum war der Lehrer zur Türe draußen, da hub ein Spektakel an wie nicht gescheit. Da wurde gestritten und gerauft, Brotzeit getäuschelt, von Bank zu Bank gesprungen oder eine Schneeballschlacht geschlagen, wobei wir die Geschosse aus altem Schreibpapier zusammenrollten. Dann ging es los. Aber das Unglück schreitet schnell. Einer hatte mir heimlich einen Ballen hingelegt, in den er ein kleines volles Tintenfaß hineingewickelt hatte. Ich warf nichtsahnend das Geschoß meinem Mitschüler Georg Krögl an den Kopf, daß ihm das Blut herunterlief. Wer mich hineingelegt hatte, war nicht zu ermitteln. Aber ich hatte eine Stunde Karzer weg und die Schule war aus.

Einmal zirpte während des Religionsunterrichtes plötzlich eine Grille in unserem Schulzimmer. Alle lachten; ich blieb ganz ernst. Der Schullehrer schrie: »Wer hat eine Grille dabei?« Mein Nebenmann, eigentlich Nebenbub, stand auf und sprach: »Herr Lehrer, der Fey hat a ganze Menagerie unter der Bank.« Dröhnendes Gelächter in der ganzen Klasse.
Der Lehrer stieg vom Katheder herab und besichtigte meinen Zoo. Da gab es Hummel und Ohrwurm, Habergeiß, Nassel, Heischreck, Russe, Spinne, Broz, Leis, Kaulquappe, Schnecke, Mehlwurm, Schaben und Würmer – eine wahre Lust. Die Käfige waren meist aus ausgehöhlten alten Korken mit einem Gitter aus Stecknadeln davor, in eigener Fabrikation hergestellt.

Meine liebsten Stunden waren Singen, Zeichnen und Turnen. Lieber hundertmal auf die Kletterstange, als einmal eine Rechnung ausrechnen. Der Mensch soll sich nicht mit einem Tier vergleichen; aber im Klettern hätte ich es fast mit einem Viech aufnehmen können. Wenn Darwin bei allen Zeitgenossen unrecht hat, bei mir hat er vielleicht doch recht gehabt.
In unserem Turnsaal an der Ickstattstraße gab es dreißig Kletterstangen. Auf das Zeichen des Lehrers »Los!« stürzten sich dreißig Buben darauf, und in spätestens zehn Sekunden waren die besten Kletterer oben, während die schlechtesten nicht vom Fußboden wegkamen. Unter den Erstankömmlingen wurde nun »gerittelt«, und da waren ich und der Varietébesitzerssohn Wagerer die ersten. Nun wurde zwischen uns beiden noch einmal gerittelt – und mit einem Meter Vorsprung war ich Sieger geworden. Ich war viel stolzer darauf, der beste Kletterer zu sein, als wenn ich der beste Rechner gewesen wäre.

Einmal hat mich ein Lehrer bald zum Krüppel geschlagen; er lebt noch und ist jetzt pensionierter Oberlehrer. Das Dreschen machte ihm immer solchen Spaß, daß er vor hundert Jahren bestimmt ein Folterknecht geworden wäre. Wir mußten aus dem Gebetbuch Verse vorlesen, jeder Bub einen. Ich war damals elf Jahre alt und ging in die fünfte Volksschulklasse. Ein Pfarrer mit dem schönen Namen Biedermann hörte zu, als wir der Reihe nach drankamen. Mein Text lautete: »... und als Maria den Gruß hörte, hüpfte ihr vor Freude das Kind im Leibe.« Ich begann – aber plötzlich traute ich mich nicht mehr weiterzulesen und schaute hilflos und stumm auf unseren Herrn Lehrer. »Komm einmal heraus, Fey«, rief er da und schlug mich dermaßen mit dem Stock zusammen, daß ich wie gelähmt in meine Schulbank hineinfiel, als er endlich aufhörte. Ich mußte von einem anderen Buben heimgeführt werden. Mein Vater hätte diesen vorbildlichen Pädagogen noch am selben Tage zusammengehauen, wenn meine Mutter ihm nicht gut zugeredet hätte.

Von der Klenzeschule kam ich in die Bürgerschule, die sich gegenüber dem Hofbräuhaus am Platzl befand, im vierten Stock des Hauses, wo heute die Dachauer Bauernkapelle spielt. Vier Jahre bin ich hineingegangen ...
Wir hatten unserem Professor in seinen zugemachten Regenschirm, den er immer im Lehrerschrank in die Ecke stellte, lauter Papierschnitzeln hineingefüllt. Beim Schulschluß um vier Uhr nachmittags goß es in Strömen. Da öffnete er den Schirm im Hausflur, und erst als er das Regendach über sich hielt – denn er sah sehr schlecht –, bemerkte er, was für ein Papierschnitzelsegen sich über ihn ergoß.

Unter unseren Schulräumen waren im zweiten und dritten Stock Studentenverbindungen eingezogen, und wir sahen die Musensöhne tagaus, tagein mit ihren zerhackten Gesichtern. Sie imponierten uns dadurch so sehr, daß wir uns auch bald die Gesichter zerhackten, um Schmisse zu haben. Nur brauchten wir dazu keine Schlägermensur, sondern nur ganz gewöhnliche Nähnadeln oder unsere »Gluferln«, um unsere Rosenwangen damit zu zerkratzen. Ach, sind wir uns damals schneidig vorgekommen!

Von der Feuerwehr

Für uns Auer Buben war das Höchste die Feuerwehr. Wenn in der Au am Kirchturm die Feuerglocke läutete, war alles andere Nebensache, und mochten wir auch beim interessantesten Spiel sein. Naus ging's zum Tempel, wo wir auch waren, und nüber zum Mariahilfplatz. Bevor die ersten freiwilligen Feuerwehrleute beim Spritzenhaus erschienen, waren wir schon da und haben uns erkundigt, wo's brennt. »Großfeuer in der

Stearinkerzenfabrik Wassermann in der Fraunhoferstraße«, hieß es. Jetzt steht dort das neue Postgebäude. »A fein, saust's ummi!« Oft haben wir uns während der Fahrt hinten an die Spritzen oder Leiterwagen gehängt und waren uns dabei nicht der Gefahr bewußt, daß wir herunterfallen und vom nächstfolgenden Feuerwehrwagen überfahren werden könnten.

Wann und wo es auch brennen mochte, war uns gleich. Wir sausten mit. Aber weil es eben nicht gar zu oft brannte, war ich fast entschlossen, unser eigenes Anwesen anzuzünden. An einem Nachmittag stand ich mit meinem Freund Oskar Vogl auf der Altane des Nachbargrundstückes und hatte schon das Streichholz zum Anzünden in der Hand. Unser Lager, worin zweihundert Zentner Stroh untergebracht waren, grenzte an das Nachbaranwesen; es hatte eine Menge Astlöcher, durch welche das Stroh heraushing. So wäre es ein leichtes gewesen, eine Brandstiftung zu riskieren. Durch die Warnung meines Freundes ließ ich mich von diesem Vorhaben abbringen, warum weiß ich heute nicht mehr. Vielleicht hat der Geist des Trompeters von Säckingen eingegriffen: es hat nicht sollen sein.

Mit Speck fängt man Mäuse, und mit einem Feuerwehrhelm fängt man einen Buben, dem die Mandeln herausgeschnitten werden sollten. Das klingt sehr sonderbar, und doch ist es so gewesen.

Als zehnjähriger Bub kam ich aus den Halskrankheiten nicht mehr heraus. Darum schlug unser Arzt, Doktor Schwaiger, eine Mandeloperation vor. Meine Eltern hatten nichts dagegen. Nur meinte mein Vater, es würde nicht so leicht sein, bei mir den Eingriff auszuführen. Der Arzt bat, mir nichts zu sagen, dann ginge es schon. Er käme einmal mit seinem Assistenten ganz unverhofft. Das hat er auch drei- oder viermal gemacht; aber ohne Erfolg, denn ich habe die Geschichte gespannt, vielleicht aus Instinkt. Wo ich den Doktor Schwaiger sah, habe ich Reißaus genommen. Aber eines Tages hat er mich doch vor sein Messer bekommen.

Ich spielte mit meinen Kameraden im Hof. Da rief meine Mutter aus dem Fenster: »Fohlndin!« Ich schaute zur Küche hinauf, und was sah ich? Einen blitzblanken Feuerwehrhelm. Das war der Speck. Ich flog über die Stiegen nur so hinauf. Meine Freude war unbeschreiblich. Mit dem Helm auf dem Kopfe wollte ich gleich wieder zu meinen Kameraden. Aber – o weh, die Wohnungstür war zugesperrt. Noch immer ahnte ich nichts und lief ins Zimmer. Wer stand da? Doktor Schwaiger mit Assistent, Vater, Mutter und sogar unser Fuhrknecht, der Sepp. Er und mein Vater packten mich und hoben mich auf einen Sessel. Die Mutter weinte. Ein Doktor steckte mir die Mundspange in den Rachen, und die Exekution ging vor

sich. Die Schmerzen habe ich vor lauter Wut gar nicht bemerkt. Nur als mir das Blut aus dem Halse floß, da weinte ich.
Aber die Mutter setzte mir nach der Operation den Feuerwehrhelm auf den Kopf, und der hat die Wut und das Blut gestillt.

Am Anfang der Frühlingstraße fanden in den Sommermonaten jeden Sonntag früh von acht bis zehn Uhr die Übungen der Feuerwehr statt. Mitten auf dem Übungsplatz stand ein vier Stock hoher Steigerturm. Am Schluß jeder Übung befestigten die Feuerwehrmänner den Rettungsschlauch an dem Fenster der obersten Etage und die Auer Buben avancierten zu den in einem brennenden Hause in höchster Gefahr schwebenden Personen. So schnell, wie wir Lauser uns in den offenen Schlauch hineinwarfen, hätte es uns nie ein Erwachsener nachmachen können. Kaum waren wir herunten angekommen, rasten wir wie die wilde Jagd wieder hinauf; und es ging aufs neue herunter, wieder hinauf, wieder herunter – tätärätä! Aus war's mit dem Herunterrutschen! Die Übung war zu Ende – bis es am nächsten Sonntag wieder dasselbe gab. Schön war's!

Als in München noch keine städtische Straßenreinigungsgesellschaft bestand, galt die Vorschrift, daß jeder Hausbesitzer im Sommer seinen Teil der Straße selbst spritzen und reinigen mußte. Das ist manchem Hausbesitzer schwergefallen, denn die Anschaffung eines Sprengschlauches von zehn bis zwanzig Meter Länge war immer mit hohem Kostenaufwand verbunden. Und wenn sich auch mein Vater über die Ausgabe eines so teuren Gummischlauches grün und blau ärgerte, so freuten wir Buben uns um so mehr. Nun hatten wir ja zum Feuerwehrspielen statt bisher eines Strickes sogar einen richtigen Schlauch, noch dazu mit einer Haspel. Eine Dampfspritze war auch vorhanden in Gestalt eines kleinen Handwagerls, auf dem ein alter Waschkessel stand, in dessen Mitte ein ausgedientes Ofenrohr den Schornstein einer Dampffeuerspritze vorstellte. Auch Leitern, Helme und Trompeten gab es. Es brauchte nur noch zu brennen. Auch einen Turmwächter hatten wir. Das war ein Bub, der im zweiten Stock des Vorderhauses am Speicher zum Dachfenster herausschaute, in der Hand ein Stück Eisen an einer Schnur, auf das er mit einem Hammer schlug, um die Feuerglocke nachzuahmen. Sobald sie ertönte, rückten wir aus. In unserem eigenen Hof waren alle Vorstädte vertreten – Haidhausen, Sendling, Schwabing. Und wenn es hieß: »In Giesing brennt es!«, rasten wir schon wie närrisch fünf- oder sechsmal im Hof herum, und endlich kamen wir an das brennende Haus. Das wurde von einem Buben eine Minute vor Erscheinen der Feuerwehr dadurch kenntlich gemacht, daß er schnell ein paar Bogen Zeitungspapier auf dem Wellblechdach unseres Waschhauses angezündet hat. Zum Angriff wurde »Tätätä« geblasen, die Leitern angelegt, der Schlauch an die richtige Wasserleitung angeschlossen, und wenn der Kommandant »Aufdrahn! Wasser!« schrie, trat ich als begeisterter Spritzer in Tätigkeit. Und was ich alles angespritzt habe außer dem Großfeuer! Da müssen Sie heute noch die Auer fragen. In die offenen Fenster unserer Hausinwohner habe ich den Wasserstrahl sausen lassen. Und hätte mir mein Vater nicht mit aller Strenge das Feuerwehrspielen mit dem richtigen Schlauch untersagt, so hätte sich aus der Feuerwehrspielerei noch eine ganz böse Sache entwickeln können.

Ebenso wie wir Auer Buben von der Feuerwehr begeistert waren, waren wir es auch von der Sanitätskolonne. Einen besonderen Ansporn erhielten wir durch den Tändlerladen von Lang in der Lilienstraße. Dort gab es um zwanzig Pfennig weiß und blaue Sanitätsmützen zu kaufen, die von den Sanitätern abgelegt waren. Wir zimmerten uns selbst eine Tragbahre und richteten im Waschhaus eine Unfallstation ein. Die Mutter mußte uns weiße Armbinden mit roten Kreuzen nähen. Nun brauchte man natürlich auch Verunglückte zum Tragen. Aber woher sollten wir sie nehmen und nicht stehlen? Ersatz war eine halbe Sache. Wir brauchten richtige Verletzte, welche bluteten. Aus diesem Dilemma half uns wieder ein ungeheuerlich roher Gedanke.
Auf die Wäschewiese vor unserem Hause streuten wir an bestimmten Spielplätzen zahllose Glasscherben. Die Kinder sollten sie sich beim Barfußgehen eintreten. In dem Gras waren die Scherben auch nicht gut zu sehen. Und tatsächlich verging kaum ein Tag, ohne daß sich ein Bub oder ein Mädel den Fuß daran verletzte. Der Blutende wurde von uns Sanitätern mit der Tragbahre geholt und mit Hoffmannstropfen und Mullbinden in der Sanitätsstation behandelt. Einmal haben wir uns sogar eine Totenbahre gemacht, wie sie die Sanitäter zum gleichen Transport benützten. Aber da meinte meine Mutter, das ginge doch zu weit, und wir machten dieses Möbel wieder kaputt. Dazu hätten wir ja schließlich auch Tote gebraucht. Verletzte haben wir uns selbst gemacht. Aber so weit waren wir doch noch nicht fortgeschritten, daß wir uns Tote zum Spielen angeschafft hätten.

In dem Kapitel vom Feuerwerk habe ich schon erzählt, wie gerne ich »gegogelt« habe, wie meine Mutter in ihrem heimatlichen Sächsisch das Spielen mit dem Feuer nannte. Diese Vorliebe habe ich auch später behalten. Das Gasthaus »Zum Feuerhaus« war das Stammlokal der freiwil-

ligen Feuerwehr. Und als dort eines Sommers im August noch die Faschingsgirlanden von der Zimmerdecke hingen, meinte der Wirt Ludwig Greiner: »Vale, da hast morgen glei a Arbeit. De tuast morgn alle oba und tuast das verbrenna!«
»Warum obadoa, des Zeug kemma doch glei drobn verbrenna!« Damit nahm ich ein Streichholz, stieg auf den Tisch und zündete die dünnen Papiergirlanden an. Im Nu stand die ganze Zimmerdecke in Flammen. Die in der Wirtschaft anwesenden Feuerwehrleute hatten gleichfalls an dem Feuerzauber ihre helle Freude. Nach fünf Minuten war die Gefahr vorüber.

Einmal hatte mein Ofen keine Zugkraft mehr. Ich ließ schnell meinen Hafner kommen. Warum der Mann so heißt, kann ich mir heute noch nicht erklären. Denn wenn ich einen Hafen hätte, der undicht geworden ist, müßte ich ja einen Hafner und nicht einen Spengler kommen lassen, um ihn zu löten. Und darum müßte der Hafner eigentlich Ofner heißen. Aber ich will keine negative Kritik üben. Der Hafner kam, riß das ganze Eingeweide des Schürloches auseinander, zündete eine kleine Kerze an und leuchtete damit im Ofenloch herum. Wie ich das gesehen habe, sagte ich zu dem Hafner: »Sie, gaukeln S' net mit offenem Licht in dem Ofen herum. Gebn S' ja Obacht, daß Sie mir nichts anbrennen!«

Anrüchiges

BÖLLER HABEN GEKRACHT. Vom Kirchturm schmetterten Trompeten in die Nacht. Aus den eisernen Fackelständern, die dutzendweise auf dem Mariahilfplatz aufgestellt waren, loderten dunkelgelbe Flammen zum Himmel empor. Denn eines der größten Feste, das die Münchener Au jemals erlebte – wahrscheinlich handelte es sich um das soundsovieljährige Bestehen dieser denkwürdigen Vorstadt oder so etwas Ähnliches –, wurde gefeiert. An der Seitenwand der Auer Kirche stand eine vielköpfige Musikkapelle mit einer großen Trommel. Und neben diesem Monstrum wollte ich einen Platz haben, denn ich wollte es ganz genau sehen, nicht nur hören. Aber der ganze Platz war so voller Menschen und nochmals Menschen – ich glaube, ganz München war da. Wie hätte ich kleiner Knirps diese Massen in Bewegung setzen sollen?
Da kam mir eine Idee: Schnell eine Flasche Schwefel-Ammonium! Das ist das stinkigste Zeug der Welt. Es riecht nicht nach Hyazinthen. Dieses starke Mittel kannte ich gut von zu Hause, wo wir es im Geschäft fla-

schenweise zur Desinfektion der Möbelwagen gegen Ungeziefer brauchten. Also ich holte eiligst eine ganze Flasche davon und wickelte sie in ein paar Zeitungen ein, rannte wieder hinüber auf den Festplatz, zwängte mich durch die Menschenmassen bis zur großen Trommel und führte hier das in diesem Falle nicht nur ruchlose, sondern zugleich höchst geruchvolle Attentat durch. Hinter meinem Rücken goß ich den ganzen Inhalt der Flasche an die Wand. Die Wirkung war furchtbar. Mit Murmeln begann es. Dann mischte sich in das Lachen der Menge schon erbostes Schimpfen: »Ja, was ist denn des?« Mehr bekam ich nicht mit. Mir dämmerte plötzlich, was ich angestellt hatte. Ich machte mich schleunigst aus dem Staube, besser gesagt aus dem Gestank, und schlich mich heim ins Bett. Anderen Tags war ich ein eifriger, aber eisern schweigender Zuhörer aller Erzählungen von der Katastrophe. Der ganze Mariahilfplatz soll in der Tat eine ganze Stunde gestunken haben wie die Pest. Aus dem von mir verwandten Quantum von einem Liter der Essenz hätte man ja auch mindestens dreihundert kleine Gasstinkbomben herstellen können, wie man sie früher in Scherzartikelgeschäften kaufen konnte. Ein Täter wurde nie ermittelt. Warum? Gesehen hat's keiner, nur gerochen.

Unser verlockender Schwefel-Ammonium-Vorrat hat mir öfters ähnliche gute Dienste geleistet. So haben wir im Fasching des Jahres 1899 zu Hause einen Möbelwagen dekoriert zum Faschingsumzug. Tische, Stühle und ein Bierfaß kamen hinein. Wir selbst saßen als Bauern maskiert darinnen. Und das Ganze hieß »Gasthaus zum stinkenden Alisi«. Mit diesem Fahrzeug reihten wir uns in den großen Faschingszug ein. An sich war dies alles gar keine besondere Attraktion. Aber die Hauptsache kam erst. Wir wollten unserem Firmenschild alle Ehre machen, und darum hatten wir für eine Vorrichtung gesorgt, durch die während der ganzen Fahrt Schwefel-Ammonium auslief und eine furchtbare Wirkung in Münchens Straßen zeigte. Der Wagen stank tatsächlich drei Stunden gegen den Wind, wie die Bauern sagen. Sogar die Presse protestierte gegen unseren Einfall. In einer Münchener Zeitung konnte man lesen: »Unter den gelungenen Karnevalsfahrzeugen befand sich auch am Schluß ein Wagen, eine Bauernwirtschaft darstellend, der auf irgendeine Art einen bestialischen Geruch verbreitete. Von einem guten Witz kann hier keine Rede sein. Es war schon mehr ein grober Unfug. Das Festkomitee sollte beim Zusammenstellen eines Maskenzuges besser vorher seine Nase hineinstecken, um derartige Auswüchse in einem Faschingstreiben zu verhindern.«

Mit einer Klistierspritze ist der heilsame Zweck der Erleichterung verbunden. Das setzt allerdings voraus, daß die Ladung in das Innere des Menschen gerichtet wird. Nach außen beziehungsweise auf fremde, lebende Personen angewendet, vermag das Instrument lediglich Unheil zu stiften. Anfangs verwendete ich als Munition reines Leitungswasser. Da sich aber der Strahl, der harmlose Straßenpassanten traf, immer nur von einem Fenster des Falk-&-Fey-Hauses aus ergoß, war es nicht schwer, den Täter zu ermitteln. Das Spiel wurde nur so lange fortgesetzt, bis die Mutter die Klistierspritze versteckte. Aber findig, wie ein echter Lausbub eben ist, kundschaftete ich sie bald wieder aus, denn inzwischen war ich auf einen neuen Gedanken gekommen.

Wiederum wählte ich einen Sonntag hell und klar zur Ausführung des Anschlages. Schon am Morgen saßen in der Kothmüllerwirtschaft allerhand Leute beim Frühschoppen. Sie hatten sogar schon etwas über den Durst getrunken und waren sehr laut, was mich als Hausbesitzerssohn und Nachbar sehr ärgerte. Aber Rache ist nicht unsüß. Soeben hatte ich meine geliebte Klistierspritze wieder aus ihrem Versteck befreit. Diesmal zog ich aber kein reines Wasser, sondern mindestens einen Viertelliter reines Schwefel-Ammonium ein. Dann legte ich eine Leiter an unser Rückgebäude, kroch heimlich auf das Dach der Kegelbahn, die den Wirtshausgarten abschloß, und spritzte meine übelriechende Ladung unter die Gäste. Einen hatte ich sogar mitten auf den Kopf getroffen.

Schnell war ich wieder verschwunden – gesehen hatte mich niemand. Mit ahnungsloser Unschuldsmiene wartete ich auf die Dinge, die da kommen sollten. Und sie kamen. Mindestens dreißig Personen: Fuhrleute, Maurer und Auer Lukis. Vollzählig zogen sämtliche Bespritzte zornentbrannt in unseren Hof ein und huben ein wahres Haberfeldtreiben gegen mich an: »Saubande, dreckate! Das war niemand anders als der rote Fey-Batzi! Er hat uns a Odelwasser nübergschütt! Holt's ihn runter von der Wohnung! Na derschlagn ma den Hundsbubn!«

Unglückseligerweise reinigte unser Knecht Josef Neuberger zufällig gerade den Stall und hatte eben den Deckel der Düngergrube offenstehen. Das bestärkte die wütende Menge in ihrem Verdacht, daß sie mit unverfälschtem Odelwasser überschüttet worden sei. Und sie fielen über den armen Knecht her, der von meinem Attentat nicht die geringste Ahnung hatte.

Um ein Haar wäre es zu einer wüsten Schlägerei gekommen. Ich stand mit einem großen geladenen Armeerevolver hinter unserer Wohnungstüre im Oberstock und hatte den festen Vorsatz, den ersten niederzuschießen, der hinein will. Hinter mir rang die arme Mutter ihre Hände; aber auch sie ahnte nicht, was geschehen war. Bald darauf zog die feindliche Horde ab, nicht ohne unserem Knecht versichert zu haben: »Dawischen wenn wir ihn halt tun, d' Löffel reiß ma eahm raus.« Am Nachmittag sollte ein großes Fest im Volksgarten Nymphenburg sein, auf das ich mich schon die ganze Woche gefreut hatte. Aber nun fehlte mir doch die Schneid. Vor lauter Angst um meine zwei »Löffel« habe ich mich an diesem Sonntag nicht mehr aus dem Haus getraut.

Wenn mein Vater Verstopfung hatte, wurde Pfarrer Kneipps Wühlhubertee, Stärke III, geholt. Es ist das Bitterste vom Bittersten. Bittere Mandeln sind einfach Sacharin dagegen. Mein Erzeuger dachte sich, Übel muß eben Übel vertreiben. Mit Todesverachtung nahm er einen Schluck. Er brachte ihn auch hinunter. Aber eine Minute später spie er bereits wie ein Gerberhund alles auf den Fußboden, was er bei der letzten Mahlzeit zu sich genommen hatte. Das ungewohnte Geräusch lockte mich an. Ich mußte doch sehen, was Vater zugestoßen war. Aber angesichts dieser Bescherung spie ich ebenfalls unverzüglich wie ein Reiher. Das wiederum rief meine Mutter auf den Plan. Sie eilte besorgt herbei, konnte aber ihrem Schicksal ebensowenig entgehen wie wir beiden Männer. Zuletzt erschien die Magd auf der Bild- oder besser gesagt auf der Speifläche und entrichtete ohne Zögern, aber offenbar ebenso unfreiwillig wie ihre Vorgänger, den gleichen Tribut an Kneipps wahrhaft unfehlbares Mittel. Ein solches Speien im Quartett habe ich seitdem nicht wieder erlebt.

Mit meinen Patentpralinen eigener Erfindung hätte ich auch Wirkungen der gleichen Prägnanz und Vehemenz erzielen können, wenn ich es darauf angelegt hätte. Ich hatte mir nämlich überlegt, daß man durchaus nicht nur auf die übliche Likörfüllung, ja nicht einmal auf die in Spielwarengeschäften für Juxzwecke erhältlichen Gutln mit Sägspäne- oder Essigfüllung zurückgreifen brauche, sondern daß man es auch einmal mit Lebertran versuchen könnte. Also ließ ich mir bei einem bekannten Konditor welche machen. Die Wirkung war eine so katastrophale, daß sie alle Erwartungen übertraf. Im Märzenkeller Hotel Stadt Wien stellte ich einen Karton auf den Tisch, und schon sagte die Kassiererin, die mich bediente: »Ah, kann ich mir da ein Stück nehmen?« – »Selbstverständlich«, beeilte ich mich zu versichern – und flugs hatte das Fräulein schon eins in den Mund gesteckt. Aber ebenso schnell spie sie das ganze Zeug wieder aus, wobei ihr nicht nur das Corpus delicti, sondern auch ihr ganzes Mittagsmahl aus dem Gesicht fiel. Mein originelles Mittel hat nicht ein einziges Mal versagt und hat sich dutzendweis bewährt. Es war wirklich zum Kotzen, in des Wortes wörtlichster Bedeutung.

Einmal hat es auch mich erwischt. Da habe ich einen Gestank erlebt, daß mir selber das ganze Kindsmus hochkam wie noch nie. Es muß eben doch eine ausgleichende Gerechtigkeit geben … Man hätte an das schöne Lied denken können: »In der Sommernacht, in der Sommernacht, wo so süß die Lüfte wehn.« Immerhin war es heller Tag, als ich mit meinem Freunde, dem Pianisten Lorenz Fischer, einmal in der Nähe des Isartalbahnhofes im Wald spazierenging. Plötzlich stieg uns ein Lüftchen in die Nase, daß wir mit den Nüstern zu schnüffeln begannen wie nicht gescheit. Wir fragten uns, ob die Pest ausgebrochen sei, vorausgesetzt, daß sie stinkt, wie das Sprichwort sagt.
Im faustischen Drang nach Gewißheit gingen wir der Seuche entgegen. Nach kaum hundert Metern kamen wir an eine Waldlichtung. Und dort bot sich uns Entsetzliches. In der tropischen Sonnenhitze lagen hier mindestens zehn große Kisten voll von verdorbenem Limburger Käse auf dem Rasen. Wie Lava aus einem feuerspeienden Berg quoll die flüssige »Letten« zwischen den Kistenbrettern hervor und überzog Gras und Kraut mit eklem Schleim. Millionen von Fliegen saßen und schwirrten auf der dampfenden Masse umher. Es war ein in seiner Schrecklichkeit großartiger und unvergeßlicher Augenblick für Augen und Nasen. Seitdem fällt es mir schwer, Limburger Käse noch als Nahrungsmittel zu betrachten. Selbst in meinen schwersten Alpträumen verfolgt mich sein fürchterlicher Duft noch heutigentags.

Lumpereien

Es spukt! Es geht um! So hieß es 1896 einmal in der Au. In der Asamstraße waren in einer Wohnung Kohlenstückchen durchs Fenster geflogen, ohne daß jemand anwesend war. Ein Pfarrer wurde geholt und besprengte alles mit Weihwasser. Nach ein paar Tagen kam die Sache auf: Ein kleines Mädchen hatte aus einem Versteck Kohlenbrocken geworfen. Natürlich war das für uns Auer Buben eine Anregung.

Eines Tages hängte ich in unserer Küche alle möglichen Geschirre auf Herd und Tisch mit feinen, fast unsichtbaren Zwirnfäden aneinander, die ich quer durch den Raum spannte. Dann holte ich das Fräulein Florian, das neben uns wohnte und eine sehr fromme Person war. Als ich ihr sagte, daß es bei uns spukt, meinte sie, man müsse sofort den Pfarrer holen. Aber das tat ich nicht, sondern ging zu Frau Tesar, einer anderen Hausgenossin. Sie war beherzt und voller Schneid und meinte: »*Wo* spukt's? Des möcht i sehgn! Des is ja a Unsinn, und Geister gibt's überhaupts koane.« Festen Schrittes betrat sie die dämmrige Küche. Aber kaum berührte sie die vielen Fäden, fing das Geschirr an, lebendig zu werden. Mit einem Aufschrei stürzte sie aus der Gespensterkammer. Gleichwohl wurde die Wahrheit alsbald ruchbar. Immerhin hatte ich die Genugtuung, zu wissen, wie viele Erwachsene noch so dumm sind und an Geister glauben, worüber ich mich mit meinen fünfzehn Jahren schon weit erhaben glaubte.

Mit meinem Respekt vor den Erwachsenen war es überhaupt niemals weit her. Zu uns kam öfters ein Tapezierermeister aus der Lilienstraße, der unsere Möbelwagen auspolstern mußte. Er war besonders stolz auf seinen Panamastrohhut. Behutsam legte er das Prachtstück während seiner Arbeit auf einen kleinen Handwagen im Hof und stieg in den Möbelwagen. Neben seiner Kopfbedeckung hatte er zufällig ein Paket kleiner Tapezierernägel und einen Hammer liegenlassen. Kaum hatte ich das heraus, als ich anfing, die Hutkrempe ringsherum auf den Wagen festzunageln. Einen Stift neben den anderen schlug ich akkurat und gründlich ein. Dann verzog ich mich in den dritten Stock des Vorderhauses, wo ich am Stiegenfenster meinen Beobachtungsposten bezog. Endlich kam der Meister aus dem Möbelwagen gekrochen, zwirbelte sich gravitätisch seinen Schnurrbart in die Höhe, zog die Joppe an und ergriff mit schwungvoll fester Hand seinen Panama, von dem er allerdings nur den Kopf in der Hand hatte, denn die Krempe war dank der vielen Nägel am Rand auf dem Wagerl haftengeblieben. Mein armer Vater mußte einen neuen Hut kaufen; aber er hat dazu gelacht, wie immer, wenn ich etwas angestellt hatte. Meine Mutter freilich schimpfte mich aus; aber das hielt mich nicht ab, mich auf eine neue Lumperei zu besinnen.

Eines Tages fanden wir in einem Möbelwagen ein altes Rehgehörn; und da wir wußten, daß der Herr Altenschöpfer, ein pensionierter Eisenbahnoberkontrolleur mit Vollbart, Kontrabaßorgan und ständiger schlechter Laune, der in unserem Haus wohnte und daher von mir viel auszustehen hatte – besonders gern ratterten wir mit Höllengepolter unter seinem Fenster mit einem Handwagen vorbei, wenn er nach dem Essen sein Mittagsschläfchen hielt –, daß also dieser Griesgram solche »Jagderinnerungen« sammelte, sannen wir auf einen Streich. Wir gruben in der Wagenremise in den ungepflasterten Boden ein knietiefes Loch, füllten es mit weichem, dünnem Straßendreck, deckten darüber eine alte Glasscherbe, bedeckten sie mit Sand, und die Grube war nicht mehr zu sehen. Nun hingen wir das Rehgehörn an die Holzwand vor die Falle. Ich rief Herrn Altenschöpfer, er möchte sich die Trophäe holen. Er stürzte herbei und streckte beide Hände nach ihr aus. Aber da brach das Glas, und er versank in dem Schmutz der Grube. Geschimpft hat er ja nicht schlecht. Aber uns Buben hat er doch nicht erwischt, denn wir versteckten uns in einer Höhle auf dem Heuboden, die nach allen Streichen unser sicherster Schlupfwinkel war.

Abends um sechs mußte ich alle Tage meinem Vater im Maßkrug Bier holen beim nahen Wirt »Zur goldenen Ente«. Einmal war ich den ganzen Nachmittag an der Isar beim Fischen, und vom Auer Kirchturm schlug es schon sieben, als ich, nichts Gutes ahnend, nach Hause schlich. Auf einmal sah ich den Niedermeier Ludwig, einen Kameraden von mir, mit unserem vollen Maßkrug daherkommen. Sogleich frug ich ihn ängstlich: »Hast du meim Vater 's Bier gholt?« – »Ja«, meinte er, »geh nur grad net hoam, dei Vater is grimmi.«
Ich nahm meinem Freund den Maßkrug aus der Hand, tat einen kräftigen Schluck und versetzte: »Sagst zu meim Vata, i hab amal davon trunken, weil i so Durst ghabt hab.« Der Ludwig ging, wie ich ihm befohlen hatte, nicht ohne Staunen über meine Tollkühnheit, und richtete die Botschaft aus.
Eine halbe Stunde später begab ich mich ins elterliche Heim. Mein Vater sah sich selbst nicht mehr ähnlich und hatte die Gebärden eines feuerspeienden Drachen angenommen. »Ja, da bist du ja, Mistbua ausgschamta! Den ganzen Nachmittag gehst net hoam, 's Bier muaß mir a anderer holen, und na laßt du mir an schöna Gruaß ausrichten, daß du vom Bier gsuffa hast!« Mehr habe ich nicht verstanden, weil ich mich bereits wieder vom Elternhaus entfernt hatte, bis mein Erzeuger ins Wirtshaus ging. Meine Mutter aber meinte: »Nee, ach Goddchen, nee, das war aber ooch e freches Schdiggchn von dir! Der Babba war richdch beese uff dich!«

Ein technisch höchst wirkungsvolles Spielzeug war das sogenannte Feuerholz. Seinen Namen hatte es davon, daß man einem Nichtsahnenden, dem man es in die Hand gab, weismachte, daß es heiß werde, wenn man längere Zeit mit der Fingerspitze darauf drückte. Natürlich stimmte das nicht, sondern statt der Hitze entsandte der Apparat eine feine Nadelspitze in den Finger desjenigen, der ihn lange und fest genug darauf hielt. Ob dieses herrliche Kinderspiel aus der Nürnberger Folterkammer stammt, weiß ich nicht genau, möchte es aber fast annehmen.

Einmal hatten wir in unserem Stall nach längerer Jagd eine große Ratte erlegt, so groß wie eine junge Katze. Wir wickelten sie in feines Seidenpapier und legten sie vor dem Hause auf den Fußweg, als sei es ein Paket, das irgend jemand verloren hatte. Dann versteckten wir uns hinter der Ecke und lauerten auf den glücklichen Finder. Ausgerechnet heute kam als erste eine in der ganzen Au bekannte nervenleidende Frau daher; und der Schreck, daß gerade diese Unglückliche dies Paket finden würde, fuhr uns in die Glieder. Aber zum Zurückholen war es schon zu spät. Voller Freude lief das arme Wesen auf das Paket zu, machte es auf und ließ es mit einem furchtbaren Schrei gleich wieder fallen. Wir rissen aus wie die Windsbraut, und es war uns recht jämmerlich zumute über unsere Heldentat.

Einmal hing ich alle Möbelwägen, die in unserer Remise standen, mit Ketten zusammen. Als am nächsten Morgen der Fuhrknecht einspannte, zog er nicht nur das erste Fahrzeug mit, sondern auch die anderen vier Stück. Da aber bekanntlich kein Möbelwagen auf Schienen läuft wie die Eisenbahn, nahm jedes Vehikel seine eigene Richtung, und gleich krachte das Gebälk, daß es nur so eine Art hatte. Da merkte der Fuhrmann die Bescherung. Aber es war zu spät – und auf den Übeltäter brauchte er sich auch nicht lang besinnen, sondern wußte gleich: »Des hat wieder der Bua gmacht.«

In der Lilienstraße am Kreuzplatz war ein Bäckerladen. Sooft mich der Weg dort vorbeiführte, schrie ich immer zur Ladentüre hinein: »Bäckerpatzn, kannst ma 's Loch auskratzn!«
Damit meinte ich natürlich ein Nasenloch. Dieses Manöver wiederholte ich oft mehrmals am Tag, und die Bäckerin, der Meister und die Gesellen hatten eine Sauwut auf mich und schworen mir Rache, sofern sie mich einmal erwischen würden. Der Erfolg feuerte mich erst recht an. Einmal hatte ich mich wieder auf Zehenspitzen an der Häuserfront entlang zum Laden geschlichen und aus Leibeskräften meinen Spruch geschrien, worauf ich wie der Wind um die Hausecke sauste, aber zum Unglück dem Bäckermeister direkt mit dem Kopf in den Bauch. Der Schreck verschlug ihm den Atem – und bis er wieder zu sich kam, war ich schon verschwunden.

Unter unseren Nationalspeisen, als da sind Bärendreck, Süßholz, Oblatenabfall, Waffelbruch und Minzenkugeln, waren die sogenannten »eßbaren Gummischlangen« sehr beliebt. Sie hatten eine hellrosa Farbe. Daher waren sie weniger zum Vernaschen willkommen, als wegen des Ekels, den wir damit unwissenden Menschen einflößen konnten. Wir rissen die Schlangen in der Mitte auseinander, machten sie naß, steckten jedes der beiden Enden in ein Nasenloch und ließen sie lustig herunterbaumeln.

Ich kann versichern, daß es eine wirklichkeitsgetreuere Nachahmung der sogenannten Rotzglocken nicht gibt. Wenn wir an den Leuten vorbeikamen, schleckten wir mit der Zunge an den Gummischlangen und ergötzten uns an dem Abscheu der Zuschauer. Voller Stolz quittierten wir den Zuruf »Ihr Drecksäu!« und ließen uns den »Rotz« desto besser schmecken.

Die seltenste bayerische Briefmarke ist die schwarze Einser. Sie kostete 1894 achtzehn Mark. Heute ist ihr Katalogpreis in die Hunderte gestiegen. Fast jeder von uns Schulbuben war Briefmarkensammler, und mit Bayern zuerst komplett zu sein, war Ehrensache. Freilich fehlte stets die schwarze Einser, denn ihr Preis war für uns unerschwinglich.
Am Isartor waren in einem Zeitungskiosk Briefmarken ausgestellt und darunter auch die berühmte seltene Marke, die wir alle so gern gehabt hätten. Auf dem Schulweg blieben wir jedesmal vor der Rarität hinter dem Fenster stehen, und nichts entging unserem Scharfblick. Unter jeder Marke stand mit Bleistift klein geschrieben der Preis, unter der Einser eine 18 und dahinter Punkt, Strich. Manchmal war statt des Zeitungshändlers eine ganz alte Frau, wahrscheinlich seine Mutter, anwesend. Das brachte mich auf einen Gedanken. Da der Preis unter den Marken so klein geschrieben, die Frau aber schon sehr alt war, würde sie wahrscheinlich schlechte Augen haben, und vielleicht könnte ich ihr darum die schwarze Einser abluchsen. An einem Nachmittag ging ich nach der Schule allein zu ihrem Stand, nachdem ich mich überzeugt hatte, daß der Händler nicht da war. Wie ein gelernter Unschuldsengel sagte ich: »Bittschön, ich kriag de Briefmarken um achtzehn Pfennig«, und legte achtzehn Pfennige hin. Die Frau nahm den ganzen Bogen mit den vielen Marken vom Fenster, und schon hatte ich meinen Finger auf der Preisauszeichnung. Sie konnte nur die Achtzehn lesen, Strich und Punkt deckte ich zu. Aber ich hatte nicht bedacht, daß die alte Frau eine Riesenlupe nahm und sofort sagte: »Naa, Kloaner, de kost net achtzehn Pfennig, sondern achtzehn Mark.« Mein erster Betrugsversuch war schmählich gescheitert.

Im Katechismus steht geschrieben: Du sollst nicht stehlen! Wenn ich mich an dieses Gebot gehalten hätte, hätte ich mir eine riesige Ohrfeige erspart. Denn ich hatte gemeint, daß man es mit einem kleinen Stückchen Eis nicht so genau nehmen brauche. Der Eisfuhrmann war anderer Meinung, und er schrieb damals in der Weißenburger Straße vor dem Gasthaus Zur Stadt Orleans eine so kräftige Handschrift, daß mir bis heute zur Erinnerung ein Gehördefekt geblieben ist.

Einmal bekam ich einen neuen Freund, der Lehrling in einem elektrotechnischen Geschäft war. Das kam mir gerade recht, denn nun konnte ich meine Lumpereien, von denen ich stets einen Vorrat im Kopf hatte, elektrisch betreiben. Glühlampen wurden gekauft, Akkumulatoren, Induktoren, Elektrisiermaschinen gebastelt und Pulverminen in der Isar elektrisch durch Fernzündung ausgelöst. Kurz, das elektrische Zeitalter war über uns hereingebrochen.

Eines Tages machten wir einen großen Induktor mit Stanniolpapier und hefteten an mehrere Messingtürschnallen feine Haardrähte, die wir in unsere Station, meine Werkstätte, wieder zurückleiteten. Mein wohlbewanderter Freund schüttete an der Türe Wasser auf wegen der Erdleitung; der Kontakt war eine grobe Feile, welche an dem Induktor befestigt war; den anderen Draht hatte ich in der Hand; als Stromquelle diente ein Acht-Volt-Akkumulator.

Nun lauerten wir auf den ersten, der die Türklinke in die Hand nahm. Die Mutter, die gerade vom Einkaufen kam, wurde aus Nächstenliebe verschont, obgleich sie drangewesen wäre, und ließ, da sie von unserer Gaunerei nichts wußte, die Türe offenstehen. Ich eilte gleich durch den langen Hof, um sie wieder zu schließen, hatte aber nicht daran gedacht, daß mein elektrischer Freund ein großer Bazi war. Ich bekam ein paar ordentliche elektrische Schläge dabei, daß ich meinte, ich müsse vor Schmerz zusammenbrechen. Wütend ging ich in die Sendestation zurück und wollte meinem Freund eine gehörige »stieren«. Aber dann fiel mir ein, daß ich mich ja mit der gleichen Waffe an ihm rächen konnte, und ich machte gute Miene zum bösen Spiel.

Wir brauchten nicht lange auf der Lauer liegen, denn schon kam der Briefträger. Er greift nach dem Türgriff – ein Schrei! Sämtliche Briefe fallen zur Erde. Der Arme hatte in einer Sekunde so viele elektrische Schläge erhalten, als auf der Feile Rillen waren. Er war wie vom Blitz getroffen, ahnte aber nicht, woher der Segen kam, denn unser Draht war so fein wie ein Haar und daher nicht zu sehen. Wir schlossen die Türe wieder, aber diesmal isoliert mit einem fünffach zusammengelegten Taschentuch, und spähten nach einem neuen Opfer aus. Der Tesar Fritzl, ein kleiner Bub mit acht Jahren, erhielt drei Feilenrippenschläge, die vollkommen genügten, um ihm einen heftigen Schrei zu entlocken.

Wir haben den armen Kerl auch noch ein andermal als Versuchskaninchen mißbraucht. Unter irgendeinem Vorwand wußten wir ihm eine kleine Messingkette um den Fuß zu zaubern und ließen ihn dann seine Beine in das Springbrunnenbassin hineinhängen, um zu sehen, wie lange er's im eiskalten Wasser aushalten könne. Der Fritzl tat arglos, was ihm befohlen wurde. Aber kaum hatte er den ersten Fuß im Wasser, als er sich schon vor Schmerzen krümmte, denn wir hatten ja das Wasser elektrisch geladen. Schleunigst zogen wir ihn heraus und waren froh, daß er keinen Schaden genommen hatte. Dafür haben wir lebendige Frösche richtig elektrisiert. Und was wir sonst noch alles mit dem elektrischen Strom angestellt haben, weiß ich gar nicht mehr.

Lehrbubenstreiche

»Handwerk hat einen goldenen Boden«, hat mein Vater gemeint, als er mich nach der Schulzeit zu einem Schreinermeister in die Lehre gab. Er hieß Hallhuber und hatte seine Werkstatt in der Weißenburger Straße 28. Wenn wir da samstags abends sechs Uhr, denn so lange wurde gearbeitet, auf die wöchentliche Lohnzahlung warteten, machten wir drei Lehrbuben allerlei Gaudi, um den sechs Schreinergehilfen die Zeit zu vertreiben.

Ich hatte es dabei besonders wichtig; ich läutete gegenüber an den Haustürglocken, und wir freuten uns diebisch, wenn die Leute zum Fenster hinausschimpften.

Da ging am Bürgersteig gegenüber mit aufgedrehtem Schnurrbart, vor Würde platzend, ein Gendarm langsamen Schrittes vorbei, und noch dazu einer, der in ganz Haidhausen am meisten gefürchtet war. Ich warf mich in die Brust und sagte zu den Gesellen: »Dem pfeif ich jetzt eins!« Dann nahm ich meinen Finger ins Maul, blitzschnell ertönte ein schriller Pfiff, wie von einer jungen Lokomotive, und gleich darauf hatte ich die Hand wieder in den Hosentaschen, als wäre nichts geschehen. Dies Manöver wiederholte ich öfters. Aber als ich wieder einmal den Finger in den Mund steckte, drehte sich das Auge des Gesetzes mit ungeahnter Behendigkeit blitzschnell um, und nun wußte er, wer ihm gepfiffen hatte. Spornstreichs kam er über die Straße auf mich zu und schimpfte mich vor den Gesellen so zusammen, daß ich zitterte wie Espenlaub. Ein ganz gemeiner Saubengel sei ich, schrie er, und da hatte er auch vollkommen recht.

Ein andermal besichtigte unser Meister samstags nach Feierabend die zusammengeräumte Werkstatt, in welcher sich nur noch die beiden Lehrbuben Valentin Fey und Michael Maurer befanden. Am Wochenende hatten wir immer zum Samstagvormittag den frisch abgekochten Kölner Leim in den dafür bestimmten Blechhafen zu schütten, damit er abends gesulzt war und in Würfel geschnitten werden konnte. Das hatten wir in

der Frühe vergessen und erst spät am Nachmittag nachgeholt. Trotzdem hatte dieser Leim schon nach zehn Minuten eine Haut bekommen, wie die Milch, wenn sie abgekocht ist, so daß man nicht sehen konnte, ob der Leim schon hart oder noch weich war.
Der Meister, der sich jeden Samstagabend in seinen Verein begab, hatte sich dafür schon in höchste Gala geworfen. Natürlich meinte er, daß der Kölner Leim schon fest geworden sei, und fuhr mit der Hand in den Leimhafen, um seine Härte zu prüfen. Da er aber keinen Widerstand fand, geriet er unfreiwillig tief in den Topf hinein, bis auf den Boden. Sein Ärmel und sein feiner Sonntagsanzug waren erbärmlich zugerichtet. »Michel! Valentin! Ihr Saububen! Warum habt ihr mir nicht gesagt, daß das Zeug noch weich ist? Gleich wischt ihr mir den Batz ab!« Wir mußten nun dem Meister mit Holzspachteln die zähe Schmiere abkratzen, durften aber dabei nicht lachen. Ich sage Ihnen, uns hätte es beinahe zerrissen!

Wenn unser Werkmeister Schwarzfischer bei der Brotzeit eine resche Semmel zuerst »zerdätschte«, indem er sie mit den Fingern zusammendrückte, und dann ins Maul schob und herunterbiß, lief mir immer das Wasser im Mund zusammen. Denn wenn man jemandem zusieht, dem es schmeckt, bekommt man Appetit. Und weil man die Untugenden des lieben Nächsten leichter nimmt als seine Tugenden, machte ich's bei der nächsten Brotzeit genauso. Aber mir erging es anders. Ich biß nicht bloß die Semmel mitten entzwei, sondern auch einen riesigen Küchenschwaben, der sich beim Bäcker in den Teig geflüchtet hatte ... Seit dieser Zeit seziere ich jede Semmel in Atome.
Aber die Vergeltung ließ nicht auf sich warten. Kaum war der Werkführer in den Holzschuppen nebenan gegangen, um etwas auszumessen, sannen wir Lehrlinge auf Rache. Der Alois Greger und ich nahmen einen Pappendeckel her, bogen ihn in der Mitte zu einer Rinne zusammen und füllten Werkstattstaub und Sägespäne hinein. Dann klemmten wir die Schmutzbombe so in die Werkstattüre, daß der nächste Eintretende die ganze Bescherung auf den Kopf bekommen mußte.
Andächtig warteten sämtliche Gesellen und Lehrbuben auf diesen Moment der Genugtuung. Aber im letzten Augenblick trat statt des Werkmeisters der Prinzipal selbst ein – und die ganze Ladung fiel auf den Falschen. Der Richtige erblickte nur, was ihm gegolten hatte.

Da mein Vater durchaus kein Feind des Alkohols war, hatte er wieder einmal einen Riesenrausch persönlich mit nach Hause gebracht. Meine gute Mutter war bei solchen Anlässen immer sehr betrübt, und ich als

Sohn kam dabei meistens ziemlich in Wut, denn unser Familienoberhaupt war im dritten Rauschstadium nicht gerade liebenswürdig.
Ich beschloß daher, den ihm so schädlichen Alkohol mit der Zeit eigenhändig auszurotten, und begann mit einer Flasche Zwetschgenwasser von Vaters Lieblingsmarke, die ich aus unserem häuslichen Keller entführte. Dort vertilgten mein Freund Josef Dönzl und ich in nicht ganz fünfzehn Minuten dieses schädliche Feuerwasser. Mit einer brennenden Petroleumlampe stieg ich noch über die Stiege in den ersten Stock, und meine letzten Worte waren: »Was da Vata ko, konn i aa!« Dann wurde ich bewußtlos ins Bett gelegt und soll nach Aussage meiner Mutter nur durch die Hilfe des Arztes am anderen Tage wieder zum Leben erwacht sein.
Mein Freund hingegen ist mit diesem schweren Rausch noch aufs Rad gestiegen und auf die Schwanthalerhöhe nach Hause gefahren. Dann erging es ihm wie mir. Auch er ist einen Tag bewußtlos im Bett gelegen.
Mein Racheakt aber war gelungen und das Sprichwort sagt: Der Apfel fällt nicht weit vom Baum.

Überhaupt habe ich mit dem Spiritus immer Glück gehabt. Wie viele Menschen sind zum Beispiel schon dadurch verunglückt, daß sie in unverzeihlichem Leichtsinn, wie es in der Zeitung heißt, Spiritus in den Ofen nachgeschüttet haben. Wenn ich an meine Lehrzeit denke, frage ich mich immer, wie das kommt; ob es früher an einer anderen Sorte Spiritus gelegen hat? Jedenfalls habe ich in meinen drei Schreinerlehrjahren mindestens zwanzigmal aus einer großen Korbflasche Spiritus in die Flammen geschüttet, und nie ist etwas passiert.
Wir hatten sogar einen Gesellen, der Feuer spucken konnte. Aber das habe ich nur einmal probiert, mit Petroleum. Es war schrecklich, aber beileibe nicht wegen der Feuersgefahr, sondern wegen dem üblen Geschmack. Stundenlang hat es mich hinterher gewürgt.
Einen Gehilfen hatten wir, der konnte eine Maß Bier auf einen Schluck austrinken. Auch das habe ich probiert und war darauf drei Tage krank.
Während unserer Brotzeit wurde »Bock geschlagen«. Da sausten kräftige Gesellenfäuste auf mein zartes Rückenende hernieder, daß ich oft kaum gehen konnte.

Aber was a rechter Lehrbub is,
Der halt was aus.

Eine der schwierigsten Arbeiten des Schreinerhandwerkes ist das Furnieren. Wir nahmen große, heißgemachte Zinktafeln dazu, und mancher Arbeiter hat sich dabei schon richtige Brandwunden zugezogen. Mit einem Gesellen namens Schlegel, dem Schwaben, dem ich einmal die sämtlichen Hundescharen Haidhausens an die Fersen geheftet hatte, wie sich der Leser erinnern wird, war ich eines Tages dabei, eine solche heiße Zinkplatte vom Ofen abzuheben. Aber sie war dermaßen glühend, daß sie mich sogar durch die dicken Lederhandschuhe sengte, so daß ich sie gleich wieder fallen ließ. Das brachte meinen Arbeitskollegen so aus der Fassung, daß er auch ausließ und mir voller Wut einen Stoß auf die Brust gab, so daß ich in die Hobelspankiste fiel. Zornentbrannt kroch ich heraus, vergaß völlig, daß ich Lehrling und er Gehilfe war, ergriff ein Stemmeisen von der Hobelbank und holte aus, um es Herrn Schlegel in die Brust zu rennen. Da sprang im letzten Moment ein anderer Geselle herbei, faßte mich am Arm und hat damit vielleicht meinen ersten und einzigen Mord verhindert. Der wackere Schwabe aber forcht sich nit und packte mich gewaltig, hob mich in die Luft und warf mich wie einen Fetzen abermals in eine Kiste. Vielleicht hätte er mich mit seinen Fußtritten nun seinerseits zerdätscht, wenn nicht die anderen Gesellen dazwischengesprungen wären. Das goldene Handwerk hat auch seine Schattenseiten.

Denn das Unglück schreitet schnell. Noch schneller aber sauste der Bretterwagen hinunter, auf dem wir zwei Schreinerbuben saßen und den Tod vor Augen hatten. Zum Glück war während dieser Wahnsinnsfahrt kein Fuhrwerk und keine Straßenbahn zu sehen. Unser Fahrzeug hatte sich zufällig in den Straßenbahnschienen verfangen, und sein Tempo wurde dadurch noch sehr beschleunigt. Wie die wilde Jagd brausten wir vom Bürgerkeller den Berg hinunter bis zum Ende der ersten Isarbrücke, wo heute der neue Museumsbau auf der Kohleninsel steht. Wäre gerade eine Trambahn gekommen, hätte meine Lehrzeit und sonstige glanzvolle Laufbahn ein vorschnelles Ende genommen. Aber mein Schutzengel hat auch diesmal seine Schuldigkeit getan.

Alle Sonntage kamen wir junge Bürscherl im Café Reichshof auf der Wörther Straße beim Billardspielen zusammen. Einmal kam ich absichtlich eine Stunde früher als die anderen, um sämtliche Queues mit Juckpulver zu präparieren. Nur mein eigenes verschonte ich. Dafür streute ich meinen Juckstaub auch auf den Rand des Billardtisches. Mit ernster Unschuldsmiene harrte ich dann der Dinge, die da kommen sollten. Meine Freunde erschienen; es wurde Kaffee getrunken, und dann konnte das Spiel beginnen. Es dauerte nicht lange. Einer nach dem andern legte seinen Stab hin, denn es konnte keiner mehr vor Jucken spielen. Der Attentäter wurde bald ermittelt, und künftig ging jedem Spiel eine hochnotpeinliche Untersuchung voraus; denn ein gejucktes Kind scheut das Pulver.

Herzens Lust

Damals um die Jahrhundertwende war das Gigerltum große Mode.

Gigerl sein,
Das ist fein,
Gigerl kann nicht jeder sein!

sang die ganze Welt und trug weite Hosen, spitze Schuhe, kurzes Sakko, Knopfstieferl, hohe Eckenkragen, dicken Stock, steifen Hut mit flacher Krempe, Zickzackfrisur – und wie die Alten sungen, so zwitscherten die Jungen. Piekfein schlichen wir Auer alle Sonntage zur Tanzmusi beim Stadtwirt, zum Linksumadrahn und zum »Frassäh«. Ich kann es mit Sicherheit behaupten, daß die damaligen Tänze mehr Leben in die Bude brachten als das heutige Tango-, Foxtrott- und Rumba-Gewerkel. Ein Glück, daß ich damals jung war und es heute nicht mehr zu sein brauche.

Mein erstes Schäferstündchen freilich habe ich verschlafen. Als ich sechzehn Jahre alt war, hatte ich ein Verhältnis mit einem Mädchen in genau dem gleichen Alter, und weil wir zusammen zweiunddreißig Lenze zählten, glaubte ich bereits längst majorenn zu sein. Wir wählten zu unserem mitternächtigen Rendezvous einen Möbelwagen.

Und milde sang die Nachtigall
Ein Liedchen in die Nacht:
Die Liebe, ja die Liebe
Ist eine Himmelsmacht.

Aber ehe sie ausgesungen hatte, lagen wir schon in Morpheus' Armen, und als am frühen Morgen die Hähne krähten und unser Fuhrmann den Möbelwagen anspannte, fuhr er uns Siebenschläfer ahnungslos zum Hof hinaus. Nun war aber der polternde Möbelwagen beileibe keine Luxusequipage und rüttelte uns schnellstens wach. Allmählich dämmerte es mir, in welch peinliche Situation wir gekommen waren. In der Entenbachstraße bei der Isarbrücke, wo heute das Müllersche Volksbad steht, ließ ich meine Angebetete zum Möbelwagen hinaus, und bald kroch ich hinterher. Ob uns jemand gesehen hat, weiß ich nicht. Denn wir haben beide unsere Augen nicht vom Boden weggebracht, als wir jedes einzeln der heimatlichen Klause zuschlichen, so sehr schämten wir uns.

Einst liebte ich ein Mädchen, und auch das Gegenteil war der Fall: sie liebte mich wider. Aber nicht etwa, weil ich eine ausgesprochene

Schönheit gewesen wäre, sondern weil ich so ein Gaudibursch war. Sie schwärmte für jede Viecherei. Sobald sie mich nur sah, lachte sie schon. Und was ich auch mit ihr anfangen mochte – sie lachte immer. Gelacht hat sie sogar, als ich ihr einmal ihren neuen Strohhut so unsanft auf einen Kleiderhaken stülpte, daß der ganze Kopf hinausflog und das Prachtstück zerfetzte. Kurzum, sie verstand Spaß, wenn es auch eine Sachbeschädigung war. Dennoch habe ich sie nicht geheiratet, und kurz darauf ging sie mit einem Kapellmeister in die Schweiz durch, so daß ich mir ein anderes Mädchen zum Lachen suchen mußte.

Immerhin, gänzlich unempfindlich für weibliche Reize war ich durch diese Jugendsünde keineswegs geworden. Bei meinem Meister Hallhuber mußten wir Lehrlinge alle Tage Brennholz machen in seinem Keller. Neben unserem Hause war eine Drogerie mit großer Kundschaft. Und wenn wir zum Kellerfenster hinaus gen Himmel schauen wollten, wie das Wetter wird, stand oft gerade irgendein dummes Frauenzimmer auf dem eisernen Rost davor und versperrte uns die ganze Aussicht, so daß wir den Himmel völlig vergaßen.

Geheiratet habe ich dann trotzdem. Und wenn meine gute Frau nicht so oft über mich gelacht hätte, hätte sie weiß Gott nichts zu lachen mit mir gehabt! Als wir einmal in Starnberg dem »Nordexpreß« entstiegen waren, ging ich schnell noch einmal zu unserem Abteil zurück und schaute zum Fenster hinein. Mein Weib frug mich: »Was ist los?« – »Nichts ist los, ich habe nur vorsichtshalber in das Coupé hineingeschaut, ob ich auch wirklich ausgestiegen bin!«

Schon seit meiner Kindheit, als ich zehn Jahre alt war, hatte ich für dicke Frauen etwas übrig. Warum, weiß ich nicht. Wenn mich meine Onkel und Tanten im Scherz fragten: »No, Valentin, wen heiratest denn du einmal?«, gab ich prompt zur Antwort: »Eine ganz dicke Frau!« Diese Leidenschaft ist mir glücklicherweise geblieben, denn noch heute nach fünfzig Jahren habe ich den gleichen Geschmack. Für mich geht die Schönheit einer Frau erst mit zwei Zentnern an.
Es ist mir neulich passiert, daß ich einer Dame ziemlich frech auf offener Straße mit flacher Hand auf das Rückgebäude klopfte, wozu ich meinte: »Grüß Gott, Frau N.!«
Aber Irren ist menschlich. Es war nämlich leider gar nicht die Frau N., sondern eine mir gänzlich Unbekannte. Sie sah nur von rückwärts der Frau N. so ähnlich wie ein Ei dem andern.

Dafür habe ich mich ein andermal zum Fasching mit einem buchstäblich undurchdringlichen Keuschheitspanzer umgürtet. Es hatte geheißen: »Der Maskenball der Kammerspiele findet im Deutschen Theater statt – die originellste Maske erhält eine Prämie von hundert Mark!«

Dieses Geld spürte ich schon in meiner Brusttasche: denn das originellste Maskenkostüm hatte ich – einen Taucheranzug. Als Taucher ist doch sicher noch niemand auf den Maskenball gegangen. Und ich ging. Aber es wurde eine Enttäuschung.

Was für eine Arbeit es ist, einen Taucheranzug anzuziehen, das weiß nur ein Taucher. Eine volle Stunde arbeiteten zwei Personen an mir, bis der Taucheranzug, der aus einem Stück gearbeitet ist, endlich saß. Zum Halsloch muß der ganze Körper bis auf den Kopf hineingesteckt werden, und als dies geschehen war, setzte man mir den Helm auf, der mit einem Schraubenschlüssel an dem Metallring des Halsauslaufes befestigt wurde. Man hängte mir noch verschiedene schwere Luftapparate um, zog mir außerdem noch dreißig Pfund schwere Bleisohlenschuhe an, und ich stand fix und fertig als Tiefseetaucher in der Garderobe des Deutschen Theaters. Im dritten Stock!

Daß wir zum Anziehen eine Garderobe im dritten Stock wählten, war an sich schon eine Viecherei. Ich wette, Sie würden heute noch gerne fünf Mark pro Person bezahlen, wenn Sie nur diesem Lustspiel, betitelt »Der Taucher im Stiegenhaus«, zusehen könnten. So wie ich im Innern des Anzuges geflucht habe, so sehr haben meine Begleiter in der Außenwelt gelacht.

Glücklich kam ich ins Parterre, stieß an allen Ecken und Enden an und war – endlich – im Tanzsaal angekommen. Aber welch ein Malheur! Die Polonäse, deren Krönung die Maskenprämierung bildete, war schon längst vorbei; man tanzte bereits den dritten Walzer. Aber daß ich in meiner zwei Zentner schweren Rüstung im Walzertempo dahinschwebte, konnte kein Mensch von mir verlangen.

Tieftraurig und in Schweiß gebadet verließ ich mit meinen beiden Führern den Tanzsaal. Aber nun kommt erst das Denkwürdige an der ganzen Geschichte. Sonst hat ein Taucher immer in die Tiefe zu steigen. Ich aber mußte hingegen in die Höhe, und zwar hatte ich wieder die unter dem Dach gelegene Garderobe zu erklimmen.

Kein Mensch, nicht einmal ich selber, hat daran gedacht, daß ich mich doch ebensogut im Erdgeschoß hätte anziehen können. Aber dieser gute Gedanke kam mir erst, als wir bereits glücklich im dritten Stock wieder angelangt waren. Und nun dauerte es abermals eine gute halbe Stunde, bis man mich unter Aufbietung der allerletzten Kraftreserven, unter Ächzen, Stöhnen und Schimpfen aus dem Gummischlauch herausgeschält hatte. Erschöpft, zerknittert und ermattet saß ich da, schnappte nach Luft, und in meinem Innern brach sich die Überzeugung Bahn, daß ein Taucher nur ins Wasser gehört, aber nicht in einen Ballsaal.

Musikalisches

TROTZ DER SCHÖNEN Lehrjahre in der Werkstatt meines Meisters Hallhuber stand es mir nicht in den Sternen geschrieben, daß die Schreinerei mein einziger Lebensinhalt bleiben sollte. Sie hat mir zwar allzeit großen Spaß gemacht und ist mir bis ins Alter eines meiner liebsten Steckenpferde geblieben. Aber schon als kleiner Bub hatte ich eine stille Liebe zur Musik.

Da war einmal im Kindergarten an der Ohlmüllerstraße ein Maifest geplant, und schon Wochen vorher begannen die Proben dafür. Neben den bekannten Schlagern:

Ringel ringel reihe,
D' Weißwürst san so teier ... usw.

sollten auch Instrumentalsoli zum Vortrag kommen. Unter den dreißig Kindern suchte man die zehn begabtesten aus und breitete die Instrumente, die sie spielen sollten, zur freien Wahl auf einem Tisch vor ihnen aus. Da gab es Geige, Trommel, Pfeife, Ratsche und Glockenspiel. Sogar ein paar schöne, kleine, glänzende Messingtschinellen waren dabei und hatten es mir besonders angetan. Ich stürzte mich gleich darauf und bettelte: »Fräulein, gelln S', die derf i spieln, gelln S'?« Und ich bekam sie auch. Dann wurde ein Kreis gemacht, der Solist stand mit seinem Instrument in der Mitte wie bei der Heilsarmee, und alle sangen:

Es steht in unserm Kreise ein kleiner Mann,
Der hat ein klein Trompetchen, seht ihn nur an.
Bitte blas uns doch ein Lied,
Und wir singen alle mit:
Tra la la la la la la la la la.

Dann mußte jeder kleine Künstler sein Solo zum besten geben, und der ganze Kreis klatschte dann in die Hand. Bei den Proben habe ich jedesmal brav gespielt. Aber wie dann das richtige Fest kam, das im Englischen Garten beim Chinesischen Turm stattfand, und alle ihre Sache vorzüglich machten – moana S', i hätt mögn? Net ums Verrecken hätt i mögn. Warum, weiß ich heut noch nicht.

Mit den Tschinellen war's also nichts. Die Musi hab i deshalb nicht etwa aufgegeben. Einmal hatte mein Vater mit einem großen Möbeltransport nach auswärts ein besonders gutes Geschäft gemacht. Darum wollte er mir und meinen Freunden auch eine Freude machen. So kaufte er uns im Spielwarengeschäft Obletter einen ganzen Haufen Instrumente: Bombardon, Trompete, Posaune, Waldhorn, Flöte, Klarinette, Tschinellen, alles aus Pappe, wunderbar goldbronziert, fast wie echte Instrumente. Wir hatten eine Mordsgaudi und zogen in der Au von einem Laden zum anderen, und überall wurde ein Ständchen geblasen. Aber leider dauerte die Herrlichkeit nicht lange, denn die zarten Kartonwerkzeuge hielten unseren rohen Umgangsformen nicht stand.

Darum trachtete ich nach einer echten Messingtrompete, und mit diesem Wunsch hätte ich meine Mutter bald irrsinnig gemacht. Auf der Auer Dult hatte ich an einem Verkaufsstand ein Signalhorn entdeckt. Es sollte drei Mark kosten. Ich war davon wie hypnotisiert und lief heim: »Muatta, Muatta, gib ma drei Mark, auf da Duid is a Trompetn, a echte, de muaß i kriagn, tua drei Mark hera!« Aber die Gute war von diesem Wunsch gar nicht begeistert, denn drei Mark waren im Jahr 1890 recht viel Geld; auch dachte sie gleich an den Spektakel, den der Bua mit einer richtigen Trompete machen würde. Ich war schwer enttäuscht, aber weit davon entfernt, den Kampf aufzugeben. Spornstreichs lief ich wieder hinüber zur Dult, frug die Frau, ob ich die Trompete nicht probieren darf: »Denn die Mutter hat gsagt, wenn i oan Ton rausbring, dann kauft s' ma die Trompetn.« Da bekam ich das Ziel meiner Wünsche in die Hand, aber es blieb stumm, so sehr ich mich auch anstrengte. Es war eben doch keine Papiertrompete, in die man hineinsingen mußte.
Schweren Herzens gab ich das herrliche Ding zurück und lief wieder heim: »Muatta, Muatta, jetzt hat mi die Frau die Trompetn probiern lassn; i hab glei a Lied drauf blasn; a fein geht's, gib mir halt drei Mark, bittschön, gib mir drei Mark; na brauchst mir auf Weihnachten nichts kaffa.« – »Nee«, sagte die Mutter, »nur geene Drombede, das däde en scheen Verdruß in dr gansn Nachbarschafd gähm mit dem Geblase.« – »Naa, Muatta, i blas ja ganz leis.« – »Nee, nischd isses, de grichsd geene, und wenn de dich uffn Gobb schdellsd!«
Wieder lief ich hinüber zur Dult: »Sie, Frau, datn Se s' um zwoa Mark aa hergebn?« – »Nein, drei Mark kost s', wir haben feste Preise.« Alles Betteln half nichts; sie ging nicht herunter. Ich wieder heim. Nein! Wieder

auf die Dult. So ging es hin und her. Als gar nichts mehr half, probierte ich's mit dem Heulen. Schluchzend schrie ich: »I woaß scho, Muatta, mögn tuast mi nimmer, sonst dast ma scho die Trompetn kaffa, da Vatta dat ma s' sofort kaffa, wenn a da war, weil der mi vui liaber mag als wie du.«

Es half. Auch meine Mutter konnte ihr Kind nicht weinen sehen. Ich bekam meine Trompete. Aber nur einen Tag. Dann war sie verschwunden. Auf Nimmerwiedersehen! Wohin weiß ich heute noch nicht. Ich hatte nämlich diesen einen Tag nicht nur unsere Hausgenossen, sondern auch die gesamte Nachbarschaft, einschließlich aller Hunde und Katzen, durch mein Üben vollkommen zur Verzweiflung gebracht.

Aber meine Mandoline durfte ich behalten. Besonders gern setzte ich mich hoch oben in den Kastanienbaum unseres Gartens, und hier bin ich mit meinem Gezirpe den Leuten auch nicht auf die Nerven gefallen.

Auch eine Zither bekam ich und Unterricht bei meinem Lehrer Ignaz Heppner. Nach der Stunde pflegte er sich immer die frisch gestopfte Pfeife anzuzünden. Ich hatte ihn sehr gerne, und auch das Zitherspielen machte mir viel Spaß. Aber dennoch konnte ich mir eines Tages nicht verkneifen, ihm ungefähr zehn abgebrochene Zündholzköpfchen in seinen Pfeifenkopf zu schmuggeln. Nichtsahnend entzündete er die Bombe, und – Pfum!!! flog der Tabak aus dem Pfeifenkopf. Mein Attentat war gelungen.

Viele Jahre später – die Zither war längst mein Lieblingsinstrument geworden – hat es noch einmal einen richtigen Knall gegeben, als ich beim Spielen war. Damals wohnte vier Jahre lang der Humorist Weiß Ferdl als Zimmerherr bei uns in der Kanalstraße 16. Ich besaß einen zierlichen kleinen Revolver, den Griff mit Perlmutter eingelegt, der mit sechs scharfen Patronen geladen war. Dieses Mordwerkzeug lag zufällig auf dem Tisch, als ich auf der Zither dem Kollegen ein Couplet vorspielte. Beim Zuhören nahm er in Gedanken die Pistole in die Hand und dachte, er hätte es mit einem Briefbeschwerer zu tun oder mit einer anderen Nippsache. Als er mich fragte, ob es ein echter Revolver sei, murmelte ich zwar ein »Freili« in den Bart, aber das hat er wahrscheinlich überhört – und schon krachte ein Schuß, der mir am Arm vorbeiging. Die Kugel drang tief in die Mauer ein.

1898 eröffnete ein gewisser Strebel, der jedoch im Volksmund nur unter seinem Lieblingsausdruck »Da feit si nix« bekannt war, in der Bayerstraße Münchens erstes Automatenrestaurant. Nach der Losung »Bediene dich selbst« konnte man für zehn Pfennige allerlei Leckerbissen haben. Aber nicht nur für leibliche, sondern auch für musikalische Genüsse war gesorgt. In einem Nebenzimmer gab es etwa zwanzig verschiedene Musikautomaten, Orchestrions, Spieldosen, elektrische Klaviere und dergleichen. Ihre Neuheit gab allen diesen Herrlichkeiten einen ganz besonderen Reiz. Wir Jünglinge konnten die Sonntage kaum erwarten und unser nächstes Rendezvous im Automatenrestaurant. Mein Haupttrick war, jedesmal ein Zehnerl in das elektrische Klavier einzuwerfen, wenn ein Gast eine andere Musik spielen lassen wollte, so daß es immer zu greulichen Dissonanzen kam und der erwartete Kunstgenuß empfindlich gestört wurde.

Als ich einmal gar kein Geld mehr hatte und mein Reichtum kaum mehr von dem einer Kirchenmaus zu unterscheiden war, setzte ich mich aber in meiner besten Kluft mit Monokel abends ins Restaurant Feuerhaus am Oberanger. Der Wirt Ludwig Greiner war mein Freund und gab mir Kredit. Da kam ein Wiener Zitherspieler herein, der sich auf der Durchreise befand. »Wiggerl« engagierte ihn gleich für den ganzen Abend und setzte ihn an meinen Tisch. »Da hocken S' Eahna her, da sitzt der Graf von Plem-Plem; da können S' Sekt grad gnua saufa, wenn S' eahm was vorspuin.« Der Künstler packte gleich sein Instrument aus, das mehr Dreck als Saiten aufwies, und begann mit seinen Wiener Liedern. Alles an ihm war mies, sein Gesang, sein Zitherspiel und offenbar auch seine Intelligenz. Nachdem ich mich als Graf Eulenburg vorgestellt hatte, ließ ich in einer alten Sektflasche gewöhnliche Brauselimonade kalt stellen und spielte zum größten Gaudium der anderen Gäste einen Grafen mit allen Schikanen. Meine musikalischen Wünsche erfüllte er lückenlos und dazu verleibte er sich sechs Glas Limonade-Sekt ein, wovon er tatsächlich besoffen wurde.
Vielleicht kam es aber auch nur von der suggestiven Kraft, mit der ich ihm einen Betrunkenen vormimte. Zum Schluß übergab ich ihm noch einen Scheck über hundert Mark auf die Ramersdorfer Vizinalbank. Hoffentlich hat er ihn eingelöst bekommen.

Später habe ich noch viele andere Instrumente gespielt: Geige, Fagott, Flöte, Klarinette, Waldhorn, die verschiedenen Trompeten, Posaune und Bombardon. 1920 machte ich damit und mit meinen Freunden hin und wieder Ausflüge ins Isartal, nach Deisenhofen, nach Pasing oder in die besonders beliebte Waldrestauration Alt-Stadelheim. Nach dem Konzert ging es mit Musik auf den Heimweg. Einmal hatten wir auf dem Giesinger Bahnhof unseren Marsch zu Ende gespielt und waren gerade im Begriff, unsere Instrumente einzupacken, als ein feiner Herr in Hut und

Mantel auf uns zukam und folgende Ansprache hielt: »Ich danke Ihnen schön, meine Herren, für das wunderbare Ständchen. Es hat gewiß meiner Tochter gegolten, die morgen ihre Verlobung feiert.«
»Na, na«, gab ich zur Antwort, »wir kennen Ihre Tochter ja gar net, wir blasen ja nur zu unserem Privatvergnügen.« – »Ach so«, meinte der Herr, »da hätte ich die Herrn Privatmusiker bald beleidigt. Ich wollte Ihnen soeben fünfzig Mark überreichen.« Er hielt sie tatsächlich in der geschlossenen Hand. »Entschuldigen Sie vielmals; guten Abend, meine Herren.« Damit drehte er sich um und kehrte in sein Haus zurück. Wie wir da dumm geschaut haben!

Theaterblut

SCHON IN MEINEN Kindesadern ist es gerieselt, unterirdisch sozusagen. Aber immer von Zeit zu Zeit hat es sich Luft gemacht.
Sogar den »Faust« von Goethe haben wir gespielt, und zwar in einem Möbelwagen, den wir in unserem Hof als Bühne eingerichtet hatten. Aus alten Kisten und losen Brettern wurden dann ein paar Bänke davor aufgestellt. Ich spielte die Hexe. Nach einem Marionettentheaterheftchen wurden die Rollen verteilt. Das Stück dauerte zwölf Minuten. Bengalische Zündhölzchen, die Schachtel zu fünf Pfennige, erzielten traumhafte Beleuchtungseffekte. Der Eintritt pro Person betrug auf dem Sperrsitz fünf, auf dem ersten Platz drei, der Galerie einen Pfennig und Kinder die Hälfte. Ich glaube nicht, daß die Vorstellung mehr wert war.

Das Zuschauen im Kasperltheater auf der Auer Dult war ja sehr schön, aber noch lieber haben wir selbst gespielt. Wir erbettelten uns von unserem Wirt alte Bierstöpsel, stibitzten der Mutter aus ihrem Fleckkorb ein paar Stoffreste und fabrizierten uns die Puppen selbst. Ebenso bastelten wir uns ein Theater zusammen, und dann gab es Gastspiele an allen Ekken und Enden der Au. Das Eintrittsgeld wurde unter den Spielern verteilt und dafür beim Kramer eine Schleckerei gekauft. Und wenn mich heute jemand fragt, ob das damals eine herrliche Zeit war, dann sage ich, ohne mich zu besinnen, aus tiefstem Herzensgrunde: »Ja.«

Im »Hoftheater Falk & Fey« haben wir tatsächlich den »Freischütz« nach einem Marionettenbuch gespielt. Ein stolzer Daueranschlag verkündete es der Auer Mitwelt. In der Szene des Kugelgießens wäre ich beinahe erstickt. Ich sollte auf ein Stichwort einen sogenannten Feuerspeier von unten durch ein Loch im Bühnenboden stecken, um das höllische Feuer zu markieren, über dem der Hexenkessel hängt. Aber es hat nicht sollen sein. Ich zündete den Zündschwamm unter der Bühne an, aber ehe ich das Loch im Finstern finden konnte, fing das Zeug schon zu sprühen an und entwickelte einen solchen Rauch unter dem niedrigen Podium, daß ich mehr Pech und Schwefel einatmete, als ich es je wieder erleben werde, selbst wenn ich in die Hölle käme.

Als ich ungefähr vierzehn Jahre alt war, durfte ich einmal mit meinem Zitherlehrer das Kolosseum in München besuchen. Dort trat damals der Gesangshumorist Karl Maxstadt auf, ein besonderer Liebling des Münchener Publikums. Ich war so begeistert von ihm, daß ich beschloß, die Schreinerei an den Nagel zu hängen und in seine Fußstapfen zu treten. Bei Max Hieber kaufte ich mir gleich die Sammlung der Couplets von Karl Maxstadt und übte fleißig. Schon mit neunzehn Jahren trat ich in Vereinen auf, und später bildete ich mich sogar auf einer Varietéschule fort, die von Kapellmeister Otto Lehmann, L. Grimm und Hermann Strebel geleitet wurde, um ein richtiger Varietéhumorist, wie mein Vorbild Karl Maxstadt, zu werden. Nach einigen Monaten verschaffte man mir ein Engagement in Nürnberg am Varieté Zeughaus, und so stand ich im Oktober 1902 zum erstenmal auf einer richtigen Bühne. Freilich erhielt ich statt der Stargage eines Maxstadt nur 1,80 Mark. Und mit dem Fürstenhotelzimmer, von dem ich geträumt hatte, war es auch nichts. Ich bekam dafür ein Dachkämmerchen, worin das Wasser von der Decke aufs Bett tropfte und sich sämtliche Ratten und Mäuse von Nürnberg ein Stelldichein zu geben pflegten.

Aber meine erste Tournee war ein böser Mißerfolg. Arm fuhr ich eines Tages wieder nach München zurück. Den Apparat hatte ich bei einem Berliner Spediteur als Pfand stehenlassen müssen, weil ich meine Frachtspesen von Nürnberg nach Berlin nicht hatte bezahlen können.
In der Heimat fand ich eine mitleidige Seele in dem Münchener Weinwirt Eberl vom Esterhazykeller am Färbergraben, der früheren Hirschbräuhalle. Dieser freundliche Wirt hatte sich bereit erklärt, dem Berliner Spediteur die offene Frachtrechnung von zwanzig Mark zu bezahlen und auch den Transport nach München zu übernehmen, wenn ich mit meinem Apparat in seinem Lokal auftreten wolle. Ich war einverstanden. Das Orchestrion sollte als Frachtgut geschickt werden, so daß immerhin mit einer Transportdauer von zehn bis zwölf Tagen zu rechnen war.
Aber während dieser Zeit mußte ich doch auch leben. Und so verdiente ich mir meinen Lebensunterhalt im gleichen Lokal durch Zitherspielen.

Dafür erhielt ich das Mittagessen und jeden Tag fünfzig Pfennige. Außerdem durfte ich bei den Gästen sammeln. Das war leichter gesagt als getan, denn es waren ganz selten Gäste da. Nur am Sonntagvormittag waren es etwa zehn. Ich war damals zu jeder Viecherei und zu allen Schandtaten aufgelegt. Aber mit einem Teller von Tisch zu Tisch zu schleichen, ging mir doch mächtig gegen den Strich.
Eine zweite mitleidige Seele, die Weinkassiererin Fanny, sammelte daher für mich, denn sonst wäre ich alle Tage nur mit einem Fuchzgerl heimgegangen. Und sie ließ mir so lange keine Ruhe – »Viel mehr datn S' kriagn, wann S' selber sammelten!« –, bis ich ihren Rat eines Sonntags befolgte, schweren Herzens ihren Teller nahm und auf den ersten besten Gast zusteuerte. Kaum hatte ich mühsam mein »Darf ich bitten, für die Musik« gestottert, als er mich schon anfuhr: »Waas, ja können denn Sie net noch frecher sein, in der Au draust ham S' des größte Haus, und zu mir armen Schlucker kommen S' mit an Teller zum Sammeln. Da schau her, Sie san net unrecht.« Ich Unglücksrabe hatte einen Auer Nachbarn erwischt, der mich noch als gutsituierten Bürgerssohn in der Firma meines Vaters gekannt hatte. Nach diesem Pech setzte ich mich seelisch zerschmettert wieder an meine Zither, und die Fanny sammelte weiter für mich Kupfer und Nickel.
Später konstruierte und baute ich mir selbst ein Orchestrion, welches fast zwanzig Musikinstrumente aller Art enthielt, die ich durch einen selbsterfundenen Mechanismus nahezu gleichzeitig spielen lassen konnte. Damit fuhr ich zur Stadt und war auch einmal in Halle im Konzerthaus Bratwurstglöckl engagiert.

An einem Sonntag lud mich morgens das Küchenpersonal zum Bratklopfen ein. Dabei standen wir zu fünft um einen riesigen, massiven Holzklotz und schlugen mit schweren, runden Holzhämmern im Takte nacheinander wie die Scheunendrescher auf die rohen Fleischklumpen, denn hier wurde alle Tage Brat geklopft. Es diente zu tausend Paar Regensburger Würsten, denn Regensburger und Kartoffelsalat war in diesem Hause das Spezialgericht. Ein junger Metzger aus Nürnberg, der etwa zweiundzwanzig Jahre alt war, fabrizierte täglich die Würste. Die meiste Zeit aber war er besoffen, während wir andern tüchtig Brat klopften, strich er immer die herumspritzenden Fleischteile, die an der Wand hängenblieben, mit dem Finger wieder herunter und warf sie auf den Hackstock zurück ins Brat. Das Schlachthaus war ein altes Kellergewölbe, und an den Wänden hingen Dutzende langer, schleimiger Weinbergschnecken. Wie viele davon mochte der besoffene Wurstmacher im Laufe der Jahre schon in seinem Dusel in die Wurstmasse gemischt haben? Jedenfalls habe ich es seit diesem Erlebnis niemals mehr übers Herz gebracht, mir das Spezialgericht Regensburger mit Kartoffelsalat einzuverleiben.

Nach dem Tode meines Vaters hatte meine Mutter längst unser schönes Anwesen in der Au wegen seiner Hypothekenlast so billig hergeben müssen, daß uns beiden fast nichts mehr blieb. Sie übersiedelte nach Sachsen in ihre Heimat, ich aber stand als armer, magerer Teufel allein in München. Aber ich ließ den Mut nicht sinken, so lausig es mir auch gehen wollte.

Ich ging in ein Blumengeschäft, kaufte mir um eine geliehene Mark künstliche Palmenblätter, erbat mir in einem Seifenladen einen leeren Schmierseifenkübel, suchte einen alten Besenstiel aus dem Keller und fabrizierte eine künstliche Palme, wie sie in Kamerun nicht schöner wachsen. Unter meinen Bekannten fand ich gleich einen Käufer, der mir dafür fünf Mark bezahlte. Die vier Mark Reinverdienst waren der Grundstein zu einer Fabrik. Ich kaufte mir sofort für vier Mark Blätter, Kübel zu zehn Pfennige, vier Besenstiele, die ich nach einem Tag in vier fertige Palmen verwandelt hatte. In der Gastwirtschaft Zum Feuerhaus, wo ich sie stehen hatte, wurden sie mir gleich von Bekannten abgekauft, und so ging es lustig weiter. Material hätte ich ja genug gehabt, aber wo sollte ich die Käufer hernehmen, wenn mein Freundeskreis erschöpft war? Fremden Leuten eine Offerte zu machen, schien mir der Gipfel der Vermessenheit; und so bin ich kein Palmenfabrikant geworden, sondern war nach einer Woche schon wieder bankrott und ging auf die Suche nach einer anderen Existenz.

Erste Bühnenabenteuer

Der bekannte Varietéhumorist Oskar Huber nahm mich bald darauf mit auf ein Sondergastspiel nach Westerham bei Holzkirchen. Es sollte im Nebenzimmer des Gasthofes Zur Post stattfinden, wo ein Marmorindustrieller sein fünfundzwanzigjähriges Geschäftsjubiläum feierte. Außer den Angestellten seiner Fabrik hatte er auch die Bauern eingeladen, und sie waren seiner Aufforderung mit ihren Hackelstecken und Lederhosen gefolgt.
Der Beginn war auf acht Uhr festgesetzt, und die Festgäste harrten begierig der Dinge, die da kommen sollten. Eine Bühne war nirgends zu finden, aber wenigstens ein Podium für den Vortragskünstler, der übrigens am

nächsten Abend im Leipziger Kristallpalast auftreten sollte, mußte doch aufzutreiben sein. Geistesgegenwärtig rettete der Kommerzienrat die Situation, indem er eine Maggikiste auf den Boden stellen ließ. Oskar Huber fragte nach dem Klavierspieler zum Begleiten seiner Vorträge. »Jessas, an Klavierspieler braucht man ja aa«, stöhnte der Gastgeber, nahm uns beim Ärmel und schleifte uns zum Schullehrer. Dem stellte er uns umständlich vor und versuchte ihm begreiflich zu machen, daß er als Begleiter aushelfen solle. Es sei sehr eilig, und es sei gleich acht Uhr, und alles wartete schon auf den Münchener Künstler. Wir sollten nur gleich anfangen zu probieren. Daraufhin entfernte er sich wieder, denn er hatte als Festleiter noch alle Hände voll zu tun. Der arme Schulmeister war wie aus den Wolken gefallen und begriff erst nach langen Auseinandersetzungen, was Oskar Huber von ihm wollte. »Das ist ja ganz einfach«, meinte er und zeigte dem Schulmeister seine Coupletnoten. »Das kann jeder vom Blatt spielen«. – »Ja, des glaub i scho, daß des einfach ist, aber ich bin Wagnerianer, und etwas anderes als Wagnermusik spiel ich nicht.« Damit wies der Herr Lehrer auf die Büste seines Meisters über dem Klavier.

Als wir noch hin und her redeten, erschien plötzlich wieder der Kommerzienrat und erklärte schwitzend, wir könnten aufhören mit dem Probieren, denn es sei ja im Festsaal gar kein Klavier da. Wir schauten uns alle an und sagten gar nichts. Aber der Jubilar hatte noch keine Ruhe. »Dann müssen S' eben ohne Musikbegleitung singen«, bedeutete er Herrn Huber und trieb uns aus der guten Stube des ländlichen Wagnerianers hinaus, zurück zum Gasthaus in das Schlafzimmer der Wirtseheleute. Hier berieten wir weiter. Huber erklärte, ohne Musikbegleitung ginge es auf keinen Fall. Das brachte den Kommerzienrat völlig außer Rand und Band. Endlich mischte ich mich ein und sagte, ich könnte Herrn Huber schon begleiten, wenn ich eine Zither hätte. »Ja, a Zither is glei do, nehmen die Herren daweil Platz, i hol s' glei selber.« Damit verschwand der Geschäftige abermals.

Wir beide blieben allein in dem dörflichen Schlafgemach zurück und hörten das Gemurre der Geladenen aus dem Nebenzimmer. »Ofanga, auf geht's, laßt'n aussi, den Komiker!« Nach fünfzehn langen Minuten erschien der Jubilar mit einem schwarzen Kasten, den er aufs Bett warf. »So, jetzt ham ma's«, schnaufte er erleichtert. Dann öffnete er die zwei Messinghäkchen – aber der Kasten hatte in der Mitte noch ein Schloß, und das war abgesperrt. »Herrschaftseiten!« Die Gäste pfiffen schon auf den Fingern, weil wir nicht anfingen. Wer hat einen kleinen Schlüssel? Alles suchte – der Wirt, die Frau Wirtin, die Köchin, der Herr Humorist, ich, der Herr Kommerzienrat. Sämtliche kleinen Schlüssel wurden pro-

biert. Alles vergebens. Und unten pfiffen die Bauern. »Jetzt wird ma's z' dumm«, rief endlich der Fabrikant, holte sein Messer heraus aus dem Hosensack, packte den Zitherkasten und brach ihn auf.
Aber eine Zither war nicht darinnen. Es wurde noch viel geredet und verhandelt. Aber wir hatten vor Lachen nichts mehr davon gehört, bis ein zweites Mal zum Zithereigentümer geschickt wurde und das Instrument endlich zur Stelle war. Dann gab es eine schnelle Probe, und es ging auf die Kistenbretter. So eine Gaudi wie vor dem leeren Zitherkasten haben wir aber in der ganzen Vorstellung nicht mehr gehabt.

Als Mitglied des Zitherklubs »Nix G'naus« trat ich als Salonhumorist anläßlich eines Stiftungsfestes im Theatersaal der ehemaligen Klosterbrauerei im Lehel auf. In einem überlangen, taubengrauen Gehrock sang ich die Couplets »Der Königsmord in Serbien« und »Giron und Luise«. Ich hatte großen Erfolg.
Wie jeder Solist, mußte ich später auch noch in einer Komödie mitwirken, die unter dem Titel »Der Bauer vom Land« den Abend beschließen sollte. Es war eine recht unappetitliche Rolle, die nicht jeder Schauspieler übernehmen würde. Der Bauer war ich. Mit einem geschwollenen Backen komme ich zum Bader. Der setzt mich in seinen Sessel und sagt: »Ja mei, Huberbauer, du hast ja a mords Zahngschwür, des muaß i dir aufdruckn, na is a Ruah mit'm Zähntweh.« Er nimmt seine zwei Pratzen und drückt mit aller Gewalt auf den geschwollenen Backen. »Aaaah!« rufe ich. »So«, sagt er, »jetzt is auf«, und damit rinnt mir eine glasige, gelbe, mit Blut gemischte Masse aus dem Munde, ein Anblick, von dem das halbe Publikum einen Brechreiz bekam.
Die Geschichte war aber gar nicht so tragisch, denn die ekelerregende Substanz bestand aus einem rohen Hühnerei, welches ich mit der Schale vor dem Auftritt in den Mund nehmen mußte. Nur das Blut war richtig. Als mir der Bader das Ei im Munde zerdrückte, brachte er mir mit der Eierschale eine beträchtliche Schnittwunde bei, die heftig blutete. Der Erfolg des Auftrittes war so gewaltig, daß die Szene ein Jahr später nicht mehr wiederholt zu werden brauchte.

Dafür habe ich aber ein anderes Mal jemandem mit meinem Zitherkasten einen gewaltigen Schrecken eingejagt. Noch während der Tournee mit meinem Orchestrion in Bernburg an der Saale war es. Ich konnte mein Logis nicht bezahlen. Ein Kollege, ein schrecklich nervöser Mensch, war so liebenswürdig und bot mir ein Nachtlager in seinem Zimmer an, wo noch ein Bett freistand. Ich nahm die Einladung dankend an.

Ich durfte mich nicht rühren. Alles, was ich an anständigen Geräuschen von mir gab, wie Niesen, Husten, Schnackler, Schneuzen, löste bei ihm einen Nervenanfall aus. Er tobte und schimpfte über den geringsten Lärm in dem Zimmer zum Gotterbarmen. Aber außerdem war ich ja Asthmatiker und mein Atmen daher stets mit einem pfeifenden Geräusch verbunden, was ihn völlig auf die Palme brachte. Er hat allen Ernstes verlangt, ich solle nicht mehr atmen – also ersticken.
Um nun dieses asthmatische Pfeifen zu beseitigen, mußte ich mit einem kleinen Inhalator inhalieren. Das ging aber wiederum nicht lautlos vonstatten und ließ ihn erst recht nicht schlafen. Voll bittern Grames erklärte er mir: »Wenn ich das geahnt hätte, hätte ich Sie nicht eingeladen; Sie verderben einem ja die ganze Nachtruhe!«
Ich war tief zerknirscht über solchen Edelmut und hielt mich eine halbe Stunde mäuschenstill, so daß mein empfindlicher Gastgeber tatsächlich eingeschlafen ist und ich mit.
Plötzlich erwachten wir von einem kanonenschlagähnlichen Krach. Wir fuhren vom Bette auf und machten Licht. Mein Zitherkasten war umgefallen. Ich hatte ihn vor dem Schlafengehen an die Bettstatt angelehnt. Geschlafen haben wir in dieser Nacht alle beide nicht mehr.

Im Jahre 1907 durfte ich nach einer Volkssängervorstellung beim Baderwirt an der Dachauer Straße ein Stegreifsolo machen. Da erzählte ich eine saudumme Geschichte von meinem Aquarium und hatte damit einen solchen Erfolg, daß dies die erste von meinen Repertoirenummern werden sollte, von denen ich nun schon über vierhundert selbst verfaßt habe.

Auch mit dem Komiker Karl Flemisch trat ich oft gemeinsam auf. Als Dakapo brachten wir einmal das Duett, das allbekannt war, von Karl Moor. Einer kommt heraus, verbeugt sich und sagt: »Wir erlauben uns, einen Dialog vorzutragen aus den ›Räubern‹ von Schiller, Karl Moor und sein alter Vater.«
Der Vater kommt herein, setzt sich auf einen Stuhl, stützt die Hand auf den Tisch, hält sich den Kopf und mimt den Kranken. Dann tritt Karl Moor auf: »Mein Vater, du hier? Ist dir denn nicht wohl?« Der Vater erwidert: »Ja, mein Sohn, du hast ganz recht, mir ist nicht wohl.« Darauf der Sohn ad spectatores: »Sehr geehrtes Publikum! Wegen Unwohlsein meines Vaters kann die Vorstellung leider nicht stattfinden.« Darauf gehen beide ab.
Schon vierzehn Tage hatten wir dieses lustige, wenn auch alte Stückchen fröhlich als Dakapo gespielt, als ich wieder einen Einfall hatte. Ich spielte nämlich den Vater. Als ich nun zu sagen hatte: »Ja, mein Sohn, du hast

recht, mir ist nicht wohl«, versetzte ich im Gegenteil: »Nein, mein Sohn, du irrst dich, mir ist ausnahmsweise sehr wohl.« Karl Flemisch wechselte die Farbe, und alle Stammgäste, die das Programm schon kannten, schrien vor Lachen. Verzweifelt suchte mein Partner die Situation zu retten: »Vater, dir ist doch wirklich nicht wohl!« Aber ich hatte kein Mitleid, sondern versicherte erneut, daß mir ausnehmend wohl sei. Da gab er auf und verließ fluchend die Bühne.
Den Rest der Szene haben wir dann in der Garderobe allein gespielt.

Mein Filmpech

Die Münchener haben es wahrscheinlich längst vergessen, daß ich in ihren Mauern der erste Filmunternehmer Bayerns war. Denn ein Filmatelier mit künstlichem Licht habe ich schon 1912 in München eingerichtet. Ich ließ mir aus Frankfurt die soeben neu erfundenen Jupiter-Filmscheinwerfer kommen, fünf Stück an der Zahl. Sie kosteten ein paar tausend Mark. Fünfhundert Mark mußte ich anzahlen, den Rest in Wechseln, die jeden Monat fällig wurden. In einem Käselager des Kaufmanns Bernbichler in der Pfisterstraße im Rückgebäude direkt am Platzl neben dem Hofbräuhaus entstand also Münchens erstes Filmatelier. All mein sauer erspartes Geld steckte ich hinein, um ein Filmgroßindustrieller zu werden.
Aber nach sechs Monaten war ich schon rettungslos verkracht. Das erste, was gekracht hat, und zwar gleich am ersten Tag, waren die fünf nagelneuen Jupiterlampen. Ich packte sie eigenhändig aus und stellte sie tadellos ausgerichtet in Reih und Glied nebeneinander. Wie ich mich ihres Anblicks freute, erblickte ich am Boden meines Ateliers ein langes, altes Brett, das meinen Schönheitssinn störte. Ich packte es an einem Ende und hob es auf. Aber schon war das Unglück geschehen. Der erste Scheinwerfer schwankte und fiel auf den zweiten, der zweite auf den dritten, der dritte auf den vierten und der vierte auf den fünften – bis sie sämtlich zerschmettert auf dem Steinfußboden lagen. Denn ich hatte die Lampen zufällig alle auf das gleiche Brett gestellt.

Mein erster Stummfilm hieß »Valentins Hochzeit«. Darin ging es schon ziemlich wild zu. Später habe ich mit Peter Ostermeier den Film »Der Schreibtisch« gemacht. Darin bekam ich in der Maske eines Büroschreibers ein Stehpult geliefert. Aber es war mir zu hoch. Ich nahm eine Säge und machte die Füße kürzer. Leider hatte ich sie nicht alle in gleicher

Höhe abgeschnitten, und das Pult wackelte. Ich muß also den zu langen Fuß wieder kürzer machen. Aber in der Eile erwische ich den falschen und schneide den ohnehin kürzeren noch kürzer. So schneide und schneide ich, bis aus dem Stehpult nur noch ein Sitzpult geworden ist. Als dieses aber nun wiederum wackelt, schneide ich die Beine noch kürzer, bis ich nicht mehr mit dem Stuhl darunter Platz habe, sondern mich auf den Boden setze und in den Boden ein Loch machen muß, um meine langen Beine hindurchzustecken. Und nun kann ich endlich anfangen zu schreiben.

Später habe ich sogar Münchens erstes Freilichtatelier auf einer grünen Wiese gegenüber dem Ostfriedhof aufgebaut. Dann haben wir im Ersten Weltkriege, wieder mit Peter Ostermeier, einen Streifen »Erbsen mit Speck« gedreht, der mir in besonders fürchterlicher Erinnerung geblieben ist, denn seitdem kann ich auch dieses Gericht nicht mehr riechen. Ich hatte einen neuen Lehrer in einer Dorfschule zu spielen und wurde in dieser Eigenschaft von den Bauern reihum eingeladen. Sie hatten sich irgendwie in die Vorstellung verrannt, daß mein Leibgericht Erbsen mit Speck sein sollte. Das gab es nun jeden Tag eine ganze Woche lang für mich. Auch in der Zeit des Ersten Weltkrieges war es gar nicht so einfach, ein ordentliches Bauerngeräuchertes herbeizuschaffen. Aber schon am dritten Tage, als ich das Gericht wieder aufgewärmt vorgesetzt bekam, konnte ich kaum mehr einen Löffel davon hinunterwürgen. Diese Quälerei hat eine volle Woche gedauert. Aber wie gesagt, dieses Leibgericht kann mir seitdem gestohlen werden.

Einmal sollte ich bei einer Filmaufnahme aus einem Friseurladen hinausgeschmissen werden. Voller Dreck saß ich auf dem Straßenpflaster, und Hunderte von Neugierigen, die sich damals eine Filmaufnahme keinesfalls entgehen lassen wollten, standen um den Schauplatz herum. Da es eine Freilichtaufnahme war, mußten wir auf die liebe Sonne warten. Und die hatte sich eben schamhaft hinter eine Wolke verkrochen, als wir sie am notwendigsten brauchten. Wir mußten also ausharren, bis sie wiederkam, und einige Minuten später flog ich wieder erneut zum Friseurladen hinaus. Aber auch die spaßige Wolke schob sich wieder vor die Sonne, und mit der Aufnahme war es abermals Essig. Wir mußten diese wenigen Meter Aufnahme vier- oder fünfmal wiederholen. Ich war das vom Film ja schon gewöhnt. Aber viel mehr als die neckische Wolke ärgerten mich die Saububen, die jedesmal schrien: »Uh, jetzt hat er's wieder net kenna, jetzt muaß er's noch mal machen!«, wenn der Regisseur bat: »Noch mal, Herr Valentin!«

Filme ansehen ist wirklich angenehmer als Filme fabrizieren. 1921 wurde ich einmal während einer Filmaufnahme vor vielen tausend Menschen auf dem Oktoberfest zwanzig Meter hoch in die Luft gezogen. Dabei hatte man mich übrigens völlig unfachgemäß in einen schmalen Riemen geschnallt und mit einem Flaschenzug hochgewunden. Obgleich ich nur fünfundfünfzig Kilo wog, schnitt mir der schmale Riemen derart in meine Eingeweide, daß ich hinunterschrie: »Ich halt's nicht mehr aus!«

Aber darauf nimmt man im Film keine Rücksicht. Es wurde weiter gedreht, als sei nichts geschehen. Mir traten vor Schmerzen fast die Augen aus den Höhlen. Und nun mußte sich noch meine Partnerin Liesl Karlstadt an meine Füße hängen und wurde gleichfalls einige Meter zusammen mit mir in die Höhe gehißt. Fast ohnmächtig wurde ich in ein Auto gehoben und konnte nur mehr die Worte stammeln: »Nie mehr filmen, mir gangst!«

Aber bekanntlich heilt die Zeit alle Wunden, und ich habe trotzdem noch manchen Filmstreifen gedreht. »Der Sonderling« war mein letzter stummer Film. Und dann folgten noch eine ganze Menge Tonfilme: »Orchesterprobe«, »Im Photoatelier«, »Theaterbesuch«, »Das verhängnisvolle Geigensolo« und viele andere. Sogar in zwei abendfüllenden Spielfilmen haben wir mitgewirkt, meine Partnerin Liesl Karlstadt und ich. »Donner, Blitz und Sonnenschein« und »Kirschen in Nachbars Garten« waren ihre Titel.

Leider sind meine letzten Tonfilme »Musik zu zweien«, »Bittsteller«, »Die Erbschaft« und »Der Antennendraht« noch nicht einmal uraufgeführt worden. Die Filmgewaltigen des Dritten Reiches haben aus ihnen eine Elendstendenz herausgeschmeckt, die ihnen nicht behagte. Nachdem so viele unserer Häuser in Schutt und Asche gesunken sind, dürfte freilich kein Grund mehr vorhanden sein, meine letzten Filme dem deutschen Publikum vorzuenthalten. Aber wer weiß, wohin die Zelluloidstreifen inzwischen geraten sind …

Die Liesl

Schon vor dem Ersten Weltkrieg habe ich sie kennengelernt. Sie trat mit mir zusammen im Frankfurter Hof auf. Etwas später bewahrte ich sie vor einer Tournee, die gerade für St. Petersburg zusammengestellt werden sollte. Wir haben dann eifrig geprobt und bekamen alsbald unser erstes gemeinsames Engagement im Hotel Wagner in der Sonnenstraße, wo wir mit dem bekannten Tiroler Terzett »Alpenveilchen« herauskamen. Seitdem sind wir über dreißig Jahre lang immer gemeinsam aufgetreten. Wieviel Spaß haben wir da oft zusammen gehabt!

Einmal kaufte sich meine Partnerin am Viktualienmarkt ein Pfund Zwetschgen. Wir stiegen dann zusammen in die Straßenbahn, taten aber so, als ob wir uns nicht kennten. Auf einmal sprach sie mich an: »Da schauen S' her, Herr Nachbar, da habe ich mir auf dem Markt soeben Birnen kaufen wollen. Nun hat sich die Obstfrau geirrt und hat mir statt Birnen Äpfel geben.«
»O mei, Fräulein«, habe ich gesagt, »des sind doch keine Äpfel, des sind so eine Art Aprikosen.« – »Ach woher«, sagt sie, »Aprikosen habe ich ja gar nicht verlangt.« – »Wissen S'«, meinte ich darauf, »ich bin zwar a schlechter Obstkenner, vielleicht san's Ananas oder Bananen, aber dazu san sie mir wieder zu kurz.«
Sie darauf: »Ach was, Bananen sind's auf keinen Fall; jetzt weiß ich's, Stachelbeeren sind's.« – »Na«, entgegnete ich, »Stachelbeeren haben doch Stacheln, und das, was Sie da in der Tüte drinnen haben, ist ja ganz glatt.« – »Ja, die Stacheln sind halt durch das viele Umladen abgebrochen.«
Und so ging der absichtlich saudumm geführte Diskurs immer weiter. Auf einmal erhob sich eine ältere Frau, bestimmt eine Münchener Händlerin, welche einen großen Marktkorb vor sich auf dem Schoße hatte, von ihrem Platz und sprach: »Naa, jetzt muß i geh, jetzt halt i's nimmer aus, zwoa solche Rindviecher hab i meiner Lebtag noch nicht gsehn, de kenna net amal Zwetschgn.« Sie stieg aus, murmelte noch vor sich hin, ich rannte ihr sofort nach und rief ihr von der Plattform aus nach: »Sie, Frau, jetzt wissen wir's, was es ist – a Kartoffelsalat.« Sie wurde starr, sie hat mir einen Blick zugeworfen, der mir noch heute unvergeßlich ist.

Ein andermal haben wir uns in der Linie 2 zwischen der Galerie- und Theresienstraße wie folgt unterhalten:
Schaffner (zu Valentin): »Wo fahren S' denn hin?«
Valentin (zur Liesl): »Wo fahrn mir denn hin?«
Liesl: »No, nach Nymphenburg, du woaßt es doch!«
Valentin (nach einer Pause): »So, nach Nymphenburg.« (Sinnend.) »Geht da koa Autostraßen naus?«
Liesl: »Geh, sei doch stad. So an Unsinn. Sei doch stad vor die Leit.«
Valentin (leicht gekränkt): »Warum soll jetzt da koa Autostraßn naus-

gehn. Gehn ja woanders hin aa Autostraßn.« (Pause.) »I hab no nie a Autostraßn gsehng.«
Liesl: »Na fahrn ma halt amal naus, nach Tegernsee oder Holzkirchen, na kannst as aa sehng.«
Valentin: »Nach Tegernsee? Bis nach Tegernsee? Aber i will ja gar net viel sehng von der Autostraßn. A kloans Stückl langat mir scho. Bloß an Meter ungefähr.«

Als Fräulein Karlstadt einmal sehr böse auf einen Direktor war und mich frug, was sie machen solle, habe ich ihr gesagt: »Den telefonierst jetzt an und schimpfst ihn recht zsamm; aber laß dich falsch verbinden, dann hört er's nicht!«

Als wir einmal im Wiener Varieté Olympia gastierten, dirigierte eines Tages auch Generalmusikdirektor Hans Knappertsbusch im »Konzerthaus«; und weil wir ihn aus München gut kannten und er wußte, daß wir auch in Wien waren, verehrte er uns zu seinem Konzert zwei Ehrenkarten. Es war ein Brahms-Abend!
Ich sagte zur Karlstadt: »Du, der überschätzt uns! Von der Musi wern mir net vui versteh – aber hingeh müss ma unbedingt, sonst is er beleidigt.«
Der Abend kam, und wir beide saßen im Parkett, zehnte Reihe, Mitte. Hundertzwanzig Mann Musiker! – Es ging los. – Wir horchten.
Nach zehn Minuten Horchen sagte ich zur Karlstadt leise: »Du, i glaub, des is no gar net 's Konzert – de stimma no allaweil eahnane Instrumente.«
»I glaub aa«, sagte die Karlstadt. Nach einer Weile meinte sie: »Aba daß er zum Stimma dirigiert, des gibt's doch net!«
Als sich jedoch der Herr Generalmusikdirektor nach dem ersten Teil tief verbeugte, waren wir uns beide im klaren, daß das schon zur Brahms-Musik gehört hatte. Minutenlang anhaltender Applaus setzte ein. Anstandshalber haben wir natürlich fest mitgeklatscht, aber nur, weil es die andern auch taten.
Dann kam die zweite, dritte und vierte Abteilung. Wir saßen wie auf Kohlen. Ich sagte zur Karlstadt: »Du, geh ma. Des kunnt ja no a Stund dauern!« – »Naa, gehn derf ma net, sunst is uns der Herr Generalmusikdirektor beleidigt«, sagte die Karlstadt.
Wir ahnten, daß uns zur Brahms-Musik die erforderlichen Vorkenntnisse fehlten, besonders mir.
Außer meiner Bildungslücke für klassische Musik leide ich auch noch an Asthma und habe deshalb immer einen kleinen Glasinhalator in der Tasche, den ich bei Atemnot so zirka alle Viertelstunden anwende, indem

ich mir die Medizin mit einem Miniaturgummiballen in die Nase einpumpe. Dabei hält man mit der linken Hand den Apparat und mit der rechten drückt man den Gummi so zehn- bis zwanzigmal zusammen. Dadurch faucht die medizinische Flüssigkeit aus dem Glasröhrchen in die Nase. Leider ist dieser Vorgang aber niemals ganz ohne Geräusch zu bewerkstelligen. An unserem Brahms-Abend hatte der Gummi verhängnisvollerweise außerdem noch eine schadhafte Stelle, einen kleinen Riß. Beim Zusammendrücken quietschte es jedesmal, und das war mir sehr peinlich, da die neben, vor und hinter mir sitzenden Damen und Herren diese Töne offenbar auf eine andere Ursache zurückführten, denn nach jedem Geräusch des Apparates warfen mir die Umsitzenden entrüstete, wütende Blicke zu.

Der Liesl Karlstadt war das genau so peinlich, da in solchen Situationen die Theaterbesucher mitunter falschen Verdacht schöpfen. Es war furchtbar – besonders, wenn man in der Mitte sitzt und es ein Ding der Unmöglichkeit ist, den Saal vor Beendigung des Konzertes zu verlassen. Also blieben wir.

Abgesehen von allem anderen wirkt klassische Musik auf den kleinen Mann meistens einschläfernd, besonders minutenlanges Geigengewinsel. Die künstliche Wachhaltung unserer vier Augendeckel verursachte uns Tantalusqualen, und ich sagte wiederholt zur Karlstadt: »Stöß mi fei, im Fall i einschlafa tua!« – worauf sie stets erwiderte: »Aber du mi aa!«

Meine Ansicht ist: man sollte jedesmal bei so einem klassischen Abend zur Erholung des kleinen Mannes einen schönen Strauß-Walzer, den Tölzer Schützenmarsch oder das Glühwürmchenidyll von Paul Lincke dazwischen spielen, dann wäre das Ganze leichter zu ertragen.

Da alles einmal ein Ende nimmt, so hörte auch dieser Brahms-Abend endlich auf. Nach Schluß des Konzertes wurde der Herr Generalmusikdirektor mindestens zwanzig Minuten lang herausgeklatscht. Wir klatschten auch mit. Anderntags bedankten wir uns brieflich für die zwei Ehrenkarten und für den schönen Abend.

Allerdings meinten wir alle beide unter uns, daß wir am Münchener Oktoberfest in der Bräurosl bei der fünfundvierzig Mann starken Blechmusi schönere Abende verlebt haben. Da hätten S' uns sehen sollen, wie wir applaudiert haben! Das ist uns von Herzen gekommen!

Einmal haben wir sogar ein junges Leben gerettet. Wir gingen am Viktualienmarkt in der Nähe der Heiligengeistkirche. Es war spät in der Nacht so gegen zwei Uhr. Plötzlich hörten wir ein eigenartiges, unheimliches Wimmern und dachten gleich, es käme von einem eingesperrten Kinde, vielleicht aus der Fleischhalle nebenan. Aber es kam von unten. Endlich

hörten wir die Töne an einem großen Kanaldeckel am deutlichsten. Wir huben ihn mit aller Kraft auf, dann noch einen zweiten, leuchteten hinein und sahen nun in dem Schacht, unter dem der Pfisterbach vorbeifließt, eine Katze an der senkrechten Wand hängen. Sie hatte sich in ihrer Todesangst dort festgekrallt.
Meine Partnerin legte sich gleich auf das Straßenpflaster, ich hielt sie an den Füßen, sie ließ sich hinunter, bis sie das arme Tier von der Wand wegreißen und heimtragen konnte. Mit aller Liebe hat sie es gepflegt. Sie war halt ein guter Kerl!

Über all diesen Erinnerungen, lieber Leser, habe ich mich unversehens so verplaudert, daß ich aus meinen »Jugendstreichen« eigentlich schon längst in meine Lebenserinnerungen hineingeraten bin. Wie vieles wäre da noch zu berichten! Ob ich noch einmal dazu komme, es aufzuschreiben?

Couplets

Romanze in c-Moll
oder das Lied vom Sonntag

Es war ein Sonntag hell und klar,
Ein Sonntag wirklich wunderbar,
Der Sonntag war so einzig schön,
Ich hab nicht leicht an schönern gsehn,
Es geht eim wirklich durchs Gemüt,
Wenn man an solchen Sonntag sieht.
Doch dauerte es gar nicht lang,
Weil bald der Abend kam heran,
Stockfinster wurd es um mich her,
Und ich sah keinen Sonntag mehr.

Ein Auto stand an einem Eck
Und fuhr von seinem Platz nicht weg;
Ich tat's betrachten hin und her,
Und wie von Stein war der Chauffeur.
Es roch auch gar nicht nach Benzin,
Ich griff dann mit dem Finger hin.
Da wurd mir erst die Sache klar,
Daß das nur hingemalen war.
Das Auto, das stand immer stad,
's war nur ein großes Wandplakat.

An der elektrischen Straßenbahn,
Da hängt oft hint ein Wagen dran,
Der Wagen, der da hängt daran,
Anhängewagen heißt er dann.
Er hängt daran nur dann und wann
An der elektrischen Straßenbahn.
Doch hängt er einmal nicht daran,
Was auch sehr oft stattfinden kann,
Dann kann es doch nicht anders sein,
Dann fährt der vordre Wagen allein.

Blödsinnverse

Die Herrschaften verzeihen,
Sollt ich hier oben störn,
Sie können jetzt von mir einmal
An großen Blödsinn hörn.
Soll's Ihnen nicht gefallen,
Da liegt mir gar nichts dran,
Ich bitt schön, hören Sie mir zu,
Nun geht der Unsinn an.

Es ist doch kaum zu glauben,
Was kürzlich erst passiert,
Ein Baumeister, der hat sich da
Ganz fürchterlich blamiert,
Denn als der Bau beendet,
Er voll Entsetzen ruft:
Wir habn ja kein Parterre gebaut,
Nun hängt's Haus in der Luft.

Erst kürzlich fuhr ein Auto
Ganz leer an mir vorbei,
Und daß das übel riechen tut,
Das war mir nicht mehr neu.
Denn dieser Autoführer,
Das ist doch kein Gebarn,
Trotzdem daß niemand drinnen saß,
Ließ er doch einen fahrn.

Ein Meister sagt zum Lehrbub:
Besorg mir einen Gang,
Und schneide nur den Weg recht ab,
Dann brauchst du nicht so lang.
Der Lehrbub bleibt dumm stehen
Und schaut den Meister an
Und sagt: Geh, gebn S' mir d' Scher mit,
Daß ich'n Weg abschneiden kann.

Es gibt noch dumme Leute,
Behaupte ich genau.
Einen Operngucker kaufte sich

Erst kürzlich eine Frau.
Sie schaut hinein in Gucker
Und sagt, das ist gemein,
Da is ja gar kei Oper drin,
Das muß a Schwindl sein.

Die bayerischen Seen

Ich ersuche Sie, bei diesem Couplet nicht zu lachen, weil ich da selber lach.

Still ruht der See in Starnberg drüben,
Da kam ein Dampfer in die Näh,
Da kam der See dann in Bewegung
Und aus war es mit der Ru-he.
Dasselbe gilt fürn Ammersee.

Ha-ha-ha, ham Sie's gehört, wie ich selber glacht hab – ich kann natürlich nimmer so von Herzen lachen, bei mir klingt das Lachen so mechanisch, ich kann nicht mehr anders lachen als wie ha-ha-ha-ha.
Der zwoate Vers.

Am Königssee fuhr einst ein König,
Am Chiemsee, da fuhr einst ein Chiem,
Am Tegernsee fuhr einst ein Tegern,
Am Walchensee, o das ist schlimm,
Da ist schon bald kein See mehr drin.

Ha-ha-ha-ha – über den Vers hab ich mich die erste Zeit krank glacht – jetzt gefallt er mir gar nicht mehr.
Der dritte Vers.

In Kleinhessloh ist auch ein See,
O glaubn S' mir, das ist kein Spaß;
Bei Regenwetter, 's is ganz logisch,
Da wird sogar der See ganz naß.
Ja, Sappramen, wie kommt denn das?

Ha-ha-ha-ha – der ist glänzend, der Vers – ha-ha-ha-ha-ha.
Der vierte oder sogenannte nächste Vers.

Ein jeder Mensch hat eine Seele,
Das ist ein Stück der Seligkeit.
Der Schwabe sagt: 's Starnbergerseele,
Das liegt vor Augsburg nit so woit,
Des dürfz mer glauba, liabe Loit.

Jetzt, der Vers gefallt mir selber nicht – über den Vers könnt ich auch nicht lachen – höchstens einmal – ha-ha.
Ein politischer Vers.

In Rußland und in Großbritannien,
In Frankreich und in der Türkei,
In Serbien, Dänemark und Schweden,
In China und der Mongolei,
In Saloniki und Hawaii.

Das hab ich mir gedacht, daß Sie den nicht verstehn, den versteh ich nämlich selber nicht – aber lachen muaß ich, ha-ha-ha-ha.
Der letzte Vers – sind S' froh.

Den ersten Vers sang ich am Anfang,
Den letzten Vers sing ich zum Schluß.
Die andern Vers warn zwischen drinnen,
Das Ganze war ein Hochgenuß.
Schad, daß ich jetzt aufhören muß!

Ha-ha-ha-ha – jetzt bin ich in an andern Vers neikomma.

Trommelverse

1
SIND S' NET BÖS, sind S' net bös,
Jetzt kommt ganz was Damischös,
O mein liebes Publikum,
Nehmen S' mir die Gschicht net krumm.

2
Paris ist eine schöne Stadt,
Woher sie ihren Namen hat:

Von einer alten Hose gewiß,
Denn die hat hinten a paar Riss.

3
Fliegn die Schwalben in der Höh,
Ja, dann ist das Wetter schö,
Fliegen sie jedoch parterre,
Dann ist meistens Sauwetter.

4
Auf dem Tisch, da liegt ein Fisch,
Und der Fisch ist noch ganz frisch.
Läg der Fisch schon lang am Tisch,
Wär der Fisch auch nicht mehr frisch.

5
Ich wohn in einem Rückgebäud;
Die Wohnung macht mir keine Freud,
Denn will ich auf die Straße sehn,
Muß ich durchs Vorderhaus durchgehn.

6
Junge Katzerln, junge Katzerln,
Haben noch ganz kleine Pratzerln;
Werdn die jungen Katzerln Katzen,
Kriegen sie auch größre Pratzen.

7
In einer Anlag geht ein Mann,
Er schaut hinauf, so hoch er kann.
Ich frug ihn drauf: »Wo sehn Sie hin?«
»Hinauf, weil ich Aufseher bin.«

8
A Meister steht am Schwurgricht drobn,
Er soll sein Gselln erschossen hobn.
Der Meister sagt ganz wutentbrannt:
»Er hat ja selbst an ›Schuß‹ verlangt.«

9
Ein fünfundsiebzigjähr'ger Mann
Schafft einen Grammophon sich an.

Er kauft sich nur den Apparat,
Weil er die Platten selber hat.

10
A Herr, der kommt zum Doktor grennt,
Er klagt, daß 's ihm im Magn so brennt.
Der Doktor sagt: »Mein lieber Herr,
Da holn S' am besten d' Feuerwehr.«

11
Neulich schau i in Spiegel nei,
Is 's Gsicht verkehrt, wia kann das sei;
Daweil, wer hätt sich denn das denkt,
Da war der Spiegel verkehrt aufghängt.

12
Kürzlich ging der Sturm recht arg,
Ich wollte gehn zum Herzogpark;
Doch bei diesem Sturmgebraus
Kam ich nach Neuhausen naus.

Expressionistischer Gesang

WIE DIE MALER heute malen,
Wie der Dichter heute dicht,
So will ich jetzt humoristeln,
Ob es gut ist oder nicht.

Kanapee glüht Meeresfreiheit,
Lippen blau aus Abendrot,
Stille Nacht in Marmelade,
Edle Kunst, behüt dich Gott.

A – b – c – d – e – f – g – h
I – k – l – m – n – o – p
Q – r – s – t – u – v – w – x
Ypsilon – z – f – f – f *(drei Pfiffe)*

La la la la la la la la
La la la la la la li

Li li li li li li li li
Li li li li li li la.

In der Nacht die Sterne funkeln,
Und der Rundfunk funkelt auch,
Funkeln tun auch die Karfunkeln
Und ein funkelnagelneuer Anzug auch.

Wer will unter die Soldaten,
Der muß haben ein Gewehr,
Das muß er mit Pulver laden
Und so weiter und so weiter.

Ein Gewitter ist im Anzug,
Dieses leuchtet mir nicht ein,
Ein Gewitter in der Hose,
Das könnt leichter möglich sein.

Leiser Sturmwind heult in Strömen,
Wenn die Katze kikerikiet,
Und der Vater melkt die Enten,
Wenn der Lineburger blüht.

Wenn die Blätter leise klappern
Und das Bächlein fließt bergauf,
Saust das Dampfschiff durch die Wälder,
D' Gmütlichkeit hört sich dann auf.

Wenn die Ringelnatter ringelt,
Und die Fischlein gehn zu Fuß,
Hört! Die Osterglocken pfeifen,
Was sein muß, das muß sein muß.

Hundekuchen frißt die Katze,
Und ein Kompaß singt Tenor,
Und es sinkt der Barometer,
Das kommt jedem spanisch vor.

Wenn die Reblaus rebiglauselt,
Und das Dünnbier ist zu dünn,
Billige Heimat sei gegrüßet,
Mei Vater war a Weanerin.

Sauerkraut ist kein Getränke,
Denunzieren tut ein Schuft,
's beste Flugzeug wär ein Unsinn,
Gäb's im Freien keine Luft.

Ob es heiß ist oder kälter,
Ob es warm ist oder weit,
Ob es kühl ist oder lustig,
Ja, so ändert sich die Zeit.

In Berlin, in Prag und Hamburg,
Auch in Bremen und Bayreuth,
Auch in Salzburg und am Chiemsee,
Und auch in Holzapfelskräut.

Und zum Schlusse muß ich schlusseln,
Nehmet eure Händ in d' Hand,
Schlagt dieselben oft zusammen,
Das wird dann Applaus genannt.

Das futuristische Couplet

Ein Gegenstück zu der modernen Malerei

In Nürnberg kam das Ganze,
Es sind ja mal erst recht,
Doch als es mir ganz falsch war,
Ist es ohnedies zu schlecht.
Mit wessen ich grad dachte,
Von ohne sie berührt,
So sind sie denn von vorne rein
Ganz ohne diszipliert.

Wer allzulange sind ist,
Ob arm, geht sich bei dem,
Das einmal es oft lieber sein,
Drum wird ja ohnedem,
Mitsammen, ja denn so kann,
Bei deinen nicht schon sein,
Sobald man kann es bleiben soll,
Zusammen fein zu sein.

Wenn einmal in der Nase,
Hast manchmal du in Ruh,
Die Plattform in der Tasche hast,
Und treibst in allem zu,
So wittert aus den Mitteln,
In Spanien aus und ab,
Der Blumen Augenbrauen senkt,
Mit Asien und in Trapp.

Chinesisches Couplet

1

Mantsche Mantsche Pantsche Hon kon Tsching Tschang
Kaifu schin sie Pering gigi wai hai wai
Titschi tatschi makka zippi zippi zappi
Guggi dutti suppi Mongolei.
Tingeles Tangeles Hundi Hundi guschdi
Tschinschinati wuschi wuschi tam tam tam
Wanni ko na kimmi, kummi aber nimmi
Kim i, kumm i, aber i kim kam.
Wo wie we wie bobi hopsi tsching tschang
Asi Stasi Wasi Wisi Tschin Tschin Tschin
Taubi Taubi Piepi Piepi sei si indi ändi
Wase bobi widdi midi Lanolin.
China drinna kenna Kinda mi alsamm
Tam – Tam – Tam.
Refrain: Ziggi zam ziggi zam Tschin Tschin wuggi gu
Wassi Wassi tscheng patschi zsching wuh-hu wu.

2

Ni widi tschen lali gan demi detti
La bade schon wette wett wum wum
Goll wudi bum bim wuschi wuschi sitz wetz
Sussi sussi sussi witschi schrumm
So von om runte, giglgilgoggi
Da legst di nieder plim plam plum.
Tutti tutti grossi, heiße Suppi blosi
Rahm o schlecken un on inten rum
Anni wiedi well well tam di diti tam tam

Schlucki schlucki wust gudi dudi gut.
Bier ham mi nimi, sauf ma halt a Wassi
Magi der is lari nachher wirst kaput
Niki nischi waschi schliffi schnack
Wauh, wauh, wauh.
Refrain: Ziggi zam ziggi zam Tschin Tschin wuggi gu
Wassi Wassi tscheng patschi zsching wuh-hu wu.

3
Snekrededeng widi putzpomade Sachti
Boane wecke, tutti frutti wasch, wasch, wasch
Poopi nanni quaste Millen dunsen,
Haferl gocken, Schneckt betzi Gwasch
Ka ko ki ka Kika Keki Wanzi
Magi, Magi, Magi, Magi, Magi, Magi mag i net
Humi wepsi bieni, um halb elfi gimmi
Heidi bobi tschingreding ins bet.
Tsching Tschang Tsching Tschang gibidani busi
Meini lippi xaxixaxixaxixaxixax
Tsching Tschang Tsching Tschang gisidanan fusi
Andigigiolipappi haxi haxi hax
Glaub mich lachen aus weil bin Chinese
Was ist des?
Refrain: Ziggi zam ziggi zam Tschin Tschin wuggi gu
Wassi Wassi tscheng patschi zsching wuh-hu wu.

Rezept zum komischen Salat

(Melodie: Jahrmarktsrummel *von Paul Lincke)*

1
Drei Pfund Rindfleisch hackt man klein,
Tut das in an Hafen nein;
Etwas Pfeffer, etwas Salz,
Dazu einen Löffel Schmalz,
Drei Zitronen ohne Kern –
Den Geschmack, den hat man gern –
Kalte Sauce vom Rehragout
Schüttet man dem Ganzen zu.

– Auch Leberkäs und Honig,
Sardinen und Spinat,
Gefärbte Eierschalen
Mit Mandelschokolad:
Auch Paprika und Erdbeer,
Zwei Liter Lebertran,
Drei Pfund gesottne Erbsen,
Vermischt mit Marzipan.

– Schweizerpilln und Sauerkraut,
Zungenwurscht mitsamt der Haut,
Naphthalin und Wagenschmier,
Feingeschnittnes Glaspapier,
Ananas und Karfiol,
Bismarckhering und Odol,
Essiggurken, Fliegenleim –
Das kommt alles mit hinein.

Und dazu noch Blutorangen und Zibebn
Müssn obendrein noch das Aroma hebn;
Makkaroni, gschnittne Nudeln, kalten Bratn,
Lineburger, Kokosnüss und Schwartenmagn.

2
Ist nun alles das dabei,
Fehlt es noch an mancherlei;
Lorbeerblätter und Zwieback,
Die erhöhen den Geschmack,
Kletzenbrot und Glyzerin,
Zwetschgenmus und Terpentin,
Kandiszucker und Forelln
Dürfen auch dabei nicht fehln.

– Auch Malzkaffee und Rollmops,
Zigorri und Zement,
A Messerspitz voll Streusand
Gewiß nicht schaden könnt.
Bananen, Aprikosen
Nebst Himbeerlimonad,
Dazu nen kleinen Löffel
Voll Messerputzpomad.

– Schnupftabak und Stachelbeer,
Gelbe Rüben, Kirschlikör,
Eierkognak, Nelken, Zimt
Man auch zu der Sache nimmt,
Kaviar und Zervelat,
Birn- und Pflaumenmarmelad,
Noch dazu zwei Flaschen Sekt,
Das erfordert das Rezept.

Heu und Stroh, auch Hafnerlehm und Bügelkohln,
Und a paar ganz feingeschnittne Hausschuhsohln,
Harte Semmelbrocken eingeweicht in Teer;
Das ist noch nicht alles, 's kommt schon noch viel mehr.

3
Hetschebetsch und Parmesan,
Bauerngselchts und sauren Rahm,
Gsundheitskuchen, Petersil,
Nen zerhackten Besenstiel,
Zwiebelzeltln, Kreosot,
Zigarrenstumpen und Kompott,
Ziegelsteine pulvrisiert
Werden mit hineingerührt.

– Rebhühner und Fasanen,
Auch Fensterkitt und Gips,
Zwei ganze Faschingskrapfen,
Garniert mit Stiefelwichs,
Leoniwurst und Bleiweiß,
Parkettbodnwachs und Reis,
Ölfarb und Anquilotti,
Zwei junge weiße Mäus.

– Sauerkraut und Sellerie,
Rettich und Fromage de Brie,
Knoblauch, Spargel und Stearin,
Weichselsaft und Zacherlin,
Kaisertinte, Schusterpapp,
Apfelmus und Salmiak,
Auch Briketts und Anthrazit,
Platzpatronen, Dynamit.

Ist dann alles drin, was ich soebn diktiert,
Wird das Ganze mit dem Löffel umgerührt,
Glaubn Sie sicher, es schmeckt wirklich delikat;
Sehn Sie, so entsteht der komische Salat.

Klapphornverse

Zwei Knaben stiegen auf einen Baum,
Sie wollten Äpfel runterhaun;
Am Gipfel drobn wurd's ihnen klar,
Daß das a Fahnenstange war.

Zwei Herren taten mitsammen raufen,
Sie mußten beide heftig schnaufen;
Ich denk mir halt, die solln nicht raufen,
Dann müssen s' auch nicht so fest schnaufen.

Zwei Knaben stiegen auf eine Leiter,
Der obere war etwas gescheiter;
Der untere Knabe, der war dumm,
Auf einmal fiel die Leiter um.

Zwei Katzen fingen eine Maus,
Da kam sie ihnen wieder aus;
Da dachten sich die beiden Katzen:
Das nächste Mal fang ma an Ratzen.

Zwei Knaben pflückten im Felde Blumen,
Da ist der Aufseher gekummen;
Der hat die Blumen ihnen gnummen,
Da sind ihnen Tränen runtergrunnen.

Zwei Knaben gingen naus aufs Land
Und hamsterten dort allerhand,
Der eine kaufte Schmalz sehr teuer,
Der andere hatte nur zwei Eier.

Ein Kätzlein sagte zu dem andern,
Ich glaube schon ans Seelenwandern,

Die andere sprach, du hast's erraten,
Morgen sind wir vielleicht Hasenbraten.

Zwei Knaben, beide jung an Jahren,
Die wollten auch mal Trambahn fahren,
Sie fuhren nicht, habn sich besonnen,
Sie wollten nicht ums Leben kommen.

Zwei Knaben fingen ein Eidachsel,
Der wo es gfangt hat, der hieß Maxel,
Der andere packte es beim Schwanzel
Und dieser Knabe, der hieß – Gabriel.

Der Maskenball der Tiere

DIE TIERE auf der Erde all,
die hielten einen Maskenball.

Die Schildkröte, die Schildkröte
blies im Orchester Trompete.

's Chamäleon, 's Chamäleon,
das blies den dicken Bombardon.

Die Läuse, die Läuse,
die machten ein Gesäuse.

Die Hummel, die Hummel,
die schlug die große Trummel.

Der Pinguin, der Pinguin,
der spielte erste Violin.

Die Kröte, die Kröte
blies Piccolo und Flöte.

Der Marabu, der Marabu
gab zum Konzert den Takt dazu.

Der Aal, der Aal,
der schwänzelt durch den Saal.

Der Leopard, der Leopard,
der hat auf seine Gattin gwart.

Der Flamingo, der Flamingo,
der sucht nen Platz sich irgendwo.

Der Esel, der Esel
saß hinten im Klubsessel.

Der Schwan, der Schwan
sah sich im Spiegel an.

Das Nilpferd, das Nilpferd
benahm sich wirklich ganz geschert.

Der Elefant, der Elefant,
der war, wie immer, sehr galant.

Das Schwein, das Schwein,
das war auch hier ein Schwein.

Der Büffel, der Büffel
scherzt mit der Gans, der Schlüffel.

Der Feuersalamander
rutscht übers Stiegenglander.

Die Fliege, die Fliege
stand draußen auf der Stiege.

Der Papagei, der Papagei,
der schrie fortwährend: 1 – 2 – 3.

Der Panther, der Panther,
vom Luchs war's ein Verwandter.

Die Störche, die Störche,
die warn maskiert als Lerche.

Die Wölfe, die Wölfe,
die warn maskiert als Zwölfe.

Der Löwe, der Löwe,
der war maskiert als Göwe.

Die Wanzen, die Wanzen,
die fingen an zu tanzen.

Der Adler, der Adler,
der tanzte den Schuhpladler.

Die Ameise, die Ameise,
die tanzte nur den Française.

Die Flöhe, die Flöhe,
die hupften in die Höhe.

Da plötzlich wurd's ganz still im Saal,
sie saßen alle jetzt beim Mahl.

Der Rabe, der Rabe,
fraß d' Suppn mit der Gabe.

Der Jaguar, der Jaguar
fand in der Suppe drin ein Haar.

Die Giraffe, die Giraffe,
die fraß a Schokoladwaffe.

Die Schlange, die Schlange
aß eine Blutorange.

Das Eidachsel, das Eidachsel,
das fraß a abbräunts Schweinshaxel.

Das Gnu, das Gnu,
das hatte schon genu.

Der Auerochs, der Auerochs,
der aß nicht auf und frug: »Wer mog's?«

Das Dromedar, das Dromedar
aß zur Verstärkung Kaviar.

Die Schnepfe, die Schnepfe,
die hat die größte Hepfe.

Das Lama, das Lama,
das fraß zuletzt alls zamma.

Daß der Gesang nur Unsinn war,
das wird zum Schlusse jedem klar.

Die Loreley

Ansager: Folgen Sie mir im Geiste, wenn Ihnen das möglich ist, an das linke Rheinufer, wir setzen uns auf das gegenüberliegende Ufer des Loreleyfelsens. Hier sehen Sie jetzt beim bleichen Mondenschein oben auf dem Felsen die Loreley, sie hat eine Leier in der Hand, und während unten in einer Gondel auf den silber schimmernden Wellen des Rheins ein Schiffer vorbeifährt und zu ihr hinaufblickt, singt sie im Abendäther ein Lied in die dunkle Nacht.

Valentin:
Grüß Gott, und ich habe die Ehre,
das heißt, ich bin halt so frei,
Sie werden mich alle wohl kennen,
man heißt mich kurz die Loreley.
Was wurd über mich schon gesungen,
und offen muß ich es gestehn,
und niemand hat mich noch gesehn,
und ich bin doch so fabelhaft schön!

Vieltausend Jahr hock ich hier oben,
bei Sonnenschein, Regen und Schnee,
auf diesem steinigen Felsblock,
mir tut schon mein Rückgebäud weh.
Ich singe und zupfe die Harfe,
ich wüßt ja net, was i sonst tat,
ich weiß nicht, was soll es bedeuten,
das Lied wird mir jetzt schon bald fad!

Wenn morgens vom Schlaf ich erwache,
dann kämm ich mein goldenes Haar,
das ist ja mein einziger Reichtum
denn 's Gold is gegnwärtig rar.
Ich gäbe zwar Gold her für Eisen,
da mach ich mir schließlich nix draus,
doch eiserne Haar –! 's wär a Blödsinn,
des haltet mei Kampe net aus!

Ich hab keine menschliche Seele,
ich leb nur als Märchen dahin,
drum ist es auch ganz leicht erklärlich,
daß vieltausend Jahr alt ich bin.
Wär ich eine menschliche Jungfrau,
ich sage es offen heraus,
hielt ich es so vieltausend Jahre
allein da heroben net aus!

Ein Schiffer, ein bildschöner Jüngling,
fährt oft mit dem Kahn hier vorbei,
er liebt nur ein einziges Wesen,
er liebt nur mich, die Loreley.
Da kommt er schon wieder gefahren,
was willst denn, du närrischer Tropf,
wenn du dich net glei aus dem Staub machst,
dann wirf i dir d' Musik an Kopf!

Nun haben d' Loreley Sie gesehen,
vergessen Sie nie diese Pracht,
und nun werd ich wieder verschwinden,
es dunkelt schon heimlich die Nacht,
's wird finster und immer finsterer,
und langsam geh ich zur Ruh,
und daß S' wissen, daß's aus is,
dreh ma das Mikrofon zu.

Wenn ich einmal der Herrgott wär

(Melodie: Da streiten sich die Leut herum)

Wenn ich einmal der Herrgott wär,
Mein erstes wäre das,
Ich schüfe alle Kriege ab,
Vorbei wär Streit und Haß.
Doch weil ich nicht der Herrgott bin,
Hab ich auch keine Macht;
Zum ew'gen Frieden kommt es nie,
Weil's immer wieder kracht.

Wenn ich einmal der Herrgott wär,
Mein zweites wäre dies,
Ich schüfe alle Technik ab,
's wär besser, ganz gewiß.
Dann gäb es auch kein Flugzeug mehr,
O Gott! Wie wär das nett!
Und ohne Angst, da gingen wir
Allabendlich ins Bett.

Wenn ich einmal der Herrgott wär,
Ich gäbe in der Welt
Den Menschen alle die Vernunft,
Die scheint's noch vielen fehlt.
Doch weil mir das nicht möglich ist,
Die Sache ist zu dumm,
Drum bringen sich die Menschen mit
Der Zeit noch alle um.

Wenn ich einmal der Herrgott wär,
Ich glaub, ich käm in Wut,
Weil diese Menschheit auf der Welt
Grad tut, was sie gern tut.
Ich schaute nicht mehr lange zu,
Wenn s' miteinander raufen;
Ich ließe eine Sintflut los
Und ließ sie all ersaufen.

Ja, lieber Herrgott, tu das doch,
Du hast die Macht in Händen,
Du könntest diesen Wirrwarr doch
Mit einem Schlag beenden.
Die Welt, die du erschaffen hast,
Die sollst auch du regieren!
Wenn du die Menschheit nicht ersäufst,
Dann laß sie halt erfrieren.

Dialoge

Der neue Buchhalter

Liesl Karlstadt: Also, Herr Maier, Sie beginnen heute Ihre Tätigkeit in meinem Geschäft als Buchhalter.
Karl Valentin: Jawohl, Herr Meier.
L. K.: Es ist natürlich wieder ein Verhängnis, daß Sie auch Maier heißen, genau wie ich.
K. V.: Jawohl, Herr Meier, aber ich schreibe mich Maier mit ai und Sie, Herr Meier, mit ei.
L. K.: Nun ja, aber wie's der Kuckuck haben will, haben wir noch mehrere Meier in unserer Fabrik, und zwar mein Teilhaber, der heißt auch Meyer.
K. V.: Was Sie nicht sagen! Aha! Das ist natürlich tafal – fatal, das muß ja zu Verwechslungen führen.
L. K.: Nein, nein, Verwechslungen gibt es da nicht, denn der Teilhaber schreibt sich ja Meyer mit Ypsilon.
K. V.: Verzeihung! So, so, dann natürlich nicht.
L. K.: Dann haben wir noch einen weiteren Meier bei uns, und zwar den Hausmeister.
K. V.: So? Was Sie nicht sagen!
L. K.: Der heißt aber Gott sei Dank Meir.
K. V.: Meir! Aha!
L. K.: Also hinten ohne e.
K. V.: So? Nur vorne? Das ist natürlich kinderleicht, den und die anderen Meier auseinanderzukennen.
L. K.: Na, das will ich nicht sagen! Der Hausmeister Meir muß nur sehr prägnant ausgesprochen werden.
K. V.: Aha! Natürlich, Herr Meier, also Meirrr.
L. K.: Ja. Also, das wären nun mal die vier Meier in meinem Geschäft. Nun zu den Kunden und Geschäftsleuten!
K. V.: Selbstverständlich!
L. K.: Da schreiben sich nahezu ein halbes Dutzend ebenfalls wieder Meier in allen Variationen.
K. V.: Was Sie nicht sagen!
L. K.: Merken Sie sich nun, was ich Ihnen sage!
K. V.: Jawohl, Herr Meier.
L. K.: Also, passen Sie auf, Herr Maier!
K. V.: Jawohl.
L. K.: Unser Holzlieferant heißt Mayer. Den können Sie aber mit sich nie verwechseln –
K. V.: Selbstverständlich!

L. K.: – weil Sie sich ja mit ai schreiben –

K. V.: Aha!

L. K.: – er aber mit ay, verstehn Sie?

K. V.: Aha, also so wie der Hausmeister.

L. K.: Wieso der Hausmeister? Der Hausmeister schreibt sich doch Meir. Ohne hinten mit e.

K. V.: Richtig, richtig! Ohne hinten mit e. Ich war jetzt in Gedanken – ohne hinten mit e, Verzeihung.

L. K.: Hinten ohne e, verstehen Sie?

K. V.: Selbstverständlich, selbstverständlich!

L. K.: Zu aller Fatalität heißt nämlich mein Schwiegersohn auch noch Mejer –

K. V.: Was Sie nicht sagen!

L. K.: – aber Mejer mit Jot.

K. V.: Aha, mit Jod.

L. K.: Und dann haben wir noch einen Kunden mit dem Namen Meierer.

K. V.: Soso?

L. K.: Um aber Verwechslungen zu vermeiden, ist es das einfachste, Sie merken sich die Schreibweisen der vielen Meier.

K. V.: Selbstverständlich, selbstverständlich.

L. K.: Also, erstens meine Wenigkeit, M-e-i-e-r geschrieben.

K. V.: Geschrieben, ja.

L. K.: Ihre Wenigkeit, M-a-i-e-r geschrieben.

K. V.: Selbstverständlich.

L. K.: Mein Teilhaber, M-e-y-e-r geschrieben.

K. V.: Geschrieben.

L. K.: Der Hausmeister, Meir, M-e-i-r ohne e hinten am Schluß geschrieben.

K. V.: Jawohl.

L. K.: Der Holzhändler, M-a-y-e-r geschrieben; mein Schwiegersohn, M-e-j-e-r geschrieben.

K. V.: Geschrieben.

L. K.: Und ein Kunde, M-e-i-e-r-e-r geschrieben.

K. V.: Selbstverständlich.

L. K.: Sehen Sie, so wäre es sehr einfach und jede Verwechslung ausgeschlossen.

K. V.: Jawohl, jawohl.

L. K.: Dann noch ein wichtiger Punkt. Wenn der eine oder andere Meier ins Geschäft kommt, dann ist es ja leicht für Sie, im Laufe der Zeit die vielen Meier auseinanderzukennen.

K. V.: Selbstverständlich!

L K.: Sagen wir, der Maier – mit i geschrieben, hat zum Beispiel ein gestreiftes Taschentuch, nicht wahr.
K. V.: Jawohl.
L. K.: Oder der – der Meyer mit Ypsilon – sagen wir – der, der trägt vielleicht einen schmutzigen Kragen.
K. V.: Aha! Wenn er aber einen frischen Kragen trägt, Verzeihung.
L. K.: Na ja, dann erkennen Sie ihn eben dann am frischen Kragen!
K. V.: Aha.
L. K.: Kritisch ist die Sache mit den vielen Meiern nur am Telefon, weil man diese Kerle nicht sieht.
K. V.: Selbstverständlich! Dann einen Fernsehapparat!
L. K.: Fernsehapparat!! Soweit sind wir noch nicht!
K. V.: Soso.
L. K.: Also, sagen Sie, Herr Maier, haben Sie gut aufgepaßt, was ich Ihnen gesagt habe?
K. V.: Selbstverständlich.
L. K.: Also, wiederholen Sie die Schreibweisen der vielen Meier!
K. V.: Jawohl! Also der eine Meier hat vorne ein schmutziges Taschentuch und hinten ein Ypsilon.
L. K.: Ach Gott! Lieber Gott!
K. V.: Und der zweite Meier hat hinten das a, und vorne reibt er sich mit Jod ein.
L. K.: Ja, Sie Idiot! Sie sagen ja alles verkehrt! Sie sind ja unmöglich! Was würden Sie tun, wenn die vielen Meier jetzt plötzlich alle kämen?
K. V.: Zusperrn und keinen hereinlassen, Herr Meier!

Am Heuboden

Anni: Simmerl, Simmerl! Wo bist denn?
Simmerl: Do!
Anni: Wo?
Simmerl: Do!
Anni: I seh di ja net.
Simmerl: Deswegn bin i do da.
Anni: Ja, hörn tua i di scho, aber sehn tua i di net.
Simmerl: Ja, des ko i scho versteh, weilst halt im Finstern nix siehst.
Anni: Aba warum hört ma nacha im Finstern was?
Simmerl: Ja warum? Hörst du ebba jetzt grad was?
Anni: Freili! Di hör i!
Simmerl: Warum grad ausgrechnet mi?

ANNI: Weil halt sunst wahrscheinli neamand da is.
SIMMERL: Ja, woaßt du des gwiß?
ANNI: Freili woaß i des gwiß, sunst tat i do außer dir no ebbs hörn.
SIMMERL: Hörst du mi denn aa, wenn i nix red?
ANNI: Sell woaß i net; red amal nix, ob i nacha was hör.
SIMMERL: Ja, jetzt paß auf, jetzt red i nix. – – – – – Hast des jetzt ghört, wia i nix gredt hab?
ANNI: Ja tadellos – und des hab i nacha ghört, wias d' gsagt hast: »Hast des jetzt ghört, wia i nix gredt hab?«
SIMMERL: So, des hast ghört? – Aber des andere net?
ANNI: Was für a anders?
SIMMERL: No ja, wia i nix gredt hab.
ANNI: Na, zuaghört hab i scho, aber ghört hab i nix.
SIMMERL: Des is gspaßig, gell, mit dera Hörerei.
ANNI: Ja, des is wohl gspaßig. – Du, Simmerl! Probiern ma des gleiche mit'm Sehn aa, statt mit'm Horchn; schaug amal net, ob i di na seh.
SIMMERL: Ja, is scho recht. – Jetzt schaug i amal net. – – – – – Jetzt hab i net gschaugt, hast mi gsehn?
ANNI: Naa!
SIMMERL: Hast mi wirklich net gsehn?
ANNI: Naa!
SIMMERL: Ja, wo hast'n nacha dann hingschaugt?
ANNI: Nirgends.
SIMMERL: Warum hast denn dann nirgends hingschaugt?
ANNI: Ja, wo hätt i denn sonst hinschaun solln?
SIMMERL: Ja mei, zu mir her hättst schaun solln!
ANNI: Im Finstern seh i di do net.
SIMMERL: Ja, warum net?
ANNI: Wenn du des net woaßt, wia soll's denn dann i wissn? Wo i doch vui dümmer bin als du.
SIMMERL: Naa, Anni, des kannst aa net sagn, mir zwoa san scho gleich dumm, sunst kunnt ma net so saudumm daherredn.
ANNI: War des saudumm, was mir jetzt grad gredt ham?
SIMMERL: Naa, ganz saudumm no net.
ANNI: No net? – Was is denn nacha ganz saudumm?
SIMMERL: Ganz saudumm wär zum Beispiel des, wenn i zu dir gsagt hätt: »Anni, halt dir amal d' Ohrn zua, dann schaug i, ob i di riach.«
ANNI: So, des is ganz saudumm?
SIMMERL: Ja, des wär ganz saudumm.
ANNI: O mei, bin i saudumm, daß i net amal gwußt hab, was ganz saudumm is!

In der Apotheke

Karl Valentin: Guten Tag, Herr Apotheker.
Liesl Karlstadt: Guten Tag, mein Herr, Sie wünschen?
K. V.: Ja, das ist schwer zu sagen.
L. K.: Aha, gewiß ein lateinisches Wort?
K. V.: Nein, nein, vergessen hab ich's.
L. K.: Na ja, da kommen wir schon drauf, haben Sie kein Rezept?
K. V.: Nein!
L. K.: Was fehlt Ihnen denn eigentlich?
K. V.: Nun ja, das Rezept fehlt mir.
L. K.: Nein, ich meine, sind Sie krank?
K. V.: Wie kommen Sie denn auf so eine Idee? Schau ich krank aus?
L. K.: Nein, ich meine, gehört die Medizin für Sie oder für eine andere Person?
K. V.: Nein, für mein Kind.
L. K.: Ach so, für Ihr Kind. Also, das Kind ist krank. Was fehlt denn dem Kind?
K. V.: Dem Kind fehlt die Mutter.
L. K.: Ach, das Kind hat keine Mutter?
K. V.: Schon, aber nicht die richtige Mutter.
L. K.: Ach so, das Kind hat eine Stiefmutter.
K. V.: Ja ja, leider, die Mutter ist nur stief statt richtig, und deshalb muß sich das Kind erkältet haben.
L. K.: Hustet das Kind?
K. V.: Nein, es schreit nur.
L. K.: Vielleicht hat es Schmerzen?
K. V.: Möglich, aber es ist schwer. Das Kind sagt nicht, wo es ihm weh tut. Die Stiefmutter und ich geben uns die größte Mühe. Heut hab ich zu dem Kind gsagt, wenn du schön sagst, wo es dir weh tut, kriegst du später mal ein schönes Motorrad.
L. K.: Und?
K. V.: Das Kind sagt es nicht, es ist so verstockt.
L. K.: Wie alt ist denn das Kind?
K. V.: Sechs Monate alt.
L. K.: Na, mit sechs Monaten kann doch ein Kind noch nicht sprechen.
K. V.: Das nicht, aber deuten könnte es doch, wo es die Schmerzen hat, wenn schon ein Kind so schreien kann, dann könnt's auch deuten, damit man weiß, wo der Krankheitsherd steckt.
L. K.: Hat's vielleicht die Finger immer im Mund stecken?
K. V.: Ja, stimmt!

L. K.: Dann kriegt es schon die ersten Zähne.
K. V.: Von wem?
L. K.: Na ja, von der Natur.
K. V.: Von der Natur, das kann schon sein, da braucht's aber doch net schrein, denn wenn man was kriegt, schreit man doch nicht, dann freut man sich doch. Nein, nein, das Kind ist krank, und meine Frau hat gsagt: Geh in d' Apothekn und hol einen ---?
L. K.: Kamillentee?
K. V.: Nein, zum Trinken ghört's nicht.
L. K.: Vielleicht hat's Würmer, das Kind.
K. V.: Nein, nein, die tät man ja sehn.
L. K.: Nein, ich mein innen.
K. V.: Ja so, innen, da haben wir noch nicht reingschaut.
L. K.: Ja, mein lieber Herr, das ist eine schwierige Sache für einen Apotheker, wenn er nicht erfährt, was der Kunde will!
K. V.: D' Frau hat gsagt, wenn ich den Namen nicht mehr weiß, dann soll ich an schönen Gruß vom Kind ausrichten, von der Frau vielmehr, und das Kind kann nicht schlafen, weil's immer so unruhig ist.
L. K.: Unruhig? Da nehmen Sie eben ein Beruhigungsmittel. Am besten vielleicht: Isopropilprophemilbarbitursauresphenildimethildimenthylaminophirazolon.
K. V.: Was sagn S'?
L. K.: Isopropilprophemilbarbitursauresphenildimethildimenthylaminophirazolon.
K. V.: Wie heißt des?
L. K.: Isopropilprophemilbarbitursauresphenildimethildimenthylaminophirazolon.
K. V.: Jaaaa! Des is 's! So einfach, und man kann sich's doch nicht merken!

Der Trompeter von Säckingen

LIESL KARLSTADT: O mei, Herr Nachbar, Sie haben ja von historischen Ereignissen nicht die geringste Ahnung.
KARL VALENTIN: Ja, glauben S' mir doch, der Trompeter von Säckingen war ein ganz einfacher Mann, nur mit dem Unterschied, daß er immer eine Trompete dabeighabt hat.
L. K.: Wieso immer eine Trompete?
K. V.: Na ja, wie ein anderer immer seinen Regenschirm dabeihat, so hat der eine Trompete bei sich gehabt.

L. K.: Nein, nein, Sie verwechseln den Mann, Sie meinen wahrscheinlich den Mann mit der Flöte, dem die Ratten und Mäuse nachgelaufen sind, wenn er geflötet hat.

K. V.: Ja, lieber Herr, das war ja der Rübezahl, der immer die Rüben gezählt hat. Der hat zu der Zeit, als der Trompeter von Säckingen geblasen hat, gelebt hat, wollt ich sagen, noch gar nicht gelebt.

L. K.: Was? Der hat nicht gelebt? Wenn er nicht gelebt hätte, hätte er ja niemals Trompete blasen können.

K. V.: Freilich hat er gelebt!

L. K.: Jetzt sagen Sie wieder, er hat gelebt.

K. V.: Ich hab gsagt, zu der Zeit hat er nicht gelebt, als der Trompeter von Säckingen gelebt hat.

L. K.: Wer?

K. V.: Der Trompeter von Säckingen.

L. K.: Sie haben doch im Moment behauptet, der Rübezahl hat nicht gelebt, zur Zeit als der Trompeter von Säckingen gelebt hat.

K. V.: Das kann schon sein! – Also einer von den zwein hat nicht gelebt, das weiß ich aus Erfahrung. Das hat mir nämlich mein ehemaliger Vater immer oft erzählt. Der Herr Trompeter von Säckingen, hat er gesagt, war beim Dreißigjährigen Krieg Trommler.

L. K.: Geh! So a Schmarrn! A Trompeter ist doch kein Trommler!

K. V.: Lassen Sie mich bitte ausreden; der Trompeter von Säckingen war ein gelernter Trommler, aber während einer früheren Schlacht, 1333, wurde ihm von einem bösen Hunnensoldaten die Trommel entzweigeschlagen, und das ärgerte ihn so, daß er das Trompetenblasen lernte.

L. K.: Der Trompeter von Säckingen war doch der, der einst mit seiner Trompete das schöne Lied geblasen hat.

K. V.: Stimmt! »Behüt dich Gott, es wär so schön gewesen, behüt dich Gott, es hat nicht sollen sein!«

L. K.: Das gibt's nicht, das ist technisch nicht möglich, daß einer mit der Trompete den Text blasen kann.

K. V.: Was für einen Text?

L. K.: Na ja, »Behüt dich Gott, es wär so schön gewesen«.

K. V.: Das behaupte ich auch gar nicht. Die Worte kann er freilich nicht blasen, die kann er nur singen.

L. K.: Ja, hat denn der zum Trompetenblasen nebenbei noch singen können?

K. V.: Nein! Er hat nur die Melodie geblasen.

L. K.: Wer hat dann aber die Worte gesungen: »Behüt dich Gott, es wär so schön gewesen?«

K. V.: Das hat sie gesungen.

L. K.: Wer sie? – Also die Frau Trompeter von Säckingen?

K. V.: Nein! Nicht seine Frau, seine Geliebte hat das gesungen.

L. K.: Ah, jetzt begreif ich's, er hat geblasen, und sie hat dazu gesungen.

K. V.: Ja, anders kann es nicht gewesen sein! – Sie hat beim Mondenschein auf ihn gewartet, und dann ist er gekommen und hat das Lied mit der Trompete geblasen, und sie hat mitgesungen.

L. K.: Ah – und da ist wahrscheinlich einer dazugekommen und hat den Text mitstenografiert?

K. V.: Nein, der hat eben nicht mitstenografieren können.

L. K.: Warum nicht?

K. V.: Der hat so laut blasen, daß man den Text nicht verstanden hat.

L. K.: Hm! So a Rindviech!

Das Hunderl

FRAU: Ach, is des a netts Hunderl! Ham S' des schon lang?

HERR: Jaja, schon zehn Jahr.

FRAU: Soso, insgesamt?

HERR: Selbstverständlich!

FRAU: Warum darf er denn nicht frei laufen?

HERR: Er hat keinen Beißkorb.

FRAU: Ja, beißt er denn?

HERR: Ja woher, nicht im geringsten!

FRAU: Dann braucht er doch keinen Beißkorb.

HERR: Doch, ohne Beißkorb darf er nicht Straßenbahn fahren.

FRAU: Aber er fährt doch jetzt nicht Straßenbahn.

HERR: Jetzt nicht, es ist ja auch gar keine Straßenbahn da.

FRAU: Aber da kommt alle Augenblick eine.

HERR: Das nützt mir nichts, ich darf doch nicht fahren, weil ich keinen Maulkorb hab.

FRAU: Sie brauchen doch keinen. Nur das Hunderl muß einen haben.

HERR: Des weiß ich schon, der hat ja einen, nur dabei hab ich ihn nicht.

FRAU: Ja, dann dürfen S' freilich nicht in die Straßenbahn hinein.

HERR: Natürlich darf ich nicht hinein, dann fahr ich halt mit der nächsten.

FRAU: Ach so, ich hab geglaubt, Sie wollen schon mit dieser fahren.

HERR: Freilich wollt ich mit dieser fahren, aber bis ich heimlauf und hol den Beißkorb, ist doch die Straßenbahn weggefahren, die kann doch auf mich nicht zehn Minuten warten.

FRAU: Ja, des kann auch der Schaffner nicht machen, denn wenn er nicht wegfährt, dann würden sich ja die nachkommenden Straßenbahnwagen stoppen, des geht nicht, des können S' auch nicht verlangen, daß wegen so einem kleinen Hunderl ...

HERR: Freilich kann ich das nicht verlangen, das weiß ich schon selber. Lassen S' mir jetzt mei Ruah mit dera saudumma Fragerei, kümmern Sie sich um Ihre Kinder und net um andere Leut ihre Viecher! Man hat ja so soviel Ärger und Verdruß mit den Hunden. Mitten in der Nacht muß man oft aus'm warmen Bett raus und muß die Tiere nunterlassen. In Hof dürfen s' nicht nunter, in Hausflur sollen s' nicht. Ja, wir Menschen haben's bequem, aber ich kann meinem Hund nicht zumuten, daß er aufs WC geht. 's ganze Jahr hat ma mit'n Hausherrn und dem Hausmeister Streitigkeiten wegen den Hunden – wie gestern abend zum Beispiel: setzt sich mein Hund mitten aufs Trottoir und macht sein großes Geschäfterl; ein Herr sieht das, kommt auf mich zu, brüllt mich an: »So eine Sauerei, haben wir den Bürgersteig deshalb, daß diese Sauviecher ihn beschmutzen dürfen?! Der Hund weiß es natürlich nicht, daß das der Bürgersteig ist, aber Sie blöder Kerl könnten das wissen! Ich glaube, die Straße ist breit genug für derlei Verrichtungen!«

FRAU: Ja mei, aber auf d' Straßn soll so ein Hunderl auch wieder nicht, da schrein dann die Autofahrer und Radfahrer glei wieder: »Weg von der Straßn mit dem Sauhund!«

HERR: Na ja, ich hab mich belehren lassen, und an andern Tag, wie mein Hund sich wieder aufs Trottoir setzt und will sein großes Geschäfterl machen, hab ich ihn sofort mit der Leine vom Bürgersteig heruntergezogen auf d' Straßn. Schreit mich ein Mann an: »Sie unverschämter Kerl, den Tierschutzverein sollt man holen, mitten unterm Geschäft zieht der rohe Mensch das arme Hunderl auf die Straße hinunter. Angezeigt gehören Sie, so ein Rohling!«

FRAU: Ja mei! Was machen S' denn dann morgen, wenn das Hunderl wieder müssen muß?

HERR: Aufs Hausdach geh ich mit mei'm Hund hinauf, oder ich laß ihn einschläfern und dann ausstopfen.

FRAU: Da ham S' recht. Dann braucht er sein Geschäfterl nimmer ausüben, dann hat er für immer ausgeschäftelt.

Ohrfeigen

KARL VALENTIN: Ha, da sind Sie ja, Sie gemeiner Kerl! Seit Monaten suche ich diesen Schurken, der sich erlaubt, meiner Frau heimliche Liebesbriefe zu schreiben! Endlich habe ich Sie erwischt! – Hier haben Sie die Belohnung dafür – hier die zweite – Sie Schuft! – Hier noch eine und dann noch eine – Sie Hochstapler Sie! – Nun haben Sie für Ihre Gemeinheit Ihren Tee bekommen – Sie, Herr Otto Keilhauer!
LIESL KARLSTADT: Wie kommen Sie dazu, mich hier zu beohrfeigen? Erstens kenne ich Ihre Frau gar nicht, und zweitens heiße ich nicht Otto Keilhauer, sondern Alois Freiberger.
K. V.: Waaas? Sie sind nicht der Herr Otto Keilhauer? Das ist doch nicht möglich! Sie sind wirklich nicht Otto Keilhauer? Das tut mir aber leid – so eine frappante Ähnlichkeit! Entschuldigen Sie vielmals!
L. K.: Halt, halt! Was heißt entschuldigen – so einfach ist die Sache nicht! Sie haben mich beleidigt und geohrfeigt!
K. V.: Gut! Ich nehme die Beleidigungen mit größtem Bedauern zurück.
L. K.: Und die Ohrfeigen?
K. V.: Ja, die Ohrfeigen kann ich mit bestem Willen nicht mehr zurücknehmen, das ist technisch nicht möglich.
L. K.: Das sehe ich schon ein, aber ich kann sie Ihnen wieder zurückgeben, das ist technisch möglich.
K. V.: Ja, das hat aber keinen Sinn; ich bin ja nicht der Otto Keilhauer, denn der hätt sie ja bekommen sollen.
L. K.: Jaja, aber ich bin auch nicht der Otto Keilhauer, und Sie haben mir die Ohrfeigen doch gegeben.
K. V.: Ja, verstehen Sie mich denn nicht, ich habe sie Ihnen nur deshalb gegeben, weil ich der Meinung war, Sie seien der Otto Keilhauer.
L. K.: Was heißt seien, wenn ich es nicht bin!
K. V.: Aber dafür kann doch ich nichts, wenn Sie dem so frappant ähnlich sehen!
L. K.: Ja, kann denn ich da was dafür?
K. V.: Nein, aber ich doch noch weniger.
L. K.: Schauen Sie sich das nächste Mal die Leute besser an, denen Sie Ohrfeigen geben wollen, dann kommt so was nicht mehr vor.
K. V.: Das hätte ich auch gemacht, aber Sie sind so schnell an mir vorbeigegangen, daß ich Sie nur flüchtig sehen konnte.
L. K.: Ja, Sie Idiot, ich kann doch wegen Ihnen nicht langsam gehen, damit Sie genau erkennen, ob ich dieser Keilhauer bin oder nicht.
K. V.: Dieses Geschwätz hat jetzt gar keinen Wert, ich hab mich bei

Ihnen entschuldigt, und wegen der Ohrfeigen müssen wir uns jetzt halt einigen.
L. K.: Was heißt einigen – ich verklage Sie!
K. V.: Das tun Sie bitte nicht, dann haben wir bloß noch Laufereien. Sie sagen mir, was Sie für eine Ohrfeige verlangen, und ich bezahle.
L. K.: Gut, wieviel Ohrfeigen haben Sie mir gegeben?
K. V.: Soviel ich mich noch erinnere, sechs Stück.
L. K.: Was bezahlen Sie mir für das Stück?
K. V.: Ich denke eine Mark.
L. K.: Sie unverschämter Kerl, für solche Prachtohrfeigen nur eine Mark, das ist ja Preisdrückerei, merken Sie sich das!
K. V.: Mehr kann ich unmöglich bezahlen!
L. K.: Gut, dann verklage ich Sie.
K. V.: Na, dann sagen wir für eine Ohrfeige eine Mark fünfzig, sechsmal eine Mark fünfzig sind neun Mark; hier haben Sie neun Mark!
L. K.: Danke schön, danke schön! Das war eigentlich ein schnell verdientes Geld! Da wird sich der Herr Otto Keilhauer ärgern, wenn er erfährt, daß Sie ihn mit mir verwechselt haben!

Im Zoologischen Garten

Mit Tierimitationen: Löwengebrüll, Wolfsgeheul usw.
BILLETTEUR: Bitte die Herrschaften Billetten vorzeigen!
KARL VALENTIN: Was heißt: Billetten vorzeigen! Haben Sie noch kein Billett gesehn vom Zoologischen Garten?
BILLETTEUR: Schon viele, aber die Ihren noch nicht.
K. V.: Die sind doch alle gleich.
LIESL KARLSTADT: Des is doch wegn der Kontrolle.
K. V.: I brauch koa Kontrolle, i bin koa Schwindler, oder glaubn Sie ...
L. K.: Geh zua, werst wohl net streiten wegen dene zwei Billetten! – Ah, da schau nüber, da is schon ein Riesenelefant.
K. V.: Wo?
L. K.: Da drüben.
K. V.: Des is doch kein Elefant, des is doch ein Nilpferd.
L. K.: Jaja, ich weiß schon, ich hab mich nur versprochen.
K. V.: Da schau her, Kunigunde, der wunderbare Tintenfisch da oben!
L. K.: Wo oben?
K. V.: Da oben.
L. K.: Des is doch kein Tintenfisch, des is ja a Steinadler.
K. V.: Jaja, Steinadler wollt ich sagen, ich hab mich auch nur versprochen.

L. K.: Ah, da schau her, sibirische Wölfe, und wie die unheimlich heulen.
K. V.: Jaja, des sind auch unheimliche Raubtiere, die müssen auch unheimlich heulen, das würde sich dumm anhören, wenn die Wölfe zwitschern würden.
L. K.: Naja, genauso blöd wäre es, wenn a Schwalbe heulen würde. – Käfig Nr. 5, Das Nashorn. Warum heißt das Nashorn?
K. V.: Weil's auf der Nase ein Horn hat.
L. K.: Ja, wia is denn des dann beim Elefant?
K. V.: Naja, der hat eine Ele am Fant.
L. K.: Nein, der hat einen Rüssel am Kopf, der müßte eigentlich Rüsselkopf heißen!
K. V.: Sag's ihm!
L. K.: Wem, dem Elefant?
K. V.: Nein, dem zoologischen Besitzer. – Du, da schau her, die netten kleinen Affen, da sagen die Leut immer, wir gleichen den Affen – *Schreien* – des find i net, mir san doch viel größer!
L. K.: Da schau her, das ist eine Gemeinheit, da zahlt man eine Mark Eintritt – *Zwitschern* – und da sieht man einen gewöhnlichen Spatz!
K. V.: Stimmt, das ist ein Spatz, vielleicht is der in'n zoologischen Garten hereingeflogen. Wenn er nicht im Katalog steht, gehört er nicht herein. – Schau, Nr. 22, Pelikane.
L. K.: Und was sind das für kleine weiße Dreckhäufchen, die auf dem Beton liegen?
K. V.: Das ist der Abfall von de Pelikane, das Pelikanol, das wird in Tuben gefüllt und kostet dann 30 Pfennige.
L. K.: Hier ist ein Orang-Utan, ein Menschenaffe.
K. V.: Der schaut aber wirklich blöd. Alte, stell dich net so nah an das Gitter hin, sonst weiß der Aff net, bist du im Käfig oder er. *Gebrüll.*
L. K.: Horch, was is denn das für ein Gebrüll?
K. V.: Das sind wahrscheinlich die Brillenschlangen. – Käfig Nr. 24, Der Fuchs. Moanst, Alte, daß des der Fuchs is?
L. K.: Was für a Fuchs?
K. V.: No ja, der wo damals die Gans gstohln hat.
L. K.: Du fads Mannsbild, mit deine blöden Witz! – Ja, was is denn des, des is ja a Storch! Du, Alter, moanst, des is der Storch?
K. V.: Was denn für a Storch?
L. K.: No ja, der wo die kleinen Kinder bringt.
K. V.: Du fads Frauenzimmer du, mit deine blöden Witz!
Raubtiergebrüll.
L. K.: Du, jetzt müaß ma ins Raubtierhaus – um vier Uhr is Fütterung sämtlicher Raubtiere! – Komm!

K. V.: Nein, das mag ich nicht sehn.
L. K.: Warum nicht?
K. V.: Ich kann's auch nicht leiden, wenn mir wer beim Essen zuschaut.

Der Hasenbraten

Mann: Elisabeth! – Ich hab doch Hunger, was is denn heute mit dem Hasenbraten?
Frau: Der ist noch nicht fertig, aber die Suppe steht schon am Tisch.
Mann *schlürft:* Na, die Suppe ist heut wieder ungenießbar.
Frau: Wieso? Des is sogar heut eine ganz feine Suppn.
Mann: Das sagt ja auch niemand, daß die Suppn nicht fein ist, ich mein nur, sie ist ungenießbar, weil s' so heiß ist.
Frau: Eine Suppe muß heiß sein.
Mann: Gewiß! Aber nicht zu heiß!
Frau: Dddddd – alle Tag und alle Tag das gleiche Lied, entweder ist ihm d' Suppn zu heiß, oder sie ist ihm zu kalt; jetzt will ich dir amal was sagn: Wenn ich dir nicht gut genug koch, dann gehst ins Wirtshaus zum Essen.
Mann: Des is gar net notwendig, die Suppn is ja gut, nur zu heiß.
Frau: Dann wartest halt so lang, bis s' kalt is.
Mann: Eine kalte Suppn mag ich auch nicht.
Frau: Dann – jetzt hätt ich bald was gsagt.
Mann: Ich weiß schon – nach'm Essen.
Frau: Jeden Tag und jeden Tag muß bei uns gestritten werden, anders geht's nicht.
Mann: Naja, du willst es ja nicht anders haben.
Frau: So, bin ich vielleicht der schuldige Teil?
Mann: Na, wer denn, hab ich die Suppn kocht?
Frau: Eine kochende Suppe is immer heiß.
Mann: Ja, vielleicht kochst du s' zu heiß!
Frau: Zu lang? Nein, nein, morgn häng i an Thermometer in Suppentopf nei, damit der Herr Gemahl a richtig temperierte Suppn bekommt.
Mann: Eine gute Köchin braucht kein Thermometer zum Suppnkochen.
Frau: Jaja, nun kommt die spöttische Seite, so geht's ja jeden Tag, zuerst nörgelt er, und dann kommt der Spott auch noch dazu.
Mann: Was heißt nörgeln. Ich habe doch als Mann das Recht zu sagen, die Suppe ist mir zu heiß.
Frau: Jetzt fangt er wieder mit der heißen Suppn an; es ist wirklich zum Verzweifeln.

MANN: Du brauchst nicht zu verzweifeln, du sollst die Suppe so auf den Tisch stellen, wie sie sein soll, nicht zu kalt und nicht zu heiß.
FRAU: Aber jetzt ist sie doch nicht mehr zu heiß!
MANN: Jetzt nicht mehr, aber wie du sie hereingetragen hast, war sie zu heiß.
FRAU: Schau, schau, er hört nicht mehr auf, er bohrt immer wieder in dasselbe Loch hinein.
MANN: Wieso, was soll das heißen?
FRAU: Weil du immer wieder mit der heißen Suppn daherkommst.
MANN: Du bist doch mit der heißn Suppn dahergekommen, nicht ich, du drehst ja den Stiel um.
FRAU: Du bist und bleibst ein Streithammel. – – Du, horch! – Was riecht denn da so komisch?
MANN: Ich hör auch was – da brandelt was.
FRAU: Hast vielleicht wieder eine brennende Zigarette auf den Teppich geworfen?
MANN: Ich hab ja heute noch nicht geraucht, und wenn ich geraucht hätte, dann hätt ich die Zigarette nicht auf den Teppich, sondern in den Aschenbecher geworfen.
FRAU: Ich hab's ja auch nicht behauptet, ich hab ja nur gemeint, und meinen werd ich noch dürfen. Um Gottes willen, der Rauch kommt ja aus dem Gang!
MANN: No, so geh halt naus und schau, was los ist.
FRAU: Mein Gott! – Die ganze Küche ist voll Rauch. *Macht die Ofentüre auf.* Jessas, der Has ist verbrannt!
MANN: Jaja, bei uns muß ja immer was los sein!
FRAU: So! – *Kommt aus der Küche auf den Mann zu und zeigt ihm den Braten.* Da schau her, da schau her, da haben wir jetzt die Bescherung! Mit deiner ewigen Streiterei ist unser ganzes Essen verbrannt.
MANN: Mahlzeit! – Und drinnen waltet die tüchtige Hausfrau!
FRAU: Wer ist denn schuld? Du! Mit deinem ewigen Streiten und Nörgeln!
MANN: Ich habe nicht gestritten und genörgelt, ich hab ja nur gesagt, daß die Suppe zu heiß ist!
FRAU: Jetzt fangt er wieder an mit der heißen Suppn, ich lauf noch auf und davon!
MANN: Auf brauchst gar nicht laufen, nur davon! – Genügt mir vollständig.
FRAU: Mit lauter Streiten hab ich ganz drauf vergessen, und der arme, arme Has ist jetzt im glühenden Ofenrohr jämmerlich verbrannt. – Essen kannst 'n nimmer!
MANN: Das glaub ich! Aber dem Tierschutzverein werd ich 's melden!

Wo ist meine Brille?

MANN: Klara! Ich finde meine Brille nicht. Weißt du, wo meine Brille ist?

FRAU: In der Küche hab ich sie gestern liegen sehen.

MANN: Was heißt gestern! Vor einer Stunde hab ich doch noch gelesen damit.

FRAU: Das kann schon sein, aber gestern ist die Brille in der Küche gelegen.

MANN: So red doch keinen solchen unreinen Mist, was nützt mich denn das, wenn die Brille gestern in der Küche gelegen ist!

FRAU: Ich sag dir's doch nur, weil du sie schon ein paarmal in der Küche hast liegen lassen.

MANN: Ein paarmal! Die habe ich schon öfters liegen lassen – wo sie jetzt liegt, das will ich wissen!

FRAU: Ja, wo sie jetzt liegt, das weiß ich auch nicht, irgendwo wird s' schon liegen.

MANN: Irgendwo! Freilich liegt s' irgendwo – aber wo – wo ist denn irgendwo?

FRAU: Irgendwo? Das weiß ich auch nicht – dann liegt s' halt woanders!

MANN: Woanders! – Woanders ist doch irgendwo.

FRAU: Ach, red doch nicht so saudumm daher, woanders kann doch nicht zu gleicher Zeit woanders und irgendwo sein! – Alle Tage ist diese Sucherei nach der saudummen Brille. Das nächste Mal merkst dir halt, wo du sie hinlegst, dann weißt du, wo sie ist.

MANN: Aber Frau!!! So kann nur wer daherreden, der von einer Brille keine Ahnung hat. Wenn ich auch weiß, wo ich sie hingelegt hab, das nützt mich gar nichts, weil ich doch nicht sehe, wo sie liegt, weil ich doch ohne Brille nichts sehen kann.

FRAU: Sehr einfach! Dann mußt du eben noch eine Brille haben, damit du mit der einen Brille die andere suchen kannst.

MANN: Hm! Das wär ein teurer Spaß! Tausendmal im Jahr verleg ich meine Brille, wenn ich da jedesmal eine Brille dazu bräuchte – die billigste Brille kostet drei Mark – das wären um dreitausend Mark Brillen im Jahr.

FRAU: Du Schaf! Da brauchst du doch nicht tausend Brillen!

MANN: Aber zwei Stück unbedingt, eine kurz- und eine weitsichtige. – Nein, nein, da fang ich lieber gar nicht an. Stell dir vor, ich habe die weitsichtige verlegt und habe nur die kurzsichtige auf, die weitsichtige liegt aber weit entfernt, so daß ich die weitsichtig entfernt liegende mit der kurzsichtigen Brille nicht sehen kann!

FRAU: Dann läßt du einfach die kurzsichtige Brille auf und gehst so nah

an den Platz hin, wo die weitsichtige liegt, damit du mit der kurzsichtigen die weitsichtige liegen siehst.
Mann: Ja, ich weiß doch den Platz nicht, wo die weitsichtige liegt.
Frau: Der Platz ist eben da, wo du die Brille hingelegt hast!
Mann: Um das handelt es sich ja! Den Platz weiß ich aber nicht mehr!
Frau: Das verstehe ich nicht. Vielleicht hast du s' im Etui drinnen.
Mann: Ja!!! Das könnte sein! Da wird sie drinnen sein! Gib mir das Etui her!
Frau: Wo ist denn das Etui?
Mann: Das Etui ist eben da, wo die Brille drinnen steckt.
Frau: Immer ist die Brille auch nicht im Etui.
Mann: Doch! – Die ist immer im Etui. Außerdem ich hab s' auf.
Frau: Was? – Das Etui?
Mann: Nein! – Die Brille.
Frau: Jaaaaa! Was seh ich denn da? – Schau dir doch einmal auf deine Stirne hinauf!
Mann: Da seh ich doch nicht hinauf.
Frau: Dann greifst du hinauf! Auf die Stirne hast du deine Brille hinaufgeschoben!
Mann: Ah – stimmt! Da ist ja meine Brille! Aber leider?!
Frau: Was leider?
Mann: Ohne Etui!

Der Radfahrer

Schutzmann: Halt!
Valentin blinzelt den Schutzmann an.
Schutzmann: Was blinzeln Sie denn so?
Valentin: Ihre Weisheit blendet mich, da muß ich meine Schneebrille aufsetzen.
Schutzmann: Sie haben ja hier eine Hupe, ein Radfahrer muß doch eine Glocke haben. Hupen dürfen nur die Autos haben, weil die nicht hupen sollen.
Valentin *drückt auf den Gummiball*: Die meine hupt nicht.
Schutzmann: Wenn die Hupe nicht hupt, dann hat sie doch auch keinen Sinn.
Valentin: Doch – ich spreche dazu! Passen Sie auf, immer wenn ich ein Zeichen geben muß, dann sage ich »Obacht«!
Schutzmann: Und dann haben Sie keinen weißen Strich hinten am Rad!
Valentin: Doch! *Zeigt seine Hose.*

Schutzmann: Und Rückstrahler haben Sie auch keinen.

Valentin: Doch! *Sucht in seinen Taschen nach.* Hier!

Schutzmann: Was heißt in der Tasche – der gehört hinten hin.

Valentin *hält ihn auf die Hose*: Hier?

Schutzmann: Nein – hinten auf das Rad – wie ich sehe, ist das ja ein Transportrad – Sie haben ja da Ziegelsteine, wollen Sie denn bauen?

Valentin: Bauen – ich? Nein! Warum soll ich auch noch bauen? Wird ja so viel gebaut.

Schutzmann: Warum haben Sie dann die schweren Steine an Ihr Rad gebunden?

Valentin: Damit ich bei Gegenwind leichter fahre, gestern in der Früh zum Beispiel ist so ein starker Wind gegangen, da hab ich die Steine nicht dabei gehabt, ich wollt nach Sendling nauf fahren, daweil bin ich nach Schwabing nunter kommen.

Schutzmann: Wie heißen Sie denn?

Valentin: Wrdlbrmpfd.

Schutzmann: Wie?

Valentin: Wrdlbrmpfd.

Schutzmann: Wadlstrumpf?

Valentin: Wr – dl – brmpfd!

Schutzmann: Reden S' doch deutlich, brummen S' nicht immer in Ihren Bart hinein.

Valentin *zieht den Bart herunter*: Wrdlbrmpfd.

Schutzmann: So ein saublöder Name! – Schaun S' jetzt, daß Sie weiterkommen.

Valentin *fährt weg, kehrt aber noch einmal um und sagt zum Schutzmann*: Sie, Herr Schutzmann –

Schutzmann: Was wollen Sie denn noch?

Valentin: An schönen Gruß soll ich Ihnen ausrichten von meiner Schwester.

Schutzmann: Danke – ich kenne ja Ihre Schwester gar nicht.

Valentin: So eine kleine stumpferte – die kennen Sie nicht? Nein, ich hab mich falsch ausgedrückt, ich mein, ob ich meiner Schwester von Ihnen einen schönen Gruß ausrichten soll?

Schutzmann: Aber ich kenne doch Ihre Schwester gar nicht – wie heißt denn Ihre Schwester?

Valentin: Die heißt auch Wrdlbrmpfd.

Wahre Freundschaft

KARL VALENTIN: Aber das ist eine Überraschung für mich! Ihr Herr Schwager, der Lorenz, mein bester Freund, ist gestern gestorben.
LIESL KARLSTADT: Ja! Ja! – Das ist schnell gegangen! Der hätt ruhig noch so 10 bis 20 Jahre leben können.
K. V.: Ja ruhig! – Ich hab ihn ja gern mögn – er war ein lieber Mensch – einer meiner besten Freunde – wirklich!
L. K.: Ja, er hat bei Lebzeiten oft von Ihnen erzählt und von den Stückln, die ihr beide gemacht habt.
K. V.: O mei – ich hätt nicht glaubt, daß dieses Freundschaftsband so schnell und jäh zerrissen wird!
L. K.: Ja, das hätt niemand so schnell geglaubt.
K. V.: Ich kann's noch gar nicht recht fassen, daß der Lorenz – so ein wakkerer Kamerad – schon von uns gegangen sein sollte!
L. K.: Er hätt halt nicht soviel trinken solln! 's Bier hat er halt gern mögn.
K. V.: Ja mei, wenn er's net so gern mögn hätt, hätt er sicher net so viel trunken. – Aber daß es so schnell geht, hätt nicht jedermann geglaubt!
L. K.: Ja, es ist fast allzu schnell gekommen!
K. V.: Aber ich darf sagen, ich hab viele Freunde, aber mein bester Freund war und bleibt der Lorenz. Wie oft hat er mir in der Not ausgholfen, wenn's grad net gstimmt hat! »Lorenz« – hab i gsagt, »i bin momentan in Verlegenheit«; – schon hat er mir 50 Mark in die Hand gedrückt.
L. K.: Das stimmt, er war zu gut, zu gut!
K. V.: Sehn Sie, Frau Oberberger, das sind Freunde, und solche Leut müssen fort.
L. K.: Ja – in der Hinsicht war er großzügig!
K. V.: Er war ein Mensch, der andern Menschen gezeigt hat, was ein Mensch ist. Er war immer nobel!
L. K.: Ja – nur nobel, das kann man nicht anders sagen! Ihnen gegenüber sogar sehr nobel – hat er mir oft gesagt.
K. V.: Einmal, wie es mir recht dreckig gangen ist – ich war damals ganz am Hund – und trotzdem er selbst nicht auf Rosen gebettet war, hat er mir mit 500 Mark gutgstanden. Das werd ich ihm in Ewigkeit nicht vergessen.
L. K.: Ja, so war er! Er hat eine edle spendende Seele ghabt! – Ja, die hat er ghabt!
K. V.: Ja, die hat er ghabt! – Und jetzt hat er das Zeitliche gesegnet, der gute Lorenz!
L. K.: Das Zeitliche hinter sich – ja, das kann man wohl sagen.

K. V.: Zu jedem Namens- und Geburtstag hat er mir gratuliert. Da schaun S' her, Frau Oberberger, das Zigarrenetui *schnackelt* hat er mir auch gschenkt! Das wird mir ein nie vergessendes Andenken bleiben!
L. K.: Ich hab noch eine Fotografie zu Hause, wo Sie und der Lorenz armumschlungen im Salvatorkeller sitzen.
K. V.: Ja, das warn Zeiten! Für mein Freund Lorenz wär ich jederzeit durchs Feuer gegangen – ja! – Ich schon!!!
L. K.: Davon bin ich überzeugt!
K. V.: Wann ist denn die Beerdigung?
L. K.: Am Sonntag um 3 Uhr!
K. V.: Am Sonntag um 3 Uhr – – schad – da muß i nach Daglfing zum Rennen – da kann i leider net komma! Naja – verwandt warn wir ja eigentlich nicht zueinander!

Gespräch am Springbrunnen

A *steht am Sendlingertorplatz in München und betrachtet sich den Springbrunnen und meint zu einem neben ihm stehenden Herrn*: So ein Springbrunnen ist doch etwas Herrliches.
B: Wenn er springt, is er sehr schön.
A: Was heißt springt, wenn er net springen würde, wär's ja kein Springbrunnen.
B: Was wär's dann für ein Brunnen?
A: Dann wär es keiner.
B: Gar keiner?
A: Nein gar keiner nicht, es wäre halt dann ein Brunnen, der nicht springt.
B: Aber *da* is er schon?
A: Freilich is er da.
B: Aber sehn tut mer ihn nicht?
A: Wenn er nicht springt – nicht.
B: Hören tut mer ihn auch nicht?
A: Wenn er springt schon, dann rauscht das Wasser.
B: Rauschen tut er, und springen zu gleicher Zeit?
A: Der Springbrunnen rauscht nicht, nur das Wasser.
B: Ohne Springbrunnen?
A: Nein, mit Springbrunnen.
B: Kann man so einen Springbrunnen kaufen?
A: Nein.

B: Woher hat dann unsere Stadtverwaltung den Springbrunnen?
A: Der wurde gestiftet.
B: Springend?
A: Nein – da mußte zuerst das Wasserbassin betoniert werden, dann wurden die Rohre gelegt und die Blumenanlagen, und dann wurde ein Geländer herum gemacht.
B: Und dann?
A: War er fertig.
B: Aber gesehen hat man ihn noch nicht.
A: Wen?
B: Den Springbrunnen selbst.
A: Nein, erst als er aufgedreht wurde, dann ist der Wasserstrahl in die Höhe gesprungen.
B: Vor Freude?
A: Na – das ist doch ein Naturgesetz, wenn man einen Wasserhahn aufdreht, springt das Wasser immer in die Höhe.
B: Immer nicht, in unserer Küche zu Hause, wenn man den Wasserhahn aufdreht, springt das Wasser hinunter.
A: Eine Küche und der Sendlingertorplatz ist auch zweierlei.
B: Aber nützlich ist ein Springbrunnen nicht.
A: Nutzen hat er keinen.
B: Warum baut man dann Springbrunnen?
A: Nur zur Zierde – zum Anschauen.
B: Für wen?
A: Für die Bewohner unserer Stadt.
B: Wie lange existiert der Springbrunnen schon?
A: Ich glaube seit 1860, also fast hundert Jahre lang.
B: Nun, dann müssen ihn doch alle Münchner schon gesehen haben.
A: Das ist Geschmackssache, was Schönes kann man sich zwei- und dreimal ansehen.
B: Zwei- bis dreimal schon, aber so alte Münchner oder gar die, die am Sendlingertorplatz wohnen, müssen sich doch schon an dem Springbrunnen sattgesehen haben.
A: Für die Münchner allein is er auch nicht gemacht worden, sondern hauptsächlich für die Fremden.
B: Nein, das stimmt nicht, die Fremden kommen nicht wegen dem Wasser, sondern wegen dem Bier zu uns nach München.
A: Das stimmt.
B: Mich hat noch nie ein Fremder gefragt: »Sagn Sie mal, wo kann man hier einen Springbrunnen sehen?« – Alle haben mich gefragt: »Wo ist hier das Hofbräu?«

A: Natürlich kommt kein Mensch wegen dem Wasser nach München, und keiner wird aus dem Springbrunnenbassin Wasser saufen wollen.

B: Warum haben s' dann einen eisernen Zaun drumrum gemacht?

A: Daß man nicht naß wird, wenn man zu nahe an den Springbrunnen hingehen würde.

B: Aber im Winter?

A: Im Winter? Da springt er ja nicht.

B: Wenn aber ein Fremder im Winter den Springbrunnen sehen will?

A: Das kann er nicht, da muß er schon warten, bis es wieder Sommer wird.

B: Muß er dann so lang in München bleiben?

A: Nein, der fahrt wieder und soll im Sommer wiederkommen.

B: Wenn er aber nicht mehr kommt?

A: Dann sieht er ihn nicht.

B: Da hat's der Münchener leichter, der sieht ihn immer.

A: Im Winter auch nicht.

B: Warum springt er nicht im Winter?

A: Da tät der Springbrunnen einfrieren.

B: Das ist nicht wahr, laufendes Wasser friert nie ein.

A: Da haben Sie recht, das hat mir auch einmal ein Installateur gesagt, das wissen vielleicht die Herren Stadträte gar nicht.

B: Das muß man den Stadträten sagen, die sind einem vielleicht dafür dankbar, dann könnte man sich doch die Arbeit mit dem Zudrehen ersparen.

A: Gewiß, hieraus sieht man, daß der Laie auch manchmal eine gute Idee haben kann.

B: Nur eines ist mir nicht klar: der Springbrunnen springt in die Höhe, dann fällt das Wasser wieder herunter und sammelt sich in dem Wasserbecken und läuft dann zum Ablaufrohr wieder hinaus.

A: Ganz klar, der Ablauf ist wichtiger als der Springbrunnen selbst, denn wenn da kein Ablauf wäre, und das Wasser hätte seit dem Jahre 1860 nicht ablaufen können, da wäre vielleicht heute ganz München – ganz Bayern – ganz Deutschland – vielleicht ganz Europa überschwemmt – was wäre das für eine gewaltige Katastrophe, wenn einer aus Mutwillen das Ablaufrohr verstopfen würde?

B: ... Ah! ... jetzt weiß ich, warum daß man um diesen Springbrunnen ein Geländer gemacht hat.

Ein Gewitter kommt

Sturmwind pfeift – Donner – Einschlag – Regen usw. – dazu Straßenlärm, Hupen, Flieger usw.

SIMON: Ddddd! So ein Sauwind! Hab ich nicht gesagt, du sollst dir deinen Regenschirm mitnehmen? Da, es fängt schon zu regnen an, so is's recht, nun haben wir nur einen Schirm.

BABETT: Was nutzt der Regenschirm bei diesem Wind?

SIMON: Red nicht soviel, halt das Paket hier, nicht bei der Schnur, sonst reißt die Schnur.

BABETT: Die reißt nicht. *Schnur reißt, alles fällt herunter.*

SIMON: So, ich sag's, und der Wind dazu, so heb doch die Sachen auf!

BABETT: Gib mir den Schirm, jessas, mei Huat, um Gottes willen, hol mir mein Hut!

SIMON: Ja, i kann net weg, sonst nimmt uns wer die Sachen da.

BABETT: Da, nimm den Schirm, dann hol ich ihn mir selber.

SIMON: Naa, bleib da, ich hol ihn schon.

BABETT: Naa, naa, bei so einem Sauwetter wär ma doch lieber daheim bliebn.

SIMON: Unsinn! Glaubst, wenn ma daheim bliebn wärn, wär das Wetter net kommen?

BABETT: Freilich wär's auch kommen, aber wir wärn net naß worn.

SIMON: Mir wärn ja net naß worn, wenn du gleich den Schirm aufgspannt hättst.

BABETT: Aufgspannt hättst? Hast doch gsehn, daß 'n uns der Wind umdreht hat. Da, schon wieder, halt an Schirm –

SIMON: Ja, was is denn des? Des is ja schon bald ein Taifun.

BABETT: Horch! Es donnert schon, ein Gewitter kommt.

SIMON: Wer kommt?

BABETT: Wer kommt – ein Gewitter, sag ich, kommt!

SIMON: Wann?

BABETT: Jetzt!

SIMON: Ich mein, um wieviel Uhr?

BABETT: Geh, red doch net so saudumm daher, es donnert doch schon.

SIMON: Laß doch donnern, d' Hauptsach is, daß es nicht blitzt. Der Donner ist nicht gefährlich, aber der Blitz – gegen den Donner kann man sich schützen, aber gegen den Blitz nicht.

BABETT: Gerade das Gegenteil. Gegen den Blitz kann man sich schützen durch den Blitzableiter, aber gegen den Donner nicht.

SIMON: Das ist auch nicht notwendig, denn der Donner kann dir doch nichts tun. *Heftiger Donnerschlag.*

Babett: Um Gottes willen, jetzt hat's eingeschlagen!
Simon: Ich glaub auch, das war ein direkter Schlager!
Babett: Nein, so ein Sauwetter, und vor 4 Wochen war so ein schönes Wetter. Komm, wir steigen schnell in die Straßenbahn ein, da kommt soeben die 13er Linie, mit der müssen wir fahren, schnell!
Simon: Mit der 13er Linie auf keinen Fall, fahre ich nicht, kommt nicht in Frage, das weißt du schon lang. 13 ist eine Unglückszahl.
Babett: Geh, hör auf mit deim saudummen Aberglauben, dann fahrn wir nicht mit der 13er und warten lieber bei dem Gewitter auf offener Straße, und dann erschlagt uns der Blitz, und dann is's besser. Schnell, da kommt die 28ger, mit der können wir auch fahren. *Lärm – besetzt – Glockensignal – ab.* Wirst sehen, Simon, die nächste Straßenbahn ist auch wieder besetzt, schau nur her, ich bin durch und durch naß vom Regen.
Simon: Naja, das ist ja ganz logisch, daß man vom Regen naß wird, trokken kann man vom Regen nicht sein.
Babett: Doch, wenn man daheim bleibt, wird man nicht naß, wie es vernünftige Leute machen.
Simon: Ja, vernünftige Leute schon, aber du gehörst ja nicht zu den Vernünftigen.
Babett: Wieso?
Simon: Weil du noch immer deinen saudummen Regenschirm auf hast, obwohl es gar nicht mehr donnert.
Einige Straßenpassanten lachen und sagen so verschwommen: Da hat er recht, der Mann!

Vor Gericht

Liesl Karlstadt: Also, Sie geben zu, daß Sie den Kläger ein Rindvieh geheißen haben?
Karl Valentin: Ja, ich habe aber gemeint, daß er deshalb nicht beleidigt ist.
L. K.: Wieso meinten Sie das?
K. V.: Na ja, weil er so saudumm dahergeredet hat.
L. K.: Eigentlich finde ich, daß Sie saudumm daherreden, denn ein Rindvieh ist doch ein Tier, und ein Tier kann doch nicht reden. Oder haben Sie schon ein Tier reden gehört?
K. V.: Jawohl, einen Papagei!
L. K.: Ja, ein Papagei ist doch kein Rindvieh!
K. V.: In dem Moment, wo ein Papagei dumm daherredet, ist eben der Papagei auch ein Rindvieh!

L. K.: Haben Sie denn schon einen Papagei gehört, der dumm daherredet?

K. V.: Und ob!

L. K.: Erklären Sie mir das.

K. V.: Das kann ich beweisen. Meine Hausfrau hat einen Papagei in einem Käfig, und wenn man an den Käfig klopft, dann sagt das Rindvieh: »Herein!«

L. K.: Finden Sie das dumm?

K. V.: Und ob!

L. K.: Wieso?

K. V.: Wie kann denn ich in den kleinen Käfig hineingehen?

L. K.: Wir kommen da ganz von der eigentlichen Sache ab. – Warum haben Sie den Kläger ein Rindvieh geheißen?

K. V.: Weil er meine Frau beleidigt hat.

L. K.: Inwiefern?

K. V.: Er hat zu meiner Frau gesagt, sie sei eine blöde Gans, und meine Frau ist keine Gans, dafür habe ich Beweise.

L. K.: Da brauchen Sie doch keine Beweise dafür, denn genauso wie der Kläger kein Rindvieh ist, kann Ihre Frau keine Gans sein, wenigstens keine blöde Gans.

K. V.: Aber Herr Richter, mit dieser Bemerkung »wenigstens keine blöde Gans« geben Sie ja selbst zu, daß eine Frau eine Gans sein kann, und eine Gans ist aber doch blöd.

L. K.: Wieso ist eine Gans blöd?

K. V.: Weil eine Gans nicht einmal sprechen kann.

L. K.: Naja, ein Tier kann eben nicht sprechen.

K. V.: Doch, der Papagei!

L. K.: Jetzt kommen Sie wieder mit dem saudummen Papagei als Vergleich!

K. V.: Da muß ich Ihnen widersprechen, denn ein Papagei ist nicht saudumm, weil Sie, Herr Richter, nicht den Beweis erbringen können, daß jede Sau dumm ist, denn es gibt im Zirkus dressierte Säue, also kluge Säue.

L. K.: Aber wir haben doch von der blöden Gans gesprochen, nicht von einer dressierten Sau.

K. V.: Gut, bleiben wir wieder bei meiner Frau.

L. K.: Nun müssen wir aber zur Ursache der Beleidigung kommen. Aus welchem Grund hat denn der Kläger Ihre Gans eine blöde Frau geheißen, Verzeihung: umgekehrt wollte ich sagen, Ihre Frau eine blöde Gans geheißen?

K. V.: Ja, die Sache ist zu schweitweifend.

L. K.: Sie meinen: zu weitschweifend.

K. V.: Zu weitschweifend, jaja! Wir haben nämlich einen Heimgarten, und die Frau Wimmer hat auch einen Heimgarten, direkt neben unserem Heimgarten, und da ist immer ein Konkurrenzneid, wer die schönsten Blumen hat.

L. K.: Ja, weiter –

K. V.: Und da tun wir immer Samen tauschen –

L. K.: Was tun Sie?

K. V.: Samen tauschen! Sie gibt mir zum Beispiel einen Chrysanthemensamen und ich gebe ihr dafür einen Rhabarbersamen, und da hat sie mir heuer für meine Fensterblumen statt Hyazinthen- Sonnenblumensamen gegeben, und wir haben so viele Sonnenblumen bekommen, daß wir nicht mehr zum Fenster naussehen können, da hat ihr Mann zu meiner Frau gesagt, sie ist eine blöde Gans, und ich hab zu ihm gesagt: »Sie sind ein Rindvieh«, und er hat dann zu mir gesagt –

Pause

L. K.: Was hat er gesagt?

K. V.: *Schweigt.*

L. K.: Na, so reden Sie doch, was hat er noch gesagt?

K. V.: Naja, Herr Richter, was wird so ein ordinärer Mensch denn noch gesagt haben, des können S' Ihnen doch denken!

L. K.: Na, was hat er gesagt?

K. V.: Ich bitte um Ausschluß der Öffentlichkeit!

Ballgespräch

ER: Ein herrlicher Walzer, nicht wahr, mein Fräulein?

SIE: Aber tüchtig heiß isch es do.

ER: Ja, eine ermattende Hitze ist hier.

SIE: Aber lieber z'heiß als z'chalt.

ER: Vorigen Sonntag war ich auch hier, da war's lange nicht so heiß.

SIE: Was *Sie* net säget.

ER: Es war nicht ganz so heiß, aber immerhin.

SIE: Jo, jo, das ischt oft verschiede.

ER: Und vom Tanzen wird einem immer noch heißer.

SIE: Ich hasse d' Hitz.

ER: Ja, ja, man erspart sich ein Dampfbad dabei.

SIE: Ich bi froh, daß ich chein wüllene Rock hüt agleit ha, da hätt ich jo noch mehr gschwitzet.

ER: Das glaube ich, man kann sich beim Tanzen nicht leicht genug anziehen.
SIE: Mini Mamma schwitzt o sehr liecht, seit sie!
ER: Tanzt Ihre Frau Mama auch noch gern?
SIE: Nei!
ER: Warum nicht?
SIE: Ach Gott, sie is scho ziemli alt und schwitzt ä so liecht, seit sie.
ER: Ihre Frau Mama auch? Da haben Sie die Hitze wahrscheinlich von Ihrer Mutter geerbt?
SIE: Hä, Sie, Sie sind jetzt o nen Witzbold!
ER: So, so, Ihre Mama schwitzt auch sehr oft –
SIE: Nei, nei, nu wenn sie tanzt.
ER: Ach so, nur beim Tanzen schwitzt sie?
SIE: Jo, jo, bim Tanz –
ER: Tanzt sie noch öfters?
SIE: Nei, überhaupt numme.
ER: So, sie tanzt nicht mehr.
SIE: Chein Schritt meh.
ER: Na, dann schwitzt sie doch auch nicht mehr –
SIE: Nei, t' Mamma hat mitm Tanze endgültig Schluß gmacht, aber dr Papa schwingt no gern 's Tanzbei.
ER: Was Sie nicht sagen; schwitzt Ihr Herr Papa auch so leicht?
SIE: Natürlich, bim Papa isch es jo liecht verständli.
ER: Wieso?
SIE: Hä, er isch jo en geborene Schwyzer!

Die Heirats-Annonce

Schalterraum-Geräusche, Zeitungsblättern.
RUNDFUNK-ANSAGER: Verehrte Hörerinnen und Hörer! – Wir bringen Ihnen nun einen Hörbericht von einem Schalterraum des ›Allgemeinen Stadtboten‹. – Wir schalten um!
KARL VALENTIN: Verzeihen Sie, Fräulein, bin ich hier am richtigen Schalter? In Ihrer Zeitung stand eine Heirats-Annonce: »Einsame Witwe sucht zum 2. Mal ihr Glück in der Ehe, usw.« Ich habe diese Annonce gelesen – ungefähr – vor 4–5 Wochen in Ihrem Blatte, und die Zeitung ging mir verloren. O bitte, sind Sie doch so gut und suchen Sie mir die Zeitung mit dieser Annonce!

Liesl Karlstadt: Ja, du lieber Gott, wenn Sie nicht den genauen Datum wissen, läßt sich das schwer machen.

K. V.: Die Annonce war ungefähr 5 cm lang und 3 cm breit. »Einsame Witwe sucht zum 2. Mal ihr Glück usw.«

L. K.: Vor 4 bis 5 Wochen, sagen Sie? – Ja, Sie können doch nicht verlangen, daß ich alle diese Zeitungen, die seit 5 Wochen erschienen sind, durchblättere!

K. V.: Sind Sie doch so lieb! Vielleicht ist es schon in den ersten Nummern enthalten!

L. K.: No – das wäre ein großer Zufall!

K. V.: »Einsame Witwe sucht zum 2. Mal ihr Glück in der Ehe usw.« Die Annonce ist ungefähr 5 cm lang und 3 cm breit.

L. K.: Das ist doch unmöglich, unter so vielen Zeitungen die Anzeige herauszufinden!

K. V.: Aber es ist dringstanden!

L. K.: Jaja, da steht mehr drin!

K. V.: Ja, das andere interessiert mich nicht; mich interessiert nur die eine Annonce. Die Annonce ist, wie gesagt, zirka 5 cm lang und 3 cm breit, und der Text ist: »Einsame Witwe sucht zum 2. Mal ihr Glück in der Ehe usw.«

L. K.: Ja, so schaun Sie doch her, das ist jetzt schon die 10. Zeitung; ich habe doch schließlich andere Arbeit auch noch zu machen!

K. V.: Fräulein! Sind Sie doch so nett! Sie helfen mir vielleicht zu meinem Glück! Es hängt alles von dieser Annonce ab, von dieser kleinen Annonce, 5 cm lang und 3 cm breit, »Einsame Witwe sucht zum 2. Mal ihr Glück in der Ehe usw.«

L. K.: Ja, das weiß ich jetzt bereits, wie die Annonce lautet, aber Sie sehen ja selbst – ich finde diese Annonce nicht.

K. V.: Vor 4 bis 5 Wochen habe ich dieselbe selber gelesen: »Einsame Witwe sucht ...«

L. K.: Ja, so hören S' doch jetzt endlich einmal auf mit der einsamen Witwe!

K. V.: *Aufhören,* Fräulein! – *Anfangen* will ich mit der einsamen Witwe, nicht aufhören! Deshalb ersuche ich Sie ja, so lange zu suchen, bis wir sie haben! Die Annonce ist ungefähr ...

L. K.: ... 5 cm lang und 3 cm breit! Solche Annoncen in dieser Größe sind nach den Hunderten in unserer Zeitung.

K. V.: Jaja, das glaube ich schon, aber es handelt sich ja bei dieser Annonce nicht nur um die Größe allein, sondern um den Text – »Einsame Witwe sucht zum 2. Mal ihr Glück in der Ehe usw.«

L. K.: Ja, Ehe! – – Ehe wir die Annonce finden, suchen S' Ihnen a andere Witwe! Da gibt's genug in München!

K. V.: *Nein* – ich will nur eine »einsame Witwe, die zum 2. Mal ihr Glück in der Ehe sucht«!
L. K.: Jetzt mag ich nicht mehr! Da schaun S' her! Jetzt hab ich alle Heirats-Annoncen der letzten 5 Wochen durchgeschaut, da ist keine drin. Haben Sie die Annonce auch bestimmt in unserem Blatt gelesen?
K. V.: Ja – ganz bestimmt!
L. K.: Vielleicht haben Sie s' im ›Landboten‹ gelesen? Wir sind die Redaktion vom ›Stadtboten‹.
K. V.: Ja! – Im ›Landboten‹!
L. K.: Ja, Sie saudummer Hanswu .....
RUNDFUNK-ANSAGER: Wir schalten um!

Sisselberger vor Gericht

RICHTER: Wir kommen nun zu dem Fall Sisselberger–Niedermeier. Die Anklage lautet auf Einbruch und Diebstahl. Anton Sisselberger ist angeklagt, die Ladenkasse seines Arbeitgebers in der Mittagszeit, als alle Angestellten abwesend waren, erbrochen zu haben. Der Angeklagte ist vorbestraft. Als Zeugen sind vorgeladen: Frau Amalie Hintendick, Frau Anastasia Werbedorn und Hausmeister Emeran Glatz. Aber ich glaube, wir können auf die Zeugenvernehmung verzichten.
GERICHTSDIENER: Die Zeugen können gehen. *Zeugen ab.*
RICHTER: Führen Sie den Angeklagten herein.
GERICHTSDIENER *schreit laut in den Flur:* Der Angeklagte Sisselberger soll eintreten!
RICHTER: Sie sind angeklagt, Ihrem Prinzipal aus der Ladenkasse Geld entwendet zu haben.
ANGEKLAGTER: Jawohl –
RICHTER: Ihr Prinzipal ist aber doch ein ganz kleiner Kaufmann, und nach den Akten zu schließen, hat er wirklich selbst nichts Übriges –
ANGEKLAGTER: Das stimmt, aber ich habe noch weniger.
RICHTER: Pfui, schämen Sie sich, das ist doch kein Standpunkt, daß Sie ihm dann, weil er etwas mehr hat als Sie, etwas nehmen –
ANGEKLAGTER: Aber logisch, Herr Richter.
RICHTER: Wie meinen Sie das?
ANGEKLAGTER: Naja, umgekehrt wär's doch nicht möglich, daß der, der wo was hat, dem andern, der nichts hat, etwas stiehlt.
RICHTER: Ja, das hätte doch auch der gar nicht im Sinn, der etwas hat –

Angeklagter: Das stimmt nicht, Herr Richter, wie viele haben schon viel gehabt und haben doch einem anderen etwas gestohlen –
Richter: Dann muß aber der andere doch etwas gehabt haben!
Angeklagter: Klar – verwerflich ist nur das, Herr Richter, wenn zwei, die gleich viel haben, einander den gleichen Betrag stehlen. Sind die dann strafbar, Herr Richter?
Richter: Wenn jeder dem anderen den gestohlenen Betrag wieder zurückgibt, dann nicht. – Aber jetzt zur Sache! – Wir haben uns hier am Gericht nicht um logische oder unlogische Dinge zu kümmern, sondern einzig und allein um Ihren Fall.
Angeklagter: Sie meinen, um unseren Fall? Wir sind ja zu dritt!
Richter: Wieso zu dritt?
Angeklagter: Ich – mein Prinzipal – und –
Richter: Und? Wer noch?
Angeklagter: – die erbrochene Ladenkasse.
Richter: Also, Herr Sisselberger, Sie geben zu, daß Sie Ihrem Chef, Herrn Niedermeier, 1,50 Mark aus der Ladenkasse entwendet haben. – Warum haben Sie ihm diesen kleinen Betrag gestohlen?
Angeklagter: Weil das Sprichwort heißt: »Mit Kleinem fängt man an, mit Großem hört man auf.«
Richter: Nanu! Sie werden doch nicht am Ende Ihrer Verbrecherlaufbahn Möbelwagen stehlen wollen; aber ich möchte nun unbedingt wissen, warum Sie sich mit dieser kleinen Diebesbeute begnügten, denn das Gericht hat ja genügend Erfahrung und weiß aus der Praxis, daß jeder Verbrecher von dem Grundsatz ausgeht: »Wenn schon, denn schon!«
Angeklagter *zögernd:* Ich konnte nicht mehr nehmen –
Richter: Ob Sie nun mehr oder weniger genommen haben – Sie haben die Kasse erbrochen, und Einbruch bleibt Einbruch. Und wenn Sie nicht verscheucht worden wären, hätten Sie wahrscheinlich mehr genommen als 1,50 Mark.
Angeklagter: Nein, das hätte ich nicht gekonnt.
Richter: So, das hätten Sie nicht gekonnt, aber daß Sie wegen 1,50 Mark Ihre ganze Ehre aufs Spiel gesetzt haben, das haben Sie gekonnt.
Angeklagter: Herr Richter, ich wollte ja mehr aus der Kasse nehmen, aber es war nicht mehr drin.

Der Badeofen

Nach einer wahren Begebenheit von A. v. Braun
Für den Kurzfilm bearbeitet von K. Valentin

Es läutet an der Wohnungstür.
FRAU AMANN *öffnet:* Sie wünschen?
INSTALLATEUR: Sie habn gestern zu meinem Meister nübertelefoniert, zum Installateur Wegleitner, an Ihrem Badeofen tropft der Wechsel. Mein Meister hat aber gsagt, daß der Hausbesitzer gsagt hat, Sie kriagn an ganz neuen Badeofen, weil der alte gar nix mehr taugt.
FRAU AMANN: Herrlich! Endlich geht mein langersehnter Wunsch in Erfüllung! Es gibt doch noch Engel unter den Hausherrn!
INSTALLATEUR: Wo ist denn das Badezimmer? *Einige Schritte.*
FRAU AMANN: *Man hört Öffnen der Türe.* Hier ist das Badezimmer!
INSTALLATEUR: Ja, Frau, i tät mi halt bedeutend leichter, wenn S' a bisserl ausräumen täten, 's is so eng da herin!
FRAU AMANN: Stellen wir halt das Tischerl heraus. *Gepolter.* So, und die zwei Eimer können wir auch heraustun – so!
Installateur arbeitet, man hört Geräusche, Klopfen usw.
FRAU AMANN: Dauert das lange?
INSTALLATEUR: Naa, naa. I muaß nur den oberen Hahn zudrehn, das Wasserrohr und 's Ofenrohr rausreißn, des ham ma glei! – Bringen S' mir derweil a paar alte Zeitungen, daß i das Kaminrohr zustopfen kann.
FRAU AMANN: Hier, nehmen S' die alten Lumpen zum Zustopfen!!
Geschepper: der Installateur hat das Ofenrohr herausgerissen, es ist ihm aus der Hand gerutscht und mit lautem Getöse auf den Boden gefallen.
FRAU AMANN: Um Gottes willen!!!
INSTALLATEUR: Des is ma auskemma!
FRAU AMANN: Da schaun S' nur her, alles voller Ruß! Mein ganzes Reisekostüm auf und auf voll Ruß! – Mein Dienstmädchen hat heute Ausgang, und in einer halben Stunde muß ich auf der Bahn sein!
INSTALLATEUR: Ja mei, des is halt mal a rußige Arbeit! – Ham Sie an Telefon? Dann telefonier i mein Meister, was mit dem alten Ofen gschicht, ob er aufn Speicher nauf kummt oder ob er zu uns in d' Werkstatt kummt.
FRAU AMANN *zornig:* Da im Wohnzimmer is das Telefon!
Schritte bis ins Wohnzimmer von Frau Amann.
INSTALLATEUR: Nummer 23221. *Man hört die Wählerscheibe.* Der Hans is da. Sie, Moaster, den Ofen hab i abmontiert, was gschicht jetzt mit dem alten Ofen? – der neue – Herrgott, Kruzitürken!!! – Ja, is scho recht. *Hängt ein.* Ja, gibt's denn des aa, die ganze Arbeit umsonst!!!

Frau Amann: Was ist denn los?
Installateur: I hab mi in der Hausnummer girrt; net 40, sondern 41 soll der neue Ofen gsetzt werden!
Frau Amann: Ja, und mein alter Ofen?
Installateur: Ja, die nächste Woch ham ma koa Zeit, aber die übernächste Woch montiern wir Ihnen den alten Ofen wieder hin. Also, san S' mir net bös, Frau! Schaun S', daß den Zug no derwischen! Adieu!!!!

Semmelnknödeln

Liesl Karlstadt: Ja sag einmal, warum bist du denn heute mittag nicht zum Essen gekommen? Zwei Stunden hab ich auf dich gewartet.
Karl Valentin: Ja, ich hab da draußen gleich gegessen, wo ich zu tun ghabt hab, in der kleinen Wirtschaft, und da ißt man sehr gut, fast tadellos.
L. K.: No, so gut, wie ich koche, wird's bestimmt nicht sein.
K. V.: Doch, doch.
L. K.: Aber jetzt ist es neun Uhr abends, wo warst du denn in der langen Zwischenzeit?
K. V.: Nirgends, da hab ich auf das Mittagessen gewartet.
L. K.: Ja, ist dir denn das nicht zu langweilig geworden?
K. V.: Nein – in der Zwischenzeit hab ich mit der Kassierin gesprochen.
L. K.: Was, neun Stunden warst du mit der Kassierin beisammen? Über was habt ihr denn da gesprochen?
K. V.: Ja über des, daß die Semmelnknödeln so lange nicht kommen.
L. K.: So lang wartet doch kein vernünftiger Mensch auf das Mittagessen.
K. V.: Da war ich ja nicht vernünftig, ich war ja hungrig.
L. K.: Papperlapapp – wenn man das Essen um zwölf Uhr bestellt, und in einer halben Stunde ist es noch nicht da, dann geht man einfach.
K. V.: Freilich, dann frißt s' ein anderer für mich.
L. K.: Und ausgerechnet Semmelknödel hat er sich bestellt, wo doch ich heute auch Semmelknödel gemacht habe.
K. V.: Was, dieselben?
L. K.: Ah, dieselben! Unsinn – andere hab ich halt gemacht, aber Semmelknödel sind Semmelknödel.
K. V.: ...deln.
L. K.: Was deln?
K. V.: Semmelnknödeln heißt's.
L. K.: Ich hab ja gsagt Semmelknödel.

K. V.: Nein, Semmelnknödeln.
L. K.: Nein, man sagt schon von jeher Semmelknödel.
K. V.: Ja, zu einem – aber zu mehreren Semmelknödel sagt man Semmelnknödeln.
L. K.: Aber wie tät man denn zu einem Dutzend Semmelknödel sagen?
K. V.: Auch Semmelnknödeln – Semmel ist die Einzahl, das mußt Ihnen merken, und Semmeln ist die Mehrzahl, das sind also mehrere einzelne zusammen. Die Semmelnknödeln werden aus Semmeln gemacht, also aus mehreren Semmeln, du kannst nie aus einer Semmel Semmelnknödeln machen.
L. K.: Machen kann man's schon.
K. V.: Jaja, machen schon, aber wenn du aus einer Semmel zehn Semmelnknödeln machen tätst, dann würden die Semmelnknödeln so klein wie Mottenkugeln. Dann würde das Wort Semmelknödeln schon stimmen. Weil s' bloß aus einer Semmel sind. Aber solang die Semmelnknödeln aus mehreren Semmeln gemacht werden, sagt man unerbitterlich: Semmelnknödeln.
L. K.: Da sagst es aber auch nicht richtig, jetzt hast grad gsagt Semmelnknödeln.
K. V.: Nein, ich hab gsagt Semmelnknödeln.
L. K.: Richtig muß es eigentlich Semmelnknödeln heißen, die Semmel muß man betonen, weil die Knödel aus Semmeln gemacht sind – überhaupt das Wichtigste ist der Knödel – Semmelknödeln müßte es ursprünglich heißen.
K. V.: Nein, das Wichtigste ist das n zwischen Semmel und Knödeln.
L. K.: Ja wie heißt es dann bei den Kartoffelknödeln?
K. V.: Dasselbe n, Kartoffel n knödeln.
L. K.: Und bei den Schinkenknödeln ah – hahaha –
K. V.: Da ist's genauso – da ist das n schon zwischendrin, es gibt keine Knödeln ohne n.
L. K.: Doch, die Leberknödeln.
K. V.: Ja, stimmt – Lebernknödeln kann man nicht sagen!

Lora

KARL VALENTIN *zu seiner Frau*: Da schau mal her, was ich dir heute mitgebracht habe.
FRAU: Ei! Ein Papagei! Oh ist der schön – und ganz in Feldgrau – oder ist er schon altersgrau?

K. V.: Nein, nein, der ist noch nicht alt, aber sehr gelehrig und kann sehr viel sprechen, singen, pfeifen, er schreit eins, zwei, drei, hurra. Sag mal schön wie du heißt, komm, sag's schön.

LORA: *Schweigt.*

FRAU: Na, sag's schön, wie du heißt!

LORA: *Schweigt.*

K. V.: Komisch – ich habe den Papagei meinem Freund Obermeier abgekauft, und da hat das Luder in einem fort geschwätzt.

FRAU: Das ist schon möglich; er fühlt sich wahrscheinlich hier noch fremd.

K. V.: Kann sein – na, Lora, du brauchst dich bei uns nicht fremd fühlen, sag mal schön: wie heißt du?

LORA: *Schweigt.*

K. V.: Hoffentlich bleibt er bei uns nicht fremd, denn nur zum Anschaun wäre der Preis zu hoch.

FRAU: Was hast du denn dafür bezahlt?

K. V.: Hundert Mark.

FRAU: Hundert Mark? Das ist allerdings für einen nichtsprechenden Papagei zuviel.

K. V.: Nichtsprechend ist er ja nicht, er spricht ja – nur bei uns spricht er jetzt nicht, bei Obermeiers spricht er ja.

FRAU: Ja, bei Obermeiers – wir können doch nicht jedesmal den Papagei zu Obermeiers bringen, wenn wir ihn sprechen hören wollen, da wäre es ja vernünftiger, du würdest den saudummen Vogel wieder zurückgeben.

K. V.: Er ist nicht saudumm, er kann sprechen, wenn er will – Lora, na so sag schön, wie du heißt.

LORA: *Schweigt.*

FRAU: Vielleicht ist er heiser?

K. V.: Unsinn! Vor einer Stunde, als ich ihn gekauft habe, war er ja auch nicht heiser.

FRAU: Oder vielleicht ist ihm der Käfig zu klein?

K. V.: In demselben Käfig hat er doch bei Obermeiers auch gesprochen.

FRAU: Es ist nur schade um das schöne Geld – hundert Mark – um hundert Mark hättest du ein schönes Grammola bekommen, das hätte unter Garantie gesprochen und gesungen und hätte sich sicher bei uns nicht fremd gefühlt.

K. V.: Lora – paß auf, da schau her, da hab ich ein Zuckerl – willst du ein Zuckerl? Er redet nicht und deutet nicht, ich könnte ihn zum Fenster hinausschmeißen, diesen – diesen Mistpapagei, diesen mistigen, willst du nun endlich dein Maul aufmachen – ich meine, um diesen Preis braucht man nicht arrogant auch noch sein.

FRAU: Aber ärgere dich nicht, mit Grobheit kannst du bei so einem Tier gar nichts erreichen.
K. V.: Ja, du hast recht, jetzt probier ich es noch einmal, wenn du mir aber wieder keine Antwort gibst, dann fliegst du hinaus – also sag schön, wie heißt du?
LORA: *Schweigt.*
K. V.: Weißt du was, mein lieber Papagei, jetzt kannst du mich ...
LORA: Du mich auch!
FRAU: Sieh da, er spricht!
K. V.: Jetzt ist es zu spät – nun möcht er sich wieder einschmeicheln ...

Teppichklopfen

LIESL KARLSTADT: Ja, du Drecksau, du dreckate, ja, woaßt denn du net, daß man im Stiagnhaus net Teppichklopfa derf – magst scho aufhörn, gell, hör doch amal auf, sonst hetz i dir an Hausherrn aufs Gnack, daß di auskennst, willst jetzt net glei aufhörn, ha?
KARL VALENTIN: Ja, sie schaug o, geht's di vielleicht was o, wenn i Teppich klopf? Werd dir scho passn, gell, weiblicher Hausmoasteraff – sie hoaßt mi a Drecksau ...
L. K.: Ja, des bist aa, und jetzt hörst amal mit dem Klopfa auf und gehst schleunigst mit deine staubigen Perser in Hof hinter, da kannst dann klopfa, solang der Himmel blau is, aber im Stiagnhaus hörst ma auf mit dem Getös.
K. V.: So, des kannst ma du gar net vabietn, gell?
L. K.: Sag liaba dein Hundsbuam, er soll mir d' Milli bringa, gell, gestern hat er s' erst um achte in der Fruah daherbracht, und um siebne muaß mei Mo scho in d' Arbat fort.
K. V.: Geht ja mi nix o, was der Bua ...
L. K.: Und wenn er s' morgn wieder um achte daherbringt, na reiß i eahm seine Senflöffeln raus aus sein rothaareten Kommisloawekopf, gell, und wirf'n samt de Millikübeln üba d' Stiagn nunter, daß d' as woaßt.
K. V.: So, des konnst ja probiern und konnst amal mein Buam probeweis über d' Stiagn abewerfen, dann dakrei i dir aba d' Fassad, daß d' moanst, der Blitz hat di gstroaft, du alter Brotbrocka, und von morgn ab kannst da dei Milli selber holn.
L. K.: Ja, des tua i scho, denn vor deim unappetitlichen Saubuam da graust's ma ja scho lang, und wennst du net selber so a Drecksau warst, na

tatst eahm vorm Milliaustragn zerst schneizen, gell, sonst dafallt er sich no amoi über sei eigne Rotzglockn.
K. V.: So – ich bin Gott sei Dank eine reinliche Person, und über meine Kinder und über mei reelles Gschäft sagst ma nix, du zsammagschnekkelter Hausmoastertrampel.
L. K.: Dir gib i dann glei an Hausmoastertrampel, gell – über dei reells Gschäft da sollst du aa no renommiern.
K. V.: Du konnst mi …
L. K.: Du bist ja wega deiner Gipswasserhandlung länger in Stadelheim drauß wia in deiner Milliburg, gell, und jetz will i dir no was sagn, wennst in deiner Wohnung koa Wasserleitung hättst, na warst ja aa scho lang dahungert, denn dei dappiger Mo ko dich mit'n Zahnstocherschnitzeln net dahalten.
K. V.: Ja – aber mein Mo tuast du ausm Spiel lassen, gell, du rinnaugate Hausmoasterdreckdrossel – gell, zum Poussiern war er dir scho recht gwesn, wiast man damals auf der Redout ausspanna hättst wolln, aber er hat dir was ghuast …
L. K.: Geh, hör auf, hör auf!
K. V.: Du gräuslichs Wei …
L. K.: Und dei gichtbrüchiger Milliwaglhengst, ja – der hat mich aa scho amal am Peter-und-Pauli-Tag ins Kaffeehaus gführt – bis jetzt hast as ja gar net gwußt, aba i habn ja gar net mögn, i hab mi ja glei dünngmacht und hab'n sitzen lassen, weil i mit an solchen Stefften, wia dei Mo is, allerhand Aufsehgn erregn tat.
K. V.: Ja, mei Mo is auf di no net scharf gwesen, des machst mir net weis. Auf dei 15-Zentimeter-Mäu gibt dir mei Mo koan Kuß, und wenn er dir wirklich scho oan gebn hat, dann woaß i aa jetzt, wo er sein letzten Rufaschmarrn her hat.
L. K.: Aber du konnst aa koan Mo nimmer reizen mit dein blatterngstepptn Rosenteint und deiner rosaroten Warzen am Kinn, du zahnlukkate Salonrufa, daß d' as woaßt. Da geh her, wennst da traust, na hau i dir a solchas …
K. V.: Wer is a Salonrufa?
Beide schreien und raufen.
L. K.: De ganzn Haar reißt s' ma raus, ahhh ….
Stimme: Und wenn sie nicht gestorben sind, dann raufen sie heute noch.

Üble Angewohnheiten

Liesl Karlstadt: Ja, wer kommt denn da daher, der Herr Gruber!
Karl Valentin: Ja, grüß Gott, Frau Eisele! Darf ich Ihnen meinen Freund vorstellen?
Freund: Gell!
L. K.: Sehr angenehm, Eisele; ja und wie geht's Ihnen immer, Herr Gruber?
K. V.: Ja mei – an Mordsschnupfen hab ich ghabt vor acht Tagen, gell, da bin ich in den Zug gekommen, gell, war erhitzt, gell, und schon hab ich an Schnupfen ghabt, gell. Dann hab ich mir eine Schnupfensalbe gekauft, gell, und gnützt hat s' nichts, gell, da kann ich mich so ärgern, gell; an Telefon ham s' erfunden, gell, an Telegrafen, gell, an Radio, gell, einen Fernsehapparat, gell, aber für an einfachen Schnupfen ham s' heut noch nichts erfunden, gell, die gescheiten Menschen, gell!
L. K.: Ja, Sie, Herr Gruber, ich merke ja da, daß Sie eine furchtbare Angewohnheit haben; Sie sagen ja bei jedem dritten Wort: gell! Ist Ihnen das noch nicht aufgefallen?
K. V.: Stimmt, das haben mir schon mehr Leute gsagt, gell.
L. K.: Da, jetzt ham Sie's schon wieder gsagt! Das müssen Sie sich abgewöhnen, denn das wird immer ärger. Das haben jetzt soviel Leute – dieses Gell-Sagen. Das wird schon bald eine Krankheit, eine Eptimedie.
K. V.: Deptimechi! Das ist ja schrecklich, gell!
L. K.: Da habn Sie's schon wieder gsagt! – Schaun Sie, im Jahre 1845 wütete in München die Cholera. Seit dieser Zeit sind wir Gott sei Dank von Pesten verschont geblieben. Es gibt gefährliche und ungefährliche Pesten und Seuchen. Seit einigen Jahren wütet nun in München und Umgebung, beinahe in ganz Bayern, die Gellpest. Der davon Befallene weist körperlich und seelisch nicht die geringsten krankhaften Symptome auf, hab ich glesen in der Zeitung, der Blutdruck ist normal, alle Körperteile sind intakt bis auf die Zunge. Man könnte diese Pest statt Gellpest auch Zungenpest betiteln, hab ich glesen in der Zeitung. Ob es eine krampfhafte Vibration des Sprachmuskelgewebes ist, ist noch nicht festgestellt. In der Klinik Abteilung Sprachstörungen können die von der Gellpest Befallenen schon seit Jahren wegen Platzmangel nicht mehr aufgenommen werden.
K. V.: Ja, um Gottes willen, glauben Sie, daß ich die Gellpest schon habe?
L. K.: Ja, noch nicht so stark. Sie sagen nach jedem Satz gell, aber da gibt's ja Menschen, die können schon bald überhaupt nichts mehr sagen wie gell.

K. V.: No, mei Freund, der Wimmer, der hat dann schon die Gellpest.

L. K.: Ja, heißen denn Sie Wimmer? Sie haben sich doch vorgestellt als Gell!

K. V.: Ja, weil er nichts mehr anderes sagen kann als gell! – Red amal, Wimmer!

FREUND: Gell gell gell gell gell gell gell gell gell gell gell gell gell.

L. K.: Das ist ja schrecklich! Der Herr kann ja wirklich nichts anderes mehr sagen als gell! – Gell?

K. V.: Jetzt sagn Sie auch schon gell! – Gell!

Interessante Unterhaltung

B: So, heut hättn S' Zeit? Also, gehn S' mit.

V: Wohin?

B: Irgendwohin.

V: Ja, da war i scho amal!

B: So?

V: Ja!

B: So, da warn Sie schon amal?

V: Ja, öfters scho!

B: Ja, dann hat's keinen Sinn, i hab gmeint, Sie warn überhaupt noch nicht dort.

V: Naa! Naa! Überhaupt scho glei gar net.

B: Da müssn S' scho entschuldigen, des hab i net gwußt.

V: Selbstverständlich, das haben S' ja nicht wissen können.

B: No, des will i grad net sagn – da Peter war ja aa no net drüben.

V: Der Peter aa no net?

B: Naa.

V: Vom Peter hätt i des net vermutet. – So, der war aa no net dort?

B: Ja – i kann's net mit Sicherheit sagn – vielleicht war er vorher scho amal dort.

V: Des kann aa sein.

B: Der Peter is eben so a Mensch, wenn der sagt, er geht da und da hin, na geht er auch hin!

B: San S' dann hinganga?

V: Ja – bin aber net lang dort bliebn.

B: Des is lang gnua.

V: Des sag i aa – was hab i denn davon? – Is schad um d' Zeit.

B: Das stimmt! – Zeit ist Geld!

V: Naa – des stimmt net. – Zeit hab i gnua, aber kein Geld! – Wenn i soviel Geld hätt wie Zeit, dann hätt i mehr Geld wie Zeit.
B: Dann hättn Sie keine Zeit mehr, daß Sie mit mir wohin gehen.
V: Dann nicht, aber heut hätt ich noch Zeit.
Wieder von vorne anfangen.

Transportschwierigkeiten

BICHELBAUER *zu seinem Knecht Michl*: Spann schnell ein und fahr mit'n Leiterwagn zum Berger Pauli nach Olching nüber und hol die altn Kistn, die er mir no net zruckgebn hat!
MICHL: Kistn soll i hoin – ja, da woaß ja i no gar nix davo.
BAUER: Des glaub i scho, daß du da no nix davo woaßt – drum sag i dir's ja.
MICHL: Woaß des da Berger Pauli, daß i de Kistn holn soi?
BAUER: Woher soll er denn des wissen, deswegen schick i di ja nüber, daß du eahm sagn sollst, daß du de Kistn holn willst.
MICHL: Wenn aber der Berger Pauli net dahoam is?
BAUER: Wenn da Berger Pauli net dahoam is, kannst du's eahm natürli net sagn, aber sei Frau werd scho da sei.
MICHL: Soll ich's dann da Frau Berger sagn?
BAUER: Freili!
MICHL: D' Frau werd halt net wissn, wo de Kistn san.
BAUER: Des woaß i natürli aa net, ob's de woaß.
MICHL: Was soll i dann doa, wenn's de net woaß?
BAUER: Des woaß i aa net – dann muaßt halt wartn, bis da Berger Pauli kimmt.
MICHL: Wenn aber der Berger Pauli net kimmt, soll ich dann sei Frau fragn, wia lang i wartn soll?
BAUER: Fragn kannst ja.
MICHL: I moan, es is besser, i fahr morgn nüber, da is der Pauli vielleicht sicherer dahoam als heit.
BAUER: Red doch net so saudumm daher, morgn kann er vielleicht noch weniger dahoam sei als heit.
MICHL: Jetz kenn i mi nimmer aus, soll i heit fahrn oder morgn?
BAUER: Einspanna tuast jetzt und fahrst nüber und wenns d' de Kisten net kriagst, dann fahrst mit'n leern Wagn wieder hoam.
MICHL: Naa! Des tua i net, denn wenn i scho eispann und nüberfahr, dann nimm i aa d' Kistn auf alle Fäll mit. Spazierenfahrn tua i net.
BAUER: Spaziernfahrn brauchst ja aa net, denn wenn der Berger Pauli oder

sei Frau dahoam san, dann kriagst ja d' Kistn, denn de Kistn san ja mei Eigentum.

Michl: Woaßt was, Bauer, i spann net ei, i geh zuerst persönli nüber zum Berger Pauli und frag'n, ob er dahoam is. Sagt er ja, dann geh i hoam, spann ei, fahr nüber und hol d' Kistn.

Bauer: Des is ganz verkehrt, wenns d' scho nüber gehst, dann kannst do glei nüberfahrn! Denn wenn da Pauli dahoam is, kriagst ja d' Kistn, na stehst da und hast koan Wagn dabei, und tragn kannst de großn Kistn net.

Michl: Jaja, da hast du scho recht, Bauer, aber wia gsagt – da Pauli kannt ja aa net dahoam sei – was nacha?

Bauer: Ganz einfach – wann er wirkli net dahoam is, nacha steckst eahm an Zettl an d' Tür hin, dann woaß der Pauli, daß du da warst.

Michl: Des mit dem Zettl versteh i net recht, weil, wenn doch der Berger Pauli net dahoam is, ko er doch den Zettl net lesn!

Bauer: Ja, Rindviech saudumms, freili kann er den Zettl net lesn, wenn er net dahoam is, aba wenn er kimmt, kann er'n doch lesn!

Michl: Ja, wenn er kimmt, brauch i doch koan Zettl, da kann i's eahm doch glei selba sagn wegn de Kistn.

Bauer: Ja, bleda Hund, du kannst doch net so lang wartn, bis er kimmt!

Michl: Ja mei, des kummt drauf o, wo er hinganga is, der ko lang ausbleim, ko aber aa sofort wieder da sei.

Bauer: Paß auf, Michl – de Gschicht is ganz einfach, mir schreibn jetzt an Zettl. Gib den Fetzen Papier her, der da auf'm Boden liegt, so, da schreim ma jetzt drauf »War da zwegn den Kistn hollen« – so, und jetz spannst ei und fahrst zum Berger Pauli nüber, is er dahoam, dann is 's recht, is er net dahoam, is d' Frau dahoam, is d' Frau aa net dahoam, steckst den Zettl an d' Tür.

Michl: Des is aa net 's Richtige – weil wenn s' alle zwoa dahoam san, dann habn mir den Zettl umasunst gschriem.

Bauer: Sakrament, an des hab i net denkt.

Michl: Woaßt was, Bauer – schenk eahm doch de paar altn Kistn, mir habn ja so sovui so Glump.

Bauer: Guat, i schenk s' eahm.

Michl: Und an Zettl?

Bauer: Den zreißt.

Die Handtasche

VERKÄUFERIN: Sie wünschen, mein Herr?

KARL VALENTIN: Meine Frau hat Geburtstag, und da möchte ich ihr gern eine schöne Handtasche kaufen.

VERKÄUFERIN: Einen Moment! – Das wären sehr schöne Taschen!

K. V.: Etwas Schöneres! – Haben Sie keine schönere?

VERKÄUFERIN: Doch, ich hab eine schöne, wollen Sie sie sehen?

K. V.: Aber mein Fräulein, welcher Herr würde ein solches Angebot ablehnen!

VERKÄUFERIN: Bitte, hier! Sehen Sie, die schließt sehr schön.

K. V.: So eine hat meine Frau auch. Die von meiner Frau schließt natürlich nicht mehr so gut. Durch den vielen Gebrauch nützt sich so etwas ja ab.

VERKÄUFERIN: Ich hab auch eine mit Pelzbesatz.

K. V.: Meine Frau auch.

VERKÄUFERIN: Wollen Sie bitte einmal daran riechen – echtes Juchtenleder.

K. V.: Die von meiner Frau riecht ja auch – aber auf Gerüche leg ich wenig Wert. Die Hauptsache ist was zum Strapazieren!

VERKÄUFERIN: Hätten Sie lieber etwas in Schwarz?

K. V.: Danke – meine Frau hat ja eine schwarze.

VERKÄUFERIN: Dann tut's mir leid – hat der Herr sonst noch einen Wunsch?

K. V.: Ja – haben Sie Regenschirme? Aber nicht zu teuer, denn ich lasse ihn ja doch wieder irgendwo stehen.

VERKÄUFERIN: Aber mein Herr, Sie sind doch nicht der alte zerstreute Professor, der überall seinen Schirm stehen läßt.

K. V.: Die Jungen lassen ihn öfters stehen als die Alten.

VERKÄUFERIN: Das hier wäre ein schöner Regenschirm, den können Sie niemals mehr stehen lassen, weil Sie denselben an dem gebogenen Griff aufhängen können.

K. V.: Das ist immer dasselbe, ob ich ihn stehen oder hängen lasse.

VERKÄUFERIN: Ich kann ihn weder hängen noch stehen lassen, weil ich nie einen Regenschirm trage. Will der Herr also den Schirm mit dem gebogenen Griff?

K. V.: Nein – gefällt mir nicht! Und dann regnet es ja heute gar nicht. Was haben Sie denn für eine Auswahl in Herrenhüten?

VERKÄUFERIN: Möchten Sie sich bitte mit mir zur Abteilung fünf bemühen? Soll es so eine Form sein, wie Sie schon haben?

K. V.: Nein – nicht so ein schlapper – ich möchte einmal einen steifen.

Verkäuferin: Steife sind aber gegenwärtig nicht so beliebt wie schlappe.
K. V.: Ich möchte aber lieber einen steifen.
Verkäuferin: Hier bitte – darf ich probieren?
K. V.: Bitte!
Verkäuferin: Sie haben recht – der steht Ihnen sehr gut – besser wie ein weicher!
K. V.: Meiner Frau gefällt auch ein steifer besser.
Verkäuferin: Und ist eine gute Qualität. Allerdings nach längerer Benutzung verliert er ja die Steifheit und wird von selber weich – fünfzehn Mark – die Kasse ist nebenan. Auf Wiedersehen, mein Herr!

Im Schirmladen

Inhaberin: Grüß Gott, Herr! – Sie wünschen?
Karl Valentin: Ich hätte da einen Regenschirm zu reparieren!
Inhaberin: An Regenschirm? Naja! – Da fehlt ja net viel – der kommt in die Werkstatt hinter, da wird er schon fachmännisch behandelt.
K. V.: Ja, und wann wird der Schirm fertig?
Inhaberin: Ja, das kommt halt darauf an, wann Sie den Regenschirm brauchen!
K. V.: Ja, das kommt darauf an, wann es regnet.
Inhaberin: Ja, das weiß ich natürlich nicht, wann es regnet.
K. V.: Ja, von mir können S' des noch weniger verlangen!
Inhaberin: Bräuchten S' den Regenschirm diese Woche noch?
K. V.: Wenn's diese Woche noch regnet, dann schon.
Inhaberin: Mein Gott! – Diese Woche kann's noch regnen – kann aber auch sein, daß es nicht regnet.
K. V.: Sollt's also diese Woche nicht regnen, regnet es sicher die nächste Woche, regnet es die nächste Woche auch nicht, ist es nicht sicher, ob es die übernächste Woche bestimmt regnet, dann hole ich den Schirm einen Tag früher.
Inhaberin: Also an einem Mittwoch.
K. V.: Ob es grad ein Mittwoch ist, kann ich nicht sagen.
Inhaberin: Na ja – das sehen wir dann schon.
K. V.: Holen tu ich den Schirm auf jeden Fall, die Hauptsache ist, daß er repariert ist.
Inhaberin: Ja, repariert wird er sofort.
K. V.: Ja, wenn er sofort repariert wird, dann könnt ich ihn ja heut noch abholen.

INHABERIN: Freilich könnten Sie ihn heut noch holen, aber heute regnet es ja nicht.
K. V.: Dann hat es auch keine Eile mit der Reparatur, nur dann müßt ich ihn halt haben, wenn es zum Regnen kommt.
INHABERIN: Wenn er fertig ist, können Sie den Schirm holen.
K. V.: Das ist gar nicht nötig, denn wenn er repariert ist, liegt er bei mir daheim im Kleiderkasten drin, das heißt beim schönen Wetter – aber wenn es schlechtes Wetter wird, ist es natürlich zu spät, wenn man einen kaputten Schirm zum Reparieren bringt.
INHABERIN: Ganz richtig. – Die Hauptsache ist, daß er fertig ist, ob er jetzt bei mir oder bei Ihnen steht. Aber wissen Sie, da kommen oft Kundschaften, wochenlang haben s' einen kaputten Regenschirm daheim. Plötzlich kommt a schlechtes Wetter, dann kommen s' mit dem alten Regenschirm daher, dann soll der Regenschirm sofort gemacht werden – und ist er dann fertig – und hört 's Regnen auf, dann kommen s' nimmer – über hundert alte Regenschirme haben wir schon auf dem Speicher, die alle nicht mehr abgeholt worden sind – hoffentlich kommt Ihrer nicht auch dazu!
K. V.: Nein, da bin ich gewissenhaft. – Also passen S' auf, Frau – ob's jetzt regnet – oder ob's nicht regnet – bis wann könnten Sie den Schirm reparieren?
INHABERIN: Na, sagen wir – bis in – vierzehn Tagen.
K. V.: Bis in vierzehn Tagen, gut, einverstanden. – Sollt's aber in der Zwischenzeit regnen –
INHABERIN: Unsinn – es regnet doch nicht.
K. V.: Nein, ich mein ja nur, ich setz den Fall, es tät regnen.
INHABERIN: Gä!!! – Daß ich net lach! – Tät regnen! – Schauen S' doch den schönen blauen Himmel an!
K. V.: Ja, Frau! Aber es könnt doch ein Gewitter kommen!
INHABERIN: Ah – papperlapapp – Gewitter wird kommen, jetzt im Juli – da lacht Sie ja jede Kuh aus.
K. V.: Frau!!! – Verstehn S' mich doch endlich. Ich weiß schon, daß es schön ist und daß es vielleicht schön bleibt – mir ist ja doch auch das schöne Wetter lieber als so ein verdammtes, hundsgemeines Sauwetter.
INHABERIN: Ja, was erlauben Ihnen denn Sie? – Da haben S' Ihren alten Regenschirm – und schaun S', daß S' sofort aus meinem Laden hinauskommen, sonst schmeiß ich Ihnen naus! – A so a Gmeinheit, das schlechte Wetter tät der verfluchen – erlauben Sie mir, von was täten denn wir Regenschirmmacher leben? Wenn's allaweil schön Wetter wär? Merken Sie Ihnen: Leben und leben lassen!

Schwieriger Kuhhandel

VIEHHÄNDLER *zum Bauern*: Was kost de Kuah?
BAUER: Die is net billig.
VIEHHÄNDLER: Was s' kost, möcht i wissen.
BAUER: Müaßt i zerst d' Bäurin fragn.
VIEHHÄNDLER: Ja ghört de Kuah dir oder der Bäurin?
BAUER: Die ghört uns mitanand.
VIEHHÄNDLER: Ob s' dir alloa ghört oder der Bäurin, oder euch alle zwoa mitanand, des is mir gleich, i möcht nur wissen, was s' kost.
BAUER: Die gscheckerte hint waar billiger.
VIEHHÄNDLER: Was de kost, möcht i wissen.
Die Kuh muht.
VIEHHÄNDLER: Di hab i net gfragt, da Bauer soll mir's sagn.
BAUER: Wennst heut a Kuah kaffst, derfst as Geld net oschaugn.
VIEHHÄNDLER: I will ja 's Geld net oschaugn, i will's ja ausgebn, nur muaßt ma's sagn, wieviel i ausgebn muaß für de Kuah?
BAUER: Für de gscheckerte dahinten?
VIEHHÄNDLER: Naa, für de da!
BAUER: I an deiner Stell tat de gscheckerte kaffa, weil de is zwar net so schwar und kost net sovui als wia de da.
VIEHHÄNDLER: Ja Bauer, i woaß ja no gar net, was de da kost, vui weniger de ander dahinten.
BAUER: Ja möchst denn alle zwoa kaffa?
VIEHHÄNDLER: Naa – bloß oane, und zwar de da.
BAUER: Warum na grad de teure?
VIEHHÄNDLER: De teure? Ja Bauer, dann muaßt ma do zerst an Preis sagn von de zwoa Küah, sonst woaß i doch net, ob de oa teuer is oder de andere.
BAUER: Freili is de oa teurer als de andere, sonst warn s' ja alle zwoa gleich im Preis.
VIEHHÄNDLER: Ja da Preis is ja mir aa gleich, i tua ja net handeln, i kaff dir ja die Kuah um jeden Preis o.
BAUER: Um jeden Preis? Ja, jede Kuah hat ja bloß oan Preis.
VIEHHÄNDLER: Freilich ko oa Kuah net zwoa Preis hamm – so gscheit bin i selber, es gnügt mir ja aa, wenns d' ma bloß oan Preis sagst.
BAUER: Den Preis von da gscheckerten?
VIEHHÄNDLER: Naa – von dera da!!
BAUER: I hab dir's doch gsagt, von dera woaß i koan Preis, da muaß i warten, bis d' Bäurin kimmt.
VIEHHÄNDLER: Wann kimmt denn d' Bäurin?

BAUER: Des hat s' ma net gsagt – des müassat da Miche, da Knecht, der müassat's wissn.
VIEHHÄNDLER: Ja, na frag halt an Miche, wann d' Bäurin kimmt.
BAUER: Ja mei, da Miche is net da, der arbeit im Wald drauß.
VIEHHÄNDLER: So – ja und wann kimmt denn da Miche hoam?
BAUER: Des woaß i aa net – des müassat aa d' Bäurin wissen.
VIEHHÄNDLER: So, des woaß aa bloß d' Bäurin? – Und was die Kuah kost, des tat aa bloß sie wissen. Die woaß eigentlich vui – – schad, daß nia da is – – ja – na kemma oiso koa Gschäft macha.
BAUER: Schad!
VIEHHÄNDLER: Also na pfüat di Gott, Bauer.
BAUER: Pfüat di Gott aa!

Die Fremden

LIESL KARLSTADT: Wir haben in der letzten Unterrichtsstunde über die Kleidung des Menschen gesprochen, und zwar über das Hemd. Wer von euch kann mir nun einen Reim auf Hemd sagen?
KARL VALENTIN: Auf Hemd reimt sich fremd!
L. K.: Gut – und wie heißt die Mehrzahl von fremd?
K. V.: Die Fremden.
L. K.: Jawohl, die Fremden. – Und aus was bestehen die Fremden?
K. V.: Aus »frem« und aus »den«.
L. K.: Gut – und was ist ein Fremder?
K. V.: Fleisch, Gemüse, Obst, Mehlspeisen und so weiter.
L. K.: Nein, nein, nicht was er ißt, will ich wissen, sondern wie er ist.
K. V.: Ja, ein Fremder ist nicht immer ein Fremder.
L. K.: Wieso?
K. V.: Fremd ist der Fremde nur in der Fremde.
L. K.: Das ist nicht unrichtig. – Und warum fühlt sich ein Fremder nur in der Fremde fremd?
K. V.: Weil jeder Fremde, der sich fremd fühlt, ein Fremder ist, und zwar so lange, bis er sich nicht mehr fremd fühlt, dann ist er kein Fremder mehr.
L. K.: Sehr richtig! – Wenn aber ein Fremder schon lange in der Fremde ist, bleibt er dann immer ein Fremder?
K. V.: Nein. Das ist nur so lange ein Fremder, bis er alles kennt und gesehen hat, denn dann ist ihm nichts mehr fremd.

L. K.: Es kann aber auch einem Einheimischen etwas fremd sein!

K. V.: Gewiß, manchem Münchner zum Beispiel ist das Hofbräuhaus nicht fremd, während ihm in der gleichen Stadt das Deutsche Museum, die Glyptothek, die Pinakothek und so weiter fremd sind.

L. K.: Damit wollen Sie also sagen, daß der Einheimische in mancher Hinsicht in seiner eigenen Vaterstadt zugleich noch ein Fremder sein kann. – Was sind aber Fremde unter Fremden?

K. V.: Fremde unter Fremden sind: wenn Fremde über eine Brücke fahren, und unter der Brücke fährt ein Eisenbahnzug mit Fremden durch, so sind die durchfahrenden Fremden Fremde unter Fremden, was Sie, Herr Lehrer, vielleicht so schnell gar nicht begreifen werden.

L. K.: Oho! – Und was sind Einheimische?

K. V.: Dem Einheimischen sind eigentlich die fremdesten Fremden nicht fremd. Der Einheimische kennt zwar den Fremden nicht, kennt aber am ersten Blick, daß es sich um einen Fremden handelt.

L. K.: Wenn aber ein Fremder von einem Fremden eine Auskunft will?

K. V.: Sehr einfach: Frägt ein Fremder in einer fremden Stadt einen Fremden um irgend etwas, was ihm fremd ist, so sagt der Fremde zu dem Fremden, das ist mir leider fremd, ich bin hier nämlich selbst fremd.

L. K.: Das Gegenteil von fremd wäre also – unfremd?

K. V.: Wenn ein Fremder einen Bekannten hat, so kann ihm dieser Bekannte zuerst fremd gewesen sein, aber durch das gegenseitige Bekanntwerden sind sich die beiden nicht mehr fremd. Wenn aber die zwei mitsammen in eine fremde Stadt reisen, so sind diese beiden Bekannten jetzt in der fremden Stadt wieder Fremde geworden. Die beiden sind also – das ist zwar paradox – fremde Bekannte zueinander geworden.

Jagdsport

Liesl Karlstadt: Soso, Sie sind auch ein Jäger? Wann gehn Sie immer auf die Jagd?

Karl Valentin: Ja nicht immer! Hie und da oft sehr selten.

L. K.: Aha, also ein sogenannter Sonntagsjäger! Haben Sie schon viel geschossen?

K. V.: Geschossen schon viel – aber wenig getroffen!

L. K.: Wie kommt das?

K. V.: Ja, da bin ich überfragt. – Ich hab ein sehr gutes Gewehr, Munition, an großen Rucksack, ausgerüstet bin ich gut.

L. K.: Jaja, die Ausrüstung ist Nebensache, die Hauptsache wäre der gute Jäger.
K. V.: Was heißt der gute Jäger! Wenn ein guter Jäger keine Ausrüstung hat, dann kann er nichts machen.
L. K.: Sie verstehn mich falsch; ich meine, der beste Jäger mit der besten Ausrüstung trifft nichts, wenn kein Wild da ist; deshalb ist eigentlich die Hauptsache an der ganzen Jägerei das Wild, also die Rehe, Hasen, Rebhühner, Gemsen und dergleichen und so weiter.
K. V.: Ja, das ist klar. Wenn's kein Wild geben würde, dann gäb's auch jedenfalls keine Jäger.
L. K.: Ja, es gibt aber Wild, und Jäger gibt's auch!
K. V.: Ja freilich gibt's Jäger, ich bin ja einer, des hab ich ja doch schon gsagt!
L. K.: Freilich haben Sie mir des gsagt, das glaub ich ja auch. Ich hab nur wissen wollen, ob Sie schon was geschossen haben!
K. V.: Ja freilich! Karpfen, Hechte, Forellen.
L. K.: Was? – Fische haben Sie geschossen?
K. V.: Na! Ich bin doch Fischer auch.
L. K.: Soso, Sie sind auch Fischer?
K. V.: Ja! Ich bin Fischer! Ich hab amal einen Bekannten ghabt, der heißt Fischer, und den hab ich amal gfragt, warum er eigentlich Fischer heißt, das hat der gar nicht gewußt.
L. K.: Das find ich nicht so eigenartig, wenn der das nicht gewußt hat, warum er Fischer heißt; da find ich das viel lustiger, daß Sie ein Fischer sind.
K. V.: Was heißt da lustiger? Die Fischerei ist doch nicht lustig, eher langweilig.
L. K.: Ja, das stimmt; deshalb ist sie ja so lustig, nicht für den Fischer, aber für die andern!
K. V.: Für was für andere?
L. K.: Na ja, für die Zuschauer! Wenn so ein Fischer zum Beispiel fünf Stund lang nach einem Fisch fischt, und er zieht dann einen alten Hosenträger raus oder eine alte Matratzenfeder, das ist doch lustig!
K. V.: Für uns Fischer nicht! – Und übrigens kommt so etwas ganz selten vor. Und wenn man so altes Zeug rausangelt, so ist da nicht der Fischer schuld, sondern diese andern, die so altes Glump ins Fischwasser hineinwerfen, statt in die Kehrichttonne – die Drecksäue!
L. K.: Ja, wo haben Sie denn Ihr Fischwasser?
K. V.: In der Würm.
L. K.: In der Würm? Und mit was fischen Sie da?
K. V.: Mit Würm.

L. K.: In der Würm fischen Sie mit Würm?
K. V.: Nein! Mit Würm fisch ich in der Würm.
L. K.: Das ist doch das gleiche?
K. V.: Haha, Sie sind gelungen! Ich kann doch nicht die Würm an die Angel hinstecken und in die Würm meine Angel hineinhängen!
L. K.: Ja, also das versteh ich nicht!
K. V.: Ja, das kann ich verstehn, daß Sie das nicht verstehn! Habn Sie die Würm noch nicht gsehen?
L. K.: Was für Würm?
K. V.: Na, die Würm!
L. K.: Ja, wieviel Würm meinen Sie denn?
K. V.: Ja, nur eine!
L. K.: Was? Eine Würm? Das ist doch kein Deutsch! Es heißt doch: die Würmer!
K. V.: Ja, Sie können doch nicht sagen: durch Gräfelfing fließt die Würmer! Die Würm ist doch ein Bach, ein kleiner Fluß!
L. K.: Ja, das wußt ich nicht, daß in Gräfelfing die Würm durchfließt, denn ich wohn ja in Planegg.
K. V.: Da fließt ja die Würm auch durch!
L. K.: Dieselbe Würm?
K. V.: Das weiß ich nicht, ob das dieselbe ist – kann sein!

Hausverkauf

KARL VALENTIN: Guten Tag, Sie wünschen?
LIESL KARLSTADT: Ich komme wegen dem Haus.
K. V.: Sie meinen wegen dem Häuschen?
L. K.: In der Zeitung steht Haus.
K. V.: Nein, es ist ein kleines Haus, ein Häuschen.
L. K.: Ah, ein Häuslein, ein Häuselchen, ein Häuseleinchen. Steht das Häuschen im Freien?
K. V.: Da steht es doch!
L. K.: Ich komme auf das Zeitungsinserat; Sie haben doch das Haus zu verkaufen; ist das hier das Haus?
K. V.: Jawohl! Ich verkaufe es ungern, aber ich bin froh, wenn ich es los bin.
L. K.: Wie viele Stockwerke hat das Haus?
K. V.: Keines, nur Parterre.
L. K.: Ist es bewohnt?

K. V.: Momentan nicht, weil ich heraußen stehe.

L. K.: Wie viele Zimmer?

K. V.: Nur eins – dafür keine Treppe, kein Stiegenhaus.

L. K.: Ist das hier eine ruhige Gegend?

K. V.: Jawohl. Im Winter hören Sie nicht einmal das Auffallen der Schneeflocken; aber dafür gibt es im Sommer viele Ameisen, aber die gehen ganz leise.

L. K.: Wie steht es mit den Abortverhältnissen?

K. V.: Abort ist keiner im Haus.

L. K.: Ja, aber wenn man ...

K. V.: Der Wald ist fünf Minuten von hier entfernt.

L. K.: Ja, aber bei Nacht?

K. V.: Auch nur fünf Minuten.

L. K.: Wann sind Sie in dieses Haus eingezogen?

K. V.: Einen Tag später.

L. K.: So früh schon! – Und wie ist es mit der Beleuchtung? Gas oder elektrisch?

K. V.: Im Haus und im Freien – überall elektrisch!

L. K.: Ich sehe aber nirgends eine elektrische Leitung.

K. V.: Nur elektrische Taschenlampe, brennt überall.

L. K.: Wie alt ist das Haus schon?

K. V.: Weiß nicht, hab's noch nicht gefragt.

L. K.: Sind Hypotheken drauf?

K. V.: Nein, nur ein Kamin.

L. K.: Was bedeuten diese vier Zimmerwände?

K. V.: Das sind Stützen.

L. K.: Für was?

K. V.: Fürs Hausdach.

L. K.: Ist Ungeziefer im Haus?

K. V.: Nein, ich bin noch Junggeselle.

L. K.: Soso!

K. V.: Jawohl!

L. K.: Legen Sie ...

K. V.: Ich nicht!

L. K.: Einen Moment ...

K. V.: Bitte!

L. K.: Legen Sie ...

K. V.: Nein – aber meine Hühner.

L. K.: Legen Sie Wert darauf, daß das Haus bald verkauft wird?

K. V.: Nein, sofort – in sofortiger Bälde!

L. K.: Kaufen Sie sich dann wieder ein neues Haus?

K. V.: Niemals mehr! Ich suche ein altes, tausend Meter tiefes Bergwerk zu mieten.
L. K.: Und das wollen Sie dann bewohnen?
K. V.: Selbstverständlich!
L. K.: Das ist ja unheimlich!
K. V.: Schon – aber sicher!
L. K.: Vor wem?
K. V.: Vor Meteorsteinen.
L. K.: Aber Meteorsteine sind doch ganz selten.
K. V.: Schon, aber bei mir geht die Sicherheit über die Seltenheit.

Der Vogelhändler

Liesl Karlstadt: Grüß Gott! – Ah, Sie sind der Ausgeher von der Vogelhandlung?
Karl Valentin: Sind Sie zu Haus?
L. K.: Ich wart schon so lange auf Sie; ich hab schon glaubt, Sie kommen nicht mehr.
K. V.: Da ist der Kanarienvogel samt Käfig, und da ist die Rechnung.
L. K.: Das ist recht – wo ist denn der Hansi? – Der Käfig ist ja leer, wo ist denn der Vogel?
K. V.: Der muß schon drin sein!
L. K.: Was heißt, muß drin sein? Es ist aber keiner drin.
K. V.: Das ist ja ausgeschlossen. Ich bring Eahna doch net an leeren Käfig!
L. K.: Ja, bitte, schaun S' doch selber nein!
K. V.: Da brauch ich gar net neinschaun, mir ham doch schließlich a reelles Geschäft; was glauben Sie, was die Kunden sagen täten, wenn wir überall an leeren Käfig hinbringen würden, und noch dazu ohne Vogel! Unsere Kundschaften werden richtig bedient, da fehlt sich nix.
L. K.: Was heißt, da fehlt sich nix? Natürlich fehlt was – der Vogel fehlt.
K. V.: Da müßte er mir beim Transport auskommen sein, daß das Türl offen war.
L. K.: Reden S' doch nicht; das Türl kann nicht offen gewesen sein, das ist ja zu.
K. V.: Des is zu?
L. K.: Natürlich!
K. V.: Dann muß er drin sein!
L. K.: Er ist aber nicht drin.

K. V.: Frau, das ist unmöglich. Bei einer geschlossenen Tür kann kein Vogel raus.

L. K.: Aber in dem Fall muß er doch rausgekommen sein, sonst wär er ja drin!

K. V.: Drin muß er sein, da gibt's gar koan Zweifel! – Schaun S' amal auf d' Rechnung nauf, ob er auf der Rechnung steht!

L. K.: Ja, da steht er freilich: Ein Käfig mit Vogel dreizehn Mark.

K. V.: No also, da sehn Sie's! Glauben Sie, mein Prinzipal würde Ihnen eine Rechnung schreiben »Käfig mit Vogel dreizehn Mark«, und würde Ihnen statt an Käfig mit Vogel nur einen Käfig allein liefern? Der Käfig allein nützt Ihnen nichts, und der Vogel allein nützt Ihnen auch nichts! Das gehört zusammen wie a Suppn ohne Salz.

L. K.: Was macht man jetzt da?

K. V.: Ja, ich muß die Rechnung einkassieren. Dreizehn Mark macht alles zusammen.

L. K.: Was heißt da, alles zusammen?

K. V.: Ja, der Käfig und der Vogel.

L. K.: Vogel war doch keiner drin; ich bezahle doch nicht, was ich nicht vollständig bekommen habe.

K. V.: Ja, dann nehme ich die ganze Ware wieder mit.

L. K.: Die ganze Ware ist gut; Sie können ja nur den Käfig mitnehmen, Vogel war ja keiner drin.

K. V.: Frau, der Vogel muß drin gewesen sein!

L. K.: Na, wo wär er denn dann hingekommen?

K. V.: Das ist mir gleich. Auf der Rechnung steht: Käfig mit Vogel dreizehn Mark.

L. K.: Da müssen Sie mir aber zuerst einen Käfig mit Vogel bringen!

K. V.: In diesem Fall nun nicht, Frau! Da bräuchte ich doch nur mehr den Vogel bringen!

L. K.: Wieso nur den Vogel? Ich brauch doch einen Käfig auch dazu!

K. V.: No ja, an Käfig ham S' doch schon! Sie werden doch nicht behaupten, daß der Käfig auch ausgekommen ist.

L. K.: Reden Sie doch nicht. Der Käfig ist freilich da. Sie brauchen mir nur mehr den Vogel dazu liefern!

K. V.: Einen Vogel allein liefern wir ja nicht; nur immer zusammen: Käfig mit Vogel.

L. K.: Ja, mir haben Sie den Käfig allein geliefert, ohne Vogel.

K. V.: Aber auf der Rechnung steht: Käfig mit Vogel – bitte: Käfig mit Vogel!

L. K.: Ich bin doch nicht verpflichtet, daß ich Ihr saudummes Geschwätz anhör! *Sie schlägt die Tür zu.*

K. V.: Jetzt hat s' mir d' Tür vor der Nasn zuaghaut! Ich kann's der Frau auch wirklich nicht verdenken, denn es ist wirklich kein Vogel drin. – Aber auf der Rechnung steht tatsächlich: Käfig mit Vogel!

Schwierige Auskunft

Liesl Karlstadt: Sie, bitte, wie komme ich denn hier am schnellsten zum Bahnhof?
Karl Valentin: Da sind Sie noch weit weg. Da müßten Sie entweder gehen oder fahren. Wenn Sie fahren, sind Sie vielleicht in fünfzehn Minuten dort, aber zu Fuß brauchen S' bedeutend länger.
L. K.: Und wie geht man denn da, wenn man zu Fuß geht?
K. V.: Da gibt es drei Wege. Entweder Sie gehen geradeaus und dann über den großen Platz, oder Sie gehen durch den Stadtpark und bei dem Hotel vorbei, oder Sie gehen am kürzesten durch die Passage durch und zwischen dem Kaufhaus und der Markthalle durch. Dann kommen Sie direkt hin.
L. K.: Ja, ich hab aber höchste Zeit, denn um 15.20 Uhr geht schon mein Zug, und jetzt ist es schon 15.10 Uhr.
K. V.: Ja, dann ist es gscheiter, Sie gehn den Kasernenweg entlang, bei der Autotankstelle vorbei und da können S' dann noch mal fragen.
L. K.: So, da soll ich dann noch mal fragen; ja, geht denn keine Straßenbahn hin?
K. V.: Ja, mit der Straßenbahn ist es überfüllt, wissen S', da kriegt man so wenig Platz, und zerst muß man so lange warten, und schließlich kommt s' dann und ist besetzt.
L. K.: Also, dann ist das auch nichts. Und ich habe schon höchste Zeit, o mei, o mei, wenn ich Sie nur besser verstehn tät!
K. V.: Ja, ich kann schon lauter reden!
L. K.: Nein, nicht lauter!
K. V.: Leiser?
L. K.: Nein, deutlicher sollen Sie reden!
K. V.: Ja, deutlicher kann ich nicht reden!
L. K.: Haben Sie einen Sprachfehler?
K. V.: Nein, nein!
L. K.: Reden Sie immer so undeutlich?
K. V.: Nein, nur wenn ich auf der Straße was gfragt werd.
L. K.: Ja, Sie brauchen ja nur Ihren Mund weiter aufmachen beim Sprechen!

K. V.: Des trau i mir net.
L. K.: Warum nicht?
K. V.: Weil i zum Zahnarzt muß.
L. K.: Beim Zahnarzt müssen S' an Mund auch weiter aufmachen!
K. V.: Ja, da macht's ja nichts mehr. – Mir ist nämlich heut mei Goldplombe locker wordn, und da hab i Angst, daß ma s' rausfällt, wenn ich an Mund aufmach. Und da muß ich jetzt so Obacht gebn und kann den Mund net aufmachen.
L. K.: Und ausgerechnet Sie muß ich fragen um Auskunft!
K. V.: Ah, das macht mir nichts!
L. K.: Ja, Ihnen macht's freilich nichts, aber mir macht's was!
K. V.: Wieso?
L. K.: Ja, weil ich an Zug versäumt hab!

Streit mit schönen Worten

SIE: Mei Ruh laß mir!
ER: Du mir auch!
SIE: Ich weiß schon, wieviel es gschlagen hat!
ER: Ich auch!
SIE: A andrer Mann geht auf d' Nacht in sein Wirtshaus und kommt in der Früh heim; aber das ist ja dir alles fremd, du fühlst dich ja nur am häuslichen Herd glücklich!
ER: Du hockst ja auch lieber daheim bei mir!
SIE: Ja, wenn du es nur einsiehst!
ER: Du hast mir noch jede Stunde meines Lebens verschönt!
SIE: Du mir genauso; und wenn ich noch so betrübt war, so warst es du, der mir jeden Wunsch von den Augen absah!
ER: Ja, weißt du noch, wie wir damals in jener Sommernacht allein auf einer Bank saßen? Du wolltest noch bleiben, und ich wollte noch bleiben, und dann kam der Schutzmann, der uns dann fragte, was wir denn da wollen.
SIE: Ja, und dann warst du es, der gesagt hat: Ach, lassen Sie uns doch allein!
ER: Ja, das weiß ich noch, aber Gott sei Dank war der Schutzmann dann vernünftiger und ist gegangen.
SIE: Drum sag ich es tausendmal: hätte ich nur einen andern kennengelernt als dich, was hätt ich denn an einem andern gehabt: nichts als Verdruß und Ärger!

Er: Ach, wenn man dich so ansieht. Du bist ja so eine – ach, ich kann mich gar nicht ausdrücken – so ein liebes Ding, daß ich dir gleich stundenlang in die Augen schauen könnte!
Sie: Du kannst natürlich nichts als einem Sachen ins Gesicht schleudern, die leider wahr sind! Aber meine liebe Frau Schwiegermutter ist ja dieselbe wie ihr Herr Sohn; die kann ja auch sonst nichts, als mir recht schön ins Gesicht tun und hinter meinem Rücken lobt sie mich, wo sie mich nur loben kann! Aber da bin ich ihr gut genug, daß ich ihr meine ganze Wäsche waschen lasse, alle Näharbeiten laß ich ihr zukommen, ohne einen Pfennig zu verlangen; da ist man dann die Schwiegertochter hinten und vorne! Zum Weihnachtsfest alle Jahre hab ich von ihr die schönsten Präsente angenommen ohne ein Wort zu sagen; aber das ist scheint 's alles vergessen!
Er: Aber meiner lieben Schwiegermutter fehlt auch nichts! Wie oft hab ich einen kleinen Seitensprung gemacht, bei dem sie mich ertappte – nichts hat sie dir davon gesagt! Verheimlicht hat sie dir alles!
Sie: Das sind ja unplumpe Vertraulichkeiten! Das sagst du ja nur zu mir, daß ich dich noch lieber haben sollte, als ich dich sowieso schon habe. Mit derlei Sachen kannst du mich nicht aus der Ruhe bringen, und wenn du mir's nicht zu bunt machst, dann pack ich meine sieben Zwetschgen zusammen und bleib erst recht bei dir!
Er: Du darfst dich nicht beklagen, denn so gemeint war es ja nicht. *Haut mit der Faust auf den Tisch.* Ich verbitte mir nun endlich deine Zudringlichkeiten! Ich hab dir heute schon mindestens hundert Küsse gegeben, und mehr braucht eine Frau nicht an einem Tag!
Sie: Das ist eine unverschämte Lüge von dir! Du bist ein ganz gewalttätiger Mensch; das hat sich an meinem Namenstag gezeigt, als du mir den teuren Pelzmantel gekauft hast, und ich wollte nur einen gewöhnlichen Lodenmantel.
Er: So, jetzt machst du mir noch Vorwürfe, aber ich werde es mir merken! Zu deinem Geburtstag bekommst du von mir für deine impertinente Bescheidenheit 500 Mark, dann kannst du dir kaufen, was du willst; dann brauch ich mich wenigstens nicht mehr freuen über deine Dankbarkeit!
Sie: Jaja, jetzt kommt natürlich wieder der Vorwurf, das bin ich ja an dir schon gewöhnt! Ich verbitte mir ab heute von dir jede Unzudringlichkeit, sonst werde ich dir den Himmel kalt machen. Es heißt zwar die Hölle heiß machen, aber bei dir ist das alles fruchtlos!
Er: Eleonore, sei doch nicht unvernünftig! Wollen wir uns doch wieder vertragen! Wozu immer diese aufregenden Schmeicheleien? Sagen wir uns doch lieber in aller Ruhe die Gemeinheiten direkt ins Gesicht!

SIE: Ja, du saudummer Kerl! Da hast recht! Da bin ich sofort damit einverstanden.
ER: Na also, du Rindviech, du depperts! Siehst, es geht auch so!

Beim Arzt

LIESL KARLSTADT: Darf ich bitten, der nächste.
KARL VALENTIN: Grüß Gott, Herr Arzt.
L. K.: Grüß Gott, Herr Meier. Na, wo fehlt's?
K. V.: O mei, Herr Doktor, mit meim Magn stimmt's nimmer recht. Jedesmal, wenn ich gessen hab, dann hab ich den Magn so voll.
L. K.: Ja, das ist doch keine Krankheit, das ist doch ganz logisch, wenn Sie in den Magen was hineintun, muß er ja voll werden. – Wie ist es denn, wenn Sie nichts essen?
K. V.: Ganz das Gegenteil, dann fühl ich so eine Leere im Magn.
L. K.: Na sehen Sie, dann ist doch Ihr Magen in Ordnung.
K. V.: Ja, aber wie kommt denn das dann, daß ich beim Stiegensteigen so schnaufen muß?
L. K.: Ja, mein Lieber, da muß ein anderer auch schnaufen, aber das hängt doch nicht mit dem Magen zusammen, sondern mit der Lunge.
K. V.: Ja, auf der Lunge bin ich gsund, da fehlt mir nix, trotzdem ich mir vor zwei Jahren an Fuß brochen hab.
L. K.: So, an Fuß haben Sie sich gebrochen, wie ist denn das passiert?
K. V.: Zuviel Alkohol hatt ich dawischt.
L. K.: Am Alkohol können Sie sich doch nicht den Fuß brechen.
K. V.: Freili, bsuffa war i, und da bin i auf einer ausländischen Bananenschale ausgrutscht und hab mir meinen eigenen Fuß gebrochen.
L. K.: Ja, da war aber dann nicht der Alkohol schuld, sondern die Bananenschale.
K. V.: Selbstverständlich war die Bananenschale schuld, weil ich die net gsehn hab, und drum glaub ich, Herr Doktor, daß mit meinen Augen nimmer 's Richtige is, weil, wenn ich zum Beispiel daheim Zeitung lies, dann krieg ich so Kreuzweh, daß ich 's Lesen aufhörn muß.
L. K.: Aber lieber Herr Meier, schlechte Augen können niemals Kreuzschmerzen erzeugen.
K. V.: Des kann schon sein, aber d'Augen und 's Kreuz müssen doch eine heimliche Verbindung haben, weil man oft die alten Leut jammern hört, wenn s' sagen: »Es ist schon ein rechtes Kreuz, wenn man nicht mehr gut sieht.«

L. K.: Ja, Herr Meier, Sie sollen halt weniger Zeitung lesen und dafür mehr Obst essen, denn Obst ist gesund.
K. V.: Nicht für jeden, Herr Doktor. A Bekannter von mir wäre beinahe an einer Zwetschgen erstickt.
L. K.: Wie alt sind Sie denn schon, Herr Meier?
K. V.: Herr Doktor, ich bin schon bald zehn Jahre älter als meine Frau. Ja.
L. K.: Soso – und wie alt ist denn Ihre Frau?
K. V.: Ja, meine Frau, die ist jetzt – das könnt ich Ihnen momentan gar nicht sagen.
L. K.: Nun ja, ist auch Nebensache. – Ist der Darm in Ordnung?
K. V.: Von der Frau?
L. K.: Nein, nein, der Ihrige.
K. V.: Ach so, der meinige – ja, ja – selbstverständlich – im Vertrauen zu Ihnen gesagt ... *Valentin flüstert dem Arzt etwas ins Ohr.*
L. K.: Soso, hahahahaha – dann lieber nicht, dann verschreib ich Ihnen statt Rizinusöl lieber Opiumtropfen. – Was haben Sie eigentlich für einen Beruf, Herr Meier?
K. V.: Ich bin Leiternfabrikant.
L. K.: Aha, Sie machen die langen Leitern für die Feuerwehr?
K. V.: Nein, nein, ich mach die ganz winzig kleinen für die Laubfrösch.
L. K.: Was Sie nicht sagen, sehr interessant. Na ja, Leiter ist Leiter, aber daß wir wieder auf unser Thema zurückkommen, Herr Meier, außer einer kleinen Diarrhöe wüßt ich nicht, was Ihnen fehlt. Sie sind vollständig gesund.
K. V.: Was? Gsund bin i? Mir war's ja gnua, für was bin i dann bei der Krankenkasse?!

Zitherstunde

MAXL: Grüß Gott, Herr Zitherlehrer.
LEHRER: Grüß Gott, Maxl; komm nur herein.
MAXL: An schönen Gruß von der Mutter, und Sie möchten vielmals entschuldigen, daß ich heute so spät komme.
LEHRER: Hat dich deine Mutter so lange benötigt?
MAXL: Naa, naa, d' Mutter hat mich pünktlich fortgschickt – aber i hab mit meine Kameraden »Räuber und Schandi« gspielt.
LEHRER: Ja, was hat denn das mit deiner Mutter zu tun?
MAXL: Des woaß i aa net.
LEHRER: Na ja. Hast du fleißig gelernt?

MAXL: Nein, Herr Lehrer!
LEHRER: Warum nicht?
MAXL: Ja, ich hab der Mutter Kohlen raufholen müssen vom Keller.
LEHRER: Das ist ja recht und schön, wenn du deiner Mutter hilfst, aber heut ist doch Donnerstag, und am Montag warst du das letztemal bei mir in der Zitherstunde; du hast doch nicht drei Tage lang Kohlen raufholen müssen vom Keller.
MAXL: Ich hab ja Kartoffeln auch raufholen müssen.
LEHRER: Ja, ja, aber das dauert doch nicht drei Tage lang.
MAXL: Aber a Milli hab i auch holen müssen und a Salatöl.
LEHRER: Das ist ja alles ganz recht – aber du hättest doch alle Tage wenigstens eine Stunde üben können.
MAXL: Naa, des is net ganga, weil's so kalt gwen is in unserm Zimmer.
LEHRER: Dann heizt man eben ein, ich muß auch heizen – da hätte halt deine Mutter einheizen sollen.
MAXL: Mir ham ja keine Kohlen.
LEHRER: Wieso? Grad vorher hast du gesagt, du hast deiner Mutter Kohlen raufholen müssen vom Keller, und jetzt im Moment sagst du wieder, ihr habt keine Kohlen.
MAXL: Ja, im Keller ham ma keine mehr, weil ich s' alle rauftragen hab.
LEHRER: Nun ja, dann hast du die Kohlen heraufgetragen, und dann hat sie eingeheizt.
MAXL: Naa, naa!
LEHRER: Was naa, naa?
MAXL: Eingeheizt war ja schon.
LEHRER: Wie? Es war schon eingeheizt?
MAXL: Ja, eingheizt hat d' Mutter scho ghabt mit Holz allein, aber bis i d' Kohlen rauftragen hab vom Keller, is 's Holz wieder verbrennt gwen, weil mir im vierten Stock wohnen.
LEHRER: Ich glaub halt, daß deine Mutter nicht richtig einheizen kann. Dann soll eben dein großer Bruder Feuer machen.
MAXL: Moana Sie an Schorsche? Der Schorsche konn se ja net bucka, der hat ja an wehen Fuaß, weil er vom Baum abigfalln is.
LEHRER: Ach ja, der ist vom Baum gefallen. – Bei der Arbeit?
MAXL: Na, beim Obststehln.
LEHRER: Dann soll halt deine Großmutter einheizen.
MAXL: Ah, d' Großmutter, de is ja scho z' alt, de sieht ja net amal an Ofa, viel weniger 's Ofaloch.
LEHRER: Ja, irgendwer wird doch bei euch zu Haus noch einheizen können!
MAXL: Mei Tante, die hat –

LEHRER: Nun ja, die Tante, soll doch die einheizen!
MAXL: Mei Tante, die hat gut einheizen können, aber die is ja schon gstorbn vor vier Jahr.
LEHRER: Ist denn das möglich, daß in einer Familie niemand einheizen kann? Es muß doch bei euch zu Hause ein Mensch sein –
MAXL: Ja, höchstens mei Schwester, d' Lina – aber de hoazt nia ein, weil d' Muatter erst neulich zu ihr gsagt hat, sie soll eihoazn, na hat mei Schwester gsagt: »Des kannst dir denken, daß i mit de frischlackierten Fingernägel eihoazn tu und rußige Pratzn kriag.«
LEHRER: Na also, wenn deine Schwester zu nobel ist zum Einheizen, dann muß sich doch um Himmels willen irgend jemand finden, der bei euch einheizen kann.
MAXL: Ja, höchstens der Vater.
LEHRER: Ach was, der Vater heizen – Heizen ist doch kein Geschäft für den Vater!
MAXL: Ja, ja – mei Vater is doch Heizer.

Vergeßlich

KARL VALENTIN: Ah, eine gute Bekannte, die Frau ... no, jetzt weiß ich Ihren Namen nicht mehr.
LIESL KARLSTADT: Das sieht Ihnen wieder ähnlich. Wir haben aber doch so lange in einem Haus gewohnt, in der Dingsstraße ...
K. V.: Ja stimmt, freilich, freilich, die Frau Schweighofer sind Sie!
L. K.: Nein, nein, im Gegenteil, ein ganz kurzer Name ...
K. V.: Jetzt hab ich 's: die Frau Lang!
L. K.: Nein, nein, ein kurzer Name ist es doch! – Ich könnt's Ihnen schon sagen.
K. V.: Frau Mayerhofer!
L. K.: Ja, ganz richtig! Und Sie sind Herr Hofmayer!
K. V.: Ja, stimmt! Wissen Sie noch, wie wir die beiden Namen immer am Anfang verwechselt haben? – Ja, ja, Frau Mayerhofer, es ist gut, daß ich Sie eben treffe, ich wollte Ihnen etwas Wichtiges sagen, und jetzt weiß ich momentan nicht, was ... was war denn das?
L. K.: Das geht mir auch oft so!
K. V.: Was war das nur? – Hm, hm, hm, es ist zum Kotzen!
L. K.: War es was Geschäftliches?
K. V.: Nein, nein, es war ... weil ich mir auch noch dachte, das muß ich Ihnen sagen, wenn ich Sie treffe.

L. K.: Ja, lieber Gott, man wird eben älter und damit auch vergeßlicher.
K. V.: Das stimmt! – Was wollt ich nur sagen?! – Fällt mir nicht mehr ein.
L. K.: Mir geht's auch so. Ich war gestern in no, no, no – wo war das gleich?! In ...
K. V.: Daheim?
L. K.: Nein, nein, in Daheim war ich nicht, in no, sagn S' mir's doch!
K. V.: Ich hab keine Ahnung, wo Sie waren.
L. K.: Ja, das glaub ich schon, daß Sie das nicht wissen, ich weiß es ja selber nicht! In ... nun ja, es ist ja Nebensache – und da habe ich geschäftlich zu tun gehabt; da sollte ich ... da sollte ich ...
K. V.: Genauso geht's mir auch immer, da lauf ich oft daheim ins andere Zimmer hinüber, und wenn ich drüben bin, weiß ich nimmer, was ich wollte.
L. K.: Ich bin einmal zu einem Arzt gegangen wegen meiner Vergeßlichkeit, und wie ich beim Arzt war, und der fragte mich, was mir fehlt – meinen Sie, mir wär's eingefallen! – Da hab ich ganz vergessen, daß ich wegen meiner Vergeßlichkeit zu ihm gegangen bin.
K. V.: Man soll sich alles aufschreiben, dann vergißt man's nicht.
L. K.: Das hab ich auch schon probiert – das kann ich nicht!
K. V.: Warum nicht?
L. K.: Weil ich immer vergeß, daß ich einen Bleistift mitnehm und ein Papier.
K. V.: Einmal hab ich etwas nicht vergessen. Da hab ich mir was Wichtiges merken wollen, dann hab ich mir gesagt: Ach, des hat gar keinen Wert, wenn ich mir das merken will, denn das vergeß ich ja doch! – Und was meinen Sie? – Ich hab mir's gmerkt!
L. K.: Ja, und was war das?
K. V.: Jetzt weiß ich's nimmer!

Mir hat geträumt

Lang: Ja, Herr Kurz, wie einem nur so ein Unsinn träumen kann!
Kurz: Erzählen S' mir den Traum, vielleicht hab ich dasselbe auch schon einmal geträumt.
Lang: Unsinn! Jeder hat seine eigenen Träume. Das ist doch individuell. Zum Beispiel meine jüngste Tochter, die Otto – die Ottilie will ich sagen – gestern hat s' wieder so schwer geträumt. Gschrien hat s' aus Leibes-

kräften! »Ganz recht«, hab i gsagt, »leichtsinnigs Ding, wie oft hab i dir schon das Träumen verboten!«

KURZ: Nun, erzählen Sie mir doch, was Sie geträumt haben!

LANG: Ja – wahrscheinlich war es ein Alpendruck. Ich, wir und unser ganzer Gesangverein, dreizehn Mann, standen auf einem Bahnhof und wollten in den Zug einsteigen. Im Nu sehn wir, daß dieser Eisenbahnzug nur zwölf Wagen hat – wir waren aber dreizehn Mann. Jetzt hat einer, das war ich, neben dem Zug herlaufen müssen, und einer hat die Hand aus dem hintern Wagen rausgestreckt und hat mich geführt. Schon bei den ersten fünfzig Kilometern hätt ich's bald nimmer daschnaufen können, denn der Personenzug ist ja schneller gfahrn als der Orientexpreß, weil der Lokomotivführer das gsehn hat, daß ich neben dem Zug hinten mitlaufe, hat er gemeint, ich bin ein Dieb und will ihm seinen Eisenbahnzug stehlen – im Traum natürlich. Mit dem ganzen Eisenbahnzug sind wir plötzlich in ein Hotel hineingfahrn und mitten in ein Schlafzimmer hinein; da sind wir zwölf Mann ausgstiegn, der Eisenbahnzug ist zum Fenster hinausgflogn – im Traum natürlich – und wir haben uns ins Bett gelegt. Im Schlafzimmer war aber nur ein Bett; jetzt haben wir dreizehn Mann uns in ein Bett gelegt – ich war der unterste. Immer wenn ich aufgschnauft hab, hat's den obersten Mann an den Plafond hingedrückt. Keiner hat die ganze Nacht keine Minute nicht geschlafen – im Traum natürlich. Am andern Morgen wollten wir eine Bergpartie machen. Bei einem Käshändler haben wir uns Proviant mitgenommen – einen Papiersack voll flüssigen Lineburger – zehn Kilo. Zwei Mann haben den Sack getragen. Plötzlich reißt der Sack, der Lineburger läuft raus, fängt zu laufen an, läuft über einen Berg hinunter – gestunken hat's wie in der Lineburger Heide – natürlich nur im Traum. Wie wir alle am Bergesgipfel oben waren, fallen wir dreizehn Mann in eine Gletscherspalte hinunter – fünfhundert Meter tief –, aber wir waren nicht verloren. Unser Tenor sang die Tonleiter, und an dieser Tonleiter sind wir wieder hinaufgestiegen – aber nur im Traum natürlich!

Mozart

Zum Mozartjahr 1941

Schülerin läutet an der Wohnungstüre des Musikprofessors.

FRAU PROFESSOR *öffnet*: Ah! Fräulein Lieselotte – wie geht es, haben Sie fleißig geübt seit der letzten Unterrichtsstunde?

LIESELOTTE: Gewiß, Frau Professor!

FRAU PROFESSOR: Nun, das läßt sich hören! Da wird sich am meisten der Herr Professor freuen, wenn Sie recht gute Fortschritte machen – der arme Mann ist seit gestern wieder so nervös – zum Zerspringen!

LIESELOTTE: Um Gottes willen – noch nervöser als in der letzten Stunde, da geh ich gleich wieder – und komm ein anderes Mal!

FRAU PROFESSOR: Um Himmels willen, bleiben Sie da. Das würde ihn ja noch mehr erregen, wenn er Sie zum Unterricht erwartet und Sie kämen nicht! Denn an seiner ganzen Nervosität sind ja nur die Schüler und Schülerinnen schuld, weil niemand zu Hause übt – sie sagen alle ja – und wenn sie ihm dann in der Musikstunde die Aufgaben vorspielen, können sie nichts. Und das macht den Herrn Professor noch ganz konfus! *Es klingelt.* Das ist er! Machen Sie Ihre Sache gut, Fräulein Lieselotte!

PROFESSOR: Lieselotte – verzeihen Sie meine kleine Verspätung – aber wir können sofort beginnen – haben Sie zu Hause fleißig geübt?

LIESELOTTE *sehr zögernd und leise*: Ja, die Übungen waren sehr schwer, Herr Professor!

PROFESSOR: Die leichten Übungen auch?

LIESELOTTE: Auch sogar – – aber die schwereren waren noch schwerer.

PROFESSOR: Nun spielen Sie gleich die Übung von hier an ...

LIESELOTTE *spielt so leise und zögernd, daß man kaum etwas hört, 6 Takte.*

PROFESSOR: Ich sehe zwar an Ihren Händen, daß Sie spielen, aber hören tue ich nichts! Darf ich um etwas mehr forte bitten! Auf deutsch – mehr Lauterkeit.

LIESELOTTE: Ich trau mir nicht lauter spielen.

PROFESSOR: Warum nicht, mein liebes Kind?

LIESELOTTE: Weil Sie sonst eventuell auch die Fehler hören würden, Herr Professor.

PROFESSOR: Das Wort eventuell hasse ich genauso wie einen bereits bestehenden Fehler – aber ich erkenne schon an Ihrer ängstlichen Tasterei, daß Sie nicht geübt haben – – das Lügen fällt Ihnen leichter als das Üben – gut, dann übergehen wir diese Übung – und Sie lernen mir dieselbe bis zur nächsten Unterrichtsstunde.

LIESELOTTE: Jawohl, Herr Professor.

PROFESSOR: Was sagen Sie? Jawohl? Sie lügen ja schon wieder für den nächsten Unterricht – wir gehen nun weiter, und zwar nehmen wir hier diese sehr leichte, aber wundervolle Übung von Mozart durch – – ich spiele Ihnen die Übung vor. *Spielt irgendeine ganz seriöse lyrische Mozartsache, vielleicht 12 Takte.* Wiederholen Sie, bitte, was ich Ihnen vorgespielt habe – aber ganz zart, das sagt schon der Name Mo – – – zart!

LIESELOTTE *schlägt aber statt pianissimo die ersten Töne der Mozart-*

übung kräftig an, obwohl der Herr Professor soeben an »zart« erinnert hat.

PROFESSOR *gerät darüber in Wut*: So, Fräulein, spielen Sie die Übung nur kräftig und laut. *Lieselotte nimmt das ernst und spielt noch lauter.* Noch lauter, Fräulein – – können Sie denn nicht noch lauter spielen? Nehmen Sie doch die Fäuste dazu. Kommen Sie her, ich helfe mit – – so, die Ellenbogen sollen auch beschäftigt sein – – so ist es recht – – fortissimo – fortissimo – furioso. *Höllenlärm.* Mit dem Klavierhocker kann man auch noch spielen, das verstärkt die Musik.

FRAU PROFESSOR *kommt erschrocken ins Zimmer und schreit*: Um Gottes willen, was ist denn das für ein Riesenskandal, was bedeutet denn dieser Höllenlärm? Da fliegen ja die Klaviertasten im Zimmer herum. Was hat denn das alles zu bedeuten?

PROFESSOR: Meine teure Gattin! Meine Schülerin kann dir darüber Auskunft erteilen!

FRAU PROFESSOR *vorwurfsvoll*: Ja, Fräulein Lieselotte, was ist denn hier vorgefallen? Mein Mann ist ja ganz außer Band und Rand!

LIESELOTTE *ganz verstört und halb weinerlich*: Dem Herrn Professor kann man absolut nichts mehr recht machen. Die erste Übung habe ich ihm zu leise gespielt – da hat er mich geschimpft.

FRAU PROFESSOR: Ja, dann hätten Sie halt lauter gespielt, wenn er es schon haben wollte!

LIESELOTTE: Das habe ich ja auch gemacht, er wollte es aber immer noch lauter haben, und dann hat er die ganzen Tasten mit dem Klavierhocker zerschlagen.

FRAU PROFESSOR: Ja, du bist ja ein Narr – du weißt ja nicht mehr, was du willst – – dir kann es ja niemand mehr recht machen. Auf diese Art verlierst du ja deine ganzen Schüler und Schülerinnen. Da schau hin – – das Fräulein Lieselotte zieht sich an und geht! *Türschlag.*

PROFESSOR: Stell dir vor, diese junge Gans spielt Mozart mit hartem Anschlag, statt mit dem leisesten Pianissimo schlägt sie forte.

FRAU PROFESSOR: Aber du als Lehrer hast doch schließlich das Recht, ihr zu sagen: Spielen Sie zart.

PROFESSOR: Das habe ich ihr gesagt – ich habe es ihr sogar vorgespielt.

FRAU PROFESSOR: Mit den Schülern muß man eben Geduld haben, und man muß sie immer wieder und wieder auf ihre Fehler aufmerksam machen.

PROFESSOR: Nein! – Die Geduld habe ich nicht mehr! Im Gegenteil – – ich habe gesagt: Spielen Sie noch lauter – – und noch lauter – – hauen Sie mit den Fäusten in das Klavier, daß die Fetzen fliegen – – dann habe ich sogar mit dem Klavierhocker noch mitgespielt, aber die Tasten haben dem ge-

waltigen fortissimo-furioso nicht mehr standgehalten – tastiaturo – instrumenti – marodi – – defekte – repareturo – –
FRAU PROFESSOR: So – und du bist schuld. Hättest du deine Schülerin mit Ruhe und Geduld behandelt – so ...
PROFESSOR: Mit meinen Nerven ist mir das nicht möglich.
FRAU PROFESSOR: Aber den teuern Flügel zu demolieren, das war dir möglich!
PROFESSOR: Jawohl!!! – Das bin ich Mozart schuldig!

Geschäftsleute

Es läutet an der Wohnungstür.
FRAU: Jessas naa! – Wer werd denn des wieder sei?
MANN: Grüaß Gott, Frau!
FRAU: Ah? Des is ja der Herr ...
MANN: Da Zimmermann bin i.
FRAU: Zimmermann? – Nach'm Nama nach kenn i Eahna eigentlich weniger.
MANN: Nach'm Nama nach hoaß i net Zimmermann – i bin a Zimmermann.
FRAU: Ah! Sie san a Zimmermann?
MANN: Ja – Sie ham doch nach mir gschickt – was is denn los?
FRAU: Jessas ... zammgramt hab i heut no gar net – ausschaun tut's bei mir ... des is schrecklich – genga S' nur rein zu mir.
MANN: Frau! I hab net vui Zeit. – Sie ham vor acht Tag Eahnan Buam zu mir gschickt, i soll kemma. Wo fehlt's denn? I hab sovui Arbat, a jede Minutn muaß i ma wegstehln – alle Augenblick kemma d' Leut mit so Kloanigkeiten daher, und bei jedem pressiert's. – Kürzlich war i aa bei oan, hab's eahm glei gmacht, weil er a so gwinslt hot – er muaß's heit no habn – seit sechs Wochn liegt des Glump heut no bei mir in der Werkstatt – heut hat er's no net gholt.
FRAU: Ja, ja, solchene Leut gibt's – i bin grad 's Gegenteil. – Meine Hausschuah hab i gestern zum Schuasta tragn. In a paar Tag, hat er gsagt, san s' fertig. – I bin aba gleich am andern Tag scho nüba – mei, hat mi der zammagstaucht! – Moana S', i konn hexn – hat er gsagt. Bald hätt er mi aus seiner Werkstatt aussigschmissn.
MANN: Des hätt i aa do.
FRAU: Was sagn S'?
MANN: I hätt Eahna aa nausgschmissn aus meiner Werkstatt.

FRAU: Aus Eahna Werkstatt? – Ja, in Eahnara Werkstatt war i ja noch gar nia drin – des war ja beim Schuasta.

MANN: Frau, erzähln S' ma jetzt nix, sondern sagn S' ma, was bei Eahna z'macha is – i hab net vui Zeit.

FRAU: Freili hab i zu Eahna nübagschickt, Sie solln zu mir rüber kemma – aber des war ja scho vor acht Tag. Moana S', mir fallat's jetzt ei, was i von Eahna wolln hab?

MANN: Ja Kreuzhimmisakra, was buidn S' denn Eahna eigentlich ein. I lass d' Arbat dahoam steh, lauf bis zu Eahna rüba, versäum an Haufa Zeit, und jetzt, wenn i da bin, wissn S' net, was S' von mir wolln. Des is ma doch aa no net passiert. – Was schickn S' denn oan nüba, daß i kemma soll?

FRAU: Ja, i bin Eahna ja dankbar, daß Sie herkemma san.

MANN: Für was wolln S' ma denn dankbar sei, wenn i no gar nix gmacht hab?

FRAU: So? Des is ja recht nett von Eahna – mir macha S' jetzt an Krach. Wärn S' glei kemma vor acht Tag, wia i nübagschickt hab, na hätt ich's gwußt. Nach so langer Zeit schleichas S' jetzt auf oamal schö stad daher wia a Gütazug. Moana Sie vielleicht, i hab an nix anders z' denka als wia an des Glump, des Sie mir repariern solln? Kann i vielleicht was dafür, daß mir durch'n Krieg so dappi worn san? Sie kemma grad recht! Wenn S' koa Geduld ham, so lang, bis 's ma eingfalln is, dann gebn S' Eahna Gschäft auf! I muaß mi aa stundenlang vorn Milliladn hinstelln und wartn, bis i a Milli kriag.

MANN: I hab koa Milligschäft – i bin a Zimmermann, merken S' Eahna des. Und wenn S' jetzt net glei sagn, was S' wolln von mir, dann geh i wieda.

FRAU: Ja mei, mir fallt's halt jetzt momentan net ein, und wenn S' ma an Kopf runterreißn.

MANN: Naa, den brauch i net! So an saudumma Kopf hab i selba.

FRAU: Gell – a Fenster kenna Sie net einglasn?

MANN: Naa! I bin koa Glasa – i bin a Zimmamo!

FRAU: Naa, in meine Zimma is alles in Ordnung.

MANN: Bis auf d' Ordnung, wia i grad siehg.

FRAU: Was sagn S'?

MANN: Bis auf den Saustall, wenn S' des bessa verstehn.

FRAU: Jessas, jetzt fallt's ma grad ein, weil S' vom Saustall redn, jetzt woaß i, warum daß i Eahna holn hab lassn, wegn unsern Hasnstall im Gartn drauß – da is da Bodn dafeit, und da ghöratn a paar neue Bretta hingnagelt.

MANN: Und wega dem altn Hasnstall sprenga Sie mich zu Eahna her?

FRAU: Ja, i kann doch mein Hasnstall mit de Hasn net zu Eahna in d'

Werkstatt nübafahrn, noch dazua, wo ma no junge Hasn dazuakriagt ham.

MANN: Ja, Sie blöds Frauenzimmer – konn i vielleicht an den Hasnstall an neuen Bodn neimacha, wenn d' Hasn no drin san?

FRAU: Sie braucha mi gar koa blöds Frauenzimma hoaßn – die paar Brettln ko mei Mo aa hinnageln, da braucht ma schließlich koan Fachmann dazua. – Es kommt scho wieda a Zeit, wo d' Gschäftsleut auf uns angwiesn san.

MANN: Ja, ja, des müaß ma leida jetzt oft hörn, und des stimmt aa – de Zeit kummt sicha wieda, wo mir auf d' Kundn angwiesn san – aber net auf solche Kundschaftn, wia Sie oane san. – Und jetzt kenna Sie mi – des hoaßt »mir mein Hobl ausblasn«, schöne Frau. Pfüat Eahna Gott.

Sie weiß nicht, was sie will

An einem Schalter des Arbeitsamtes

BEAMTER *zu einem Dienstmädchen*: Nun haben Sie mir Ihr Anliegen schon dreimal erklärt, und ich bin noch nicht im Bilde, was Sie eigentlich wollen. Sie haben, wenn ich Sie recht verstehe, drei Arbeitsplätze als Zugeherin und wollen nun dafür eine Stelle annehmen in einem Altersheim.

DIENSTMÄDCHEN: Nein, ich bin gegenwärtig schon in Stellung, aber die Stellung im Altersheim, in die ich erst kommen möchte, da bin ich noch nicht, weil die Frau Lorenz, bei der ich schon nicht ganz fünf Jahre bin, die sagt auch, wenn Sie beim Arbeitsamt noch nicht waren, dann können S' immer noch die Stellung, wenn die Frau Assessor, wo ich auch einen Zugehplatz habe, damit einverstanden ist, annehmen.

BEAMTER: Sie wollen also statt drei Arbeitsplätzen eine Stellung haben in einem Altersheim.

DIENSTMÄDCHEN: Nein, das muß nicht sein, weil ich mich nicht so schnell entschließen kann, denn die Frau, wo ich wohne, hat gesagt, überlegen S' Ihnen das reiflich. So ein Schritt ist sehr riskant, der ihr Mann ist auch beim Magistrat und kennt die Fälle, und der meint, wenn Sie sich verbessern können, warum nicht?

BEAMTER: Und? Was hat da der Magistrat damit zu tun, dafür ist doch das Arbeitsamt da. Aber Sie stehen doch in Arbeit, und einen Stellungswechsel müssen Sie bei mir anmelden, aber ich versteh noch nicht recht. Wollen Sie am 1. dieses Monats in drei Arbeitsplätzen kündigen?

DIENSTMÄDCHEN: Nein, das muß nicht sein, weil ich vorderhand noch bleib. Ein Platz wäre mir halt bedeutend lieber als drei Arbeitsplätze.

BEAMTER: Ja, zum Donnerwetter, wenn's nicht sein muß, was wollen Sie dann hier am Arbeitsamt?

DIENSTMÄDCHEN: Die Frau Pfeiffer hat aber zu mir gesagt, da müssen Sie Ihnen ans Arbeitsamt wenden.

BEAMTER: Ja, was wollen Sie denn eigentlich wissen?

DIENSTMÄDCHEN: Die Frau Pfeiffer hat gesagt, am Arbeitsamt kriegt man jederzeit Auskunft.

BEAMTER: Ich kann Ihnen doch nur eine Auskunft erteilen, wenn ich weiß, um was es sich handelt. Sie wissen aber, scheint es, selber nicht, was Sie eigentlich wollen.

DIENSTMÄDCHEN: Jawohl!

BEAMTER: Was, jawohl?

DIENSTMÄDCHEN: Ich weiß nur nicht, ob ich kündigen soll.

BEAMTER: Na, wenn Sie die Stellung im Altersheim annehmen, dann müssen Sie die anderen Plätze kündigen, ohne Kündigung können Sie nicht einfach davonlaufen.

DIENSTMÄDCHEN: Ich kündige ungern. Schließlich ist das im Altersheim nicht das Richtige für mich, und wenn ich aber gekündigt habe, dann muß ich die Stellung annehmen, ob ich will oder nicht.

BEAMTER: Aber Sie sagten doch vorhin, Sie wollen lieber einen Platz als drei Arbeitsstellen.

DIENSTMÄDCHEN: Wenn's ein guter Platz ist, dann schon. Außerdem bleibe ich lieber, wo ich bin, weil das sehr nette Leute sind, und wenn ich da kündigen tu, dann verklagen die mich, und so was laß ich mir nicht bieten.

BEAMTER: Na, wenn das nette Leute sind, die Sie nicht weglassen wollen, dann sind doch die Leute mit Ihnen zufrieden.

DIENSTMÄDCHEN: Das schon. Ich will mich nur mit den Leuten nicht verfeinden.

BEAMTER: Na, dann bleiben Sie doch, wo Sie sind.

DIENSTMÄDCHEN: Die Frau Pfeiffer hat aber gemeint, ich soll mir das reiflich überlegen, denn Arbeit gibt's überall, weil wenn mein Bräutigam, der mich vielleicht heiratet, der hat zur Frau Finkenzeller gsagt, wenn wir verheiratet sind, dann brauch ich überhaupt nimmer in Stellung gehn.

BEAMTER: Na also! – Dann heiraten Sie doch!

DIENSTMÄDCHEN: Heiratn? Nein. Da denk ich noch gar nicht dran; schließlich passen wir gar nicht zsamm, dann muß ich doch wieder in Stellung gehn. – Da bleib ich schon lieber allein.

BEAMTER: Na, dann bleibn S' allein, und wenn Sie heiraten wolln, dann müssen S' aufs Standesamt gehn und nicht ins Arbeitsamt.

DIENSTMÄDCHEN: Mein Bräutigam will aber absolut heiraten!

BEAMTER: Na gut! Dann heiraten Sie ihn halt absolut.
DIENSTMÄDCHEN: Heiraten tu ich auf jeden Fall, weil ich mir sag, lieber ein eigenes Heim, als bei fremden Leuten schuften.
BEAMTER: Mein liebes Fräulein, nun aber zur Sache! Wir kommen da von einem Quatsch in den andern; was wollen S' denn eigentlich?
DIENSTMÄDCHEN: Im Altersheim hab ich mich schon vorgstellt, und da hat die Frau Oberin gsagt, daß es sehr viel Arbeit gibt, aber mir is keine Arbeit zuviel, und ich kann, wenn ich gekündigt habe, schon am 1. anfangen; aber das fällt mir ja gar nicht ein. Ich bin doch nicht aufs Hirn gefalln.
BEAMTER: Nun sagen Sie wieder, Sie wollen nicht ins Altersheim?
DIENSTMÄDCHEN: Schon – aber binden lasse ich mich nicht.
BEAMTER: Das wird ja immer schwieriger mit Ihnen!
DIENSTMÄDCHEN: Die Frau Pfeiffer hat auch gesagt, das Altersheim ist städtisch. Wer drin is, der is drin, der kommt so schnell nimmer raus.
BEAMTER: Sind S' doch froh, wenn S' wo drin sind; mir ist es ja egal, ob S' drin sind oder heraußen; jetzt sagn S' mir amal endlich, was Sie wolln.
DIENSTMÄDCHEN: Ich will die Bescheinigung vom Arbeitsamt.
BEAMTER: Ja, was wollen Sie denn für eine Bescheinigung? Eine Bestätigung meinen Sie vielleicht.
DIENSTMÄDCHEN: Ob ich die Stelle annehmen muß, wenn ich kündigen tu.
BEAMTER: Sie brauchen doch erst zu kündigen, wenn Sie sich entschlossen haben, daß Sie einen Stellungswechsel vorhaben; begreifen S' denn das nicht?
DIENSTMÄDCHEN: Bis wann soll ich das vornehmen?
BEAMTER: Bis wann? – Das weiß doch ich nicht – das müssen doch Sie wissen.
DIENSTMÄDCHEN: So schnell will ich mich noch nicht entschließen, weil ich nicht weiß, ob's meinem Bräutigam recht ist, weil, wenn der sagt, ich soll die Stellung unbedingt annehmen im Altersheim, dann kann ich immer noch tun, was ich will.
BEAMTER: Jetzt wird's allmählich Zeit, daß Sie zu einem Entschluß kommen, denn ich hab ja schließlich auch noch was anderes zu tun.
DIENSTMÄDCHEN: Muß ich denn der Frau Pfeiffer sagn, daß ich am Arbeitsamt war?
BEAMTER *schreit sie an*: Ja! Sagn Sie's ihr!!!
DIENSTMÄDCHEN: Ich überleg mir's halt jetzt noch mal, was ich tun soll, und dann komm ich wieder zu Ihnen.
BEAMTER: Um Gottes willen!!! – Dann überlegen Sie's Ihnen lieber nicht.

Pessimistischer Optimismus

Lang: Soso, Sie sind Pessimist?
Karl Valentin: Und Sie? – Optimist!
Lang: Ja.
K. V.: Sie sehn also alles rosig.
Lang: Jawohl – alles!
K. V.: Die Rosen auch?
Lang: Na – die werden Sie doch auch rosig sehen!
K. V.: Die schon – aber das ist auch das einzige, was ich rosig sehe!
Lang: Wie sehen Sie denn die Welt?
K. V.: Nur unrosig! – Wenn es auch in einem alten Lied heißt: Ja, die Welt ist schön …
Lang: Warum? – Finden Sie die Welt nicht schön?
K. V.: Nein! – Was soll denn da schön sein? – Das Unschöne geht doch schon mit der Geburt an. – Oder ist vielleicht die Geburt etwas Schönes? Fragen Sie mal darüber eine Hebamme oder einen Geburtshelfer.
Lang: Na gut – schön ist das nicht, aber – es ist halt mal so.
K. V.: Ja, das Es ist halt mal so – ist ja schon nicht schön! Schön wäre nach meiner Ansicht, wenn es nicht so wäre.
Lang: Na – wenn es nicht so wäre, dann wären Sie ja nicht auf der Welt.
K. V.: Ja, das wäre doch schön!
Lang: Wenn aber alle so denken würden wie Sie, dann wäre doch niemand auf der Welt.
K. V.: Ich sage Ihnen doch – dann wäre es doch schön.
Lang: Für wen?
K. V.: Für die Menschen, welche nicht auf der Welt sein müßten!
Lang: Menschen, die noch nicht auf der Welt waren, können doch nicht unterscheiden, ob es auf der Welt schön ist oder nicht.
K. V.: Das ist doch das Schöne, daß diese Menschen noch nicht auf der Welt waren.
Lang: Wie meinen Sie das?
K. V.: Ein Beispiel: Haben Sie schon etwas gehört vom Dreißigjährigen Krieg?
Lang: Gewiß!
K. V.: Was haben die Menschen, die zu dieser Zeit gelebt haben, alles mitgemacht! Können Sie sich das vorstellen?
Lang: Ja, diese Menschen haben Furchtbares erlebt! Alle Schrecken des Krieges – dazu noch Hungersnot und Pestilenzen.
K. V.: Na also – hätten Sie zu dieser Zeit auf der Welt sein wollen?
Lang: Nein! Gewiß nicht!

K. V.: Sehen Sie – war das nicht schön, daß Sie zu dieser Zeit nicht gelebt haben?
LANG: Stimmt!
K. V.: Also, daraus ersehen Sie doch, daß es für einen Menschen schön sein kann, selbst wenn er noch nicht gelebt hat – und genauso schön ist es für den Menschen, wenn er nach seinem Erdendasein nicht mehr lebt.
LANG: Ja – aber das Leben selbst haben Sie ja ganz übersprungen in Ihrer philosophischen Schilderung.
K. V.: Einen Moment! Es gibt allerlei Leben – es gibt zum Beispiel ein kurzes Leben – ein Kind wird geboren, und nach einer Stunde schon stirbt es. War das ein schönes Leben?
LANG: Nein! Aber es gibt doch auch ein langes Leben – es gibt doch Menschen, die über hundert Jahre lang leben. Und noch wünschen, länger zu leben.
K. V.: Gewiß, solche Fälle gibt es, aber was hat so ein alter Mensch noch von seinem Leben, insofern man dieses noch Leben nennen kann; völlig verkalkt, schon fast versteinert liegt er da – eine halbe Mumie könnte man sagen – zu nichts mehr fähig als zum Sterben.
LANG: Zu nichts mehr fähig, sagen Sie? Lesen Sie die Bibel – Abraham wurde siebenhundert Jahre alt und hatte fünfhundert Kinder.
K. V.: Na, na, na, na – Sie übertreiben – vierhundert Kinder soll er nur gehabt haben.

Buchbinder Wanninger

Der Buchbindermeister Wanninger geht in seiner Werkstätte ans Telefon und wählt eine Nummer.
PORTIER: Hier Baufirma Meisel & Compagnie.
BUCHBINDERMEISTER: Ja, hier ist der Buchbinder Wanninger. Ich möcht nur der Firma Meisel mitteilen, daß ich jetzt die Bücher, wo S' bstellt ham, fertig habe, und ob ich die Bücher hinschicken soll, und ob ich die Rechnung auch mitschicken darf.
PORTIER: Einen Moment, bitte.
BUCHBINDERMEISTER: Jawohl.
SEKRETARIAT: Hier Meisel & Compagnie, Sekretariat.
BUCHBINDERMEISTER: Ja, hier ist der Buchbinder Wanninger. Ich möcht Ihnen nur mitteilen, daß ich die, die Bücher da wo, daß ich die fertig hab, und ob ich die, die Ding da, die Bücher, hinschicken soll, und ob ich die Rechnung auch dann mit, gleich hinschicken soll – bitte.
SEKRETARIAT: Einen Moment, bitte.

BUCHBINDERMEISTER: Ja, ist schon recht.
DIREKTION: Direktion der Firma Meisel & Co.
BUCHBINDERMEISTER: Ä, hier ist der, der Buchbinder Wa-Wanninger. Ich möcht Ihnen nur und der Firma Meisel des mitteilen, daß ich die Ding, die Bücher jetzt fertig hab, und ob ich dann die Bücher hinschicken soll zu Ihnen, und ob ich die Rechnung dann auch gleich mit hinschicken soll – bitte.
DIREKTION: Ich verbinde Sie mit der Verwaltung, einen Moment, bitte, gell.
BUCHBINDERMEISTER: Ja, ist schon recht.
VERWALTUNG: Hier Baufirma Meisel & Co., Verwaltung.
BUCHBINDERMEISTER: Ha? Jawohl, hier ist der Buchbinder Wanninger. Ich möcht Ihnen nur mitteilen, daß ich die Bücher jetzt fertig gemacht hab und daß ich s' jetzt hinschick oder daß ich s' hinschicken soll, oder ob ich die Rechnung auch dann gleich mit hingeben soll.
VERWALTUNG: Rufen Sie doch bitte Nebenstelle dreiunddreißig an. Sie können gleich weiterwählen.
BUCHBINDERMEISTER: So, da muaß i glei – jawohl, ist schon recht, danke, bitte. *Geräusch der Wählscheibe.* Bin i neigieri.
NEBENSTELLE 33: Hier Baufirma Meisel & Compagnie.
BUCHBINDERMEISTER: Ja, der Ding ist hier, hier ist der – wer dort?
NEBENSTELLE 33: Hier Baufirma Meisel & Compagnie.
BUCHBINDERMEISTER: Ja, ich hab's dene andern jetzt scho a paarmal gsagt, ich möcht Ihnen nur des jetzt mitteilen, Fräulein, daß ich die Ding, die Bücher jetzt fertig habe, und ob ich die Bücher zu Ihnen hinbringen soll oder hintrage, und die Rechnung soll ich dann vielleicht eventuell auch gleich mitschicken, wenn Sie's erlauben.
NEBENSTELLE 33: Ja, einen Moment mal, ich verbinde Sie mit Herrn Ingenieur Plaschek.
BUCHBINDERMEISTER: Wie?
PLASCHEK: Hier Ingenieur Plaschek.
BUCHBINDERMEISTER: Ja, hier ist die Bau-, hier ist der – wer ist dort? Hier ist der Buchbinder Wanninger. Ich möcht Ihnen nur und der Firma mitteilen, daß ich jetzt die Bücher da fertig gmacht hab, die zwölf Stück, und ob die Bücher dann alle zu Ihnen hinkommen sollen, daß ich's hintrag, und ob ich d' Rechnung auch, auch hinoffe-offerieren sollte, bitte, zu Ihnen.
PLASCHEK: Ja, da weiß ich nichts davon.
BUCHBINDERMEISTER: So!
PLASCHEK: Fragen Sie doch mal bei Herrn Architekt Klotz an. Einen Moment mal, bittschön.

BUCHBINDERMEISTER: Wia hoaßt der? Was hat denn der für a Nummera? He! – Herrgottsakrament!
KLOTZ: Architekt Klotz.
BUCHBINDERMEISTER: Wanninger, Wanninger, ich hab, ich hab a, ich möcht dem Herrn Ingenieur nur das jetzt mitteilen, daß ich die Bücher schon fertig gemacht hab und die – und ob ich die Bücher jetzt nachher hinschicken soll zu Ihnen, weil ich die Rechnung auch gleich mit dabei hab, und die würd ich dann auch gleich – daß ich s' dazugeb vielleicht.
KLOTZ: Ja, da fragen Sie am besten Herrn Direktor selbst, der ist aber jetzt nicht in der Fabrik.
BUCHBINDERMEISTER: Wo is er nacha?
KLOTZ: Ich verbinde Sie gleich mit der Wohnung.
BUCHBINDERMEISTER: Naa, naa, passen S' auf, hallo!
DIREKTOR: Ja, hier ist Direktor Hartmann.
BUCHBINDERMEISTER: Ja, der Ding is hier, der Buchbinder Wanninger. Ich möcht nur anfragen, ob ich jetzt Ihnen des mitteilen soll wegen de Bücher, weil ich – die hab ich jetzt fertig gmacht in der Werkstatt, und jetzt hamma s' fertig, und ob ich s' Ihnen nachher mit der Rechnung auch hin-, mitschicken soll, wenn ich – ich hätt jetzt Zeit.
DIREKTOR: Ja, ich kümmere mich nicht um diese Sachen. Vielleicht weiß die Abteilung drei Bescheid; ich schalte zurück in die Firma.
BUCHBINDERMEISTER: Wer ist, wo soll i hingehn? – Herrgottsakrament.
ABTEILUNG III: Baufirma Meisel, Abteilung drei.
BUCHBINDERMEISTER: Ja, der Ding ist hier, der Buchbinder Wanninger, ich hab's jetzt dene andern scho so oft gsagt, ich möcht nur an Herrn Direktor fragn, daß ich die Bücher – fragen, daß ich die Bücher jetzt fertig hab, und ob ich s' nausschicka soll zu Ihna, und d' Rechnung hätt ich auch gschriebn, ob ich die auch gleich mit de Bücher, zamt de Bücher mit zum Herrn – Ihnen hinschicken soll, dann.
ABTEILUNG III: Einen Moment, bitte, ich verbinde mit der Buchhaltung.
BUCHHALTUNG: Firma Meisel & Compagnie, Buchhaltung.
BUCHBINDERMEISTER: Hallo, wie? Ja, der – ich möchte nur der Firma mitteilen, daß ich die Bücher jetzt fertig hab, net, und ich dadat s', dat s' jetzt Ihnen hin-hin-hinoweschicken, hinaufschicken in eichere Fabrik, und da möcht ich nur fragen, ob ich auch die Rechnung hin-hinbeigeben, beilegen soll, auch.
BUCHHALTUNG: So, so sind die Bücher nun endlich fertig, hören Sie, dann können Sie mir ja dieselben morgen vormittag gleich – ach, rufen Sie doch morgen wieder an, wir haben jetzt Büroschluß.
BUCHBINDERMEISTER: Wos? Jawohl, ja so, danke – entschuldigen S' vielmals! *Er hängt ein.* Saubande, dreckade!

Geräusche

Valentin sitzt in einem Restaurant und schlürft Suppe.

Herr Zissbideldip: Na, na, na, das ist ja allerhand; wenn Sie schon nicht geräuschloser essen können, dann fressen Sie in Zukunft daheim, nicht im Restaurant.

Karl Valentin: Das würde ich schon machen, aber meine Frau kann das Schmatzen und Schlürfen und die sonstigen Geräusche der Mahlzeit nicht hören.

Herr Zissbideldip: So, Ihre Frau kann das nicht hören; aber die fremden Leute im Restaurant, die neben Ihnen sitzen, die müssen sich das anhören!

K. V.: Müssen nicht – die brauchen sich ja nicht um mich herum setzen.

Herr Zissbideldip: Wenn aber sonst kein Platz mehr da ist?

K. V.: Dann schon! – Sie sind eben ein empfindlicher Mensch! Sie müssen doch auch auf der Straße gehen; da hören Sie den Straßenlärm, die Autos knattern, oben in der Luft surren die Flieger ...

Herr Zissbideldip: Sie werden doch nicht das Geräusch eines Flugmotors mit Ihrem Schmatzen vergleichen wollen!

K. V.: Selbstverständlich nicht! Das ist doch tausendmal lauter! – Nun, da sehn Sie ja, wie kapriziös Sie sind! Die Flieger und der Straßenlärm regen Sie nicht auf, aber meine kleine Mundbewegung beim Essen macht Sie nervös!

Herr Zissbideldip: Ein Flugmotor surrt; das ist ein mechanisches Geräusch, weil es von einer Maschine erzeugt wird.

K. V.: Das ist richtig. Aber Sie können von mir nicht verlangen, daß ich beim Essen surren soll; das ist mir nicht möglich – nicht einmal, wenn ich ein Surrhaxl verspeisen würde! – Sie sind halt ein geräuschempfindlicher Mensch! Da – haben Sie's soeben gehört! Der Herr da drüben hat geschneuzt! Warum beschweren Sie sich nicht über das Nasengeräusch?

Herr Zissbideldip: Ja, ich kann doch dem Herrn das Schneuzen nicht verbieten!

K. V.: So, das können Sie nicht! Aber mir wollen Sie das Essen verbieten!

Herr Zissbideldip: Das Essen nicht! – Über Ihr Schmatzen hab ich mich aufgeregt, und das mit Recht!

K. V.: *niest.*

Herr Zissbideldip: Zum Wohl! Gesundheit! Helf Gott!

K. V.: Was wollen Sie mit der dummen Bemerkung?

Herr Zissbideldip: Nun ja, wenn jemand niest, so sagt man zu demjenigen, der genossen hat, Gesundheit!

K. V.: Das finde ich aber sehr komisch! Zu einem Nasengeräusch, das eigentlich nicht sehr hygienisch ist, sagen Sie: Gesundheit! Und über das Schmatzen beim Essen regen Sie sich auf.
HERR ZISSBIDELDIP *bekommt einen Schluckauf*: Hupp! Verzeihung!
K. V.: Was soll ich denn verzeihen?
HERR ZISSBIDELDIP: Hupp! Sie sollen mir verzeihen, weil ich einen Schnackler getan habe.
K. V.: Schnackeln Sie ruhig weiter; ich bin ja nicht so kindisch wie Sie, daß ich mich über Ihren Schnackler aufrege. *Läßt einen sogenannten Magenkopper.*
HERR ZISSBIDELDIP: Na hören Sie, alles was recht ist! Benehmen Sie sich doch am Biertisch anständig!
K. V.: Ich habe mich ja über Ihren Schnackler auch nicht aufgeregt. Was kann ich denn dafür, wenn ich eine Magenblähung habe, das ist doch nur überflüssige Luft!
HERR ZISSBIDELDIP: Lassen Sie Ihre Luft ausströmen, wo Sie wollen, aber nicht in meiner Gegenwart; merken Sie sich das für die Zukunft!

Der Zirkuskauf

Fritz Fischer und Karl Valentin betreten zusammen die Manege.
FISCHER: Wie Sie wissen, besitze ich die Vollmacht von Herrn Karl Krone über den Verkauf dieses Zirkusses, nicht wahr! Anhand dieses Kaufvertrages kann ich Ihnen die Details des Zirkusses leichter erklären. *Er liest aus dem Kaufvertrag vor.* Der Circus Krone ist mit allem Komfort der Neuzeit und der Technik eingerichtet.
Stallungen für einhundertzwanzig Pferde und für wilde Tiere befinden sich an der Rückseite des Zirkusses.
Eine Restauration mit Erfrischungsraum und die Garderoben der Künstler sind im Vorraum neben den beiden Haupteingängen.
Fritz Fischer steigt über den Zirkusrand und bittet Valentin, auch hinüberzusteigen. Valentin scheint aber der Rand zu hoch, er zieht den Meterstab aus der Tasche und mißt die Höhe des Zirkusrandes ab, dann auch seine Beine und steigt hinüber.
Zwanzig Scheinwerfer, eine Lautsprecheranlage, Artistengeräte in der Zirkuskuppel, ist alles in dem Verkaufspreis des Zirkusses inbegriffen.
KARL VALENTIN *verliert immer seine Gummigalosche*: Aber in dem Verkaufsvertrag ist mir vieles nicht klar.
FISCHER: Wieso?

K. V.: Da heißt's zum Beispiel: Der Zirkus hat eine Höhe von fünfundzwanzig Metern.

FISCHER: Na ja, das stimmt doch!

K. V.: Ach, das sind doch höchstens ... soundsoviel Meter! *Zieht den Meterstab aus der Tasche und will die Höhe abmessen. Spielt mit dem Meterstab und dem Bleistift.* Na ja, kann sein. Dann fehlt auch im Kaufvertrag, mit was der Zirkus gepflastert ist.

FISCHER: In einem Zirkus gibt's kein Pflaster, da gibt's nur Sägespäne! *Er hebt eine Handvoll Sägespäne auf und gibt sie Valentin. Dieser mißt die Sägespäne mit dem Meterstab ab und gibt sie wieder an Fischer zurück. Fischer wirft sie weg.*

FISCHER *schreit, wie üblich auf den Proben, das Zirkuspersonal an*: Ruhe dahinten! Währenddem ich dem Herrn den Kaufvertrag erkläre, haben Sie ruhig zu sein. Merken Sie sich das! Sonst schmeiß ich Sie hinaus!

Während Fischer schreit, mißt Valentin mit dem Meterstab die Breite seines Mundes.

K. V.: Außerdem fehlt im Kaufvertrag, wieviel Personen daß der Zirkus faßt.

FISCHER: Da steht's doch! Der Zirkus faßt fast viertausend Personen.

K. V.: Und wieviel Toiletten sind da?

FISCHER: Zehn Stück. Fünf Herren- und fünf Damentoiletten.

K. V.: Zehn Stück Toiletten? Für viertausend Personen? Das ist aber wenig! Wenn die viertausend Personen alle auf einmal hinaus müßten – das wäre gar nicht auszudenken! Übrigens steht im Kaufvertrag auch nicht drin, wie lang der Zirkus ...

FISCHER: Das braucht's auch gar nicht! Ein Zirkus ist niemals lang, ein Zirkus ist immer rund.

K. V.: Nein, wie lang daß der Zirkus ...

FISCHER: Ich sag Ihnen doch gerade, ein Zirkus kann nicht lang sein. Ein Zirkus ist immer rund.

K. V.: Sie verstehen mich nicht! Ich mein, wie lang der Zirkus schon auf diesem Platz steht?

FISCHER: Ach so! Ich glaube, seit neunzehnhundertneunzehn.

K. V.: Dann steht auch nichts drin, daß der Zirkus versichert ist.

FISCHER: Freilich, da steht's doch! Der Zirkus ist gegen Diebstahl versichert. Aber ich hab jetzt keine Zeit mehr, wir müssen mit dem Programm weitermachen. Über den Preis sind wir uns ja einig! Der Zirkus kostet mit allem Drum und Dran eine Million.

K. V.: Besetzt?

FISCHER: Was meinen Sie da?

K. V.: Mit Publikum, meine ich.

FISCHER: Was heißt, mit Publikum? Ich kann Ihnen doch das Publikum nicht mitverkaufen!

K. V.: Ja, ohne Publikum kauf ich doch keinen Zirkus. Was tät ich denn mit einem Zirkus ohne Publikum? Ich will ja Geld verdienen!

FISCHER: Sie sind ja verrückt! Einen vollen Zirkus kauft doch niemand!

K. V.: Also, ein leerer Zirkus kommt gar nicht in Frage.

Beide gehen kopfschüttelnd und schimpfend ab.

Im Hutladen

VERKÄUFERIN: Guten Tag. Sie wünschen?

KARL VALENTIN: Einen Hut.

VERKÄUFERIN: Was soll das für ein Hut sein?

K. V.: Einer zum Aufsetzen.

VERKÄUFERIN: Ja, anziehen können Sie niemals einen Hut, den muß man immer aufsetzen.

K. V.: Nein, immer nicht – in der Kirche zum Beispiel kann ich den Hut nicht aufsetzen.

VERKÄUFERIN: In der Kirche nicht – aber Sie gehen doch nicht immer in die Kirche.

K. V.: Nein, nur da und hie.

VERKÄUFERIN: Sie meinen nur hie und da!

K. V.: Ja, ich will einen Hut zum Auf- und Absetzen.

VERKÄUFERIN: Jeden Hut können Sie auf- und absetzen! Wollen Sie einen weichen oder einen steifen Hut?

K. V.: Nein – einen grauen.

VERKÄUFERIN: Ich meine, was für eine Fasson?

K. V.: Eine farblose Fasson.

VERKÄUFERIN: Sie meinen, eine schicke Fasson – wir haben allerlei schicke Fassonen in allen Farben.

K. V.: In allen Farben? – Dann hellgelb!

VERKÄUFERIN: Aber hellgelbe Hüte gibt es nur im Karneval – einen hellgelben Herrenhut können Sie doch nicht tragen.

K. V.: Ich will ihn ja nicht tragen, sondern aufsetzen.

VERKÄUFERIN: Mit einem hellgelben Hut werden Sie ja ausgelacht.

K. V.: Aber Strohhüte sind doch hellgelb.

VERKÄUFERIN: Ach, Sie wollen einen Strohhut?

K. V.: Nein, ein Strohhut ist mir zu feuergefährlich!

Verkäuferin: Asbesthüte gibt es leider noch nicht! – Schöne weiche Filzhüte hätten wir.
K. V.: Die weichen Filzhüte haben den Nachteil, daß man sie nicht hört, wenn sie einem vom Kopf auf den Boden fallen.
Verkäuferin: Na, dann müssen Sie sich eben einen Stahlhelm kaufen, den hört man fallen.
K. V.: Als Zivilist darf ich keinen Stahlhelm tragen.
Verkäuferin: Nun müssen Sie sich aber bald entschließen, was Sie für einen Hut wollen.
K. V.: Einen neuen Hut!
Verkäuferin: Ja, wir haben nur neue.
K. V.: Ich will ja einen neuen.
Verkäuferin: Ja, aber was für einen?
K. V.: Einen Herrenhut!
Verkäuferin: Damenhüte führen wir nicht!
K. V.: Ich will auch keinen Damenhut!
Verkäuferin: Sie sind sehr schwer zu bedienen, ich zeige Ihnen einmal mehrere Hüte!
K. V.: Was heißt mehrere, ich will doch nur einen. Ich habe ja auch nur einen Kopf.
Verkäuferin: Nein, zur Auswahl zeige ich Ihnen mehrere.
K. V.: Ich will keine Auswahl haben, sondern einen Hut, der mir paßt!
Verkäuferin: Natürlich muß ein Hut passen, wenn Sie mir Ihre Kopfweite sagen, dann werde ich schon einen passenden finden.
K. V.: Meine Kopfweite ist bei weitem nicht so weit, wie Sie denken! Ich habe Kopfweite 55 – will aber Hutnummer 60 haben.
Verkäuferin: Dann ist Ihnen ja der Hut zu groß.
K. V.: Aber er sitzt gut! Habe ich aber einen um fünf Nummern kleineren, der fällt mir runter.
Verkäuferin: Das hat auch keinen Sinn; wenn man Kopfweite 55 hat, dann muß auch die Hutnummer 55 sein! Das war schon von jeher so.
K. V.: Von jeher! – Das ist ja eben das Traurige, daß die Geschäftsleute an den alten Sitten und Gebräuchen hängen und nicht mit der Zeit gehen.
Verkäuferin: Was hat denn die Hutweite mit der neuen Zeit zu tun?
K. V.: Erlauben Sie mir: die Köpfe der Menschen bleiben doch nicht dieselben, die ändern sich doch fortwährend!
Verkäuferin: Innen – aber außen doch nicht! Wir kommen da zu weit.
K. V.: Ja, Sie wollten doch die Weite wissen!
Verkäuferin: Aber nicht von der neuen Zeit, sondern von Ihrem Kopf.
K. V.: Ich habe Ihnen nur erklären wollen, daß die Menschen in der sogenannten guten alten Zeit andere Köpfe hatten als heute.

VERKÄUFERIN: Das ist Quatsch – natürlich hatte jeder Mensch, solange die Menschheit besteht, seinen eigenen Kopf, aber wir reden doch nicht von der Eigenart, sondern von der Größe Ihres Kopfes. – Also, lassen Sie sich von mir belehren, nehmen Sie diesen Hut hier, Größe 55, der Hut kostet fünfzehn Mark, ist schön und gut und ist auch modern.
K. V.: Natürlich lasse ich mich von Ihnen belehren, denn Sie sind Fachmann. Also, der Hut ist modern, sagen Sie.
VERKÄUFERIN: Ja, was heißt heute modern! Es gibt Herren, sogenannte Sonderlinge, die laufen Sommer und Winter ohne Hut im Freien herum und behaupten, das sei das Modernste!
K. V.: So, keinen Hut tragen ist das Modernste? Dann kaufe ich mir auch keinen. Auf Wiedersehen!

Vogelausstellung

FRÄULEIN *an der Kasse*: Wünscht der Herr eine Eintrittskarte?
KARL VALENTIN: Jawohl – bitte, wann wird die Ausstellung geschlossen?
FRÄULEIN: Ende dieses Monats.
K. V.: Soviel Zeit habe ich nicht. Ich meine, wann sie heute geschlossen wird.
FRÄULEIN: Ach so, Verzeihung, abends sechs Uhr.
K. V.: Ich habe nur eine Stunde Zeit. Glauben Sie, daß ich in dieser kurzen Zeit alle Vögel sehen kann?
FRÄULEIN: Bei flüchtiger Besichtigung, ja.
K. V.: Sind Raubvögel auch zu sehen?
FRÄULEIN: Nein. Raubvögel sind im Zoologischen Garten zu sehen.
K. V.: Also Hühner, Gänse, Enten?
FRÄULEIN: Nein, das ist doch Geflügel, die werden doch nur in Geflügelausstellungen gezeigt. Bei uns hier gibt es hauptsächlich Kanarienvögel, also hauptsächlich Singvögel.
K. V.: Aha! Also eine Singvögelausstellung.
FRÄULEIN: Ganz richtig.
K. V.: Die Vögel singen also während der Ausstellung.
FRÄULEIN: Natürlich.
K. V.: Immer?
FRÄULEIN: Sie meinen, ununterbrochen?
K. V.: Ja, ich meine, wenn ich schon fünfzig Pfennige in einer Singvögelausstellung bezahle, dann möchte ich auch die Singvögel hören, nicht nur sehen.

Fräulein: Na, garantieren kann ich Ihnen natürlich nicht, ob die Vögel singen, wenn Sie die Ausstellung besuchen.

K. V.: Ich verlange auch keine Garantie. Ich meine nur, wenn ich zum Beispiel in eine Hundeausstellung gehe, da will ich auch die Hunde bellen hören, nicht nur ansehen.

Fräulein: Na, zwischen Bellen und Singen ist aber doch ein gewaltiger Unterschied, denn ob ein Hund bellt oder nicht, ist doch schließlich ganz egal.

K. V.: Sie, Fräulein, da haben Sie aber sonderbare Ansichten.

Fräulein: Na, erlauben Sie mir, es wird sich doch niemand einen Hund kaufen wegen dem Gebell, denn das Gebell von einem Hund hat doch gar keinen Sinn.

K. V.: Doch. Wenn Sie zum Beispiel einen wachsamen Hofhund hätten, der in Ihrem Anwesen einen Einbrecher gefaßt hat, wie würden Sie sich darüber ärgern, wenn der nicht bellen würde.

Fräulein: Das können Sie auch nicht verlangen, daß ein Hofhund bellt, wenn er einen Einbrecher gefaßt hat.

K. V.: Haben Sie eine Ahnung von einem Hofhund.

Fräulein: Na, das ist doch ganz klar. Ein Hofhund kann und muß bellen, wenn er einen Einbrecher bemerkt, das heißt, er soll den Einbrecher melden, aber wenn er einen Einbrecher schon gefaßt hat, da hat er doch das Maul voll, da kann er doch nicht mehr bellen.

K. V.: Ganz klar, daß er da nicht bellen kann, wenn er 's Maul voll hat. Da muß er halt den Einbrecher wieder loslassen.

Fräulein: Dann läuft der davon.

K. V.: Aber der Hofhund kann wieder bellen, und ein Hofhund muß bellen, von einem Hühnerhund wird kein Mensch verlangen ...

Fräulein: Nun sollen Sie mir nur mehr erzählen, daß die Hühnerhunde gackern sollen. Ich habe jetzt die Nase voll von Ihrer blöden Fragerei. Hier ist der Eingang zur Singvögelausstellung.

Die Maus

Sie: Weißt du schon das Neueste? In unserem Schlafzimmer ist seit einem Tag eine Maus.

Er: Ja, wer läßt denn eine Maus in ein Schlafzimmer hinein?

Sie: Blödes Geschwätz, niemand hat sie hineinlassen, die wird halt von selbst hineingekrochen sein.

Er: Gekrochen??

Sie: Na ja, hineingeflogen wird sie nicht sein.

Er: Wenn es sich um eine Fledermaus handelt, muß sie fliegen, eigentlich flattert eine fliegende Fledermaus – handelt sich's aber in unserem Falle um eine gewöhnliche Maus ohne Fleder, dann ist die Maus in unser Schlafzimmer hineingelaufen; also Maus oder Fledermaus, das muß zuerst festgestellt werden, wegen der Fangart, also was war das für eine Maus?

Sie: Das weiß doch ich nicht, ich habe doch die Maus nicht gesehen.

Er: Ja, wie kannst du dann behaupten, eine Maus ist in unserm Schlafzimmer?

Sie: Ja, weil ich sie gehört habe.

Er: Gehört? Ja, das ist doch nicht schlimm, wenn du eine Maus nur hörst, denn das Hören einer Maus tut doch nicht weh – weh tut es, wenn dich eine Maus beißt.

Sie: Das könnte doch sein, daß die Maus zu mir ins Bett kriecht.

Er: Ha! Ja wer wird denn zu dir noch ins Bett kriechen?

Sie: Sei nicht so unverschämt! Ich meine, wenn die Maus zu mir ins Bett hineinkriecht und beißt mich ...

Er: Dann hast du die Maus nicht gehört, sondern gespürt, und wenn sie beißt, dann schreist du mir sofort. Dann komm ich mit dem Holzhackl und schlage die Maus tot. Sollte ich aber von meinem Stammlokal noch nicht zu Hause sein, dann laß die Maus ruhig an deinem edlen Körper weiternagen, und danke deinem Schicksal, daß es kein Königstiger war.

Nein

V: Kennen Sie meinen Schwager?

B: Nein.

V: Den kennen Sie nicht?

B: Nein.

V: So. Ich hab geglaubt, Sie kennen ihn.

B: Nein.

V: Überhaupt nicht?

B: Nein.

V: Gesehen haben Sie ihn auch nicht?

B: Nein.

V: Aber Sie wissen doch, daß ich einen Schwager habe?

B: Nein.

V: Ja, was is des!
B: Nein.
V: Was, nein – möchten Sie meinen Schwager kennenlernen?
B: Nein.
V: Meine Schwägerin auch nicht?
B: Nein.
V: Haben Sie auch einen Schwager?
B: Nein.
V: Schwägerin auch nicht?
B: Nein.
V: Geschwister auch nicht?
B: Nein.
V: Zwillinge?
B: Nein, nein.
V: Haben Sie Kinder?
B: Nein.
V: Wie viele?
B: Nein.
V: Sie haben ja gar nichts.
B: Nein.
V: Kein Haus auch nicht?
B: Nein.
V: Haben Sie kein Geld auch nicht?
B: Nein.
V: Wenn S' kein Geld nicht haben, dann haben Sie ja eins!
B: Nein.
V: Sagen Sie zu allem nein?
B: Nein.
V: Ja sagen Sie überhaupt nicht?
B: Nein.
V: Aber daß der Krieg aus ist, freut Sie schon?
B: Nein.
V: Was? Dann sind Sie ja ein Kriegsgewinnler!
B: Nein.
V: Des san S' aa net?
B: Nein.
V: Ja, irgendwas müssen S' doch sein!
B: Nein.
V: Ein Neinsager sind Sie doch auf jeden Fall!
B: Nein.
V: Ein Mensch, der zu allem ja sagt, sind Sie aber auch nicht?

B: Nein.
V: Ja, dann sind Sie ja ein Depp!
B: Nein.
V: Aa net?
B: Nein.
V: Jetzt wird mir Ihre Neinsagerei zu dumm. – Einmal müssen Sie ja sagen. Nun stell ich an Sie noch zwei Fragen: Sind Sie PG?
B: Nein.
V: Haben Sie alle Ihre Fragebögen gewissenhaft ausgefüllt?
B: Selbstverständlich!
V: Moana Sie, der hätt ja gesagt?! »Auf Wiedersehn«, hat er gsagt und is ganga.

Bei Schaja

Verkäuferin: Sie wünschen?
Karl Valentin: Eine Leica.
Verkäuferin: Zur Zeit haben wir leider keine da.
K. V.: Wann bekommen Sie wieder welche?
Verkäuferin: Schauen Sie in vierzehn Tagen wieder her.
K. V.: Herschauen? Ich seh so schlecht. Außerdem wohne ich in Planegg, fünfzehn Kilometer von München entfernt, und so weit sehe ich nicht.
Verkäuferin: Ich meine, kommen Sie in vierzehn Tagen wieder her.
K. V.: Kommen, ja. Und da haben Sie Leicas bekommen?
Verkäuferin: Vielleicht.
K. V.: Vielleicht? Ich kann ja auch nicht vielleicht kommen, ich komme bestimmt.
Verkäuferin: Bestimmt? Ich kann natürlich nicht garantieren, ob in vierzehn Tagen bestimmt Leicas eingetroffen sind.
K. V.: Dann ist es auch nicht nötig, daß ich in vierzehn Tagen kommen soll.
Verkäuferin: Sie können ja auch später kommen.
K. V.: Um wieviel Uhr?
Verkäuferin: Ich meine – acht Tage später kommen.
K. V.: Also in drei Wochen?
Verkäuferin: Ja! Sie können ja auch früher kommen.
K. V.: Wer? Ich?
Verkäuferin: Nein, die Leicas.
K. V.: Und ich erst in drei Wochen?

Verkäuferin: Nein. Wenn die Leicas früher eintreffen, dann können Sie früher eine haben, wenn wir welche haben.
K. V.: Wenn ich aber auch früher komme, und Sie haben noch keine, soll ich dann etwas später kommen?
Verkäuferin: Selbstverständlich.
K. V.: Wann?
Verkäuferin: Das ist unbestimmt.
K. V.: Und wann wäre es dann bestimmt?
Verkäuferin: Sobald welche da sind.
K. V.: Momentan haben Sie also keine da?
Verkäuferin: Nein.
K. V.: Am liebsten wäre es mir, ich hätte jetzt gleich eine haben können, dann bräucht ich überhaupt nicht mehr zu kommen.
Verkäuferin: Das wär mir auch das liebste, wenn Sie nicht mehr kommen würden.
K. V.: Ich soll nicht mehr kommen?
Verkäuferin: Freilich können Sie kommen, aber doch erst, wenn wir wieder Leicas haben.
K. V.: Und wann haben Sie welche?
Verkäuferin: Ich sagte Ihnen ja schon, schauen Sie in vierzehn Tagen wieder her!
K. V.: Herschauen? Ich seh so schlecht. Außerdem wohne ich in Planegg, fünfzehn Kilometer von München entfernt, und so weit sehe ich nicht.
Und so weiter und so fort.

Verstehst nix von der Politik

A: Wennst nix von der Politik verstehst, nacha redst net so saudumm daher – des hoaßt net Komponist, sondern Kommonist.
B: Kommonist?
A: A Komponist is ja a soichana, der zum Beispiel an »Tölzer Schützenmarsch« komponiert hat.
B: Naa! Des is net wahr, an Tölzer Schützenmarsch hat – des woaß i zufälligerweis – a Gastwirt von Tölz komponiert.
A: Is ja verkehrt – du moanst ja musiziert.
B: Naa! – Oana, der wo a Musi macht, is koa Komponist – des is a Musikant.
A: Naa – der wo die Musi spielt, is a Musikant.

B: Du spinnst ja – dann waar ja mei Radio dahoam aa a Musikant, der spielt aa oft a Musi.

A: Du redst no grad so dumm daher wie damals im Weltkrieg neunzehnhundertvierzehn – da hast aa daherpolitisiert und hast allaweil vom Bierverband anstatt von Vierverband dahergredt.

B: Aber du hast aa nix verstanden, weilst damals gmoant hast, die Entente, des waar das hintere Ende von einer Ente.

A: Geh, du alter Sprüchmacher. – Wie saudumm hast di damals gstellt beim Wählen, wos d' zu mir gsagt hast, i wähl einen Konditor statt einen Kandidaten, und wie du zu mir gsagt hast – für an Kaminkehrer is jetzt a harte Zeit, weil, wenn der an Radio hört, is er a Schwarzhörer.

B: Des hab i doch nur aus Gaudi gsagt.

A: A Gaudi – hast vielleicht da aa a Gaudi gmacht, wia du gsagt hast, dei Schwager is Strumpfbandführer worn, statt Sturmbannführer?

B: Da hab i mi ja nur versprochen.

A: Daß du für dei Alter no so saudumm bist, da hab i heut noch den Beweis. Kannst dich noch erinnern, wia am Anfang vom Kriag die Verdunklungsvorschriften in der Zeitung gstanden san, da hab ich dir gsagt, daß im Englischen Garten Plakat angschlagn sind mit der Aufschrift: Das Herumschwirren von Glühwürmchen ist bei eintretender Dunkelheit polizeilich verboten. – Dann bist am andern Tag mit deim Radl nuntergfahrn, weils d' as net glaubt hast.

B: Ja, weil i anstatt Glühwürmchen Glühlämpchen verstanden hab.

A: Geh, geh, geh, geh, geh, geh, geh! – Glühlämpchen hast du verstandn, als wia wann im Englischen Garten Glühlämpchen umanandaschwirrn tatn.

B: Mhm. – Du brauchst koa Angst ham, daß dir oana d' Weltmeisterschaft im Blödsein streitig macht! Kannst dich no erinnern, wia damals auf der Insel Kreta die Fallschirmspringer gelandet san – da hast du zu mir gsagt, ob's auf dera Insel allaweil regnen tut, weil die Fallschirmspringer alle an Schirm dabeighabt ham.

A: Du hast ja aa damals an Blödsinn dahergredt, wias d' gsagt hast, da Hitler hat a Glück ghabt, daß er net Adolf Kräuter ghoaßn hat, sonst hättn ma schrein ... müassn »Heil Kräuter«!

B: Aber dei ganze politische Anschauung is ja nur a Kas gwesen, denn wenn's nach deiner Ansicht ganga wär, hättn mir den Kriag verlorn.

A: Mir ham ihn ja verlorn.

B: Des woaß i scho! Ja, moanst du, daß du alloa bloß an Kas dahergredt hast?

Funkreportage

ANSAGER: Wir befinden uns mit unserem Mikrofon soeben in einem Hof eines Anwesens in Berg am Laim bei München. – Eine kleine Lokomobile mit angekuppelter Saugpumpe und drei Wägen mit großen Eisenfässern stehen vor dem Haus. Ein dicker, zwanzig Meter langer Gummischlauch schlängelt sich von der Pumpe bis in den Hof und mündet mit dem anderen Ende des Schlauches in einer Versitzgrube. – Sind Sie der Besitzer dieser Pumpanlage?

ARBEITER: Naa, i bin bloß angstellt.

ANSAGER: Aha, Sie sind ein Angestellter der Grubenentleerungsanstalt. Unsere Hörer interessiert es nämlich, wie so eine Grubenentleerung vor sich geht.

ARBEITER: Ja mei, erklären ko i des eigentli net, wenn halt a Grubn voll is, dann telefoniert der Hausbesitzer in unsa Büro, daß die Grubn gramt werden muaß, weil s' voll is.

ANSAGER: Ich verstehe, dann haben Sie von Ihrem Chef den Auftrag, mit der Dampfmaschine und einigen Fässern die betreffende Grube zu entleeren.

ARBEITER: Ja, ja, entleeren, mir sagn halt »rama«.

ANSAGER: Rama – also räumen sozusagen, also auspumpen, und wie geht das technisch vor sich?

ARBEITER: Ja mei, a schöne Arbeit is des net.

ANSAGER: Nein, das kann man nicht behaupten, aber es muß eben auch sein.

ARBEITER: Freili muaß des sei, was meinen S', wenn die Grubn nie gramt weradn, de tatn ja alle überlaufn. A so a Grubn is alle drei Monat voll, bsonders in an vierstöckign Haus, wo viele Partein wohna.

ANSAGER: Ja, aber soviel ich weiß, ist ja in den meisten Häusern Schwemmkanalisation, da gibt es keine Grubenentleerung, weil die Fäkalien durch die Schwemmanlage in die Isar fortgespült werden.

ARBEITER: In da Stadt drin scho, aber außahalb von München gibt's no viele Häuser, wo gramt werden muaß. – Des mach i ja jetzt aa scho breits fünfundzwanzig Jahr.

ANSAGER: Dann können Sie also bald Ihr fünfundzwanzigjähriges Jubiläum feiern.

ARBEITER: Stimmt.

ANSAGER: Wie sind Sie zu diesem Beruf gekommen? Es heißt, zu jedem Beruf muß man eine Liebe haben.

ARBEITER: No, Liebe kann ma da eigentli net sagn. Jeder kann's net machn, wegen dem eigenartigen Gruch.

ANSAGER: Ja, das ist mir erklärlich, ein Angestellter in einer Parfümfabrik, in welcher Parfüm hergestellt wird, wie zum Beispiel Rosen-, Veilchen-, Hyazinthenparfüm und so weiter, hat entschieden einen schöneren Beruf erwählt, wenigstens für seine Nase.

ARBEITER: Naa, des will i gar net sagn – i zum Beispiel riach des gar nimma, i bin für den Gruch scho bald imnum.

ANSAGER: Haben Sie auch in Ihrem Beruf mit Mißständen zu rechnen?

ARBEITER: Ja, manchmal kommt's vor, daß sich da Schlauch verstopft.

ANSAGER: Wie ist das möglich?

ARBEITER: Mei, wenn a Packpapierpfropfen neikommt in an Schlauch, des reißt's net durch und bleibt steckn.

ANSAGER: Packpapier – wie kommt den Packpapier in den Schlauch?

ARBEITER: Mei, die Leut nehmen heut alles her, Vorschrift ist eigentlich weiches Zeitungspapier.

ANSAGER: Dieser Mißstand ist natürlich auch auf den gegenwärtigen Papiermangel zurückzuführen – und was die Hörer auch interessiert, wo werden denn die Fässer ausgeleert?

ARBEITER: Die Fässer werden auf irgendeiner Wiesen ausgleert, an dem Platz wachst das Gras a Jahr drauf an halben Meter hoch.

ANSAGER: Das stimmt, es ist dies der beste Dünger, den sich der Landwirt wünschen kann.

ARBEITER: Die Küh, wo das gute Gras fressen, gebn aber aa die beste Milli.

ANSAGER: Und gerade die Milch ist heute so knapp, weil es eben an Dünger fehlt.

ARBEITER: Ja, vor dem Krieg haben wir Dünger gnua ghabt.

ANSAGER: Wie kommt das, daß wir jetzt weniger Dünger haben?

ARBEITER: Ja mei, das hängt halt auch mit der Nahrungsmittelknappheit zsamm.

ANSAGER: Mit der Nahrungsmittelknappheit? Wie meinen Sie das?

ARBEITER: Des is doch sehr einfach – vor dem Krieg habn wir so a Versitzgrubn im Jahr dreimal gramt, jetzt höchstens einmal im Jahr.

ANSAGER: Glauben Sie, daß die Zeit wieder kommt, daß Sie die Grube einmal wieder dreimal im Jahr räumen müssen?

ARBEITER: Wenn uns as Ausland des wirklich schickn tät, was wir wollen, dann könntn mir die Grubn im Jahr mindestens zehnmal rama.

ANSAGER: Sie hörten ein Gespräch über Grubenentleerung; angeschlossen Radio Pasing auf gleicher Wellenlänge. Nun noch die Zeit – mit dem Gongschlag ist es genau fünfundzwanzig Uhr. *Gong.* Fünfundzwanzig Uhr mitteleuropäischer Hungerszeit – Verzeihung – ich korrigiere – Sommerszeit.

Vater und Sohn über den Krieg

SOHN *zehn Jahre alt*: Du, Vata, gell, der Krieg is was Gefährliches?
VATER: Freili, des is das Gefährlichste, was es gibt!
SOHN: Warum wird dann immer wieder Krieg gführt, wenn er so gefährlich is?
VATER: Ja mei! Es heißt halt, solange es Menschen gibt, gibt es Kriege.
SOHN: Gell, Vata, wenn a König oder a Kaiser an König oder an Kaiser von einem anderen Land beleidigt, kummt a Krieg?
VATER: Naa, naa – so einfach is des net. Da müssen schon die Kriegsminister und der Kriegsrat gefragt werdn.
SOHN: Wenn dann der Herr Kriegsrat den Krieg will, dann kommt a Krieg?
VATER: Nein – dann wird erst vorher noch der Reichstag einberufen, und die Parteien entscheiden dann über Krieg oder Frieden!
SOHN: Sind das solche Parteien, wie die bei uns im Haus wohnen?
VATER: Hah! Dummer Bua – das sind politische Parteien, die vom Volk gewählt wurden!
SOHN: Wird dann das Volk auch gefragt, ob wir an Krieg wolln oder nicht?
VATER: Nein! 's Volk wird nicht gfragt, denn das Volk sind ja die Parteien, weil das Sechzig-Millionen-Volk im Reichstagsgebäude keinen Platz hätte – deshalb hat das Volk seine Vertreter!
SOHN: An Hämmerle Maxe sei Vata is aa a Vertreter!
VATER: Naa, Bua – des is ja nur a Vertreter von einer Zigarettenfabrik.
SOHN: Kriagst von dem koane Zigaretten?
VATER: Naa! In Kriegszeiten braucht man keinen Vertreter, weil die Waren knapp sind!
SOHN: Du, Vata, werdn die Soldaten auch gfragt, ob s' an Krieg wolln?
VATER: Naa! Die Soldaten werden nicht gfragt, die müssen in den Krieg ziehn, sobald er erklärt ist – mit Ausnahme der Freiwilligen.
SOHN: Müssen die Freiwilligen auch schießen im Krieg?
VATER: Nein – ein Freiwilliger muß nicht, der schießt halt, weil im Krieg geschossen werden muß.
SOHN: Dann müssen s' ja doch!
VATER: Aber nur freiwillig muß er!
SOHN: Gell, Vata, die Gewehre, die Kanonen, die Fliegerbomben und alle die Kriegswerkzeuge, die laßt alle der Kaiser machen?
VATER: Natürlich.
SOHN: Die sind teuer, gell, Vata?
VATER: Die sind freilich teuer, die kosten viele, viele Milliarden.

SOHN: Der Kaiser kann s' aber leicht zahln, weil er reich is.
VATER: Der is freili reich, der Kaiser is der reichste Mann im ganzen Land.
SOHN: Von was is denn der Kaiser so reich worn, Vata?
VATER: Durch sein Volk – durch die vielen Steuern.
SOHN: Aber dem Kaiser sei Volk is net reich.
VATER: Nein, das nicht, aber das macht die Masse. Wenn zum Beispiel von den sechzig Millionen Menschen nur jeder eine Mark Steuer im Jahr zahlt, sind es schon sechzig Millionen Mark.
SOHN: Ghörn die sechzig Millionen dann dem Kaiser?
VATER: Nein, die ghörn dem Staat, und vom Staat kriagt der Kaiser dann auch etwas, aber vielleicht nur fünf Millionen, so viel, daß er halt mit seiner Familie gut auskommt.
SOHN: A paar Millionen? Gell, Vata, soviel verdienst du als Arbeiter nicht?
VATER: Naa – i verdien im Jahr net ganz zweitausend Mark.
SOHN: Aber als Rüstungsarbeiter hast scho mehra verdient?
VATER: Ja, das war aber nur während dem Krieg!
SOHN: Gell, Vata – wegen dem Verdienst wär der Krieg scho recht?
VATER: Eigentlich schon –– aber –
SOHN: Was: aber?
VATER: Lieber weniger verdienen und im Frieden leben wär halt doch schöner.
SOHN: Ja, Vata, wennst du und deine Arbeitskameraden nie in einer Rüstungsfabrik arbeiten tatn, dann gäb es doch keine Waffen – dann wär doch immer Frieden, weil man ohne Waffen keinen Krieg führen kann.
VATER: Ja, ja, da hast du schon recht – aber das müssen alle Arbeiter auf der ganzen Welt beherzigen.
SOHN: Warum tuan s' das nicht?
VATER: Mei, Bua – du bist noch so jung – das verstehst noch nicht, wenn ich dir das auch erklär – die Arbeiter werden von den Kapitalisten überlistet.
SOHN: Was ist des – überlistet?
VATER: Überlistet? Es wird künstlich eine Arbeitslosigkeit erzeugt – wenn die Arbeitslosigkeit nach einigen Jahren den Höhepunkt erreicht hat, steht schon im Hintergrund der Krieg.
SOHN: Was is nacha?
VATER: Dann werden wieder Arbeiter gesucht.
SOHN: Dann werden die Arbeiter wieder froh sein, wenn s' a Arbeit kriegen.
VATER: Viele Millionen Arbeiter arbeiten dann wieder in Fabriken und machen die Teile für fünf Millionen Nähmaschinen.

Sohn: Nähmaschinen? Du, Vata, zu was braucht man denn im Krieg Nähmaschinen?

Vater: Des wird den Arbeitern nur vorgetäuscht – in Wirklichkeit werden es lauter Maschinengewehre.

Sohn: Glauben des die Arbeiter? Wie is des dann bei den Riesen-Kanonenrohren?

Vater: Da wird den Arbeitern vorgetäuscht, das werden lauter Fernrohre für die Sternwarte.

Sohn: Geh, Vata, so einen plumpen Schwindel kann man doch keinem Arbeiter vormachen.

Vater: Freilich ist das nicht faßbar – aber die Kanonenrohre sind da, also haben s' die Arbeiter doch gemacht!

Sohn: Hast du auch den Schwindel geglaubt?

Vater: Haha – ich hab sofort gemerkt, daß das Waffen werden für den Krieg.

Sohn: Warum hast du dann nicht gestreikt?

Vater: Ich allein kann doch nicht streiken – wenn schon, dann müssen alle Arbeiter der ganzen Welt sofort in den Streik treten und keine Waffen mehr machen, dann wäre gleich Schluß mit den unseligen Kriegen.

Sohn: Warum tun das dann die Arbeiter nicht?

Vater: Mei, Bua, redst du dumm daher. Wenn i damals nach der großen Arbeitslosigkeit net in der Rüstungsfabrik gearbeitet hätt, wären wir, ich, die Mutter und du, verhungert und die anderen Arbeiter auch.

Sohn: Ja, du hast ja doch gearbeitet, und trotzdem müssen wir heute auch bald verhungern.

Vater: Naa, naa – so schlimm wird's nicht werden.

Sohn: Wenn aber wieder a Krieg kommt, tätst du dann auch wieder für die Rüstung arbeiten?

Vater: Ja mei, wenn s' uns wieder überlisten, dann geht's uns wieder so wie beim letzten Krieg.

Sohn: Aber Vata, wenn das so ist, wie du mir das alles erklärst, gibt es ja niemals einen ewigen Frieden auf der Welt.

Vater: Niemals – deshalb heißt es ja doch: Solange es Menschen gibt, gibt es Kriege.

Sohn: Menschen? Nein, Vata – in dem Fall müßte es heißen: Solange es Arbeiter gibt, gibt es Kriege.

Vater: Nein, es muß heißen, solange es solche Schwindler gibt, die die Arbeiter immer wieder anschwindeln, solange gibt es Kriege.

Sohn: Dann ist ja der Schwindel schuld an den Kriegen.

Vater: Ja, so ist es – und diesen Schwindel heißt man internationalen Kapitalismus.

SOHN: Kann man den denn ausrotten?
VATER: Nein! Höchstens mit Atombomben, die die ganze Welt vernichten!
SOHN: Gell, Vata – aber der wunde Punkt is halt der: wer macht zum Schluß die Atombomben?
VATER: Natürlich auch wieder die Arbeiter.
SOHN: Wenn sich aber die ganzen Arbeiter auf der Welt einig wären, gäb's dann auch noch an Krieg?
VATER: Nein – dann nicht mehr – das wäre der ewige Friede.
SOHN: Aber gell, Vata – die werden nie einig.
VATER: Nie!

Szenen und Stücke

Ein Mitternachtsständchen

Karl Valentin: Erlaube mir, ein Drama »Mitternachtsständchen« zum Vortrag zu bringen: Mit eigenen Requisiten und eigenen Dekorationen. Kostüme und Dekorationen aus der Brockensammlung, München, Kohlstraße zwei. Das Stück spielt zwischen Karfreitag und der Römerschanze bei Grünwald Ende des vorigen Jahrhunderts, nachmittag gegen halb drei Uhr. Die Rollen liegen in den Händen des Herrn »Ich« und aso – – ist vielleicht jemand da, der als Gast mitwirken möchte? – Geh sagen S', die Frau Ding soll reinkommen, die hat schon öfters Theater gspielt! – Bitte, tragen S' meine Kostüme herein und eine spanische Wand dazu!

Diener bringt das Verlangte. Valentin zieht sich an, stellt eine Kulisse auf, die Ritterburg. Mitwirkender Gast kommt auf die Bühne.

K. V. *zum mitwirkenden Gast*: Also, Sie brauchen nichts zu tun, als bei einem Fenster herauszuschauen. Sie gehen jetzt in das Haus hinein, und wenn ich dreimal pfeif, dann schaun Sie zum Fenster raus! Sagen brauchen S' nichts als wie: »Ich lieb dich nicht mehr, ich liebe einen andern!«

Valentin setzt ihm ein Nachthäubchen auf, geht mit ihm hinter die spanische Wand, zieht ihn an und pudert ihn ganz weiß. Zum Beleuchter: Sie sind so gut und beleuchten alles grell und farbig! – Zum Beispiel, wenn ich von der Sonne sing, beleuchten S' hell, wenn ich von der Nacht sing, beleuchten S' dunkel, und wenn ich vom Morgenrot sing, beleuchten S' 's Morgenrot! – Jetzt fangen wir an. *Valentin singt mit der Gitarre ein Ständchen, Bühne finster.*

> Leise, leise – wie ein Schatten – schleich ich mich auf d' Nacht beim Mondenschein – Mondenschein – Mondenschein –

Schreit zornig zum Beleuchter: Mondenschein! – Ja, hörn denn Sie net?

Beleuchter beleuchtet ganz grellweiß.

K. V.: Ach, das ist ja die Sonne – beim Mondenschein hab i gsagt! – gelb –

Beleuchter macht gelb.

K. V.: Si is's recht! *Singt*:

> Zu meinem lieben Schätzelein,
> Die wohnt in diesem Haus, Haus No. 9 – –
> Herz, mein Herz, erhör mein Flehn,
> Ich bitte dich, du kleine süße Maus,
> Schau doch zum Fenster raus!

Liebchen schaut raus. Nicht rausschaun – erst, wenn ich dreimal pfiffen hab! *Pfeift dreimal, Liebchen schaut raus.*

K. V. *singt:*

Da bist du ja, mein Engel,
Du bist mein Himmelreich,
Was ist mir geschehen?
Du bist ja furchtbar bleich!

Beleuchtung rot.

K. V. *schimpft*: Bleich! – De hat ja an Rotlauf – de schaut aus wia a Bluatorange! *Singt*:

Ich wollte dich besuchen,
Schon am Gründonnerstag. *Grün.*
Doch war es mir nicht möglich,
Weil krank ich im Bettchen lag,
Ich glaub, ich hab dir's ja schon gsagt,
Ich hab erst kurz die Gelbsucht ghabt. *Gelb.*
Doch heut bin ich gekommen
Zu dir, mein Schätzelein,
Und bring dir Liebeslieder
Beim goldenen Mondenschein! *Regenbogenfarben.*

K. V.: Jetzt macht der an Regenbogen! – Habn Sie schon an gscheckatn Mond gsehng? *Zum Liebchen*: Jetzt sagn S', »Ich lieb dich nicht mehr, ich liebe einen andern!«

Liebchen sagt den Satz mit hoher Stimme.

K. V. *ganz baff*: Was? – Du liebst einen andern???? Wia kannst denn du des toa, du R u f a!???

Singt:

Du liebest einen andern!
Das machst du mir nicht weis. *Weiß.*
Ich kann es gar nicht fassen,
Mir wird ums Herz so hoaß – heiß!
An mir, da nagt der Kummer,
Mein Haar wird langsam grau! *Blau.*

Zum Beleuchter: Blaue Haare gibt's net! – grau hab i gsagt!
Ich kann's nicht überleben,
Ich sterb hier auf grüner Au! *Gelb* – grüner Au! –
Vergeß nie, daß in finsterer Nacht. *Weiß.*

Spricht: Finsterer Nacht – finsterer Nacht – geh – was is denn mit der Nacht? – Ich kann mi do net beim Tag umbringa! – *Schwarz* –

Singt:

Dein Liebster sich hier umgebracht.

Ersticht sich mit einem Degen, fällt zu Boden.

Singt:

Da lieg ich nun als Leiche
Vor deinem Fenster tot!
Am Horizont, da leucht mir
Das letzte Morgenrot! *Blau.*

Steht zornig auf: I mag nimmer – i lass mi net dablecka! I lass mir do net die schöne dramatische Szene verpatzen! – Wenn Sie das Morgenrot blau beleuchten, dann tun S' mir leid – jetzt grad am Schluß, wo alles geweint hätt, verpatzen Sie alles – und 's Liebchen – des Rindviech lacht, wenn ich stirb – mit solche Leut kann ma nix machn! *Zum Publikum*: Wissen S', wenn zum Beispiel im Hoftheater so was passiert, dann lassen s' wenigstens einen – so eisernen Vorhang runter, dann sieht das Publikum nicht, was auf der Bühne los ist – aber d a hat man ja nichts auf der Bamberlbühne! – Man könnt schon einen anmachen – sehn S', wenn man … *Erklärt dem Publikum eiserne Träger und Rollen und sagt*: Also – entschuldigen S' vielmals!

Alpensängerterzett

Karl Valentin spielt den Sohn, Liesl Karlstadt die Tochter.

ALLE DREI:

Grüß Gott, grüß Gott mit hellem Klang,
Heil deutschem Lied und Sang.

DER VATER:

Mei Schatzerl hoaßt Nannerl,
Hat schneeweiße Zahnerl,
Hat kohlschwarze Knia,
Aber gsehng hab i s' nia.

ALLE DREI:

Hat kohlschwarze Knia,
Aber gsehng hat er s' nia.

Es folgt ein Jodler.

DER SOHN: Du kimmst, Vater!

DER VATER: I woaß scho! *Er singt:*

Zwischen Bergen, die voll Schnee, duljö,
Duljö, duljö, duljö, hoho,
Liegt a himmelblauer See!

DER SOHN: Der Vater is allaweil no verschleimt!

ALLE DREI:

Almarausch, Almarausch, bist a schöns Bläamerl!
Almarausch, Almarausch, blüaht so schö rot!

Es klopft dreimal.

DER SOHN: Was schlagt denn da drauß auf dem Tannabaum?

DER VATER *und* DIE TOCHTER *antworten:*

Was hör i die ganze Nacht schrein (Kikeriki),
Was muß denn des nur für a Vogerl sei,
Des kann doch koa Nachtigall sei.
Naa, naa, mei Bua, des is koa Nachtigall,
Naa, naa, mei Bua, des derfst net glaubn.
A Nachtigall schlagt auf koan Tannabaum,
De schlagt auf ara Haselnußstaudn.

DIE TOCHTER:

Und der Vater hat neulich der Dirn
A Birn aufigworfa aufs Hirn,
Jetzt tuat der Dirn
's Hirn weh von der Birn.
Denn a so a Birn
Gspürt ma auf der Stirn,
Drum wirft der Vater der Dirn
Koa oanzige Birn mehr aufs Hirn.

Als Einlage ein Foxtrott.

DER SOHN *singt wieder:*

I bin a Steirer-Bua,
I hab a Kernnatur –

DER VATER: A Hundsbua bist, daß da's woaßt!

DER SOHN: Wer is a Hundsbua? *Er springt auf und zieht sein Messer.*

DER VATER: Schamst di net vor dein alten Vatern? Glei spielst weiter!

DER SOHN: Alt bist net, aber schierli. Oan spiel i no, na mag i nimmer! *Er setzt sich wieder.*

ALLE DREI *singen:*

Im schönen Isartal
Tönt muntrer Büchsenknall,
In Tölz, da is a Schiaßats heut,
Das freut uns allemal.
Drum packt's an Stutzn an,
Wer zieln und treffn kann,
Mit frischem Mut,
An Strauß am Hut,
So liebt's das Schützenblut.
Frisch, flott und stramm im Takt,
Die Gschicht gleich angepackt,
D' Musikanten fesch voran,

Da blast a jeder, was er kann,
Alles nur »Juhe« schreit
Vor lauter Lustbarkeit.
Duljö, duljö, duljö, duljö,
Des is a wahre Freud!
Ja, ja, ja, ja, des is a Freud, a Freud, a Freud, a Freud! ...

Sie finden keinen Schluß mehr, bis der Sohn aufhört und das nächste Lied ansagt.

DER SOHN: Als zweites kommt das schöne Lied »'s Edelweiß«, gsungen von der Berger Vroni – unserer Tochter! *Er läutet mit der vor ihm stehenden Handglocke.*

DER VATER: M e i n e r Tochter!

DER SOHN: Die ghört scho dei, di nimmt dir neamd! *Er läutet wieder. Die Tochter tritt mit einem künstlichen Edelweiß an überlangem Stengel vor.*

DER VATER: Stell dich doch weiter vor!

DIE TOCHTER: Was?

DER SOHN: Weiter vor stelln sollst di! – Möchtst es net hint im Rückgebäud singa?

Die Tochter dreht sich um und geht rückwärts zur Rampe.

DER SOHN: Drah di do um! Mechtst as net uns vorsinga? Hast 's Bleamerl? *Er beugt sich nochmals zum Publikum vor und läutet.* »'s Edelweiß!« *Dann läßt er das Vorspiel auf seiner Zither folgen und ruft zur Tochter, ehe sie überhaupt angefangen hat*: Höher – höher!

DIE TOCHTER *singt zu hoch*: Wer nennt mir jene Blume, die allein –

DER SOHN: Kimmst ja net nauf!

DIE TOCHTER: So hoch kann i überhaupt net singa!

DER SOHN: Warum singst na so hoch?

DIE TOCHTER: Weilst ma's du anschaffst, grad hast gsagt, höher, höher!

DER SOHN: Rindviech! Ich hab gmoant, 's Bleamerl sollst höher naufhebn! Also, jetzt singst halt tiefer! *Er beugt sich wieder zum Publikum vor und läutet.* »'s Edelweiß«, tiefer!

DIE TOCHTER *singt nun viel zu tief*: Wer nennt mir jene –

DER VATER *haut sie auf den Arm, so daß sie weint*: Hörst denn net, daß's z'tief is?

DER SOHN: Jetzt bläckt er, der Socka! Sing's halt dann in der Mitt drin! *Er beugt sich abermals zum Publikum vor und läutet.* »'s Edelweiß«, in der Mittn!

DIE TOCHTER *singt nun endlich richtig:*

Wer nennt mir jene Blume, die allein
Auf steiler Alm erblüht im Sonnenschein,

Die schönste Zierde unsrer Alpenwelt
Hoch droben einsam wächst, vom Schnee erhellt.

Plötzlich kann sie nicht mehr weiter.

DIE ANDERN *flüstern ihr immer überlaut zu*: Die schönste Zierde unsrer Alpenwelt!

SIE *aber wiederholt fortgesetzt*:

Hoch droben einsam wächst vom Schnee erhellt –

bis Vater und Sohn abgehen. Die Tochter bleibt allein auf der Bühne und fängt die zweite Strophe zu singen an:

Der Hirtenknabe auf den –

Sie hört plötzlich auf. A so, die spieln ja gar nimmer!

VATER *und* SOHN *kommen wieder herein*: Ja, könna mir des schmecka, daß du no a Stroph singst?

DIE TOCHTER: Vom Edelweiß hab i jedesmal zwei Strophn gsungen.

DER SOHN: An Dreck, 's Edelweiß hat ja bloß oa Stroph, außer du singst di erste zwoamal!

DIE TOCHTER: Aber der Vater hat's do heut in der Fruah beim Kaffee sogar gsagt, daß i zwoa Strophn singa muaß!

DER SOHN: Heit ham ma gar koan Kaffee ghabt, heit ham ma an Kakao ghabt. Jetzt tua nur grad amal 's Bleamerl runter, da halt sie's immer in der Hand! – Jetzt gehst naus und laßt dir vom Wirt zwoa Teller gebn, dann gehst zum Sammeln. *Die Tochter geht langsam ab.*

DER SOHN *ruft nach*: Zum Christkindl kriagst Rollschlittschuh, daß d' schneller gehn kannst! *Er beugt sich zum Publikum vor.* Währenddem, daß unser Vroni zum Sammeln geht, werden wir uns erlauben, Ihnen den Klarinett-Ländler vorzublasn von Beethoven. *Er läutet und fängt zu blasen an, indem er gelegentlich die Töne pfeift, die er auf der Klarinette nicht trifft. Die Tochter kommt mit den Tellern zurück, stellt sich neben den Sohn hin und schaut recht blöd. Der Sohn will ihr sagen, daß sie zum Sammeln gehen soll, kann aber nicht sprechen, weil er bläst, und macht mit der Klarinette Kreise, um ihr klarzumachen, daß sie herumgehen soll. Sie versteht nicht, bis ihm endlich die Geduld platzt.* Ja, geh nur grad amal!

DIE TOCHTER *geht verschüchtert zum Sammeln ab. Noch ehe sie die Treppe in den Zuschauerraum hinunter ist, erscheint der Herr Direktor.*

DER HERR DIREKTOR: Was wolln Sie denn da? *Zum Sohn*: Hören S' auf mit dem Blasen! *Zur Tochter*: Was tun Sie denn mit dem Teller?

DIE TOCHTER: Sammeln muaß i!

DER HERR DIREKTOR: Für was wolln Sie denn da sammeln?

DIE TOCHTER: Für den Kunstgesang, wo mir ham!

DER HERR DIREKTOR: Was? Kunstgesang? Des is ja a Hundsgesang! – Und da wolln Sie noch sammeln? Wer hat Ihnen denn das erlaubt?
DIE TOCHTER: Mei Vater hat's gsagt!
DER HERR DIREKTOR: So! Wer is denn Ihr Vater?
SOHN *und* TOCHTER *deuten zum Vater*: Der da – der ältere!
DER HERR DIREKTOR: Und wer ist denn der Dürre?
DIE TOCHTER: Des is mei Bruder!
DER HERR DIREKTOR: Also, das ist gleich, da im Hotel* darf nicht gesammelt werden, das geht nicht. Da haben Sie einen Brief, den geben Sie Ihrem Vater, und dann packen Sie zusammen und verlassen augenblicklich die Bühne.
DIE TOCHTER: Ja, is scho recht!
Der Sohn fängt sofort wieder an zu blasen. Der Herr Direktor schaut im Abgehen immer wieder grimmig auf die Bühne und macht gebieterische Bewegungen, daß der Sohn das Blasen einstellen solle.
DER SOHN: Was hat denn der wolln? Warum hat er denn so gschimpft? – Ja red halt – oder – leg Buchstabn daher, na setz i mir s' selber zsamm!
DIE TOCHTER: I hätt sammeln wolln, und dann is der reikemma und hat mir den Briaf gebn!
DER SOHN: Des wird halt der Briefträger gwesn sei! Da! Vater, lies den Brief!
DER VATER: Ja, i kann ihn net lesn, i hab meine Augenglasln net dabei – les'n doch du!
DER SOHN: Ja, des kann i net lesen, des is mit der Dampfmaschin gschriebn, les'n du – hast'n ja kriagt aa!
DIE TOCHTER: Sehr geehrte Alpensängertruppe Gebirgsveilchen!
DER SOHN: Des is unser Firma!
DIE TOCHTER *liest*: Nachdem Ihr Kunstgesang mir und dem werten Publikum gar nicht gefällt, verlange ich, daß Sie binnen einer Minute die Bühne samt Instrumenten und Inventar verlassen. Die Direktion.
DER SOHN: Wia hoaßt er?
DIE TOCHTER: Direktion!
DER SOHN *zum Vater*: Da hast es jetzt mit deim feinen Varieté-Theater, wärn ma zum Mathäser ganga, hätt ma a guats Gschäft gmacht! Aber du kommst immer mit de feina Leut daher. Die wolln dort koa Glampfn und koa Zither hörn, die mögn dort bloß an Grammophon und a Harpfa hörn.
DIE TOCHTER: Jetzt geh nur, sunst kommt er no mal daher!

* Gemeint ist das Hotel Frankfurter Hof, wo »Das Alpensängerterzett« zuerst gespielt wurde.

Der Sohn: Ja laß'n nur kemma – aber deswegn lassen ma uns a koane graun Haar wachsen, weil mir scho in andere Etablissementa gspielt ham als wia da herin in dera Boazn! – Sie san no amal froh, wenn s' solchane Volkssänger kriagn, wia mir san! – Sie san net auf uns angwiesn, aber mir auf Eahna, des müassen S' Eahna merka! – Geh weiter, Vater, pack 's Gebirg zsamm, dann gehn ma.

Alle gehen ab. Dabei klappt der Vater die am Zithertisch zum Publikum lehnende Pappe mir der Gebirgslandschaft zusammen, klemmt sie unter den Arm und nimmt sie mit.

Der Herzog kommt

Das Münchner Kindl tritt auf und spricht den Prolog.

Nennt man die gute, alte Zeit,
wie wird da jedes Herz so weit,
denn für uns hüllt ein Glorienschein
von Urgemütlichkeit sie ein.
Die Schattenseiten sind entschwunden,
die man damals wohl empfunden,
und nur das Biedre und Bequeme,
das Mollige und Angenehme
dünkt uns in unsrer Zappelhast
als Ideal des Lebens fast.
Besieht man's rüber und hinüber,
gibt's manches wohl zu lächeln drüber:
wie der Soldat da Posten stand,
den langen Strickstrumpf in der Hand,
wie er sich mit dem Hauptmann duzte
und wie die Jugend beide uzte.
Kurz, jene Zeit umgibt ein Flor
von harmlos heiterem Humor,
von unsrer alten Bürgerwehr,
die gmütlich war und so leger.
Drum werfen Sie jetzt Ihren Blick
a hundert Jahrl weiter zrück,
und denken S' voller Seligkeit
an unsre gute alte Zeit.

Nachdem das Münchner Kindl abgegangen ist, erklingt der Finnländische Reitermarsch und – Valentin voran – marschiert die Bürgerwehr auf.

STUCKMEISTER (KARL VALENTIN):

Ich bin der Josef Stuckmeister vom Bürgerbataillon,
ich blas bei unsrer Blechkapelln den großen Bombardon,
und ziehn wir so auf die Parad, zu unsrer Hauptwach her,
da schrein die Leut: »Der Dürre da, das ist der Stuckmeister?«
Ich bin der Schönste von der Bürgerwehr – des Bayerlandes Stolz und Ruhm.
Amal ist 's ganze Regiment in das Manöver zogn,
doch weil ich streng verheirat bin, hat's mir mei Frau verbotn,
doch trotz des ehlichen Verbots blieb ich beim Regiment,
ich trotzte diesem Weibergeschwätz, Potz Himmel Saprament.
Ich bin der Schneidigste der Bürgerwehr – des Bayerlandes Stolz und Ruhm.
Ich stand einmal direkt vorm Feind inmitten von der Schlacht,
da hab ich als Trompeter ein Bravourstückl gemacht.
A Niespulver, beinah zwei Pfund, steckt ich in Bombardon
und blies es dann dem Feind hinum, Sie – der lief schnell davon.
Ich bin der Schlaueste der Bürgerwehr – des Bayerlandes Stolz und Ruhm.

Der Chor wiederholt bei jeder Strophe den Refrain. Zum Schluß wieder der Finnländische Reitermarsch, während alle bis auf Stuckmeister und Alisi abmarschieren.

ALISI: Soll i dei Roß glei in Stall außiweisen?

STUCKMEISTER: Kümmer du di um dei Trommel, und i kümmer mich um mein Heiter*.

ALISI: Aber wennst moanst, na gibst man mit, dann führ ich ihn glei naus.

STUCKMEISTER: Der muaß net naus.

ALISI: O mei Gott, schau ihn o, wia eahm d' Zung raushängt, wia lang.

STUCKMEISTER: Ich woaß scho, weil der Kopf z' kurz ist.

Alisi geht ab.

STUCKMEISTER: Wia war ich als Soldat? Ich als Sinnbild Bayerns Stärke. Ja ich bin gar net so mager wie ich ausschaug, i gstell mi nur so. Des Bombardonblasen treibt oan ausanand. Ich war früher a ganz schmächtigs Bürscherl, i bin erst so auseinanderganga, seit i bei der Musi bin. Ja, als Bua solln S' mi erst gsehn ham, glei nach der Geburt. Herrgott war ich mager, also ausgschaut hab ich wia a Salzgurken, drum hätten s' mi aa net zu de Soldaten nehma wolln. Aber ich hab mi freiwillig melden müssen,

* bayerischer Ausdruck für Schindmähre

von meim Vater aus. Mei Vater war aa bei der Bürgerwehr, der war General – eigentlich war a Seifensieder im Beruf, General war er nur so nebenbei. Ich kannt heut noch lacha, wie mir d' Musterung ghabt ham, beim Faberbräu im Hof hint, die Gaudi, wia mir uns alle auszogn ham. I hab mi net vui gschamt, weil i so dürr war – besonders da, da hab i lauter so Rippen, so rausstehende. Der Hauptmann hat zu mir gsagt, ja Stuckmeister, hast denn du amal a Leiter gfressn? Naa, hab i gsagt, aber mei Mutter nimmt mi allaweil her zum Meerrettichreibn. Ja, jetzt bin i scho bald drei Jahr bei der Bürgergarde, d' Zeit vergeht schnell, ma soll's net moana. Mir ist's grad, als wenn i scho zwanzig Jahr dabei war. Auf die nächste Woch, da hab i scho Angst, da kimmt der Herzog von der Menterschwaige auf Bsuach, des werd wieder so a Gaudi wern. Der General hat gsagt, am Isartor müssn zwoa Kanona aufgstellt wern, zum Salutschießn, das macht der scho guat, wo mir doch bloß oa Kanona ham, und des Luada geht nimmer recht. Also mit dera Kanona ham ma uns scho was geärgert. Da werd da Herzog schaun, und a Standerl müß ma aa no einstudiern für'n Herzog, da ham ma no gnua Arbeit.

Alle Soldaten kommen mit ihren Musikinstrumenten herein.

ALISI: Wann fang ma denn zum Proben an?

STUCKMEISTER: Jetzt glei.

ALISI: Wann kommt denn der Herzog?

STUCKMEISTER: Die Tag. – Also paßt's auf. Wenn der Herzog kommt, dann kommt er herenten beim Isartor rei, und mir stehen drenten.

ALISI: Wo drenten?

STUCKMEISTER: No da – mir stehen also drenten, und der Herzog kommt von herenten. Sagn ma mal, du bist 's Isartor – tua d' Haxn auseinander. Da kommt der Herzog rein. Nun kommt's drauf an, wie wir ihn eigentlich empfangen.

ALISI: Ja feierlich halt.

STUCKMEISTER: Freilich feierlich – aber i moan, was ma blasn.

ALISI: Trompeten.

STUCKMEISTER: Freili koan Kachelofen. I moan, was ma mit der Trompeten blasn.

ALISI: Des is Gschmacksach.

STUCKMEISTER: Von wem denn?

ALISI: Vom Herzog, den fragn ma, was er gern hört, und des blas ma dann.

STUCKMEISTER: Ah, na is's ja koa Überraschung. Also glei wenn er da ist, müß ma an Tusch macha.

ALISI: An kalten?

STUCKMEISTER: Da tat er ja friern. Ich moan an Tusch blasn: »Hoch soll er leben!«

Alisi: Ja paßt denn das für'n Herzog?

Stuckmeister: Freilich passert's besser für'n Turmwachter, aber des macht nix. Also los, wenn ich mit de Knie so mach, dann geht's los. *Die Soldaten spielen furchtbar falsch »Hoch soll er leben!«*

Alle: Halt, das stimmt nicht, das ist ja falsch.

Stuckmeister: Gebt's amal 's »a« o. – Ja ihr habt's ja 's ganze Abc beinand. Wo is denn mein Timmpfeiferl? *Macht mit der Nase ›äää‹.* So, jetzt muaß geh. *Alle blasen »Hoch soll er leben!«*

Alisi: Das geht ja tadellos.

Stuckmeister: Aber was blas ma dann zum Abschied, das war jetzt erst der Aufschied.

Alisi: Kriegt er an Aufschnitt aa?

Stuckmeister: I moan doch an Aufschied. – Also was blas ma, wenn er uns verläßt, da blas ma »Verlassen, verlassen«, das paßt am besten. Also teilt's die Noten aus – i geh derweil hoam zum Essen.

Alisi: Jetzt magst scho dableim, dei Essen lauft dir net davon.

Stuckmeister: Doch, weil's a rinnerter Lineburger ist.

Alisi *teilt die Noten aus, der Trommler dirigiert, alle blasen »Verlassen, verlassen«.*

Stuckmeister *unterbricht zweimal*: Halt, der Hosenträger ist mir abgrissn.

Alisi *unterbricht bei der nächsten Strophe ebenfalls*: Halt, halt!

Stuckmeister: Jetzt kommt er aa mit'n Hosenträger daher. Ist er dir aa abgrissn?

Alisi: Naa, aber einfalln tut mir grad, daß ich scho vierzehn Tag an Brief vom Hauptmann im Sack hab. Für dich – und du sollst'n glei lesen.

Stuckmeister: Ja fallt dir das jetzt erst ein? Also tu ihn her.

Alisi *liest*: Lieber Stuckmeister!

Stuckmeister: Wem hat der Hauptmann den Brief geschriebn?

Alisi: Dir allein.

Stuckmeister: So? Warum liest ihn dann du?

Alisi: Fünftens kannst du überhaupt net lesn, und zweitens möcht ich den Schmarrn gar net wissn.

Stuckmeister: Und achtens geht's di an Dreck o, was in dem Brief steht.

Alisi: Aber zsammbringen tust du den Brief net.

Stuckmeister: Halt 's Maul.

Alisi: Weil du überhaupts net lesn kannst. Du hast ja im Lesn an Achter ghabt.

Stuckmeister: 's Mai sollst haltn, und wennst es net kannst, na haltst an Juni. *Liest*: Lieber Stuckmeister! Sei so gut – du Alisi, wia hoaßt denn des?

Alisi: Gell, jetzt warst wieder froh um mich. – Sei so gut, und tu Du mit den Mannern die Kanonaübung halten, weil ich beim Kegelscheibn bin und nicht kemma ko.

STUCKMEISTER: Was plärrst denn a so? Hat der so a laute Schrift?

ALISI *liest weiter*: Um sechs Uhr, wenn's es mit der Kanonaübung ferti seid's, dann treff ma uns im Hofbräuhaus. Es grüßt und küßt Dich Dein alter Spezi: Hauptmann Radlhuber.

STUCKMEISTER: Jetzt kenn i mi gar nimmer aus, hat er selber den Brief geschriebn oder war er beim Kegelscheibn, denn unterm Kegelscheibn kann er doch net schreibn.

ALISI: Den hat er doch vorher geschriebn.

STUCKMEISTER: Des woaß aber i net. Also Männer, jetzt habt's es ghört, wir müssen d' Kanonaübung abhaltn, weil der Hauptmann beim Kegelscheibn is, und deswegn net komma ke – ah – kemma ko.

ALISI: Wo habt's denn mein Kanonawischer hindo?

STUCKMEISTER: Des muaßt scho selber wissn, wo ist denn eigentlich unser Kanona?

ALISI: Was für oane?

STUCKMEISTER: Mir ham doch bloß oane.

ALISI: Ist die net da?

STUCKMEISTER: Jetzt könn ma mit'n Nudelwalkler schießn. Wo habt's es denn?

ALISI: Ja du hast doch z'letzt damit gschossn.

STUCKMEISTER: Jessas, de hab i am Gasteigberg drobn stehlassn.

ALISI: Bei dem Sauwetter, die werd schö verrost sein.

STUCKMEISTER: Geh zua, hol s' glei.

ALISI: Hol dir s' doch selber.

STUCKMEISTER: Augenblicklich holst d' Kanona, sonst laß i dich wegn Gehorsamsverweigerung daschiaßn.

ALISI: Mit was denn, wennst koa Kanona hast.

EIN SOLDAT *bringt die Kanone*: So da habt's es, im Hausgang habt ihr s' stehnlassn.

ALISI: Obacht! *Fährt dem Stuckmeister mit der Kanone auf den Fuß.* Mit dera Kanona ham ma uns scho ärgern müssn.

STUCKMEISTER: Des is ja a Schinderviech.

ALISI: Woaßt as no, amal hat s' net kracht, na ham ma gmoant, sie ist brocha.

STUCKMEISTER: Derweil ham ma 's Laden vergessn ghabt.

ALISI: Und amal ham ma lauter Äpfel und Birn neido ins Kanonaloch, und dann ham ma s' zum Feind nübergschossn.

STUCKMEISTER: No, der Feind hat gfressn. – Also Achtung, an die Geschütze! Kracha muaß's – Pulverschachtel herrichtn.

ALISI: Kanonaloch auswischn.

STUCKMEISTER: Anschaffa tua i. – Kanonaloch auswischn.

ALISI: Des geht net, as Loch ist verstopft. *Schaut ins Kanonenloch.*

STUCKMEISTER: Du mußt natürlich dei Nasn in jedem Loch drin ham, du Rindviech.

ALISI: So, jetzt mag i nimmer! *Geht ab.*

STUCKMEISTER: Was hat er denn?

SOLDAT: Beleidigt hast'n. Weilst'n a Rindviech ghoaßn hast.

STUCKMEISTER: Des hab i doch net so gmoant. Geh, hol ihn nei.

ALISI: I mag nimmer mittoa.

STUCKMEISTER: Geh letscherter Tropf, wie oft hast denn du mich schon a Rindviech ghoaßn.

ALISI: Ja dich – du bist aa oans.

STUCKMEISTER: Des woaß i scho, drum bin i aa net beleidigt. – Also Roßmetzger, blas as Signal. *Das Signal ertönt, und der Stuckmeister singt:*

Ach, wie ist es doch so schwer
bei der Münchner Bürgerwehr,
unser Dienst ist nicht beliebt,
weil's da koane Eschpaß gibt.
Bsonders bei der Artillerie,
's ist die höchste Ironie,
wega der gringsten Kloanigkeit
san mir schon salutbereit.
Tatara-bumm, hallo, die Artillerie ist da!
Tatara-bumm, hallo, die Artillerie ist da!

ALISI: Horch, was ist des – a Fledermaus? *Hält sein Ohr ans Kanonenloch.*

STUCKMEISTER: A Fledermaus zwitschert doch net.

ALISI: Was könnt dann des sei?

STUCKMEISTER: Vielleicht san's Ölsardinen.

SOLDAT: Aah, da schau her.

ALISI: Aah, Schwaiberln san's – lauter Junge.

STUCKMEISTER: De san erschrocka, zittern dean s' wiara Schweinssulz.

ALISI: Geh, hörn ma 's Schiaßn auf.

STUCKMEISTER: Ja freili, wegn den Schwaiberln könna doch mir net de militärischen Übungen unterbrecha. *Der Roßmetzger bläst das Signal, und der Stuckmeister singt:*

Ist wo eine Prozession,
schiaßn wir mit der Kanon,
und gar beim Oktoberfest
san ma jeds Jahr draußen gwest.

Ist das Pferderennats gwen,
taten wir am Berg drom stehn.
Wia d' Kanona bum hat to
ging das Pferderennats o.
Tatara-bumm, hallo, die Artillerie ist da!
Tatara-bumm, hallo, die Artillerie ist da!

ALISI *versucht die Kanone in Gang zu bringen*: Was is jetzt – jetzt kracht's net.

STUCKMEISTER: Hast net ozundn?

ALISI: Freili, is ja 's Pulverschwammerl abbrennt.

STUCKMEISTER: Des muaß ja kracha, des war zum Lacha.

ALISI: Schau du amal eini ins Loch.

STUCKMEISTER: Des kannst dir denka.

ALISI: Jetzt traut er sich wieder net, der Hosenscheißer. *Hüpft schnell an der Kanone vorbei.*

STUCKMEISTER: Jetzt schau nur so an leichtsinnigen Tropf an, er als Familienvater hupft vorm Kanonaloch vorbei, wie leicht hätt's kracha könna!

ALISI: Es hat aber net kracht!

STUCKMEISTER: Weil's net geht – vielleicht steht d' Kanona verkehrt da.

ALISI: Ich sag, daß des Wurscht is bei einer Kanona. *Die Kanone geht unter riesigem Getöse los. Alle erschrecken furchtbar; nur der Stuckmeister bleibt regungslos stehen.*

STUCKMEISTER: Was habt's denn?

ALISI: Der schaut allwei, kracht hat's doch grad.

STUCKMEISTER: Soooooo? *Er erschrickt.*

ALISI: Jetzt bist z' spät daschrocka.

STUCKMEISTER: So, wieviel Uhr is's denn? – Also putz 's Loch aus, daß ma ferti wern. Mach, schick dich besser!

ALISI: Wenn's dir net schnell gnua geht, dann putzt dir dei Loch selber aus. *Der Roßmetzger bläst das Signal, und der Stuckmeister singt*:

Ist wo eine Fahnaweih
ist d' Kanona aa dabei,
wenn a Veteraner stirbt,
eine Kugel außafliagt,
kimmt auf Bsuach a Obrigkeit,
kracht's, das is a wahre Freud.
De Kanona is famos,
bloß im Kriag, da geht s' net los.

Er hört plötzlich auf und erschrickt.

ALISI: Hat's dich jetzt anpackt. Es hat doch no gar net kracht.

STUCKMEISTER: Na bin ich diesmal z' früh daschrocka. *Singt weiter:*
Tatara-bumm, hallo, die Artillerie ist da!
Tatara-bumm, hallo, die Artillerie ist da!

STUCKMEISTER: Abprotzen – Pulverschachtel aufräumen – Aufstellen! Hat alles vis-à-vis? Oho – jetzt bin ich in Francosse neikomma. Ganze Division – vorwärts, Marsch! *Die Kapelle spielt den Finnländer Reitermarsch, während die Bürgerwehr abzieht.*

Tingeltangel

Wenn der Vorhang der Vorderbühne aufgeht, sieht man – bei geschlossenem Vorhang der Hinterbühne – nur den Stehgeiger und zwei weitere Musiker damit beschäftigt, ihre Blechnotenpulte auseinanderzuklappen und aufzustellen und sich Stühle zu holen, auf die sie sich pomadig hinsetzen. Der Stehgeiger schaut auf die Uhr. In diesem Moment kommt der vierte Musiker auf die Bühne.

STEHGEIGER: Los! Los! Warum kommen Sie so spät?

DER VIERTE MUSIKER: Weil es so heiß ist! *Er wischt sich den Schweiß von der Stirne, setzt seinen Strohhut ab, legt seine Joppe, die er unterm Arm getragen hatte, auf den Stuhl und setzt sich. In diesem Moment kommt der fünfte Musiker herein, der vollständig durchnäßt ist.*

STEHGEIGER: Nanu – was ist denn los? Sie sind ja ganz naß! Regnet es denn?

DER FÜNFTE MUSIKER: Es wolkenbrüchelt.

Als sich der fünfte Musiker auch ausgezogen und gesetzt hat, kommt Karl Valentin herein im Pelzmantel, steifen Hut, mit Handschuhen, über und über mit Schnee bedeckt.

STEHGEIGER: Um Gottes willen! Was soll denn das heißen? Schneit es denn?

KARL VALENTIN: Furchtbar! Eminent!

STEHGEIGER: Der eine schwitzt, der zweite sagt, es regnet, und Sie kommen mit Schnee!

K. V.: Wer sagt, daß es regnet?

STEHGEIGER: Der Herr Müller hat soeben gesagt, daß es furchtbar regnet.

K. V. *zu Herrn Müller:* Ja, wo sind Sie hergekommen?

DER FÜNFTE MUSIKER: Von der Theresienstraße.

K. V.: Ja, i bin von der Schwanthalerhöh hergekommen.

STEHGEIGER *zu Valentin:* Also Schluß mit dem Unsinn! Ziehn Sie sich aus.

K. V.: Ganz?

STEHGEIGER: Nein, nur Hut und Mantel sollen Sie ablegen. *Valentin legt alle seine Sachen auf das Klavier.* Halt! Halt! Nehmen Sie die Sachen hier weg! Es wird ja alles naß von dem Schnee.

K. V.: Der zerrinnt nicht, ist ja nur Christbaumschnee.

STEHGEIGER: Richten Sie lieber Ihre Noten her, daß alles fertig ist, wenn der Herr Kapellmeister kommt!

Valentin setzt sich. Ein letzter Musiker kommt.

DER LETZTE MUSIKER: Ist unser Kapellmeister noch nicht da?

K. V.: Nein, bis jetzt noch nicht, vielleicht kommt er später.

DER LETZTE MUSIKER: Bei uns schimpft er gleich, wenn einer mal zu spät kommt, aber er darf sich's ja erlauben, der alte Aff.

K. V.: Der sitzt höchstens wieder drüben in der Wirtschaft und sauft eine Maß nach der andern, der besoffene Uhu –

DER LETZTE MUSIKER: Könna tut er auch nichts, der alte Depp, der kennt ja nicht einmal die Noten, ich kann überhaupt nicht verstehen, wie der da herein in das Theater als Kapellmeister gekommen ist.

K. V.: Durch Projektion – sonst haben sie ihn nirgends brauchen können, den alten Grantlhauer, weil er von der Musik ja gar nichts versteht.

Der Kapellmeister (Liesl Karlstadt) tritt unbemerkt auf, er hört ruhig zu.

DER LETZTE MUSIKER: Ja, mir wenn's amal zu dumm wird, dann kann er etwas erleben, der spinnate Kerl. Der ist ja sowieso schon sechs Jahre narrisch.

K. V.: Nein, das reicht nicht mehr, der ist schon sechzig Jahr narrisch.

DER LETZTE MUSIKER *dreht sich um, sieht den Kapellmeister, grüßt ihn leise*: Guten Abend. *Zu Valentin, schnell*: Komm, richt endlich deine Noten her und red nicht immer soviel, sonst wenn der Herr Kapellmeister kommt, bist wieder nicht fertig, dann muß er sich gleich wieder ärgern.

K. V.: Seit wann sagst du: Herr Kapellmeister?

DER LETZTE MUSIKER: Ich hab noch nie anders gesagt wie unser Herr Kapellmeister –

K. V.: Jetzt schau einen solchen Konditor an, Herr Kapellmeister sagt er auf einmal, und sonst schimpft er die ganze Zeit über ihn!

DER LETZTE MUSIKER: Das ist nicht wahr, ich hab noch nie über unsern Herrn Kapellmeister etwas gesagt, du hast grad gsagt, daß er sechs Jahre narrisch ist.

K. V.: Ich hab gsagt, sechzig Jahr –

Der letzte Musiker hustet verlegen.

K. V.: Was hast denn auf einmal, warum sprichst denn nichts mehr? *Zu den andern*: Was schaut ihr denn so blöd? Habt ihr mir wieder was naufghängt? *Er dreht sich um und sieht den Kapellmeister.*

Der Kapellmeister: Jetzt horch ich Ihnen bereits fünf Minuten lang zu –

K. V.: So lang schon?

Der Kapellmeister: Wen haben Sie denn da gemeint mit dem alten Aff?

K. V.: Meinen Bruder.

Der Kapellmeister: So, Ihren Bruder – – Sie haben doch einmal zu mir gesagt, Sie haben gar keinen Bruder –

K. V.: Nein –

Der Kapellmeister: Wen haben Sie dann gemeint?

K. V.: Meine Schwester.

Der Kapellmeister: Erst den Bruder und dann die Schwester?

K. V.: Jawohl.

Der Kapellmeister: Und ich bin so dumm und glaub das.

K. V.: Jawohl.

Der Kapellmeister: Nein, absolut nicht – Sie, da wenn ich Ihnen draufkomme, wen Sie da gemeint haben, dann spukt's!

K. V.: Da kommen S' nicht drauf.

Der Kapellmeister: Das wird auch gut sein – da hört sich doch alles auf! Guten Abend, meine Herren.

Alle Musiker: Guten Abend, Herr Kapellmeister.

Der Kapellmeister: Es ist ganz gut, wenn man auf eine solche Art und Weise seine Leute richtig kennenlernt, da tut er mir immer so schön ins Gesicht, und wenn ich nicht da bin, dann schimpft er über mich. Der falsche Kerl!

K. V.: Das kann ich doch nicht wissen, daß Sie hinter mir stehen.

Der Kapellmeister: Sie haben's notwendig, Sie sind der allerschlechteste unter allen.

K. V.: Die andern auch.

Der Kapellmeister: Sind die Noten schon aufgeschlagen? Der erste Marsch kommt.

K. V.: M– – –arsch!

Der Kapellmeister: Was sagen Sie?

K. V.: Wissen Sie einen Reim auf Marsch?

Der Kapellmeister: Nein.

K. V.: WWWarsch– – WWarschau – abgekürzt.

Der Kapellmeister: Ich dacht schon, Sie meinten was anderes.

K. V. *besinnt sich*: Ja, das reimt sich auch.

Der Kapellmeister: Jetzt fangen wir an. – Also, heut muß amal ganz genauso gspielt werden, wie ich dirigiere!

K. V.: So kenna ma net spieln, da kriegn ma fünf Jahr wegn groben Unfug.

DER KAPELLMEISTER: Ruhig! – Heut muß amal so gspielt werdn, wie ich dirigiere – und wem das nicht paßt, der soll machen, daß er heimkommt! *Alle gehen.* Wo laufen S' denn hin?

K. V.: Uns paßt's nicht!

DER KAPELLMEISTER: Ihr paßt's mir schon lang nimmer! – Setzen S' Ihnen hin!

K. V.: Beim Flaucher hat doch die Musik auch immer klappt – grad Sie masseln immer!

DER KAPELLMEISTER: Ja – Sie werden doch nicht die Flauchermusik mit diesem Orchester vergleichen? – Warum sind S' denn da nicht droben bliebn, wenn's Ihnen da gar so gut gfalln hat beim Flaucher?

K. V.: O mei, gfalln tuat's mir gar nirgends, wo i arbeitn muaß – und dann bin ich ja in den Chinesischen im Englischen abikemma.

DER KAPELLMEISTER: Wo is denn des?

K. V.: Im englischen Turm im chinesischen Garten!

DER KAPELLMEISTER: So? Wieviel Mann warn S' denn da?

K. V.: Ja – zehn Mann – fast elf!

DER KAPELLMEISTER: Entweder warn's zehn o d e r elf!

K. V.: Elf warn's auf keinen Fall!

DER KAPELLMEISTER: Na also, dann warn's eben zehn!

K. V.: Nein, acht Stück!

DER KAPELLMEISTER: Was?

K. V.: A Stuckera achte!

DER KAPELLMEISTER: Acht Stück Mann – das hab ich noch nie gehört! – Ich weiß was von acht Stück Zigarren oder von acht Stück Weißwürst!

K. V.: Ah – ah!

DER KAPELLMEISTER: Ja, wenn man nur vom Essen was spricht – da wird er lebendig! Was habn denn Sie für a Instrument blasn bei dene acht Mann?

K. V.: Da hab ich net blasn, da hab ich gsammelt!

DER KAPELLMEISTER: Also, jetzt fang ma an und probiern's amal – und wenn's nix is, dann hörn ma wieder auf!

K. V.: Hörn ma glei auf!

DER KAPELLMEISTER: Das tät Ihna passn! Obacht geben, jetzt fangen wir überhaupts erst richtig an!

K. V.: Pause –?

DER KAPELLMEISTER: Was, Pause – wie kommen denn Sie jetzt auf Pause – wer hat denn jetzt ein Wort von einer Pause gesagt?

K. V.: Haben nicht Sie grad Pause gesagt?

DER KAPELLMEISTER: Ich? – Ich hab ja gar nicht dran gedacht an eine Pause – Sie haben grad gsagt Pause –

K. V.: Ich hab's gsagt?

DER KAPELLMEISTER: Jawohl, grad im Moment haben Sie's gsagt!
K. V.: Drum, ich hab's ja ghört!
DER KAPELLMEISTER: Das würde Ihnen so passen, gleich am Anfang eine Pause machen, da wird nichts draus, jetzt geht's los.
Er klopft ab.
K. V.: Halt – husten muß ich zuerst noch.
DER KAPELLMEISTER: Jetzt hätten Sie so lange Zeit gehabt zum Husten, im letzten Moment fällt es ihm ein, also husten Sie noch schnell, dann warte ich – vorwärts – was ist denn? *Alle warten und sehen ihn an.*
K. V.: Jetzt muß ich nicht.
DER KAPELLMEISTER *klopft ab. Folies-Bergères-Marsch wird gespielt. Valentin bläst einmal falsch, deutet auf den anderen Trompeter und bläst zum Schluß einen Takt nach.* Was blasen S' denn da noch nach, wir sind doch schon fertig.
K. V.: Ich hab ja auch später angfangt.
DER KAPELLMEISTER: Wo steht denn das, was Sie da nachblasn habn?
K. V.: Wer hat nachblasen?
DER KAPELLMEISTER: Sie haben doch einen Ton nachgeblasen!
K. V.: Ich?
DER KAPELLMEISTER: Natürlich Sie!
K. V.: An Dreck!
DER KAPELLMEISTER: Sind Sie nicht so frech – Sie haben eben einen Ton nachgeblasen!
K. V.: Ich hab do net nachblasn! Ah – das war höchstens das Echo!
DER KAPELLMEISTER: Da gibt's doch kein Echo!
K. V.: Natürlich! Wenn man nach der Musik plötzlich aufhört, dann klingt's doch drüben nach – und das ist genauso, wenn man ein Lied singt, und man hört plötzlich auf – dann gibt's ein Echo! Passen S' auf! *Er singt*: Kommt ein Vogerl geflogen, setzt sich nieder auf mein Fuß. *Pause – man hört hinter der Szene »Fuß«.* Haben Sie's gehört? – Echo!
DER KAPELLMEISTER: Schmarrn! – Ja, wenn S' das Lied in einen Wald neisingen, dann gibt's ein Echo! Aber hier nicht! Folgedessen haben Sie nachgeblasen und damit basta!!
K. V.: Ja, da brauchen wir nicht lang streiten – hab ich nachblasen, oder war das ein Echo?
DER KAPELLMEISTER: Das war kein Echo, Sie haben nachgeblasen!
K. V.: Dann hör ich auf!
DER KAPELLMEISTER: Gut, dann hörn Sie auf!
K. V.: Fragen Sie den Alfons, ob ich nachblasn hab!
DER KAPELLMEISTER: Alfons, sagen Sie, der hat doch nachgeblasen?

Alfons: Da laß ich mich überhaupt nicht ausfragen! – Denn wenn der aufhört, dann mag ich auch nimmer dableibn.

K. V.: So – und wenn der aufhört, dann hörn die andern auch alle auf, und dann kannst dir an Grammophon kaufen.

Der Kapellmeister: Ja, da bin ich besser dran, da brauch ich mich wenigstens nicht ärgern.

K. V.: Wennst es aber überdrehst und d' Feder abreißt, dann hast gar nix – und anzeigen tun wir Ihnen auch, weil S' uns immer in d' Invalidenkarte lauter braune Rabattmarken neipappn! Sie Schwindler!

Der Kapellmeister: Also da hört sich doch alles auf! *Zu einem grauhaarigen Musiker*: Sie sind der Älteste. Sagen Sie, hat der nachgeblasen, oder war's ein Echo?

Der grauhaarige Musiker: Das war ein Echo!

Der Kapellmeister: Schaun S', daß S' nauskommen, Sie! *Zum Publikum*: Verzeihen die Herrschaften, es handelt sich hier um eine musikalische Streitfrage. Hat er nachgeblasen, oder war es ein Echo?

Publikum: Das war ein Echo!

Der Kapellmeister *resigniert*: Da bin ich halt überstimmt. – Also jetzt kommt die Sängerin dran. Die Dame müssen Sie mit Streichmusik begleiten, die Trompete ist zu laut.

Alle Musiker nehmen Streichinstrumente zur Hand. Karl Valentin nimmt die Trompete und die Violine in die Hand.

Der Kapellmeister: Streichmusik hab ich gesagt. Schaun Sie sich doch an. *Valentin richtet sein Vorhemd, versucht, sich ein Loch von der Hose wegzuwischen.* Was wischen S' denn da rum? – Das ist doch ein Loch!

K. V.: Mit Benzin ging's schon raus! *Dann nimmt er die Trompete und den Geigenbogen, endlich die Geige und den Bogen, hält ihn aber verkehrt.*

Der Kapellmeister: Wieder verkehrt! Ich glaub, Sie sind heut besoffen.

K. V.: Jetzt noch nicht.

Der Kapellmeister: Also fertig, die Sängerin will doch singen!

K. V.: Wegen uns braucht s' nicht singen.

Der Kapellmeister: Wegen Ihnen singt s' auch nicht, sondern wegen dem Publikum!

Man hört ein Glockenzeichen und einen Tusch. Der Vorhang der Hinterbühne bewegt sich ein wenig, geht aber nicht auf.

Der Theatermeister *kommt auf die Bühne:* Herr Kapellmeister, ich bring den Vorhang nicht auf, der ist kaputt!

Der Kapellmeister: Warum richten Sie dann denn den Vorhang nicht?

Der Theatermeister: Ich kann ihn nicht richten.

Der Kapellmeister: Auf der ganzen Welt wird sich doch einer finden, der den Vorhang richten kann.
K. V.: Ein Richter!
Der Kapellmeister: Da muß man eben einen Tapezierer haben. Gehen Sie einmal zum Tapezierer, und holen Sie ihn.
Der Theatermeister: Ich weiß nicht, wo der Tapezierer wohnt.
K. V.: Das ist doch gleich, wo der wohnt.
Der Kapellmeister: Das ist nicht gleich, wo der wohnt. Das muß man doch wissen.
K. V.: Der Tapezierer wird's doch selber wissen, wo er wohnt. Den braucht er doch nur fragen.
Der Kapellmeister: Wie kann er denn das, wenn er nicht weiß, wo er ihn finden kann.
K. V.: Den wird er schon einmal treffen auf der Straße.
Der Kapellmeister: Unsinn! Wer weiß, wo der Tapezierer wohnt?
K. V.: Einen weiß ich schon, der wohnt Ecke Theresienwiese und Kaufingerstraße.
Der Kapellmeister: Also, da gehen Sie hin! Sagen Sie eine Empfehlung von mir, unser Vorhang hat sich verhängt, wenn er einmal Zeit hat, soll er rüberkommen bei Gelegenheit.
Der Theatermeister geht ab. Auf eine entsprechende Geste des Kapellmeisters ziehen zwei Musiker den Vorhang in der Mitte etwas auseinander. In dem Ausschnitt wird die Sängerin sichtbar.
Der Kapellmeister: Aha, die Sängerin ist auch schon da, die hab ich noch gar nicht bemerkt.
Die Sängerin: Ein Lied: Das verlorene Glück.
K. V.: Was hat s' verlorn?
Der Kapellmeister: Ihr Glück hat s' verlorn.
K. V.: Inserieren lassen!
Die Sängerin *singt*:

Sooft der Frühling durch das offne Fenster
Am Sonntagmorgen uns hat angelacht,
Da zogen wir durch Hain und grüne Felder.
Sag, Liebchen, hat dein Herz daran gedacht?

Karl Valentin spielt ganz falsch auf der Geige dazu. Der Kapellmeister schimpft darüber. Darauf stimmt er die Geige. Der Kapellmeister schimpft wieder. Die Sängerin, immer weitersingend:

Wenn abends wir die Schritte heimwärts lenkten,
Dein Händchen ruht in meinem Arm,
Sooft der Weiden Rauschen dich erschreckte,
Da hielt ich dich so fest, so innig warm.

Der Theatermeister und ein Tapezierer kommen mit Leiter und Werkzeug durch den Zuschauerraum auf die Bühne gepoltert. Die Sängerin:

Zu jener Zeit, wie liebt ich dich, mein Leben,
Ich hätt geküßt die Spur von deinem Tritt,
Hätt gerne alles für dich hingegeben,
Und dennoch: Du – du hast mich nie geliebt!

Inzwischen hat der Tapezierer mit der Reparatur begonnen. Der Theatermeister zeigt ihm alles, man hört das Gemurmel der beiden, ihr lautes Klopfen und Schlagen stört den Gesang. Die Sängerin singt unbekümmert weiter:

Stets sorgenlos, mit wenigem zufrieden,
Begabt mit leichtem Mut und frohem Sinn,
So saßen wir am kalten Winterabend
Und wärmten uns am traulichen Kamin.
Wir schwärmten nur von Liebeslust und Wonne,
Dein Haupt, es ruhte sanft auf meinem Knie,
Dein Auge über mir war meine Sonne,
Des Feuers Knistern süße Harmonie.
Zu jener Zeit, wie liebt ich dich, mein Leben,
Ich hätt geküßt die Spur von deinem Tritt,
Hätt gerne alles für dich hingegeben,
Und dennoch: Du – du hast mich nie geliebt.

Karl Valentin steigt auf seinen Stuhl, um dem Tapezierer bei der Arbeit zuzusehen. Dann geht er – immerzu geigend – auf die Bühne und steigt dem Tapezierer sogar auf die Leiter nach. Erbost steigt ihm der Kapellmeister hinterher und bedeutet ihm durch heftige Gebärden, daß er sofort auf seinen Platz zurückgehen soll. Valentin schert sich nicht darum, weicht ihm aus, gerät dabei der Sängerin mit dem Fiedelbogen in die Frisur, bleibt darin hängen und angelt ihr damit unwillkürlich – ganz und gar vom Zuschauen auf den Tapezierer in Anspruch genommen – den falschen Zopf vom Kopfe, ohne es zu bemerken. Dabei geigt er unentwegt mechanisch weiter. Indessen hat der Tapezierer seine Arbeit beendet, den Vorhang durch öfteres Auf- und Zuziehen ausprobiert und packt nun geräuschvoll sein Handwerkszeug zusammen. Dann verläßt er die Bühne. Wieder pirscht sich der Kapellmeister an Valentin heran, um ihn von der Bühne herunterzudrängen, Valentin entwischt ihm abermals, tritt dabei dem Souffleur auf die Hand und bleibt darauf stehen. Aus dem Souffleurkasten kommt ein jämmerliches Geschrei. Au – au – au!

Der Kapellmeister: Wer schreit denn da so? *Er bemerkt den Souffleur.* Sie, Sie stehen ja dem Souffleur auf der Hand, gehen S' doch runter! *Karl*

Valentin ist ganz erstaunt, hebt seinen Fuß auf und schaut den Souffleur an. Gehen S' auf Ihren Platz hinunter! Das kann ich nicht verstehen, steigt er dem Souffleur auf die Hand. Ja, ham denn Sie das nicht gspürt?

K. V.: Ja woher! – Er hat's gspürt! *Der Souffleur schreit immer weiter.* Jammert er recht?

DER KAPELLMEISTER: Natürlich muß er jammern, wenn Sie ihm auf d' Finger hinaufsteigen! Meinen S', das tut so wohl? Lassen Sie sich einmal auf die Finger hinauftreten, dann werden Sie's schon sehen. Wenn S' an Anstand hätten, würden Sie sich entschuldigen.

K. V.: Hab keinen. *Der Souffleur schreit immer noch.* So lange bin ich gar nicht droben gestanden, als der schreit!

DER KAPELLMEISTER *steigt wieder auf die Vorbühne hinunter*: Aber die Sängerin ist gut, meine Herrn.

K. V. *steigt gleichfalls hinunter*: Die hat eine Genie.

DER KAPELLMEISTER: Man sagt nicht, die hat ein Genie, sondern die Dame i s t ein Genie!

K. V.: Nein, ich mein, die hat e i n e Genie – eine schenie Stimme.

DER KAPELLMEISTER: Das ist doch etwas ganz anderes. Übrigens fällt mir gerade noch etwas ein. Gell, wenn Sie mich wieder einmal sehn auf der Straße, dann sind Sie auch so freundlich und grüßen Sie mich. Das gehört sich, das erfordert Ihr Anstand.

DER LETZTE MUSIKER: Warum, ham Sie ihn wo gsehn?

K. V.: Gestern auf der Post, da hat er sich angstellt.

DER KAPELLMEISTER: Gell, Sie haben mich gsehn, warum haben Sie mich dann nicht gegrüßt?

K. V.: Weil Sie so weit hinten gestanden sind – ich kann doch nicht so hinter grüßen! Da warn viel Leut dort, Menschen, Publikum, Passanten, Volk – alles durcheinander. Sie – der Frau, die vor Ihnen gestanden ist, der ham s' das Handtascherl gstohlen.

DER KAPELLMEISTER: Ja, wie meinen Sie das? Ha? Sie bringen das ja fast so heraus, als ob i c h der Frau das Handtascherl gestohlen hätte!

K. V.: Ja, gewiß weiß ich's nicht.

DER KAPELLMEISTER: Behaupten wollen Sie's auch noch! Das verbitte ich mir. Das kann schon sein, daß einer Frau eine Handtasche gestohlen worden ist, das war höchstens ein Taschendieb.

K. V.: Freilich kein Kellerdieb.

DER KAPELLMEISTER: Die Frau hätte eben besser Obacht geben sollen auf ihr Täscherl, dann wär's ihr nicht gestohlen worden.

K. V.: Da war's aber schon zu spät, weil's da schon weg war.

DER KAPELLMEISTER: Ja, hernach hat's freilich keinen Wert mehr, vorher hätte sie Obacht geben sollen.

K. V.: Vorher hat sie's doch nicht gewußt, daß's ihr gestohlen wird.
DER KAPELLMEISTER: Wenn sie Obacht gegeben hätte, wär's ihr doch nicht gestohlen worden, wenn sie immer aufs Täscherl geschaut hätte.
K. V.: Die Frau kann doch nicht immer auf ihr Täscherl Obacht geben.
DER KAPELLMEISTER: Ach – lassen S' mir meine Ruhe, was geht denn mich die Frau an, wenn die Frau so dumm ist, daß sie nicht einmal auf ihr Täscherl Obacht geben kann, dann soll sie zu Haus bleiben und nicht hingehen aufs Postamt.
K. V.: Dann kriegt s' keine Briefmarken.
DER KAPELLMEISTER: Ach was – ich mein doch so im allgemeinen, wenn man sich in einem Gedränge befindet, dann muß man eben auf seine Sachen Obacht geben, daß einem nichts wegkommt.
K. V.: Ja, mir ist's auch einmal so gangen beim Oktoberfest, da bin ich auch mitten im Gedränge gestanden, direkt bei der Siebener-Bahn.
DER KAPELLMEISTER: Was Siebener-Bahn? Die heißt doch Achterbahn.
K. V.: Das weiß ich schon, da war s' ja noch nicht ganz fertig. Ja, da wär's mir auch bald so gegangen. Da bin ich an der Kasse ins Gedränge hineingekommen, und da hätten s' mir beinah meine schöne goldene Uhr gestohlen. Die schöne Uhr mit dem Hupfdeckel.
DER KAPELLMEISTER: A-a-a-a! Da werden Sie aber erschrocken sein?
K. V.: Ja, das können Sie sich denken – gut, daß ich s' daheim lassen hab an dem Tag.
DER KAPELLMEISTER: Erzählen S' mir heut nichts mehr, ich will nichts wissen. Einen Tusch in C! *Man hört den Tusch, der Vorhang der Hinterbühne geht auf. Er steigt auf die Hinterbühne.* Hochgeschätztes Auditorium! Ich erlaube mir, Ihnen hier den weltberühmten Kunstradfahrer, Mister Hamptnquempftn vorzustellen! *Der Kunstradfahrer erscheint auf der Bühne.* Er ist geboren im Jahre neunzehnhundertsoundsoviel, absolvierte die Volksschule in Chicago und wandte sich, nachdem er zwei Jahre beim hiesigen Straßenbauamt als Teereingießer tätig war, dem Artistentum zu. Durch seine bereits absolvierten Gastspiele in Nordwestindien, Gleisental im Allgäu, Stuttgart, Kempten, Berlin, Ostern, Pfingsten und Meran etc. etc. wird es ihm ein leichtes sein, sich auch die Gunst des hiesigen Publikums zu erringen. – Herr Mister Hamptnquempftn teilt seine Nummer in fünf Abteilungen ein, und zwar:
Erstens: Eine Kreisfahrt auf seinem Originaldreirad ohne Freilauf und Rücktrittbremse.
Zweitens: Ausblasen einer brennenden Flamme während der Fahrt.
Drittens: Eine Kreisfahrt auf demselben Rade mit Glockengeläute.
Viertens: Eine Kreisfahrt auf der Bühne mit verbundenen Augen.
Und zum Schluß: die grauenerregende Todesfahrt durch Nacht und Ne-

bel! *Die Kapelle spielt einen Tusch.* In seiner ersten Abteilung: Eine Kreisfahrt auf seinem Originaldreirad ohne Freilauf und Rücktrittbremse. *Die Musik spielt dazu den Donauwellenwalzer.*

K. V.: Der is gut, der is gut, der is nur gut – zu gut – der is glänzend, wenn d' Sunna draufscheint!

Der Kapellmeister: In seiner zweiten Abteilung: Ausblasen einer brennenden Flamme während der Fahrt. *Er zündet eine Kerze an.*

Der Kunstradfahrer fährt das erste Mal daran vorbei. Der Kapellmeister hält die Kerze so hoch, daß er sie nicht auslöschen kann. Der Kunstradfahrer fährt nochmals im Kreise herum. Der Kapellmeister hält ihm die Kerze ganz nahe hin, der Radfahrer bläst sie aus. Das Orchester intoniert einen Tusch.

Der zweite Musiker: Was wird denn der Kunstradfahrer Gage haben, wissen Sie das?

K. V.: Der hat hundert Mark Gage!

Der zweite Musiker: Im Tag?

K. V.: A woher – im Jahr!

Der zweite Musiker: Das ist aber auch nicht viel.

K. V.: Einteilen muß er sich's halt.

Der Kapellmeister: In seiner dritten Abteilung eine Kreisfahrt auf der Bühne mit Glockengeläute. *Er gibt dem Radfahrer eine Glocke in die Hand, dieser fährt und läutet dazu. Die Kapelle spielt einen Tusch.*

K. V.: Wie alt wird denn der Kunstradfahrer sein?

Der dritte Musiker: Ich denke, zwanzig Jahr.

K. V.: Samt dem Rad?

Der dritte Musiker: A woher, das ist viel älter wie er!

Der Kapellmeister: In der vierten Abteilung eine Fahrt mit verbundenen Augen! *Er bindet dem Radfahrer mit einem ganz schmalen Tuch die Augen zu, so daß derselbe heraussieht.*

K. V.: Der lurt!

Der Kapellmeister: Der kann doch nicht sehen! *Zum Radfahrer*: Oder sehen Sie was?

Der Radfahrer: Nein.

Der Kapellmeister: Also, er sagt's doch selbst, daß er nichts sieht. *Der Radfahrer fährt, stößt an die Wand an und fällt mit dem Rad absichtlich hin.*

K. V. und Alle Musiker *stellen sich auf die Stühle und schreien*: Jetzt ist er gestürzt! *Dabei spielen sie ruhig weiter.*

Der Kapellmeister: Schreien Sie doch nicht so, kein Mensch hat gemerkt, daß er heruntergefallen ist.

K. V. *auf dem Stuhl stehend und weiterspielend*: Ist am Rad was passiert?

Der Kapellmeister: Am Rad, das wäre das wenigste! Die Hauptsache ist, daß i h m nichts passiert ist. *Zum Radfahrer*: Oder haben Sie sich weh getan?

Der Radfahrer: Nein, im Gegenteil!

K. V. *auf dem Stuhl stehend und weiterspielend*: Wo? Im Hinterteil?

Der Kapellmeister: Nein, im Gegenteil, hat er gesagt.

K. V.: Am Gegenteil?

Der Kapellmeister: Nein, am Hinterteil. Ach, ich werde selber noch ganz blöd. *Er bemerkt, daß die Musiker auf den Stühlen stehen.* Gehen S' doch herunter – da bleiben sie jetzt alle am Stuhl oben – heruntergehn solln S'!

Alle bleiben auf den Stühlen droben und spielen weiter.

K. V.: Der muß ja stürzen! Er sieht ja nichts, weil Sie ihm die Augen verbunden haben!

Der Kapellmeister: Das ist eben die Kunst!

K. V.: Das Augenverbinden?

Der Kapellmeister: Nein, mit verbundenen Augen zu fahren!

K. V.: Dann sieht er aber nichts!

Der Kapellmeister: Er soll doch auch nichts sehen!

K. V.: Na, dann stürzt er wieder!

Der Kapellmeister: Er soll aber nicht stürzen!

K. V.: Er muß aber stürzen!

Der Kapellmeister: Warum?

K. V.: Ja, weil er d' Augen verbunden hat!

Der Kapellmeister: Das ist eben die Kunst!!

K. V.: Was? – 's Augenverbinden?

Der Kapellmeister: Ach hören S' doch auf, da werden wir ja gar nimmer fertig.

K. V.: Das ist überhaupt eine gefährliche Nummer – es ist eine Todesnummer – weil der nie weiß, ob der nicht einmal erschlagen wird.

Der Kapellmeister *zu den immer noch auf den Stühlen im Stehen spielenden Musikern*: Jetzt gehn S' aber endlich runter! *Die Musiker steigen von den Stühlen und beenden ihr Spiel.*

K. V. *im Hinuntersteigen*: Ja, wenn er aber wieder stürzt?!

Der Kapellmeister: Dann können S' immer wieder naufsteigen! *Zum Publikum*: In seiner fünften Abteilung zum Schluß die grauenerregende Todesfahrt durch Nacht und Nebel! *Er holt einen großen Reifen, in dessen Rahmen weißes Papier geklebt ist mit der Aufschrift: Durch Nacht und Nebel. Ein Trommelwirbel setzt ein, der Radfahrer fährt beim Hö-*

hepunkt desselben mit Gewalt durch das Papier, die Musiker spielen einen Tusch und wiederholen ihn immer wieder. Der Theatermeister bringt einen alten, verwelkten Lorbeerkranz und hängt ihn dem Radfahrer um den Hals. Der Radfahrer verbeugt sich und geht ab. Der Vorhang der Hinterbühne fällt. Die Musiker wiederholen ihren Tusch unentwegt weiter.

DER KAPELLMEISTER: Ja wie oft denn noch?!

K. V.: Der hat's aber auch verdient!

DER KAPELLMEISTER: Ja, der Kunstradfahrer ist gut. Da versprech ich mir sehr viel von dem, für dem seine Zukunft ist gesorgt!

K. V.: Der wird erst noch gut, wenn er noch zwanzig bis dreißig Jahre fährt. Das kann man nicht lernen, das ist angeboren, das liegt bei diesen Artisten schon im Blut, im Artistenblut, in der Familie, im Familienblut, im Artistenfamilienblut. Im artistischen Familienblut.

DER KAPELLMEISTER: Na ja, das ist eben das Künstlertum, das steckt in diesen Leuten so drin. Dem sein Vater war ...

K. V.: Sicher ...

DER KAPELLMEISTER: Was sicher? Sie wissen ja gar nicht, was ich sagen will. Ich mein, dem sein Vater ...

K. V.: Ja, das mein ja ich.

DER KAPELLMEISTER: Schau, der laßt mich nicht ausreden. Dem sein Vater war sicher ein großer Artist oder ein Rennfahrer.

K. V.: Oder ein roter Radler.

DER KAPELLMEISTER: So leicht ist das nicht, wie das aussieht – diese artistischen Darbietungen sind immer mit Gefahr verbunden. – Sie haben schon gesehen, wie er beinah unterm Fallen gestürzt wäre. Ich behaupte, daß das eine direkte Todesnummer ist.

K. V.: Ja, das stimmt auch, weil der nie weiß, ob er nicht vom Publikum einmal erschlagen wird.

DER KAPELLMEISTER: Jetzt sprechen wir von was anderem. Jetzt machen wir das neue Stück, das ich gestern instrumentiert habe. Schlagen Sie gleich die Noten auf!

K. V.: Was für Noten? Hoffmannstropfen – Hoffmanns Erzählungen, das haben wir ja noch nie probiert, das können wir ohne Probe nicht spielen!

DER KAPELLMEISTER: Das muß gehen ohne Probe! Die Herren sind lauter Berufsmusiker – das wird einfach vom Blatt gespielt!

K. V.: Wenn aber ein Fehler in den Notn is?

DER KAPELLMEISTER: Da ist kein Fehler drin – kümmern Sie sich nicht – die Noten habe ich selbst geschrieben.

K. V.: Ja – deshalb mein ich ja.

DER KAPELLMEISTER: Sie! – Erlauben S' Ihnen nicht soviel!

K. V.: Ja – uns is's ja gleich – wir spieln halt des, was dasteht.

DER KAPELLMEISTER: Jawohl, Sie brauchen nicht weniger spielen und nicht mehr.

K. V.: Ja – mehr auf keinen Fall!

DER KAPELLMEISTER *klopft ab. Die Musiker spielen nun immer die gleichen vier Takte bis zum Wiederholungszeichen, so lange, bis der Kapellmeister wütend abklopft und schreit*: Ja – was is denn das für eine Schlamperei, warum wird denn da nicht weitergespielt?

ALLE MUSIKER: Geht nicht, is ja ein Wiederholungszeichen beim vierten Takt.

K. V.: Des geht tausend Jahr im Kreis rum.

DER KAPELLMEISTER *reißt Valentin das Blatt aus der Hand*: Wo ist da ein Wiederholungszeichen?

K. V.: Da! *Deutet mit dem Fiedelbogen auf die Noten.*

DER KAPELLMEISTER: Gehn S' doch mit Ihrem dummen Fiedelbogen weg – ich such mir's schon selber!

K. V.: Da! *Er deutet wieder mit dem Bogen.*

DER KAPELLMEISTER: Sie sollen nicht immer daher deuten! *Er schlägt nun mit seinem Taktstock Valentin auf den Fiedelbogen. Karl Valentin schlägt zurück auf den Taktstock, allmählich in Fechterstellung übergehend. Der Kapellmeister geht nach einem kräftigen Stoß weit zurück, kommt wieder vor und schreit wütend zu Karl Valentin*: Noch einmal! *Karl Valentin stößt noch einmal nach dem Bauch des Kapellmeisters, wie ihm befohlen. Dann grüßt er vorschriftsmäßig mit dem »Degen« (Fiedelbogen), winkelt den linken Arm etwas an, als ob er eine Säbelscheide damit hielte, und steckt den Fiedelbogen elegant in einen von Daumen und Zeigefinger der linken Hand gebildeten Ring.*

DER KAPELLMEISTER: Da hört sich doch alles auf, schämen Sie sich!

K. V.: Ich hab ja gsagt, wir spieln das, was dasteht.

DER KAPELLMEISTER: Eine solche Blamage vor dem Publikum, was glauben denn Sie, was sich da das Publikum denkt.

K. V.: Das ist mir Wurscht.

DER KAPELLMEISTER: Das ist ja das Traurige, daß Sie keinen Funken Ehrgeiz besitzen.

K. V.: Die andern auch nicht.

DER KAPELLMEISTER: Zu euch sagt auch kein Mensch was, an mir geht es hinaus.

K. V.: Gemerkt hat's ja niemand.

DER KAPELLMEISTER: Glaubn S', die Leut sitzen auf den Ohren?

K. V.: Im Gegenteil!

DER KAPELLMEISTER: Also los, die Türkische Scharwache. *Die Auftrittsmusik setzt ein, nach wenigen Takten geht der Vorhang der Hinterbühne auf.*

DER ZAUBERER *geht langsam über die Bühne – die Musik hört auf – und spricht*: Guten Abend, meine liebe Publikum! Guten Abend! – Gestatten, daß ich mich vorstelle als eine orientalische Zauberer, indem ich Ihnen werde vormacken versiedene Sauerei – ah – Saubereien! Wie Sie wissen, meine lieben Publikum, sein Sauberei keine Hexerei, sondern nur eine Geschwindigkeit meiner Hände. Sauen Sie mir auf meine Hände, so werd ick Sie betrügen mit meiner Mund. Sauen Sie mir auf meine Mund, so werd ick Sie betrügen mit meiner Hände. – Ick beginnen sofort mit meine Sauberei und zeige Ihnen als ersten Dreck – Trick – eine serr gute Kartenkunststück. Habe hier eine ganzer Kartenspiel – wollen Herrsaften ansehen, daß es eine gewöhnliche Kartenspiel ist. Bitte! *Er läßt es im Publikum sehen.* Wollen nun eine Herr oder Dame sein so gut und eine Karte ziehen. *Er läßt eine ziehen.* So – wollen Sie diese Karte genau ansehen und sich merken! – Sein Sie so gut und seigen Sie der Karte der Publikum. Bitte, stecken Sie dieser Karte wieder zurück in meine ganzes Kartenspiel! – Danke! – Ick werde nun Kartenspiel mischen! *Er tut es.* Sie glauben nun, Ihre Karte sein in der Kartenspiel – o nein – Ihre Karte sein längst verschwunden in meine inneres Rocktaschel. Bitte! – *Er zieht aus dem Rock eine Karte heraus, welche vorher schon in der Tasche gesteckt, und zeigt sie dem Publikum mit der Bildseite nach rückwärts. Selbstverständlich ist es eine andere Karte.* Ick danke vielmals!

K. V.: Sie – der hat mich gfragt, ob Sie der türkische Honigmann sind von der Dult?

DER ZAUBERER: Honigmann?!? – Bin ick nicht!! – Der ist meine Schwester!! *Zum Publikum*: Als zweiten Dreck – Trick – einer großartigen Sauberei! – Haben hier einer roten Rose. Werde dieser roten Rose in einer andern Rose versaubern – in anderes Farbe, in weißer Rose, in rosa Rose, grüner Rose, in allen Farben! – Nun, mein liebes Publikum, welcher Farbe soll ick Rose machen?

K. V.: Braune Rose!

DER ZAUBERER: Brauner Rose gibt es nicht!

K. V.: Wenn aber a weiße Rosn in an Haufn – braune Ölfarb neifallt?!

DER ZAUBERER: Was für Farbe soll ick macken? *Verschiedene Zurufe, zum Schluß »Rosa Rose«.* Gut, werde ick macken rosa Rose. Nehme nun Rose in linker Hand, und mit rechter Hand nehme ick mit beider Fringerspritzel – Springerfitzel – Spritzelfinger ––– Fingerspitzel diese Taschentuch, welche vollständig leer, lege es über rote Rose – macke eins – zwei – drei – *er nimmt das Taschentuch mit roter Hülse weg* – und aus roter Rose ist rosa Rose geworden! – – Ich danke! *Er verbeugt sich und läßt die rote Hülse unter dem Taschentuch fallen.*

K. V.: Sie – da haben Sie was verloren!

DER ZAUBERER: Sind Sie ruhig – braucht niemand wissen!

K. V.: Können S' des mit einer Gesichtsrose aa machen?

DER ZAUBERER: Nun, meine liebe Publikum, werd ick Ihnen größte Sauerei – Sauberei – zeigen, die jemals von Sauberkünstler gezeigt wurde! Habe hier eine Sylinderhut – eine gewöhnliche Sylinderhut – ohne doppelte Boden – nix drin, vollständig leer! Ick werde diese Sylinderhut hier auf meine Saubertisch stellen und werde alle möglichen Sachen heraussaubern. – Ick nehme meine Sauberstab, macke eins – zwei – drei – *er greift in den Hut, welcher im Boden ein großes Loch hat, und läßt sich von dem unterm Tisch sitzenden Jungen einen Blumenstock heraufreichen* – ah, eine Blumenstock aus meine Hut, welcher vollständig leer! – Ick macke eins – zwei – drei – – ah! Kann auch größere Sachen heraussaubern! – Was soll ick heraussaubern?

K. V.: Einen Kleiderkasten.

DER ZAUBERER: Kleiderkasten ist etwas zu groß.

K. V.: A Halbe Bier.

DER ZAUBERER: Bier – oh, Bier kann ick heraussaubern. Hab so großes Durst! – Ick macke eins – zwei – drei – *er greift wieder in den Hut* – ein Glas Bier! Prosit, meine liebe Publikum! – Prost! *Unterdessen langt der unter dem Tisch Befindliche wieder etwas durch den Hut, so, daß dies oben herausschaut.*

K. V. *macht den Zauberer durch Gesten darauf aufmerksam*: Sie – da schaugn S' hin, da kommt no was raus.

DER ZAUBERER *stürzt ganz entsetzt zum Tisch hin, schimpft durch den Hut hinunter*: Hundsbua – miserablicher! Hab i dir ogschafft, du sollst no was rauslanga?? *Der Junge schaut aus dem Tisch und kriecht heraus, beide laufen herum, der Zauberer schimpft, der Junge streckt die Zunge heraus und geht dann ab.* Wart nur, Krüppel, mistiger –!

K. V.: Krüppel, mistiger? – Das war aber net türkisch!

Der Vorhang der Hinterbühne schließt sich.

DER KAPELLMEISTER *klopft ab*: Los, die Soubrette kommt dran. Schlagen Sie die Noten auf.

Karl Valentin nimmt eine Posaune zur Hand. Der Kapellmeister hebt den Taktstock, der Marsch beginnt, man hört jedoch nur den ersten Ton.

K. V. *schreit*: Halt, 's Wasser muß ich erst noch rauslassen!

DER KAPELLMEISTER: D-d-d-d-d-d-d-d-d-d-d-d-d. *Karl Valentin leert das Wasser aus der Posaune, in die vorher ein halbes Glas hineingekommen ist.* Nun, wird's bald?

K. V.: Na ja, das ist net so einfach. Da muß ich zu gleicher Zeit mit die zwei Rohre in die zwei Löcher da hineinfahren. *Er versucht es.* Das nützt mich gar nichts, wenn ich in einem drin bin, da wär ich lieber gar nicht drin.

DER KAPELLMEISTER: Man kann gar nimmer zuschaun.

K. V.: Dann schaun S' weg. Das ist halt das Dumme, bei die Blechinstrumente, daß man da immer 's Wasser rauslassen muß. Bei die Geiger is das was anderes. Sie wern nie sehn, daß ein Geiger eine Geige auseinanderzieht, weil eine Geige nicht naß wird. Außerdem es geigt einer im Freien draußen, und wer geigt schon im Freien drauß, dafür hat man ja die Blechinstrumente. Sie werdn nie sehn, wenn ein Umzug auf der Straße daherkommt, daß die Streichmusik machen, denn da müßtn d' Leit ja alle drei Meter weit auseinandergehen, weil sonst einer den andern mit dem Geigenbogn an Hut runterstoßen tät. Und mit der Baßgeign wär das ja eine furchtbare Sache. Wenn der Baßgeiger auf der Straße unterm Marschieren baßgeigen müßte, weil man eine Baßgeign nur im Stehn spieln kann, aber mit der Baßgeign kann er net im Gehn geign. Außerdem er macht unter de Baßgeign a Rolln unten hin, dann kann er schon fahrn, aber da kann er mit der Baßgeign an eim Kanaldeckel hängenbleibn und kann nimmer weiter, und dann kann der ganze Umzug nimmer weiter, weil alle hinter ihm stehn bleiben müssen.

DER KAPELLMEISTER: Das ist ja furchtbar, wem erzählen Sie denn den Mist? Das interessiert doch die Leute gar nicht.

K. V.: Grad das interessiert die Leute, weil die Leute immer noch nicht den Unterschied zwischen Blech- und Streichmusik wissen. Die sollen einmal aufgeklärt werden, die lechzen direkt nach Aufklärung. *Nach einer Pause*: Und war so schön drin –

DER KAPELLMEISTER: Jetzt werd ich Ihnen aber gleich helfen.

K. V.: Ach, zu zweit geht des gar net. *Er versucht wieder hineinzukommen und sagt plötzlich*: Da geht's hier genauso wie beim Winterfenster-Einhängen. Wenn man oben drin ist, rutscht ma unten wieder raus.

DER KAPELLMEISTER: Jetzt fangen wir ohne Sie an.

Das Vorspiel beginnt, der Vorhang der Hinterbühne öffnet sich.

DIE SOUBRETTE *tritt auf und singt*:

Potz Blitz und Element, so tönt es rings im Saal,
Und lauter Jubel schallt durchs Haus,
Ein jeder ruft, die ist doch wirklich kolossal,
Ja, diese Kleine, die hat's raus.
In meinen Adern rollt ganz heiß Theaterblut,
Und schnell und schneller schlägt das Herz.
Ich hab ja immer frohen, frischen, freien Mut

Und schwärme für Gesang und Scherz.
Ein jeder ruft hipp, hipp, hurra,
Die fesche Mitzi, sie ist da!
Und Jubel schallt durchs ganze Haus,
Ein jeder spendet mir Applaus,
Ein jeder ruft hipp, hipp, hurra,
Die fesche Mitzi, sie ist da,
Und Jubel schallt durchs ganze Haus,
Ein jeder spendet mir Applaus.

Die Soubrette *marschiert während des Refrains über die Bühne. Das Orchester intoniert das Zwischenspiel – sie beginnt wieder zu singen:* Ich liebe ... *Sie singt nur diese zwei Worte als Anfang der zweiten Strophe und bleibt stecken.*

Der Kapellmeister: Singen S' doch weiter.

Die Soubrette: Ich kann nicht weiter.

Der Kapellmeister *klopft ab. Die Musik hört auf, bis auf Karl Valentin, der allein mit der Posaune die ganze Strophe zu Ende bläst und dann ganz verwundert auf den Kapellmeister schaut.* Haben Sie denn gar nicht bemerkt, daß wir schon längst aufgehört haben?

K. V.: Ich habe ja noch ein ganzes Stück zu blasen.

Der Kapellmeister: Da sieht man wieder, wie gedankenlos Sie dahinblasen, vollkommen zerstreut.

K. V.: Warum, was ist denn los?

Der Kapellmeister: Was wird denn sein? Die Soubrette ist steckengeblieben, sie weiß keinen Text mehr. Ja, Fräulein, wie ham ma's denn da, warum lernen Sie denn Ihren Text nicht?

Die Soubrette: Ich hab ihn ja gelernt.

Der Kapellmeister: Das kann schon sein, dann haben Sie ihn halt wieder vergessen.

Die Soubrette: Das kann jedem einmal passieren.

Der Kapellmeister: Halten S' Ihr Maul, wenn S' mit mir sprechen, da schau her, nichts können und frech sein, das ist die Hauptsache heutzutage.

K. V.: Die ist mies beinander, die Schuah von der schaun S' an.

Die Soubrette: Bitte, das sind meine Bühnenschuhe.

K. V.: Da möchte ich erst Ihre Hausschuhe sehn.

Der Kapellmeister: Ja, Fräulein, und wie sieht denn Ihr Kostüm aus, da hängen Ihnen hint und vorne die Fetzen runter, so geht man doch nicht auf die Bühne.

Die Soubrette: Wenn Ihnen mein Kostüm nicht gefällt, können Sie mir ruhig ein neues kaufen.

DER KAPELLMEISTER: Ich werde mich beherrschen können, da können Sie sich schon einen Dümmeren suchen, wie ich bin.
K. V.: Noch dümmer? – Die kommt mir überhaupt sehr bekannt vor.
DIE SOUBRETTE: Sie werden mich kaum kennen.
K. V.: Freilich ist's die – der haben wir doch erst vorige Woche Bananen abgekauft.
DIE SOUBRETTE: A so eine Gemeinheit, ich kenne Sie doch gar nicht. *Sie besinnt sich.* Ja, jetzt fällt's mir ein, natürlich kennen wir uns vom Ding – wia heißt's denn gleich –, von Stadelheim*, da haben wir uns doch öfters im Garten gesehen.
DER KAPELLMEISTER: Ist das wirklich wahr, waren Sie schon in Stadelheim?
K. V.: Ich war Wärter dort, aber sie war eingenäht.
DIE SOUBRETTE: Herr Kapellmeister, ich lasse mich nicht von Ihren Musikanten beleidigen.
DER KAPELLMEISTER: Das sind keine Musikanten, meine Herren, das sind Tonkünstler.
DIE SOUBRETTE: Und ich bin eine erstklassige Soubrette.
K. V.: Ja, das sieht man.
DIE SOUBRETTE: Herr Kapellmeister, ich bin jetzt so aufgeregt, mir fällt die zweite Strophe nicht mehr ein, wissen Sie vielleicht den Anfang davon?
DER KAPELLMEISTER: Ich hab gar kein Interesse an Ihrem Text.
K. V.: An Text können wir nie mitspielen.
DIE SOUBRETTE: Kann ich vielleicht etwas anderes singen?
DER KAPELLMEISTER: Können S' noch was anderes?
DIE SOUBRETTE: Natürlich, vielleicht gleich das nächste, Nummer zwei in meinem Buch.
DER KAPELLMEISTER: Sie haben ja nur zwei Sachen – und das ist doch kein Buch – das sind ja Fetzen. Also, meine Herren, Nummer zwei. Aber wenn Sie mir da wieder steckenbleiben, dann schmeiße ich Sie hinaus.
Das Vorspiel beginnt.
DIE SOUBRETTE *singt*:

Ich kenne einen schönen Mann,
Den ich nicht mehr vergessen kann;
Doch hat er, herrjemine,
Von mir noch gar keine Idee.
Und darum will ich's nicht verhehln
Und Ihnen alles klar erzähln:

* In Stadelheim ist das Münchener Gefängnis.

Er ist dahier in unsrer Mitt –
Für den mein Herz erglüht.
Ach, du lieber – süßer – guter – braver Mann,
Hast mir solche Liebesschmerzen angetan.
Schenk mir Liebe – Treue – und noch einen Kuß,
Weil ich sonst vor lauter Sehnsucht sterben muß.

Sie umarmt dabei den Kapellmeister.

Die Frau Kapellmeister *kommt in den Saal und schreit*: So, hab ich dich jetzt endlich einmal erwischt, du scheinheiliger Tropf! Daheim tut er immer, als wenn er nicht bis fünfe zählen könnt, und hier poussiert er mit der Soubrettn umeinander.

Der Kapellmeister: Ruhe im Zuschauerraum! Was ist das für ein Lärm?

K. V.: Ihre Frau ist da – grüß Gott, Frau Kapellmeister.

Der Kapellmeister: Was, meine Frau – ja tatsächlich – grüß dich Gott!

Die Soubrette: Ja, Herr Kapellmeister, haben Sie denn eine Frau?

Der Kapellmeister: Nein, meine Zimmerfrau –

Die Frau Kapellmeister: Dir geb ich dann gleich eine Zimmerfrau.

Die Soubrette: Das hab ich ja gar nicht gewußt, daß Sie verheiratet sind; gestern, wie Sie mich nach Grünwald hinaufgeführt haben, da haben Sie zu mir gesagt, Sie sind noch ledig.

Die Frau Kapellmeister: So, in Grünwald warst du gestern, zu mir hast du gesagt, du hast Probe.

Der Kapellmeister: Ja, da haben wir Probe gehabt, der Wirt hat in seinem Nebenzimmer ein Klavier drin stehn, und da hab ich dem Fräulein etwas einstudiert, nicht wahr, Fräulein?

Die Soubrette: Natürlich haben wir Probe gehabt – Gott sei Dank!

Die Frau Kapellmeister: Sind Sie ruhig, Sie freches Frauenzimmer, schämen Sie sich, mit an alten, verheirateten Mann poussieren, finden Sie denn keinen andern mehr, Sie Flitscherl, Sie?

Die Soubrette: Sie, ich lasse mich nicht von Ihnen beleidigen, ich werde mich bei der Direktion beschweren, Sie alte Schachtel, Sie.

Die Frau Kapellmeister: Ja, was glauben denn Sie eigentlich, schaun Sie sich doch an, wie Sie ausschaun, Sie angemalnes Theaterflitscherl, Sie, gute Lust hab ich und geh nauf und hol Sie runter – und du – du alter Hanswurst –, du kommst jetzt sofort heraus, ich hab dir etwas zu sagen. Das kann ich dir vor den Leuten hier nicht sagen – aber sofort.

K. V.: Aber sind Sie doch vernünftig, Frau Rohrnudel, oder wie heißt s'?

Die Frau Kapellmeister: Mit Ihnen spreche ich nicht, Sie ausgehungerter Musikant.

K. V.: Sie, das wenn ich gehört hätte!

DIE FRAU KAPELLMEISTER: Mischen Sie sich nicht da rein, ich spreche mit meinem Mann. Und du machst jetzt sofort, daß du herauskommst.

DER KAPELLMEISTER: Ja – ja – ich komme schon. Lauft die da herein, das verstehe ich nicht – aber Sie sind schuld – hätten S' einen andern angesungen und mir meine Ruhe gelassen.

DIE FRAU KAPELLMEISTER: Wird's jetzt bald!! *Sie schreit zur Ausgangstür herein.*

DER KAPELLMEISTER: Ja, ich komme schon – was meinen denn Sie, meine Herrn, soll ich rausgehn?

K. V.: Ratsam ist's nicht.

DIE FRAU KAPELLMEISTER: Jetzt wart ich aber nicht mehr lange.

DER KAPELLMEISTER: Ja, ich komme schon – jetzt geh ich aber naus – was ich sagen will: Vielleicht sind die Herrn so liebenswürdig und kommen a kleins bisserl mit raus – gehn S' mit?

K. V.: Wir haben kein Interesse dran.

DIE FRAU KAPELLMEISTER: Jetzt wird's mir aber zu dumm – meinst, ich warte noch lange, jetzt hol ich dich – du kommst mir grad recht.

DER KAPELLMEISTER: Ich komm doch schon, bleib nur grad draußen, da bin ich ja. Jetzt geh ich aber naus – die glaubt vielleicht, ich fürcht mich vor ihr – der werd ich einmal meine Meinung sagen. Also, was ist los, was willst denn von mir, jetzt bin ich da. *Er geht hinaus, man hört Radau, Streiten, Ohrfeigen.*

K. V.: Also, bei uns geht's zua –

DER KAPELLMEISTER *kommt weinend herein, die Wange mit dem Taschentuch haltend, und sagt triumphierend zu den Musikern*: Der hab ich aber jetzt ein paar hineingehaut.

K. V.: Dann halten S' aber das verkehrte Gesicht.

DER KAPELLMEISTER: Lassen S' mir mei Ruh – singen S' zu!

Die Musik setzt ein.

DIE SOUBRETTE *singt*:

Ach du lieber – süßer – guter – braver Mann,
Hast mir solche Liebesschmerzen angetan.
Schenk mir Liebe – Treue – und noch einen Kuß
Weil ich sonst vor lauter Sehnsucht sterben muß.

Sie geht ab – der Vorhang der Hinterbühne schließt sich.

DER KAPELLMEISTER *fühlt seine Zähne, sie wackeln. Wütend*: Mit der Musik bin ich gar nicht mehr zufrieden, meine Herren, von euch spielt jeder dahin wie er grad will.

K. V.: Au weh, jetzt müssen's wir büßen –

DER KAPELLMEISTER: Keiner paßt auf, keiner richtet sich nach mir, für was bin denn ich überhaupt da?

K. V.: Das haben wir uns auch schon oft gedacht.

DER KAPELLMEISTER: Wenn auch ein Marsch nicht mehr recht modern ist, das macht gar nichts, man kann in die ältesten Noten etwas hineinmachen – etwas hineinlegen. Man muß halt einen gewissen Ding hineinbringen, wie heißt er denn gleich – der Rhythmus gehört hinein, das ist die Hauptsache, der fehlt euch.

K. V.: Den kennen wir nicht, der war noch nie bei uns.

DER KAPELLMEISTER: Ich spreche doch vom Rhythmus.

K. V.: Kennst du an Rhythmus, Anderl? – Nein, der kennt ihn auch nicht. Seinen Bruder kenn ich schon.

DER KAPELLMEISTER: So ist's recht, der kennt an Rhythmus sein Bruder. – Wie sieht denn der aus, den möchte ich auch kennenlernen.

K. V.: So ein kleiner Dicker mit einem Spitzbart.

DER KAPELLMEISTER: Der Rhythmus??

K. V.: Nein, Reisberger heißt er – jetzt fällt's mir ein.

DER KAPELLMEISTER: Da haben Sie sich wieder einmal richtig blamiert, nicht einmal die einfachsten musikalischen Ausdrücke wissen Sie. Woher kommt das? Weil Sie nicht auf der Musikschule waren, Sie sind ja bloß in die Suppenschule gegangen.

K. V.: Da hab ich auch blasen müssen. – Sie, 's Krawattl ist Ihnen heruntergerutscht –

DER KAPELLMEISTER: Wo ist ein Krawattl heruntergerutscht?

K. V.: Ihnen.

DER KAPELLMEISTER: Wo innen?

K. V.: Ihnen – außen – da.

DER KAPELLMEISTER: Ach so, außen – da sagt er innen, der Depp –, ich weiß schon, das ist mir heut schon ein paarmal heruntergerutscht, weil mir das Kragenknöpferl abgebrochen ist, die ganze Mechanik ist kaputt, deshalb steht's immer auf.

K. V.: In der Fruah?

DER KAPELLMEISTER: Ach was – ich bräuchte bloß ein anderes Kragenknöpferl, dann wär gleich a Ruh –, hat niemand von den Herrn ein Kragenknöpferl da? Bitte schaun S' amal nach!

Alle Musiker schauen nach.

K. V.: Der Sedlmeier, der hat immer eins dabei.

DER KAPELLMEISTER: Sedlmeier, bitte schön – wo ist denn der?

K. V.: Der ist heut nicht da.

DER KAPELLMEISTER: Dann nützt es mich doch nichts.

K. V.: Aber der tät eins haben.

DER KAPELLMEISTER: Das hat doch für mich keinen Wert, wenn er nicht da ist.

K. V.: Ja, ich hätte schon eins, wenn Ihnen das genügt?

DER KAPELLMEISTER: Sie haben eins? Dann leihen Sie mir's bitte, Sie kriegen's hernach.

K. V.: Ach, wegen dem Kriegen – aber, wenn ich das raus tu, dann rutscht halt mir der Kragen raus.

DER KAPELLMEISTER: Das verlangt doch kein Mensch von Ihnen, ich hab gemeint, ob nicht einer ein Reserveknöpferl hat.

K. V.: Ja, woher denn –

DER KAPELLMEISTER: Na ja, es wird so auch gehen, jetzt hält es schon.

K. V.: Ist schon wieder herausgegangen.

DER KAPELLMEISTER: Ich weiß schon, hören S' nur einmal auf, ich kann mich doch nicht aufhängen deshalb.

K. V.: Warum nicht? Es heißt doch, alles kann man, wenn man nur den guten Willen dazu hat.

DER KAPELLMEISTER: Hier sind Ihre Noten. *Er legt ihm die Noten waagerecht auf das Pult.*

K. V.: Also, jetzt blasen wir genauso, wie er dirigiert, das gibt a Gaudi. *Er legt sich quer auf den Stuhl.*

DER KAPELLMEISTER *klopft ab – der Marsch* Wien bleibt Wien *wird gespielt. Er unterbricht*: Was ist denn das für eine Stellage da – wollen Sie sich gleich anständig hinsetzen wie die anderen Herrn!

K. V.: Ja, Sie haben meine Noten so hergelegt.

DER KAPELLMEISTER *beginnt noch einmal den Marsch. Karl Valentin pfeift.* Wie können Sie denn da unterbrechen – was fällt Ihnen ein?

K. V.: Pst – pst –

DER KAPELLMEISTER: Was ist denn los?

K. V.: Sind S' doch einen Moment still. *Er horcht.* Naa, hab mich getäuscht.

DER KAPELLMEISTER: Schrecklich ist das! *Er fängt wieder mit dem Marsch an. Karl Valentin pfeift und winkt wieder ab.* Was ist denn los?

K. V.: Gell, daß ich mich nicht getäuscht hab – der Hosenträger ist mir gerissen.

DER KAPELLMEISTER: Wegen seim alten Hosenträger unterbricht er schon zweimal das Konzert – da hört sich doch alles auf.

Die Musik setzt wieder ein – zuerst trommelt einer nach.

K. V.: So was Leichtsinniges hab ich noch net gsehn.

DER KAPELLMEISTER: Das geht Sie gar nichts an, passen nur Sie auf, daß Sie nicht hineinpatzen, das kann Ihnen auch passieren.

K. V.: Ihnen auch – aber bei Ihnen hört man's nicht. So was Narrisches hab ich noch nie gesehn.

Die Musik spielt weiter. Bei der nächsten Pause murmelt Valentin unverständliche Worte in die Trompete.

DER KAPELLMEISTER: Was wollen Sie – ich verstehe Sie nicht. *Valentin murmelt.* Ich verstehe kein Wort. *Valentin murmelt.* Tun S' doch das Ding da weg –

K. V.: 's Krawattl ist Ihnen wieder heruntergerutscht.

DER KAPELLMEISTER: Das ist doch gleich. *Er dirigiert weiter.*

K. V. *schreit*: Auuuuuu!!

DER KAPELLMEISTER: Was ist denn schon wieder?

K. V.: Angestoßen hab ich mich ans Mundstück, weil S' immer so reißen.

DER KAPELLMEISTER: Dann geben S' Obacht. *Er dirigiert weiter bis zum Schluß. Der Vorhang der Hinterbühne öffnet sich.*

DER KAPELLMEISTER *steigt auf die Bühne.* Sehr verehrte Damen und Herren! Sie alle haben noch den berühmten Hungerkünstler Succi * in Erinnerung. Dieser Mann, der nebenbei ein großes Vermögen besaß, also nicht hungern brauchte, führte seine Hungerproduktion eigentlich mehr aus, um der Wissenschaft zu dienen, indem er sich in fast allen Großstädten des In- und Auslandes in irgendeinem Varieté in ein Glashaus vierzig Tage lang ohne jede Nahrung einsperren ließ. Der Hungerkünstler Succi hat aber jetzt eine gewaltige Konkurrenz bekommen in dem neuen Hungerkünstler Baptist Pliventrans. Dieser ist imstande, den Hungerrekord des Herrn Succi weit in den Schatten zu stellen, indem er nicht nur vierzig, sondern eine Hungertour bis einundvierzig Tage ausführen will. Ich werde Herrn Pliventrans einige Fragen stellen, die Sie sicher interessieren werden. – Sagen Sie, Herr Pliventrans: Wie sind Sie auf die Idee gekommen, sich so einen eigenartigen Beruf zu wählen?

PLIVENTRANS: Ich bin der Sohn steinreicher Eltern, welche in nicht allzu glänzenden Verhältnissen leben und dennoch keine Kosten gescheut haben, mich, ihren einzigen Sohn Baptist, als Künstler ausbilden zu lassen, und zwar als Hungerkünstler.

DER KAPELLMEISTER: Haben Sie gleich mit längeren Hungertouren begonnen, wenn ich fragen darf?

PLIVENTRANS: Nein – auch in diesem Beruf fängt man im kleinen an. Während zum Beispiel meine Eltern zu den Mahlzeiten Schweinsbraten und Kartoffelknödel pfundweis verschlangen, durfte ich nur zuschauen; nicht daß sie mir das Mittagessen nicht vergönnt hätten, nein, nur um mich für meinen Beruf zu trainieren.

DER KAPELLMEISTER: Wie alt sind Sie eigentlich schon, Herr Pliventrans, wenn ich fragen darf?

PLIVENTRANS: Ich bin noch nicht alt; ich bin auch nicht jung. Ich bin ungefähr mittelalt.

* Giacomo Succi, bekannter italienischer Hungerkünstler der Jahrhundertwende

DER KAPELLMEISTER: Also im Mittelalter geboren. – Wir haben also heute die Ehre, daß Sie bei uns hier im Tingeltangel Ihre eigenartige Kunst zeigen. Denn ein Hungerkünstler hat sich bei uns noch nie produziert, und wir freuen uns, unseren Gästen einmal etwas Neues bieten zu können.
PLIVENTRANS: Mein verehrter Herr Musikdirektor! Ich will Ihnen und den Leuten natürlich Ihren Wunsch nicht abschlagen und meine eigenartige Kunst ganz gern zeigen.
DER KAPELLMEISTER: Meine Damen und Herren! Sie werden staunen, mit welcher Geschwindigkeit Herr Baptist Pliventrans zweiundvierzig Tage lang keine Nahrung zu sich nehmen wird. Herr Baptist Pliventrans beginnt auf ein Glockenzeichen seine zweiundvierzigtägige Hungerkur. – Herr Baptist Pliventrans! Sind Sie für den Rekord bereit?
PLIVENTRANS: Jawohl.
DER KAPELLMEISTER *gibt ein Glockenzeichen*: Das ist der Beginn der zweiundvierzigtägigen Hungerkur! *Er schaut auf seine Taschenuhr.* In zweiundvierzig Tagen, abends zehn Uhr, findet in diesem Lokal an derselben Stelle wieder die erste Nahrungsaufnahme statt. – Es würde uns sehr freuen, wenn sich die heute hier versammelten Herrschaften zu diesem sensationellen Ereignis wieder hier einfinden würden. – Der Hungerkünstler Pliventrans verabschiedet sich nun von Ihnen.
PLIVENTRANS: Auf Wiedersehen! *Er verbeugt sich vor dem Publikum. Ab. Der Vorhang der Hinterbühne schließt sich.*
DER KAPELLMEISTER: Zum Schluß kommt jetzt die Ouvertüre dran – Dichter und Bauer.
K. V.: Die können wir heut nicht machen, weil der Trommler nicht da ist.
DER KAPELLMEISTER: Das seh ich auch, daß der nicht da ist.
K. V.: Nein, der ist nicht da.
DER KAPELLMEISTER: Das seh ich doch selbst, daß er nicht da ist.
K. V.: Wie kann man denn einen sehen, wenn er nicht da ist?
DER KAPELLMEISTER: Wer sieht ihn denn?
K. V.: Sie!!
DER KAPELLMEISTER: Nein, ich hab gsagt, ich seh, daß er nicht da ist. Ich kann ihn doch nicht sehn, wenn er nicht da ist.
K. V.: No ja, das mein ich ja.
DER KAPELLMEISTER: No also – oder sehn ihn Sie?
K. V.: Ahhhh –
DER KAPELLMEISTER: Der kommt auch heute nicht, der hat heute Ausgang, drum müssen Sie jetzt trommeln.
K. V.: Ich kann ja nicht, weil ich die Trompete in der Hand hab.
DER KAPELLMEISTER: Dann legen Sie s' weg. Jetzt weiß er nicht, wo er s' hinlegen soll – soll s' ich Ihnen vielleicht halten?

K. V.: Ja, da –

Der Kapellmeister: Das können Sie sich denken – jetzt marsch – holen Sie sich rasch die Pauke herüber.

K. V.: Die kann ich aber nicht allein tragen.

Der Kapellmeister: Lassen Sie sich helfen, ersuchen Sie einen Kollegen, da hilft Ihnen schon einer.

K. V.: Anderl, helfen!

Der Kapellmeister: Nur recht ungebildet sein. Anderl, Sie müssen helfen.

Anderl *geht hin zu ihm*: Um was handelt sich's denn?

K. V.: Der Zuber soll da hinüber kommen.

Anderl: Wann denn?

K. V.: Der Anderl läßt fragen, wann?

Der Kapellmeister: Augenblicklich –

K. V.: Magst lieber da tragen? *Sie wechseln den Platz.*

Anderl: Lieber wär's mir aber schon dort gewesen, weil ich da besser tragen könnte, weil ich links bin.

K. V.: Du bist links? Machst du alles links – Essen – Trinken – Schlafen – Husten?

Anderl sagt zu allem ja.

Der Kapellmeister: Was ist denn das für eine Privatunterhaltung?

K. V.: Der Anderl erzählt mir grad, daß er links ist, der macht alles links.

Der Kapellmeister: Ach der – der spinnt ja.

K. V.: Auch links?

Der Kapellmeister: Das interessiert doch keinen Menschen, was der für Untugenden hat.

K. V.: Nein, mir hat er's eben erzählt, und ich war ganz überrascht davon.

Der Kapellmeister: Das ist ja zu interessant.

K. V.: Also, dann gehst hinüber. *Sie wechseln den Platz.*

Der Kapellmeister: Ja, hört jetzt die Rumtanzerei noch nicht bald auf?

K. V.: Ja, der Anderl möcht eben lieber drenten tragen.

Der Kapellmeister: Das ist doch gleich, wo man hier trägt – die Pauke ist doch rund.

K. V.: Es ist eben sein sehnlichster Wunsch.

Der Kapellmeister: Dann soll er machen, daß er nüberkommt.

K. V.: Er will aber drenten tragen.

Der Kapellmeister: Ist ja recht – kommen Sie rüber auf diese Seite, und er soll hinübergehen. Vorwärts – keine Widerrede mehr.

Die beiden wechseln unwillig und zögernd den Platz.

K. V.: Jetzt haben Sie uns doch mißverstanden – er will nämlich drenten tragen.

DER KAPELLMEISTER: Da war er ja grad – warum ist er denn dann hinübergelaufen?
K. V.: Weil Sie ihn nübergeschickt haben.
DER KAPELLMEISTER: Sie haben gesagt, er will drenten tragen – und drenten ist meiner Ansicht nach drüben auf der andern Seite.
K. V.: Ja, von Ihnen aus ist drenten drüben – aber vom Anderl aus ist drenten herüben, außer er steht herenten, dann ist es umgekehrt.
DER KAPELLMEISTER: Das kann kein Mensch verstehen, drenten und herenten – sprechen Sie Deutsch, daß man sich auskennt.
K. V.: Das ist ganz einfach – sagen wir zum Beispiel – –
DER KAPELLMEISTER: Ich will gar nichts mehr wissen von Ihnen.
Beide heben die Pauke langsam vom Boden.
DER KAPELLMEISTER: Was ist denn jetzt wieder?
K. V.: Weil Sie sagen, Sie wollen helfen.
DER KAPELLMEISTER: Ich helfe euch dann hernach, wenn wir fertig sind. Vorwärts – schneller!
K. V.: Der Anderl sieht nicht, wo er hingeht.
DER KAPELLMEISTER: Der soll seine Augen aufmachen, dann sieht er schon.
K. V.: Hint hat er doch keine Augen. Geh nur zu, Anderl, ich sag dir's schon, wennst wo anstoßt. *Sie stoßen an.* Jetzt. *Beide gehen wieder ein Stück zurück. Valentin dreht sich um und sagt*: Jetzt laß sie nunter – halt – jetzt bist mir in den Schuh neikommen. *Sie stellen die Pauke auf den Boden. Dann leise*: Jetzt ham mir's wieder.
DER KAPELLMEISTER: Ich verstehe Sie nicht – sprechen S' lauter.
K. V.: Ich sag, jetzt ham ma's wieder.
DER KAPELLMEISTER: Anderl, sind Sie fertig? Gehn S' doch auf Ihren Platz – der schläft mir direkt im Stehen ein.
K. V.: Das ist ein langweiliger Tropf.
DER KAPELLMEISTER: Ist nur gut, daß Sie so flink sind – sonst wär's überhaupt nichts. So, jetzt rasch die Pauke stimmen – halt, was hat denn die für einen Ton?
K. V.: Einen gräuslichen. Wia a Kanapee.
DER KAPELLMEISTER: Wie kommt denn das?
K. V.: Vielleicht macht's das aus, weil die Tschinelle drauf liegt?
DER KAPELLMEISTER: Ja, natürlich, das ist doch ganz klar.
Karl Valentin stimmt und horcht jetzt am Schlegel.
DER KAPELLMEISTER *muß auch horchen und sagt*: Jetzt ist's besser. So, da sind Ihre Noten, zählen Sie gut mit und haun Sie ja nicht zu früh hinein, am Anfang haben Sie acht Takt Pause.
K. V.: Acht Tag??
DER KAPELLMEISTER: Acht Takt hab ich gesagt – der möchte gleich acht

Tag Pause machen. Übrigens, was seh ich denn da, Sie haben ja gar keine Gläser in Ihre Augengläser drin.

K. V.: Seit fünf Jahren schon nimmer; die sind mir einmal zerbrochen, weil ich draufgetreten bin; und seit der Zeit hab ich s' nicht mehr, weil ich s' da ganz herausgeschlagen hab.

DER KAPELLMEISTER: Was setzen Sie dann das leere Gestell auf, das hat doch gar keinen Zweck.

K. V.: Besser ist's doch wie gar nichts.

DER KAPELLMEISTER: Sie haben immer eine gute Ausrede – so, jetzt fangen wir an.

K. V.: Hat's Ihnen der Anderl schon erzählt?

DER KAPELLMEISTER: Warum, was will er denn noch?

K. V.: Denken S' Ihnen nur, wir haben gestern einen Zufall erlebt. Ich und der Anderl gehen gestern in der Kaufinger Straße und reden grad so von einem Radfahrer – im selben Moment, wo wir von dem Radfahrer sprechen, kommt zufälligerweise grad einer daher.

DER KAPELLMEISTER: Ja – weiter?

K. V.: Was weiter?

DER KAPELLMEISTER: Wo ist denn da der Zufall?

K. V.: Ich sag , mir haben von einem Radfahrer gesprochen – und im selben Moment, wo mir von dem Radfahrer gredt habn, is grad einer daherkomma!

DER KAPELLMEISTER: Ja – und was war dann mit dem Radfahrer? Was hat denn der getan?

K. V.: Nichts! – Weitergfahrn is er.

DER KAPELLMEISTER: Also, das ist doch kein Zufall mit dem Radfahrer da! – Das ist überhaupt nix! – Gar nichts!

K. V.: Sie ham halt a andre Weltanschauung.

DER KAPELLMEISTER: Das ist doch kein Zufall, wenn da in der Kaufinger Straßn a Radfahrer daherkommt! – Da fahrn ja im Tag tausend Radfahrer umanander!

K. V.: Nein, einer is bloß komma! Dann wär's ja kein Zufall, wenn man von einem redt, und tausend kommen daher.

DER KAPELLMEISTER: Auf einmal kommen s' natürlich nicht, ich meine, da kommt fast alle Meter wieder a anderer Radfahrer daher!

K. V.: Ja, aber net, wenn man davon redt!

DER KAPELLMEISTER: Der Radfahrer wär auch gekommen, wenn Sie nicht von ihm gredt hätten.

K. V.: Das weiß ich nicht.

DER KAPELLMEISTER: Ach, da hätten Sie schon von was ganz anderem reden sollen.

K. V.: Wir haben aber von nix anderm gredt!

DER KAPELLMEISTER: Das weiß ich schon – ich mein nur, wenn Sie zum Beispiel von einem Flieger gesprochen hätten –

K. V.: Ham ma net! – Mir ham von einem Radfahrer gredt!

DER KAPELLMEISTER: Das weiß ich ja – ich mein, w e n n Sie von einem Flieger gesprochen hätten! – Und im selben Moment wär da oben einer dahergekommen, dann wär's eher ein Zufall gwesn!

K. V.: Ja – naufgschaut ham ja mir net!

DER KAPELLMEISTER: Aber ich mein doch nur – wenn Sie statt von dem Radfahrer von einem Flieger gsprochn hätten!

K. V.: Wieso? – Wie kann ich denn von einem Flieger sprechen, wenn ich von einem Radfahrer sprech?

DER KAPELLMEISTER: Ich mein eben – grad so gut, wie Sie von einem Radfahrer gredt habn, hätten S' auch von einem Flieger sprechen können!

K. V.: Ausgeschlossen!

DER KAPELLMEISTER: Ja, haben Sie denn noch nie in Ihrem Leben von einem Flieger gesprochen?

K. V.: Schon oft – aber da nicht – da habn mir nur von einem Radfahrer gredt!

DER KAPELLMEISTER: Jetzt lassen S' mir mei Ruh, ich will nichts mehr hören von Ihnen!

K. V.: Also morgen gehn wir wieder spazieren – dann reden wir von einem Flieger – aber wehe! – wenn dann a Radfahrer daherkommt!

Nun hebt ein unglaubliches Musizieren an: Das Vorstadtorchester spielt die Ouvertüre zu Dichter und Bauer. Der Kapellmeister dirigiert mit Leidenschaft. Sein Lötkrawattl rutscht ihm auf den Rücken. Die beiden Gummiröllchen fliegen nacheinander im hohen Bogen durch die Luft und landen im Orchester. Karl Valentin verpaßt an seiner großen Trommel natürlich alle Einsätze und donnert immer im falschen Moment, was jedesmal mit wütenden Blicken und Gesten seitens des Kapellmeisters quittiert wird und alsdann neue Entschuldigungsgebärden und -verrenkungen des unglückseligen Aushilfspaukers auslöst. Was sich bei dieser Ouvertüre, die den Schluß des Stegreifspiels krönt, an komischen Einfällen und grotesken Gags alles abspielt, ist unbeschreiblich. Jedenfalls zeigen die acht Musiker und ihr Kapellmeister in zunehmendem Maße alle Zeichen der völligen Erschöpfung, wenn sich endlich der Vorhang schließt.

Das Rechenphänomen
(Tingeltangel)

RECHENKÜNSTLER: Meine geehrten Damen und Herren! Ich gestatte mir, mich Ihnen vorzustellen als Rechen- und Gedächtniskapazität. Ich bin imstande, einstellige, zweistellige oder fünfstellige Zahlen hinter mir auf die Tafel schreiben zu lassen und, ohne daß ich einen Blick auf dieselbe hinwerfe, frei im Gedächtnis wieder herzusagen. Ich werde die Zahlen in meinem wahnsinnigen Gedächtnis addieren, subtrahieren, jonglieren, radieren, korrespondieren, applaudieren und operieren. Ich werde die Zahlen untereinander, übereinander, nebeneinander, durcheinander, auseinander multiplizieren und die Summe Ihnen in wenigen Sekunden verkünden. Natürlich bin ich bei derlei Produktionen auf Ihre gütige Unterstützung angewiesen.
KARL VALENTIN: Da werd's schlecht ausschaugn mit der Unterstützung.
RECHENKÜNSTLER: Wieso? Ich mein doch nicht Geld, ich mein, daß die Herrschaften mich so unterstützen, indem sie mir Zahlen zurufen. Herr Theatermeister, bitte schreiben Sie die Zahlen hier auf die Tafel. *Zum Publikum*: Also bitte, rufen Sie mir recht laut und deutlich fünfstellige Zahlen zu. Darf ich bitten!
K. V.: 55.
RECHENKÜNSTLER: Fünfstellige Zahlen sagte ich doch.
K. V.: 555.
RECHENKÜNSTLER: Sind S' doch ruhig! *Zum Publikum*: Darf ich bitten!
PUBLIKUM: 22786.
Der Theatermeister schreibt jede Zahl an die Tafel.
RECHENKÜNSTLER: Danke sehr!
K. V.: Bitte, bitte!
RECHENKÜNSTLER: Zu Ihnen hab ich's doch nicht gesagt – sind S' ruhig. *Zum Publikum*: Bitte schön!
PUBLIKUM: 63455.
K. V.: Das gilt nicht, das is a Telefonnummer.
RECHENKÜNSTLER: Macht doch nichts! Meinen S', ich weiß alle Telefonnummern auswendig?
PUBLIKUM: 36857.
K. V.: Das ist a schöne Zahl.
RECHENKÜNSTLER: Bitte die nächste Zahl.
K. V.: Das war ja die nächste.
PUBLIKUM: 27432.
K. V.: Also Zahlen gibt's auf der Welt.
PUBLIKUM: 00.

K. V.: Die Zahl ist besetzt.

RECHENKÜNSTLER: Zählen Sie die Zahlen auf der Tafel zusammen einstweilen, Herr Aufschreiber. Welche Zahl soll ich Ihnen jetzt nennen?

PUBLIKUM: Die zweite Reihe.

RECHENKÜNSTLER: Die zweite Reihe auf der Tafel geschrieben heißt ... *Er denkt nach.*

K. V.: Au weh!

RECHENKÜNSTLER: Was au weh? Reden S' doch nicht so saudumm drein – ich muß mich doch zuerst besinnen. *Jedesmal, wenn das Publikum eine Zahl wissen möchte, blickt er schnell und heimlich auf die Tafel, die hinter der Pauke lehnt. Valentin unterbricht ihn ständig mit blöden Zurufen und liefert ihm somit den Vorwand, sich umzudrehen.*

RECHENKÜNSTLER: Soll ich Ihnen vielleicht eine einzelne Ziffer nennen?

K. V.: Nein!

RECHENKÜNSTLER: Ich hab doch Sie nicht gefragt!

PUBLIKUM: Die dritte Ziffer der vierten Reihe!

RECHENKÜNSTLER: Das ist sehr einfach, das ist eine 6. Haben Sie vielleicht sonst noch einen Wunsch?

K. V.: Ja, a Halbe Bier könnten S' mir zahln!

RECHENKÜNSTLER: Zum Schluß werde ich nun sämtliche Zahlen im Kopf zusammenrechnen und Ihnen das Endresultat fehlerfrei mitteilen.

K. V.: Oder was beißt mi!

RECHENKÜNSTLER: Ich bitte endlich einmal diese Zurufe zu unterlassen, ich muß doch bei der Sache sein, ich arbeite doch mit dem Kopf!

K. V.: Ja, mir blasn auch net mit de Füaß.

RECHENKÜNSTLER: Die Gesamtsumme auf der Tafel geschrieben heißt: 150530. Stimmt das?

PUBLIKUM: Ja! *Musik – Tusch.*

RECHENKÜNSTLER: Danke sehr für Ihre Aufmerksamkeit. Das war der Schluß meiner Produktion. Guten Abend!

K. V. *nimmt die Tafel und gibt sie dem Theatermeister*: Nehmen S' die Tafel auch gleich mit – die brauchen wir nicht mehr.

Die alte Ledermappe
(Tingeltangel)

KARL VALENTIN: Sie, Herr Kapellmeister, der Herr Empfenseder, der in unserm Haus wohnt, der hat a ganz a alte Ledermappen gfunden. Dann hat er s' ausschreiben lassen: »Ledermappe wurde gefunden.« Drei Tag

drauf is dann die Frau kommen, die die Mappn verloren hat. Die Frau war ganz überglücklich, daß sie s' wiederkriegt hat.
KAPELLMEISTER: Ja und?
K. V.: Ich mein ja nur, wie's im Leben oft so geht.
KAPELLMEISTER: Schmarrn!
K. V.: Ich hab mir's schon gedacht, daß Sie das nicht interessiert.

Das Christbaumbrettl

Eine armselige Stube. Durch das große Fenster in der Mitte hat man Aussicht auf eine herrliche Frühlingslandschaft mit blühenden Bäumen. In buntem Durcheinander steht der Hausrat umher: ein Kinderdreirad an der Rückwand, mit einem alten Sack zugedeckt, eine Kommode mit zerbrochenem Geschirr, ein Grammophon, ein alter eiserner Ofen, eine Küchenuhr, billige Öldrucke und eine Zugposaune, ein Tischtelefon, Tintenlöscher, Strickzeug etc. Daß ein Festtag ist, erkennt man an der lecker aussehenden Schaumtorte, die auf einem Stuhl neben dem Kleiderschrank steht. Die Abenddämmerung fällt allmählich ein. Ehe sich der Vorhang hebt, hört man das Grammophon O du fröhliche, o du selige, gnadenbringende Weihnachtszeit *spielen.*
DIE MUTTER *(Liesl Karlstadt) sitzt in einem ärmlichen Hauskleid und mit einer blauen Schürze in Fleckerlschuhen an einem kleinen runden Tisch in der Mitte der Bühne unter der altmodischen Petroleumhängelampe; sie hat weinend den Kopf in die Hände gestützt*: Die Weihnachtsglocken läuten; o hätte ich nie mehr diesen Tag erlebt. Ich kann keine Freude mehr haben. Mein Sohn, mein Alfred, er ist ja nicht mehr bei mir, er ist hinausgezogen in ein fernes Land, aus dem er wohl nie wieder zurückkehren wird. Ach, Alfred, warum hast du mir das angetan! Er ist nach Oberammergau gegangen, er wollte Fremdenführer werden; aber als er hinkam nach Oberammergau, waren die Passionsspiele bereits schon lange beendet. Ach, Alfred, was Blöderes hätte dir gar nimmer einfallen können. Die alten Augen sind müde vor Weinen, und das Bild ist schon so verstaubt, ich kann ihn gar nicht mehr sehen! Pfui! *Sie spuckt auf das Bild und wischt es mit dem Taschentuch ab.* So, jetzt ist es besser, jetzt schaut er wieder so frisch in die Welt, daß man seine Freude daran haben kann. *Sie wirft das Bild ein paarmal in die Höhe.* Ach ja! *Sie zündet sich eine Zigarre an.* Wo nur mein Mann so lange bleibt? Mein guter Mann – diesen langweiligen Uhu habe ich heute auf den Viktualienmarkt geschickt, daß er ein Christbäumchen heimbringt für die kleinen

Kinder, und nun kommt er so lange nicht heim. Ich glaub, daß er gar nimmer heimfindet, der alte Depp. Es wird ihm wohl nichts passiert sein. Es ist schon so spät, die Sonne muß auch schon bald aufgehen. Eins – zwei – drei – aha, da ham ma's schon. Ich muß doch nachschaun, wo er sich momentan wieder herumtreibt. *Sie nimmt das Telefon.* Sebastian, wo bist du denn augenblicklich? So, am Viktualienmarkt gehst du grad? – Hast schon ein Christbäumchen? – Dann ist's schon recht – geh nur glei heim! Gib Obacht, wenn du über die Straße gehst, daß dich keine Frau überfährt mit'n Kinderwagl. *Es klopft.* Ja, herein! Also adje, Sebastian, komm nur gleich! – Ich wart auf dich – grüß dich Gott, Sebastian! *Es klopft.* Ja, herein! *Sie legt den Hörer auf. Im selben Moment kommt der Vater (Karl Valentin) mit dem Christbaum herein. Er trägt einen zerschlissenen Havelock mit zwei großen, auffallend künstlichen Schneepaketen auf den Schultern, Brille, Hut, Fäustlinge und einen Christbaum.* Ah, da ist er ja! Im Moment hab ich mit dir noch telefoniert, und jetzt bist du schon da!

Der Vater: Ja, i hab glei einghängt und bin glei herglaufen.

Die Mutter: Das ist recht – da hast ja 's Bäumerl, ah der is nett – wunderschön.

Der Vater: No ja, kindisch ist er halt.

Die Mutter: Er gehört ja auch nur für d' Kinder.

Der Vater: Ja, ich war in zwei Christbaumfabriken, und da ham s' mir den gebn.

Die Mutter: Ja, da is ja kein Christbaumbrettl dran, hast du's verloren? Ich hab doch ausdrücklich gsagt, du sollst an Baum mit Brettl bringen.

Der Vater: Ja, der hat ja keins.

Die Mutter: Das seh ich ja, daß er keins hat.

Der Vater: Wie kannst'n das sehn, wenn keins dran ist?

Die Mutter: Aufgschriebn hab ich dir's sogar, an Baum mit Brettl!

Der Vater: Ja, die haben lauter Bäum mit Brettl ghabt, das war der einzige o h n e Brettl.

Die Mutter: Und den hast extra rausgesucht?

Der Vater: Aber so ist er doch viel natürlicher, im Wald wächst er doch auch ohne Brettl.

Die Mutter: Aber den kann man doch nicht brauchen, den kann ich ja nicht hinstellen am Tisch.

Der Vater: Dann legn ma'n halt heuer hin – jetzt ham ma 'n fünfzehn Jahre hingstellt, jetzt legn ma 'n amal heuer hin.

Die Mutter: Ich möcht doch den Baum aufputzen. Ich hab solche Sprüch gmacht bei den Kindern, ich hab gsagt, wenn du kommst, dann kommt 's Christkindl auch gleich. Und jetzt bringt er an Baum ohne Brettl! Da wär's mir schon lieber gwesn, du hättst bloß a Brettl bracht und gar koan Baum.

Der Vater: Am Brettl allein hätten die Kinder auch kei Freud ghabt.

Die Mutter: Aber so kann ich ihn nicht hinstellen!

Der Vater: Ja, dann halt ich ihn halt.

Die Mutter: Geh, du kannst doch nicht bis am Heiligendreikönigstag so dastehn und kannst den Baum halten.

Der Vater: Warum nicht, ich hab ja so nichts zu tun, ich bin ja arbeitslos.

Die Mutter: Aber da sind doch noch vierzehn Tag hin, du kannst doch nicht Tag und Nacht den Christbaum halten, du mußt doch auch manchmal wieder amal nausgehen.

Der Vater: Dann nimm ich ihn mit.

Die Mutter: Das kannst dir denken – jetzt gehst da hin, wo du den Baum kauft hast, und tauschst'n um, sagst, sie sollen dir an andern geben.

Der Vater: Naa, naa, der is froh, daß er den anbracht hat.

Die Mutter: Dann muß ma halt selber a Brettl hinmachen.

Der Vater: Ja, ich geh zu der Hausmeisterin und hol a paar Bretter vom Hof rauf, da schneiden wir a Stück runter.

Die Mutter: Holst einfach so ein kleines Brett rein, das machen wir hin.

Der Vater: So ein Stück Brett halt.

Die Mutter: Aber zieh dich zuerst aus.

Der Vater: Ganz?

Die Mutter: Dein Mantel und dein Hut – aber leg mir an Hut nicht aufs Bett nauf, sonst zerlauft der ganze Schnee.

Der Vater: Der zlauft nicht, das ist ja ein Christbaumschnee.

Die Mutter: Jetzt geh nur.

Der Vater: Ich trag jetzt mein Raglan naus und hol die Bretter. *Er geht ab.*

Die Mutter: So ein schönes Bäumchen hat er bracht, er ist ein guter Mann, aber ein furchtbares Rindvieh – bringt er einen Baum ohne Brettl daher. *Man hört Kindergeschrei.* Pst! – Ja, wer hat denn das Kind verkehrt herglegt, da steigt ja 's ganze Blut in den Kopf. *Abermals Kindergeschrei.* Ja, sei nur still – Hundsbankert, hör doch auf, der ist gewiß wieder naß. *Sie legt das Kind auf den Tisch.* Ja, ja, ich werde dich gleich trockenlegen. *Sie nimmt den Tintenlöscher und trocknet das Kind damit, das Kind schreit immer noch.* Jetzt sei doch ruhig – wart, ich werd dir ein Wiegenlied blasen. *Sie nimmt die Posaune von der Wand.* So, mein Kind, jetzt paß schön auf. *Sie bläst* Schlaf, Kindlein, schlaf. – *Beim letzten Ton ist das Kind eingeschlafen. Der Vater kommt mit zwei langen Brettern herein, bleibt damit in der Hängelampe hängen, stößt alles um, der Tisch fällt auseinander, der Fliegenfänger klebt ihm im Gesicht, ein verzwei-*

feltes Durcheinander entsteht, die Mutter will ihm helfen. Da, nimm 's Kind. *Sie drängt ihm das Kind auf und hängt die Posaune wieder an die Wand.*

Der Vater: Nimm mir doch die Bretter ab!

Die Mutter: Mein Gott, wie der 's Kind halt! Mein Gott, ist das was! *Sie befreit ihn vom Fliegenfänger, von der Lampe usw.*

Der Vater: Sind die Bretter recht? Daraus können wir uns Christbaumbrettln im voraus machen für mindestens zwanzig Jahr.

Die Mutter: Was hast denn jetzt da für lange Bretter bracht, waren denn keine längeren mehr da?

Der Vater: Naa, des war des längste.

Die Mutter: Ja, dann hol eine Säge und schneid ein Brettl runter!

Der Vater: Ja, dann hol ich jetzt ein Stück Säge.

Die Mutter: Und ich heiz einstweilen ein.

Der Vater *kommt mit der Säge und legt den Christbaum der Länge nach auf das Brett*: Das gibt drei Christbaumbrettl.

Die Mutter: O Gott, o Gott, raucht der Ofen wieder!

Der Vater: Hast'n höchstens angezunden.

Die Mutter: Dummes Gered! Vor zwei Jahren hab ich schon zu dir gsagt, du sollst den Kaminkehrer holen.

Der Vater: Ich telefonier ihm halt, weißt du die Kaminnummer? *Er telefoniert*: Wie bitte? Die Nummer wissen wir beide nicht, Fräulein.

Die Mutter: Wer ist denn eigentlich da?

Der Vater: Wir sind falsch entbunden, der König Herodes hat, glaub ich, grad gesprochen.

Die Mutter *reißt ihm das Hörrohr aus der Hand*: Wer ist denn da? Wie? – Ah, grüß Gott!

Der Vater: Wer is's denn?

Die Mutter: Die Frau vom Kaminkehrer ist da! Grüß Gott, Frau Kaminkehrersgattin! Ist Ihr Mann daheim? Geh, sagn S' zu ihm, er soll gleich rüberkommen. *Der Vater spricht dazwischen.* Sagn S', bei uns raucht der Ofen.

Der Vater: Er soll rauskehren vom Ofen.

Die Mutter: Ich sag's ihm schon.

Der Vater: Ich kann's ja auch.

Die Mutter: Dann sagst du's ihr, wenn du so gscheit bist.

Der Vater: Ach bitt schön, möchten S' nicht mit der Leiter bei uns den Ofen auskehren?

Die Mutter: Schmarrn, sie weiß doch schon alles, was sagt s' denn?

Der Vater: Sie sagt, er kommt vielleicht ganz bestimmt. *Er legt das Hörrohr in den Geschirrhafen.*

Die Mutter: Schneid doch amal das Brett ab! *Sie kniet noch immer beim Ofen am Boden. Der Vater nimmt die Säge und setzt sich auf die Mutter.* Was machst denn, siehgst nimmer, blinder Heß?

Der Vater: Wie groß soll denn das Brettl eigentlich sein?

Die Mutter: Hast denn noch nie a Christbaumbrettl gsehn?

Der Vater: Schon oft, aber das hab ich nimmer so im Gedächtnis.

Die Mutter: Dann nimm halt das vorjährige Brettl als Muster. *Der Vater sägt das Brett ab, die Mutter hilft ihm dabei.* Gib Obacht, daß du dich nicht schneidst!

Der Vater *redet immer*: Die Kinder werden a Freud haben. Jetzt kommt ein Ast. *Die Mutter geht ab und holt das Kaffeeservice.* Bring mir eine Schweinsschwarte zum Schmieren. *Die Mutter geht an den Tisch. Er drückt mit der Säge das Brett in die Höhe und stößt der Mutter das Geschirr aus der Hand.* Ich hab doch gsagt, du sollst 's Brettl halten.

Die Mutter: Wo hast du denn das Brettl, das du runtergschnitten hast?

Der Vater: Das ist's. *Er hält das Brett immer noch in der Hand. Die Mutter steigt am anderen Ende drauf. Das Brett haut dem Vater auf die Füße.* Au, au, jetzt ist's am Fuß naufgfallen.

Die Mutter: Auf was für'n Fuß?

Der Vater: Auf unsern Fuß. *Er hebt das Brett auf, fährt der Mutter unterm Rock damit herauf.*

Die Mutter: Was machst denn? Heute am Heiligen Abend macht er so saudumme Sachen.

Der Vater: Ist doch erst der Heilige Nachmittag.

Die Mutter: Jetzt hat er so a kleins Brettl runtergschnitten, das können wir doch nicht brauchen. Da nehmen wir halt das alte her, aber da mußt du noch ein Loch hineinbohren.

Der Vater: Dann hol ich den Bohrer. *Er tut es und bohrt ins Brettl ein Loch hinein; das Brettl dreht sich immer.*

Die Mutter: Komm, laß dir helfen. Das Brett legt man da her am Tisch, ich halt dir, und du bohrst. *Der Vater bohrt und spricht dabei.* So red doch nicht immer, paß doch aufs Loch auf!

Der Vater: Ja, ich kann doch unterm Bohren reden.

Die Mutter: Das brauchst gar nicht.

Der Vater: So! *Er hat durch das Brett und durch den Tisch gebohrt, daß der Bohrer unten raussteht.*

Die Mutter: Das sieht dir wieder gleich! Bohrt er in den schönen Tisch a Loch hinein, da brauchst dir noch was einbilden drauf, das schönste Stück in unserer Wohnung ist jetzt auch kaputt.

Der Vater: Das war vorauszusehen.

Die Mutter: Das Loch ist überhaupt zu groß, da paßt der Christbaum gar nicht hinein.
Der Vater: Das Brettl brauchen wir ja jetzt nicht. Jetzt können wir den Christbaum glei in den Tisch neistecken.
Die Mutter: Das hättest glei tun können, da hätten wir überhaupt kein Brettl braucht.
Der Vater: Das sag ich ja immer, drum hab ich ja an Christbaum ohne Brettl kauft.
Die Mutter: Jetzt schmück amal den Baum, häng a paar Kugeln hin, die Kinder freun sich ja schon drauf.
Die Kinder *hinter der Szene*: Mama, dürfen wir schon rein?
Beide: Nein, noch lange nicht.
Die Mutter: Schick dich doch, die Kinder möchten schon herein. *Der Vater hängt ein paar Christbaumschmuck-Glaskugeln hin, wirft aber dabei Tisch und Baum um.*
Die Mutter: Jessas, jessas, was machst denn wieder? *Die Kinder schreien wieder.* Gleich, Kinder, schreit doch nicht so! *Zum Vater*: Schick dich doch, mach die Kerzen hinauf. *Die Kinder schreien abermals.* Seid's doch still – ihr Hundsbankerten, ihr miserablen!
Der Vater: Hundsbankerten brauchst net sagn zu dene Saukrüppeln! *Die Kinder schreien erneut.*
Die Mutter: Seid's doch ruhig, der Teufel soll euch holen!
Der Vater: Vergiß dich doch nicht, der Teufel soll s' holen: wenn s' der Teufel holt, braucht ma uns doch die ganze Arbeit nicht machen.
Die Mutter: Das geht dich gar nichts an, schick dich doch!
Der Vater: Oh tuh, tuh! *Er heult furchtbar.*
Die Mutter: Seid's still, Kinder, der Vater is narrisch wordn. *Zum Vater*: Was machst denn jetzt? *Der Vater hat sich einen Kerzenhalter an den Finger gezwickt.* Um Gottes willen, das Unglück auch noch! *Die Kinder schreien wieder.* Gleich kommt 's Christkindl. *Zum Vater*: So, du zündest jetzt amal den Baum an, und ich bring derweil die Kinder.
Der Vater: Die hast schon einmal gebracht.
Die Mutter: Ich mein, ich bring s' herein. *Sie geht ab. Der Vater nimmt ein Zündholz und zündet den Baum unten an.*
Die Mutter *kommt herein und schreit*: Was machst denn da, du zündest ja den Baum an!
Der Vater: Du hast doch gesagt, ich soll den Baum anzünden!
Die Mutter: Ich hab doch gemeint, die Kerzen.
Der Vater: An Baum, hast gsagt.
Die Mutter: No ja, wie man halt so sagt. *Sie geht ab. Der Vater zündet die Kerzen an, läutet mit der Handglocke und läßt das Grammophon*

spielen. Die Kinder und die Mutter kommen herein. So, Kinder, jetzt is 's Christkindl kommen. *Alle stellen sich um den Baum.*

Kinder: Ah, ah, der ist schön!

Der Vater: No, gar so schön ist er nicht.

Alle *singen*: Ein Prosit, ein Prosit der Ge-müt-lich-keit! Eins – zwei – drei – gsuffa!

Der Vater: No, no, no, jetzt bist in an Frühschoppen hineingekommen.

Das Kind: So, gute Mutter, und das gehört dir! *Es schenkt der Mutter eine Haube.*

Die Mutter *freut sich*: Ach, du gutes Kind, ich danke dir! Da schau her, Vater, so was Schönes!

Der Vater: Ah, Ölsardinen!

Die Mutter: Geh, mach doch deine Batzlaugen auf. A Haube hat sie mir geschenkt, die is schön, die kann ich notwendig brauchen. Ja, hast du die Haube selbst gestrickt?

Das Kind: Nein, Mutter, die hab ich nicht selbst gestrickt, die hab ich gestohlen.

Vater und Mutter sind sichtlich gerührt. Die Kinder singen das »Weihnachtslied« Fuchs, du hast die Gans gestohlen. *Vater und Mutter weinen vor Rührung.*

Die Mutter: Ja, wo hast denn die Haube gestohlen?

Das Kind: Beim Oberpollinger.

Der Vater: Des is recht!

Die Mutter: So, beim Oberpollinger? Ja habn s' denn da so schöne Hauben? Das gute Kind, jetzt is alles so teuer, man kann so nichts mehr kaufen.

Der Vater: Natürlich, man ist ja direkt verpflichtet dazu.

Die Mutter: Hoffentlich hat dich kein Mensch gesehen!

Das Kind: Nein, Mutter, da hat mich niemand gesehen.

Die Mutter: Dann gehst nächste Woch noch einmal hinein und holst mir eine.

Der Vater: Und wennst amal beim Henne vorbeikommst, dann nimmst mir an Mercedes mit.

Die Mutter: Du bist ein gutes Kind, du bist jetzt schon reif fürs Zuchthaus. – Mach nur so fort. Da schau her, was dir 's Christkindl bringt, eine Zugharmonika.

Das Kind: Ah, danke, Mutter!

Die Mutter *zum zweiten Kind*: Und dir ein Springseil.

Das zweite Kind: Ah, danke, Mutter.

Der Kaminkehrer, *entsetzlich lang, mit hohem schwarzen Zylinder, Hacke, Leiter und Besen, kommt plötzlich herein*: Grüß Gott beieinander!

Die Kinder schreien und fürchten sich vor ihm.

Die Mutter: Seid ruhig, Kinder, der tut euch nichts. *Zum Kaminkehrer*: Um Gottes willen, Herr Kaminkehrer, Sie können wir jetzt nicht brauchen, wir haben doch jetzt gerade Bescherung.

Der Vater: Ausgerechnet jetzt kommt er. Ich hab doch eigens telefoniert, Sie sollen morgen am Feiertag kommen. Speziell als Kaminkehrer solltn S' soviel Anstand haben, daß S' jetzt nicht am Ofen umananderkratzn.

Der Kaminkehrer: Das werden wir gleich haben. Ich bin gleich fertig. *Er fängt am Ofen sehr laut zu klopfen und zu kratzen an.*

Die Mutter: Geh, warten S' doch einen Moment, Sie sehn doch, daß wir gerade Bescherung haben, man versteht sein eigenes Wort nicht mehr vor lauter Lärm. *Die Kinder machen auch Lärm.* So hört doch auf, ihr Fratzen!

Der Vater: Warten S' an Moment, Herr Kaminkehrer. *Zur Mutter*: Da schau her, du bekommst deine Fotografie, die hab ich vergrößern lassen. *Er überreicht ihr einen Papierdrachen.*

Die Mutter: Was, an Drachen? Ich glaub, du willst mich derblecken. Was meinst denn da damit? Da schau her, Vater, du kriegst von mir auf Weihnachten ein Cockorell-Motorrad – aber heuer mußt noch selber treten; 's nächste Jahr kriegst dann an Hilfsmotor dazu. *Sie gibt ihm das Kinderdreirad, das zugedeckt auf der Bühne steht. Zum Kaminkehrer*: Herr Kaminkehrer, nehmen S' an Moment Platz.

Der Kaminkehrer: Bin so frei! *Er setzt sich auf den Stuhl, auf dem der Schaumkuchen liegt.*

Die Kinder *schreien*: Mutter, der Kaminkehrer hat sich in den Schaumkuchen gesetzt!

Der Kaminkehrer: Jessas Maria! Daß mir des grad auf Johanni passieren muß. *Er dreht sich um und wischt mit der Hand den Schaum von seiner Hose.*

Der Vater *hat sich währenddessen auf das Rad gesetzt und fährt damit über die Bühne, wobei alles umfällt – die Lampe fällt herunter – es entsteht ein fürchterlicher Tumult. Die Mutter und die Kinder schreien. Er bleibt plötzlich mit offenem Mund in fassungslosem Staunen in der Mitte stehen.* Ja, wia komma denn Sie auf Johanni?

Der Kaminkehrer: Was wolln S' denn, heut ist doch der 24. Juni!

Der Vater: Himmikreuzsappramont! Da geht nacha mei Abreißkalender nach!

Die Mutter: Des schaugt dir scho gleich!

Der Vater: Siehgst, Alte, drum hab ich ja heut den Christbaum auch so billig kriagt!

Der Firmling

Die Bühne gehört – durch ein Plakat mit der Aufschrift »Weinterrasse« gekennzeichnet – zum Zuschauerraum. Sie ist rosa tapeziert und zeigt im Hintergrund gemaltes Publikum, das an kleinen Tischen sitzt. Im Vordergrund sind drei Tische weiß gedeckt, darauf stehen Zahnstocher in Ständern, die Spitzen nach oben. Als Tafelschmuck Tannenzweige in Vasen. Eine Anrichte trägt Sektkübel, Zigarettenschachteln, Teller, Salzstreuer, Gläser, Strohhalme, Bestecke und bunte Zigarrenkisten.
Zur Einleitung geht die Musik in Schön ist die Jugend bei frohen Zeiten *über. Karl Valentin spielt den Vater.*
Beide kommen vom Publikumseingang her durchs Lokal und suchen einen Platz, finden ihn aber nach vielem Anstoßen erst auf der als Weinterrasse hergerichteten Bühne. Pepperl (Liesl Karlstadt) hat viel zu große weiße Handschuhe an und trägt eine lange Kommunionkerze mit einer riesigen weißen Seidenschleife. Damit bleibt er auf dem Podium gleich am ersten Stuhl hängen, der krachend umfällt.
VATER: No, Depp ... *Pepperl rennt den zweiten Stuhl um und lacht. Der Vater wirft Tisch und Stuhl um, verwickelt sich mit Schirm, Stuhl und Tisch, ein fürchterliches Durcheinander entsteht. Pepperl lacht.* Lach net so saudumm, dummer Bua. *Beide setzen sich nieder, schauen sich nach dem Kellner um und pfeifen.* He, Kellnerin, zwei Halbe!
KELLNER *kommt auf die Bühne*: Was wünschen die Herrschaften?
VATER: Zwoa Halbe Bier und etliche Brot.
KELLNER: Bedaure, Bier wird bei uns nicht verschenkt.
VATER: Mir wolln's ja net gschenkt, mir zahlen ja.
KELLNER: Ich meine, wir führen kein Bier, hier gibt's nur Wein – wir haben Weinzwang.
VATER: Na bringst halt zwoa Halbe Weinzwang.
KELLNER: Ich bringe Ihnen die Weinkarte. *Pepperl lacht und schaut immer auf seine Uhr.* Bitte, hier ist die Wein- und die Speisekarte. *Er geht ab.*
VATER: Was magst'n, Pepperl, weilst dich heute so schön firmen hast lassen, derfst du dir heut was Feines raussuchen. Was magst denn? Red – oder red – was magst denn?
PEPPERL: An Emmentaler –
VATER: Ja hast du Hunger?
PEPPERL: Ja.
VATER: An Emmentaler wern s' da herin net ham. *Er schaut in die Weinkarte.* Ja, ham s' scho oan, aber da hoaßt er anders, da hoaßt er Affenthaler. *Er pfeift.*

KELLNER: Bitte, haben die Herrschaften schon gewählt?
VATER: Bringst an Pepperl a Stück Affenthaler und Pfeffer und Salz.
PEPPERL: Ja, und zwoa Brezn.
KELLNER: Sie meinen eine Flasche Affenthaler?
PEPPERL: Naa, a Trumm Affenthaler.
KELLNER: Es gibt doch nur eine Flasche Affenthaler.
VATER: Wieso a Flaschn? Habt's denn ihr an Kas in der Flaschn drin?
KELLNER: Affenthaler ist immer in der Flasche.
VATER: Seit wann denn?
KELLNER: Seit es einen Affenthaler gibt.
VATER: Ja, wia bringa mir denn den raus? Mir können doch net an Kas mit'm Stopselzieher rausziehen! *Pepperl lacht.* Jetzt hörst amal dei saudumms Gelächter auf! *Er haut ihm erbost eine runter. Pepperl weint.* So macht er mir's heut scho den ganzn Tag, in einer Tour grinst er, der dumme Bua. *Pepperl lacht wieder.*
KELLNER: Mein Gott, er freut sich halt, weil er jung ist!
VATER: Ich war doch aa amal jung, vielleicht jünger wie er.
KELLNER: Also wollen Sie dann einen Affenthaler trinken?
VATER: Wieso trinken?
KELLNER: Affenthaler ist nur zu trinken.
VATER: So weich ist der?
KELLNER: Will der Kleine vielleicht eine Limonade?
PEPPERL: Ja.
VATER: Eine rote – a recht süße bringst ihm.
KELLNER: Und Sie auch eine Limonade?
VATER: Mir war's ja gnua, mir bringst an Schnaps!
KELLNER: Was für einen darf ich bringen? *Er liest die Likörkarte ab*: Allasch, Kirschwasser, Zwetschgenwasser, Rum, Kognak, Magenbitter, Kräuter...
VATER: Net soviel, einen nur!
KELLNER: Goldwasser, Macholl, St. Emmeramm ...
VATER: An Macholl habt's aa, ja, den mag i.
KELLNER: Also eine Limonade und ein Gläschen Macholl.
VATER: Was, a Gläschen? A Flaschn möcht i, a Glasl is bei mir scho leer, wenn i 's anschaug. Bring a Flaschn.
KELLNER: Eine ganze Flasche wird Ihnen wahrscheinlich zu teuer sein.
VATER: Des geht Ihna an Dreck o.
KELLNER: Und was speisen die Herrschaften? *Er liest die Speisekarte ab*: Makkaroni mit Schinken ist noch da.
PEPPERL: Ja.
VATER: Magst solche? *Zum Kellner*: Na bringst oa.

Kellner: Bitte sehr – also zweimal Makkaroni mit Schinken.
Vater: Naa, oamal.
Kellner: So, nur einmal.
Pepperl: Ja, für an jeden – eine.
Kellner: Also dann doch zwei Portionen.
Vater: Nein, nein – eine – aber für zwei.
Kellner: Ja, wollen Sie jetzt eine oder zwei?
Pepperl: Nein, ich möcht nur eine.
Kellner: Ja, dann wollen Sie doch zwei?
Vater: Nein, eine für uns zwei.
Kellner: Sie meinen eine Doppelportion.
Vater: Ja, eine einfache Doppelportion.
Kellner: Zum Donnerwetter, soll ich jetzt eine oder zwei Portionen bringen?
Vater: Jetzt bringst oane und schwingst dich, sonst kann sein ...
Kellner: Ich bringe Ihnen jetzt eine Portion. *Geht schimpfend ab.* Das ist eine nette Bagage, die wissen nicht, was sie wollen, die sollen doch woanders hingehen, in eine Bauernwirtschaft, das ist ja furchtbar.
Vater: Nur net nachbrumma dahinten. Tua fei ja net launenhaft sei, sonst ziag i di raus aus deim Cheviot. – Ja mei, Pepperl, was sagst denn, habn die an Kas in der Flaschn drin, drum soll ma so wo net reingehn, in eine Thiele. Thiele hoaßn sie s' jetzt, früher hat ma Weinbeizen gsagt. – Lauter so modernen Krampf ham s' da. *Er will schnupfen. Pepperl stößt ihm den Tabak herunter.* Net steßn – Aff – überall baun s' jetzt eine Thiele hinein, i bin nur neugierig, wie in zehn Jahren 's Hofbräuhaus ausschaugt. *Er will wieder schnupfen.*
Pepperl: Jetzt wird er glei wieda reinkomma! *Er stößt den Vater wieder.*
Vater: Jetzt haut er mir schon die zwoate Pyramidn runter, glei schlag i di aa runter.
Er schnupft sehr laut.
Kellner: Hier bitte die Limonade für den Kleinen, hier Ihr Likör, wohl bekomm's.
Vater: Bist da, Herzerl! *Er haut den Kellner hinten hinauf.*
Kellner: Was erlauben Sie sich?
Vater: Oha, jetzt hab i glaubt, i bin im Hofbräuhaus bei der Marie. *Kellner ab.* So, Pepperl, jetzt laß dir's recht schmecken, heut ham mir so schon soviel herumgsoffn.
Pepperl: Prost, Vata – ah, heut is's zünfti – da schau her, Vata – ah, des is a Gaudi.
Vater: Ja was tuast denn!
Pepperl: Seifenblasen.

Vater: Dir tua i dann glei Seifenblasen mit der teuren Limonad – des Steckerl ghört doch zum Umrührn. *Er rührt um, bricht aber das Röhrl ab.*

Pepperl: So, jetzt hast es brochen, uh, der wenn reinkommt!

Vater: Lauter Glump ham s' scho da herin, mir sagn einfach, des war scho.

Pepperl: Ja, des sagn ma, na spannt er's net. Prost, Vata, ah, heut is's zünfti.

Vater: Prost, Pepperl – so, jetzt derfst dei erste Zigarrn rauchen. *Er pfeift.*

Kellner *kommt*: Bitte sehr?

Vater: A Zigarrn für'n Buam, a ganz leichte – weil er noch nie graucht hat.

Kellner: Bitte sofort. *Geht ab.*

Vater: Die Mutter, wenn s' uns jetzt sehng kannt, die hätt a Freud. Hat s' allwei gsagt, den Tag möcht i noch erleben, aber leider is sie heimgegangen in den großen Heimgarten.

Kellner *bringt eine Zigarre*: Bitte sehr.

Vater: Zünd s' an Buam glei o! So, Pepperl, ziag nur fest. *Zum Ober*: Moanst net, daß'n zreißt?

Kellner: Na, wir werden ja sehen.

Vater: Ja, wenn mir's scho amal sehng, na is's schon zspät. *Kellner ab.* Inhalier nur fest, daß d' a guate Farb kriagst. Du mußt dir denken: Heut ist der schönste Tag in deinem Leben – die Jugendzeit kommt nur einmal, des derfst mir glaubn. *Er singt*: Schön ist die Jugend, bei frohen Zeiten, schön ist die Jugend, sie kommt nicht mehr.

Pepperl: Ja, des kenn ich auch, den alten Schmarrn. *Er singt mit.* Prost, Vata, heut is's zünfti.

Vater: Das mußt du dir merken, die Jugendzeit kommt nur einmal im Leben …

Pepperl *singt*: Drum sag ich's noch einmal …

Vater: Was sagst, Pepperl?

Pepperl: Naa, i hab bloß gsunga »Drum sag ich's noch einmal« …

Vater: Da hast du recht, des kann ma net oft gnua sagn. *Er stößt mit der Nase in die Zahnstocher.* Au – au. *Pepperl zieht sie ihm heraus.* Wie kannst denn du die Zahnstocher da herstelln; wenn i Bluatvergiftung kriag und wird mir die Nasn weggschnittn, mit was schneuz i mi dann?

Pepperl: Da kann i nix dafür, für was muaßt du dei Nasn überall drin habn.

Vater *reibt die Nase mit Schnaps ein.* Jessas, brennt des.

Pepperl: Ja eben – drum sag i's noch einmal …

Vater *wirft ihn über den Stuhl hinunter.* Fangt er immer wieder an mit seiner saudummen Jugendzeit.

PEPPERL: Ah geh, bis i amal windi wer!

VATER: Setz di her da! Setzt di glei her? – Du Hundling!

PEPPERL: Tua fei net köppeln.

VATER: Halt 's Maul!

PEPPERL: Brauchst mi a net glei nunterwerfa, i hab di aa net nuntergschmissn.

VATER: Des kommt scho noch – setz di her!

PEPPERL: Ja, gell, wenn die neue Uhr bricht, dann ham ma's – i glaub, i hab so schon die Feder abdraht.

VATER: Dei Gurgl drah i dir no ab – daß du's woaßt. Denk liaba an dei Zukunft, woaßt heut no net, was du amal werdn willst.

PEPPERL: Des wern mir nachher scho sehng.

VATER: Heut woaßt no net, was du amal wirst. Pepperl, Pepperl, denke dran, was aus dir noch werden kann.

PEPPERL: Ja, da bin i selber neugierig.

VATER: Aber siehgst, des gfreut mi heut no, daß es mir gelungen ist, den heutigen Tag zu erleben.

PEPPERL: Ja, mi aa, wär schad, wenn ihn mir zwei nimmer erlebt hätten.

VATER: Niemand auf der Welt hätt dir dein Firmpat gemacht, wenn ich mich nicht deiner erbarmt hätt.

PEPPERL: Ja, wennst'n du net gmacht hättst, dann könnt i heut mit meiner Kerzn alloa rumharpfn.

VATER: Alle ham's dir versprochen, a jeder hat gsagt, dein Buam mach i an Firmpat, und wie's dann drum und drauf ankomma is, hat sich a jeder druckt. Merk dir das – Pepperl – Freunde in der Not gehen zehne auf ein Butterbrot. Gell, der Onkel hat dir's so sicher versprochen, und jetzt hat er dir was ghustet. Warum hat er dir denn dein Firmpat net gmacht? – Weil er kein Flins drauf hat, weil er dir koa Uhr hätt kaufen können. Ich hab dein Firmpatn gmacht, ich hab mei Wort ghaltn. I war da wia da Zoaga.

PEPPERL: Ja, des is wahr.

VATER: Was hast denn ghabt vor der Firmung?

PEPPERL: Nix.

VATER: Net amal an Anzug hast ghabt, nackert hättst gehn müssen.

PEPPERL: Na hätt i halt mei Badehosn anzogn.

VATER: Koan Anzug hast ghabt, koa Hemdknöpferl, koane Socken, koa Hemd, koan Charakter, nix hast ghabt wia dein saudumma Kopf.

PEPPERL: Ja, und den hab i von dir kriagt.

VATER: Ich kann mich noch gut erinnern, wia i rumglaufen bin um an Anzug für den Buam. Was i da für a Lauferei ghabt hab, das is der Bua gar net wert. In sämtlichen Kleidererziehungsanstalten war ich in München, beim Isidor Bach, beim Knagge & Peitz, beim Isidor Kustermann, beim Heilmann & Littmann, nirgends hab ich einen Kommunionanzug auftrieben. *Pepperl raucht die Zigarre, es wird ihm schlecht, er nimmt seinen Hut und geht ab. Der Kellner kommt herein und serviert die Getränke, ab. Vater allein*: Und da, wo ich ein auftriebn hätt, kostet ein Kommunionanzug heute fünfundsechzig Mark, ja, ja, mir war's ja gnua, des kann i mir als Mittelstandler net erlaubn, daß ich für den Buam fünfundsechzig Mark am Tisch hinleg – ich bin koaner von der Burschoisie, i muaß mir mei Geld mit der Hände Fleiß verdienen, na hab i mir denkt, koan neuen konnst net kaffa, kaff dir halt oan von Herrschaften abgelegten Kommunionanzug, zu alle Dandler bin i, in meine sämtlichen Stammkneipen hab i's rumerzählt, nichts war's, die ganze Hoffnung hab i schon aufgebn. Derweil schleicht sich ein Zufall ein. Kommt der Erlacher Franzl zu mir, a alter Spezi, ein Kriegskamerad von mir, mir san anno Siebazg mitanand z' Deisenhofen gstandn, Mann an Mann, Brust an Brust, direkt am Isarufer, wo's so feucht war, der hat es erfahrn, daß i an Kommunionanzug kaufen will. Des gfreut mi, Franzl, hab i gsagt, sag i, aber es is net gsagt, daß des, wo dein Hundsbuam paßt, mein Knaben aa paßt – kurzer Rede langer Sinn, der Erlacher Franzl bringt den Anzug, der Pepperl ziagt'n o und – paßt hat er! *Er haut auf den Tisch.* Hätt ja i im Leben net denkt, daß dem Pepperl der Anzug paßt, wo er an Buam gar net kennt – kennt an Buam gar net – aber wia gsagt, der Erlacher bringt den Anzug, der Pepperl ziagt'n o, und – paßt hat er. *Er haut auf den Tisch.* No ja, die Ärmel warn z' lang, des stimmt, de hat d' Muada dahoam abgschnittn, und de Sach war erledigt, aber so is doch die ganze Sache furchtbar interessant. Und noch dazu will er mir den Anzug schenken – naa, sag i, Franzl, des gibt's net, es gfreut mi ja über alle Maßen, daß du mir den Anzug kredenzt – aber so sehr mich dein Antrag würdigt, so hat die Sache einen ganz anderen Haken, denn du bist selber ein armer Teufl, und wenn du mir schon den Anzug gibst, dann wollen wir die Sache finanziell regln. In dieser Beziehung bin ich ein Ehrenmann, da laß i mir nichts nachsagen. Aber wie gsagt, er bringt den Anzug, der Pepperl zieht ihn an und – paßt hat er, das is ja das Horrende an der Angelegenheit. Man muß doch bedenken, daß er mein Buam noch mit keinem Auge erspäht hat. Kennt der an Buam net, sei Bua is vielleicht a Mißgeburt, aber mei Bua is gwachsn wia eine Hyazinthe. Aber wie gsagt, der Erlacher Franzl bringt den Anzug, der Pepperl ziagt'n an und – paßt hat er! *Er haut auf den Tisch und fällt damit zu Boden.* Oha, jetzt hat's mi abidraht – wo er an Buam gar net kennt – das ist ja das Frappante – ja was is denn des? *Er rutscht beim Aufstehen immer mit den beiden Füßen aus.* Muaß i in meine alten Tag noch 's Radlfahrn lerna.

PEPPERL *kommt weinend*: Vata, mir is so schlecht.
VATER: Mir auch.
PEPPERL: Vata, i möcht hoamgeh.
VATER: Ich auch.
PEPPERL: Mach, steh halt auf.
VATER: Wenn i könna tat, scho.
PEPPERL: Was hast denn?
VATER: A Hepfa.
PEPPERL: Der legt si glei am Boden hin, der faule Kerl! *Er hängt seinen Hut an den Kleiderständer und hebt den Vater auf. Der Vater fällt immer wieder hin. Pepperl hebt ihn immer wieder auf.* Mach, steh doch auf, mir is ja selber so schlecht.
VATER *singt*: Auf der schönen grünen Wiese, da spielt …
PEPPERL: Halt doch dei Mäu! *Vater fällt wieder hin. Pepperl schimpft*: Geh, sei doch net so ekelhaft!
VATER: Ich hab gekämpft für König und Vaterland!
PEPPERL: Ja, des is ja jetzt Wurscht … *Vater fällt hin.* Jetzt wird's mir bald z' dumm wern, 's nächstemal konnst aloa in d' Firmung geh … *Vater fällt hin.* Dann setz di halt auf an Stuhl, wannst nimmer steh konnst. *Vater fällt mit dem Stuhl um.* Jetzt werd i bald narrisch wern.
KELLNER *kommt mit den Speisen herein.* Ja, um Gottes willen, wie sieht es denn hier aus, was ist denn das für ein Benehmen?
PEPPERL: Ich bin's ja net, das war ja er.
KELLNER: Das ist ganz egal. Sie gehören beide nicht in dieses feine Lokal, das ist ja furchtbar.
PEPPERL: Weil er immer soviel sauft, der alte Aff.
VATER *zum Kellner*: Ich bin ein Ehrenmann, das merkst dir!
KELLNER *hebt alles auf und stellt die Speisen auf den Tisch*: So, jetzt essen Sie Ihre Makkaroni, und dann machen Sie so schnell wie möglich, daß Sie fortkommen. Das geht doch nicht, wie Sie sich hier aufführen. *Zum Vater*: Nicht wahr, das müssen Sie doch selbst einsehen, daß das hier nicht geht.
PEPPERL: Ja, des hört der nimmer. *Vater singt.*
KELLNER, *nachdem er den Tisch in Ordnung gebracht hat*: Also bleiben Sie endlich sitzen und verhalten Sie sich ruhig, sonst lasse ich Sie rauswerfen. *Kellner ab.*
PEPPERL: So, jetzt hast es, jetzt werden wir noch rausgeschmissen aa, grad heut an mein Firmungstag. Jetzt bleibst amal sitzn, du bsuffana Uhu. *Beide fangen zu essen an. Pepperl haut mit der Kerze Vaters Nudeln hinunter.*
VATER: Mußt denn du immer beim Fressen die damische Kerzn ham! *Er*

nimmt sie ihm aus der Hand, ißt jetzt mit der Kerze, wickelt Nudeln darüber, steckt die Kerze in die Westentasche, holt sie wieder heraus und fährt Pepperl damit beim Essen in den Mund hinein. Pepperl schreit. Vater wirft Nudeln hinunter, der Tisch fällt um, er steckt alle Nudeln in die Tasche. Pepperl hat eine Nudel im Mund. Vater zieht sie heraus.

Pepperl: Wo is mei Huat, komm, lauf ma davon.

Vater: Ja, dann brauch ma nix zahln. *Beide nehmen ihre Hüte vom Kleiderständer, werfen ihn um, und Pepperl trägt den Vater huckepack hinaus.*

Kellner *kommt*: Halt, zahlen, zahlen!

Im Uhrmacherladen
(Der Firmling)

Uhrmacher: Jessas, is des a schlechte Zeit für uns Uhrmacher; jetzt wird's scho bald ein Jahr, daß ich die letzte Uhr verkauft hab. Ich will ja net unbedingt etwas verkaufen, wenn nur wenigstens einer käme und fragn tät, ob ich was zu verkaufen hab! Was ist schuld an meinem schlechten Geschäftsgang? Nur die vielen Turmuhren in der Stadt; da braucht ja kein Mensch eine Taschenuhr mehr. Mir geht's ja selber so, wenn ich in der Früh auf'n Kirchturm schau, dann weiß ich, wieviel Uhr es ist, und brauch gar keine Taschenuhr.

Vater (Karl Valentin) *und Pepperl* (Liesl Karlstadt) *betreten den Laden.*

Vater: Grüß Gott, Herr Uhrmacher. Habn Sie Uhren zu verkaufen? Mein Pepperl gibt koa Ruah mehr, bis er a Uhr hat. Direkt zum Laden hat er mi neizogn; er will unbedingt eine ham, weil er heut gfirmt wird; der Herr Firmpat hat uns aufsitzen lassen.

Uhrmacher: So, der wird heuer gfirmt? Mei Bua wird heuer auch gfirmt!

Vater: Da tun Sie sich leichter wia i, Sie brauchen wenigstens koa Uhr kaufen als Uhrmacher.

Uhrmacher: Ja, glaubn Sie, i kriag s' gschenkt?

Vater: Was kost denn eine Firmungsuhr?

Uhrmacher: Das kommt ganz drauf an, was Sie ausgebn wollen.

Vater: Ja mei, der Bua is ja erst vierzehn Jahr alt, der braucht no koa so große Uhr wie ein Erwachsener.

Uhrmacher: Halbe Uhren hab ich allerdings nicht auf Lager.

Vater: Können S' ihm vielleicht eine anmessen?

Pepperl *faßt alles an*: Vater, i möcht eine mit recht viel Zeiger.

Uhrmacher: Jede Uhr hat zwei Zeiger und ein Sekundenzeiger.

VATER: Sei nur stad, i kauf dir extra eine Schachtel Zeiger dazua.
PEPPERL: Vater, a Armbanduhr möcht i mit an Reama.
VATER: Des hab i dir schon gsagt, überspannte Sachen kriagst net.
PEPPERL: Dann mag i gar koane, außer so oane, wo da Deckel in d' Höh hupft.
UHRMACHER: Die Uhren mit Sprungdeckel sind aber bedeutend teurer.
VATER: Naa, naa, nix Sprungdeckel! A solchene kannst dir amal selber kaufen wannst älter bist.
PEPPERL: I bin ja scho älter, Vater, kauf ma oane mit an Sprungdeckel, juh, Vater!
VATER: Was kost eine gewöhnliche Uhr?
UHRMACHER: Ohne Kette kost die Uhr fünfundzwanzig Mark.
PEPPERL: Naa, Vater, ohne Kettn mag i koa Uhr net!
VATER: Ohne Kette fünfundzwanzig Mark.
PEPPERL *plärrt*: Naa, Vater, i möcht a Uhr mit da Kettn, bittschön Vater, mit da Kettn!
VATER: Ja, sei nur grad stad, du kriagst ja oane mit der Kettn; der Uhrmacher moant ja nur, mit der Kettn kost de Uhr dreißig Mark und ohne Kettn fünfundzwanzig Mark.
PEPPERL: Naa, Vater, ohne Kettn mag i s' net!
VATER: Sei doch net so blöd, blöder Bua! Der Uhrmacher hat doch bloß gsagt, ohne Kettn kost s' fünfundzwanzig Mark.
PEPPERL *plärrt*: Naa, Vater, ohne Kettn ziag i de Uhr net o, na mag i koa Uhr aa net!
VATER: Ja Hundsbankert, mistiger, glei gehn ma wieder hoam, wennst net sofort dei Plärrn aufhörst! Glei kriagst a rechts Trumm Watschn statt a Uhr!
PEPPERL: Vater, a solchene möcht i, a so a große mit zwoa so Glocken.
VATER: Deppata Bua, des is ja a Wecker.
UHRMACHER: Das wär gelungen, wenn der Bub mit'm Wecker zur Firmung ginge!
VATER: Der hängat so an Regulator aa auf'n Buckel nauf; des is a wilds Gwachs, mei Pepperl!
UHRMACHER: Ja also, Spaß beiseite: zu was für einer Uhr wollen Sie sich denn entschließen?
VATER: Ja mei, nacha nimm i halt de zu dreißig Mark mit der Kettn.
PEPPERL: O fein, Vater, a fein!
VATER: Aber des sag i dir glei, dreißig Mark kost de Uhr, aber den Fuaßball kriagst dann erst 's nächste Jahr!
PEPPERL: Naa, Vater, an Fuaßball möcht i glei! I mag koa Uhr, gehn ma, Vater!

VATER: Naa, naa, die Uhr …
PEPPERL: Naa, naa, naa, i mag koa Uhr mehr, gehn ma, Vater, gehn ma!
VATER: Entschuldigen S', Herr Uhrmacher, zuerst hat er mi in Ladn einazogn, und jetzt ziagt er mi wieder außa!
Er schlägt die Tür zu.

Großfeuer

Dorfplatz. Links ein Fachwerkbau, daneben das alte Spritzenhaus. Rechts das Haus der Huberbäuerin.
DER FEUERWEHRHAUPTMANN *(Karl Valentin) trägt hohe Stiefel mit abgeschrägtem Rand, enge Röhrlhosen, zweireihige Uniform mit Koppel und einen blinkenden Messinghelm mit rotem Federbusch. Um den Hals hängt ihm das Signalhorn, auf der Brust prangen zwei Medaillen, die Feuerwehraxt baumelt an seiner Hüfte.*
DER FEUERWEHRLEHRBUB WIGGERL *(Liesl Karlstadt) hat gleichfalls hohe Stiefel an, sein Rock ist ihm viel zu lang und zu weit, die Joppe wirkt wie ein Gehrock.*
Die übrige FEUERWEHRMANNSCHAFT *trägt lange Hosen. Die berühmte Sammlung grotesker Erscheinungen, die man in Karl Valentins Ensembles häufig findet: lange dürre und kurze dicke Feuerwehrmänner stehen nebeneinander.*
DIE HUBERBÄUERIN *(gleichfalls von Liesl Karlstadt gespielt) erscheint in ihrem Alltagsgewand, aber doch recht stattlich herausgeputzt, denn die Bauern sind reich geworden in der Inflationszeit nach dem Ersten Weltkrieg, in der man sich das »Großfeuer« zu denken hat.*
DER NACHBAR *kommt hemdsärmelig mit Weste und gestreifter Hose auf die Szene.*
DER HERR BÜRGERMEISTER *in bäuerlichem Besuchshabit aus schwarzem Tuch mit niedrigem, runden Dachauerhütchen und einer gewaltigen Uhrkette. Daß er unterwegs ist, erkennt man an seiner unförmigen, altmodischen Reisetasche.*
Während der Vorhang aufgeht, hört man ein heftiges, unheimliches Gewitter. Alsbald schlägt ein gewaltiger Blitz in das Hausdach der Huberbäuerin, dem ein furchtbarer Donnerschlag folgt. Es hat eingeschlagen. Das Haus beginnt zu brennen. Gleichwohl sieht man die Huberbäuerin seelenruhig am Fenster sitzen, als ob nichts geschehen wäre.
DIE HUBERBÄUERIN: Herein, herein, wer ist denn da? Hat es denn jetzt net grad klopft? Ich hab gmoant, es hat wer pumpert. Bin neugierig, wia heute

der Dollar steht. Entweder ist er droben oder herunten – oder er is gleich gar wieder naufgangen. *Sie liest in der Zeitung.*

Ein Nachbar *tritt auf und geht ans Fenster.* Grüß di Gott, Huberbäuerin.

Die Huberbäuerin: Ja, der Ferdinand, was willst denn du bei mir?

Der Nachbar: Huberbäuerin, ich hab dir ein Geheimnis zu sagen.

Die Huberbäuerin: Was, ein Geheimnis? Ja wennst mir's sagst, dann is's ja kein Geheimnis mehr. *Sie kommt zur Haustür heraus und hält ihr Ohr dem Nachbarn hin.*

Der Nachbar: Des muaß i dir sagn, des ist sehr wichtig für dich.

Die Huberbäuerin: Mein Gott, erschreck mi net, is am End gar der Butter billiger wordn?

Der Nachbar: Naa, naa, so gefährlich is's net, gib mir d' Hand, daß du niemand was sagst.

Die Huberbäuerin: Da hast mei Hand. I bin verschwiegen wia a Millifrau.

Der Nachbar: Also, dei Häusl brennt.

Die Huberbäuerin: Jessas Maria, ja was is des, das hätt i mir net denkt, des is aber aa traurig. Hat soviel Geld kost, des arme Häusl.

Der Nachbar: I hab's gsehn von meim Fenster aus, dann bin i glei rüber und hab dir's gsagt.

Die Huberbäuerin: I dank dir schön für die Mitteilung, und wegen der Kleinigkeit bist du extra zehn Meter weit bis zu mir herglaufen, da könnt i glei woana vor lauter Freud.

Der Nachbar: I muaß glei wieder gehn, nix für unguat. Pfüat di Gott!

Die Huberbäuerin: Und sollt amal dei Haus brenna, dann sag i dir's aa glei, also pfüat di Gott. *Der Nachbar geht ab.* Mein Gott, mei Häusl brennt. I bin ganz resultatlos, oder sollt er mi anglogn ham – naa, des tuat er net, der Ferdinand. I kenn ihn ja über vierzehn Tag, des is a aufrichtiger Mensch, aber ein falscher Kerl. No ja, i kann ja nachschaun, ob's wirklich so is, i hab ja net weit. *Sie dreht sich um und betrachtet ihr Haus genau von allen Seiten. Dabei sieht sie die Flammen aus dem Dach schlagen. Man hört und sieht es gemächlich weiterbrennen, bis der Vorhang fällt.* Ja, was is denn des, hat er doch recht ghabt! Da derf i glei meine Augenglasln aufsetzen. Resi! Glang mir an brennenden Kerzenleuchter raus! O heiliger Florian, schau nur grad mei Häusl an, ja des wenn noch a Zeitlang so weiterbrennt, na werd's immer größer. I bin ganz ratlos, i kauf mir doch no a Radl, da geh ich sofort zum Feuerwehrkommandant und sag, er soll glei zu mir komma in einer dringenden Angelegenheit, der gibt mir dann an Rat, was ma da macha kann. Resi! Glang mir mein Huat und mein Cape raus, i muaß schnell wohin gehn. Und wenn wer nach mir fragt oder telefoniert, na sagst ganz einfach, mir ham koa Telefon.

Der Herr Feuerwehrkommandant tritt auf die Bühne.

DIE HUBERBÄUERIN: Ja, da is er ja. Grüaß di Gott, Kommandant! Grad hätt i zu dir gehn wolln, in einer dringenden Angelegenheit.
DER HERR KOMMANDANT: So? Wie geht's dir denn allaweil?
DIE HUBERBÄUERIN: Net guat, woaßt scho, der Verdruß und die Arbeit, die man allaweil hat mit'm Geld, a paar Säck voll Tausender ham mir schon wieder die Mäus zsammgfressn, jetzt hab i lauter Goldstückl abiglegt, des wissn d' Mäus net, dann beißn sie sich de Zähn aus. Ja und wie geht's denn dir allaweil?
DER HERR KOMMANDANT: Schlecht! Ärgern muaß i mi halt soviel imma mit de Leut, weil, wenn wir Feuerwehrleut imma in Uniform auf der Straß genga, fragt imma glei a jeder: »Sie, bittschön, wo brennt's denn?« Des is doch zu blöd, da muaß ma doch an Gendarm auch fragn: »Sie, wo werd denn was gstohln?«
DIE HUBERBÄUERIN: Ja, da hast recht, da müaßt ma an Gendarm auch fragn: »Wo werd denn was gstohln?« Ganz richtig. Du, Kommandant, wie is denn beim Maibräu z' Gögging no ganga? Habt's no was retten könna?
DER HERR KOMMANDANT: Ach, nix, alles is verbrennt.
DIE HUBERBÄUERIN: Geh, was d' net sagst, wie is denn des zuaganga?
DER HERR KOMMANDANT: Ach, mei Trompeter war schuld an der ganzn Gschicht. Du woaßt doch, wir haben bei der Feuerwehr zwei Signale, zum Angriff, des hoaßt: Tätä – tätä, und Gefahr vorüber hoaßt: Tä – tä – tä – tä. Und wia ma 's Löschen anfanga wolln, blast der Gefahr vorüber, weil er 's Signal verwechselt hat, natürlich is die ganze Feuerwehr wieder davon und hat alles brennen lassen.
DIE HUBERBÄUERIN: A so a Rindviech!
DER HERR KOMMANDANT: No ja, deswegn brauchst'n net glei a Rindviech hoaßn, du woaßt doch, daß der Trompeter mei Bruader is.
DIE HUBERBÄUERIN: Jessas ja, des is ja dei Bruader, entschuldigst vielmals, i hab's net so gmoant.
DER HERR KOMMANDANT: Ja, ja, des is net so einfach bei der Feuerwehr, des muaß alles glernt sei.
DIE HUBERBÄUERIN: Ja, da hast recht, des muaß alles glernt sei.
DER HERR KOMMANDANT: Mir graust's heut no, wenn i an mei Feuerwehrlehr denk, wia ich no Feuerwehrlehrbub war, glernt hab i zwar nix, i hab aa nix lerna könna.
DIE HUBERBÄUERIN: Warum net?
DER HERR KOMMANDANT: Weil's grad die drei Jahr, wo ich in d' Lehr ganga bin, nirgends brennt hat.
DIE HUBERBÄUERIN: Wia bist denn eigentlich dazua kemma zur Feuerwehr?

DER HERR KOMMANDANT: Des war a so. Mei Vater war dreißig Jahr bei der Feuerwehr, dann is er pensioniert wordn, des woaßt ja a so, d' Uniform, der Helm, alles war da, dann hab i mir denkt, wirst auch a Feuerwehrmann, passen tuat mir alles.
DIE HUBERBÄUERIN: Bis auf den Halsriemen, der is dir z' weit.
DER HERR KOMMANDANT: Des woaß i scho, aba des kommt davon her, weil mei Vater so an großen Kropf ghabt hat. I hätt man scho enger macha lassn, aber schließlich kriag i aa so an Kropf, dann muaß i ihn wieder weiter macha lassn.
DIE HUBERBÄUERIN: Ja, dann müssast'n wieder weiter macha lassen, ganz richtig.
DER HERR KOMMANDANT: Ja, ja, jawohl, heut vor fuchzehn Jahr is Unterhaching abbrennt. Ja, morgen nachmittag um dreiviertel vier Uhr san's grad fuchzehn Jahr, daß Unterhaching abbrennt is, des hoaßt, angfangt hat's im Dezember, und aufghört hat's im Winter. Herrschaft, war des a Feuer, a Großfeuer, das Feuer wird groß gwen sei, vierzig Meter lang und sechzehn Meter hoch, siebzehn Meter derf ma eigentlich sagn, denn ganz genau ham mir's net abmessen könna, weil's immer so hinaufgschwanzelt is. Des Feuer waar aber nicht so groß worn, wenn wir's gleich gemerkt hätten, aber erstens is's bei der Nacht auskemma, und unser Dorf is so schlecht beleucht, daß ma net amal des Feuer gsehng ham, zweitens hat der Nachtwächter grad an dem Tag Ausgang ghabt, draufkomma san ma erst am drittn Tag, derweil hat das ganze Dorf scho lochterli, ah! lichterloh brennt. Wia mir 's Spritzn anfanga wolln, ham wir koa Wasser ghabt, bei dreißig Grad Kälte war des ganze Wasser gfrorn, jetzt ham sämtliche Bäuerinnen von der ganzen Gmoa zuerst den Schnee kochen müssn, daß wir a Wasser kriagt ham zum Löschen. Der Apotheker von unserm Dorf hat hundert Flaschen Fachinger gstift, auf einmal hat sich der Wind draht, und 's Feier hat aufghört am Abend, und seit der Zeit habn mir zur Erinnerung alle Tag auf d' Nacht um sechs Uhr Feierabend.
DIE HUBERBÄUERIN: Auf d' Nacht um sechs Uhr Feierabend. Ganz richtig. *Sie greift mit den Fingern an das Kinn.* Saxndi, was hab jetzt i dir heut sagn wolln? Mir fallt's nimma ein.
DER HERR KOMMANDANT *schnuffelt mit der Nase.* I woaß net, da muffelt's.
Es riecht nach Brand.
DIE HUBERBÄUERIN: Hast an Katarrh?
DER HERR KOMMANDANT: Da brandelt's!
DIE HUBERBÄUERIN: Jessas, jetzt fallt's mir ein, was i dir sagn hab wolln, bei mir brennt's ja! Möchst net amal nachschaun, was da zu macha is?

DER HERR KOMMANDANT: Selbstverständlich, des is ja mei Pflicht, schaun ma's halt amal an, des Feier. Wo hast es denn?

DIE HUBERBÄUERIN: Da! *Sie zeigt auf das Haus.*

DER HERR KOMMANDANT: Jetzt muaß i's halt amal genau untersuchen, was des für a Brand is, ob's a Kellerbrand oder a Dachstuhlbrand is. Ja, ja, des is meiner Ansicht nach a Dachstuhlbrand.

DIE HUBERBÄUERIN: Ja, des muaßt du wissn! I will dir da nix dreinredn.

DER HERR KOMMANDANT: Sag mir nur grad, Huberbäuerin, wia bist denn eigentlich zu dem Brand komma?

DIE HUBERBÄUERIN: Ja mei, des is a Zufall. I steh vor meim Häusl, auf amal kommt mei Nachbar rüber und sagt: »Du, Huberbäuerin, bei dir brennt's.« I schaug aufs Hausdach nauf, und wirklich war's a so.

DER HERR KOMMANDANT: Ja woaßt, i will dir da absolut kein Schrecken einjagen, aba soviel i seh, handelt es sich bei dir um ein Großfeuer.

DIE HUBERBÄUERIN: Des is mei Ansicht aa.

DER HERR KOMMANDANT: De Gschicht kriagn ma scho. I schreib jetzt amal alles auf. Was hast denn für a Hausnummer?

DIE HUBERBÄUERIN: Nummer dreizehn.

DER HERR KOMMANDANT: Na also, da san mir ja glei da mit der Spritzn. Stell dir vor, wennst Hausnummer dreißg ghabt hättst, da hätt man scho weiter hin ghabt. I geh jetzt ummi ins Feuerhaus und laß die Sturmglockn läutn und armalier die ganze Feuerwehr.

DIE HUBERBÄUERIN: Dann könnt ihr an meim Häusl glei die neue Dampfspritzn ausprobiern.

DER HERR KOMMANDANT: Ja, de werd heut eingweiht. Also stell di net lang rum, tu aus dem Häusl das Wichtigste raus, net daß dir alles verbrennt. *Die Huberbäuerin geht wieder ins Haus. Er ruft ihr nach*: Schau nur, daß d' zuerst die leicht verbrennbaren Sachen rausbringst, die hölzernen, an Abtrittdeckel – *die Huberbäuerin reicht ihm denselben zum Fenster heraus, er nimmt ihn ab und lehnt ihn an die Hauswand* – Zahnstocher – *die Huberbäuerin wirft ein Packerl Zahnstocher heraus* – Zündhölzer – *er fängt ein Paket wie einen Ball auf und läßt es fallen, schon steckt die Huberbäuerin einen Besenstiel zum Fenster heraus* – und des Zeug. De andern Sachn wirfst auf'n Misthaufn hint außi. *Die Huberbäuerin zieht den Besen wieder zurück.* Ich muß jetzt gehn, Bäuerin, ich hol die andern und komm dann vielleicht bestimmt wieder. *Wie er eilig abgehen will, trifft er unversehens mit dem Bürgermeister der Nachbargemeinde Untergiging zusammen, der ihn sofort an einem Knopf der blinkenden Feuerwehrhauptmannsuniform festhält.*

DER HERR BÜRGERMEISTER: Ja Kommandant, des is guat, daß i di treff. I kimm grad, weilst du inserna Gmoa enkere oide Gumpspritzn zum Verkaufa otragn hast. Könn ma s' net amal oschaugn?

Der Herr Kommandant: Des scho, da derfast nur glei mit mir amal ins alte Spritzenhaus einischaugn. Geh nur her, Bürgermoasta. *Er zieht seinen Schlüsselbund aus der Tasche.* Sakra, sakra, des san doch de Schlüssel vom Spritzenhaus, is denn des Schloß eingrost, is des a zwidane Gschicht, da bleibt nix anders übrig, Bürgermoasta, als daß ma alle zwoa beim Fenster einisteign. *Sie steigen alle beide mit viel Umständlichkeit durch das Fenster des alten Feuerwehrschuppens. Durch das Fenster hört man ihren Disput.* So, Bürgermoasta, da war de söll Spritzn.

Der Herr Bürgermeister: Sakra, wo han i denn jetzt mei Regendachl hindo, des han i auf da Straß draußd ans Spritzenhaus hingloant, wenn a Handwerksbursch vorbeikommt, kunnt er 's leicht mitnehma, ist scho gscheita, i hol's eina, muaß i no amal außisteign. Kommandant, tuast ma derweil die Spritzn herrichten. *Man hört ihn auf die Tür zugehen und dann zum Kommandanten sagen*: Woaßt, Kommandant, bist doch a rechts Rindviech, probiert er drauß am Gschloß mindestens a fuchzehn Schlüsseln, daweil hätt er bloß innen den Riegel füraschiebn braucha. *Er macht die Türe auf und tritt heraus.*

Der Herr Kommandant: Jessas, san mir zwoa dumme Luada, daß mir des net gsehn habn.

Der Herr Bürgermeister: Ja, des machst du scho guat, des ham mir doch von draußd net sehng kinna, daß innen der Riegel zuagfalln is.

Der Herr Kommandant: Ja, wia hast denn dann du des gsehng, Bürgermoasta?

Der Herr Bürgermeister: Ja, i war doch drin.

Der Herr Kommandant: Wann?

Der Herr Bürgermeister: Wie mir zwei einigstiegn san, weil mir die Tür net aufbracht ham.

Der Herr Kommandant: Aso, stimmt. *Beide treten an die Spritze, die man nun durch die geöffnete Spritzenhaustür sieht.* Also da wär jetzt d' Spritzn, wennst es kaufn willst für eucha Gmoa, d' Spritzn is tadellos, mir ham a neue Dampfspritzn, des woaßt ja sowieso, bsinn di net lang, Bürgermoasta, koa solchene kriagst nimmer.

Der Herr Bürgermeister: Hm! *Er zwickt das Kinn mit den Fingern zusammen und schnauft auf.* Teuer is's halt. Zvui Geld auf amoi, unser Gmoa hat momentan koan Diridari*.

Der Herr Kommandant: Na, des is doch koa Geld für so a Spritzn.

Der Herr Bürgermeister: Sparen muaß ma halt, woaßt as scho.

* bayerisch: Geld

DER HERR KOMMANDANT: Ja, billiger kannt ma s' auf koan Fall hergebn.

DER HERR BÜRGERMEISTER: Ebbas konnst scho no nachlassen.

DER HERR KOMMANDANT: Koan Pfennig, Bürgermoasta.

DER HERR BÜRGERMEISTER: Na, dann könna ma leider nix macha.

DER HERR KOMMANDANT: Dann ko i dir net helfa, herschenka konn i s' aa net.

DER HERR BÜRGERMEISTER: Also!

DER HERR KOMMANDANT: 's geht net, Bürgermoasta, mit'm besten Willen net.

DER HERR BÜRGERMEISTER: Gfalln tut s' ma scho.

DER HERR KOMMANDANT: Des glaub i scho, na derfst aa koa Geld oschaugn.

DER HERR BÜRGERMEISTER: Also, Kommandant, laß di net lumpen.

DER HERR KOMMANDANT: I sag da des oane, Bürgermoasta, jetzt muaßt di bald entschließen, es kemma heut oder morgen no aus Minka vom Deutschen Museum oa außa, de möchten s' aa kaffa.

DER HERR BÜRGERMEISTER: Aber an Vorschlag mach i da, Kommandant, wenn ma s' net auf oamoi zahln brauchatn, gang's vielleicht.

DER HERR KOMMANDANT *zuckt die Achseln*: Na ja! Da könnt ma no drüber redn über den Punkt.

DER HERR BÜRGERMEISTER: Woaßt, i moan, a guate Anzahlung und des andere auf monatliche Raten.

DER HERR KOMMANDANT: Einverstanden! *Geben sich die Hände.*

DER HERR BÜRGERMEISTER: Jetzt kimmt d' Hauptsach – was kost s' denn?

DER HERR KOMMANDANT: Achtzig Mark.

DER HERR BÜRGERMEISTER *schaut einige Sekunden vollkommen entgeistert, dann findet er die Sprache wieder*: Is scho recht, des hab i mir net denkt, daß de so billig is, i moan, da lassn mir die ganze Gschicht mit der Anzahlung und de Raten weg, i gib dir bar die achtzig Mark, und die Spritzn ist in den Besitz der Gemeinde Untergiging übergegangen. Einschlagn! *Er zahlt aus einem Leder-Zug-Geldbeutel achtzig Mark dem Kommandanten auf die Hand.* So, Kommandant, jetzt brauchst mir nur mehr sagn, wann i mit'm Roß kommen soll, daß ma die Spritzn holen ko.

DER HERR KOMMANDANT: Des hast gmoant. *Er setzt sich auf die alte Bank, die vor dem Spritzenhaus an der Wand steht, und schluchzt tief auf.* Holn ko, tuast du moana?

DER HERR BÜRGERMEISTER, *ihm bleibt abermals die Sprache weg. Endlich faßt er sich und sagt*: Was hast denn?

DER HERR KOMMANDANT: Da hock di her, na verzähl i dir was. De Spritzn ko koana holn, da is da Fluach drauf, Bürgermoasta.

DER HERR BÜRGERMEISTER: Wia kommt des?

DER HERR KOMMANDANT: Es is ungefähr a fünfundzwanzig bis dreißig Jahrln her, da is über Giging a schreckliche Hoamsuchung komma. D' Schwoagn, da Kegelbräu und da ganze damalige Pfarrhof san in da Peter-und-Pauli-Nacht niederbrennt bis auf'n Erdboden, a Sturm is deselbe Nacht ganga, daß si die schwarsten Baam bogn ham wia Goaßlstecken, und 's Feuerglöckerl war bald dasprunga vor lauter Sturmläuten, es war a schreckliche, a grausige Nacht. I war selmals no a junger Feuerwehrbursch, und der damalige Kommandant, also mei Vorgänger, was mei Vater gwesn is, und no fuchzehn Mann, mir ham glöscht die ganze Nacht durch bis an andern Tag mittag um oans, und da hat's an Pfarrhof packt. Der ganze Dachstuhl is brennad inananda neigstürzt, und mir ham pumpt und pumpt, was ma grad rausbracht ham. Patsch, bricht da Hebel von der Spritzn. Mir stehn vor dem Riesenfeuer mit da dabrochan Spritzn, der Kommandant ist aus dem Häusl. »Kruzifixsakramentstürken umanand«, schreit er, »wenn nur glei die ganze Gumpspritzn da Teufi holn tat.« Das Wort hat er aber no net ganz heraus ghabt, schreit scho alles ringsum: »Da Giebi stürzt ei!« und im nächsten Moment – wum ! – *man hört einen Trommelschlag aus dem Orchester* – war 's Unglück gschehng.

DER HERR BÜRGERMEISTER: A so natürlich hast des iatza du erzählt, daß i's glei wirklich kracha hab hörn.

DER HERR KOMMANDANT: De ganze Giebelmauer vom Pfarrhof is auf d' Spritzn naufgfalln, auf de Spritzn, und mir san grad no guat wegkemma.

DER HERR BÜRGERMEISTER: Soso! So war des!

DER HERR KOMMANDANT: Ja, des is no net gar, am andern Tag ham mir de Spritzn aus de Trümmer rauszogn, da einagfahrn und an Ort und Stell da herin in unsern oiden Spritznhäusl hat s' da Wagna Sepp und da Schlosser Franzl wieder vollständig zsammgricht. In acht Tag war s' wieder fix und fertig, und bei dera Arbat war da Teifi wieder dabei und hat eahna 's Maß verzogn, denn wia s' d' Spritzn rausfahrn wolln bei da Tür, geht s' net außi, is um zwoa Händ z' broat. *Er zeigt es dem Bürgermeister genau mit den Händen.*

DER HERR BÜRGERMEISTER: Ja, da steht de oide Gumpspritzn scho dreißig Jahr da herin?

DER HERR KOMMANDANT: Natürlich, de is no direkt neu, fast ungebraucht – alt is s' halt worn und verrost, des is ja klar, des geht uns genauso.

DER HERR BÜRGERMEISTER: Naa, verrostn wern ma na doch net. Ja, da muaß i jetzt dumm fragn, wenn de Spritzn net zum Türl nausgeht – i hab achtzig Mark dafür zahlt, dann gibst ma mei Geld wieder zrück.

Der Herr Kommandant: Naa, naa, Bürgermoasta, mach koan Schuft, kafft ist kafft.

Der Herr Bürgermeister: Ja, aber i hab doch nix davo!

Der Herr Kommandant: Du net – aber i, i hab achtzig Mark!

Der Herr Bürgermeister: Bin i a Rindviech!

Der Herr Kommandant: Freilich bist a Rindviech, weil ma nia d' Katz im Sack kafft – Katz im Sack oder Gumpspritzn im Feuerhaus, des is des gleiche. Aber jetzt geh zua, i muaß jetzt um insane neue Dampfspritzn schaun, die müssen wir aus dem neuen Schuppen hint außifahrn, denn mir ham ja heut a Großfeuer bei insana Huberbäuerin. Tuast es no net schmecka? *Er geht ab, der Bürgermeister kopfschüttelnd hinter ihm her.*

Der Nachtwächter *kommt und singt*: Hört, ihr Herrn, und laßt euch sagen, die Glocke am Kirchturm hat vier Uhr geschlagen, bewahrt das Feuer und auch das Licht, daß in unsrer Stadt koa Brand ausbricht – koa Brand ausbricht. *Er spricht*: Es is koa Fuchs, es i koa Has, i täusch mi net, da brandelt was. Naa, des täuscht mi vielleicht bloß, bin i a alts Rhinozeros, vom Bäckermeister ganz genau da druckt's an Rauch raus gelb und grau, dem Himmel Hermann sapprament san d' Loabn wieda all verbrennt. Er schürt aa ei, als wia a Narr, aba brandln tuat's so sonderbar. Ma sieht nix, na, 's is nix zum sehn, es is halt doch a Täuschung gwen, so is's a, ja, es kunnt ja sein, was siech i da, an Feuerschein? I glaub glei gar beim Färberlenz, mein Gott, bei der Huberbäurin brennt's! Leut, aufstehn! *Er tutet, schreit und geht ab. Plötzlich hört man von weitem die Sturmglocken läuten, die Feuerwehr marschiert an, wobei ein Signalmarsch erklingt. Donnernd wird die Dampfspritze aufgefahren.*

Der Herr Kommandant: Ganze Kompanie – halt! Vor den Geräten sammeln! Front! – Abzählen!

Alle: Eins – zwei – drei – vier – fünf – sechs – sieben – acht.

Der Herr Kommandant: Halt! Wieviel san denn heut da? Kustermann – »hier!« Seidel – »hier!« Metzler – »hier!« Konsumverein – »hier!« Also jetzt kommt die Ansprache. Wiggerl, du souffliersт mir. Liebe freiwillige Feuerwehr, teure Kameraden und Freunde! Indem heute die große Freude über uns hereingebrochen ist, daß unsere Gemeinde eine Dampfspritze gekriegt hat, sehe ich mich veranlaßt, liebe freiwillige Feuerwehr-Männer, an euch einige Worte des Trostes zu richten. Achtundzwanzig Jahre sind an uns vorbeigeflossen, daß wir keine Dampfspritze nicht gehabt haben, nur eine einfache Gumpspritze. Aber das sehnsüchtige Verlangen nach einer Dampfspritze war ein allgemeines, und so ist es heute der Tag, wo uns diese Freude, uns eine Dampfspritze zu überreichen, gelungen ist. Möge es in unserer Gemeinde recht oft brennen, damit wir mit vollem Eifer und Aufopferung die Spritze in Funktionierung bringen können, und so übergebe ich heute unter feierlichem Glockengeläute und Böllerschüssen im Namen unseres heißgeliebten Herrn Bürgermeisters die neue Dampfspritze.

EIN FEUERWEHRMANN: Kameraden! Die neue Dampfspritze und der Herr Bürgermeister sollen leben hoch! hoch! hoch!

DER HERR KOMMANDANT: An die Geräte! Rechts um! – Marsch! Ihr geht's mit'n Schlauch an Bach nunter und hängt's an Schlauch in Mühlbach nei – und wenn grad Bachauskehr is, na hängt's'n in d' Mistlacka nei, na spritz ma einfach mit'n Odlwasser. Wiggerl und mir hoazn derweil ein in der Dampfspritzn.

Die Mannschaft kommt gemächlich herbei und beginnt zu arbeiten.

WIGGERL: Du, Kommandant, kennst du dich aus mit dera Dampfspritzn?

DER HERR KOMMANDANT: Natürlich, ich brauch mich bloß nach der Gebrauchsanweisung richtn, da steht alles drin, wie ma's machn muaß.

WIGGERL: Du, in der Stadt drin habn s' auch so a ähnliche Maschin zum Abtritt räumen.

DER HERR KOMMANDANT: Jaja, aber de hat an andern Gruch. – Also bevor wir einhoazn, müssen wir wissen, aus was für Teilen die Dampfmaschine besteht. Also jetzt paß auf, Wiggerl, jetzt werd ich's dir erklären.

Er liest laut:

Gebrauchsanweisung
Zuerst Wasser einfüllen

a Der Dampfkessel
b Der Zylinder
c Der Kamin
d Das Sicherheitsventil
e Der Wasserstandsbarometer
f Die Atmosphärenuhr
g Die Alarmglocke
h Der Dampfregulator
i Die Dampfpfeife
k Der Antriebswechsel
l Das Heizloch
m Das Aschloch

WIGGERL: Wo is denn des?

DER HERR KOMMANDANT: I find's aa net!

WIGGERL: Ah, des is vielleicht hinten.

DER HERR KOMMANDANT: Ja, des hab i mir aa denkt. *Beide schauen der Dampfspritze hinten hin.* Da is's ja. Oben is das Heizloch, da wird eingeheizt, und fallt dann die Asche hinunter in das untere, das heißt Aschloch – nicht zu verwechseln mit Heizloch.

WIGGERL: Aber jetzt hoaz i glei ein. Jetzt is wieder kein Papier da.

DER HERR KOMMANDANT: Zu was brauchst denn jetzt a Papier?

WIGGERL: Zum Einhoazn.

DER HERR KOMMANDANT: Jaso!

WIGGERL *nimmt dem Herrn Kommandanten die Gebrauchsanweisung aus der Hand und heizt damit ein.* Jetzt hab i wieder koane Zündhölzer – hat denn neamands a Feuer?

DER HERR KOMMANDANT *deutet auf das Dach.* Da is a Feuer!

WIGGERL: Jetzt hab i scho oans – jetzt brennt's scho –

DER HERR KOMMANDANT *schließt den Schlauch an, macht Feuer im Kamin und schreit, indem er den Kessel anfaßt*: Er wird schon hoaß! – Also jetzt kommt die Hauptsach! Wia jetzt der Kessel hoaß wird, also wenn sich der Dampf entwickelt, muß sofort der Wechsel aufgerieben werden, sonst zreißt's an Kessel, und mir san alle beim Teifi!

WIGGERL: Jessas Maria! Wo is denn der Wechsel?

DER HERR KOMMANDANT: Ja, des woaß i aa net. Das steht alles ganz genau in der Gebrauchsanweisung drinna.

WIGGERL: Also schnell! Gebrauchsanweisung her – wer hat denn d' Gebrauchsanweisung? *Aufgeregt*: I hab s' net!

DER HERR KOMMANDANT: I aa net! *Zornig*: Kreuz Teifi nei, ich hab'n doch grad daghabt, den weißen Zettel da.

WIGGERL: Den hab i zum Feuermachn hergnomma.

DER HERR KOMMANDANT: Jessas Maria! Gfehlt is! Hoazt der mit der Gebrauchsanweisung ein! Jetzt is 's Unglück fertig.

Sie schlagen beide die Hände über dem Kopf zusammen.

WIGGERL: Laßt's halt a neue Gebrauchsanweisung druckn. Oder holt's an Hochwürden Herrn Pfarrer.

DER HERR KOMMANDANT: Was versteht denn a Pfarrer von ara Dampfspritzn, wenn scho des Unglück nimmer zum Aufhalten is, dann müssen wir auf unserem Posten bleiben, wia a Schiffskapitän auf sein Schiff, wenn's untergeht. Mir san doch alle Männer – jetzt reib i halt amal an Wechsel auf – geht's weg! Jessas Maria, steh uns bei – pfüat di Gott, Wiggerl! *Alles spritzt auseinander und nimmt hinter den Hausecken volle Deckung.*

WIGGERL: Daß d' fei net an falschen Wechsel aufreibst, sonst werst wegen Wechselfälschung no eigsperrt aa.

DER HERR KOMMANDANT: Halt 's Mäu! Nur die Ruhe kann's machen, also das ist die Dampfuhr!

WIGGERL: Wieviel is's denn?

DER HERR KOMMANDANT: Halt doch 's Maul, Lehrbua, saudummer, das ist das Dampfpfeiferl. *Er läßt das Pfeiferl ertönen.*

WIGGERL: Ah, fein – wia a Lokomotiv!

DER HERR KOMMANDANT: Dann is des der Dampfwechsel, da gibt's koan Zweifel! Jetzt reib i amal auf! *Er reibt auf, die Maschine beginnt zu laufen.*

WIGGERL: Ah, fein! Wunderbar –

DER HERR KOMMANDANT: Und der Haufa Dampf, wo scho drin is! *Er macht den Deckel auf.*

WIGGERL: Jetzt läut i der Mannschaft, daß s' mit'n Schlauch kemma. *Er läutet; die Mannschaft kommt gemächlich herbei.*

DER HERR KOMMANDANT: Freistehende Leiter aufstellen! *Er geht ins Haus und schaut flammenumzingelt aus den Fenstern.* Herrgott, is's da hoaß herin, wia im Fegfeuer! Jetzt wär halt a frische Maß Bier recht. *Er geht wieder aus dem Haus und sagt zu Wiggerl*: Wer hat denn die freistehende Leiter ans Haus gloahnt, na is's doch koa freistehende Leiter mehr, a so a Leiter nimmt ma und zieht s' nur ausananda. *Wiggerl läßt die Leiter aus.* Au! Au! Du hast mir d' Finger einzwickt. *Er läuft dem Wiggerl nach, Wiggerl steigt auf die Leiter, der Kommandant will auch hinaufsteigen, da tritt ihm Wiggerl auf die Hand.* Au, au, Wiggerl, geh runter, du stehst auf dem Ding droben.

WIGGERL: Auf der Leiter?

DER HERR KOMMANDANT: Naa, auf den –

WIGGERL: Sprossen?

DER HERR KOMMANDANT: Naa, auf meiner – mir fallt der Name net ein, au, au, auf meiner Pratzen.

WIGGERL: Jessas, des hab i net gwußt.

DER HERR KOMMANDANT: Ja, hast du denn des net gspürt?

WIGGERL: Naa, woher? Du hast es gspürt! *Der Kommandant geht stöhnend ein paar Schritte rückwärts, wobei er mit dem gerade auftretenden Fotografen zusammenstößt.*

DER FOTOGRAF: Guten Tag, meine Herrschaften! Verzeihen Sie, wenn ich störe. Ich bin Spezialfotograf der Illustrierten Zeitung. Ich mache speziell Spezialaufnahmen von aktuellen Ereignissen wie Eisenbahnunglücken, Schiffszusammenstößen, Fliegerabstürzen, Feuersbrünsten, Hochzeitsfeierlichkeiten und sonstigen Unglücksfällen. Ich komme nirgends zu spät. Ich habe schon die größten Explosionskatastrophen drei Tage vorher aufgenommen. Gestatten Sie, daß ich von dem Feuer schnell eine Aufnahme mache. *Zu Wiggerl*: Verzeihen Sie, sind Sie der Herr Kommandant?

WIGGERL: Nein, ich bin der Feuerwehrlehrbub. Ich bin nur der junge Spritzer! Das ist der Kommandant – lach doch net so, der will mit dir reden, sag doch, daß du der Kommandant bist.

DER HERR KOMMANDANT: Sie wünschen?

DER FOTOGRAF: Ich möchte den Herrn Kommandant nur fragen, ob ich von diesem Großfeuer eine Aufnahme machen darf.

DER HERR KOMMANDANT: Ja natürlich! Was wolln S'?

DER FOTOGRAF: Ich mein, ob ich das Feuer abnehmen kann?

DER HERR KOMMANDANT: Ja, das können wir leider nicht verkaufen, das ghört der Huberbäuerin.
DER FOTOGRAF: Also, ich mach schnell eine Aufnahme – vielleicht möchten sich die Herren gruppieren?
DER HERR KOMMANDANT: Ah, habt's es ghört, die Herren solln alle krepieren!
DER FOTOGRAF: Nehmen Sie bitte einmal alle eine Stellung ein – so, Sie daher – Sie dorthin – der Herr Kommandant lehnt sich vielleicht an die Dampfspritze an, das wird sich gut machen.
DER HERR KOMMANDANT: Au! Au!
DER FOTOGRAF: Haben Sie sich verbrannt?
DER HERR KOMMANDANT: Verkühlt hab ich mich am Dampfkessel!
DER FOTOGRAF: Vielleicht lehnen Sie sich hier an.
DER HERR KOMMANDANT: Sakra, das draht sich.
DER FOTOGRAF *rückt ihn in eine Pose zurecht.* Also bitte, recht freundlich – eins – zwei –
WIGGERL: Halt, ich muß mich zuerst noch schneuzen.
DER FOTOGRAF: Also jetzt – eins – zwei –
DER HERR KOMMANDANT: Schneuzen muß sich der Lausbub unterm Fotografieren!
DER FOTOGRAF: Ach, jetzt haben Sie wieder gewackelt.
DER HERR KOMMANDANT: Ja, 's Feuer wackelt ja auch.
DER FOTOGRAF: Ja, kann man denn das Feuer nicht einen Moment aufhalten?
WIGGERL: Natürlich, da brauch i bloß an Ventilator ausschalten. *Er läuft hinter die Bühne, man hört den Schalter knacken. Die durch den Ventilatorluftzug angetriebenen hin und her züngelnden Flammen aus roten und gelben Bändern bleiben mit einem Ruck stehen.*
DER FOTOGRAF: Ja, so ist's gut, also bitte, jetzt ganz ruhig.
DER HERR KOMMANDANT: Naa, i mag nimma! *Er geht vor zur Rampe, wendet sich dann zurück zu Wiggerl und sagt ihm leise etwas ins Ohr.*
WIGGERL: Ah, deswegen!
DER FOTOGRAF: Warum will er denn nicht?
WIGGERL: Er mag nicht, daß man ihm beim Fotografieren zuschaut, jetzt geniert er sich, weil ihm die Leut im Parkett alle zuschaun.
DER FOTOGRAF: Was für Leut?
WIGGERL: Das Theater-Publikum!
DER FOTOGRAF: Das ist doch sehr einfach – da laß ma halt den Vorhang runter.
DER HERR KOMMANDANT: Ja, dann mag ich! *Schnell fällt der Vorhang*

Die Raubritter vor München

Im Hintergrund die alte Stadtmauer, über die sich ein blühender Fliederbusch rankt. Vor den beiden Schießscharten stehen Spielzeugkanonen. In der Mitte eine Straßenlaterne. Links ein kleiner Turm mit Zinnen, rechts ein Fachwerkhaus mit bayerischem Wappen und der Aufschrift »Wache«. Davor eine Leine mit trocknender Wäsche. Unter dem Fliederbusch eine Bank, daneben in einer Mauernische ein Maßkrug und ein Radi.
Karl Valentin spielt den Wachtposten Bene, Liesl Karlstadt den Trommlerbuben Michl.
Wenn sich der Vorhang öffnet, liegt die Bühne im Halbdunkel des Morgengrauens, nur die Laterne brennt. Man hört das Morgenläuten von verschiedenen Kirchtürmen, bis der Vorhang sich ganz geöffnet hat, dann schlägt die Kirchenuhr sechsmal.

1. AKT

1. Szene

DER NACHTWÄCHTER:

Hört, ihr Leut, und laßt's euch sagn,
Die Glocken vom Turm hat sechse gschlagn,
Steht's auf, geht's in d' Arbat,
's is sechse vorbei,
Denn Morgenstund hat Gold im Mäu,
Hat Gold im Mäu!

Er kommt zur brennenden Laterne. Da habn s' wieder a Latern brennen lassen, die muß i glei auslöschen. *Er bläst zweimal hin, beim dritten Mal spuckt er zum Licht hin, das sofort verlöscht. Er geht singend ab.*

2. Szene

Die Wache, bestehend aus dem Korporal, Trommlerbuben und zwei Soldaten, zieht auf.
KORPORAL: Wache halt, Ablösung vor! *Er geht zum Schilderhaus. Michl trommelt. Korporal sieht ins Schilderhaus hinein.* Ja, i glaub glei gar, der Bene schlaft. Wieviel Uhr is's denn eigentlich?
MICHL: Jetzt is's sechs Uhr.
KORPORAL: Der Bene wird doch erst um sieben abgelöst.
MICHL: Freilich wird er erst um sieben Uhr abgelöst, das hab ich schon gwußt, daß ma um a Stund z' früh rausgsaust san!

Korporal: Warum hast denn dann nichts gsagt?

Michl: Ja, ich hab glaubt, du wirst scho selber draufkommen.

Korporal: Dummer Bua, gell, das laßt aber fei 's nächste Mal bleibn, sonst nimm ich dich bei deine Löffel, sprengt uns der a Stund z' früh raus! *Wache geht schimpfend ab.*

3. Szene

Michl *schaut ins Schilderhaus:* Ja, der schlaft wirklich, der Bene. Du, Bene – he – ja gibt's denn des aa? *Er klopft ans Häusl.*

Bene: Herein!

Michl: Was herein, was willst denn, hast ja allein kein Platz in der Hundshüttn. Mach, geh raus. *Er zieht ihn heraus.*

Bene *im Stehen weiterschlafend*: Wer da?

Michl: Ja i bin da – sechs Uhr is!

Bene: Was – sechs Uhr is – i werd ja erst um sieben Uhr abgelöst. *Er will wieder ins Schilderhaus zurück.*

Michl: Ja bleib nur da, sei froh, daß ich dich aufgweckt hab.

Bene: Ja, ich hab jetzt grad einen Traum ghabt, einen ganz exotischen Traum. Mir hat nämlich träumt, i bin a Entn gwesn und bin in an Weiher umanandgschwommen, und wie ich so umanandaschwimm, seh ich am Rand draußen einen ganz langen, gelben Wurm, der war mindestens so gelb, i bin glei auf ihn hingschwommen, und grad wie i an Schnabel aufreißen will und will den Wurm fressn, im selben Moment hast du mich aufgweckt.

Michl: Das is aber schad. Wenn ich da eine Ahnung ghabt hätt, dann hätt ich dir den Wurm zuerst fressen lassen, aber das kann ich doch net schmecken, daß du um sechs Uhr noch träumst.

Bene: Ja, und ich kann doch net zu dir sagn: Weck mi net auf, weil i träum!

Michl: Nun ja, es ist ja gleich, ein schöner Traum war's doch net.

Bene: Ja, für a Entn scho –

Michl: Ja, für a Entn, aber du bist ja koa Entn!

Bene: Ja, aber im Traum war ich eine Entn; überhaupt, für solche Träume bist du noch z' jung.

Michl: Du derfst mir ja dankbar sein, daß ich dich aufgweckt hab, denn wenn i dir den Wurm fressn hätt lassen, dann wär dir jetzt höchstens recht schlecht.

Bene: Einer Entn wird doch net schlecht von einem Wurm, verstehst du denn das nicht? Das weiß überhaupt kein Mensch, ob eine Entn wirklich träumt, das weiß niemand, das wäre eine zoologische Berechnung, und wenn's einer Entn wirklich träumt, dann kann sie's nicht sagen, weil s' net reden kann! Bei einem Papagei wär das was anders, weil der reden kann.

MICHL: Du mußt dir doch denken, das war doch nur ein Traum, und Träume sind Schäume.

BENE: Das war kein Schaum, das war ein Wurm, und jetzt holst an Kaffee, da hast fuchzehn Kreuzer, Pfennig hat's seinerzeit noch keine gebn, also oan Kaffee, oan für mi und oan für di – und oan für uns zwoa – im ganzen fünf Kaffee.

MICHL: Soll i mei Trommel mitnehma, oder soll i s' dalassn?

BENE: Entweder du nimmst es mit, oder du laßt es da, keinen goldenen Mittelweg gibt's da net.

MICHL: Soll ich s' na mitnehma?

BENE: Ja.

MICHL: Oder soll ich s' dalassen?

BENE: Des is doch Wurscht, jetzt nimmst as zerst mit, und dann laßt as da.

MICHL: Aaaa, dann laß ich s' schon lieber glei da, dann brauch ich s' überhaupt nicht mitnehmen. *Er geht ab.*

4. Szene

Der Metzgerbursche GIRGL *kommt pfeifend daher und trägt auf der Schulter eine Fleischmulde mit Würsten, einige hängen sichtbar herunter. Er geht – ohne Bene zu sehen – sofort zum Fliederstrauch und riecht daran.* Ah, der schöne Holler, da werd i mir oan runterreißen.

BENE: Dir werd ich dann glei ein runterreißen, weißt denn du net, daß ma in der Früh net stehlen darf? *Er hat dem Girgl die Würste von der Fleischmulde heruntergezogen und versteckt sie hinter seinem Rücken.*

GIRGL: So, dann pfeif i dir drauf, wennst mir keinen schenkst, dann reiß i halt von da drentn ein runter. Unser Herrgott hat ja Gott sei Dank noch mehr Hollerbäum wachsen lassen.

BENE: Gut, dann reißt du ihn vom Herrgott sein Baum runter, den mein laßt stehn.

GIRGL: Du kannst mi gern habn, du Neidhammel, du neidiga. *Im Abgehen stößt er mit dem auftretenden Michl zusammen, der mit zwei Milchhaferln und Broten zurückkommt.*

5. Szene

MICHL: No, Aff, kannst net Obacht geben?

GIRGL: Schau halt auf, dummer Bua! *Er geht ab.*

Michl: Tua ja net frech werdn, sonst hau i dir a paar runter!
Bene: Geh laß ihn doch stehn, reg dich net auf.
Michl: So, jetzt bin ich wieder da. Kaffee gibt's heut noch keinen, weil d' Wirtin später aufgstandn is. Jetzt hab ich einfach a Milch gnommen. Das macht doch nichts, das ist doch Wurscht.
Bene: Wieso Wurscht? Hast du gsehn, daß i a Wurscht gstohln hab?
Michl: Hast du Würscht gstohln?
Bene: Der Metzger war grad da und hätt mir an Flieder runterreißn wolln, und da hab ich ihm dann aus Dankbarkeit die Würscht gstohln.
Michl: Wieviel hast'n gstohln?
Bene: Ja, eine hätt ich stehln wolln, und da san die andern dann alle dran hängen bliebn.
Michl: Wo hast s' denn hingetan? Hast as schon gessen? Nein?
Bene: Ja! So was hebt man doch net auf!
Michl: Ich glaub, du lügst mich an! Tu amal deine Hand vor! Die andere auch! Jetzt alle zwei! Jetzt hebst alle zwei Füß in d' Höh!
Bene: Ja freilich! Daß ich am Arsch hinfall. *Er hat die Würste zwischen den Beinen eingeklemmt.*
Michl: So dumm bin ich net, jetzt dreh dich amal um, dann werden wir's gleich sehen! *Er packt Bene, dreht ihn um und sieht hinten die herunterhängenden Würste.* Ah, die vielen Würscht! *Er nimmt sie an sich.* Die essen wir jetzt! Wenn du mir die Hälfte davon schenkst, dann sag i niemand was, daß du s' gstohlen hast.
Bene: Ja, die Hälfte kannst haben. *Er nimmt den Säbel und will von einer Wurst die Hälfte abschneiden.*
Michl: Naa, naa, net von einer Wurst, sondern die Hälfte von alle Würst!
Bene: Also gut, teilen wir! *Von ferne hört man Pferdegetrappel und Peitschenknallen.* Jetzt kommt einer.
Michl: Versteck schnell die Würst! *Er will die Würste an allen möglichen Plätzen verstecken und schiebt sie schließlich in das Kanonenrohr hinein. Beide nehmen schnell ihre Milchhaferln und fangen zu essen an.*

6. Szene

Fuhrmann: Ja, ich kann euch gar nicht verstehen, ihr trinkt da in aller Gemütsruhe an Kaffee, und eine Stunde außerhalb München ist alles in größter Aufregung. D' Raubritter stehn vor der Stadt in Berg am Laim.
Bene: Und?
Fuhrmann: Was – und?
Bene: Ja – und?
Fuhrmann: Und wolln heut no die Stadt überfalln!

BENE: Was für a Stadt?
MICHL: Ja unser Stadt halt!
BENE: Die ghört ja gar net uns!
MICHL: Dir allein freilich net!
FUHRMANN: Ja, redt's doch net gar so saudumm daher. Ich mein, du als Posten mußt jetzt sofort die nötigen Maßregeln ergreifen. Ihr habt's ja gar keine Ahnung, wie's da draußen in Berg am Laim ausschaut.
BENE: Ja, wir warn auch net draußen.
FUHRMANN: Also Leut, ich sag euch, zugehn tut's da draußen, net zum Beschreiben. Wie ich heut in der Früh um halb vier Uhr in Ramersdorf meine Roß einspann, seh ich schon, daß alle Häuser brennen und d' Felder und d' Wälder in Flammen stehn. Menschen sind umeinanderglaufen und schreien mir zu: »In Berg am Laim sind Raubritter, die stehlen, morden, rauben, plündern, bringen alle Leut um«, und wie ich in Berg am Laim neinfahre, hab ich die Raubritter selber gsehn. Das sind ganz unheimliche Gselln, alle haben so blecherne Gwander und an blechernen Hut auf, und so große Bärt ham s', und d' Augen stehen ihnen so weit raus, also direkt zum Fürchten. Ja und das Vieh lauft frei umanand, das kennt sich gar nimmer aus.
BENE: Aah –
FUHRMANN: Und an Bürgermeister von Berg am Laim solln s' scho aufghängt ham.
BENE: Aah –
FUHRMANN: Also, ich sag euch, ihr dürft mir glauben, ich bin halt grad noch mit'm nackaten Leben davonkommen.
MICHL: Ja, warst du nackat in Berg am Laim?
FUHRMANN: Nein, aber erwischt hätten s' mich bald. Wie mich d' Raubritter gsehng habn, da san s' auf meine Roß zua, ich hab aber sofort mei Peitschn gnomma, hab auszogn, hab neighaut ... *Er läßt die Peitsche knallen, wobei er den Michl trifft. Michl stößt den Bene, der dabei seine Milch verschüttet.* Also, Posten – *Er haut ihm mit der Hand auf das Milchhaferl.*
MICHL: Der war schuld.
FUHRMANN: In der Aufregung kommt so was schon vor. Also, Posten, tu gleich Alarm blasen, trommel die ganzen Soldaten heraus, sperr die Stadttore zu; kümmer dich um alles, gsagt hab ich's dir!
BENE: Ja, des is alles ganz recht, aber ich darf in der Angelegenheit gar nichts unternehmen.
FUHRMANN: Wieso?
MICHL: Der Bene meint, ohne daß der Hauptmann etwas anschafft, darf er nichts unternehmen.

FUHRMANN: Das ist ja ein Schmarrn, wer soll s' denn sonst zusperrn, du hast doch den Schlüssel als Posten!
MICHL: Ja, zusperrn tut er scho, aber erst um neun Uhr abends.
FUHRMANN: Ja, da ist es aber schon zu spät, bis dahin sind ja die Raubritter schon da!
MICHL: De solln halt langsamer gehn.
FUHRMANN: Ja, seid's denn ihr narrisch?
BENE: Das wissen wir nicht!
FUHRMANN: Für was stehst denn du auf Wachtposten?
BENE: Ich geh halt mit mein Säbel auf und ab, wenn's regnet, gehe ich ins Schilderhäusl nein, und auf d' Nacht um neun Uhr sperr i zua – und was muaß ich noch toa?
MICHL: Und wenn's schön ist, geht er wieder raus aus'm Häusl!
DER FUHRMANN *fragt Michl*: Was tust denn nachher du?
MICHL: Ja, ich muß dem Bene das Sach holn! Und manchmal muß ich auch trommeln, wann's brennt!
BENE: Wenn's brennt, des sieht der Turmwächter, der schreit's uns runter mit'm Sprachrohr, dann trommelt der Michl, dann komma d' Leut und fragn, wo's brennt, und dann sagn's eahna mir, und dann löschen s' – – – wenn's no brennt!
MICHL: Ja, und ich muaß aber no was toa, i muaß immer schauen, wenn eine Hofequipage kommt oder ein General vorbeigeht, dann muß ich es dem Bene sagn, damit der Bene die Wach rausläutet, weil er meistens schlaft.
BENE: Ja, das ist das einzige, was in meiner Macht steht, die Wach rausläuten, das kann ich dir zeigen. *Er geht zur Glocke und zieht daran – a tempo kommt die Wache heraus mit der Musik.*
KORPORAL *kommandiert*: Stillgestanden! – Präsentiert das Gewehr! *Die Musik spielt dazu den Präsentiermarsch. Er kommandiert*: Gewehr bei Fuß! – Ab Tritt! *Die Wache zieht wieder ab.*
FUHRMANN: Ja, das ist ja ganz recht und schön. Du mußt doch eine militärische Aktion treffen. Das hat doch gar keinen Wert, wenn da die Musik rauskommt und spielt da Täterätätä.
MICHL: Ah! D' Musik – hast du d' Soldaten gar net gsehng? Geh, zieh noch mal an! *Bene zieht an der Glocke, die Wache tritt zum zweiten Mal heraus. Einer der Wachsoldaten trägt eine Fahne mit heraus.*
FUHRMANN: Ja, was nützt denn des, wenn de da rauslaufen, da muß doch jetzt was unternommen werden.
MICHL: Ja, das hat der Bene nur gmacht, weil du gmeint hast, der Bene hat sonst koa Macht. An der Glocken darf nur der Bene anziehn.
BENE: Natürlich, da kann ich läuten, sooft ich will, die Wach muß raus,

und wenn ich hundertmal anziehe. Paß auf! *Er zieht noch einmal an der Glocke – die Wache zieht zum dritten Mal auf.*

FUHRMANN: Ihr seid doch die zwei größten Rindviecher, die ich gsehn hab. Von mir aus fressen euch die Raubritter mit Haut und Haar. Ich hab meine Pflicht getan, jetzt geht's mich nichts mehr an.

BENE: Und ich hab auch mein möglichstes getan, und mehr wie da anziehn kann ich net. *Er zieht wieder an – die Wache kommt zum vierten Male. Der Korporal stößt den Fuhrmann beiseite, der Fuhrmann entfernt sich schimpfend unter Peitschenknall und Pferdegetrappel. – Die Wache geht ebenfalls schimpfend ab, der Korporal bleibt stehen.*

KORPORAL: Was is denn des für a damische Läuterei, da is's ja gscheiter, wir bleibn glei heraus. Wer war denn da?

BENE: Der Milchmann war da!

KORPORAL: So – und wegen dem läutst du uns raus? Da hört sich doch alles auf! Noch einmal wenn mir das vorkommt!

BENE: Ich kann anziehn, sooft ich mag, und wenn ich anziehe, dann müßt ihr rauskommen.

KORPORAL: Ja, aber nur wenn eine Obrigkeit kommt, sonst nicht. So eine Frechheit! Wenn's wieder vorkommt, sag ich's dem Hauptmann. So a Lauferei in aller Früh, in nüchtern Magn nei, is a so ungesund. *Er geht verärgert ab.*

7. Szene

Bene und Michl setzen sich auf die Bank.

MICHL: Du, Bene, glaubst jetzt du des, was der Fuhrmann gsagt hat von die Raubritter?

BENE: Ah woher, der möcht uns bloß Angst machen. Raubritter gibt's ja gar keine mehr. Keine Raubritter gibt's, kein Osterhasen, kein Christkindl und kein Storch.

MICHL: Ja, des weiß ich auch!

BENE: Naa, Raubritter gibt's net, und noch dazu solche, wie der Fuhrmann gsagt hat, mit an eisern Gwand und solche Bärt schon glei gar net. Ja, im Nationalmuseum gibt's solche, aber die san innen hohl! Ja, böse Menschen gibt's, die wo andere überfallen, des san d' Raubritter.

MICHL: Ja, dann gibt's ja Raubritter?

BENE: Freilich gibt's Raubritter, aber keine solchen, wie der Fuhrmann gsagt hat.

MICHL: Aber bestimmt kann man's doch net sagen, vielleicht sind no a paar übrigbliebn, von früher her.

BENE: No ja, gwiß weiß man's net.

MICHL: Bene, sag amal, wenn's solchene Raubritter geben tät, tatst du dich dann fürchten?

BENE: Ich – fürchten? – Ich net – ausgeschlossen! Außerdem sie täten kommen, dann schon!

MICHL: Ja, da tät ich mich auch fürchten, wenn s' kommen täten. Da tät ich einfach davonlaufen, mi täten s' auch net erwischen, weil i gleich so sausen kann. – Aber unserm Korporal ging's schlecht, der kann net laufen, wegen sein dicken Bauch.

BENE: Heut hat er sich scho gärgert, weil er scho viermal rauslaufen hat müssen, jetzt zieh i extra noch mal an, daß er sich recht ärgert. *Er läutet – die Wache kommt – zieht dann schimpfend ab.*

DER KORPORAL *bleibt da*: Wer war denn schon wieder da?

MICHL: Der Milchmann!

KORPORAL: Der war doch vorher schon da?!

MICHL: Ja, das ist ihm jetzt noch mal eingfallen.

KORPORAL: Jetzt wird's mir aber zu dumm! So eine Gemeinheit, uns andauernd umsonst rauszuläuten. *Bene greift zur Glocke.* Bene, ich warn dich, tu die Finger weg! So a Frechheit! So, jetzt sag ich's dem Hauptmann. Einmal nei, einmal raus, da werd ma ja narrisch. Sapprament! Sapprament! *Er geht wütend ab. Michl und Bene lachen.*

MICHL: Ah – jetzt stinkt er ihm! Gestern hab ich ihn auch gärgert, weißt, da hab ich ihm bei uns daheim in der Schusterwerkstatt aufs Butterbrot einen Schusterpapp naufgschmiert, und dann hab ich ihm d' Augengläser versteckt, daß er's net gsehen hat. Und wie er dann ins Butterbrot neibissen hat, ist ihm das Maul zusammenpappt.

BENE *lacht*: Weißt, Michl, du mußt ihm einmal auf den Schusterstuhl an Schusterpapp hinschmiern. *Während dieses Gesprächs ist von beiden unbemerkt der Aktuar aufgetreten. Michl bemerkt ihn beim letzten Satz plötzlich und stößt Bene, der ihn nun auch sieht, aufsteht, seinen Säbel zieht und auf und ab patrouilliert.*

8. Szene

AKTUAR: Schönen guten Morgen, meine Lieben.

BEIDE: Guten Morgen, Herr Aktuar!

AKTUAR: Ei der Teufel, was ist denn heute in aller Frühe schon los? Trommel, Musik, Radau? Was hat denn das zu bedeuten?

MICHL: Uih --- Ja wissen Sie denn noch gar nix, Herr Aktuar? Der Fuhrmann war grad da und hat uns erzählt, daß d' Raubritter d' Stadt überfallen wolln.

BENE: Die Raubritter sind draußen in Berg am Laim und bringen alles um.

AKTUAR: Das ist ja furchtbar, erzählt mir gleich!

MICHL: Also, der Fuhrmann fahrt alle Tag in der Früh nach Berg am Laim, und wie er heut nauskommen ist, hat er gsehn, daß alles ganz schwarz war in Berg am Laim.

BENE: Ja, und der Sturmwind hat gheult vor lauter Schmerzen, hat er gsagt, und das Feuer hat gebrunst, und der Himmel war blutgrün, und der König Herodes war draußen mit den sieben Geißlein.

MICHL: Wie der Fuhrmann das gsehn hat, dann hat er Angst kriegt und wollt davon, aber d' Räuber sind ihm dann nachglaufen und ham eahm sei Gwand auszogn, und auf einmal war er ganz nackig.

AKTUAR: Weiter! weiter!

MICHL: Dann haben ihm die Raubritter seine ganze Milch austrunken und hätten ihn umbringen wolln, aber er hat sich dann hinter einem Baum versteckt, und da is er dann eingschlafn, und auf einmal hat ihm träumt, daß er eine Ente war und daß er einen so langen Wurm gfressen hat.

BENE: Das von der Entn und dem Wurm hat ja mir träumt.

MICHL: Ach ja, bin ich dumm, das hab ich jetzt verwechselt, d e r hat an Wurm gfressen.

AKTUAR: Was hat denn das mit den Raubrittern zu tun?

BENE: Ah, nichts. Das ist ja eine ganz andere Abteilung.

AKTUAR: Also, erzähl weiter.

MICHL: Ja also, wie der Fuhrmann noch mal umgschaut hat, hat er gsehn, daß scho alle Häuser brennt habn, und die ganzen Ochsen und Rindviecher von Berg am Laim laufen im Freien umeinander und kennen sich gar nicht mehr aus!

AKTUAR: Schrecklich, weiter!

MICHL: Und niemand traut sich mehr auf die Straßen naus, weil s' schon alle tot sind.

AKTUAR: Genug, genug, das ist ja furchtbar! Sperrt nur gleich alle Stadttore zu, alarmiert die Bürgerwehr und geht sofort an eure Arbeit!

BENE: Ja, Herr Aktuar, in dem Fall dürfen wir eigentlich gar nichts unternehmen, das haben wir dem Fuhrmann schon erklärt.

AKTUAR: Aber Er kann doch zum Hauptmann gehen und kann ihm die Sache unterbreiten.

BENE: Ja, ich darf doch nicht weggehen von meinem Posten. Da kann um mich vorkommen, was will, ich darf meinen Posten nicht verlassen, net amal bei an Hochwasser, außer es schwoabt mi weg.

AKTUAR: Dann schick Er doch den Kleinen zum Hauptmann!

BENE: Der muß mir doch 's Sach holn.

AKTUAR: Wann kommt denn der Hauptmann?

BENE: Da kann's halb elf oder elf werden, bis der kommt.
AKTUAR: Bis dahin kann es aber zu spät werden.
BENE: Es kommt halt drauf an, wer zerst kommt, die Raubritter oder der Hauptmann.
AKTUAR: Aber das hat doch gar keinen Wert, da muß doch etwas unternommen werden, die Raubritter können ja in einer Stunde schon da sein!
BENE: Leicht!
AKTUAR: Ja, aber wenn unserer Vaterstadt eine solche Gefahr droht! Die Raubritter können doch jeden Augenblick kommen!
MICHL: Ja, die kommen sicher, weil sie's dem Fuhrmann versprochen haben.
BENE: Ja, das einzige, was wir tun können, das ist die Wach rausläuten, das haben wir dem Fuhrmann schon gezeigt. *Er läutet.*
Die Wache zieht auf und geht wieder ab – alle schimpfen, sehen den Aktuar und schweigen plötzlich still.
AKTUAR: Ihr seid doch die zwei größten Rindviecher, daß ihr's wißt.
MICHL: Das hat der Fuhrmann auch gsagt zu uns.
AKTUAR: Stellt euch doch einmal vor – – *Michl und Bene machen zwei Schritte vorwärts.* Ihr sollt euch vorstellen – – *Michl und Bene treten wieder vor.* Im Geiste sollt ihr euch vorstellen – –
BENE *und* MICHL: Haben wir keinen!
AKTUAR: Wenn die Räuber kommen, die werden rauben, plündern, stehlen!
BENE: Ja, uns is's ja selber unangenehm!
AKTUAR: Folglich muß doch was unternommen werden, die Raubritter nehmen keine Rücksicht, die schrecken vor gar nichts zurück, die nehmen sogar Weib und Kind mit.
BENE: Ah, das wär das wenigste!
AKTUAR: Wo ist denn zur Zeit der Hauptmann?
BENE: Im Faberbräu drüben, da muß er an Hausgang ausweißen.
AKTUAR: Wißt ihr was, dann gehe ich persönlich zum Hauptmann und melde ihm die Sache. *Er geht ab.*
Man vernimmt von ferne Volksgemurmel (Lautsprecher) und die Handglocke des Polizeidieners.

9. Szene

Polizeidiener, umringt von einer Volksmenge, erscheint – die Wache zieht auf – man hört ein Gemurmel: »Was ist los?«
POLIZEIDIENER: Das werd's jetzt glei hörn! *Er schwingt seine Glocke und ruft aus:*

Bekanntmachung

Der hochwohllöbliche Magistrat gibt kund und zu wissen, daß eine Raubritterbande von Ramersdorf her im Anzuge ist. Dessenthalben gibt der Stadtrat, der wie immer um das leibliche Wohl seiner Mitbürger besorgt ist, folgende Maßregeln kund.

Er läutet mit seiner Glocke.

I. Gemäß Paragraph 333⅓ des herzoglichen Bürgerschutzgesetzes sind von heute ab die Stadttore um den Glockenschlag halb neun Uhr auf der Nacht zu schließen. *Er läutet mit seiner Glocke.*

II. Ein jeder Bürger soll, was er an Wehr und Waffen hat, für alle Fälle bereithalten. *Er läutet mit seiner Glocke.*

III. Bürger, die wo Posten stehen, sollen fest nach dem Feinde auslugen.

Eigenhändig vorgelesen und publiziert, Joseph Winterhuber, Polizeidiener im Namen des hochlöblichen Magistrats zu München.

Volk und Wache gehen links und rechts mit Gemurmel ab.

POLIZEIDIENER: Trommelbua, du gehst jetzt gleich mit mir zum Sendlinger Tor und tust trommeln.

BENE: Der bleibt da, den brauch ich!

POLIZEIDIENER: Nein, den muß ich haben, der geht mit mir!

Beide gehen ab. Bene und der Korporal bleiben allein auf der Szene.

BENE: Glaubst as jetzt, Korporal, daß das wahr ist mit die Raubritter! Was da Polizeidiener einmal amtlich vorliest, das ist kein Spaß, das ist Ernst!

Ein Kanonenschlag hinter der Szene läßt beide erschrecken.

KORPORAL: Was war jetzt das?

BENE: Ein Kanonenschuß. So, jetzt war seit dem Dreißigjährigen Krieg a Ruh, und jetzt müssen s' wieder anfangen, jetzt, weil ich jung verheirat bin und an Kramerladn gründt hab. *Der Hintergrund leuchtet rot auf.*

KORPORAL: Ja, und i kann dir aa net helfen, weil i jetzt hoam muaß zum Stiefeldoppeln.

MICHL *kommt zurück*: Uih, i woaß was, schaugt's amal um!

KORPORAL *und* BENE: Was ist denn los? Sind s' schon da?

MICHL: Ja, schaugt's doch amal um, da hint is alles ganz feuerrot, i glaub, da brennt's schon. *Der Korporal und Bene drehen sich um.*

BENE: Auweh, auweh, das Morgenrot! Weißt du, was das Morgenrot für uns Soldaten bedeutet?

KORPORAL: Nein!

BENE: Du bist a trauriga Soldat. Morgenrot bedeutet: »Heute tot, morgen rot.«

KORPORAL: Ich muß jetzt gehn, i muß Abschied nehmen von meiner Familie. Bene, pfüat di Gott, bleib gsund, wann dir was passiert. *Er geht schluchzend ab.*

Bene und Michl sind allein auf der Bühne. Bene holt aus dem Schilderhäusl seine Ziehharmonika, und beide setzen sich auf die Bank.
Michl: So, jetzt mag i mei Milch auch nimmer.
Bene: Morgenrot, pfüat di Gott. *Er beginnt einige Akkorde mit der Ziehharmonika zu spielen – dann fällt ein Schuß. Beide fahren erschreckt hoch. Dann singen sie:*

Morgenrot, Morgenrot,
Leuchtest mir zum frühen Tod.
Bald wird die Trompete blasen,
Dann muß ich mein Leben lassen,
Ich und mancher Kamerad.

Ach wie bald, ach wie bald
Schwindet Schönheit und Gestalt.
Heute noch auf stolzen Rossen,
Morgen durch die Brust geschossen,
Übermorgen in das kühle Grab.

Vorhang
Eine Minute Zwischenpause

II. Akt

1. Szene

Die Bühne ist ganz hell. Bene steht vor dem Schilderhäusl. Der Vorhang öffnet sich rasch unter den Klängen des bayerischen Defiliermarsches, und sofort zieht die ganze Truppe auf, voran der Hauptmann, dann die Trommlerbuben, dahinter die Musik, dann der Korporal und zuletzt der Fahnenträger und die übrige Wachmannschaft. Alle ziehen an Bene vorbei, der dem Hauptmann beim Vorübergehen die Hand reicht, und marschieren einmal um die Bühne herum, bis zum Kommando des Korporals.
Korporal *auf den Hauptmann zugehend*: Grüß dich Gott, Hauptmann. Wie geht's dir denn immer?
Hauptmann: Grüß dich Gott, Korporal, no ja, es muß schon tun. A bißl viel Arbeit gibt's halt. Zu Haus is auch immer was los. Mei Alte hat sich gestern an Zahn reißen lassen, jetzt ist sie heut saugrantig.
Korporal: Übrigens, Hauptmann, was sagst denn zu meine Leut, schaug dir s' einmal an!

HAUPTMANN: Bravo, bravo, stramm san s' beinander, das laßt sich hören. Das ist ja a wahre Freid, wenn man s' so anschaut. Wie geht's euch denn, Leut?

SOLDATEN: Gut, Herr Hauptmann!

HAUPTMANN *geht zu einem Soldaten hin.* Nun, Meier, meine Gratulation zum freudigen Familienereignis, hab's scho ghört. Was is's denn? A Madl oder ein Bub?

SOLDAT MEIER: Ein Bub, Herr Hauptmann!

HAUPTMANN: Das läßt sich hören. Der fünfte Bub, gell, Meier?

SOLDAT MEIER: Der neunte, Herr Hauptmann!

HAUPTMANN: Bravo! Das läßt sich hören, ja ich sag's ja, der Meier laßt nicht aus. – Was ich sagen will, wer steht denn heut auf Posten?

KORPORAL: Der Bene. *Bene und Michl haben sich die ganze Zeit unterhalten und hören nicht auf den Korporal. Korporal lauter*: Der Bene! *Schließlich schreit er*: Der Bene! *Bene bemerkt endlich, daß es sich um ihn handelt – er geht schnell am Schilderhaus auf und ab mit grotesker Komik.*

HAUPTMANN, *nachdem er eine Zeitlang zugesehen*: No, hör nur amal wieder auf. Rennst denn du den ganzen Tag so auf und ab?

BENE: Nein, nur wenn du kommst!

HAUPTMANN: Hör nur amal wieder auf! Grüß dich Gott! *Er gibt ihm die Hand.*

BENE: Grüß Gott, Hauptmann! *Statt der Hand streckt er ihm den Säbel hin.*

HAUPTMANN: Au, au, da schneidt man sich ja, paß doch auf! Hast mir was zum sagen?

BENE: Ja, wegen einem kleinen Öferl hätt ich dich amal fragen wollen. Weißt, weil's im Schildwachhäusl immer so kalt ist, wenn schlecht Wetter ist, und da hätt i halt fragen wolln, obst net so a kleins Öferl ins Häusl reinmachen lassen möchtst, weißt, so ein kleins Öferl.

HAUPTMANN: Jaja, ich versteh dich schon, a kleins Öferl meinst halt. Muß man halt schaugn, daß man eins kriegt.

KORPORAL: Ich hab eins am Speicher drobn, das kann man ihm reinmachen.

HAUPTMANN: Ja, Korporal, schau einmal nach. Ah, was ich sagen will, wie macht sich eigentlich der Kleine, der Trommelbub?

BENE: Recht frech ist er immer.

MICHL: Ja, heut in der Früh um sechs Uhr hab i an Bene aufgweckt, weil er gschlafn hat. *Bene stößt den Michl, während der Korporal auffallend laut zu lachen beginnt.* Der war heute schon eine Ente, um sechs Uhr in der Früh.

HAUPTMANN: No, was habt's denn Narrischs, was ist denn eigentlich?
BENE: Nein, ich mein, a ganz kloans Öferl wenn's waar!
HAUPTMANN: Jetzt hör mir einmal auf mit deinem Öferl, das wird einem ja ganz fad! Der redt andauernd vom Öferl, und d' Raubritter san in der Näh. Das erste ist jetzt gleich, daß einer auf den Turm naufsteigt und nach dem Feind ausschaugt.
Alle wechseln den Platz, und der Trompeter geht ab.
KORPORAL: Bene, geh du gleich nauf am Turm!
BENE: Des kannst dir denken! Der Vinzenz soll naufgehen.
HAUPTMANN: Also, Vinzenz, nachher gehst du nauf, und wennst was Verdächtiges siehst, dann gibst gleich ein Signal!
VINZENZ: Ja, is scho recht, wenn i aber nichts siech?
BENE: Des siehgst dann scho, obs d' nichts siehgst.
VINZENZ: Am Turm oben brauch i aber koa Gwehr. *Er lehnt es an Bene hin und geht in die Tür zum Turm ab. Bene lehnt das Gewehr an den Korporal an. Der Korporal lehnt das Gewehr an den Hauptmann an. Der Hauptmann lehnt es zurück an den Korporal. Der Korporal lehnt es wieder zurück an Bene. Bene lehnt es an den Hauptmann an.*
HAUPTMANN: Was lehnst denn das Gewehr alleweil an mich hin? *Er lehnt es wieder an Bene an.*
BENE: Ja, i kann's doch net in d' Luft hinlehnen, da fallt's ja um. *Er stellt das Gewehr frei hin – es fällt um.*
HAUPTMANN: Tragt jetzt einmal einer das Gewehr naus!
KORPORAL: Geh, trag's do gleich selber naus.
HAUPTMANN, *das Gewehr aufhebend und wegtragend*: Das is zum Kotzen mit dene Brüda. So, jetzt kümmert's euch um eure Kanonen, daß net wieder alle eingrost sind, und schaut's, daß auch sonst alles ordentlich imstand ist.
Vinzenz ist währenddessen oben auf dem Turm sichtbar geworden, späht aus und gibt ein Signal auf der Trompete.
ALLE *hinaufschauend*: Was ist denn los?
VINZENZ: Ganz draußen am Gasteigberg seh ich sie schon daherkommen. Es ist ein ganz großer schwarzer Haufen, ich glaub, das sind d' Raubritter!
MICHL: Gell, dann gibt's doch Raubritter, weil der Bene gsagt hat, es gibt keine Raubritter mehr, dann gibt's auch einen Osterhasen und a Christkindl und alles.
HAUPTMANN: Jetzt fangt der dumme Bub mit dem Osterhasen an, wenn d' Raubritter kommen. Also, alle Männer an die Schießscharten und Kanonen auswischen!
BENE: Ja, die können wir nicht auswischen, weil wir keinen Wischer haben; der Korporal hat ihn dem Kaminkehrer gliehn.

MICHL: Ja, i hab alleweil gsagt, den darf man nicht herleihn, aber er, der alte Aff, hat ihn hergebn.

HAUPTMANN: Ah, das ist eine Schlamperei. Aber es sind doch, soviel ich weiß, zwei Wischer da! Wo ist denn der zweite?

BENE: Ja, der steckt in der Kanone drin, da wird dir keiner nübersteign, wo die schon herbledern.

HAUPTMANN: Da wird sich doch einer finden, der nübersteigt?! Korporal, zeig du die Leut, daß du a Schneid hast, steig du nüber!

KORPORAL: Gell, jetzt derfat ich wieder einen Deppen machen. *Er schickt sich an, auf die Bank zu steigen, kehrt dann nach einer kleinen Pause wieder um.* Hauptmann, geh, schick doch lieber einen andern nüber, i mein, des is besser.

BENE: Ah, jetzt hat er keinen Schneid.

MICHL: Ah, jetzt traut er sich net nübersteign, der Hosenscheißer, jetzt hat er schon Angst.

HAUPTMANN: Korporal, jetzt geb ich dir einen dienstlichen Befehl, du steigst jetzt nüber!

KORPORAL: Ausgerechnet ich muß da nübersteign. *Von Bene und Michl unterstützt, steigt er auf die Bank. In dem Augenblick, in dem sein Kopf auf der Mauerkante sichtbar ist, fällt ein Schuß. Er schreit*: Au, au! *Er steigt wieder von der Bank und läßt eine schwere eiserne Kanonenkugel auf den Boden fallen.*

MICHL: Direkt aufs Hirn nauf, da muaßt jetzt ganz damisch sein!

KORPORAL: Das war ich vorher schon.

BENE: Du, das ist eine Raubritterkugel. Die is no ganz warm.

MICHL: Die heben wir uns auf, die tun wir in eine Schachtel nein. Die geben wir nimmer her.

BENE: Nein, damit gründen wir einen Kegelklub. *Er schiebt die Kugel hinaus.* Juchhe! Alle Neune!!!

HAUPTMANN: Ich geb dir gleich alle Neune! Was ist's jetzt eigentlich mit dem Kanonenwischer?

BENE: Ich hab eine Idee, wir ziehen einfach die Kanone aus dem Loch raus, dann haben wir den Wischer.

MICHL: Ja, das machen wir. *Beide ziehen die Kanone umständlich aus der Mauer. Bene gerät mit dem Fuß unter die Räder und schimpft den Michl fürchterlich zusammen – sie stellen die Kanone in Richtung auf das Publikum auf.*

HAUPTMANN: So – laßt euch nur recht Zeit. Also du, Korporal, stellst dich jetzt vor das Loch hin, wo die Kanone drin war, damit bei dem Mauerloch kein Wind rein kann.

KORPORAL: So, jetzt kann keiner mehr rein. *In diesem Moment fällt wie-*

der ein Schuß. Au! Au! *Aus seinen nach hinten gehaltenen Händen läßt er eine schwere, eiserne Kugel fallen.* Au! Au! *Er weint und schreit jämmerlich. Dann will er sich auf die Bank setzen – stöhnt.* Jetzt kann ich mich nicht mehr hinsetzen auch! *Er stöhnt und jammert weiter.*
Michl: Tuat des so weh?
Korporal: Nein, wohl tut's, dummer Bub!
Bene: Ah, der is schon recht wehleidig auch!
Hauptmann: Also, was ist's jetzt mit dem Kanonenlochauswischen? Michl, geh weiter, schick dich a bisserl! *Michl wischt umständlich langsam das Kanonenloch aus.* Was ist? – Schick di besser – Michl!
Michl: Ja, i kann mi aa net derrenna wegn de damischen Ritter!

2. Szene

Girgl *kommt mit dem Polizeidiener*: Da ist er ja, der Bene.
Polizeidiener: Du, Bene, der Girgl da behauptet, du hättest ihm heute in der Früh einen ganzen Haufen Knackwürst gstohln – beruht jetzt das auf Wahrheit, oder beruht das auf keiner Wahrheit?
Bene: Ja.
Polizeidiener: Was ja?
Bene: Das beruht auf keiner Wahrheit.
Polizeidiener: Wenn aber der Girgl behaupt, du hast die Würst gstohln, dann hast es entweder gstohln – oder der Girgl lügt.
Bene: Ja, der lügt – und wer lügt, der stiehlt.
Girgl: Was, ich kann doch nicht meine eigenen Würst stehlen, du hast es gstohln! *Er will auf Bene losgehen – der Polizeidiener hält ihn zurück. Bene zieht den Kanonenwischer heraus und will sich damit gegen Girgl verteidigen, trifft aber dabei den hinter ihm stehenden Korporal am Kopf.*
Korporal: Laßt's mir jetzt meine Ruhe!
Bene fährt mit dem Kanonenwischer ins Kanonenloch und stößt die darin befindlichen Würste heraus – alles lacht.
Girgl *stürzt auf die Würste zu und nimmt sie an sich, sie dem Polizeidiener zeigend*: Da schau her, Polizeidiener, da sind ja die Würst!
Polizeidiener *zu Bene, der verblüfft dasteht*: Du, Bene, wie können denn da vorne Würst rauskommen?
Bene: Wenn man hinten neinfahrt.
Polizeidiener: Nein, ich möcht wissen, wie die Würst da hinten reinkommen können?
Girgl: Wie s' neinkommen sind, das kann ich dir sagen! Wie ich heut in der Früh da vorbeigangen bin, da hab ich den Holler angschaut –
Bene: Angschaut – stehln hättst du ihn wollen. Weißt, Polizeidiener, das

war so: Heut in der Früh ist doch ein starker Westwind gangen, und wie da der Girgl mit seiner Mulden so vorbeigeht, hat der Wind auf einmal die Würst runtergweht, und da war grad der Schuber von der Kanon auf, und da hat der Wind die Würst pfeilgrad da neingweht. Der Michl hat's gsehn, der war dabei, gell, Michl!

Michl: Ja, so war's, ganz genauso, weil ich's selber gsehn hab und weil er noch gsagt hat auch, wenn ich nichts sag, krieg ich auch die Hälfte.

Polizeidiener: Von was kriegst die Hälfte?

Bene: Vom Wind.

Polizeidiener: Da müßt ich ja auf diese Weise an Wind verhaften.

Bene: Den wirst aber du net erwischen.

Vinzenz bläst wieder ein Signal, alle schauen auf den Turm.

Alle: Was ist denn los?

Vinzenz: Die Raubritter kommen immer näher und näher, und einen ganzen Haufen Kanonen ham s' dabei.

Polizeidiener: Was, d' Raubritter kommen? Da muß ich aber gleich schauen, daß ich heimkomm. *Er läuft mit langen Schritten über die Bühne ab.*

Girgl: Und ich geh auch, sonst fressen mir die Raubritter meine Würst zsamm.

Er packt seine Würste und läuft auch ab. Michl und der Korporal schieben mit vereinten Kräften die Kanone wieder in das Mauerloch hinein.

3. Szene

Hauptmann: Also, Kinder, seid's tapfer, der Feind naht. Jetzt schießen wir unsere Kanonen ein, damit beim Überfall der Raubritter alles richtig funktioniert.

Alle *singen*:

Ach, es ist doch wirklich schwer
Bei der Münchner Bürgerwehr.
Unser Dienst ist nicht beliebt,
Weil's da keine Würstln gibt.
Besonders bei der Artillerie,
's ist die größte Ironie.
Wegn der gringsten Kleinigkeit
Sind wir schon salutbereit.

Refrain:

Tararara-bum, hallo,
Die Artillerie ist da!
Tararara-bum, hallo,
Die Artillerie ist da!

Michl ladet die Kanone und schießt bei jedem Refrain. Bei jedem ersten Bum des Refrains erfolgt ein starker Kanonenschuß mit aufsteigenden Rauchwolken.

Ist wo eine Fahnenweih,
Ist d' Kanone auch dabei,
Sogar beim Oktoberfest
San ma jeds Jahr draußen gwest.
Ist das Pferderennen gwen,
Taten wir am Berg drobn stehn.
Wie die Kanone bum hat do,
Ging das Pferderennats o.

Tararara-bum, hallo,
Die Artillerie ist da!
Tararara-bum, hallo,
Die Artillerie ist da!

Wenn der König kriegt ein Kind,
Schießen wir Salut geschwind.
Auch bei jeder Prozession
Schießen wir mit der Kanon.
Kurz, bei jeder Viecherei
Ist d' Kanone auch dabei.
Die Kanone ist famos,
Bloß im Krieg, da geht's net los.

Tararara-bum, hallo,
Die Artillerie ist da!
Tararara-bum, hallo,
Die Artillerie ist da!

Nach Schluß der dritten Strophe ertönt ein Signal von Vinzenz.
ALLE: Was ist denn das?
BENE: Das Echo.
VINZENZ: Nein, das ist kein Echo, das war schon ich. Höchste Gefahr ist! D' Raubritter kommen immer näher und näher, und immer mehr Kanonen ham s' dabei. Allerhöchste Gefahr! *Alles läuft aufgeregt durcheinander – die Musik geht ab.*
MICHL *nimmt Trommel und Wiesenteppich und schreit*: I hab scho alles!
BENE: Du hast ja d' Wiesen mitgnommen!
MICHL: De hab i in der Angst ausgrissn.

HAUPTMANN: Seid doch nicht gar so aufgeregt, Leut! Nur den Kopf nicht verlieren, immer die Ruhe bewahren. Du, Korporal, übernimmst die erste Batterie, du, Michl, die zweite. Du, Bene, übernimmst den Sanitäterdienst, im Fall, daß grad einem schlecht wird, und ihr tut's bei der Schießschartn nausfeuern, was nur grad 's Zeug halt.

Michl bedient die beiden Kanonen, schiebt Kugeln ein und zieht bei jedem Kommando: »Erstes oder zweites Geschütz: bum« ab. Bei »bum« erfolgt jedesmal ein Kanonenschlag mit aufsteigenden Rauchwolken. Man hört nun auch von fern, noch etwas schwach, Lärm und Abschüsse. Der Korporal gibt mit Michl abwechslungsweise das Kommando zum Abschuß – bald bei der einen, bald bei der anderen Kanone, bis zum Schluß, unterbrochen nur bei den jeweiligen Sprechdialogen zwischen Bene und dem Hauptmann. Dem Michl fallen aus der zweiten Kanone dauernd alle Kugeln wieder nach vorne heraus.

Bene sieht einen verwundeten Soldaten am Laternenpfahl lehnen, nimmt aus seiner Sanitätstasche, die er sich inzwischen umgehängt hat, eine breite Binde heraus und verbindet den Kopf des Soldaten, aber so, daß nicht nur der Laternenpfahl mit umwickelt wird, sondern auch Helm und Gewehr mit in die Bandage geraten.

Der Hauptmann schießt von Zeit zu Zeit mit seiner Pistole über die Mauer, dazwischen gibt er Kommandos.

Die übrigen Soldaten schießen durch die Schießscharten – der Riese schießt über die Mauer, das Gewehr auf derselben aufgelegt.

Ein Soldat fällt um, von einer Kanonenkugel getroffen, die in seinem Uniformrock stecken bleibt. Bene und Michl holen eine Tragbahre herbei samt einer Decke und beginnen, den am Boden liegenden Soldaten auf die Bahre zu legen. Michl nimmt die Kanonenkugel aus dem Uniformrock des Verwundeten. Sie heben die Bahre, die keinen Boden hat, hoch und gehen mit der leeren Bahre ab. Bene und Michl kommen zurück.

DER HAUPTMANN *bemerkt den noch auf dem Boden liegenden Verwundeten und sagt zu Bene*: Was ist denn eigentlich mit dem Mann da? Wollt ihr jetzt den gleich hinaustragen!

BENE: Den haben wir grad naustragen!

HAUPTMANN: Des gibt's ja gar nicht, der liegt ja noch da!

BENE: Recht eigensinnig ist er!

Bene und Michl holen eine andere – diesmal eine richtige – Bahre herein und legen den verwundeten Soldaten darauf. Es ergeben sich ziemliche Umständlichkeiten, bald steht Bene, bald Michl verkehrt an der Bahre, dann wieder rutscht der Verwundete seitlich oder vorn oder hinten von der Bahre herunter. Schließlich wird es Bene zu dumm, er stellt den

Mann so vor die Bahre, daß er zwischen Bene und der Tragbahre zu Fuß von der Szene geht. – Der Lärm wird nun immer größer, die Schüsse stärker. Plötzlich wird der Zuschauerraum hell. Stoffballons fliegen als feindliche Kanonenkugeln über die Mauer herüber ins Publikum, und die Raubritter erscheinen mit Geschrei und heftigem Lärm auf der Mauer. Ein Raubritter in Rüstung springt auf die Bühne herunter und bohrt dem dicken Korporal seinen Spieß in den Bauch, daß die Spitze am Rükken herausschaut. Bene kommt mit einem weißen Fähnlein aus dem Schilderhaus heraus. Michl wirft Kanonenkugeln ins Publikum.

Sturzflüge im Zuschauerraum

Auf der Bühne steht der Flugapparat.

IMPRESARIO (*Liesl Karlstadt*): Damen und Herren! Sie haben heute das seltene Vergnügen, den Lokalschauflügen des bekannten Meisterfliegers Herrn Lorenz Fischer beiwohnen zu können. Schauflüge auf freien Plätzen à la Pegoud, Udet und so weiter sind heute keine Seltenheit mehr; ganz anders aber verhält es sich bei den Schauflügen des Herrn Lorenz Fischer. Dieser ist imstande, durch die Erfindung seines Elektro-Liliput-Eindeckers nach System »Fokker« im kleinsten Saale Rund- und Sturzflüge zu veranstalten, ohne dem werten Publikum zu garantieren für etwaige Unfälle. Bei seinen bereits absolvierten Gastspielen in Hannover, Hanau, Halle, Holland, Heilbronn, Hellabrunn und so weiter wurde Herr Lorenz Fischer mit Medaillen prämiiert.

FLIEGER (*Karl Valentin*): *zeigt seine Medaillen.*

IMPRESARIO: Herr Lorenz Fischer wird nun sogleich seinen Apparat in Bewegung setzen und seine Vorführungen beginnen.

Die Schauflüge bestehen:

1. Senkrechter Kurvenflug im horizontalen Kreisdreieck.
2. Geometrisch achtwinkeliger Sturz-Saltomortale in achtzigprozentig verdrängendem Luftkegel.

Zum Schluß der grauenerregende Adlerflug mit einhundertfünfzig Kilometer Geschwindigkeit.

FLIEGER *hat sich an den Propeller gelehnt, rutscht ab, weiß nicht, wo er die Hand hintun soll, steckt sie in den Fäustling.*

IMPRESARIO: Während seinen sämtlichen Flügen wird Herr Lorenz Fischer sich mit der Londoner Oper drahtlos in Verbindung setzen, und die Herrschaften haben also heute abend schon Gelegenheit, die Londoner Opernaufführung mittels Lautsprecher zu hören. Auf dem heutigen Londoner Opernprogramm steht »Der Müller und sein Kind« *. Erfahrungsgemäß und laut polizeilicher Verordnung werden die Herrschaften dringend ersucht, während den Flügen ruhig und ohne Angst sitzen zu bleiben, und die verehrlichen anwesenden Damen werden gebeten, ihre Hüte abnehmen zu wollen. Herr Lorenz Fischer bezahlt jedem Aviatiker eine Prämie von einhundert bis zweihundert Mark, der imstande ist ...

FLIEGER *flüstert dem Impresario ins Ohr.*

IMPRESARIO ... bis dreihundert Mark sogar, der imstande ist, auf diesem Apparat hier auch nur den geringsten Flug zu unternehmen. Bitte los!

FLIEGER *zieht seine Fäustlinge aus, trinkt aus dem Maßkrug, der im Flugzeug steht.*

IMPRESARIO: Das ist ja furchtbar!

FLIEGER: Wo ist denn der Scheinwerfermann?

IMPRESARIO: Beleuchter, kommen Sie raus, Sie müssen den Saal dunkel machen und die Lampen höher hängen.

FLIEGER: Ja, und immer vorausleuchten, wo ich hinfliegen will, also immer vorher verfolgen mit dem Licht.

Der Beleuchter schaltet den Scheinwerfer ein.

FLIEGER: Schneller, lauter!

IMPRESARIO: Greller, stärker! So ist's recht! Jetzt werfen S' an.

FLIEGER *wirft den Propeller an, es klappt nicht*: Was ist denn los?

IMPRESARIO *probiert es ebenfalls, es klappt nicht*: Was ist denn los?

FLIEGER: Ich weiß auch nicht, vor acht Jahr ist er so gut gangen.

IMPRESARIO *wirft den Propeller wieder vergeblich an.*

FLIEGER: Weil er immer im Hausgang drauß steht, da spieln immer die Hundsbuam damit. *Er pumpt einen Reifen auf und beschimpft den Beleuchter.* Er leucht scho net gscheit umananda auch.

IMPRESARIO: Warum kümmern Sie sich nicht um Ihren Apparat? Das macht man doch vorher!

FLIEGER: Vorher hab ich doch nicht gwußt, daß er net geht. *Er öffnet die Motorhaube.* Wir brauchen halt amal a neue Kommunion-, Firmungsah, Zündkerzn.

IMPRESARIO: Was ist denn?

FLIEGER: Samstag.

IMPRESARIO *zum Publikum*: Einen Moment, bitte.

FLIEGER: Mir ist's ja selber peinlich. – Mein Gott, die Trambahn ist auch schon manchmal net gangen.

IMPRESARIO: Ich mach vorher mordsgroße Sprüche, und nun geht's nicht.

FLIEGER: Das soll man eben vorher nie tun – jetzt werfen S' noch mal an!

* Volksdrama von Ernst Raupach, 1784–1852

Impresario *wirft wieder an.*

Flieger: Ah, die große Mutter ist rausgangen. *Schreit*: Mutter!

Impresario: Schrein S' doch nicht so, wo ist denn unser Werkzeugkasten?

Flieger: Wir haben doch keinen Werkzeugkasten.

Impresario: Natürlich, der steht doch im Fliegerschuppen.

Flieger: Wir haben doch keinen Fliegerschuppen.

Impresario: Ach was! *Er wirft wieder an, der Motor läuft. Ein Pfeifensignal ertönt.* Alles sitzenbleiben! *Er gibt dem Flieger das Startzeichen.*

Direktor *kommt lärmend und schimpfend durch den Saal gelaufen*: Halt! Nicht fliegen! Stellen Sie ab! Das geht nicht! Abstellen! Aufhören!

Impresario: So gehen Sie doch weg, Sie stören ja da!

Flieger: Ich kann doch nicht starten.

Direktor: Sie sollen abstellen und aufhören!

Impresario: Ich verstehe kein Wort.

Flieger *läßt immer wieder den Motor anlaufen.*

Impresario: So stellen Sie endlich den Apparat ab, ich weiß doch nicht, um was sich's handelt.

Flieger: Ist ja abgestellt, da ist halt noch ein Funken drin.

Direktor: Dann tun Sie ihn raus, den Funken.

Flieger: Freilich, wegen Ihnen werd ich mir die Pratzen verbrennen!

Direktor: Was fällt Ihnen ein, hier im Theater mit einem Benzinmotor zu fliegen, sind Sie denn von Sinnen?

Flieger: Nein, von hier.

Direktor: Ich habe geglaubt, das ist eine ganz ungefährliche Sache, nun kommen Sie mit diesem Benzinmotor daher.

Flieger: Ja, mit'm Kartoffelsalat kann ma net fliegen.

Direktor: Stellen Sie sich vor, wenn da ein Tropfen Benzin heruntertropft; die Damen haben alle elegante Kleider an.

Flieger: Ist net so gefährlich.

Direktor: So, frech sind Sie auch noch!?

Flieger: Ja!

Direktor: Wenn ein Kleid kaputtgeht, bezahlen Sie den Schaden?

Flieger: Nein.

Direktor: Also, dann wird auf keinen Fall geflogen.

Impresario: Es kann nichts passieren, wir haben ja ein Netz da. Bringen S' das Netz heraus. *Jemand bringt das Netz.* So, das wird jetzt übers Publikum gespannt, dann ist das ganze Publikum überspannt.

Flieger: Ja, machen Sie's überall mit Reißnägeln an.

Direktor: Was wollen Sie denn mit diesem Netz, da können Sie Maikäfer fangen damit.

FLIEGER: Im Winter gibt's keine Maikäfer.
IMPRESARIO: Also, tun Sie's wieder weg, wenn das auch nichts ist.
DIREKTOR: Das Netz ist doch viel zu dünn, hat auch viel zu weite Maschen, da fallen Sie doch durch.
FLIEGER: No ja, besser ist's doch wie gar nichts.
DIREKTOR: Aber wenn Sie mit Ihrem schweren Apparat durch das Netz stürzen, da sind ja mindestens zehn Personen kaputt!
FLIEGER: Übertreiben S' doch nicht alles so, zehn Personen! Höchstens zwei oder drei.
DIREKTOR *zum Impresario*: Schuld sind aber Sie! Sie sind doch der Impresario?
IMPRESARIO: Ha?
DIREKTOR: Sie sind doch der Impresario? Sie haben mir die Sache als vollkommen gefahrlos erklärt, wie sind Sie dazu gekommen? Geben Sie mir doch Antwort! *Zum Flieger*: Sie, ist das Ihr Impresario?
FLIEGER: Der da? Sehr angenehm!
DIREKTOR: Das ist ja ein Idiot!
FLIEGER: Leider, den hat einmal ein Propeller gestreift, seit der Zeit ist er damisch.
DIREKTOR: Da ist einer blöder wie der andere. Also weg mit dem Apparat, geflogen wird hier nicht. Verlassen Sie die Bühne! Glauben Sie, wir lassen uns unsere sämtlichen Lampen und Lüster zerschlagen, glauben Sie, wir lassen uns einsperren wegen Ihnen?
IMPRESARIO: Sie waren ja schon eingesperrt!
DIREKTOR: Also vorwärts, machen Sie, daß Sie rauskommen, sonst fliegen Sie raus! *Ab.*
IMPRESARIO: So, jetzt ham ma's!
FLIEGER: Jetzt stehn wir da wie 's Kind vorm Flugzeug; ich hab mir's aber glei denkt wie er reinkommen ist, daß er koppt.
IMPRESARIO: Ich kann auch nichts dafür, ich hab auch gemeint, daß vielleicht …
FLIEGER: Ja, gmeint und gflogen ist zweierlei.
IMPRESARIO: Wissen Sie, gar so unrecht hat er nicht ghabt, es ist schon ziemlich klein da herin, zu klein, das wäre direkt kleinlich, wenn man da herin umanandafliegen würde.
FLIEGER: Es ist zu furchtbar klein, angwandelt wären wir auf jeden Fall.
IMPRESARIO: Ich sag, es wär vielleicht doch etwas passiert, wenn wir gflogen wären.
FLIEGER: Weil … Sicher …
IMPRESARIO: So etwas gehört auch im Freien vorgeführt und nicht im Theater, sondern draußen auf freiem Felde, auf der Oktoberwiese …

FLIEGER: Sie können aber nicht verlangen, daß die Leut jetzt mit uns auf d' Wiesen nausgehn sollen. Dann entschuldigen S' Ihnen, sagen Sie, wir hätten fliegen wollen, aber der Direktor ist gekommen.

IMPRESARIO: Das brauch ich doch nicht zu sagen, das hat doch jeder Mensch gehört.

FLIEGER: Vielleicht ist grad einer drauß gwesen.

IMPRESARIO: Hochgeehrte Damen –

FLIEGER: Sagen Sie's einfach den Herrschaften.

IMPRESARIO: Ich weiß doch selbst, was ich zu sagen habe. – Hochgeehrte Damen –

FLIEGER *läßt den Motor wieder anspringen, der Flugapparat, den Valentin nur mit Mühe festhalten kann, setzt sich in Bewegung. Der Impresario läuft schnell zur Seite.* Lauft er davon, der Aff. Wenn ich ihn nicht grad noch erwisch, dann ist's gfehlt, wenn hinten die Tür auf ist, dann ham man gsehn.

IMPRESARIO: Hochgeehrte Damen und –

FLIEGER *wirft erneut den Propeller an.*

IMPRESARIO: Das ist ja ein Leichtsinn sondergleichen, ich steh in der Mitte vorm Apparat, was glauben Sie, was da für ein Unglück passieren könnte. – Ich danke schön!

FLIEGER: Bitte, bitte!

IMPRESARIO *möchte sprechen, dreht sich um und erschrickt. Valentin kann den Apparat nun nicht mehr bändigen, er umklammert ihn mit beiden Händen und folgt ihm hüpfend.* Also hinter mir muß unbedingte Ruhe herrschen, sonst kann ich nicht sprechen.

FLIEGER: Für die Ruhe hinter Ihnen müssen S' schon selber sorgen.

IMPRESARIO: Ich bin jetzt ganz nervös geworden. – Hochgeehrte Damen und Herren! Sie haben unseren guten Willen gesehen, wir wollten doch absolut fliegen, aber die Direktion hat es uns soeben ausdrücklich verboten. Mir tut es natürlich unendlich leid, Ihnen wird es ebenso leid tun!

FLIEGER: Alle Leut tut's leid!

IMPRESARIO: Aber wie gesagt, meine Wenigkeit kann natürlich da auch nichts mehr dagegen machen. Ich bitte die verehrten Anwesenden vielmals um Verzeihung. Sie sehen ja, wir wollten fliegen, aber wir dürfen nicht.

FLIEGER: Wir dürfen schon. Ab morgen …

DIREKTOR *kommt von hinten auf die Bühne gelaufen*: Nein, Sie dürfen auf keinen Fall! Machen Sie, daß Sie hinauskommen!

IMPRESARIO: Da, jetzt kommt er wieder daher. Kommen Sie, wir gehen jetzt.

FLIEGER: Das werden wir schon sehen, vielleicht sind Sie noch einmal froh um solche Schaunummern. Wir wollten schon in ganz anderen Lokalen fliegen, da ist's uns auch verboten worden!
IMPRESARIO: Kommen Sie, regen Sie sich nicht auf.
FLIEGER: Wir lassen uns das nicht gefallen, Sie sind auf uns nicht angewiesen, aber wir auf Sie, das müssen Sie sich merken!

Der Bittsteller

Die Bühne zeigt das Arbeitszimmer eines reichen Mannes. Im Hintergrund ein gewaltiger Lautsprecher.
Nach der Verdunkelung des Zuschauerraumes ergeht bei geschlossenem Vorhang durch den Lautsprecher der folgende Vorspruch:
»Es war einmal ein reicher Mann, der hatte einen schlecht erzogenen Sohn, der aber trotzdem der Liebling des Vaters war. Da kam einmal ein armer Mann aus dem Volke in das Haus, um ein Darlehen zu erbitten. Wie es ihm dabei erging, wäre eigentlich ein Trauerspiel – wenn nicht so schrecklich viel Komisches dabei passieren würde.«
Indem sich der Vorhang hebt, hört man den Schreinermeister BRANDSTETTER *(Karl Valentin) fragen*: Ist der Herr Geheimrat zu Hause?
FANNY, *das Dienstmädchen*: Nein, der Herr Geheimrat ist leider nicht zu Hause. Wollen Sie bitte näher treten.
BRANDSTETTER *tritt ein*: Ja, dann wart i halt, bis er kommt. Wo is er denn?
FANNY: Der Herr Geheimrat hat einen Ausflug gemacht. Er muß aber bald zurückkommen. Wen darf ich denn melden?
BRANDSTETTER: Mein Name ist Brandstetter.
FANNY: Und in welcher Angelegenheit?
BRANDSTETTER: Zivil – privat halt.
FANNY: Is recht. Werd's ausrichten, sobald der Herr Geheimrat zurückkommt; bitte, warten Sie so lange. *Ab.*
BRANDSTETTER: Herrgott, mit hundert Markl wär mir gholfen, oder wenigstens mit hundertfufzge.
DER HERR GEHEIMRAT *tritt ein*: So, Fanny, ist Post gekommen?
FANNY: Nein, aber Besuch.
DER HERR GEHEIMRAT: So, wer denn?
BRANDSTETTER: Grüß Gott, Herr Geheimrat. *Er läßt seinen Schirm auf seine Füße fallen; Fanny hebt den Schirm auf und gibt ihn ihm verkehrt in die Hand.*
DER HERR GEHEIMRAT: Was suchen Sie denn?

BRANDSTETTER: Jetzt hab i den Griff verlorn.

DER HERR GEHEIMRAT: Da ist er ja! *Er gibt Hut und Mantel der Fanny.* Wie können Sie solche Leute hereinlassen?! Jeden Tag machen Sie eine neue Dummheit, Sie kann man wirklich zu nichts brauchen als zum Fressen.

FANNY *geht ab.*

BRANDSTETTER: De werd no net viel gfressen habn.

DER HERR GEHEIMRAT: Na, was ist denn? *Er setzt sich.* Hängen Sie doch Ihren Schirm irgendwo auf und Ihren Hut. *Brandstetter sieht sich ratlos um, zieht dann Nagel und Hammer aus der Tasche, schlägt den Nagel in die eine Seitenwand der Standuhr und hängt seinen Hut daran. Der Herr Geheimrat hat unterdessen gelesen und schaut sprachlos zu, steht auf.* Ja, was fällt Ihnen denn ein? Nehmen Sie gefälligst Ihren Hut da herunter. Einen Nagel in meine polierten Möbel hineinzuschlagen! Wollen Sie sofort Ihren Hut herunternehmen!

BRANDSTETTER: Wieder runternehma, na hab i ja den Nagel umsonst neighaut.

DER HERR GEHEIMRAT: Ja, sagen Sie einmal, schlagen Sie überall Nägel hinein, wo Sie hinkommen?

BRANDSTETTER: Nein, nur wo kein Kleiderhaken ist.

DER HERR GEHEIMRAT: Nehmen Sie sich einen Stuhl.

BRANDSTETTER: Bin so frei. *Er setzt sich in den Klubsessel und rutscht herunter.*

DER HERR GEHEIMRAT: Nicht da! *Brandstetter schnalzt mit der Zunge, worauf ein Stuhl (an einer Schnur) von selbst zum Schreibtisch läuft. Er setzt sich auf diesen.*

DER HERR GEHEIMRAT: Was ist das für ein Unsinn! Also, was führt Sie zu mir?

BRANDSTETTER: Ja, mein Name ist Brandstetter, Holz-Schreinermeister. Wir kennen uns doch.

DER HERR GEHEIMRAT: Ich habe Sie noch nie gesehen.

BRANDSTETTER: Doch, doch. Sind Sie nicht einmal vor sieben oder acht Jahren mit der Elektrischen durch die Neuhauser Straße gefahren, da sind wir uns auf der hinteren Plattform vis-à-vis gesessen.

DER HERR GEHEIMRAT: Erstens sitzt man auf einer Plattform nicht, und zweitens fahr ich nie mit der Elektrischen. Nur mit dem Auto.

BRANDSTETTER: Nacha müssen wir uns irgendwo in einem Auto getroffen haben.

DER HERR GEHEIMRAT: Aber ein Auto hat doch keine Plattform.

BRANDSTETTER: Nein. Ich richt mich da ganz nach Ihnen, Herr Motorrad – – ah – Herr Geheimrat.

DER HERR GEHEIMRAT: Jetzt erinnere ich mich, natürlich kenne ich Sie, sagen Sie, waren Sie nicht einmal vor vier Jahren –

BRANDSTETTER: Stimmt, stimmt.

DER HERR GEHEIMRAT: So lassen Sie mich doch erst ausreden. Waren Sie nicht einmal vor vier Jahren bei meinem Freund, dem Baron Rembremerdeng, angestellt als Gärtner?

BRANDSTETTER: Ja, beim Herrn Baron Rembremerdeng, da war ich Gärtner. Das heißt, eigentlich war ich kein direkter Gärtner. Ich mein so: Ich war kein Direktor und ich war auch kein Gärtner. Ich war Spritzbrunnenaufdreher.

DER HERR GEHEIMRAT: Spritzbrunnenaufdreher, ja, ist denn das auch ein Beruf?

BRANDSTETTER: Beruf weniger. Es war eigentlich mehr so ein kloans Nebenschanzerl von mir, im ganzen Jahr hab ich ja bloß zwei Mark verdient.

DER HERR GEHEIMRAT: Zwei Mark im ganzen Jahr? Aber davon kann man doch nicht leben.

BRANDSTETTER: Ja, leben schon, aber wie!

DER HERR GEHEIMRAT: Mir ist das ganz unverständlich.

BRANDSTETTER: Da heißt's einteilen.

DER HERR GEHEIMRAT: Aber wie ist das möglich, daß Sie im ganzen Jahr nur zwei Mark verdient haben?

BRANDSTETTER: Ja, das kann ich Ihnen schon erzählen, wenn's Ihnen interessiert, Herr Zweirat, Herr Geheimrat. Das war so. Der Herr Baron Rembremerdeng, der hat nämlich in seinem Park eine – eine – wie heißt mer s' denn, so eine – eine Funk ...

DER HERR GEHEIMRAT: Eine Funkanlage.

BRANDSTETTER: Nein, eine Funk ... – so a ausländischer Name – eine Funk – –

DER HERR GEHEIMRAT: Eine Funkstation?

BRANDSTETTER: Ja – nein – Herrgottsakra, jetzt is mir der Name entfalln, eine Funk – eine Funktäne.

DER HERR GEHEIMRAT: Sie meinen eine Fontäne.

BRANDSTETTER: Ja, mir in Giesing drauß sagen halt Spritzbrunnen, und diesen Spritzbrunnen, den hab ich alle Jahre im Frühling aufdrehen müssen, dann hat er gspritzt bis zum Herbst. Und wenn dann der Winter kommen ist, nacha hab ich ihn wieder zudrehen müssen. Und da hab ich fürs Aufdrehn a Markl kriegt und fürs Zudrehn auch a Markl, sind zusammen zwei Mark.

DER HERR GEHEIMRAT: Ja, wissen Sie, Herr Brandstifter –

BRANDSTETTER: – stetter, bitte!

Der Herr Geheimrat: Herr Brandstetter, für diese kurzen zwei Tätigkeiten finde ich zwei Mark eigentlich ganz gut bezahlt.
Brandstetter: Natürlich ist's gut bezahlt. Ich mach ja auch dem Herrn Baron Rembremerdeng keine Vorwürfe, nur zuwenig is halt zum Aufdrahn gwesen.
Der Herr Geheimrat: Wieso das?
Brandstetter: Ich mein so. Wenn der Herr Baron Rembremerdeng in seinem Park tausend solchene Spritzbrunnen ghabt hätt, die wo mer alle Tag auf- und zudrehn hätt müssen, das wären dann zweitausend Mark pro Tag gewesen, des wär a Gschäft.
Der Herr Geheimrat: Aber ich bitte Sie, welcher Mensch kann sich heutzutage den Luxus von tausend Spritzbrunnen leisten!
Brandstetter: Ja, niemand.
Das Telefon läutet.
Der Herr Geheimrat: Hallo, hier Geheimrat Müller.
Brandstetter: Ja, und da bin ich halt zu Ihnen – denn ich hab auch an Heimgarten, und da hab ich auch an Spritzbrunnen, aber der is kleiner, ganz klein –
Der Herr Geheimrat: So sind Sie doch ruhig, wenn ich spreche. – Hallo, wer ist dort? – Sind Sie doch ruhig. Ach, Herr Siebenmeier, ja, ich erwarte Ihren Anruf seit drei Wochen, das ist sehr wichtig. Also erzählen Sie mir, was sagen Sie, die Aktien sind wieder gestiegen? Das ist ja sehr interessant. *Brandstetter hat das Telefon betrachtet; er legt seinen Schirm darauf.* Hallo! Weg ist er. *Er sieht den Schirm.* Ja, was fällt Ihnen denn ein, Sie kindischer Mensch? Sie haben mir ja die ganze Unterbindung verbrochen. Wie kommen Sie denn dazu, Ihren dummen Schirm da hinaufzulegen? *Er wirft ihn herunter.*
Brandstetter: Ja, Sie legen ja des Ding aa drauf.
Der Herr Geheimrat: Ja, das ist doch der Hörer. Haben Sie denn noch nie ein Tischtelefon gesehen?
Brandstetter: Naa, i kenn des neimodische Glump net.
Der Herr Geheimrat: Für was haben denn Sie's angeschaut?
Brandstetter: I hab glaubt, des is a Waag.
Der Herr Geheimrat: Blödsinn. Wen interessiert das schon, wieviel Ihr dummer Schirm wiegt.
Brandstetter: Auf a halbs Pfünderl schätz i ihn schon.
Das Telefon läutet.
Der Herr Geheimrat: So, jetzt sind Sie aber ruhig! Hallo, ach ja, Herr Siebenmeier, wir waren leider unterbrochen. Ich bin etwas nervös. Ich habe einen lästigen Besucher da. Aber Sie müssen mir die Sache unbedingt jetzt erzählen.

BRANDSTETTER *tupft mit dem Zeigefinger fünf-, sechsmal auf die Gabel.*

DER HERR GEHEIMRAT: Ja, was haben Sie denn schon wieder gemacht, Sie Idiot? Hallo! Jetzt ist er wieder weg. Was treiben Sie denn?

BRANDSTETTER: I hab ja bloß so hitupft.

DER HERR GEHEIMRAT: Ja, ist denn so was möglich? *Er wählt.* Sind Sie denn ganz von Sinnen?

BRANDSTETTER: Nein, von hier.

DER HERR GEHEIMRAT: Was fällt Ihnen denn überhaupt ein! Ja, hier ist Geheimrat Müller. Ach, Herr Siebenmeier –

BRANDSTETTER: Ja, ist denn das so empfindlich? Wenn i da hinlang – *er langt hin* –, dann saust der andere scho fort?

DER HERR GEHEIMRAT: Ja, zum Donnerwetter, das ist ja zum Verrücktwerden!

BRANDSTETTER: Ja, wia woaß denn der andere des, daß i da hintupf?

DER HERR GEHEIMRAT: Ja, bin ich denn verpflichtet, Ihnen den Nutzen und Schaden des Telefons zu erklären? Soll ich Ihnen vielleicht an Vortrag halten? Also, zur Sache, was wollen Sie eigentlich?

BRANDSTETTER: Ja, wie gesagt. Der Kummer geht net aus. Die Kinder müssen auch in die Schule, die Frau is auch nimmer so, wie s' sein soll, mir können Sie's glauben, Herr Geheimrat, von gestern auf heut habe ich vier Nächte nicht geschlafen, und da hätt ich eben die große Bitte an Sie, ob Sie mir nicht den Betrag von –

BUBI *(Liesl Karlstadt) im Matrosenanzug kommt mit der Radiozeitung herein. Fanny begleitet ihn.* Fanny, gehen Sie einmal in mein Zimmer, und holen Sie mir die große Radiozeitung. Du, Papa, eben lese ich in der Radiozeitung, daß heute in Wien ein großer Fußballkampf ist, und den möcht ich gerne hören. Aber mit meiner Apparatur kann ich Wien nicht erreichen. Jetzt wollte ich mir eine neue Antenne auf das Dach hinaufbauen, aber die Großmutter will mit mir nicht aufs Dach hinausklettern.

DER HERR GEHEIMRAT: Das kannst du auch nicht verlangen. Die Großmutter wird morgen siebenundachtzig Jahre alt.

BUBI: Na ja, dann ist's doch nicht mehr so schad, wenn s' runterfällt –

DER HERR GEHEIMRAT: Das darf man nicht sagen. Du brauchst doch auch auf dem Dach keine Antenne. Das geht doch so auch. Du hast jedenfalls nicht richtig eingestellt.

BUBI: Natürlich habe ich richtig eingestellt. Da kannst dich gleich selbst überzeugen –. *Er schaltet ein, es kracht.*

DER HERR GEHEIMRAT: Das klingt ja häßlich.

BUBI: Ja, meine Antenne ist eben zu schwach, ich habe nichts wie Störungen.

BRANDSTETTER *schneuzt sich sehr laut.*

DER HERR GEHEIMRAT: Das klingt aber schön!
BRANDSTETTER: Scheener tuat's wie Eahna Grammingfon.
BUBI: Das ist doch kein Grammophon, das ist doch ein Radioapparat.
DER HERR GEHEIMRAT: Da bestell ich dir eben jetzt eine Zimmerantenne. *Er telefoniert*: Hier Geheimrat Müller. Ich habe vor wenigen Wochen einen Apparat bei Ihnen gekauft, für meinen Jungen, und nun möchte mein Junge gern Wien hören, diesen Fußballmatch, aber es ist unmöglich. Er kann Wien nicht bekommen, er hat nur Störungen. Das kracht so furchtbar.
BRANDSTETTER: Wie bei mir; ich hab auch immer so Störungen, so Darmstörungen.
DER HERR GEHEIMRAT: Sind Sie doch ruhig!
BUBI: Stören Sie doch meinen Papa nicht.
DER HERR GEHEIMRAT: Ruhe! Also ist diese Dachantenne nötig oder nicht? Nicht. So, eine Zimmerantenne genügt auch. Sehr gut. Danke schön. Guten Tag, Herr Haring.
BRANDSTETTER: Des is a saudummer Name. No ja, allweil no besser, als wenn oaner Rollmops heißt –
BUBI: Haha.
DER HERR GEHEIMRAT: Sind Sie doch still mit dem Unsinn! Also du brauchst dir keine Dachantenne machen, nur eine einfache Zimmerantenne. Da ziehst du einfach einen Draht quer durch das Zimmer – und dann hast du eine Antenne.
BUBI: Ja, dann muß ich sofort meinen Draht holen, und ihr müßt das Zimmer frei machen, und dann baue ich mir meine Antenne. Ich komme gleich wieder. *Ab.*
DER HERR GEHEIMRAT: Mein Sohn, mein ganzer Stolz! Er ist so lebhaft. Er interessiert sich so sehr für Technik. Wissen Sie!
BRANDSTETTER: Ja, ja, alle Kinder san ganz narrisch mit dem Radio.
DER HERR GEHEIMRAT: Haben Sie auch Kinder?
BRANDSTETTER: Soso.
DER HERR GEHEIMRAT: Ich frage, ob Sie auch Kinder haben?
BRANDSTETTER: Ja natürlich! Ich bin ja Schreinermeister.
DER HERR GEHEIMRAT: Knaben oder Mädchen?
BRANDSTETTER: Das könnt ich Ihna gar net genau sagn.
DER HERR GEHEIMRAT: Aber erlauben Sie, das müssen Sie doch wissen!
BRANDSTETTER: Ja mei, i bin die meiste Zeit unten in der Werkstatt. Ja, a Tochter hab i halt, a Deandl, a Madl und a Kind.
DER HERR GEHEIMRAT: Soso. Sagen Sie, finden Sie, daß mein Sohn mir ähnlich sieht?
BRANDSTETTER: Ja – jünger is er halt.

Der Herr Geheimrat: Natürlich kann er nicht älter sein.

Brandstetter: Älter auf keinen Fall. Aber, wenn ich meine Meinung sagen darf, eigentlich schaut er mehr Ihrer Frau Geheimrat, Ihrer Alten, Ihrer geheimen Alten, Ihrer alten geheimen Frau Rat, Ihrer Geheimfrau –

Der Herr Geheimrat: Meiner Frau? Kennen Sie meine Frau?

Brandstetter: Nein, kennen tu ich sie nicht.

Der Herr Geheimrat: Wie können Sie dann sagen, daß der Bub ihr mehr ähnlich schaut?

Brandstetter: Der Wimmer Sepp kennt s'. Der hat s' ausgstellt gsehn.

Der Herr Geheimrat: Was ausgstellt? Meine Frau? Ach, jetzt verstehe ich: bei dem Fotografen Sahm in der Türkenstraße.

Brandstetter: Nein, ganz woanders, der alte Witz von »Drüben beim Schweinmetzger Sieber mit an Zitronenschnitzl im Mäu«.

Der Herr Geheimrat: So eine Unverschämtheit!

Bubi *mit viel Antennendraht*: So, jetzt geht's los. Jetzt bau ich meine Antenne. Jetzt weiß ich bloß nicht, soll ich den grünen Draht nehmen oder den braunen.

Der Herr Geheimrat: Was willst du denn mit dem alten Draht? Wirf ihn doch weg. Wo ist denn der neue?

Bubi *wirft den alten Draht Brandstetter vor die Füße*: Den neuen hab ich auch mitgebracht, aber ich glaube, daß der zu schwach ist.

Der Herr Geheimrat: Der genügt vollkommen. Mach schnell. Sonst versäumst du den Fußballkampf.

Bubi *hakt das Drahtende links ein, geht an Brandstetter vorbei*: Wo ist denn mein Hammer? Ich kann meinen Hammer nicht finden. *Er geht um Brandstetter herum und um den Geheimrat und geht dann auf die andere Seite.* Natürlich, die Fanny hat ihn wieder verlegt.

Der Herr Geheimrat: Da, Bubi, da liegt er ja!

Brandstetter *spürt die Schlinge*: Hilfe! Hilfe!

Der Herr Geheimrat: Bubi, schau, der erstickt ja, gib acht!

Brandstetter, *nachdem die Schlinge von ihm entfernt worden ist*: Der Bua ist gelungen.

Der Herr Geheimrat: Sie müssen Ihren blöden Kopf auch überall vornedran haben. Möchten Sie nicht dem Jungen seine Freude verderben!

Bubi: Ja, da wird doch meine Antenne kaputt, wenn Sie Ihren dummen Kopf da hintun. *Er hängt den Draht auf der anderen Seite ein, probiert das Radio, es kracht.*

Der Herr Geheimrat: Schalt aus! Schalt aus!

Bubi: Jetzt klingt er genauso scheußlich wie vorher, Papa.

Der Herr Geheimrat: Bau dir halt noch eine zweite Antenne. Die machst du da oben rüber, machst sie am Lüster fest und ziehst sie dann auf die andere Seite zurück.

Bubi: Ja, da wird mir aber der Draht nicht reichen. *Er steigt mit dem Draht auf den Stuhl, den Tisch und auf Brandstetters Kopf.*

Brandstetter: Der steigt mir direkt aufs Haupt.

Der Herr Geheimrat: Komm runter, Bubi. Du könntest mir sonst herunterfallen. Die Fanny soll dir die Leiter bringen. – Fanny, bringen Sie rasch die Leiter.

Bubi: Ja, die Leiter und einen Hammer. *Fanny bringt Leiter und Beil.*

Der Herr Geheimrat: Was wollen Sie denn mit dem Beil? Ich habe doch Hammer gesagt, Sie blöde Kuh!

Bubi: Da, nehmen Sie den Draht, Sie dumme Gans. Sie müssen weggehen! *Er zieht die Leiter auseinander, wirft Brandstetter herunter, der verwickelt sich in die Antenne und in den vielen Draht, der am Boden liegt; Brandstetter hängt seinen Schirm in die Antenne ein, spielt damit Schwebebahn und läuft seinem Schirm nach; er stellt seinen Stuhl in die Leitersprosse hinein. Bubi hat immer dabei geschrien.*

Der Herr Geheimrat: So bleiben Sie doch endlich sitzen, Herr Brandstetter!

Bubi *steigt auf die Leiter*: Weißt du, Papa, so einen alten Esel hab ich noch nie gesehn. *Er hängt den Draht in den Lüster ein.*

Der Herr Geheimrat: Das sagt man nicht – aber der Junge hat recht, einen anderen Ausdruck kann er gar nicht gebrauchen. So, jetzt komm herunter und zieh deinen Draht ans andere Ende. Sonst versäumst du noch den Anschluß. *Bubi wirft den Draht auf Brandstetters Kopf und steigt dann herunter.*

Brandstetter: Zefix.

Der Herr Geheimrat: No, wegen dem kleinen Brettchen, Sie Tölpel! *Bubi hängt den Draht ein.* Tun Sie doch die Leiter hinaus, Fanny! Was halten Sie denn Maulaffen feil? *Bubi und Fanny ziehen die Leiter weg, Brandstetter bleibt hängen.* Halt, halt, bleiben Sie doch da, wo fahren Sie denn hin? *Brandstetter zuckt die Achseln.*

Bubi: Gehn Sie weg! *Er wirft ihn herunter. Brandstetter untersucht seinen Stuhl.*

Der Herr Geheimrat: Was schauen Sie denn da?

Brandstetter: I hab bloß gschaut, ob da net ein Montor drinnen ist.

Bubi: Montor, Montor – das heißt ja Motor!

Der Herr Geheimrat: Gib dir doch keine Mühe, der wird's nie begreifen. – Kommen Sie endlich zur Sache. Was wollen Sie eigentlich von mir?

Brandstetter: Meine Notlage ist eben so kompriminierend, und so würde ich Ihnen sehr empfehlen, mir ein bißchen unter die Arme zu greifen in Gestalt eines Darlehens von ungefähr, sagn mar –

Bubi *schaltet das Radio ein, die Musik ist so laut, daß die beiden sich nicht mehr verstehen können; er schaltet wieder aus.*

Der Herr Geheimrat: So reden Sie doch lauter, was wollen Sie denn?

Brandstetter: Ja, ich hab mir eben gedacht, ungefähr die Summe von –

Bubi *schaltet zum zweiten Male ein – Musik – er schaltet aus*: Das ist jetzt schon Wien!

Der Herr Geheimrat: Ja, so reden Sie doch lauter, ich versteh Sie nicht, wieviel wollen Sie denn von mir?

Brandstetter: Ja, man hört ja nix mit dera Saumusik!

Der Herr Geheimrat: Mein Bub macht keine Saumusik.

Bubi: Was, Saumusik? Das ist ja keine Saumusik, sondern eine Radiomusik. *Er schlägt Brandstetter mit dem Hammer auf die Hand.*

Brandstetter: Au, au, au!

Der Herr Geheimrat: Na, na, sind Sie nur nicht so empfindlich, wenn Sie der kleine Junge mit dem Hämmerchen auf die Hand schlägt. – Also kurz, ich habe keine Lust mehr, mit Ihnen noch länger zu verhandeln. Was wollen Sie denn haben? *Bubi schaltet zum dritten Male die Musik ein. Zugleich läutet das Telefon.* Bubi, schalt aus, schalt aus, das Telefon! *Bubi schaltet aus.*

Wenn der Herr Geheimrat sprechen will, spricht Brandstetter immer dazwischen: »Ich komm halt dann a andersmal.«

Der Herr Geheimrat: So sind Sie doch endlich still, zum Donnerwetter! Kann man denn heute nicht telefonieren?

Brandstetter: Ja, jetzt is er doch stad, der Grammophon.

Der Herr Geheimrat: Ja, aber hier wird doch telefoniert! Schweigen Sie doch!

Bubi: Ja, schweigen Sie, mein armer Papa wird ganz nervös, sind Sie still! *Er schlägt ihn mit einer Papierrolle auf den Kopf.*

Der Herr Geheimrat: Aber Bubi, sei doch ruhig. – Schweigen Sie!

Bubi: Ja, schweigen Sie! *Er schlägt mit der Papierrolle auf den Tisch und läuft ab.*

Brandstetter: Bin i denn da zum Teifi reikumma?

Der Herr Geheimrat *am Telefon*: Ja, ich verstehe, schön! Ich komme hernach zu Ihnen rüber, Herr Direktor. Ich werde gleich meinem Chauffeur Bescheid sagen. Sie können sich verlassen drauf. Auf Wiedersehen, Herr Direktor. *Er steht eilig auf.* Entschuldigen Sie einen Augenblick, bester Herr Brandmiller.

Brandstetter: Brandstifter bitte, – a – a – Brandstetter.

DER HERR GEHEIMRAT: Sie wissen scheint's selbst nicht genau, wie Sie heißen.

BRANDSTETTER: I kannt ja vielleicht morgen wiederkumma.

DER HERR GEHEIMRAT: Nein, nein, um Gottes willen. Bleiben Sie, ich komme sofort wieder. *Ab.*

BUBI *läuft herein mit Werkzeugkiste und Isolierband*: So, jetzt muß ich mich aber beeilen, daß ich meine Antenne richtig in Ordnung bringe. Gehn Sie weg, bitte schön – *er wirft das Kistl auf den Boden und steigt auf die Leiter hinauf.* Ich muß nämlich jetzt meine Antenne isolieren, sonst gibt's Kurzschluß. Da können Sie mir gleich behilflich sein. Geben Sie mir einmal diese Kiste herauf, bitte schön.

BRANDSTETTER: Des kannst dir denka – aber wenn i s' ihm net naufgib, dann gibt mir der Alt koa Geld.

BUBI: Sie sollen mir diese Kiste heraufgeben, Sie altes Trampeltier.

BRANDSTETTER: Obischlagen tua i di jetzt von der Loater. *Er gibt ihm die Kiste hinauf – es fällt alles heraus.*

BUBI *wirft die Kiste auf ihn*: Nicht einmal diese Kiste können Sie heraufgeben, Sie altes Kamel.

BRANDSTETTER: Jetzt werd's mir z' dumm!

BUBI: Ich sag's schon meinem Papa!

BRANDSTETTER: Wo ist denn dei Papa hingangen?

BUBI: Der ist in die Garage. Der muß dem Chauffeur Anweisung geben.

BRANDSTETTER: Kommt er gleich wieder?

BUBI: Nein!

BRANDSTETTER: Na san ma ja ganz alloa?

BUBI: Ja, wir sind allein!

BRANDSTETTER: Des is recht. Da kimm amoi runter. *Bubi steigt rasch von der Leiter, schreit nach Papa und Fanny.* Du Saubua, du dreckater, was erlaubst dir denn du alles gegen an alten Mann? Du hast a nette Bildung.

BUBI: Papa! – Fanny! – Sie, werden Sie ja nicht frech! *Er wirft ihm Papiere hinauf.*

BRANDSTETTER *läuft ihm nach*: Was, frech, du Rotzkrippi. *Er packt ihn, gibt ihm Ohrfeigen, schlägt ihn mit dem Beil. Bubi schreit, schlüpft unter den Schreibtisch und weint laut. Brandstetter wirft ihm alles mögliche unter den Schreibtisch und schlägt mit dem Schirm hinein.* Du Herrschaftskrüppel, du wampeter. Zwoamal hast mi übern Stuhl nuntergschmissen, mit'n Draht hättst mi bald derdrosselt, an Hamma hast ma auf d' Pratzen naufghaut, und du möchst a Herrschaftskind sei? Du Galgenhund, du ausgschamter.

BUBI: I sag's schon meinem Papa!

BRANDSTETTER: Oa Wort wennst halt sagst, dann reiß i dir deine Ohrwaschel raus aus deim Saukopf. Mir wennst ghörn tatst, dir tat i a Bildung lerna. Alle Tage tat i di auf a glühade Ofenplatten naufsetzen, du Schafottpflanzerl, du Salonstrizzi.

BUBI: Wenn mein Papa kommt, dann können Sie was erleben.

BRANDSTETTER: 's Maul halt, sag i! Du Galgenbua, du unzeitiger!

DER HERR GEHEIMRAT *von außen*: Warten Sie unten mit dem Wagen, ich fahre sofort weg. *Er kommt herein.* So, das ist erledigt. – Ja, wie sieht es denn hier aus, in meinem Zimmer? Wo ist denn der Bubi, wo ist mein Sohn?

BRANDSTETTER: Das weiß i net. Also auf Wiedersehn! I komm lieber morgen!

DER HERR GEHEIMRAT: Bleiben Sie hier! Was ist denn hier los? Bubi!

BUBI: Hallo, hallo! Hier bin ich!

DER HERR GEHEIMRAT: Da ist er ja unterm Tisch! Ja, der weint ja, was hat er denn?

BRANDSTETTER: Kuckuck hat er gspielt, und na hat er sich angsteßen am Kopf.

BUBI: Uih, das ist gar net wahr, der lügt dich an!

DER HERR GEHEIMRAT: Der kommt mir ganz verändert vor. Bubi, komm heraus, was hast du denn?

BUBI: Ich kann nicht herauskommen, weil ich mich fürchte.

DER HERR GEHEIMRAT: Was fürchten! Komm heraus!

BUBI: Ich trau mich nicht, ich hab soviel Angst!

DER HERR GEHEIMRAT: Komm heraus. *Er zieht ihn heraus.* Also, was ist los, rede!

BUBI: Der Mann hat – *Brandstetter schaut ihn böse an, aber in dem Augenblick, in dem der Herr Geheimrat sich umschaut, macht er ein freundliches Gesicht.* Schau, wie mich der anschaut.

DER HERR GEHEIMRAT *dreht sich um*: Also rede!

BUBI: Ja, der hat – jetzt droht er mir sogar!

DER HERR GEHEIMRAT: Also, was ist hier passiert? Ich will wissen, was jetzt hier vorgegangen ist.

BUBI: Ja, das war so – jetzt schaut er schon wieder so!

DER HERR GEHEIMRAT: Also heraus damit!

BUBI: Ja, jetzt sag ich aber auch alles, und wenn Sie mir auch drohen. Ich fürcht mich nicht mehr vor Ihnen. Weißt du, Papa, wie du draußen warst, da war ich ganz still und brav. Da hat mich der Herr von der Leiter heruntergeworfen, hat häßliche Wörter zu mir gesagt und hat mich ins Gesicht und auf den Kopf geschlagen.

DER HERR GEHEIMRAT: Was, Sie haben mein Kind geschlagen?

BRANDSTETTER: Mein Herz denkt nicht daran.

BUBI: Jawohl, er hat mich geschlagen, mit dem Beil und mit dem Regenschirm, und eine Menge Ohrfeigen hat er mir gegeben.
BRANDSTETTER: Ist nicht wahr!
DER HERR GEHEIMRAT: Sie hören doch. Mein Junge sagt es, und der Junge hat noch nie gelogen.
BRANDSTETTER: Ja, wenn Sie Ihrem Rotz... Ihrem Herrn Knaben mehr glauben als wie einem alten Mann –
BUBI: Jawohl, Sie haben gesagt, ich bin ein Rotzbankert und ein wampeter Herrschaftskrüppel. Jawohl. Und dann hat er gesagt, wenn ich dir ein Wort erzähle davon, dann wird er mir alle beide Ohren wegschneiden und mich auf eine glühende Ofenplatte hinaufsetzen.
DER HERR GEHEIMRAT: Ja, Sie Harmann! Sie ausgewachsener! Meinem Kinde solche Scheußlichkeiten zu sagen, das ist der Gipfel einer verruchten Phantasie.
BUBI: Ja, und dann hat er noch gesagt, ich bin eine Schafottpflanze und ein Salonstrizzi.
DER HERR GEHEIMRAT: A – a – a – a – und Sie wagen es, mich zu bitten um ein Darlehen von –
BRANDSTETTER: Von einhundertfünfzig Mark, wenn ich bitten darf.
DER HERR GEHEIMRAT: Schweigen Sie! Sie kommen als Bittsteller und führen sich hier auf wie ein Straßenräuber. Nehmen Sie sich in acht. Aber ich gebe Ihnen das Geld. Kommen Sie her! Aber nur, damit ich Sie endlich loswerde. Bitte unterschreiben Sie da. Sie bekommen einhundertfünfzig Mark auf die Dauer von drei Monaten, verpfänden zur Sicherheit Ihre Werkstätte mit Inventar und zahlen eine Kleinigkeit Zinsen, sagen wir fünfzehn Mark. So, und nun unterschreiben Sie. *Legt ihm die Quittung vor. Brandstetter nimmt den Bleistift, unterschreibt.*
BUBI *reißt ihm den Bleistift aus der Hand*: Das ist mein Bleistift.
DER HERR GEHEIMRAT: Der Bub hat ganz recht, da, nehmen Sie den Federhalter. *Brandstetter schreibt.*
BUBI *stößt ihn von hinten, er wirft dabei die Tinte um*: Meinen Sie, ich leihe Ihnen meinen Bleistift auch noch?
DER HERR GEHEIMRAT: Sind Sie wahnsinnig, über meine wichtigen Schriftstücke die Tinte auszuschütten? Sie Esel, Sie dummer. Und ich hab auch noch reingegriffen, ich bin auch noch voll geworden.
BRANDSTETTER: Da sind S' auch noch voll. *Er wischt ihm mit dem Löscher im Gesicht herum, der Geheimrat schimpft, Brandstetter wischt sich die Hände an einem Zierdeckchen ab.*
DER HERR GEHEIMRAT: Wollen Sie das unterlassen, Sie Schweinepelz! *Er öffnet die Schublade, nimmt Geld heraus.*
BUBI: Jetzt hab ich mir was ausgedacht, dem tu ich jetzt was an, weil er gar

so frech war zu mir. *Er bindet ein Schnurende an Brandstetters Arm, das andere Ende an eine wertvolle Nippesfigur.* So, das ist jetzt die Strafe, weil er gar so ungezogen war zu mir. *Er läuft zum Herrn Geheimrat.*

BRANDSTETTER *hebt während des Schnuranbindens die Arme in die Höhe und sagt*: Wissen S', Herr Geheimrat –

DER HERR GEHEIMRAT: Sind Sie ruhig! *Er zählt ihm das Geld hin.* So, und jetzt machen Sie, daß Sie rauskommen.

BRANDSTETTER: Dank schön, Herr Geheimrat, nix für ungut.

DER HERR GEHEIMRAT: Ja, ja, ja, gehn Sie nur! *Er hält ihm die Hand hin.* Leben Sie wohl!

Brandstetter greift nach der Hand, die Schnur spannt sich, und die Figur fällt herunter. – Großes Schweigen.

BUBI *springt auf den Tisch*: Uih, der hat die herrliche Figur heruntergeworfen.

BRANDSTETTER: Ich??

DER HERR GEHEIMRAT: Jawohl, Sie haben die Figur zerbrochen.

BRANDSTETTER: Ich?? Vielleicht is a Lastauto vorbeigfahrn drunt!

BUBI: Ha, Lastauto!

BRANDSTETTER: Ja, ich hab mich doch gar net vom Platz grührt.

DER HERR GEHEIMRAT: Wollen Sie vielleicht behaupten, i c h bin's gewesen?

BUBI: Oder wollen Sie gar sagen, i c h sei es gewesen?

BRANDSTETTER *entdeckt die Schnur an seinem Arm*: Da schaun S' her, Herr Geheimrat, Ihr saubers Früchterl hat mir –

DER HERR GEHEIMRAT: Aber Bubi, das kann ich gar nicht glauben!

BUBI: Ha, ha, ha. Diese Schnur hat er sich selbst herumgebunden um den Arm.

BRANDSTETTER: Du Saubua!

DER HERR GEHEIMRAT: Was? Ich?

BRANDSTETTER: Nein, der hintere!

DER HERR GEHEIMRAT: Sie, werden Sie mir ja nicht gewalttätig, sonst ruf ich das Wasserfall – a, das Überfallkommando. Wissen Sie denn überhaupt, was diese Figur kostet? Dreihundert Mark, die müssen Sie mir ersetzen.

BRANDSTETTER: Ja, wie soll denn i als armer Mann dreihundert Mark zahlen könna? I kannt Eahna höchstens hundertfünfzig Mark ozahln, di wo S' mir grad gebn ham, und des andere halt dann in Raten – *er legt das Geld auf den Tisch* – o mei, o mei!

DER HERR GEHEIMRAT: Wie man sich nur in einer fremden Wohnung so aufführen kann! Machen Sie, daß Sie nauskommen!

Radio-Signal.

Bubi: Still, das ist jetzt der Fußballmatch.
Lautsprecher spricht weiter: »Vor der Übertragung des internationalen Fußballwettkampfes in Wien folgt noch ein Vortrag von Professor Knigge: ›Wie erziehe ich meine Kinder.‹«
Brandstetter: Da horcha S' zua, Herr Geheimrat, da könna Sie aa no was lerna!

Das Brillantfeuerwerk oder ein Sonntag in der Rosenau

I. Akt

Die Bühne zeigt einen Ausschnitt aus dem Englischen Garten in Nachmittagsbeleuchtung.
Liesl Karlstadt, *die Kindsmagd, hat ein helles Sommerkleid mit farbenfreudigem Blumendruck an. Sie schiebt einen altertümlichen Kinderwagen mit vier hohen Rädern, von denen das hintere Paar höher ist als das vordere. Das darin befindliche Baby wird von einer großen Zelluloidpuppe dargestellt.*
Karl Valentin *ist ein Schwerer Reiter im Sonntagsstaat.*
K. V. *geht stumm über die Bühne von links nach rechts. Er bleibt zehn Sekunden hinter der Bühne und kommt denselben Weg zurück. Hierauf wartet er wieder kurze Zeit und geht dann am Horizont entlang, wieder nach rechts, kommt nach vorn, geht auf den Hintergrund zu, kehrt wieder um und geht schnurgerade zum Souffleurkasten. Er frägt den Souffleur*: Wo geht's denn da zur Rosenau? *Er kehrt wieder um und sieht den Wegweiser, geht darauf zu, betrachtet ihn kopfschüttelnd und geht nach rechts ab. Hinter der Szene frägt er abermals*: Wo geht's da zur Rosenau?
Ein Passant: Da müssen S' da nüber – allweil gradaus.
K. V.: Da komm ich ja her.
Der Passant: Ja, da müssen S' nüber.
K. V.: So! – *Er geht wieder über die Bühne, bleibt in der Mitte beim Wegweiser stehen.* Da ghört aa so a Hand her. *Er geht links ab – kommt aber sofort wieder zurück und ruft*: Da ist ja a Bach, da kann man nicht nüber.
Der Passant *von drüben*: Ja, über den Bach geht doch a Brücken, und über de müssen S' nübergehn.
K. V.: So! – *Er dreht sich um und geht wieder links ab. Hinter der Szene*: Sie, Fräulein, wo geht's denn da in d' Rosenau?

L. K. *hinter der Szene*: Da müssen S' da nübergehn in d' Rosenau.
K. V. *hinter der Szene*: Da hat mich aber einer da rübergschickt in d' Rosenau.
L. K. *tritt auf und zieht einen Kinderwagen hinter sich her.* Da müssen S' nübergehn, allweil gradaus, dann kommen S' direkt hin.
K. V. *kommt wieder auf die Szene*: Ja, aber der hat gsagt, ich soll über den Bach nübergehn, der da herüben ist.
L. K.: Ja, das stimmt schon, der Bach ist da herüben auf der Seite.
K. V.: Ja, und die Brücke?
L. K.: Die ist drüben auf der andern Seite.
K. V.: Das gibt's doch net, daß der Bach da ist und die Brücke da drüben.
L. K.: Ja, das kommt mir auch a bißl dumm vor.
K. V.: Das ist schon saudumm.
L. K.: Ja, wissen S', der Bach ist schon da drüben aa.
K. V.: Des warn ja dann zwoa Bach.
L. K.: Ja, ich glaub, daß des da drüben der gleiche Bach ist, wie der da herüben.
K. V.: Wie gibt's denn des, der kann doch net zu gleicher Zeit da drüben und da herüben sein.
L. K.: Des woaß i aa net, vielleicht schlangelt er sich so umanander.
K. V.: Ja, des teans gern, die Bach.
L. K.: Da ham S' recht – aber Sie wolln doch in d' Rosenau?
K. V.: Jawohl –
L. K.: Ja, da geht's schon da nüber, denn wenn Sie da nuntergenga, komma Sie nie in d' Rosenau, da kommen S' immer weiter weg davon.
K. V.: Das stimmt.
L. K.: Sehng S', da ist a so a Taferl.
K. V.: Da kennt ma sich aber net aus.
L. K.: Ja, ja, wissen muaß ma halt an Weg – Sie wollen wahrscheinlich heut zu dem Brillantfeuerwerk, das soll ja wunderbar werden.
K. V.: Ich hab's no net gsehn.
L. K.: Ja, da müssen S' da nunter gehn, das ist leicht zum finden.
K. V.: Für mich net.
L. K.: Ja, weil S' no nia dort warn – ich wüßt ja an Weg guat, weil i scho a paarmal drunt war, aber heut kann i net, weil ich 's Kind dabei hab. – Aber da finden S' schon hin, den Weg kann Ihna ja jeder kloane Bua sagn.
K. V.: Wenn aber koaner kommt?
L. K.: Dann kommt vielleicht a großer – jetzt genga S' amal immer gradaus bis zu dem Bach, dann nüber über de Brücken – dann kommt der Baum mit de vielen Äst, und dann genga S' links nei in des Gaßl – und

dann müssen S' direkt zur Schleißheimer Straße nausgehn, sonst finden S' überhaupt net hin.

K. V.: Mersse, danke. *Er macht Honneur.*

L. K.: Immer gradaus, dann links, dann über de Wiesen, wo de Blümerl san, da – wo vorigen Sonntag der Schmetterling gflogn ist.

K. V.: Dann find ich's schon. *Er geht ab.*

L. K.: Und nach der Wiesen sehn S' sogleich das große Schild »Zur Rosenau«, und wenn S' Ihna nicht mehr auskenna, dann fragn S' noch mal, und wenn niemand kommt, dann kehrn S' noch mal um und fragn mich noch mal – jetzt hört er mich doch nimmer. *Sie geht zur Bank und sagt zum Kind*: So, Butzerl, jetzt hast as ghört, der Soldat geht jetzt in d' Rosenau nunter zum Brillantfeuerwerk – Brillantfeuerwerk –, das hoaßt auf lateinisch Pyrotechnisches Experement. – Siehgst, jetzt wenn du auch schon groß wärst und waarst auch a Soldat, dann kannten wir zwei auch zum Feuerwerk geh – aber du bist ja koa Soldat – du bist ja bloß a Drecksau, weilst schon wieder alles naß gmacht hast. Das ist a Kreuz mit dir. *Sie haut das Kind mit dem Kopf an.* O Verzeihung – ist ja wahr auch, nichts wie ärgern muß ma sich mit dir. Hast's net gsehn, was das für ein strammer Soldat war, der hätt mich sicher mitgnomma, aber mit dir kommt man ja nirgends hin. Wieviel Soldaten hätt ich schon kennaglernt, wennst du net waarst. Du hast mir noch jeden Sonntag verpatzt – du bist das einzige Hindernis auf meinem Liebespfade – so, jetzt schlaf und laß mir mei Ruah. *Sie setzt sich auf die Bank und strickt.* Der wird wohl nunterfinden in d' Rosenau – ja, ich denk schon, der ist net so dumm – ich hab's eahm ja ganz deutlich erklärt – das war ein netter Kerl – ganz mei Gschmackerl – und noch dazua a Schwerer Reiter – de Schweren Reiter san von alle de feschesten Soldaten, die man sich denken kann – jetzt d' Artilleristen gefalln ma zwar aa ganz guat, und d' Jäger san schneidig, da hab i amal oan kennt – und d' Schwoalischö – die san schö – aber treu bleiben tut oan halt koaner – da genga s' oamal oder zwoamal mit oan fort, und dann lassen s' oan wieder laufa. Und ich möcht halt so gern verheirat sein – so eine Schwere Reiter-Ehe muaß was Herrlichs sein. Ach ja – wia hoaßt das Lied – Schatz, mein Schatz, reise nicht so weit von hier – im Rosengarten sollst meiner warten, im grünen Klee, juhee, im weißen Schnee … Weißer Schnee is a Schmarrn, als ob's an schwarzen Schnee auch gebn tat. *Karl Valentin kommt wieder.* Ja, wer kommt denn da? San Sie schon wieder da von der Rosenau?

K. V.: Sie ham mich schön angschwindelt mit dem Schmetterling, d' Augn hätt ich mir bald rausgschaut – ich hab koan fliagn sehgn.

L. K.: Ja, Sie san guat, mit Eahna kunnt i glei soviel lacha, vorigen Sonntag hab ich den Schmetterling gsehn, moana S', daß der wega Eahna acht Tag auf oan Platz umananderfliagt? Ja, ham S' denn gar nicht hingfunden?

K. V.: Naa, überhaupt net.

L. K.: Sie wollen doch zu dem Feuerwerk, ham S' gsagt – no ja, da ham S' ja noch Zeit – das ist ja erst auf d' Nacht – beim Tag ist ja nia a Feuerwerk, da braucha S' Ihna net so darenna – da san S' ja in zehn Minuten drunt, da könnten S' leicht no a bißl da auf d' Bank niedersetzen.

K. V.: Wenn S' gestatten. *Er setzt sich, rutscht aber gleich wieder über die Bank hinunter.*

L. K.: Da brauch ich doch nichts gestatten, ich bin ja froh, wenn ich a bißl a Unterhaltung hab.

K. V. *hat sich wieder hingesetzt*: Das Kinderwagl ist aa net billig gwesen?

L. K.: Naa – gell, Sie san a Schwerer Reiter?

K. V.: Ja, aber mehra Reiter wia schwar.

L. K.: Sie san guat, mit Eahna kunnt ich soviel lacha. Sie san fei a strammer Soldat.

K. V.: Passiert schon – lieb Vaterland magst ruhig sein, wenigstens so lang, als ich dabei bin.

L. K.: San S' scho lang beim Militär?

K. V.: Zwoa Jahr. Jetzt bin ich ja bei einem Major als Bedienter. Das ist aber a Schmarrn, denn wenn ich ihn bediena muß, ist eigentlich er der Bediente.

L. K.: Hat der a Frau aa, der Major?

K. V.: Freili, de Gnädige.

L. K.: Wia ist denn de?

K. V.: Windi –

L. K.: Wia schaut s' denn aus?

K. V.: Grimmi –

L. K.: Naa, i moan, ob s' a Alte oder a Junge ist?

K. V.: A Kloane, Dicke – a recht a langs Gstemm. Kenna Sie s' net?

L. K.: Naa, Gott sei Dank – no ja, vielleicht siech ich s' amal.

K. V.: Da sind wir neulich beim Mittagstisch gsessen, weil wir beim Major einen eigenen Mittagstisch haben, das heißt, wir stellen das Nachtessen auch gleich auf den Mittagstisch nauf, weil, extra wieder einen Nachttisch kaufen, das rentiert sich nicht, ein Nachtkastl haben wir schon. Gestern haben wir zu Mittag Preiselbeer ghabt und Schweinsbraten dazu, und der Schweinsbraten wird bei uns in der Küche zubereitet, weil wir zum Schweinsbratenzubereiten eine eigene Küche haben, aber nicht, daß Sie glauben, da kann man bloß einen Schweinsbraten zubereiten, nein, alles, was man essen kann.

L. K.: Wirklich alles? Auch das Brot?

K. V.: Nein, alles auch wieder nicht. Die Semmeln zum Beispiel kriegen wir gleich fertig vom Bäcker, mein Major ist nämlich furchtbar sparsam. Nach dem Essen braucht er immer einen Zahnstocher. Glauben Sie, der wirft die gebrauchten Zahnstocher weg? Nein, er sammelt sie, bis er so drei- bis vierhundert beisammen hat, dann muß ich sie zum Tischler tragen zum Abhobeln.

L. K.: Ja, Sie san guat. Des sagen S' ja nur, damit i recht viel lach.

K. V.: Was glauben denn Sie, das ist Tatsache! Zwei Kinder habn mir auch beim Major, ein zweijähriges Mädchen und einen dreijährigen Knaben. Der dreijährige Knabe ist jetzt schon um ein Jahr älter als das zweijährige Mädchen. Mit den Kindern käme ich ja ganz gut aus, aber mit unseren Haustieren muß ich mich soviel ärgern, weil wir beim Major drei Haustiere haben, also die »Haustüre« selber unten am Hauseingang, einen Bernhardinerhund und einen Laubfrosch. De zwoa fressen zu Mittag immer aus einer Schüssel, und ein Viech ist dem andern ums Fressen neidig; immer wenn der Bernhardinerhund ein Bein im Maul hat, vergönnt es ihm der Laubfrosch nicht, jetzt möcht es einer dem anderen wieder aus dem Maul reißen, und da ziehn s' damit im ganzen Zimmer umeinander, meistens wird der Bernhardinerhund Herr, weil er ja bedeutend größer und stärker ist. Vor ein paar Tagen hab ich es gemerkt, wer zum Streiten angfangt hat: der Laubfrosch! – Ich hab aber dann den Laubfrosch so geprügelt, daß er am andern Tag grün und blau war, blau eigentlich weniger, nur grün. *Das Kind schreit.*

L. K.: Jetzt fangt der aa wieder an. Glei, Butzerl, ich komm schon. Sehn S', so geht's mir allaweil. Ja, ich hab mir's ja denkt, jetzt hat er mir wieder 's ganze Wagl vollgmacht.

K. V.: Da geht noch mehra nei.

L. K. *nimmt das Kind und die Betten heraus. Die Betten fallen auf den Weg.* Geh, möchten S' net a bißl halten, nehma S'n da um d' Mitten, aber lassen S'n ja net fallen.

K. V.: Der ist ja net stad, ich leg'n derweil da hin. Wo ist er denn – Kukkuck dadadada. *Er legt das Kind auf den Boden und sticht ihm mit dem Säbel in den Bauch.*

L. K.: Ja, um Gottes willen, was treiben S' denn? Ja, Butzerl – *Sie nimmt das Kind wieder.*

K. V.: Der ist aber wehleidig.

L. K.: Das könna S' mit dem net machen, das ist ein empfindlicher Kerl, den wenn ma a bißl mit'n Säbel in Bauch neisticht, dann fangt er gleich zum Bläcken an. So, jetzt schlaf wieder.

K. V.: A Fliagn sitzt auf seiner Nasen. *Schlägt mit der Mütze auf das Kind.*

L. K.: Ja, was fallt denn Ihnen ein, der haut ihn glei mit der Kappn ins Gesicht nei.

K. V.: Ist gut, daß ich heut an Helm net aufghabt hab.

L. K.: Sie waarn a saubere Kindsmagd. Ihna kannt ma net braucha dazua, das hab ich schon gspannt.

K. V. *faßt ihr an den Busen*: Da san S' staubig, das muaß ma wegwischen.

L. K.: Ja, Sie san frech! Das mag ich net. – Jaja, das ist net so leicht, gell, Butzerl, das woaßt du am besten, ja, jetzt lacht er ja schon wieder – gell, das ist doch a netter Bua.

K. V.: Und jung ist er.

L. K.: Und de roten Backerl, die er hat. Jetzt ist er auch wieder gsund. Aber vor vier Wochen hätten S'n sehn solln.

K. V.: Da hab i koa Zeit ghabt.

L. K.: Da hat er schlecht ausgeschaut, da hätten S'n gar nimmer kennt.

K. V.: Ja was is des?

L. K.: Da war er schwer krank, da hat er die ersten Zähn kriegt.

K. V.: Mei Gnädige hat s' vor vierzehn Tag kriegt.

L. K.: So spät erst? Ach Sie, de werd erst de ersten Zähn kriagt ham.

K. V.: Die dritten hat s' schon kriagt, weil s' ich selber gholt hab.

L. K.: Das ist ja ganz was andres – aber was moana S', was der Bua ausgstanden hat, Tag und Nacht hat er gschrien.

K. V.: Warum?

L. K.: Wega de Zähn.

K. V.: Hat er Angst ghabt, daß er koa kriegt?

L. K.: Naa, so weh hat's eahm to, der hat ja gleich soviel Fieber ghabt.

K. V.: Ja was is des?

L. K.: Er hat mich selber soviel erbarmt. Zum Doktor hab ich ihn auch fahren müssen, weil er net amal mehr a Mehlmus vertragn hat können.

K. V.: Aber des hätt er scho beißen kenna.

L. K.: Bloß mehr an Haferschleim ham ma ihm gebn dürfen.

K. V.: Den mag mei Schimmel auch, das heißt an Schleim weniger, aber an Hafer.

L. K.: Ja, und dann hat er d' Fraisen noch dazuakriegt, da ist er ganz blau worn, und umanandaghaut hat er dabei mit de Händ und mit de Füß.

K. V.: Ja, das macht mein Schimmel auch, erst kurz hat er wieder d' Kehl ghabt – da war er vor acht Tag da hinten ganz offen.

L. K.: Und der Bub vor vier Wochen.

K. V.: Ja, Kinder kriegen's meistens früher. Da hat ma gar net hinkommen dürfen – so ist er im Stall dringstanden – so ghört er nei, aber so war er dringstanden, und wia ma'n angrührt hat, hat er ausghaut mit de Haxen. *Er schlägt mit dem Fuß den Wagen um.*

L. K.: Jessas Maria, mei Kind – ja Butzerl – wo ist er denn – sei nur grad stad, ich tu dir ja alles – hast dir wehweh to – Butzi, Butzi – geh, red halt, moana S', daß er sterbn muaß?

K. V.: Das sehn S' scho, ob er alt werd.

L. K.: Mein Gott, bin ich jetzt derschrocken, wenn das mei Gnädige wissen tat, ich trauet mir nimmer hoam. Glei derfst wieder in das Betterl nei. *Sie will den Kinderwagen aufheben, kann's aber nicht. Karl Valentin schaut, ohne zuzugreifen.* Geh, helfen S' halt a bisserl mit. *Sie legt das Kind in den Wagen, Valentin »hilft« – verwickelt sich mit dem Säbel ins Strickzeug – schneidet die Wolle ab – sticht mit dem Säbel in den Wagen – haut sich den Ellenbogen an und reißt den Wiesenteppich aus.* Mein Gott, san Sie a Mannsbild, Sie arbeiten ja rum wia a Narrischer. Das geht doch net. Auf so a kloans Kind muß man doch Rücksicht nehmen.

K. V. *schleicht am Wagen vorbei*: Malheur gehabt.

L. K.: Ja – jetzt werd ich schön langsam wieder heimfahren.

K. V.: Und ich werd mich schleunigst verduften.

L. K.: Sie san ja fein heraus – Sie dürfen jetzt bei dem schönen Wetter in d' Rosenau nuntergehen.

K. V.: Ja – hoffentlich find ich nunter. Also dann – adje –

L. K.: Schad, daß S' schon genga – jetzt war's eigentli erst ganz lustig worn bei uns.

K. V.: Jawohl!

L. K.: Dann wünsch ich Ihnen halt recht viel Vergnügen, amüsieren S' Ihnen recht gut – und wenn's recht kracht, dann denken S' an mich.

K. V.: O bitte.

L. K.: Treffen Sie jemand?

K. V.: Nein – leider – höchstens meine Kompaniespezeln, und da hat jeder a Gschöpf dabei.

L. K.: Und Sie san ganz alloa?

K. V.: Ja mei.

L. K.: Bräuchten S' halt aa a bißl a Ansprach. – Wissen S', ich möcht ja furchtbar gern zum Feuerwerk gehn, weil ich noch nia oans gsehn hab.

K. V.: So, so ...

L. K.: Natürlich hängt das von Ihnen ab – aufdrängen will ich mich nicht.

K. V.: Ja, ich auch nicht.

L. K.: Mitganga waar i ganz gern.

K. V.: Des moan ja ich. Genga S' halt mit.

L. K.: Ist's wahr, mögen S'? Des geht leider net, weil i 's Kind dabei hab.

K. V.: Des können S' doch da stehn lassen.

L. K.: Was fallt denn Ihna ein, naa, naa, den fahr ich jetzt hoam, und Sie warten ma da auf der Bank.
K. V.: Mir war's gnua, des kenn i scho, mi versetzen, des is mir schon z' oft passiert.
L. K.: Naa, i versetz Eahna net, in zehn Minuten bin i wieder da, mein Ehrenwort.
K. V.: Naa, auf des laß i mi net ei, da geh i scho lieber mit.
L. K.: Sie könna doch net als Soldat mit'n Kinderwagl mitlaufen, da müssen S' Eahna ja schama.
K. V.: Lieber schäm i mi, als wie daß i da zehn Minuten wart.
L. K.: Also, na genga S' mit.
K. V.: Wo wohnt denn Eahna Herrschaft?
L. K.: Glei da vorn in der Ludwigstraße.
K. V.: In der Ludwigstraß? Des is guat.
L. K.: Warum?
K. V.: Ich hab an Freund – der hoaßt auch Ludwig.
L. K.: Also genga S' mit und warten mir unten a paar Minuten, nur derfen S' Ihna net direkt vors Haustor hinstelln, sonst sieht uns wer. Vielleicht vis-à-vis in a Eckerl nei.
K. V.: Versteh schon – raffiniert halt.
L. K.: Dann, wenn ich runterkomm, gehn wir gleich miteinander die Theresienstraße nunter, dann san ma so glei in der Schleißheimer Straß.
K. V.: Mir könna aa an kloan Umweg machen, durch den Englischen Garten, daweil wird's schön langsam dunkel, und zum Feuerwerk komma ma noch früh gnua. *Er nimmt sie um die Mitte, und beide gehen ab.*

II. AKT

Im Biergarten »Zur Rosenau«. Halblinks im Hintergrund das altväterliche Gasthaus. Grob gehobelte Tische und Bänke ohne Lehne sind über die ganze Bühnentiefe verteilt. Auch die große Kiste mit den Feuerwerkskörpern kann man gut sehen. Im Vordergrund Kastanienzweige mit weißen und roten Blütenkerzen. Kreuz und quer sind Drähte über die Bühne gespannt, woran schon einige Lampions hängen, während die anderen von der Kellnerin und dem Hausknecht nach und nach bei Beginn des Spieles aufgehängt werden.
DIE GÄSTE *sind Soldaten in den bunten Uniformen der Zeit vor 1914, mit weißen Koppelriemen, geschwungenen Säbeln, schirmlosen Mützen, Epauletten und bunten Kragen. Sie haben Mädchen mit den langen*

engen, manchmal geschlitzten Röcken und gewaltigen Pleureusen im gleichen Jugendstilgeschmack bei sich.
Wenn sich der Vorhang öffnet, sieht man den Wirt und die Kellnerin auf der Szene.
DER WIRT: Also los, schickt's euch, Lampions aufhängen! An blauen, an roten, an grünen – habt's denn gar koan Gschmack? Italienische Nacht – das Wort alloa sagt schon, daß ma net lauter gleiche an oan Draht hinhängt.
EIN HAUSIERER *tritt auf*: Zigarrn, Zigaretten, Virginia, Feuerzeig, Zigarren, Zigaretten gefällig! *Er geht an alle leeren Tische und dann monoton sprechend wieder ab.*
DER WIRT: Anzapfen! Viere ist's bald, habt's d' Kerzn schon neigsteckt? Die Tische müssen besser abgeputzt werden. *Man hört Anzapfen.*
EIN SOLDAT *mit Mädchen*: Kellnerin, a Maß! *Er ißt von seiner mitgebrachten Brotzeit.*
DIE KELLNERIN: Prost.
DER WIRT: Ah, grüaß Gott beianand, wia geht's, wia steht's, bleim ma heut auch da beim Brillantfeuerwerk? Sehn S', das is der Herr Feuerwerker, der richt grad alles her und steckt alles auf, fürs Brillantfeuerwerk mit bengalischer Beleuchtung – a wunderbares Wetterl ham ma heut dada.
DER SOLDAT: Aber nimmer lang, heut halt's net aus.
DER WIRT: Waar net übel – heut is doch ein herrlicher Tag.
DER SOLDAT: Aber regnen tut's heut noch, des woaß ich gwiß, denn wia ich heut mein Herrn sein Hund spazierngführt hab, da hat er Gras gfressn, und wenn a Hund a Gras frißt, das ist das sicherste Zeichen, daß's auf d' Nacht no regnt.
DER WIRT: Waar net übel, das waar so a Schlag für mich, das Feuerwerk kostet mich dreihundert Mark. Da taat ich's na scho glei lieber nächsten Sonntag abhalten. Sie, Herr Feuerwerker, was moana denn Sie? Grad jetzt sagt mir der Herr Soldat, daß heut 's Wetter wahrscheinlich net aushalten tuat.
DER FEUERWERKER: Aaah – papperlapapp – heute bei dem blauen, klaren Himmel kann es doch nicht regnen, wie kommen Sie denn auf so einen Unsinn?
DER WIRT: Ja, also der Soldat hat nämlich einen Herrn, und der Herr hat heut a Gras gfressn – nein – der Hund hat an Herrn gfressn – nein – der Soldat hat an Hund gfressn – nein – an Hund hat er spazierngführt, und da hat der Hund a Gras gfressn, und er sagt, wenn a Hund a Gras frißt, dann regnt's auf d' Nacht.
DER FEUERWERKER: Das glaube ich kaum. Ich halte es für ausgeschlossen, daß es heute regnet. – Das heißt, gehört hab ich das allerdings auch schon

oft, daß, wenn ein Hund ein Stück Gras frißt, daß es dann bestimmt regnet.
DER WIRT: Gell, Sie ham's auch schon ghört?
DER FEUERWERKER: Das wäre natürlich furchtbar unangenehm, wenn im letzten Moment ein Regenwetter käme – ja, ich mache Ihnen den Vorschlag – wir verschieben das Feuerwerk auf nächsten Sonntag – ich bin allerdings mit meiner Arbeit schon fast fertig, aber wenn Sie wollen, dann nehme ich das ganze Feuerwerk wieder herunter.
DER WIRT: Runter ...
DER FEUERWERKER: Pack Ihnen alles ein!
DER WIRT: Ein ...
DER FEUERWERKER: Sie heben die Kiste gut auf!
DER WIRT: Auf ...
DER FEUERWERKER: Und wir brennen das Feuerwerk am nächsten Sonntag ab.
DER WIRT: Ab ...
DER FEUERWERKER: Ich will Ihnen natürlich nichts dreinreden, aber es wäre ewig schade, wenn's alles verregnen würde. Ihre schönen Ballone werden naß – das packen wir alles ein, und Sie heben die Kiste gut auf.
DER WIRT: Ja, des stelln ma dann in d' Küch nei.
DER FEUERWERKER: Um Gottes willen – nur nicht in die Küche, zum Ofen, das sind alles Explosivkörper – die Kiste stelln Sie am besten unter'n Eiskasten.
DER WIRT: Naa, naa, de Raketn schaun so ähnlich aus wie d' Würscht, und mei Alte, des Rindviech, verwechselt s' und legt s' in d' Pfann nei und – bumm!!
DER FEUERWERKER: Naa, so dumm wird Ihre Frau Gemahlin doch net sein.
DER WIRT: Wally, teat's de Ballon wieder runter, ich trau dem Wetter nicht recht, wir halten das Feuerwerk nächsten Sonntag ab. *Alles wird abgenommen und eingepackt.*
DER FEUERWERKER: Ich packe gern alles ein, wegen der Arbeit ist es mir nicht, denn nächsten Sonntag haben wir dann die Garantie, daß es schön Wetter wird.
Der Wirt läuft immer an der Kiste herum.
DER FEUERWERKER: Sie, mit Ihrer brennenden Zigarre kommen Sie mir ja nicht zu nahe an die Kiste. *Ein anderer Soldat setzt sich und bestellt sich ein Bier.*
DER WIRT: Grüaß Gott beinand, wie geht's, wie steht's, heut hätt ma a wunderbares Brillantfeuerwerk ghabt, auf d' Nacht, aber ich trau mir leider nicht, weil 's Wetter nicht aushalt dada.

Der andere Soldat: Wer sagt denn das?
Der Wirt: Der Ding sagt's – dem sei Hund hat a Gras gfressn, und da, sagt er, regnt's auf d' Nacht bestimmt noch.
Der andere Soldat: Ah, Schmarrn – heut halt's aus! Schaun S', mir ham an Laubfrosch dahoam, und der sitzt schon seit acht Tagen ganz z'höchst oben auf der Leiter drobn, und das ist das sicherste Zeichen, daß schön Wetter bleibt.
Der Wirt: Ja, ghört hab ich das schon oft, sappramеnt!
Der Feuerwerker: So, Herr Wirt, jetzt bin i fertig – also nächsten Sonntag komm ich wieder – vielleicht um dieselbe Zeit wie heute, und da brennen wir unser Feuerwerk ab. – Auf Wiedersehn. *Er will gehen.*
Der Wirt: Jaaaa – Herr Feuerwerker, könnt ich Sie noch einen Moment sprechen?
Der Feuerwerker: Gewiß. Haben Sie mir noch was zu sagen, haben Sie noch einen Wunsch?
Der Wirt: Jetzt sagt mir grad der Soldat, eben im Moment, daß heut auf d' Nacht doch schön Wetter bleibt.
Der Feuerwerker: Ja was ist das!
Der Wirt: Er sagt, er hat einen Laubfrosch, und der sitzt in an Glasl drin, ganz hoch auf der Leiter drobn, und das, sagt er, ist das sicherste Zeichen, daß schön Wetter bleibt.
Der Feuerwerker: Lassen Sie sich doch net beeinflussen, Herr Wirt.
Der Wirt: Ja, das ist eben ein Fehler von mir.
Der Feuerwerker: Ich meine, das ist doch ein Ding der Unmöglichkeit, daß an ein und demselben Tag ein Hund Gras frißt und ein Laubfrosch oben auf der Leiter sitzt.
Der Wirt: Ja – das ist mir das Auffällige.
Der Feuerwerker: Kein Mensch kann's vorher sagen, wie das Wetter wird.
Der Wirt: Ja, weil's eben kein Mensch sagen kann, drum braucht man eben diese Viecher.
Der Feuerwerker: Gehört hab ich das auch schon, daß der Laubfrosch der sicherste Wetterprophet sein soll – das lernt man doch schon in der Schule. Ich glaube selbst schon bald, daß der Laubfrosch recht hat – denn ich will Ihnen was sagen – warum hat der Hund ein Gras gfressen?
Der Wirt: Das woaß i net.
Der Feuerwerker: Ganz einfach – weil er Hunger ghabt hat. Hätt der Soldat seinem Hund eine Wurscht gegeben, dann hätte derselbe nie Gras gefressen.
Der Wirt: Natürlich – ja – wenn a Hund a Wurscht frißt, dann wird's ja net schlecht Wetter.
Der Feuerwerker: Wissen Sie was – wir brennen das Feuerwerk doch

heute abend ab – ich packe Ihnen wieder alles aus, und Sie hängen Ihre Lampions wieder auf.
DER WIRT: Wally – Hausl * – hängt's d' Lampions wieder nauf; das Feuerwerk findet heute statt.
Beide hängen die Lampions wieder auf.
DER FEUERWERKER: Es ist wirklich besser, wenn wir das Feuerwerk heute abbrennen, wer weiß, wie nächsten Sonntag das Wetter wird – da kann es vielleicht noch viel mehr regnen wie heute.
DER WIRT: Ja, regnt's denn heut?
DER FEUERWERKER: Das weiß ich nicht – aber gehn Sie mir bitte mit Ihrer brennenden Zigarre weg! *Er packt wieder alles aus.*
DER DRITTE SOLDAT *tritt auf.* I möcht drei Quartl und an saubern Teller! *Er schneidet einen mitgebrachten Rettich auf.*
DER WIRT: A-a-a, san ma heut auch komma zum Brillantfeuerwerk?
DER DRITTE SOLDAT: Was ist heut? A Brillantfeuerwerk? Wann?
DER WIRT: Wenn's finster is, weil ma's beim Tag net siecht – sehn S', jetzt richtet's der Feuerwerker scho her – das wird kein gewöhnliches Feuerwerk, sondern ein Brillantfeuerwerk, mit Raketen und Speibteufeln. Wenn de da naufsausn...!
DER DRITTE SOLDAT: Das wird's Eahna schön dawaschn, denn daß's heut auf d' Nacht noch regnt, da wett ich meinen Kopf.
DER WIRT: Waar net übel, heut is doch ein herrlicher Tag.
DER DRITTE SOLDAT: Aber regna tuat's heut no, denn wia i heut in da Früah meine Roß putzt hab, san d' Fliagn so am Stallfenster umanandagsummt, und wenn d' Fliagn so am Stallfenster umanandasumma, sssssss, das is das sicherste Zeichen, daß's auf d' Nacht regnt.
DER WIRT: Jetzt kenn i mi gar nimma aus. *Er geht weg und sagt für sich*: Der Hund frißt a Gras, der Laubfrosch sitzt am Stangerl droben, und d' Fliagn san bös, ja was is des. Sie, Herr Feuerwerker, genga S' amal her!
DER FEUERWERKER: Und was ist los, Herr Wirt?
DER WIRT: Jetzt sagt mir der Schwere Reiter grad, daß, wenn d' Fliagn am Fenster umanandasumma, daß 's da bestimmt an dem Tag auf d' Nacht no regnt.
DER FEUERWERKER: Das ist doch schrecklich mit Ihnen, jetzt hätte alles schön geklappt, jetzt lassen Sie sich wieder beeinflussen. Ich kann Sie gar nicht verstehen – von jedem Deppen lassen Sie sich was erzählen.
DER DRITTE SOLDAT: Was Depp – ich gib Eahna nacha gleich an Deppen ...
DER FEUERWERKER: Beruhigen Sie sich doch – Sie sind doch gar nicht gemeint damit, ich meine doch Sie, Herr Wirt.

* Hausdiener

Der Wirt: Mich hat er gmeint!

Der Feuerwerker: Auch mit Recht, weil Sie nie wissen, was Sie wollen. Denn wegen dem seine drei oder vier Fliegen, die da am Fenster …

Der Wirt: Ah – drei oder vier – wieviel warn's?

Der dritte Soldat: A ganzer Haufen, a paar hundert.

Der Wirt: Na also – a paar hundert Fliagn san mir doch maßgebender als wia dem sein einzelner saudummer Laubfrosch.

Der Feuerwerker: Ja … gehört habe ich das allerdings auch schon. – Es wäre natürlich sehr unangenehm, wenn's im letzten Moment alles verregnen würde. Ich will Ihnen aber in keiner Weise dreinreden – aber wie gesagt, wenn Sie sich nicht traun, dann ist es besser, wir verschieben das Feuerwerk. Denn stelln Sie sich vor, wenn im letzten Moment ein Wetter kommt; alle Gäste laufen weg, alles wird naß …

Der Wirt: Ja, mein Bier …

Der Feuerwerker: Ach, das Bier kann ja naß werden.

Der Wirt: Nein, überbleiben tut es mir.

Der Feuerwerker: Na ja, das wäre nicht so schlimm, Sie können Ihr übriggebliebenes Bier selber trinken, aber ich kann mein Feuerwerk nicht fressen. Ich packe Ihnen alles wieder ein.

Der Wirt: Wally – Hausl – das Feuerwerk findet heute nicht statt, ich trau mir net; jetzt wieder alles einpacken – warten S', ich hilf a bisserl.

Der Feuerwerker: Jetzt sind Sie schon wieder da mit der Zigarre, wie oft muß ich's denn noch sagen?

Der Wirt *läßt die Zigarre fallen.* Sie, Herr Feuerwerker, mei brennende Zigarre ist in die Kiste gefallen.

Der Feuerwerker: Wo hier – um Gottes willen! *Er macht den Deckel zu, man hört eine ziemliche Explosion. Der Wirt ist zitternd auf einen Tisch hinaufgestiegen.*

Der Feuerwerker: Jetzt hat man die Bescherung! Das war ja ein Leichtsinn sondergleichen – dreimal hab ich Sie gewarnt.

Der Wirt: Und einmal ist's bloß explodiert.

Der Feuerwerker: Das ist noch gut abgelaufen, die Kiste hätte in die Luft fliegen können – da schaun Sie her, was Sie angestellt haben. Jetzt gehn Sie mir aber nicht mehr her. Jetzt ham ma den Salat.

Der vierte Soldat *tritt auf.* Herrgott, ham ma heut a schöns Wetter. Grad a Freud is, weil Sonntag is! Ist's erlaubt? *Er setzt sich.*

Der Wirt: Grüß Gott.

Der Feuerwerker: Halt! Machen Sie, daß Sie wegkommen, Sie reden ja doch bloß wieder vom Wetter, was anderes wissen Sie nicht, sonst geht's wieder an! *Er zieht den Wirt weg.*

Der vierte Soldat: Herrgott, ham ma heut a schöns Wetter, grad a Freud is – jetzt bleibt's mindestens vierzehn Tag so schön. – Da gfreut einem der Ausgang noch mal so, wenn's gar so schön Wetter is, so solln alle Sonntage sein, und d' Schwalberln fliagn ganz hoch und zwitschern – und der Rauch steigt kerzengrad in d' Höh – da kann's überhaupt net regna, dann muaß ja schö Wetter bleibn.

DER WIRT *hat aufmerksam zugehört und schreit*: Herr Feuerwerker ...

DER FEUERWERKER: Weiß schon, weiß schon, Ballons aufhängen, Feuerwerk auspacken, das is ja zum Verrücktwerden. Jetzt wird es mir zu dumm, einmal heißt es auspacken, dann wieder einpacken, ich mache nicht mehr mit. Zum letztenmal pack ich's Ihnen jetzt wieder aus, aber dabei muß es nun bleiben.

DER WIRT: Da wird nichts mehr gredt – Herr bin i! Das Feuerwerk findet heute unter allen Umständen statt.

DER FEUERWERKER: Ich glaub Ihnen nicht mehr, braucht bloß wieder jemand sagen, es regnet, dann sprechen Sie wieder anders.

DER WIRT: Was? – Oana soll mir heut noch kommen und bloß das Wort »Regen« sagen, den hau i mit mein Bratschlegl nieder wie an Stier ... *Er haut mit einem Holzschlegel auf den Tisch. Karl Valentin kommt mit Liesl Karlstadt herein.*

DER VIERTE SOLDAT: Grüß Gott, Fräulein.

L. K.: Grüß Gott.

K. V.: Servus, Kamerad! *Beide setzen sich zum vierten Soldaten.*

DIE KELLNERIN: Was is?

K. V.: Sonntag is.

DIE KELLNERIN: Naa, was kriagn ma – a Maß oder a Halbe?

K. V.: Was magst denn?

L. K.: Entweder a Maß oder a Halbe, das is ja gleich.

K. V.: Das is gleich.

DIE KELLNERIN: Ja ... was soll i nacha bringa?

K. V.: Bringen S' zwoa Halbe in oan Maßkrug!

DIE KELLNERIN: Das is ja a Maß – also, na bring ich a Maß.

K. V.: Ja.

L. K.: Naa – des is ja zvui, i mag überhaupt koa Bier – i mag höchstens a Schluckerl.

K. V.: Also, na bringen S' a Maß und a Schluckerl. *Die Kellnerin geht ab. Karl Valentin bricht eine Brezen auseinander.* Der Bäcker lebt aa nimmer, der wo de Brezn gebacken hat.

DIE KELLNERIN *bringt eine Maß und eine Halbe*: Gsundheit!

L. K.: Jetzt hat s' doch zvui bracht, so vui Geld hättst net ausgebn braucha.

K. V.: Für di is mir nix zvui. Trink nur.

L. K.: Bittschön! *Sie trinkt eine ganze Halbe aus.*

K. V. *gibt das Glas der Kellnerin*: No a Schluckerl – da, trink derweil da, bis des andere kummt.
L. K.: Naa – dankschön. Also i hab jetzt Durst ghabt!
K. V.: Des ham ma scho gsehng. *Die Kellnerin bringt neues Bier.* 's nächst Mal bringen S' mir aber an Decklkrug.
DIE KELLNERIN: Warum jetzt an Deckelkrug?
K. V.: Weil da allweil da Dreck so neifallt.
DIE KELLNERIN: In der »Rosenau« gibt's koan Deckel.
K. V.: Aber an Dreck.
L. K.: Mir braucha doch koan Deckel, i mag sogar die Gläser ohne Deckel viel lieber. Da braucht ma net lang an Deckl aufmacha, da kann man schnella trinka.
K. V.: Jaja ...
L. K.: Ja ... und de Arbeit mit der Putzerei, so an Deckl muaßt mit Zinnkraut putzen, da kannst glei zehn Minuten hifummeln, bis er sauber is.
K. V.: Du brauchst'n do net putzn!
L. K.: Jaa. – Du aa net!
K. V.: Arbeitn möcht's nichts, faule Luada seid's, denk an das Sprichwort, des ma scho in der Schul glernt ham: Sich segen bringt Regen.
DER WIRT: Regen? – Dir gib i glei an Regen! *Er haut ihm den Schlegel auf den Kopf – ein Tumult bricht aus. Alle springen auf, halten den Wirt und schimpfen wüst durcheinander.*
DER VIERTE SOLDAT: Da braucht ma oan doch net glei an Schlegel aufs Dach naufhaun!
DER WIRT: Dir hab ich'n net naufghaut, also bist staad. Da woaß ma ja gar nimmer, wo man die Nerven hernehmen soll. *Zu Karl Valentin*: Herr Nachbar, werden S' schon entschuldigen, i hab nimmer gwußt, was i tua, san S' ma halt net bös, wenn i Eahna den Schlegl naufghaut hab.
K. V.: Was ham S'?
DER WIRT: An Schlegl hab i Eahna naufghaut.
K. V.: Wem?
DER WIRT: Ihnen!
K. V.: Wann? Heut?
DER WIRT: Jetzt grad im Moment.
K. V.: Mir?
DER WIRT: Freilich. Ihnen doch – oder soll ich mir'n selbst naufghaut ham?
L. K.: Ja was hast denn du für an Kopf? Hast du des net gspürt?
K. V.: Naa – i hab ja a Kappe aufghabt.
DER WIRT: Des müassn S' halt 's nächste Mal abatua, bei solcher Gelegenheit, sonst spürn Sie ewig nix, oder net so saudumm daherredn und

sagen vom Regen, wo i a schöns Wetter brauch, weil i heut a Feuerwerk abbrenna will.

L. K.: Ja, Sie, wann is denn des Feuerwerk?

DER WIRT: Jetzt na, wenn's finster wird.

L. K.: Jetzt is's aber no lang net finster.

DER WIRT: Drum wird's aa jetzt no net abbrennt.

K. V.: Wenn's aber heut net finster wird?

DER WIRT: Des is mir Wurscht, ob's finster wird oder net, abbrennt wird's auf alle Fälle.

K. V.: Na kannst's aa jetzt abbrenna, jetzt is ja no net finster.

DER WIRT: Jetzt is's do no hell, dunkler muß es auf alle Fälle werden.

L. K.: Ja, Sie ... was taten S' denn da, wenn's heut ausnahmsweis net finster werden tat?

DER WIRT: Geh, reden S' doch net so saudumm daher, finster werd's do alle Tag auf d' Nacht.

K. V.: Wenn's alle Tag finster werd, dann kannt ma ja alle Tag a Feuerwerk abbrennen.

DER WIRT: Freili kannt ma das, aber wenn ma alle Tag a Feuerwerk abbrenna tat, dann is ja a Feuerwerk was ganz Alltägliches – das hätt ja gar kein Sinn.

K. V.: Na hätt ja des aa kein Sinn, wenn's alle Tag dunkel werd.

DER WIRT: Das hat eben schon an Sinn, denn wenn's auf der Welt gar niemals mehr dunkel werden tat, dann könnt ma gar nia a Feuerwerk abbrenna.

K. V.: Warum net? Es hoaßt doch: Alles kann man, wenn man will!

DER WIRT: Natürlich kann ma ... jetzt woaß i nimmer, was i sagn soll ...

L. K.: Ja, Sie, wenn's aber dunkel is, und Sie zünden Ihr Feuerwerk net an, dann kann ma's ja auch net sehn?

DER WIRT: Das is doch klar, daß ma im Finstern net sieht.

K. V.: A Feuerwerk aa net?

DER WIRT: Jo! Grad a Feuerwerk sieht ma im Finstern besser.

L. K.: Auch wenn's net ozundn is?

DER WIRT: Jessas, jessas, die bringa mich direkt zur Verzweiflung. – Jetzt laßt's mir mei Ruah und wartet's halt, bis finster is.

K. V.: Ja ... wir können doch net bis morgen in der Früh da warten, bis des Feuerwerk da angeht.

DER WIRT: Bis morgen in der Früh? Da is's ja schon z' spät, da wird's ja scho wieder hell.

L. K.: Ja, Sie, aber wenn ...

DER WIRT: Jetzt laßt's mir mei Ruah – steigt's ma an Buckl nauf.

K. V.: Ja. Des is a guate Idee, von Eahnan Buckl aus seh ich 's Feuerwerk viel besser.

L. K.: Sag nix mehr zu eahm – jetzt stinkt er ihm.

DER VIERTE SOLDAT: Geh weiter, Musi, sing ma oans, bis 's Feuerwerk ogeht.

Die Kellnerin bringt eine Ziehharmonika – Karl Valentin spielt.

ALLE *singen*:

Des Morgens um halbe viere
Ertönet der Trompetenschall,
Da heißt es, auf, ihr Kürassiere,
Und marsch hinunter in den Stall.
Und putzt das Rößlein sauber ab,
Woran ich meine, woran ich meine,
Woran ich meine Freude hab.

Am Sonntag gehn wir promenieren,
Hinunter in die Rosenau,
Da kann man sich gut amüsieren,
Da gibt es oft an Mordsradau.
Da haust halt oan a paar herab,
Da haust halt oan a paar herab,
Woran ich meine, woran ich meine,
Woran ich meine Freude hab.

Während des Singens ist die Dämmerung eingefallen.

K. V.: Ja, was is jetzt mit dem Feuerwerk?

DER FEUERWERKER: So, meine Herrschaften, jetzt kann's losgehn – jetzt bin ich soweit!

Alle gehen nach hinten zum Zaun, Karl Valentin und Liesl Karlstadt kommen nach vorn an die Rampe.

L. K.: Jetzt werd's glei scheppern, da hinten.

DER WIRT: Was is denn mit euch zwei, was stellt's euch denn da her?

K. V.: Ja, 's Feuerwerk möchtn mir anschaun.

DER WIRT: Des is doch da hinten, sehgt's denn net, wo die andern Leut stehn?

BEIDE: Aso! *Sie gehen gleichfalls nach hinten.*

L. K.: Is's scho anganga?

ALLE: Naa, wir wartn aa scho drauf.

DER FEUERWERKER: Einen Moment, Herr Wirt, jetzt kann ich's nicht abbrennen, ich kann nicht anfangen, weil ich kein Zündholz hab.

DER WIRT: Jessas, jessas, jetzt hat der wieder koa Zündholz, des is doch blöd, des is grad so dumm, als wenn a Kaminkehrer koan Kamin dabei hat.

DER FEUERWERKER: Das kann doch einmal vorkommen.

DER WIRT: Des derfat net vorkommen, Sie san a trauriger Feuerwerker – hat denn niemand a Feuer?

K. V.: Ja, in der Kuchl, da is Feuer gnua, brennt's es halt in der Kuchl ab!

DER FEUERWERKER: In der Kuchl kann man doch kein Feuerwerk abbrennen.

DER WIRT: Red's koan Schmarrn, und gebt's ihm Streichhölzer.

DER DRITTE SOLDAT: Da! *Der Feuerwerker stürzt hinaus.*

ALLE: Wann geht's denn amal an? – Wann werd's denn abbrennt?

DER FEUERWERKER *läuft wieder auf die Szene, alles fragt, er bahnt sich den Weg durch die Leute.* Herr Wirt, tut mir leid, aber ich kann das Feuerwerk noch nicht abbrennen.

DER WIRT: Warum denn? Was ist denn scho wieder?

DER FEUERWERKER: Es ist noch viel zu hell –

DER WIRT: Jetzt machen S' mi aber bald narrisch, jetzt habn S' a schöns Wetter, haben S' Streichhölzer. Jetzt is's Eahna auf einmal wieder z' hell – tean S' nur mir net traun ...

ALLE *lachen und schimpfen durcheinander*: Das ist ja a Schwindel, so a Bamberlfeuerwerk, der alte Tritschler ... *Sie setzen sich wieder an die Tische.*

DER FEUERWERKER: Ich verbitte mir das, ich als Fachmann muß doch wissen, wenn ich ein Feuerwerk abbrennen kann. Jetzt is doch noch hellichter Tag, und ich brauche eine tiefdunkle Nacht.

K. V.: Brennen Sie's doch im Keller ab – da is's dunkel.

DER FEUERWERKER: Im Keller – Unsinn. Haben Sie schon mal im Keller drunt ein Feuerwerk gsehn?

K. V.: Ich schon. Im Augustinerkeller war schon oft a Feuerwerk.

DER FEUERWERKER: Ja, im Augustinerkeller, aber net im Augustinerkeller-Keller, drum, ich brauch eine stockdunkle, rabenschwarze Nacht.

K. V.: Jetzt ist's aber schon ziemlich dunkel. *Er trinkt vom Bier.*

DER FEUERWERKER: Das nützt mir gar nichts. Ich kann mein Feuerwerk nicht »ziemlich« abbrennen, ich muß es ganz abbrennen.

L. K.: Jetzt braucht ma halt an Barometer, daß ma wissen taten, wie dunkel es ist.

Karl Valentin spuckt das Bier aus und lacht.

L. K.: Da brauchst net so gschwolln lacha, wenn i was sag.

K. V.: Du Rindvieh – du moanst ja an Thermometer.

L. K.: Du kannst ja glei sagn: an Kilometer.

DER WIRT: Oder gleich an Manometer, zum Dummheit messen.

DER FEUERWERKER: Das nützt mich alles nichts, ich brauch eine totale rabenschwarze Nacht.

DER WIRT: Ich weiß schon – eine rapide Finsternis.

K. V.: Zu was »Fensterkiss«?

L. K.: A Finsternis, hat er gsagt – a Dunkelnis.

Jetzt wird es plötzlich ganz schnell dunkel.

DER FEUERWERKER: So, jetzt können wir anfangen.

L. K.: Im Dunkeln tut's Feuerwerk funkeln!

Man hört, wie sich im Dunkeln des hinteren Gartens die Paare küssen – es folgt ein Schuß, dann wird es für wenige Sekunden wieder hell.

DER WIRT *sieht die küssenden Paare und ruft*: Ah, is des das Feuerwerk?

Und nun ist die Vorstellung schon im vollen Gange. Feuerrad, Christbaumkugeln, die Bühnenscheinwerfer blitzen ab und zu auf, es regnet rote und grüne bengalische Zündhölzer, Rauchkerzen duften, es knallt erheblich. Alle Gäste im Biergarten der Rosenau begleiten das Schauspiel mit anerkennenden Zurufen: »Aaaah« *und* »Ooooh« *und* »Da schau her!« *Zum Schluß klatschen alle. Man hört* »Bravo« *rufen, und alle verlassen die Bühne, während die Lampions aufflammen und die Gartenbeleuchtung angezündet wird.*

K. V. *und* L. K. *schauen dem verlöschenden Feuerwerk nach*: Gute Nacht, schön war's.

DER WIRT: Hallo! Was is denn mit euch zwoa? Auf was wartet's denn noch?

K. V.: Wann is denn das Feuerwerk aus?

DER WIRT: Jessas, jessas, des sehgt's doch, daß's schon aus ist, sonst tat's doch noch was sehgn.

L. K.: Aber schön war das Feuerwerk!

K. V.: Und kracht hat's oft!

L. K.: Aber stinken tut so ein Feuerwerk!

K. V.: Ja, ja, es riecht nicht alles gut, was kracht.

DER WIRT: Gute Nacht. – Macht's, daß's weiterkommt's.

K. V.: Hoffentlich finden ma hoam, weil's so finster is.

DER WIRT: Da habt's an Lampion – den schenk i euch! *Beide raufen um den Lampion und zerreißen ihn dabei.*

L. K.: Jetzt hast'n zrissen – schad.

Karl Valentin will ihn einstecken.

L. K.: Da brennst di ja.

DER WIRT: Der brennt net vor Dummheit. – Gute Nacht.

L. K.: Sie, wann haben S' denn wieder amal so a schöns Feuerwerk?

DER WIRT: Nächsten Sonntag.

K. V.: Da gehn ma wieder runter – den Sonntag, der jetzt kommt?

DER WIRT: Jawohl.

K. V.: Ja ... wenn's aber nächsten Sonntag regnet?

DER WIRT: Jetzt leckt's mi am A...

Im Fotoatelier

Ein kleines, altmodisches Fotoatelier. Verschiebbare Wolken hängen herum. Eine seitliche Tür führt zur Dunkelkammer. Gemalte Hintergründe für fotografische Aufnahmen mit allen möglichen Landschaften stehen herum.

Der Meister trägt weichen Hut und Samtjoppe und ein Bärtchen. Karl Valentin spielt den Gehilfen Heinrich, Liesl Karlstadt den Lehrling Alfons.

MEISTER *steht allein auf der Bühne und betrachtet eine Fotoplatte, ruft*: Heinrich, komm heraus, was ist mit dieser Platte wieder los?

HEINRICH *kommt, nimmt die Platte, betrachtet sie*: Die ist nicht ganz entwickelt, die hat der Fonse ausgewickelt – ah, entwickelt.

MEISTER: Fonse, da komm raus!

ALFONS: Ha, was is denn?

MEISTER: Was ist mit dieser Platte?

ALFONS: Des geht ja mich nix an, des is ja net mei Arbeit. *Zu Heinrich*: Des hast ja du gmacht.

MEISTER: Na, einer von euch zwei muß sie doch gemacht haben!

HEINRICH: Naa, oaner von uns drei hat s' gmacht.

ALFONS: Ah, des is ja de – de ham ma ja mitanander entwickelt. Da war's ganz schön, aber der spielt immer mit der Platten so – *wirft sie in die Höhe* – na is s' heut mittag in Kartoffelsalat neigfalln.

MEISTER: Also nicht lange reden, die Platte muß noch mal gemacht werden.

HEINRICH: Ja, ob uns der halt noch mal hergeht, des glaub i kaum.

ALFONS: Des glaub i aa net, der war bei der Aufnahme schon so ekelhaft.

HEINRICH: Ah, des is ja der Herr Ding, der braucht nimma kemma, den fotografier i auswendig.

MEISTER: Da muß eben hingeschrieben werden, dann kommt er schon. Also und daß ihr's wißt, ich fahre nun auf zwei Tage weg, habe eine geschäftliche Angelegenheit zu erledigen, und in zwei Tagen bin ich wieder zurück.

HEINRICH: Auf Wiedersehen!

MEISTER: Daß ihr mir gut aufpaßt, wenn ich nicht da bin, ich hoffe, daß ich mich auf euch verlassen kann. Das Material wißt ihr ja, es ist alles draußen in der Dunkelkammer, und seid vorsichtig mit dem Sublimat.

ALFONS: Ja, des hat der scho amal gsuffa statt Limonad.

HEINRICH: Hat mir aber gar nix gmacht.

MEISTER: Ja, Unkraut verdirbt nicht.

HEINRICH: Oder solln wir die zwei Tage nicht lieber zusperrn?

MEISTER: Das tät euch so passen, für was seid ihr denn da?
ALFONS: Da san mir ja nimma da, wenn ma zusperrn.
MEISTER: Wenn jemand kommt, dann habt ihr die Aufnahme zu machen.
HEINRICH: Wir könna ja gar koane Aufnahmen machen, Sie habn uns ja nia was machen lassen, mir ham ja bloß allweil mit dem Schachterl da entwickeln könna.
MEISTER: Aber gesehn habt ihr's doch von mir, ihr seid ja lange genug da, ihr habt doch immer zugeschaut!
ALFONS: Ja, da ham mir aber nia Obacht gebn.
HEINRICH: Ja, wenn aber recht viel Leut komma zum Fotografieren?
ALFONS: Zu uns kommt doch niemand!
MEISTER: Warum soll da niemand kommen?
ALFONS: Das müßt a Zufall sein.
HEINRICH: Wenn aber a ganzer Gesangverein kommt, solln ma den aa aufnehmen?
MEISTER: Natürlich!
ALFONS: Na, er moant ja, wenn gleich recht viel kommen – a paar tausend gleich –
MEISTER: Ach, ein paar tausend kommen nie!
HEINRICH: Naa – er meint ja nur, wenn s' komma taten.
MEISTER: Na, wir haben doch schon oft Gruppenbilder gemacht, ihr müßt einfach die Kundschaft anständig bedienen, schöne Posen stellen, damit es auch schöne Aufnahmen werden. Und dann noch was: Daß ihr mir ja nicht raucht! Also, ich gehe jetzt, in zwei Tagen bin ich wieder zurück.
HEINRICH: Auf Wiedersehen!
MEISTER: Pressiert's Ihnen so?
ALFONS: Der is manchmal gelungen.
MEISTER: Ja, dir fehlt auch schon nichts. Also, daß mir alles klappt. Auf Wiedersehen.
ALFONS: Ich mach schon zu, bitte. *Meister ab.* Jetzt hörn mir aber glei 's Arbeiten auf – was tea ma jetzt?
HEINRICH: Nix mehr – deck ma glei d' Arbeit zu, daß ma s' nimma sehn. Jetzt mach ma zwoa Tag Urlaub. Anrührn tun ma nix mehr – *zündet sich eine Zigarette an und setzt sich auf den Stuhl* –, so, aufmachn tun ma von jetzt an überhaupt nimmer, bis er kommt, d' Hausmoasterin war heut scho da, und sonst kommt ja neamand. Der Briefträger wirft sei Sach ins Briefkastl nei. Und du gehst nunter und laßt dir an Grammophon leihen, und Lampions häng ma auf, dann mach ma a italienische Nacht. Und i telefonier meiner Henna!
ALFONS: Und wenn sich wer fotografieren lassen will, de solln einfach zu an andern Fotografen gehn. *Es läutet.*

ALFONS: Soll i aufmachen?
HEINRICH: Net aufmacha! *Es läutet.* Wer wird's denn sein? *Es klopft.*
HEINRICH: Also, ausgschamte Leut gibt's!
MEISTER *von außen*: Heinrich – Alfons, warum macht ihr nicht auf?
ALFONS: Uih, der Alt. *Macht schnell auf.*
MEISTER: Ja, was ist denn das? Habt ihr denn das Läuten nicht gehört?
HEINRICH: Wann – heut?
MEISTER: Ja, jetzt im Moment.
ALFONS: Naa – mir habn nix ghört, gar nix.
MEISTER: So – und ich hab sechsmal hintereinander geläutet.
ALFONS: Naa – dreimal war's bloß.
MEISTER: Haha, da kommt ihr wieder auf. *Heinrich winkt wegen dem Tischtuch.* Was soll denn das bedeuten?
ALFONS: Zudeckt hab ich's, weil wie Sie nausgangen sind, ist auf amal so a Wind gangen, hätt bald alles nuntergweht.
MEISTER: Was, a Wind?
ALFONS: A Sturm war's eigentlich.
MEISTER: So, auf einmal geht da herin ein Wind.
ALFONS: Ja, wir warn selber ganz baff. *Er schneidet die Zigarette ab, die Heinrich hinter dem Rücken verborgen hält. Der Stummel fällt auf den Boden und raucht weiter.*
MEISTER: Was ist denn das? Da schau mal her.
ALFONS: Wo?
MEISTER: Da – was ist das?
ALFONS: Uih, was is denn des?
HEINRICH: A Glühwürmchen!
ALFONS: Ja, pfeilgrad!
MEISTER: Das raucht ja!
ALFONS: Dann is a Rauchwürmchen.
MEISTER: Wie kommt die Zigarette da her?
ALFONS: Die Buben tun s' immer zum Fenster reinwerfen, Schneeballn, Stoana.
MEISTER: Wo ist da ein Fenster?
ALFONS: Wer hat denn das Fenster zugmauert?
HEINRICH: Aber in unserem früheren Atelier war a Fenster.
MEISTER: Das kann ja recht nett werden, die zwei Tage!
ALFONS: Na, wenn wir gwußt hätten, daß 's Sie wärn, hätten mir glei aufgmacht. *Heinrich gibt ihm einen Wurf*.*
MEISTER: So, und wenn es eine Kundschaft gewesen wäre?

* Stoß mit dem Ellenbogen

Heinrich: Es war ja koa Kundschaft, des warn ja Sie.

Meister: Wenn's aber eine gewesen wäre?

Heinrich: Es war doch koane.

Meister: Na, es ist gut, daß ich's weiß, zufälligerweise mußte ich noch einmal zurück, weil ich meine Brieftasche vergessen habe.

Heinrich: In der Dunkelkammer liegt s' drin.

Alfons: Ja, sieben Mark fünfzig Pfennig san drin.

Meister: So, habt ihr da auch schon wieder hineingeschaut?

Heinrich: Ich weniger oft, aber er.

Alfons: Ja, weil ich gmeint hab, daß 's mei Brieftaschn is, aber er hat mir erst hernach gsagt, daß i gar koane hab.

Meister: Da ist einer wie der andere. *Geht zur Dunkelkammer – schaut sich plötzlich um. Heinrich macht ihm ein Gesicht nach.* Was war denn das jetzt?

Heinrich: Ich kann mich nicht mehr erinnern. *Der Meister geht in die Dunkelkammer.*

Alfons *leise*: Sei Brieftaschn hat er vergessn.

Meister: Also, jetzt geh ich, ich sage euch, daß ihr mir sofort aufmacht, wenn es läutet, das Geringste wenn ich hören muß, wenn ich zurückkomme, dann könnt ihr was erleben.

Alfons: Kommen Sie jetzt dann noch mal zurück?

Meister: Frag nicht so frech, sonst hau ich dir eine runter! *Ab.*

Heinrich: So, jetzt san ma richtig neitanzt.

Alfons: Du warst so gscheit, du hast gsagt, mir solln net aufmachen, is er glei mit oaner italienischen Nacht daherkommen, i dank schö.

Heinrich: Am Läuten kennt ma's doch net, wer's is, für eahm sollt halt a Extraglockn da sein – jetzt hat er's gspannt, daß mir nicht aufmachen.

Alfons: Ja, jetzt is's scho z' spät, jetzt denk i mir nix mehr, und jetzt brauchst aa nimmer aufmachn, jetzt kommt er nimma. *Es läutet.* Scho wieder. *Es läutet.*

Heinrich *achselzuckend*: Jetzt sollt ma's halt wissen ... *Es klopft fest.*

Meister *von außen*: Heinrich – Alfons – was ist denn das?

Alfons: Uih – des is er wieder! *Er macht auf.*

Meister: Ja zum Donnerwetter, was ist denn das? Warum wird denn da wieder nicht aufgmacht?

Alfons: Ich war jetzt grad net da, ich war jetzt draußen in der Dunkelkammer.

Heinrich: Ich war drauß in der Dunkelkammer.

Alfons: I war drauß, lüag net a so. *Sie wollen sich gegenseitig stoßen und treffen den Meister.*

Heinrich: Ich werd wohl wissen, wo ich grad war.

ALFONS: Na, gwiß war ich draußen, es kann ja möglich sein, daß er auch draußen war, da hab ich ihn halt net gsehn, weil's so finster is.
MEISTER: So, und ghört habt ihr auch nichts?
HEINRICH: Wenn's so finster is draußen.
MEISTER: Wie stellt ihr euch denn das vor, wenn das nun eine Kundschaft gewesen wäre?
HEINRICH: 's war ja keine, warn ja wieder Sie.
MEISTER: Wenn's aber eine gewesen wäre?
HEINRICH: Niemals!
MEISTER: Was heißt niemals? Das kann ja nett werden, es ist nur schade, daß ich unbedingt fort muß, sonst würde ich euch auf der Stelle hinauswerfen, aber am Ersten fliegt ihr alle beide. *Alfons schleicht sich leise hinaus.* Ja, schleich dich nur hinaus, scheinheiliger Tropf!
HEINRICH: Auf Wiedersehen!
MEISTER: Bande! *Er geht ab.*
HEINRICH *schüttet ihm Fixierwasser nach*: Kommt der Zigeuner noch amal daher!
ALFONS: Mir san ja glei so dumm, alle zwoa, des hätt ma uns doch denka könna, daß der no amal kommt. Der is ja so raffiniert, werst sehn, der kommt schon noch a paarmal, den kenn i doch, den Bruada!
HEINRICH: Das kann scho sein, aber da garantier i dir, daß uns der nimmer drankriegt, weil in dem Moment, wo es jetzt läut, ist die Tür auf, lieber mach i s' scho vorher auf.
ALFONS: Ja, ich stell mich jetzt daher bis morgen auf d' Nacht und wart, bis er kommt, und wenn's läut, reiß ich auf. *Es läutet. Alfons reißt mit Wucht die Tür auf. Heinrich steht mit einer Fixierwanne aus Glas daneben, die Tür haut ihn fest an den Kopf, er läßt die Wanne fallen, sie zerbricht, daraufhin haut er Alfons eine klatschende Ohrfeige herunter. Eine Frau mit Kind kommt herein, altmodisch ländlich gekleidet. Alfons und Heinrich lachen.*
FRAU: Bin ich da recht beim Fotografen?
HEINRICH: Der is net da – warum, was wolln S' denn?
FRAU: Mei Enkelkinderl möcht i fotografieren lassen.
HEINRICH: Ham Sie's dabei?
FRAU: Daaa –
HEINRICH: Des is noch z' jung zum Fotografieren.
FRAU: Ja also, wolln S' des Kind fotografieren?
HEINRICH: Der Fotograf ist net da momentan.
FRAU: No ja, dann wart i halt, bis er kommt. *Sie setzt sich nieder.* Kommt er bald, der Fotograf?
HEINRICH: Ja, übermorgen in der Früh.

FRAU: Was, übermorgen? I kann doch net bis übermorgen da warten!
ALFONS: Warum ham S' Ihnen dann hingsetzt?
FRAU: Ja also, wolln S' jetzt das Kind fotografieren oder net?
HEINRICH: Genga S' doch zu an andern Fotografen – der Ding in der Amalienstraß, der macht wunderbare Bilder.
ALFONS: Der is auch viel billiger als wir.
FRAU: Da will ich aber nicht hingehn, denn Ihr Geschäft ist mir gerade empfohlen worden.
HEINRICH: Von wem denn?
FRAU: Von an guten Bekannten.
HEINRICH: Der soll sei Maul halten, 's nächste Mal.
ALFONS: Des derfst doch net sagn, de Frau sagt's unserm Alten, dann schmeißt er uns no amal naus.
FRAU: Ja also, was is jetzt?
HEINRICH: Ja, mach's doch du, wennst so gscheit bist.
ALFONS: Da is doch nix dabei, des fotografieren mir jetzt, des gibt a Gaudi ...
HEINRICH: So, de jungen Kinder san viel schwerer zum fotografiern wie die Alten.
ALFONS: Du bist aa so a Schuaster – des geht scho – wo soll i's denn hinsetzen, des Kind – am Stuhl oder am Boden?
HEINRICH: Naa, ins Fell legt er's immer nackert nei.
ALFONS: Jessas ja – stimmt. Also Frau, bitte ausziehen.
FRAU: Ausziehen??
ALFONS: Ja, nackert.
HEINRICH: Da, tua a Platten einlegn, dreizehn mal siebzehn.
Alfons ab. Die Frau zieht sich aus und steht in ihrer altmodischen Unterwäsche da. Alfons und Heinrich schauen ihr interessiert zu.
HEINRICH: Wie ham ma's denn da? Was tean S' denn da?
FRAU: Ausziagn ham S' gsagt.
HEINRICH: 's Kind solln S' ausziagn.
FRAU: Ja so – 's Kind. *Sie zieht das Kind aus.*
HEINRICH: Auf Eahna san ma net scharf. *Alfons richtet das Kind her, man hört es schreien.*
HEINRICH: Geh hör auf mit der Sirene! *Alfons zerrt das Kind am Fuß. Heinrich richtet das Kind mit Popo zum Publikum. Alfons richtet das Kind mit Popo zum Objektiv. Heinrich deckt das Objektiv zu – geht zum Kind – haut es mit der Zeitung.* Hör doch amal dei Plärrn auf, du wirst doch bloß fotografiert, das tut dir doch net weh, sei doch net so kindisch ... *Er richtet mit einer Stange die Wolken, haut zum Schluß der Frau den Hut herunter und knipst dann. Frau geht aus dem Weg.*

ALFONS: So, Frau, Sie müssen jetzt weggehen, sonst kommen S' auch drauf.
HEINRICH: Ja, solln Sie net drauf kommen?
FRAU: Ja woher!
HEINRICH: Ich hab aber schon geknipst, i hab gmoant, Sie san d' Mutter.
FRAU: A woher, das soll doch a Überraschung wern, i bin ja d' Großmuatter.
HEINRICH: Des is ja Wurscht, wenn Sie auch größer san, da hätten S' halt weggehn solln.
FRAU: Des kann doch i net wissen.
ALFONS: Ja, jetzt san S' scho drauf.
FRAU: Na müassn S' halt noch amal a Aufnahme machen.
HEINRICH: Des könna S' Ihna denken, daß mir wegen dem Schratzen noch mal a Platten anpatzen.
ALFONS: Mir habn Ihna gleich gsagt, Sie solln zu an richtigen Fotografen gehn. Da ham S' Ihna Kind wieder, machen S', daß S' weiterkemma.
FRAU: Des is amal a saubers Gschäft, des wer ich mir aber merken, so eine Bruchbude, da hört sich doch alles auf, eine solche Unverschämtheit ist mir auch noch net passiert, no ja, euer Gschäft kann man ja empfehln. *Sie geht ab.*
HEINRICH: Mir ham koa Eiergschäft – Sie brauchen uns net empfehln, mir san froh, wenn niemand kommt. *Alfons stellt sich vor die Tür hin.* De war ja guat, de Frau.
DER SCHARFRICHTER, *ein großer, starker, furchtbar energischer Mann mit lauter Stimme reißt die Tür auf und stürzt herein, wobei er Alfons einen Stoß gibt.* Guten Tag – ein Bild will ich haben –
HEINRICH: Wer hat denn den da reingschmissen?
ALFONS: Was wolln Sie?
SCHARFRICHTER: Ein Bild!
ALFONS: Ein Knie- oder ein Brustbild?
SCHARFRICHTER: Des ist egal, schnell ein Bild. *Heinrich mischt die Bilder wie Karten und zeigt sie ihm. Der Scharfrichter haut sie ihm aus der Hand.* Gehn Sie weg mit Ihrem Blödsinn – ein Bild muß ich haben – Sie wissen scheinbar gar nicht, wer ich bin. – Mein Name ist Meier – Scharfrichter.
BEIDE: Uuuuuuuuuuu.
ALFONS: Da derfst scharf einstellen, bei dem. *Heinrich fährt dem Scharfrichter mit dem Apparat in den Bauch.*
SCHARFRICHTER: Was erlauben Sie sich?
ALFONS: Tu ihn amal a bisserl hinrichten.
HEINRICH *rührt ihn an*: Ich möcht Sie hinrichten.

SCHARFRICHTER: Hinrichten tu ich, ich bin der Scharfrichter. *Heinrich spuckt in die Hände und richtet den Bart.* Unappetitlicher Kerl, spuckt in die Hände und greift nach meinem Bart!
ALFONS: Schau, daß d' fertig wirst, daß ma'n nausbringen.
HEINRICH: Bitte, darf ich Sie freundlich ersuchen, recht freundlich zu schauen?
ALFONS: Ja, etwas lebhafter, bitte!
SCHARFRICHTER: Das kann ich nicht.
HEINRICH: A bisserl lächeln!
SCHARFRICHTER: Ich kann nicht und will nicht lachen.
HEINRICH: Bei uns müssen S' lachen, des is ja zum Lachen.
SCHARFRICHTER: Ich lach nicht.
HEINRICH: Ja, das paßt auch net zu seim Beruf – aber so könna ma's net machen.
ALFONS: So geht's net, so schaun S' aus wie a alter Seehund.
SCHARFRICHTER: Frecher Kerl!
ALFONS: Jetzt lacht er gleich – eins – zwei – drei! Jetzt kommt 's Vogerl.
SCHARFRICHTER: Weg mit dem Unsinn, fahr ab, Idiot!
ALFONS: Ah, der lacht net, da mag i aa nimmer.
HEINRICH: Der reagiert net auf solchene Sachen. *Er nimmt das Glöckchen.* Lalalala. *Er knipst.*
ALFONS: Jetzt hat er glacht – danke – fertig.
SCHARFRICHTER: Bis wann kann ich die Bilder haben?
HEINRICH: Bis in acht Tagen.
SCHARFRICHTER: Das ist mir zu spät.
HEINRICH: In sieben Tagen – in sechs – fünf – vier – drei – zwei – eins – null – gestern.
SCHARFRICHTER: Also morgen!
HEINRICH: Jawohl.
SCHARFRICHTER: Und daß mir die Bilder gut werden, daß Sie sich Mühe geben.
HEINRICH: Jaja, bei Ihnen besonders, weil wir net wissen, ob wir Ihna net amal brauchen könna.
SCHARFRICHTER: Guten Tag! *Er geht ab.*
HEINRICH *zur Tür hinaus*: An schöna Gruß an die Geköpften!
ALFONS: Geh, laß'n doch stehn, sei froh, daß er draußen ist – des war fei der Scharfrichter – daß des net kennt hast?
HEINRICH: Ja mei – gschäftlich hab i mit eahm no nia was z' tun ghabt.
ALFONS: Aber gell, heut geht a Gschäft, weil der Alt net da is? *Es läutet draußen. Vor der Tür steht ein Brautpaar. Der Bräutigam ist ein Riese von über zwei Meter Länge, mit Zylinder; zunächst ist sein Kopf durch*

die geöffnete Tür nicht zu sehen. Die Braut ist eine sehr kleine, häßliche Frau, die auch von einem Zwerg dargestellt werden kann.

Heinrich: Ah, der hat wahrscheinlich was vergessen. *Er macht die Tür auf – erschrickt und haut sie gleich wieder zu.* Jeß Maria!

Alfons: Was is denn?

Heinrich: A Geköpfter steht draußen.

Alfons: Wia, laß'n sehn. *Er schaut hinaus.* Ahhh! *Er haut die Tür wieder zu.*

Heinrich: Gell, weil wir gfrevelt habn, da steht oana ohne Kopf draußen.

Alfons: Schaun ma nomal naus. *Tut es.* Freilich hat er an Kopf, aber ganz drobn. *Macht die Türe auf.* Bitte gehn S' rein.

Bräutigam: Das geht ja nicht, die Türe ist zu klein.

Alfons: Uih, der kann net rein, weil er so lang ist.

Heinrich: Häng die Oberlichten aus! *Alfons hängt sie aus.*

Bräutigam: Das geht ja noch nicht!

Heinrich: Halt, i hol d' Säg, na schneiden ma an Türstock durch. *Er holt die Säge – sägt die Querlatte an der Tür ab. Das Brautpaar kommt herein.* Sie wünschen, bitte?

Bräutigam: Wir möchten Brautbilder haben.

Alfons *zur Braut*: Sie auch?

Heinrich: Wieviel?

Bräutigam: Ein halbes Dutzend, bitte.

Heinrich: Soviel wern ma gar net ham. *Er nimmt Bilder und zeigt sie her.*

Bräutigam: Von uns wollen wir doch Bilder haben, das sind wir ja gar nicht.

Heinrich: A so, von Eahna wolln S' welche ham, ja de müßten aber extra angefertigt werden.

Bräutigam: Natürlich, das wollen wir ja!

Heinrich: Jaja, aber de hätten S' halt billiger kriegt, weil die san net abgholt wordn, die flacka scho jahrelang bei uns umanander.

Alfons: Bittschön, möchten S' Ihna aus dem Album was raussuchen?

Heinrich: Diese Firmlingsbilder wern sehr gern gekauft – oder soll's was in Uniform sein?

Alfons *zeigt das Album her.* Das wärn mehr so Massenaufnahmen. *Er läßt es fallen.*

Bräutigam: Das ist nichts für mich, wir beide wollen uns doch bloß fotografieren lassen.

Alfons: Na müaßten S' halt noch a paar Bekannte holen schließlich.

Heinrich: Sehn S', das ist ein direktes Brautbild.

Bräutigam: Ja – das möchten wir haben.

Heinrich: Werden Ihnen de net z' teuer sein?

BRÄUTIGAM: Warum, was kosten denn die?
HEINRICH: Das weiß ich nicht – der Alte is net da, und der hat uns in die Preis net eingweiht.
ALFONS: Des steht doch hinten drauf.
HEINRICH: De kosten vierzig.
BRÄUTIGAM: Was vierzig?
HEINRICH: Ja, des wiß ma ebn net – entweder vierzig Stück oder vierzig Mark.
ALFONS: Ich glaub, vierzig Stück eine Mark – nein, das stimmt auch nicht.
HEINRICH *legt das Bild halb zusammen.* Oder mach ma vielleicht die Hälfte?
BRÄUTIGAM: Ja so – aber die andere Hälfte?
HEINRICH: Jetzt wissen S' was, wir machen jetzt amal die Aufnahme, und an Preis können S' dann mit unsern Meister ausmachen, wenn er kommt.
ALFONS: Na mach ma liaber die kleinern, weil wenn s' dann nix wern, is net soviel Geld hin. Bitte, stellen Sie sich amal daher.
HEINRICH *richtet den Apparat.* Weiter zurück, bitte –
BRÄUTIGAM: Aber schöne moderne Bilder solln's werden.
ALFONS: Da können S' Ihnen verlassen, das werden Prunkbilder. *Er zieht den Arm der Braut heraus, hängt den Zylinder drauf – dann tut er den Zylinder wieder weg und läßt die Braut mit dem Zeigefinger zum Bräutigam deuten.*
HEINRICH *geht mit dem Apparat über die Bühne hinunter in den Zuschauerraum, schreit:* Den bring i net auf d' Platten nauf.
BRÄUTIGAM: Was ist denn los?
ALFONS: Er bringt Sie net auf d' Platten drauf, Sie san z' lang, sagt er, wir haben keine so langen Platten.
HEINRICH *kommt mit dem Apparat.* Muß der Kopf unbedingt drauf sein?
BRÄUTIGAM: Was ist das für eine Frage? Natürlich muß der drauf sein.
ALFONS: Machst'n halt bis daher und dann an Kopf extra, den papp ma dann unten hin.
BRÄUTIGAM: Ich glaube, Sie können überhaupt nicht fotografieren.
HEINRICH: Ich kann Sie schon fotografieren, aber da müßten Sie sich niederknien – niederkniegeln.
BRÄUTIGAM: Was, niederknien! – Das habe ich aber noch nicht gesehn!
HEINRICH: Mir ham so an Langhaxeten aa no net gsehn.
Bräutigam kniet sich nieder.
ALFONS: So is's besser, da kommt wenigstens er drauf.
HEINRICH: Jetzt ist aber sie zu groß, das ist nichts! *Zur Braut:* Knien Sie auch nieder! *Die Braut kniet sich nieder.*

ALFONS: Das ist Geschmacksache.
HEINRICH: Gfällt mir nicht.
BRÄUTIGAM: Mir auch nicht.
HEINRICH: Warum ham S' dann gheirat?
BRÄUTIGAM: Die Stellung gefällt mir nicht.
HEINRICH *zum Bräutigam*: Setzen Sie sich lieber nieder.
BRÄUTIGAM *setzt sich auf den Boden; zur Braut:* Setz dich auch hin, Herzerl! *Die Braut setzt sich auf den Boden.*
HEINRICH: So ist's gut. – Einen Moment bitte. *Er knipst.* Danke schön! *Beide stehen wieder auf.* Das ist eine seltene Aufnahme geworden.
ALFONS: Die ist wirklich gut geworden. *Er schaut in die Kassette.* Du, Heinrich, mir ham koa Plattn drin ghabt. *Er nimmt die Platte vom Tisch.*
BRÄUTIGAM: Was ist denn los?
HEINRICH: Nichts, wir habn nur eine Kleinigkeit vergessen. Noch mal, bitte schön!
ALFONS *bringt das Schaukelpferd.* Setzen Sie sich einmal da drauf, das wird eine Sportaufnahme.
HEINRICH *will den Fuß vom Bräutigam in den Steigbügel stecken, setzt ihn dann aufs Pferd und hängt ihm die Braut um die Schultern.* So, Sie hängen Ihnen hint drauf, wie bei einem Motorradl. Hier wird auch Kunstlicht verwendet. *Er knipst.* Danke.
ALFONS: So, das ist sicher etwas geworden, die werd ich gleich entwikkeln, dann können S' Ihnen gleich anschaun!
Er geht in die Dunkelkammer. Man hört die Platte auf den Boden fallen. Er kommt ganz kleinlaut heraus.
HEINRICH: Depperta Depp, jetzt laßt er wieder die Platte fallen!
BRÄUTIGAM: Jetzt wird's mir aber bald zu dumm – Sie können scheint's wirklich nicht fotografieren, jetzt machen Sie noch rasch ein Kniebild von meiner Braut, und dann gehen wir.
HEINRICH: Ein Kniebild – ist recht. *Er hebt den Rock der Braut auf.*
BRÄUTIGAM *haut ihm mit dem Zylinder auf den Kopf, daß es kracht.* Was fällt Ihnen ein, den Rock meiner Frau aufzuheben, das erlaube ich nicht.
HEINRICH: Wie kann ich denn ein Kniebild machen, wenn der Rock darüber ist?
BRÄUTIGAM: Das ist eine Gemeinheit von Ihnen.
ALFONS: Wenn er so ekelhaft ist, dann machst einfach ein Brustbild von ihr.
HEINRICH: Wie kann ich denn a Brustbild machen, wenn s' koa Brust hat. *Er langt hin.*
BRÄUTIGAM *schlägt ihm wieder mit dem Hut auf den Kopf.* Sie unverschämter Kerl!

HEINRICH: Was glauben Sie denn eigentlich – mit Ihnen tu i jetzt nicht lang rum, stelln S' Ihnen mal da rüber, Sie wackeln auch die ganze Zeit. *Er gibt ihm den Ständer, derselbe rutscht runter.* Auweh, da is wieder die Schraubn kaputt – geh, haltn Sie selber. *Er gibt ihm das Stangl in die Hand.*

Alfons hängt den Schleier der Braut über den Ständer.

HEINRICH: Die Braut gehört doch auf die rechte Seitn nüber, stellen S' Ihna nüber – *er legt dem Bräutigam noch die Hand an den Kopf* – grad als ob S' sagen täten: Herrgott, bin i a Rindviech, daß i heut gheirat hab. *Er nimmt das Bukett, legt es der Braut zu Füßen, steckt es ihr dann ans Kleid, dann in den Mund.* So ist's gut – einen Moment ...

ALFONS *hat während dieser Zeit den Zylinderhut des Bräutigams vor das Objektiv gehängt. Er knipst.* Jessas, jetzt hängt der Hut wieder da – jetzt is wieder nix.

BRÄUTIGAM: Ihr seid ja zwei Idioten – da hört sich doch alles auf, komm, wir gehen jetzt.

HEINRICH: Sie sind einfach zu lang zum Fotografieren, wegen Ihnen braucht ma a Fotoatelier wia de Kegelbahn.

BRÄUTIGAM: Ach, Unsinn, Sie können beide nichts.

ALFONS: Da können doch mir nichts dafür, daß Sie so lang san, außer wir machen eine Queraufnahme, wissen S' was, legen S' Ihnen amal hin.

BRÄUTIGAM: Was, legen? *Er legt sich hin. Heinrich legt den Fotoapparat auch auf den Boden und sich dazu.*

ALFONS: Das wird eine Queraufnahme. *Er stellt den Fuß der Braut auf des Bräutigams Bauch, hält ihre Hand mit dem Strauß in die Höhe, die andere Hand aufs Herz.* Einen Moment, bitte ...

MEISTER *reißt die Türe auf*: Allmächtiger Gott! *Er fällt in Ohnmacht.*

Das Oktoberfest

Die Bühne zeigt das bunte Panorama des Oktoberfestes.

DER REKOMMANDEUR, *indem er stets auf seinen Schaubildern anzeigt, worüber er spricht:* Zutritt, Zutritt, meine Damen und Herren, soeben ist Anfang – Beginn einer neuen Vorstellung. Niemand soll den Festplatz verlassen, ohne unserer Vorstellung beigewohnt zu haben. Das muß man gesehen haben. Fragen Sie die Leute, die da herauskommen, was sie gehört und gesehen haben. Das Attraktionsprogramm mit Fräulein Lilly Wiesi-Wiesi; das größte Weib, das je in Europa gezeigt wurde. Die Dame ist gegenwärtig zwei Meter dreißig groß und wiegt dreihundertzwanzig

Pfund. Die Mutter der Dame ist normal und hat nicht das geringste Talent zu einer Riesin. Die Dame ist militärfrei und spielt mit Vorliebe gern Grammophon. Um die Größe beizubehalten, ißt die Dame nur längliche Speisen, wie Stangenspargel, Makkaroni, Rhabarber und Salzstangerl. Getränke muß sie sprudelnd heiß trinken, da die im Munde eingenommenen heißen Flüssigkeiten infolge der langen Speiseröhre meistens eiskalt in den Magen kommen und zu einer Magenerkältung führen könnten.

ER *(Karl Valentin) und* SIE *(Liesl Karlstadt) kommen auf die Bühne.*

ER: Kauf ma uns no a Maß …

SIE: Naa, Benedikt, mir ham so scho drei Maß, sonst wern ma bsuffa. Ein Betrunkener is was Ekliges, aber 's Widerlichste is, wenn man sich nüchtern an Rausch ansauft. Jetzt macha mir an kloana Wiesenbummel, i möcht heut in jede Schaubudn neigeh, und Prater fahrn möcht i aa.

ER: Sei doch stad und paß auf, was der hier zum Ausschrein hat.

DER REKOMMANDEUR *hat ein neues Plakat aufgerollt und zeigt es jetzt zur Vorankündigung seiner nächsten Nummer:* In der zweiten Abteilung sehen Sie »Tafit«, den Mann mit den Riesenohren. Herr Tafit ist ein medizinisches Rätsel – er ist normal gebaut, bis auf die Ohren – es sind Riesenohren mit einem Meter Durchmesser. Er ist geboren in dem Jahr, als der Komet am Himmel war. Im Alter von zwölf Jahren und sechzehn Monaten kam er in die Lehre eines neapolitanischen Schuhmachermeisters in Ceylon. In seiner vierzigjährigen Tätigkeit als Schusterjunge war seinem Meister Gelegenheit gegeben, ihn in unaufhörlicher Art und Weise bei den Ohren zu ziehen. Infolge dieser jahrelangen Ausdehnung der Ohrmuscheln haben dieselben ungeheure Dimensionen angenommen. Durch die ungeheure Bauchung der Ohrmuscheln hat sich bei Herrn Tafit die Schallaufnahmefähigkeit dermaßen verstärkt, daß Herr Tafit, wie ein Sprichwort sagt, das Gras im Finstern wachsen hört. Das Zerdrücken eines Flohes erschallt bei Herrn Tafit wie ein Böllerschuß. Bei Sturmwind kann sich Herr Tafit nicht auf die Straße wagen, da die Ohrmuscheln Wind fangen würden. In seinen Riesenohren erzeugt Herr Tafit jährlich zwölf Zentner Ohrenschmalz, welches er stets an einen Wagenschmierfabrikanten abgibt und an dem Erlös desselben einen ganz schönen Nebenverdienst zu verzeichnen hat. Herr Tafit ist der Liebling sämtlicher Damen. – Er ist vollständig normal gebaut – bis auf die beiden Ohren – es ist keine Illusion – kein Schwindel – alles echt.

SIE: So a Schmarrn! Geh zua, Benedikt, schau daß d' weiterkommst. Hier glei nebenan is a Hellseherin. Die möcht i leicht fragen, ob mir dahoam auch richtig 's Gas zuadraht ham.

DIE HELLSEHERIN *spricht in gebrochenem Deutsch:* Gehn Sie her, schöner Mann – um zwanzig Pfennig sag ich Ihnen Ihre ganzen Charaktereigenschaften und Ihre Zukunft aus den Linien der Hand.

ER: Naa, naa – i mag nix im voraus wissen! Was kimmt, kimmt früah gnua. Aber mei Frau – de schwärmt für solche Sachen! – Des is selber so a halberte Astrologin.

SIE: San Sie wirklich a Hellseherin?

DIE HELLSEHERIN: Ja, ich bin Hellseherin!

ER: Bei der Nacht aa – wenn's finster is?

SIE: Geh, tua doch de Frau net dablecka. *Zur Hellseherin*: Da, Frau, schaun S' amal meine Handlinien o! – Sagen S' ma, ob mir dahoam 's Gas zuadraht ham.

DIE HELLSEHERIN: Oh! Eine brave Frau! Eine gute Frau!

ER: Geh weita, Barbara – stimmt scho net!

SIE: Benedikt! Die Handlinien sagen mehr, als du weißt!

DIE HELLSEHERIN: Sie haben heute noch eine große Glück!

ER: Moanan S'? – Barbara! – Dann gehn ma glei zum Glückshafn nüba und kauf ma uns a paar Los.

DIE HELLSEHERIN: Aber diese Linie – gnädige Frau – oh! Die ist nicht gut! Ihnen trifft heute noch der Schlag.

SIE: Um Gottes willen! Des hätten S' ma liaba net gsagt! – Hast ghört, Benedikt – da Schlag trifft mi heut noch.

ER: Ja?

SIE: Was »ja«? Ich glaub, des gfreit di, wenn mi der Schlag trifft!

ER: Aber Barbara! – Was woaß denn so a Hellseherin – des woaß ja net amal a Dokta. *Man hört von weitem eine Turmuhr schlagen.*

SIE *weint*: Benedikt – jetzt woaß i, wiavui's gschlagn hat bei mir.

ER: Bei dir? – Naa, des war d' Uhr von da Paulskircha. – Komm, gehn ma. Diese Hellseherei is ja lauter Bockus Hockus.

SIE: Hokuspokus sagt ma.

ER: Da oanzige Hellseher is unser Herrgott, und der verlangt koane zwanzig Pfennig! Mir genga jetzt zum Glückshafn nüber und nehmen a paar Los. Du hast doch heit a Glück, hat d' Hellseherin profizeit. Dann wern ma glei sehng, ob s' recht hat.

SIE: Ja, das tean ma. Da drüben is ja so glei da Glückshafn. *Sie gehen zur nächsten Bude.*

ER: Da hast a Mark und zwanzig Pfennig – geh hin und nimm zwölf Los.

SIE: Bitte zwölf Lose.

ER: Bin neugierig, ob a Treffa dabei is.

SIE: Und i bin neugierig, ob ma 's Gas dahoam zuagmacht ham. *Aufgeregt*: Da schau her, Benedikt – Nummer 38.

Sie hält jedesmal triumphierend das Los mit der Nummer in die Höhe.

Er: Ja, was is des!

Sie: Da schau her – Nummer 176.

Er: Ja, was is des!

Sie: Scho wieder a Treffa – da schau her – Nummer 18.

Er: Ja, was is des!

Sie: Nochmal a Treffa – Nummer 78.

Er: Ja, was is des!

Sie: Da schau her – a 's fünfte aa noch a Treffer – Nummer 80. Gell, die Hellseherin hat recht! – Sie haben heute noch eine große Glück, hat s' gsagt. – *Sie weint.* Moanst, ob s' eppa aa mit'n Schlagtreffa recht hat?

Er: Papperlapapp! – Des is lauter Zufall! Schau, da san scho wieda zwoa Treffer – Nummer 95 und Nummer 70. Hast du di aa?

Sie: Ja freilich, Benedikt, das sind alles die unsern, heut kommen überhaupt nur Gewinste, wo mir ham. Schau her, Nummer 30 hab i aa, und de nächste Nummer 10 hab i aa, und jetzt bin i gspannt, ob de letzten – schau, akrat kemma jetzt unsere letzten Nummern heraus: 6, 36 und 46.

Er: Laß da glei die Gwinste gebn – i bin neugieri, was ma alles gwonna ham.

Der Glückshafenmann: Bitte, Nummer 38 – ein Regulator.

Er: Ja, was is des! Und a Zifferblatt is aa drauf!

Der Glückshafenmann: Nummer 176 – ein Nudelholz und ein hölzerner Kochlöffel.

Er: Ja, was is des! A Lebenswecker!

Der Glückshafenmann: Nummer 18 – ein Vogelbauer.

Sie: Ja, was is des! A leerer Vogelbauer, den Vogel dazua hast du eh scho in dein Hirn drin!

Der Glückshafenmann: Nummer 78 – eine rote Gießkanne.

Er: Ja, was is des! Da, damit kannst du dem deinigen Vogel a Wasser gebn!

Der Glückshafenmann: Nummer 80 – ein Teddybär.

Sie: Ja, was is des! Des is was für d' Kinder!

Der Glückshafenmann: Nummer 95 – ein Karton Kämme.

Er: Ja, was is des! Na ham ma glei an Vorrat für de lausign Zeitn.

Der Glückshafenmann: Nummer 70 – ein Putzkübel.

Sie: Ja, was is des! Mei, Benedikt, des trifft si guat, wo mei alter schon so lang rinna tuat.

Der Glückshafenmann: Nummer 30 – ein Schrubber.

Sie: Ja, was is des! Jessas, kriagn ma an Besn aa glei dazua.

Der Glückshafenmann: Nummer 10 – ein Kinderreifen.

Sie: Ja, was is des! Geh her, Benedikt, den häng i dir glei um an Hals! *Sie tut es.*

Der Glückshafenmann: Nummer 6 – ein Kleiderrechen.

ER: Ja, was is des! Na brauch ma bloß no an Strick zum Aufhänga.
DER GLÜCKSHAFENMANN: Nummer 36 – ein Waschschaff.
SIE: Ja, was is des! Da konn i morgn früah glei in d' Waschküch geh.
DER GLÜCKSHAFENMANN: Nummer 46 – ein Nachttopf.
SIE: Ja, was is des! Den trag i aber net, da müaßt i mi ja schama.
ER: Wia wuist denn des überhaupt alles hoambringa?
SIE: Woaßt was, Benedikt, die Kleinigkeiten schiabst in dei Taschn eini. *Sie stopft ihm das Nudelholz, den Kochlöffel und den Teddybär rechts und links in die Taschen, und unter den Arm schiebt sie ihm den Karton mit den aufgehefteten Kämmen und den Kleiderrechen. Den Vogelbauer gibt sie ihm in die rechte Hand und unter den linken Arm den Regulator. Endlich muß er die Gießkanne und den Nachttopf in die linke Hand nehmen. Sie selbst trägt den Putzkübel, den Schrubber und das Waschschaff.* Komm, jetzt gehn ma!
ER: A solchenes Glück, mehra Treffa als wia Lose! *Er geht mühsam weiter.*
SIE: Du, Benedikt, de Liliputaner san heier aa wieder auf der Wiesn herausd, de kloanstn Menscha der Welt.
ER: Ja, de mecht i mir aa gern oschaugn – naa, des geht ja net, weil i meine Augngläser net dabei hab. Mir kenna höchstens zu de Riesn neigeh, der soll zwoa Meter zwanzge groß sei, den siehg i ohne Augngläser aa.
SIE: Geh, Schmarrn, so kloa san de Liliputaner net, daß d' glei d' Augengläser dazua brauchst.
ER: Du, Barbara, jetzt muaß i dumm fragn. Was is denn eigentlich der Unterschied zwischen einem Liliputaner und einem Zwerg?
SIE: Sehr einfach – ein Zwerg ist klein und ein Liliputaner ist auch klein.
ER: Dann ist doch eigentlich kein Unterschied zwischen einem Zwerg und einem Liliputaner?
SIE: Naa, aber der Zwerg kann niemals größer werden, während der Liliputaner immer klein bleibt.
ER: Des is doch dann aa koa Unterschied.
SIE: A Zwerg und a Liliputaner ham überhaupts keinen Unterschied.
ER: Nacha kannst zum Zwerchfell aa Liliputanerfell sagn.
SIE: A geh, red doch koan so an Schmarrn. Die ham scho an Unterschied aa, nämlich im Alter.
ER: Wieso?
SIE: Ein Zwerg kann jung sein und mit der Zeit kann er älter werden, genau wie ein Liliputaner auch.
ER: Ganz klein, winzig klein sind nur die Kinder von den Zwergen und Liliputanern.

SIE: Des stimmt net, denn i hab amoi in der Zeitung glesn, daß die Liliputaner und die Zwerge koane Kinder kriagn.
ER: So! – Ja – wo komma nacha de erwachsenen Liliputaner her?
SIE: Immer nur von ganz normalen Eltern.
ER: A so is des. Dann kenna also mir zwoa niemals Liliputaner kriagn.
SIE: Aber unsere Kinder – der Georg und d' Resi warn doch aa kloa, wie s' auf d' Welt komma san, dann warn doch des aa Liliputaner gwen.
ER: Ja, de san aber mit der Zeit größer worn.
SIE: Des is saudumm. Denn wenn de kloa bliebn warn, hättn mir jetzt a scheens Gschäft.
ER: Wieso?
SIE: Na ja, dann könnt ma uns aa a Bude macha lassn und unsere Kinder ausstelln, dann hätt ma a sichere Existenz. Leider geht's net, weil mir nicht normale Eltern san.
ER: Vielleicht wern ma's no.
SIE: Naa, des ham ma scho übersehn.
ER: An was kennt ma des eigentlich, daß mir nicht normal sind?
SIE: Am saudumma Daherredn. *Sie gehen jetzt auf eine Schaubude zu.*
DER AUSRUFER: Meine Herrschaften! Versäumen Sie nicht den Clou des Festplatzes! – Echte Kannibalen! – Echte Menschenfresser! Aus dem fernen Afrika. – Sie zahlen heute auf allen Plätzen nur halbe Preise.
SIE: Des is billig! – Da gehn ma nei.
ER: Traust dich neigeh?
SIE: Warum nicht?
ER: Wenn dich aber so a Menschenfresser frißt?
SIE: Der werd ausgrechnet mi fressn!
ER: Freili! – Du bist doch a Mensch.
SIE: Benedikt! – Wie meinst du denn das?
ER: Mensch is Mensch – ob Mann oder Frau.
DER AUSRUFER: So, meine Herrschaften! Zum Beginn der Vorstellung stelle ich Ihnen fünf Menschenfresser vor – echte Kannibalen aus dem Stamme der Akka-Akka. – Ihre ferne Heimat ist Nordwestafrika. In der ersten Abteilung zeigen sie Ihnen einen Original-Kriegstanz. – Los! *Man hört auf einer heiseren Grammophonplatte einen Kriegstanz mit Negertrommeln und Negergeschrei.*
SIE: Du, Benedikt, woaßt du ganz bestimmt, daß mir z' Haus 's Gas zuadraht ham?
ER: Ah geh weiter, laß mi mit dein Gas zfriedn.
DER AUSRUFER: In der zweiten Abteilung hören Sie ein Kriegsgebet. *Das Grammophon krächzt einen Negerchor im Sprechgesang, alle Zuschauer klatschen in die Hände.* In der dritten und letzten Abteilung die

schaurige Kannibalenmahlzeit. – Die Akka-Akka verzehren nun vor ihren Augen ein Stück Pferdefleisch. *Er zeigt auf ein Bild. Man hört das Schmatzen, Zerbeißen und Rülpsen der Fresser. Mehrere Zuschauer gehen vorbei und rufen:* »Schwindel – Betrug!«

Sie: Jawohl! Das is der größte Schwindel da herin – diese Bude gehört gesperrt!

Er: Das sind Vorspiegelungen falscher Tatsachen! *Alle Zuschauer murmeln:* »Ganz richtig!«

Sie: Schama S' Eahna! Auf Ihrem Plakat wolln Sie dem Publikum weismacha, daß des echte Menschenfresser san, daweil fressen s' Pferdefleisch! *Alle lachen und pfeifen.*

Der Ausrufer: Keine Aufregung, meine Herrschaften! – Von Schwindel kann hier keine Rede sein! – Das sind garantiert Kannibalen – echte Menschenfresser. – Die fressen nur jetzt vor der Vorstellung Pferdefleisch. – Wo sollen wir denn so viel Menschenfleisch hernehmen, oder ist vielleicht jemand unter den Herrschaften, der sich fressen lassen will? Bitte, kommen Sie rauf! *Das Publikum ist verstummt.*

Der erste Zuschauer: Ich nicht!

Der zweite Zuschauer: Ich auch nicht!

Der dritte Zuschauer: Kommt gar nicht in Frage!

Der vierte Zuschauer: Zu so was gib ich mich nicht her!

Der fünfte Zuschauer: Das ist doch keine Art nicht!

Der sechste Zuschauer: Dafür bin ich mir zu gut!

Der siebente Zuschauer: Zuerst Eintritt zahln und sich dann fressen lassen!

Der achte Zuschauer: Lächerliche Zumutung!

Er: Barbara, geh nur nauf, laß dich nur fressn, i kriag scho wieder a andere.

Sie: Ah geh zua, Benedikt, wenn i nur wüßt, ob mir dahoam 's Gas zuadraht ham.

Er: Du, Barbara, da schaug nüber, 's August-Schichtl-Theater is grad aus worn, da schaug nur grad den Haufa Leit o, de wo grad rauskemma.

Sie: Ja, zum Schichtl geh ma eine.

Er: Da brauch ma gar net neigeh, der macht heraus vor seiner Bude mehra Gaudi als wia drinna, schick di, daß ma ganz vorn hikemma – schaug hi, seine Musikantn stehn scho alle heraus vor der Bude und seine Artistn aa, der Herkules, der Schlangamensch, der Zauberer, der weißgeschminkte Clown, an Schichtl sei Tochter steht aa schon heraus, de scheene Johanna, de beste Trapezkünstlerin der Welt. *Sie gehen zur Schichtl-Bude.*

Sie: Und de scheena gscheckatn Gwander, wo s' alle oham.

Er: Schaug hi, jetzt kimmt er selber, der Schichtl. *Man hört die Zuschauer lachen.* Paß auf, jetzt werd er glei ofanga mit seine Sprüch.

SCHICHTL *tritt auf die Ecke seines Podiums heraus:* Sehr verehrtes Publikum! Nachdem die Volksmassen mein Theater befriedigt verlassen haben, beginnt eine neue Gala-Elite-Vorstellung. Auftreten der ersten Künstlerspezialitäten des Kontinents, Jongleure, Seilkünstler, Equilibristen – Zauberer – Trapezkünstlerinnen – Herkulesse – Schlangenmenschen und so weiter. Zum Schluß der Vorstellung die berühmte Geister- und Gespenstererscheinung. Sichern Sie sich jetzt schon Plätze. Zutritt, Zutritt. *Er läutet mit der Glocke.* Die Kapelle gibt das letzte Zeichen, und die zweite Vorstellung nimmt ihren Anfang. *Eine Schallplatte spielt den Tölzer Schützenmarsch.* Ja, warum geht's denn net rei? Ja, wia ham ma's denn? Ja, wia kemmt's ma denn vor, moant's vielleicht, i bin für eich da, oder seid's für mi da? Da stengen s' alle da heraus und schaugn mi o. Geht's eina und schaugt's hinaus. Was habt's denn im Prinzregententheater? Da zahlt's zehn Mark Eintritt, und verstehn deat's doch nix davo. *Die Zuschauer begleiten seine Witze mit einem Lachen, das immer mehr zunimmt.* Bei mir zahlt's nur zwanzg Pfenning und habt's was für euer Geld – da schaugt's, der gscherte Hammel, da hint, da geh rei in mein Theater, laß ma aa was verdeana, i kaff dir aa deine dafeiltn Kartoffeln ab. Jetzt lacht er. Also, geht's rei, es kost ja bloß zwanzg Pfenning, i mach's ja nur so billig, weil i woaß, daß alle koa Arbat habt's, sunst tat's eich net alle daher stelln und 's Maul aufreißn. *Die Leute lachen noch lauter.* Jessas, reißt der da hint sein Brotladn auf, mach'n zua – da kunnt ma si ja gleich fürchtn. Den muaß i engagiern, wenn i amoi in mein Theater koan Platz mehr hab. In den sei Mäu genga allwei no a paar eina. – Wohlriechende Landbewohner! *Die Leute lachen laut.* Stellt's euch net so lang daher, sonst kriagt's no Plattfüaß aa, wer woaß, ob ich 's nächste Jahr no auf d' Wiesn außakimm, wahrscheinlich fahr ich 's nächste Jahr nach Europa oder nach Holzkirchen. *Wieder lachen einige.* Na habt's as. Also geht's rei, mir fanga jetzt o. Wer rei will, hat höchste Zeit, und de wo net reigenga, de ham ja so koan Pfenning im Geldbeutel drinna, weil s' eahna ganz Geld scho versuffa ham. Überhaupts moant's ihr vielleicht, ich mach euch vor der Bude da heraus an Hanswurschtn? Wenn i amoi nimmer aufs Oktoberfest rauskimm, dann is z' spät, dann kennt's euch an Trauerflor über eure Ohrwaschln nüberbindn und kennt's heuln dazua, wia a alter Hofhund. Also gebt's eure zwanzg Pfenning an der Kasse ab, dann kennt's von mir aus higeh, wo's megt's. Also mir fanga jetzt o. *Er läutet wieder mit der Glocke.* So – jetzt habt's as übersehng, jetzt is d' Kassa gschperrt, jetzt derft's gar nimma rei, wenn's aa mögn tat's. *Der Zuhörerkreis lacht laut.* Jetzt kimmt mir koaner mehr rei, net amoi, wenn er an Tausender zahlt. *Man hört noch stärkeres Gelächter, eine Blechmusik fällt mit dem* Bienenhausmarsch *ein.* Die Künstler begeben sich jetzt in das Theater, und die Vorstellung nimmt ihren Anfang.

Sie: Au weh – jetzt san ma ausgrutscht, weil ma net glei neiganga san.

Er: Ah, wenn ma neiganga warn, dann hätt ma ja den Schichtl heraus net gehört – heraus macht er doch mehra Gaudi als wia drinna, und dann bei seine Geister- und Gespenstervorstellungen hättst du di ja doch gforchtn. Und erst bei der Hinrichtung mit der Guillotine – brr – da köpft der Schichtl alle Tag an andern Zuschauer – sei froh, daß ma net neiganga san – der hätt dich am End aa köpft.

Sie: No, gar so zwider waar dir des vielleicht gar nicht gwen.

Er: Des will i grad net enthaupten – a – behaupten. Woaßt was? Aber jetzt genga ma zur Bräurosl nüber und kaff ma uns a Wiesnmaß.

Sie treten in den Biergarten. Ein alter Münchner sitzt schon da.

Sie: Ist der Platz noch frei? *Sie setzen sich umständlich hin, wobei die Gewinne alle durcheinander zu Boden fallen.*

Er: Hätt ma nur nix gwonna.

Sie: Zwölf Los ham ma gnomma, da warn dreizehn Treffer dabei, des is aa nix, wenn ma gar so a Glück hat. Jetzt hätt i aber Durst. Fräulein, a Maß möcht ma, gelln S'. *Sie wickelt eine Brotzeit aus ihrem Beutel, kurze Zeit darauf stellt die Kellnerin einen Maßkrug vor sie hin, aus dem sie häufig einen Schluck nimmt.* Da bin i neugierig, wia mir mit dem Haufa Sach heut hoamkomma. In d' Trambahn könna mir da net nei, da is heut beim Rausfahrn scho so zuaganga, des is koa Art und Manier mehr, des san ja die reinsten Sturmangriffe auf heimatlichem Boden. Ja, da kann ja a anständiger Mensch gar nimma mittoa; da hat's ja bald not, daß d' Straßenbahndirektion an jede Trambahn an eigenen Sanitätswagn anhängert, daß s' die Toten und Derdruckten glei selbst mitnehma kenna. Gell, Alter, wia's da heut zuaganga is, wie mir auf d' Wiesn rausgfahrn san, da hört sich doch der ganze Gmüashandel auf. *Zu dem alten Münchner am Tisch:* Sie moana, mir san neigstiegn in d' Trambahn, naa, neigwoikelt ham's uns, wie an Dreipfennigtraller. Wie der ganze Haufen drinna war, schreit der Schaffner »z'erst aussteign lassen«, drucka uns de wieder raus. Wia de heraus san, geht's wieder nei, so a Hammel fahrt mir mit der brennenden Zigarette ins Ohrwaschel nei, a andere Frau schreit: »Mei Kind, mei Kind!« Wia ma glücklich auf der Plattform eigsperrt san, schreit ma wieder oane: »Grüaß Gott, Frau Deiglmayer!« Ich schau schnell um, daweil hau i mir d' Nasen an de Messingstanga hi, daß i fünf Minuten lang ganz damisch war. »Im Wagn drinna is no a Sitzplatz«, sagt der Schaffner zu mir, »schicka S' Eahna, Frau, sonst setzt sich a andere hin«, i lauf glei nei, daweil sitzt scho a andere brettlbroat dort. Ich steh natürlich im Wagen drin und kann mi nirgends anhalten, weil de Reama zu hoch drobn san, de ham s' natürlich nur für de Langhaxeten naufgmacht; umanandergwackelt bin i, wia a alter Kuhschwoaf. »Im Wagen drin derf niemand stehenbleiben«, sagt der Schaffner zu mir. »Saudumms Gred«, sag ich, »soll ich mich vielleicht auf Eahnan Schweinskopf naufsetzen?« Kaum hab i des gsagt, kommt eine Kurven, mich wirft's auf a Bank hin, i fall auf a Frau nauf, de laßt ihran Marmeladhafen fallen, und die ganze Schmier liegt am Boden. »Sie saudumms Fraunzimmer«, sagt de zu mir, »kenna S' denn net Obacht gebn? Wenn Sie 's Trambahnfahrn net verstehn, dann fahrn S' 's nächstemal mit'm Zeppelin oder hänga S' Eahna an d' Schutzvorrichtung an, daß S' d' Leut net so belästigen, Sie Jubiläumstrankhafa.« – »Sie, reden S' Eahna fei net so leicht, sonst kann's sein, daß ich in Eahnam Gsicht drin a Watschenrennats abhalt, Sie Flugga, Sie.« Mein Mann steht daneben und schaut zu, redt und deut nix, und in der Aufregung hätt ma 's Aussteign aa no bald vergessen. »Aussteign wolln ma!« Moana S', de blöden Leut hätten uns nauslassen? »Waarn S' net eigstiegn«, sagt a frecher Hundsbua zu mir. »Ja«, sag i, »i waar froh, wenn i net eigstiegn waar, in den magistratischen Folterkarrn.« Daß 's Kraut natürlich no ganz fett wird, kommt der Trambahngeneral a no daher! »Billetten vorzeigen!« Moana S', mir hätten unsere Billetten noch gfunden? Derweil fallt's mir ein, daß ich d' Billetten in mein Geldbeutel neido hab. Ich greif gleich nach meim Tascherl, derweil hab i bloß mehr an Taschenriemen in der Hand. »O du heiliger Josef«, hab i gschrien, »mei Tascherl ham s' ma gstohln, halt's'n auf, halt's'n auf!« Moana S', oa Mensch hätt den aufghaltn, der mir mei Tascherl gstohln hat? Mein Mann kann ich überhaupts zu nix braucha, den hab ich dann noch recht zsammgschimpft vor alle Leut, und beim Umsteign steign mir wieder in denselben Wagen nei, wo ma grad ausgstiegn san. Also mit dera Fahrerei werd ma no ganz blöd und dappig. *Sie trinkt aus, jetzt erst bringt die Kellnerin den Maßkrug für ihn. Die Musik spielt* Ein Prosit der Gemütlichkeit. *Er wehrt sie mit dem Arm ab, als sie nach seiner frischen Maß greifen will, trinkt und bläst ihr den Schaum ins Gesicht.*

SIE: Naa, Blödsinn – gelln S' Herr Nachbar, aber a schöns Wetter ham ma heut. Wir wollten zerscht gar net rausgehn auf d' Wiesn, aber jetzt reut's mi doch net. – Im Hippodrom warn mir auch drinna, ah, ah, wissen S', was ma da alles sieht, des is ja direkt ausgschamt so was, de Weibsbilder sitzen ja halbert nackert auf de Gäul droben, i bin ganz rot wordn, mein Mann hat auch nicht hinschaun mögn.

ER: Mögen hätt ich schon wollen, aber dürfen hab ich mich nicht getraut! Ich wollte dich halt nicht komprimieren!

SIE: Da san s' rumgritten, 's Gwand is eahna bis da raufgrutscht, i tät mi net um a Million auf so ein Pferd naufsitzen vor alle Leut, i tät mi schama.

ER: Bei dir tät aa koaner hinschaun.

EIN LUFTBALLONVERKÄUFER *tritt auf und ruft:* Luftballon, wer braucht an Luftballon?

SIE: Geh, kauf doch dem arma Mann an Luftballon ab.

ER: Was tean denn mir mit an Luftballon?

SIE: Den bring i dem kloana Pepperl von der Millifrau mit, gebn S' oan her, was kost er denn?

DER LUFTBALLONVERKÄUFER: Fuchzig Pfenning.

SIE: Gib eahm a Fuchzgerl. *Sie nimmt sich einen Ballon.*

ER: Um des Geld hätt ma scho bald a Maß Bier kriagt, da hätt ma mehr ghabt davon.

SIE: Freili, a Maß Bier is in fünf Minutn austrunka, aber da hat ma länger a Freud.

ER: Ja, bis er dir auskimmt.

SIE: Ja, sunst nix mehr.

ER: Die Frau Empenzeder hat sich vorigs Jahr auf der Dult auch an Ballon kauft, und in einer Sekundn is er ihr scho davongflogn.

SIE: Is ja nicht wahr, das war anders: sie hat sich an Ballon kafft, ihra Neffe, der Niederreither Ludwig, geht hinter ihr her und kitzelt s', sie schreit aah! *Über dem Feuer der Erzählung hat sie auf ihren eigenen Ballon vergessen. Dieser fliegt weg und verschwindet.* Jess Marandjosef, schnell, mei Ballon! DER ALTE MÜNCHNER *und* ER *stehen ratlos auf und schauen hinauf.*

ER: Da, da, da, da – fliegt er – jetzt is er bei der Paulskirch.

SIE: Ja, neben dem Schwaiberl fliagt er.

ER: Da – schau, jetzt hat er an Bogn gmacht. *Er tritt zurück, um besser zu sehen, und steigt dabei in den Regulator, dessen Scheibe krachend zersplittert.*

SIE: Naa, naa, alles was recht is – jetzt ham ma an Regulator ghabt, jetzt ham ma no net amal draufgschaut, wiavui Uhr daß's is, tritt er scho mit seine saudumme Trittling nei – Jessas, Jessas, siehgst denn net?

ER: Des hätt aa dumm nausgehn könna, wenn ich heut de Gnagelten anghabt hätt.

SIE: No, mehr wia hin kann er doch net werden! Es muaß halt immer wieder was daherkemma, i sag's ja, i sag's ja.

DER ALTE MÜNCHNER: So a Glas is teuer, des kost mindestens vier Mark, um des Geld hätten S' Eahna scho a Brathendl kaufen könna.

SIE: Ham Sie a Ahnung, um vier Mark kriagn S' koa Hendl, mei Liaba, a Hendl auf der Wiesn kost allweil acht bis zwölf Mark.

ER: Bis zwölf Mark fuchzg – das kann sich ein kleiner B-B-Beamter nicht gedulden.

SIE: Nicht leisten.
ER: Ich bin nämlich ge-
DER ALTE MÜNCHNER: Geometer – Geologe – Geheimsekretär.
ER: Gekürzt worden um neunzig Prozent!
SIE: Ja, da kann man sich kein Wiesnhendl mehr leisten, das kauf ich am Viktualienmarkt, da kost's vier Mark fuchzg.
ER: Oder eins um fünfundzwanzig Pfenning bei der Epa.
SIE: Moanst eppa, daß ma des fressen könnt? Mach koane Witz, wenn ma scho eins kaufen täten, dann am Markt, und da weiß ich, was ich hab, und das brat ich dann schön braun daheim am Gas.
ER: Weil du eben von einem Brathendl mit Gas redst, ham mir denn heut 's Gas zuadraht, wia mir zu Haus fortgangen sind? Ich glaub, mir ham's brenna lassen.
SIE: Jess Marandjosef! Des frag i di ja scho die ganze Zeit, wo mir heraus san auf der Wiesn. Naa, mir ham's zuadraht, oder, wart amal, nach dem Essen hast du noch an Kaffee warm gmacht, und da hat's noch brennt, dann bin i ins Zimmer hinter und hab mein Huat gholt, und wia i wieder vorkemma bin, da woaß i jetzt nimmer, hat's noch brennt oder net.
ER: Um des handelt sich's ja, i glaub schon, daß mir auch zuadraht ham.
SIE: Ach, glauben, glauben heißt nix wissen. Jessas Marandjosef, d' Wasch hängt aa no überm Gasherd, vielleicht brennt scho 's ganze Haus, und d' Feuerwehr hat scho unser Wohnungstür aufgsprengt und unsere ganzen Möbel zum Fenster nuntergworfen. Alles liegt verkohlt im Hof drunt.
ER: Und da sagt der Schiller immer: »Wohltätig ist des Feuers Macht«. *Er schnüffelt.* Ich hör schon was brandln.
SIE: Depp, sag nur gleich, riacha siehgst es. Wenn's da heraußn auf der Wiesn schon brandln tät, dann wär's gfehlt!
ER *schnüffelt wieder:* Aber brandln tuat's, ah, d' Pfeifen hab i brennad in d' Taschen neigsteckt, jetzt is das Futter angebrennt.
SIE: Schiabt er d' Pfeifa brennad in d' Taschen nei! Wo du nur die letzt Zeit dein Kopf hast, drum hast aa 's Gas daheim brenna lassen. An was hast denn eigentlich denkt, wiast daheim an Kaffee warm gmacht hast?
ER: Da hab ich doch den Kettenbrief neunmal abgeschrieben, den wo ich kriegt hab.
SIE *zu dem alten Münchner:* Ham Sie auch schon einmal einen Kettenbrief kriegt?
DER ALTE MÜNCHNER: Schon a paar hab ich kriegt, des is doch jetzt die neue Mode, so an Schmarrn schreibt ma doch net neunmal ab.
SIE: Das sag ich auch immer – Wissen Sie, was da die Post damit Geld verdient, das geht in die Millionen! – Solche Briefe wirft man weg –

ER: Das darf man nicht tun, das bedeutet Unglück, ich habe in meiner Jugendzeit auch einmal so einen Kettenbrief weggeworfen, und in diesem Jahr hab ich furchtbares Pech gehabt.

SIE: Ja, das hast du mir noch nie erzählt, was ist dir denn da passiert?

ER: No ja, das war doch das Jahr, wo ich dich kennenglernt hab.

SIE *wirft ihm das Brotkörberl nauf:* Du ausgschamts Mannsbild – die ganzen Kettenbriefe sind doch ein aufglegter Schmarrn.

ER: Das ist kein Schmarrn, das hat ein amerikanischer General begonnen, das ist hohe Wissenschaft.

DER ALTE MÜNCHNER: Naa, naa, das hat mit Wissenschaft nix zu tun, ganz was anders is, wenn oaner aus der Hand das Schicksal rauslesen kann, das is Wissenschaft.

ER: Das ist auch ein Schmarrn, das geht nicht immer, wenn einer zum Beispiel Handschuh anhat.

SIE: Naja, da muß er s' halt ausziehn.

ER: Es könnt aber sein, daß er keine anhat, dann könnt er keine ausziehn.

DER ALTE MÜNCHNER: Ich kann zum Beispiel aus jeder Hand das Schicksal lesen.

SIE: Das is interessant, schaun S' amal, was hab denn ich für eine Hand?

DER ALTE MÜNCHNER: Sie ham zwar eine kleine, aber eine sehr kräftige Hand.

ER: Das hab ich schon oft bemerkt.

SIE: Sieht man auch das, wie alt man wird?

DER ALTE MÜNCHNER: Natürlich, Sie, Sie erreichen ein ganz hohes Alter, Sie werden mindestens neunzig Jahre alt.

ER *läßt den Karton mit den Kämmen und den Kleiderhalter fallen, den er noch immer unter den Arm geklemmt trägt. Der an den Tisch gelehnte Kinderreifen fällt scheppernd um.*

DER ALTE MÜNCHNER *deutet weiter:* Sie sind auch sehr schweigsam und zurückgezogen, aber Sie sind eine herzensgute Frau. *Zu ihm:* Spielt Ihre Frau auch Klavier?

ER: Sehr wenig, nur wenn sie abstaubt. *Er hat indessen getrunken und prustet jetzt vor Lachen das Bier wieder aus.*

SIE: Geh, schaun S' doch mein Mann auch amal in d' Hand nei.

DER ALTE MÜNCHNER: Ja, warum net, tean S' Eahna Pratzn her.

ER: Nein, nein, ich bin für diese Sachen nicht geeignet.

SIE: Geh, zeig s' doch her, sei doch net so eigensinnig.

ER: Nein, nein, nein, nein! *Er versteckt seine Hände.*

SIE: Ich weiß schon, warum er sie nicht herzeigen will, er scheniert sich, weil s' so dreckig san.

DER ALTE MÜNCHNER: Des macht gar nix aus. *Er ergreift die Hand von ihm.* Da hab ich schon viel dreckigere gsehn. – Auweh! Ja, was siech i denn da? Sie warn früher a alter Drahrer.

Sie: Das war einmal. Ich hab's ihm schon abgewöhnt.

Der alte Münchner: Naa, naa, Sie drahn heut noch gern auf.

Sie: Hat er vielleicht heut schon aufdraht?

Der alte Münchner: Freili, da steht's ja.

Sie: Da ham ma's schon, 's Gas hat er aufdraht, schaun S' nur gleich, ob er's wieder zuadraht hat aa.

Der alte Münchner: Des kann ma net sehn.

Sie: Vielleicht sehn Sie's bei mir.

Der alte Münchner: Naa, des siecht ma in der Hand net, des siecht ma nur dahoam, aber oans konn i Eahna no sagn, Frau, Sie derfen heut Obacht geben, Ihnen trifft heut noch a schwerer Schlag.

Sie: Jessas, was werd denn des sein? Des hat ma ja d' Hellseherin vorhin aa scho gsagt. I moan, der Schlag trifft heut noch dich dahoam, wennst 's Gas net zuadraht hast. Jetzt hab i koa Ruah nimmer, jetzt gehn mir gleich hoam, pack deine Sachen zamm! *Zum alten Münchner:* Da, trinken S' unser Bier aus, Herr Nachbar, geh weiter, nimm deine siebn Zwetschgen, dann gehn ma.

Er: Ja, wenn's nur siebn Zwetschgen warn, dann waar's ja leicht, des is ja a Möbelwagen voll Glump.

Der Lukasbesitzer *schreit von nebenan:* Wer schlägt den Lukas? Was is, probieren ma's amal, Herr Nachbar – drei Schläg zehn Pfennig, zoagn Sie's Ihra Frau, daß S' a Schmalz ham!

Er: Schmalz hätt i schon, aber am Geld fehlt's. *Er steht auf und geht zu dem Lukas hinüber.*

Der Lukasbesitzer: No ja, a Zehnerl werd's doch noch leidn. *Er gibt ihm den Hammer in die Hand.*

Sie: Naa, naa, mir müssen hoam, weil ma dahoam 's Gas brenna ham lassen. *Sie geht ihm nach, um ihn zurückzuziehen.*

Der Lukasbesitzer: Lassen S' eahm halt de Freud.

Er: Natürlich, schau, Barbara, man lebt doch nur einmal. *Er haut sich mit dem Hammerstiel auf die Nase, so daß sie blutet.* Au!

Sie: Das hab ich mir ja denkt. *Sie verbindet ihn mit ihrem Taschentuch.* Naa, naa, naa, i sag's ja – er haut sich auf d' Nasen, und dahoam brennt's Gas! *Er haut mit dem Hammer das Preistaferl am Lukasstand herunter.*

Der Lukasbesitzer: No, no, no, i taat mi gleich no tappiger gstelln. Schaun S', Herr Nachbar, Sie müssen besser ausziagn, passn S' auf, da is doch nix dabei, genga S' weg, na zoag i's Eahna. *Er schlägt dreimal, es knallt dreimal.* Jetzt brauchen Sie's bloß nachmacha.

Er: Hab's scho gsehn, da muß ein Schwung hinein. *Er schlägt zu.*

SIE: Nix is, noch mal! *Er haut wieder zu, es kracht wieder nicht.* Wieder nix, du muaßt mit'n Hammer richtig ausziagn nach hinten, also noch mal!

ER *zieht weit nach hinten aus und trifft mit dem Hammer seine Frau, die hinter ihn getreten ist, auf den Kopf. Sie tut einen schweren Seufzer und fällt zu Boden.* Was ist denn los?

DER LUKASBESITZER: Eahna Frau ham S' troffa statt an Lukas, die is hinter Eahna gstanden, und wie Sie auszogn ham, ham Sie s' mit'm Hammer niedergschlagn.

DER ALTE MÜNCHNER: Gelln S', ich hab recht ghabt, die Frau trifft heut noch ein schwerer Schlag, hab i gsagt, da ham ma's scho.

ER: Barbara! Barbara! Sie ist bewußtlos. – Ja, was hast denn du gmacht – ja so, i hab's ja gmacht!

DER LUKASBESITZER: Schnell a kalts Wasser her!

ER: Nix Wasser! De mag koa Wasser, de mag net amal a Dünnbier. Barbara! Bist du bewußtlos? Red! Gib mir a Antwort! Ich bin's doch! Komm doch wieder zu uns, ah – zu dir! Gott sei Dank, sie öffnet schon wieder die Augen. Barbara! Schau mich an, kennst mich noch? Sprich doch! – Wer bin ich denn!?

SIE: A Rindviech bist!

ER: Sie kennt mich noch!

Unter allgemeinem Wiesenlärm und Musik fällt schnell der Vorhang

Der Taucher und sein Kind
(Das Oktoberfest)

Die Tochter des Tauchers spricht. Im Hintergrund Oktoberfestlärm.

Meine Damen und Herren! Sie sehen hier einen Tiefseetaucher in voller Ausrüstung. Es wird für Sie, meine Herrschaften, ein ungewohnter Anblick sein, in einer Schaubude einen Tiefseetaucher zu sehen. Aber die Not hat mich und meinen Vater dazu gezwungen, auf Reisen zu gehen. Mutter und ich begleiten den Vater, die Mutter dreht die Luftpumpe vor der Schaubude. Vater ist nun schon seit drei Jahren arbeitslos. Dadurch kam Vater auf die glückliche Idee, eine Schaubude zu schaffen. Da Mutter damit einverstanden war, gingen wir auf Reisen. Unser erstes Debüt war in München auf dem Oktoberfest. Die Presse sprach sich lobend aus über unsere wissenschaftliche Darstellung. Vater ist von Beruf Tiefseetaucher. In einem Zeitraum von fünfzehn Jahren war Vater 2755mal auf dem Meeresgrund. Von dem vielen Tauchen ist heute der Anzug noch feucht. Der Helm des Tauchers ist aus Messing und innen hohl, damit der Kopf darin Platz hat.

Der Taucherberuf ist sehr einträglich, Vater verdiente vor 1914 täglich hundert Mark. Der Taucherberuf war vor zehn Jahren überfüllt, jeder wollte Taucher werden, des hohen Verdienstes wegen. Es gab damals tatsächlich so viele Taucher wie Sand am Meere. Man sagt natürlich nur sprichwörtlich so, denn wenn man das richtig nehmen würde, hätte man keinen Sand mehr gesehen, weil überall Taucher darauf gestanden wären.

Hier am Helm sehen die Herrschaften runde Fenster; dieselben haben den Zweck, daß der Taucher von innen herausschauen kann. Hier vorne an Vaters Brust erblicken Sie das sogenannte Taucherherz. Dasselbe ist aus schwerem Blei und hat den Zweck, Vater in die Tiefe zu ziehen. Ohne dieses Herz – herzlos sozusagen – geht ein Taucher nie an die Arbeit.

Einmal hat ein Taucher seinen Leichtsinn mit dem bittern Tod büßen müssen. Obwohl auf dem Meeresgrunde das Rauchen verboten ist, wollte sich der Taucher eine Zigarette anzünden, schraubt die Luftschraube heraus, und im Nu quoll das Wasser ins Innere, und er schied aus dem Leben. Als man ihn als Leiche heraufzog, war er bereits tot.

Als Vater jung war, waren ich und meine Geschwister noch Kinder. Mutter und Vater waren damals schon verlobt. Da hatte Vater den Schraubenschlüssel von seinem Helm im Meer verloren und konnte den Helm nicht abnehmen. Er mußte in voller Ausrüstung ins Bett gehen und konnte der Mutter nicht einmal einen Gutenachtkuß geben. Schwieriger als in allen anderen Meeren ist das Tauchen im Schwarzen Meer. Da braucht der Taucher schon am Tage die sogenannte Taucherlaterne. Das Schwarze Meer ist so schwarz wie Tinte, deshalb ist auch die Gefahr mit den Tintenfischen größer, weil diese dieselbe Farbe haben wie das Meer. Im Gelben Meer sind die Tintenfische gelblich und im Toten Meer tot und deshalb ungefährlich für den Vater.

Einmal war Vater in Lebensgefahr. Ein großer Tintenfisch schlang seine riesigen Fangarme, Polypen genannt, um seinen Körper. Ein Entrinnen aus dieser Lage war undenkbar. Aber Vater hatte in seiner Angst Geistesgegenwart, griff flugs nach einem gerade des Weges daherschwimmenden Sägefisch und sägte mit diesem Sägefisch dem Tintenfisch die Fangarme ab. Den Sägefisch, der ihm das Leben gerettet hatte, ließ er aus Dankbarkeit wieder schwimmen und tat ihm kein Leid an. – Als Vater und Mutter jung verheiratet waren, war Mutter sehr eifersüchtig auf die Meerjungfrauen, auch Wassernixen genannt, die dem Vater gelegentlich am Meeresgrund begegnen könnten, wie das oft auf Bildern sichtbar ist.

Vater versicherte aber der Mutter auf Ehrenwort, daß er leider noch nie eine Meerjungfrau gesehen hätte, genausowenig wie bei uns oben eine Ehrenjungfrau.

Beim Tiefseetaucher
(Das Oktoberfest)

Die Kapelle spielt auf. Nach der zweiten Musikpiece erscheint der Taucher, tropfnaß von der letzten Vorstellung.

Rekommandeur: Zutritt, Zutritt, meine Herrschaften! Soeben beginnt eine neue Vorstellung. Sie haben heute Gelegenheit, die Tätigkeit eines Tiefseetauchers zu bewundern. In einigen Minuten ist Anfang der Vorstellung. Sie sehen also hier einen Tiefseetaucher. Wie ein Packträger auf dem Lande arbeitet, so hat ein Taucher die Pflicht, unter dem Meere zu arbeiten. Damit dem Taucher das möglich ist, benötigt er einen Taucheranzug und die entsprechende Ausrüstung dazu. Diese besteht aus einem wasserdichten Gummianzug, der an den Armen und an den Schuhen mit Gummiringen abschließt, um das Eindringen des Wassers zu verhindern. An dem Taucherhelm befinden sich runde Fenster, damit der Taucher herausschauen kann. Dem Taucher wird jetzt der Taucherhelm wieder auf den Kopf gesetzt. Vorläufig atmet er noch die irdische Luft ein, sobald aber dem Taucher die Verschlußschraube eingeschraubt wird, ist der Taucher von der Atmosphäre abgeschlossen und muß ihm durch die Taucherpumpe Luft zugeführt werden. Der Taucher wäre nun tauchfertig ausgerüstet, wäre aber noch nicht imstande, in die See hinunterzutauchen, weil er noch nicht die nötige Schwere besitzt. Um dieses zu bewerkstelligen, muß dem Tiefseetaucher das sogenannte Taucherherz umgehängt werden. Dieses Taucherherz hat ein Gewicht von dreißig Pfund; außerdem hat der Taucher noch an beiden Füßen die sogenannten Taucherschuhe aus Blei im Gewicht von achtzig Pfund, welche ebenso dazu bestimmt sind, die Schwere des Tauchers zu vermehren. Das hier ist der Luftschlauch, welcher dem Taucher die Luft aus der Pumpe zuführt, und das hier ist das Seil, an welchem der Tiefseetaucher in die grauenhafte Tiefe des Meeresgrundes hinabgelassen wird. Außerdem erhält der Taucher die elektrische Taucherlaterne, die ihm in angezündetem Zustande Licht gibt und auch unter Wasser brennt. Der Tiefseetaucher ist somit völlig ausgerüstet, und die Vorstellung kann beginnen! – Also Zutritt, Zutritt, damit Sie sich einen schönen Platz sichern können!

Der Rekommandeur geht nun mit dem Taucher und den Musikanten in die Bude. Ihnen folgen verschiedene Personen, die vor der Bude die Rede mit angehört haben. Karl Valentin und Liesl Karlstadt treten auf. Vor der Bude sitzt nur noch die Kassiererin.

LIESL KARLSTADT: Da schaug her, Alter, der Taucher is aa wieder auf der Wiesn heraus, ah fein, da gehn ma eini, geh weiter!

KARL VALENTIN: Ah, mir gangst, des war net vui interessant, da geh i schon liaber zum Riesenmädchen, die hat solchene Haxn, da siehgst wenigstens was!

L. K.: I gib dir glei Haxn! Wennst Haxn sehng willst, dann schaugst de mein o, des merkst dir!

K. V.: Hab i koa Interesse.

L. K.: Wennst scho positiv a seltens Frauenzimmer sehng willst, nacha gehn ma halt zur »Dame ohne Unterleib«.

K. V.: Die hat ja koane Haxn net, gehn ma halt zum Riesenmädchen!

L. K.: Stad bist jetzt, jetzt gehn ma grad extra zum Taucher nei! Zahln tua i – gib 's Geld her!

K. V.: Ja du, hast ghört, wart ma halt, bis der Taucher wieder außerkimmt, dann schaugn man uns heraußen o – des waar doch a Blödsinn, wenn man neigeh datn.

L. K.: Dumms Mannsbild, dumms, herauß taucht er doch net unter.

K. V.: Wo nacha?

L. K.: Ja drinna!

K. V.: Wo drinna?

L. K.: Ja im Wasser!

K. V.: Jaaa – is in dera Bude lauter Wasser drinna?

L. K.: Ja, wahrscheinlich!

K. V.: Mir gangst! Na dersauf ma ja!

L. K.: Jetzt gehn ma amal nei – gib Obacht – da kommen vier Stufen, daß di net derfallst!

K. V.: Ja, ja, kümmer di net um mi! *Er stolpert und schlägt mit der Nase auf eine Stufe.*

L. K.: Hab i's net gsagt, mit dem Kletzenkopf kannst nirgends hingehn, höchstens ins Kasperltheater. *Sie zahlen an der Kasse und gehen in die Taucherbude.*

REKOMMANDEUR: Sehr geehrte Damen und Herren! Sie sehen also einen Original-Tiefseetaucher in voller Ausrüstung. Wie ein Packträger auf dem Lande arbeitet, so arbeitet der Original-Tiefseetaucher auf dem Meeresgrunde. Damit dem Taucher das möglich wird, benötigt er eine Taucherausrüstung. Dieselbe besteht aus einem wasserdichten Gummianzug und zweitens aus dem Taucherhelm …

K. V.: Sie, entschuldigen S', kann der anstatt dem Taucherhelm an Wilhelm aa braucha?

REKOMMANDEUR: Bitte mich nicht zu unterbrechen! An dem Taucherhelm befinden sich runde Fenster, damit der Taucher herausschauen kann …

K. V.: Wer schaut denn nacha nei?

REKOMMANDEUR: Ja, der andere Taucher.

K. V.: Ja, is im Meeresgrund noch a anderer Taucher drunt?

REKOMMANDEUR: Nein, aber wenn halt grad einer drunten wär, daß der andere dann hineinschaun kann, ob da wirklich einer drin ist.

K. V.: Ja, was tut nacha der drinnere, wenn der draußere von heraußen hineinschaut?

REKOMMANDEUR: Dann schaut der raus, ob der andere wirklich hineinschaut.

K. V.: Wenn aber der net neischaut?

REKOMMANDEUR: Dann schaut der andere net raus.

K. V.: Aha, des is ganz praktisch, in dem Fall bräuchten dann gar keine Fenster drin sein.

REKOMMANDEUR: Wie Sie sehen, meine Herrschaften, atmet der Taucher jetzt noch die irdische Luft ein. Sobald aber dem Taucher die Verschlußschraube eingeschraubt wird, wie Sie hier sehen …

K. V.: Na derstickt er?

REKOMMANDEUR: Redn S' doch nicht so saudumm drein, der erstickt eben nicht, der kann nicht ersticken, weil ihm künstliche Luft zugeführt wird aus der komprimierten Luftflasche. Der Taucher ist nun tauchfähig und geht ins Wasser.

K. V.: Aus Liebesgram?

REKOMMANDEUR: Nein, er steigt in diesen tiefen Wasserbassin hinunter.

K. V.: Ja, warum?

L. K.: Warum? Also du kannst saudumm fragn! Warum stehst denn du da?

K. V.: Daß i an Taucher siehg.

L. K.: Na also!

REKOMMANDEUR: Sie sehen, der Taucher ist jetzt unter Wasser und wird jetzt unter Wasser arbeiten.

K. V.: Arbeitet der am Sonntag aa?

REKOMMANDEUR: Aber nein, am Sonntag geht der Taucher in die Kirche wie jeder andere Mensch auch.

K. V.: In dem Tauchergwand?

REKOMMANDEUR: Ich gebe nun dem Taucher eine leere Schiefertafel. Der Taucher wird unter dem Wasser etwas auf die Tafel schreiben. *Er zeigt die nasse Tafel. Der Taucher hat auf sie »Ich habe großen Durst!« geschrieben.*

K. V.: Im Wasser drin hat er Durst?
REKOMMANDEUR: Nun wird sich der Taucher unter Wasser schneuzen, wozu er ein wasserdichtes Sacktuch benützt. Es wäre natürlich unanständig, wenn ich Ihnen dieses gebrauchte Taschentuch zeigen würde.
K. V.: Ja, Sie – Herr Taucherbesitzer, wenn aber der Taucher unterm Wasser hinaus muß?
L. K.: Der muaß doch net naus, drum hat er ja a wasserdichts Gwand o.
REKOMMANDEUR: Sehen Sie jetzt, meine Herrschaften, genau hinunter in die Tiefe. Eben hat der Taucher unter Wasser mittels einer Taucherlaterne Licht gemacht.
ALLE *lehnen sich über das Geländer:* Wir sehn kein Licht!
REKOMMANDEUR: Bitte die Herrschaften, sich nicht zu weit über das Geländer zu beugen, damit das Geländer nicht bricht!
Alle Zuschauer fallen in das Wasserbassin und plätschern darin herum.
REKOMMANDEUR: Das war der Schluß unserer kleinen Vorstellung.

Pferderennen auf der Oktoberwiese
(Das Oktoberfest)

ER: Barbara, da bleim ma jetzt steh – von da aus sehn ma 's Pferderennen am allaschönstn.
SIE: Naa, no besser tatn ma's vom Bavariaberg aus sehn.
ER: Red doch net, schaug doch nauf – is ja doch scho alles eine Menschenmasse, wost hinschaugst.
SIE: Wann geht'n 's Rennen eigentlich o?
ER: Punkt drei Uhr. 's hat ja so nur mehr zwoa Minutn. Jetzt werd's bald kracha.
SIE: I bin neigierig, wer da letzte werd?!
ER: Barbara, du bist scho a ganz spinnats Gwachs!* A jeder normale Mensch, der heut beim Rennen zuschaugt, is neigierig, wer heut der erste werd. Du bist auf 'n letztn scharf. Warum jetzt des?
SIE: Ja mei, weil mi halt der so dabarmt, wenn a hint nachreitn muaß und koan erstn Preis kriagt.
ER: Saudumms Gred! Na muaß er halt schaun, daß er der erste werd, na braucht a net als letzter hint nachreitn.
SIE: Da erste? Der erste möcht doch jeder wern!
ER: Natürlich möcht jeder der erste wern! – Deshalb is ja doch a Rennen.

* Gwachs = Gewächs

SIE: Jaaa, aber wenn jeder der erste werd, dann müaßt ja jeder an ersten Preis kriagn.
ER: Naa, wia ma nur so saudumm daherredn ko – a jeder konn doch net da erste wern.
SIE: Ja, wenn aber die Pferd alle gleich schnell laffa datn?
ER: Ja, um des handelt sich's doch beim Rennen, was für a Pferd am schnellsten lauft; des is eben a alter Brauch beim Rennen, daß oana da erste und oana da letzte werd.
SIE: Und die andern san zwischendrin?
ER: Geh! Jetzt hätt i boid was gsagt.
SIE: Was hättst'n sagn wolln? *Ein Böllerschuß ertönt.*
ER: Jetzt hat da Böller kracht! Jetzt geht's o!
SIE: Wo san s'n?
ER: Wart halt. De wern glei kemma.
SIE: Wer wird glei kemma?
ER *schreit sie an:* D' Rennbuam! Halt jetzt amal dei Babbn!
SIE: Kemma d' Pferdln aa?
ER *schreit sie noch besser an:* Jaa! Die sitzn ja drobn auf die Rennbuam.
SIE: Haltn s' des aus?
ER: Wer?
SIE: D' Rennbuam.
ER: Was denn für Rennbuam? Du machst mi ganz narrisch – jetzt wart halt amal, bis s' kemma. *Pferdegetrappel.* Jetzt kemma s'!!!
ZUSCHAUER: Jetzt kemma s' – Ah fein –
ER *aufgeregt, voll Begeisterung:* Mei, hänga die beinand – bravo, da Niedameier ziagt o ...
SIE: Du Benedikt ...
ER: Laß ma mei Ruah jetzt.
SIE: Du Benedikt – moanst, mir ham dahoam 's Gas zuadraht?
ER: Ja! Und dir drah i nach'm Rennen d' Gurgl zua, daß endlich amal a Ruah werd.

Riesenradkarussell
(Das Oktoberfest)

AUSRUFER: Einsteigen! Einsteigen! In das Riesenradkarussell – eine amüsante Fahrt für jung und alt.
ER: Barbara, da fahrn ma auch – des gibt a Gaudi.
SIE: Wenn's ma aber schlecht werd?
ER: Ah, warum soll's dir denn da schlecht wern? Des Karussell fahrt

ja nur im Kreise rum – in der Straßenbahn wird dir ja aa nicht schlecht.
SIE: Ja, in der Straßenbahn! D' Straßenbahn fahrt ja net im Kreis rum.
ER: Freili! D' Ringlinie fahrt doch auch im Kreise rum.
SIE: Ja, aber net in d' Höh nauf.
ER: D' Ringlinie net, aber d' Neunzehner fahrt in d' Höh nauf, in d' Schwanthalerhöh.
SIE: Naa, i moan ja so wia des Karussell da.
ER: Des kannst auch von der Straßenbahn net verlanga. De braucht se net no im Kreis aa no rumdrahn – da werd's eim scho schlecht, bevor s' kimmt, wennst a halbe Stund an der Haltestelle drauf warten mußt.
SIE: Also? Fahrn ma.
SCHAUSTELLER: Hier, meine Herrschaften, in dieser Gondel hier sind noch zwei schöne Plätze frei, bitte Platz nehmen, zusammen eine Mark, bitte, danke. *Glockenzeichen, die Orgel spielt.*
SIE: Geht scho in d' Höh nauf – is des a saudumms Gfühl – jetzt geht's wieder – hi-nunter, da moant ma scho, an Magn hebt's oam raus.
ER: Geht scho wieder in d' Höh nauf – is des a saudumms Gfühl.
SIE: Jetzt geht's wieder hi-nunter.
ER: Jetzt geht's wieder hinauf – wia beim Oberpollinger im Lift.
SIE: Jetzt geht's wieder hinunter.
ER: Jetzt geht's wieder hinauf.
SIE: Jetzt geht's wieder ... du, mir werd schlecht.
ER: Mach koane Gschichtn.
SIE: Du, mir is scho schlecht.
ER: Mir nicht.
SIE: Benedikt, i glaub ... wo soll ich denn ...
ER: In dei Handtaschn nei, aber so, daß 's niemand sieht.
SIE: Da hab i ja mei ganz Sach drin und 's Nachtessen.
ER: Tu's schnell raus.
SIE: Soviel Zeit hob i nimmer – wupp, wupp.
ER: So is's recht.
SIE: Wupp.
ER: Barbara! Hör auf! 's Tascherl is scho voll.
SIE: Wupp! – Gib mir schnell dein Huat.
ER: Halt! Net in mein Huat nei.
SIE: Wupp!
ER: Aber Barbara!
SIE: Jetz is mir leichter.
ER: Und mei Huat is schwerer worn.
SIE: Mei Tascherl aa – mir werd's scho wieder schlecht.

ER: Aber Barbara! Sei doch vernünftig, sei tapfer, sei zurückhaltend – d' Karussellfahrt is bald zu Ende. *Glockenzeichen.*
SIE: Gott sei Dank!
SCHAUSTELLER: Alles aussteigen! Alles aussteigen!
SIE: Einmal und nie nimmer!
ER: Wo wird denn da die nächste Schuttabladestelle sein?
SIE: Ich kann mich so ärgern, kein Vergnügen is einem vergönnt.
ER: Ja, ja, so is es auf der Welt – die Welt dreht sich, und das Karussell dreht sich auch.
SIE: Und mei Magn auch – der hat sich glei ganz umdraht.
ER: Schad um die schönen Sachen.
SIE: I bin froh, daß es heraus is.
ER: Naa, i mein die Sachen im Tascherl.
SIE: Jetzt wär halt a Schnaps recht.
ER: Oder a Kognak.
SIE: Oder a Steinhäger.
ER: Oder a Kirschwasser – am besten wär halt a Alkohol.
SIE: Oder a Dünnbier.
ER: Pfui Teifi!

Motorkesselfahrt
(Das Oktoberfest)

SIE: Horch nur, was in dera Budn drin für a Spektakl los is – du, da gehn ma nei.
ER: Da braucht ma doch net neigeh, den Spektakl hört ma doch heraus auch.
SIE: Ja, aber sehn möcht ich doch, was da drin los is.
ER: A Spektakl is los – an Spektakl sieht ma doch nicht, den hört ma doch nur.
SIE: Des woaß i scho, aber i möcht doch sehng, warum da so a Spektakl drin is, wer den Spektakl macht.
ER: Sehr einfach, des hat uns doch der Willi erzählt, der war scho amal da herin. Da fährt a Frau, die Kitty aus Hamburg, mit einem Motorrad in einem großen Holzkäfig innen drin umanand, und drum scheppert's da drin so.
SIE: Des muaß i sehng. A Frau ko doch net so an Höllenlärm machen.
ER: Sie macht koan Spektakl, aber ihr Motorradauspuff.
SIE: Wo hat denn die Frau den Auspuff?

ER: Frau Kitty hat keinen Auspuff, ihr Motorrad hat einen Auspuff, den sie unter der Fahrt auspuffen läßt.

SIE: Des muaß i sehng – kumm, geh ma nei, da is die Kasse, geh hi und hol zwei Billettn.

ER *singt:* O selig, o selig, ein Kind noch zu sein. O selig, o selig, ein Kind noch zu sein.

SIE: Ja spinnst du – anstatt daß er Billettn holt, stellt er sich vor die Kasse hin und singt: O selig, o selig, ein Kind noch zu sein.

ER: Stimmt doch – da lies, auf der Tafel steht neben der Kasse: Erwachsene eine Mark, Kinder die Hälfte.

SIE: Ja, jetzt schick ma uns, daß ma über die Stiegn naufkemma, damit ma an schönen Platz kriagn.

ER: So, jetzt san ma herobn, da schau in den Kessel hinunter, in dem Kessel fahrt die Frau mit dem Motorrad umanand.

SIE: Ja, warum habn s' denn da a acht Meter hohe Bretterwand drin rumgmacht?

ER: Des is doch die steile Wand, auf der die Frau mit dem Motorrad drin rumfahrt.

SIE: Schmarrn! Auf der steilen Wand kann doch niemand fahrn.

ER: Des hat uns doch der Willi erzählt.

SIE: Der spinnt ja, der war halt scho bsuffa und hat scho alls verdraht gsehn.

ER: Warten ma halt, bis es ogeht – schau nunter, jetzt kummt d' Frau Kitty scho mit dem Motorrad rein, jetzt sitzt sie si nauf, jetzt werd s' glei aufreibn. *Motorlärm.*

FRAU KITTY: Los!

SIE: Jessas, Marandjosef – um Gottes willen – die fahrt wirklich auf der steilen Wand umanand. *Gellender Schrei.* Naa, alles was recht is! Naa, naa! Noch amal – noch mal – noch mal – ja, die muß ja ganz damisch wern. Jessas, jetzt fahrt s' glei freihändig aa noch – naa, da kann ma gar nimmer zuaschaun.

ER: Na, zuaschaun tean ma scho, wenn ma scho Eintritt zahlt ham.

SIE: Ja, wia s' nur net damisch wird von dem ewigen in dem Kreis rum fahrn. Um keinen Preis der Welt bringat mi wer auf das Motorrad da nauf.

ER: Von dir werd's auch niemand verlanga.

SIE, *greller Schrei:* Naa, alles was recht is – jetzt waar s' mir bald ins Gsicht neigfahrn, naa, des is nichts für mei zartes Nervensystem – da kriagt ma ja schon vom Zuschaun an Nervenschock.

ER: Jetzt schaug abi, jetzt fahrt er aa noch mit'm Motorradl ihr nach, jetz wird's gfährlich.

SIE: Naa, naa, naa, des kann i net begreifn, wie man so einen Beruf ergreifn kann.
ER: Aber Respekt muaß ma schon vor der Frau habn, was die für eine Schneid hat – da kann sich mancher Schneider dran a Beispiel nehmen.

Mir pressiert's
(Das Oktoberfest)

ER: Du, Barbara! Wart a bisserl, mir pressiert's, i muaß schnell wohin.
SIE: Aha! Gell, ich hab dir's gleich gsagt – auf die drei Maß Bier hättst die zwoa Äpfel net essn solln.
ER: Red net lang, wo is denn da des … du woaßt scho, was i mein.
SIE: Wia soll denn des i wissn? Frag doch irgendeinen Herrn.
ER *zu einem Wiesenbesucher:* Herr Nachbar, können Sie mir sagen, wo man da austreten kann?
ERSTER HERR *(ein Stotterer):* Leileileider bin ich auch hier fremd, ich bin von Rororosenheim; ich bin nämlich …
ER: Entschuldigen S' bitte, mir pressiert's. *Zu einem anderen Wiesenbesucher:* Ach bittschön, Herr Nachbar, können Sie mir sagn, wo da …
ZWEITER HERR: Gleich hinter der Schei… Schießbude links.
ER: Danke. Ah, weiß schon.
ZWEITER HERR *ruft ihm nach:* Gradaus und dann links.
Man hört das Gemurmel der zahlreichen Männer, die vor den Toiletten stehen.
ER: Auweh, da siehg i schwarz. So lang kann i net wartn.
EIN MANN: Nix, nix! Sie stelln Eahna aa hintn o wia mir aa!
ER: Dankeschön, hab's nicht mehr nötig. *Zehn Sekunden Zwischenmusik.*
SIE: Ja, bist denn du schon wieder da?
ER: Ja, des is schnell ganga.
SIE: Du! *Sie zieht die Nase hoch und schnüffelt.* Du, Benedikt! I glaub, du bist in was neitreten.
ER: Warum? Sieht man's schon?
SIE: Naa, sehen nicht, aber … *Sie schnüffelt wieder.* Geh doch in die Wiesn nei und streif dir da deine Schuh gut ab, denn du muaßt ziemlich tief in irgendwas neitreten sein. Vielleicht is d' Hosen auch unten voll.
ER: Ja, wenn s' nur unten voll wär …
SIE: Benedikt! Du wirst doch wohl nicht …
ER: Ja. Je nun, man trägt, was man nicht ändern kann.

Luftballonkatastrophe
(Das Oktoberfest)

BALLONVERKÄUFERIN: Wer bekommt noch an Ballon, an schönen Luftballon, nur fuchzig Pfennig das Stück.
SIE: Du, Benedikt, da nehmen mir für unsrer Millifrau ihrn Fritzl oan mit. Geben S' uns an schönen Ballon.
ER: Wer tragt'n den dann? Mir ham so scho soviel Glückshafnglump dabei.
SIE: Den Luftballon brauchst doch net tragn, der fliegt doch, den brauchst doch nur mit'n Schnürl an dein Westnknopf ohänga. Da geh her, i häng da'n hi. So.
ER: Des schaut aber kindisch aus! Und des Schnürl kitzelt mi oiwei an der Nasn.
SIE: Na ja, dann laß's halt kitzeln.
ER: Halt! Der Ballon! – Is scho fort. Steigt schon himmelwärts.
SIE: Depp, saudummer! Im Moment ham man kauft, und er laßt ihn schon wieder aus.
ER: I hab'n doch net auslassn.
SIE: Wer denn sonst?
ER: Er selber is auskemma! 's Schnürl is an mei brennate Zigarrn hikemma und is obrennt, und dadurch is da Ballon entflogen, und aus dem Fesselballon wurde ein Freiballon. – Jetzt is er frei! Wie beneide ich diesen kleinen Luftballon! Viele Ehemänner gleichen so einem kleinen Fesselballon – das Schnürl ist die Ehe!

An Bord

Eine gewöhnliche Bierwirtschaft, in die sich zwei bessere Herren verirrt haben.
Die Kellnerin Resi (Liesl Karlstadt) trägt das übliche schwarze Kleid mit schwarzen Strümpfen, weißer Trägerschürze mit Zahltasche, der angetrunkene Seemann Anton Kammerloher (Karl Valentin) eine abgetragene dunkle, gestreifte Hose, helles, fleckiges Jackett, waagrecht gestreiften, weiß-blauen Seemannspullover, unter dem sein offenes Hemd hervorschaut, und einen schwarzen Goggs, den er aufbehält.
Bei Spielbeginn sitzen die beiden besseren Herren an einem kleinen runden Tisch. Hinter dem geschlossenen Vorhang ertönt aus dem Lautsprecher das Lied Mich rief es an Bord, es wehte ein kalter Wind, *dann öff-*

net sich der Vorhang, wobei der dicke bessere Herr schon mit seiner Erzählung begonnen hat.

Der Dicke: Und so zog ich durch die ganze Welt, denn ein Weltreisender muß überall gewesen sein. So ging's über Rußland nach Sibirien, China, durch die Wüste Gobi nach Tibet, über Korea, Formosa nach Japan, von dort über die Philippinen nach Australien. Ich besuchte sämtliche Inseln wie Ceylon, Sumatra, Java, Celebes. Dann ging's nach Indochina, Siam, Nepal, Hinterindien, Vorderindien, Turkestan, Afghanistan, Aserbeidschan, Arabien, von da aus nach Afrika, Ägypten; durch die Wüste Sahara bin ich jetzt schon zehnmal kreuz und quer gezogen, war in Senegambien, Abessinien, war auf Madagaskar, im Sudan und im Kongo, in Natal, kurz, überall. Vom Kap der Guten Hoffnung ging's nach Südamerika, Chile, Argentinien, Peru, Brasilien, Mexiko, Ekuador. Dann nach Uruguay, Paraguay und dann nach den Vereinigten Staaten von Nordamerika, später über Alaska, Kanada, Lappland und Finnland. In Europa war ich in Schweden, Norwegen, Dänemark, Polen, sämtlichen Balkanstaaten, auch Griechenland, Türkei sowie Österreich und Italien, Schweiz, war in England, Holland, Belgien, Frankreich und Spanien.

Der andere bessere Herr: Was? In Spanien waren Sie auch? Erlauben Sie, da müssen Sie aber viel Zitronen gesehen haben?

Der Dicke: Natürlich, das ist ja die Heimat der Zitronen. Überhaupt Spanien! Ein sehr schönes, wunderbares Land! Ich war fünf Jahre dort.

Der andere bessere Herr: Was – fünf Jahre? Da müssen Sie aber perfekt Spanisch sprechen können!

Der Dicke: Logisch! Ich spreche fließend Spanisch – ich spreche überhaupt acht Sprachen.

Der andere bessere Herr: Acht Sprachen? Donnerwetter! Perfekt?

Der Dicke: Spanisch natürlich am besten. Spanisch ist sozusagen meine zweite Muttersprache.

Der andere bessere Herr: Ach so, Ihre Schwiegermuttersprache.

Resi: No, was sagen S' da, Herr Nachbar, gelln S', da können wir zwei net hin, des san gscheite Leut – aber wir zwei können nur eine Sprach und die net gscheit, und der kann gleich acht Sprachen, und Spanisch kann er no extra.

Kammerloher: Gsagt hat er's – der und Spanisch? – Ewig net!

Resi: Freilich kann er Spanisch – er hat's doch selber gsagt!

Kammerloher: Ja gsagt – glaubst du des?

Resi: Ja, warum soll ich das net glaubn, der andere Herr glaubt's ihm doch auch.

Kammerloher: Dann is halt der grad so deppert wie du.

RESI: Sie ham halt net Obacht gebn, wo der scho überall war, der is scho in der ganzen Welt rumkommen, der is ein Weltreisender.
KAMMERLOHER: A Weltreisender? A Sprüchmacher is er. In Spanien war er? So schaut er aus! Merk dir des, Resi, einer, der sagt, er war überall, der war noch gar nirgends. Ich war in Spanien, ich war Matros!
RESI: Sie warn schon in Spanien? Ja, des weiß ich ja gar net.
KAMMERLOHER: Drum sag ich dir's ja, ich war in Spanien Matros, drei Jahr war ich bei der vierten Marinedivision, da schau her! *Er zeigt ihr seine Tätowierung.*
RESI: Des ist guat! Des ham S' Ihnen neinstechen lassen, gell?
KAMMERLOHER: Naa, a Abziehbildl hab ich mir aufpappt.
RESI: So, a Matros warn Sie, da müssen S' aber schneidig ausgschaut ham! Was ich sagn will: Ham Sie unsere neue Grammophonplatten schon ghört?
KAMMERLOHER: Naa, laß s' rauschen!
RESI: Des war a Platten für Eahna, des is a Matrosenlied, ah, wunderschön.
KAMMERLOHER: Matrosenlieder kenn ich alle. »Seemannslos.« *Er singt:* Stürmisch die Nacht, und die See geht hoch ... tapfer noch kämpft das Schiff –
RESI: Ja, des is »Seemannslos«.
KAMMERLOHER: Was sagst?
RESI: I sag, des is »Seemannslos«.
KAMMERLOHER *singt:* Warum die Glocke so gräuslich klingt, dort zeigt sich ein Riff.
RESI: Ja, wie gesagt, des is das »Seemannslos«, aber unser Matrosenplatte is noch schöner. Aber ich weiß nie, wie s' heißt, die hat so an damischen Namen, der fallt mir nie ein. Des geht halt so – *sie singt* – Dara darararara raaaaarara. Das ist wunderschön, das Lied.
KAMMERLOHER: Das is »La Paloma«, die weiße Taube.
RESI: Siehgst es, er weiß's.
KAMMERLOHER: Des hab ich schon tausendmal gsungen.
RESI: Des könnt ich auch tausendmal hörn, des Lied.
KAMMERLOHER *singt:* Mich rief es an Bord, es wehte ein kalter Wind.
RESI: Ja, des ist's. Des is großartig, des Lied.
KAMMERLOHER: Schon der Anfang ist so schön – mich rief es an Bord; paß auf, Resi, den wern mir gleich fangen jetzt, frag'n amal, wie »an Bord« auf spanisch heißt. Frag 'n amal.
RESI: Freilich, i laß mich von dem recht zsammschimpfen, des können S' Ihnen denken.
KAMMERLOHER: Wenn er so lang in Spanien war, dann muß er doch wissen, wie »an Bord« auf spanisch heißt, frag 'n halt!

RESI: Der tät mir höchstens an rechten Krach machen, den müssen S' schon selber fragen. Überhaupts »an Bord«, des weiß i auch net, wie des auf spanisch heißt.
KAMMERLOHER: Du brauchst es auch nicht wissen, der soll's wissen, der Fettnbene*. Sie, Herr Nachbar, wenn Sie schon in Spanien warn, wie heißt denn nacha zum Beispiel »an Bord« auf spanisch? Aha – hat'n schon derbissen, da hast 'n schon, den spanischen Sprüchmacher.
RESI: Lassen S' den Herrn gehn.
KAMMERLOHER *steht auf, geht zum runden Tisch.* Passen S' auf, Herr Nachbar, ich will nix Unrechts von Ihnen, aber wenn Sie schon so lang in Spanien warn, dann müssen Sie doch wissen, wie »an Bord« auf spanisch heißt. Wenn S' mir des sagn können, hab ich Respekt vor Ihnen, außerdem sind Sie ein Sprüchmacher. Also – wie heißt »an Bord« auf spanisch? Wie heißt's denn? Sag halt was – warum sagst denn nichts?
DER DICKE: Fräulein, wo bleibt mein Schinkenbrot?
RESI: Jessas, des hab ich ganz vergessen, gleich bring ich's Ihnen.
Sie holt es. Der andere bessere Herr lächelt.
KAMMERLOHER: Was lachst denn da, Chines, du mit deim Schnauzlgsicht warst ja noch nicht amal in der Menterschwaign drobn, viel weniger in Spanien, dir hau ich gleich a paar am Backen hin! *Er geht auf seinen Platz.*
RESI *mit Schinkenbrot:* Setzen S' Ihnen nieder, is gscheiter. Guten Appetit! Geh, tun S' den Herrn net so belästigen, der belästigt Ihnen ja auch net.
KAMMERLOHER: Der belästigt mich eben schon – der soll keine solchen Nägel runterhaun. Der soll jetzt sagn, wie »an Bord« auf spanisch heißt.
RESI: Mei, der mag's halt net sagn.
KAMMERLOHER: Der möcht's schon, wenn er könnt, können tut er nicht! Also wie heißt's denn?
DER DICKE: Lassen Sie mich bitte in Ruhe.
RESI: Lassen S' ihn doch gehn, der erstickt ja.
KAMMERLOHER: Wie heißt's dann auf spanisch?
DER DICKE: Ich will mein Brot in Ruhe essen.
KAMMERLOHER: Friß danach.
DER DICKE: So ein ungebildeter Mensch – da hört sich doch alles auf, wer weiß, ob e r in Spanien war.
KAMMERLOHER: Wer – ich? I war in Spanien, Gott sei Dank – *er steht auf* – i kann's ja beweisen. Wo hab i denn meine Papiere? Da is mei Brieftaschen, da schau her, Mo. *Er holt die Papiere aus der linken Gesäßtasche*

* von Benedikt, heißt etwa Fettwanst

seiner geflickten Hose. Strafzettel und Schiffspapiere fallen ihm heraus und bedecken den Boden.

DER DICKE: Ich glaub's Ihnen schon.

KAMMERLOHER: Resi, heb mir meine Papiere auf.

RESI: Ja, i hab's schon gsehn, da tanzt er immer umeinander, bleiben S' halt sitzn auf Ihrm Platz.

KAMMERLOHER: Tu mir s' net in Unordnung bringen.

RESI: Is des Ihr Brieftaschn? Die schaut ja sauber aus.

KAMMERLOHER: Da hat amal der Blitz neigschlagen – weißt, mir leidt's ja kein Leitzordner. Da lies vor – da steht's schwarz auf weiß.

RESI: Oha – des is schon mehr schwarz auf dreckig.

KAMMERLOHER *packt sie beim Kopf:* Resi, Resi, sei kei Böse. Lies ihm vor, dem wamperten Klaubauf, weißt, meine Augäpfl sind heut schon voll Alkohol, da, wo der Schiffsstempel drauf is.

RESI: Da versteh i recht viel davon – is des da, wo's heißt: Anton Kammerloher – da: Anton Kammerloher, geboren den 25. August 1892 zu München, Freibadstraße 14/0, war vom 1. Februar 1929 …

KAMMERLOHER: Februar?

RESI: Ja – 1. Februar 1929 bis 2. Juni 1929 in der hiesigen Strafanstalt Stadelheim untergebracht und wurde heute, den 2. Juni, entlassen. *Die beiden besseren Herren lachen.* Ihnen les ich gleich noch mal was vor, da hab ich mich richtig blamiert, des hab ja ich net gwußt, Sie warn ja schon in Stadelheim?

KAMMERLOHER: Des is ja Wurscht – d' Hauptsache ist, daß i wo war – aber der war ja noch nirgends, der war ja noch net amal richtig bei ihm selber.

RESI: Oder is des das Richtige? Da heißt's: Kammerloher, 5. Marinedivision, Handelsdampfer Antwerpen.

KAMMERLOHER: Des is das Richtige.

RESI: Des hätten S' mir halt gleich geben solln, des kann ja ich net wissen.

KAMMERLOHER: Also – war ich in Spanien oder net? *Er steckt dem anderen besseren Herrn die Nase hinein.* Da ham ma's, ich war dort, ich war in Spanien, aber du net. *Er haut ihn auf den Kopf.*

RESI: Jetzt so was! *Geht zum Gast.* Is Ihnen was passiert?

DER DICKE: Nehmen S' amal dem Mann den Hammer ab.

RESI: Der hat doch kein Hammer!

DER DICKE: Freilich – ich hab's doch gspürt.

RESI: Ah – der hat bloß solche Pratzen, aber entschuldigen S' bitte, ich kann ja nichts dafür.

DER DICKE: Sagt ja auch niemand, aber sagen Sie, Fräulein, kommt der öfters da rein?

RESI: Ja – der is der Kammerloher, der kommt alle Tage rein zu uns, des is sonst ein ganz netter Mensch.
DER DICKE: Sonst – da ham wir ja Glück ghabt, daß wir ausgerechnet heute da sind, wo er nicht so nett ist.
RESI: Heut hat er a bisserl zuviel trunken, jetzt ist er besoffen.
DER DICKE: Sehn S' einmal zu, daß Sie ihn nausbringen.
RESI: Der wird so nimmer lang da sein, der geht so gleich. Aber entschuldigen Sie bitte, mir ist die Sache sehr peinlich.
DER DICKE: Schon gut.
RESI *geht zu Kammerloher*: Die zwei Herren ham sich jetzt grad beschwert über Sie, die möchten ihr Ruh habn, jetzt trinken S' aus, und gehn S' heim.
KAMMERLOHER: Resi, jetzt bringst mir noch an Schapfa.
RESI: Wegen Ihnen kann ich mich net derrennen.
KAMMERLOHER: A Bier will i ham, sag i.
RESI: Ich hab keins mehr, heut.
KAMMERLOHER: Sei stad, gschnappige Amsel, a Bier fahrst jetzt her, sonst sag i dir was anders.
RESI: Sie ham ja heut so schon soviel trunken, ich bring Ihnen einfach keins mehr, ich weiß überhaupt nicht, was Sie heut habn, Sie sind heut direkt streitsüchtig.
KAMMERLOHER: Ich bin doch net streitsüchtig – ich will ja gar nix von ihm.
RESI: Also, dann halten S' Eahna Maul.
KAMMERLOHER: I möcht ja nur ham, daß der mir sagt, wie »an Bord« auf spanisch heißt.
RESI: Des is doch gleich, wie des heißt.
KAMMERLOHER: Des is net gleich. *Er steht auf.* Des muß ich jetzt wissen. *Er nimmt seinen Stuhl, setzt sich zu ihm.* Paß auf, Kamerad, alter Freund – i will ja nichts Unrechts von dir, ich möcht jetzt nur von dir wissen, wie »an Bord« auf spanisch heißt. Also, raus damit!
DER DICKE: Lassen Sie mich doch zufrieden.
KAMMERLOHER *geht weg von ihm*: Du bist ja bei mir ausradiert auf ewig.
RESI: Jetzt zahln ma, des is des Gscheiteste. Was ham S'n ghabt? Sechs Halbe – eine Mark achtzig, zehn Zigaretten macht zwei Mark zehne.
KAMMERLOHER: Wie heißt's dann auf spanisch?
RESI: Zwei Mark zehne.
KAMMERLOHER *zahlt*: Schama tät ich mich, da herin sitzen und net Spanisch können.
RESI: Ja wie ham ma's denn da – da fehln ja noch fünfundsechzig Pfennig.
KAMMERLOHER: Ich hab net mehr drauf, Resi, morgn kriegst as na schon.

RESI: So schaun Sie aus – morgen ham Sie genau wieder so wenig Geld wie heut, Eahna mag i – ich tät halt dann net soviel saufen, wenn schon 's Geld net glangt.

KAMMERLOHER: Dafür hab ich auch nix gessen. *Er singt:* Stürmisch die Nacht.

RESI: Also gell, net vergessen, fünfundsechzig Pfennig krieg ich noch!

KAMMERLOHER: Mei Orgel!

RESI: Ja, nur recht gschert sei!

KAMMERLOHER: A Halbe möcht ich jetzt noch.

RESI: Hab koans mehr.

KAMMERLOHER: Na bringst mir a Flaschl.

RESI: Hab ich auch net.

KAMMERLOHER: Dann nimmst an Schlüssel und sperrst dei Wirtschaft zu.

RESI: Des kann ich machen, wie ich mag.

KAMMERLOHER: Bring mir halt noch a Halbe!

RESI: Ich hab wirklich keins mehr, mit'm besten Willen könnt ich Ihnen keins mehr bringen. Das hat auch gar kein Wert mehr heut, sind S' gscheit, Herr Kammerloher – gehn S' heim, Ihr Frau wird so schon Angst ham.

KAMMERLOHER: Da hab ich schon mehr Angst auf d' Frau, wenn i mit'n Strudl heimkomm.

RESI: Gehn S' zu, sind S' gscheit – schaun S', ham S' noch den weiten Weg zum machen mit dem Radl bei dem schlechten Wetter, schließlich passiert Ihnen noch was, gehn S' heim zu Ihre Kinder. Jetzt legn S' Ihnen nieder und schlafen S' Ihrn Rausch aus, und morgen kommen S' dann wieder. Dann gibt's dann auch wieder a frisches Bier. Jetzt gehn S' nur zu – 's Radl bring i naus.

KAMMERLOHER: Naa – halt, mein Brennabor –

RESI: Den bring ich schon naus. So – jetzt wern ma 'n gleich draus ham – jetzt fahr ich ihm noch sein Karrn naus, und dann ham wir unser Ruh. Ja, gehn S' nur heim.

KAMMERLOHER: Heim – naa, heim geh i net – jetzt bleib ich erst recht da, und so lang bleib ich da sitzen, bis der Hanswurscht mit mir spanisch redt. *Er hat sich gesetzt.*

RESI: Des wern mir dann schon sehn – Sie gehn jetzt heim, und aus ist's, was wär denn jetzat des – da herin wird gar net spanisch gredt, des sag ich Ihnen im Guten – jetzt is amal Schluß mit dem spanischen Schmarrn – meinen S', ich laß mir von Ihnen meine Gäst vertreibn, des können S' Ihnen denken. Bei der heutigen Zeit darf ma froh sein, wenn a paar herin sitzen, und der tät mir's nausekeln – Sie machen jetzt, daß S' nauskommen, und wenn Sie mir net folgn, dann sag ich's am Wirt.

Kammerloher: Auf den is ghuast, des wär der einzige, den ich fürchten tät.
Resi: Also Schluß jetzt, machen S', daß S' weiterkommen. *Sie dreht ihn hinaus.* So, Herr Kammerloher.
Kammerloher: Schaust du mich für an Traller an?
Resi: Ich mein's Ihnen ja nur gut, jetzt gehn S' heim. So, Gott sei Dank. Bleibn S' draus, bleibn S' draus.
Kammerloher: Ja, jetzt merk ich's ja erst, nausgschmissen werd i da, und warum werd ich nausgschmissen? Weil der Sauhund net spanisch redt. Jetzt will ich's wissen, wie heißt's, raus damit, wie heißt's? *Er haut auf den Tisch.*
Resi: Jetzt regn S' Ihnen nicht so auf, des hat gar kein Wert, der Herr hat Ihnen doch nichts getan.
Kammerloher: Ich laß mir schon nix tun -- wie heißt's? Raus damit, Dreckkerl, dreckiger.
Resi *gibt ihm einen Wurf*: Jetzt langt's aber, jetzt wird's aber Zeit, so a unverschämter Kerl, da hört sich doch alles auf!
Der Dicke: Was, will der in dem Zustand noch Radfahren? Der bricht sich ja den Hals.
Resi: A woher, Unkraut verdirbt net.
Kammerloher *fällt mit dem Rad um, er beginnt sofort heftig zu bluten. Alles schreit.*
Resi: Jeß Maria, da ham ma's jetzt.
Der Dicke: Saufen bis zur Bewußtlosigkeit, und dann liegen s' da. *Der andere bessere Herr schiebt das Rad hinaus.*
Resi: Sie, der blut ja, was tun wir denn da – und der Wirt ist auch net da.
Der Dicke: Der Wirt könnte da auch nicht helfen, da muß ein Arzt her.
Resi: Meinen S', daß er sterben muß?
Der Dicke: Möglich.
Resi: Ja, mir wär's genug, ich krieg noch fünfundsechzig Pfennig von ihm!
Der andere bessere Herr: So rufen S' doch die Sanitäter an!
Resi: Ich weiß ja die Nummer net.
Der Dicke: Dann fragen Sie bei die Sanitäter zuerst an, was sie für eine Nummer haben.
Der andere bessere Herr: Rufen S' doch die Auskunft an!
Der Dicke: Die Auskunft ist seit Erfindung des Telefons dauernd belegt.
Resi: Bis ma da lang reden, derweil ham ma's ja im Buch. *Sie sucht bei Z.*
Der Dicke: Ja, Fräulein, was suchen S' denn da unter Z?
Resi: Is ja recht, man sagt doch – Zanitäter kemma.
Der Dicke: Blödsinn, das wird doch mit S geschrieben.
Resi: Wenn nur der Wirt da wär, sonst telefoniert halt der immer. *Sie blättert ganz aufgeregt.* Jetzt hab ich's: Sanitätskolonne siehe Seite Nr. 1

– da muß ich vorn schaun – jetzt geht's da bei zwölf an, auweh, die ham s' mir rausgrissen.

DER ANDERE BESSERE HERR: Wenn wir nur die Nummer wüßten.

RESI: Ja, wenn wir nur die Nummer wissen täten.

KAMMERLOHER *am Boden:* 24 8 00.

DER DICKE: Der weiß die Nummer!

RESI: Ich will Ihnen was sagn, des kann schon stimmen, den ham s' schon öfters gholt. *Sie wählt.* Grüß Gott – bittschön, bei uns herübn in der »Goldenen Enten« in der Ismaninger Straße, da liegt einer, sind S' so gut – ja – der Wirt is nämlich net da, und einer hat net Spanisch können – ja, ich bin d' Kellnerin – ja, und der rührt sich nimmer, jetzt weiß ich net, was ich tun soll, soll ich ihm an Kamillentee kochn, oder soll er gleich selber nübergehn zu Ihnen?

DER DICKE: Aber Fräulein, der kann doch nicht gehn, sie solln ihn holn, Fräulein.

RESI: Holn solln S'n, Fräulein.

DER DICKE: Das sind doch keine Fräulein. Die Sanitäter sollen sofort kommen und einen Verletzten holen.

RESI: Also, Sie brauchen ihn erst am Letzten holen.

DER DICKE: Nein, einen Verwundeten solln sie holen ...

RESI: Sie, bittschön, einen Verwunderten.

DER ANDERE BESSERE HERR: Verwundeten – deten, deten, deten ...!

RESI: Ja, den solln S' dann deten – der hat's gsagt.

DER DICKE: Sagen Sie, ein Unglück ist passiert!

RESI: Ja, es ist was passiert. Ha – naa, Eglfing * is net da bei uns. Ich bin's, 's Radl is einm naufgfallen, jetzt is der Kopf kaputt, und 's Radl blut. Ja bittschön, Parterr liegt er – am Boden – ja dankschön. *Sie hängt ein.*

DER ANDERE BESSERE HERR: Was haben sie gesagt?

RESI: An schönen Gruß ham s' gsagt, und sie kommen gleich. So, und jetzt hol ich a Wasser.

DER DICKE: Der hat ja schon soviel gsoffen.

RESI: Wenn nur der Wirt da wär! Grad heut is er in eine Versammlung gangen.

DER DICKE: Jetzt hören S' doch einmal auf mit dem Wirt, das ist ja furchtbar.

RESI: Wie ist denn des eigentlich zugangen?

DER DICKE: Das ist ganz einfach – ich war dagesessen und der Herr da, dann habe ich von Spanien gesprochen, darauf hat er mich belästigt, hat mich auf die Schulter geschlagen und hat du zu mir gesagt.

* Vorort Münchens, Sitz der Nervenheilanstalt

RESI: Da brauchen S' Ihnen gar nichts denken, des sagt er zu mir auch immer.
DER DICKE: Dann wollte er in der aufdringlichsten Weise von mir wissen, wie »an Bord« auf spanisch heißt.
RESI: Da muß ich aber jetzt dumm fragen, warum ham Sie's ihm denn nicht gsagt? Sie können doch Spanisch?
DER DICKE: Freilich kann ich Spanisch.
RESI: Na also!
DER DICKE: Ich spreche perfekt Spanisch. Aber der Zufall! Gerade das eine Wort »an Bord« ist mir unbekannt.
RESI: So was Dummes. Hätten S' halt irgendein anderes gesagt.
DER DICKE: Das wollte er ja nicht wissen, und überhaupt: Mit einem derartigen Menschen spreche ich nicht.
RESI: Derartig ist er ja nicht, er ist ja bloß besoffen.
DER ANDERE BESSERE HERR: Das ist ja das Traurige.
RESI: Mir war nur das eine unangenehm, wie ihm seine Brieftaschen nuntergefallen ist, wo ihm das ganze Glump rausgfallen ist, und ich Depp les das noch vor von Stadelheim. Ich hab mich net viel gschamt. *Man hört von außen Hupenzeichen.* Jetzt hab ich was ghört. *Sie läuft ab und kommt sofort wieder.* Kommen schon, jetzt müß ma gleich Platz machen. *Zwei Sanitäter in Uniform mit Rotkreuzarmbinde kommen mit einer Tragbahre herein und stellen sie auf den Boden.* Des is gut, daß S' jetzt da sind, wissen S', ich hab gleich telefoniert.
SANITÄTER: Wir sollen hier jemand abholen, wo ist er denn?
RESI: Da liegt er am Boden.
SANITÄTER: Ist gerauft worden?
DER DICKE: Nein, nur eine Meinungsverschiedenheit hat's gegeben.
SANITÄTER: Das kennt man schon!
Resi und die beiden besseren Herren reden zugleich auf den Sanitäter ein, so daß man nichts mehr versteht.
DER DICKE: Also reden kann nur einer, sonst versteht man ja nichts.
RESI: Ja, die Sache war so ... Der Herr war in Spanien ...
DER DICKE: Nein, das war so. Ich bin dagesessen, der Herr da und er da ...
RESI: Ja – und der Wirt war net da ...
DER DICKE: Lassen Sie mich reden. Ich habe mich mit diesem Herrn unterhalten, ich habe erzählt, daß ich Weltreisender bin, habe gesagt, daß ich in der ganzen Welt herumgekommen bin, in Indien, Sumatra, Borneo, in Holland, Nordamerika, Südamerika, Australien, England, Frankreich, Schweiz, Italien, Türkei, Afrika, Dalmatien, Mexiko, und in Spanien war ich auch.
RESI: Ja, und wie er in Spanien war, is's angangen.

Der Dicke: Ja also, ich habe von Spanien gesprochen, da ist er auf mich zugekommen und wollte von mir in der zudringlichsten Weise wissen, wie »an Bord« auf spanisch heißt.

Resi: Ja, das hat ihm der Herr leider net sagen können, weil er's selber net weiß.

Der Dicke: Ja also, wie gesagt, er ist auf einmal frech geworden, und dann hat er bezahlt.

Resi: Aber mir ist er noch fünfundsechzig Pfennig schuldig.

Der Dicke: Das ist doch Nebensache, Fräulein.

Resi: Ich dank schön, das ist ja bei mir d' Hauptsach!

Sanitäter: Das geht mich alles nichts an. Ich bin im Dienst, man hat uns gerufen.

Resi: Ja, aber d' Nummer ham mir so lang net gfunden.

Der Dicke: Sind Sie doch still, der Mann verblutet ja.

Sanitäter: Also los, da kennt sich der Teufel aus. *Beide Sanitäter heben Kammerloher auf; er kommt zu sich und schreit laut.*

Kammerloher: Nur net anlangen – was willst denn? Da werd ich windi!

Er schleudert den einen Sanitäter zurück, dieser fällt in das Büfett, es fällt um, der Sanitäter bricht mit blutendem Kopf zusammen. Der andere bessere Herr und der zweite Sanitäter bemühen sich um den verletzten Sanitäter und legen ihn auf die Tragbahre.

Resi: Mir ist ganz schlecht.

Der Dicke: Sie Raufbold, was haben Sie denn da angestellt, Sie sollen sich schämen, sich in einer Wirtschaft, in einem öffentlichen Lokal so aufzuführen. Sie sind ja ein unmöglicher Mensch! Da schaun Sie her, jetzt ist nur mehr ein Sanitäter da, der andere liegt selbst auf der Bahre, wer soll jetzt da hinaustragen helfen?

Resi: Ja, wer hilft jetzt da tragn?

Kammerloher: Des wern ma glei ham – da geh her, Kamerad!

Er packt kräftig die Bahre und trägt mit Hilfe des übriggebliebenen Sanitäters den auf der Bahre Liegenden hinaus. Alle schauen verdutzt nach.

Allotria

Braut und Bräutigam rutschen auf Knien auf die Bühne.

Er: Sakra, in Allotria is ja dasselbe Glatteis wie bei uns in München. Da muaß ma ja auf alle viere kriecha, wie a Schildkrötn.

Sie: Ja, bei uns in München san wenigstens Sandkästn in jeder Straßn, Jessas, da dort is ja aa oaner. Geh hin und hol a Handvoll Sand zum Auf-

streun, daß ma gehn können. *Er kriecht auf allen vieren zum Sandkasten.*
SIE *wartend:* Brauchst di net geniern vor de Leut, san ja lauter Narrische.
Er öffnet den Sandkasten und nimmt eine Handvoll Sand heraus.
SCHUTZMANN *kommt auf ihn zu:* Wer hat Ihnen denn erlaubt, hier städtischen Sand zu stehlen?
ER: Ja, bei diesem Glatteis kann man doch nicht gehen, Ihnen geht's ja selber so. In München ist es erlaubt, hier, lesen S' des.
SCHUTZMANN *liest:* »Jeder sein eigener Sandstreuer. Die zahlreichen Unglücksfälle bei dem letzten Glatteis haben zu einer begrüßenswerten Neuerung geführt. Jedem Fußgänger, der zu seiner Sicherheit Sand vor sich her streuen will, ist nun der Sand freigegeben; es ist nun also polizeilich erlaubt, was jahrelang polizeilich verboten war.« Mir san jetzt net in München, mir san jetzt in Allotria. Mir san net so freigebig, daß jeder Bürger sich da a Handvoll Sand nehma derf, wo kommet ma denn da hin!
ER: Ja dann bricht ma sich ja 's Gnack!
SIE: Also des – in München is es erlaubt.
SCHUTZMANN: 's Gnack könna S' Eahna brecha, aba an Sand lassn S' liegn. Na ja, i bin a verständiger Schutzmann, na nehma S' Eahna a Handvoll und streun S' auf.
Valentin streut Sand.
SCHUTZMANN: Wo wolln denn Sie überhaupt hin in dem Hochzeitsstadium?
SIE: Nach Allotria.
SCHUTZMANN *deutet auf Valentin:* Sie aa? Warum machn S' dann so a traurigs Gsicht?
ER: Weil i heut gheirat hab!
SCHUTZMANN: Aus Liebe?
ER: Naa, nur wegn de tausend Mark.
SCHUTZMANN: Überhaupt, habt's denn ihr zwoa scho euer Intelligenzprüfung gmacht?
SIE: Naa, was is'n des?
SCHUTZMANN: Also, ich stell an euch vier Fragn, wenn ihr de beantworten könnt, dann seid's ihr nicht schwachsinnig und könnt ungeniert heiratn. Wenn nicht, dann werdet ihr sofort standrechtlich erschossen, auf der Stelle. *Zu ihr.* Wieviel is eins und eins?
SIE *besinnt sich:* Eins und eins ist drei.
SCHUTZMANN: Auweh, schwachsinnig! *Zu ihm.* Was ist das Gegenteil von schwarz?
ER: Dunkel.
SCHUTZMANN: Schwachsinnig! *Zu ihr.* Wer bringt die Kinder?

SIE: Der Klapperstorch.
SCHUTZMANN: Enorm schwachsinnig! *Zu ihm.* Wer ist das größte Rindviech der Welt?
ER: Sie!
SCHUTZMANN: Schwachsinnig und frech dazu: So schwachsinnige Leute dürfen nicht heiraten. Sofort standrechtlich erschießen!
SIE: Bitte erst nach der Brautnacht.
ER: Warum nach der Brautnacht?
SIE: Nu ja, des kannst dir doch denken.
SCHUTZMANN: Also vorher Exekution.
SIE: Ja wenn's nicht anders geht, dann bitte, aber schnell muaß's geh, weil mir net soviel Zeit habn. Komm Karl, lehn deine Wang an meine Wang. *Sie lehnen sich beide Arsch an Arsch.* Spielen S' halt noch seinen Lieblingsmarsch. *Soldat macht einen Trommelwirbel.*
SCHUTZMANN: Legt's an, gebt Feuer! *Soldat gibt ihm Feuer.* Schießen sollt's, gebt Feuer! *Soldaten schießen ihre Stopselgewehre ab.*
ER: Ach, wie schießt ihr schlecht!
Sie läuft davon, er ihr nach, tritt ihr dabei den Rock herunter, a tempo wird es dunkel im Saal.*

Der reparierte Scheinwerfer

Die Kapelle hat kaum zu spielen angefangen, als der Direktor in höchster Erregung auf die Bühne kommt.
DIREKTOR: Was ist denn hier los? Warum tritt die Tänzerin nicht auf?
STIMME *hinter der Bühne:* Der gelbe Scheinwerfer links an der Bühne brennt nicht mehr.
DIREKTOR: So eine Schlamperei! Wissen Sie das jetzt erst – der muß sofort gerichtet werden, wo sind denn die Elektrotechniker? *Er sucht sie und nimmt sie mit auf die Bühne.* Kommen Sie mal mit auf die Bühne – der Scheinwerfer brennt nicht – schaun S' mal nach, was da los ist.
VALENTIN: Was is'n?
DIREKTOR: Der Scheinwerfer brennt nicht.
VALENTIN: Brennt er net?
DIREKTOR: Nein, der brennt nicht!
VALENTIN: Der wird halt net eingschalt sein. *Ruft nach hinten:* Schalten S' amal ein dahint.

* Einmalig gespielt am 8. 2. 1934, anläßlich des Filmballs im Deutschen Theater in München.

Stimme: Es ist ja eingeschaltet.
Valentin: Was, eingschalt is? Na muaß er ja brenna.
Direktor: Er brennt aber nicht.
Valentin: Ja, na könna mir aa nix macha.
Simmerl *(Liesl Karlstadt)*: Ja wieso, warum brennt er denn net?
Direktor: Frag doch net so dumm, blöder Bua.
Valentin: Was blöder Bua – der ist schon bei der Fachschaft.
Direktor: Schließlich und endlich sind doch Sie der Fachmann.
Valentin: Ja ich schon – aber der net – der is Fachknabe.
Direktor: Ist ja Wurscht, was er ist, das ist halt Ihr Lehrbua.
Valentin: Ja, ja.
Direktor: Also wollen Sie so gut sein, schaun S'n halt amal an.
Valentin: Ja, anschaun könn ma'n schon.
Simmerl: Ob er aber vom Anschaun alloa brennt, des glaub i kaum.
Direktor: Das glaub ich auch nicht.
Simmerl: Brennt er überhaupt nimmer?
Direktor: Nein, der brennt nicht.
Valentin: Red doch koa Suppen, des sagt er ja, der Mo.
Simmerl: Ach, wirft er keine Scheine mehr?
Direktor: Nein, er wirft keine Scheine.
Valentin: Geh hör doch auf.
Simmerl: Vielleicht is er kaputt?
Direktor: Wahrscheinlich ist er kaputt.
Simmerl: Wahrscheinlich – der is scho sicher hi.
Direktor: Verstehn Sie denn überhaupt etwas von Scheinwerfern?
Valentin: Natürlich, ich hab doch bei Siemens und Schuckert garbat, aber mehr auf Marinescheinwerfer, des san ja solchene Kübeln – Gschläusen. Da is ja des a Katze dagegen.
Direktor: Marinescheinwerfer? Meiner Ansicht nach ist doch einer wie der andere.
Valentin: Ham S' noch oan?
Direktor: Freilich, noch mehrere.
Valentin: Die brenna ja.
Direktor: Die brauchen Sie ja auch nicht zu richten.
Valentin: Des hätt ja auch gar koan Sinn, wenn ma s' richten tat, wenn s' aa so brenna.
Direktor: Freilich hat das keinen Sinn.
Valentin: Warum ham S' uns denn des gestern net gsagt, daß er net brennt?
Direktor: Weil er gestern brennt hat.
Valentin: Ah, gestern hat er noch brennt, na hätt's gestern aa koan Sinn

ghabt, wenn ma 'n repariert hätten, weil mehr als brenna kann er ja net.
DIREKTOR: Jetzt reden S' net soviel – in fünf Minuten hat der Scheinwerfer zu brennen.
SIMMERL: Ah – fünf Minuten braucht ja der schon, bis er 'n oschaugt.
VALENTIN: Fünf Minuten brauch i ja, bis i ihn beguck. Da kann sei, wenn a Leitung hin is, müssen wir a neues Kabel legn, müssen d' Bühne und den ganzen Hof aufreißen, ham Sie a Ahnung, zu so einer Raparatur brauchen wir mindestens ... *Zu Simmerl.* Wie lang wern ma da braucha?
DIREKTOR: So is's recht, der fragt sein Lehrbubn, wie lang er braucht.
SIMMERL: Da brauch ma ziemlich lang.
VALENTIN: Da braucha mir mindestens zwei bis acht Tage.
DIREKTOR: So, jetzt geb ich Ihnen zehn Minuten Zeit, in zehn Minuten komm ich, dann muß er brennen, Sie brauchen ihn ja nur provisorisch zu richten.
VALENTIN: Ja, nur provisorisch.
DIREKTOR: Also in zehn Minuten komm ich.
VALENTIN: Ja kemma könna S' scho. *Direktor ab.* Müß ma halt nachschaun. *Horcht angestrengt an der Wand.* Ja, da is a kurzer Schluß da. *Er mißt mit dem Meterstab, der immer wieder zusammenklappt. Simmerl bohrt in der Nase.* Drecksau, junge, vor de Leut tut ma doch net Nasenmandeln fanga. Geh amal in d' Werkstatt nüber und hol den andern Meterstab.
SIMMERL: Was für oan?
VALENTIN: Den mit de Patentfedern. Mit dem kann ma nur in Keller abimessen – am Speicher nauf klappt er zsamm.
SIMMERL: Und in d' Werkstatt kann ma net nei, de is zugsperrt.
VALENTIN: Wo is denn der Schlüssel?
SIMMERL: Der liegt drin in der Werkstatt.
VALENTIN: Was für a Rindviech hat denn da zugsperrt?
SIMMERL: I!
VALENTIN: Und der Schlüssel liegt drin, ja wie bist denn du da rauskomma?
SIMMERL: Ja zuerst, bevor ich drin zugsperrt hab, bin i no schnell rausgsaust.
VALENTIN: Da müß ma a neus Kabel holn, da dürf ma glei anfanga. *Er schreibt ins Notizbuch die Zeit, wann er anfängt.*
SIMMERL: Ja, fang ma gleich an – na hol ich glei Brotzeit.
VALENTIN: Da hast a Geld, holst zwei Regensburger, oane warm –
SIMMERL: Und de ander kalt?
VALENTIN: Nein – de ander auch warm, oder nimmst glei alle zwoa warm.
SIMMERL: Und für mi vielleicht an Schlagrahm, weil i'n so gern mag.

VALENTIN: Brauchst bloß an Rahm bringa, an Schlag kriagst dann von mir.

SIMMERL: Ja, a Maß Bier und zwoa warme Würst.

VALENTIN: Kalt wärn s' mir eigentlich lieber.

SIMMERL: Dann hol ich zwei kalte – oder i verlang zwoa ganz hoaße und geh langsam, dann wern s' aa so eiskalt, bis i rüberkomm.

VALENTIN: Ja, des geht aa, und solln s' zu eiskalt sein, dann könna s' ma imma wieder warm macha. Also schwing di, schau daß d' weiterkommst – darenn di fei net!

SIMMERL: Naa, i gib scho Obacht. *Ab.*

VALENTIN *mißt ein Rohr ab, hantiert herum, schaut ins Publikum.*

SIMMERL *kommt mit den heißen Würsten*: Ah, Blumendraht, san de hoaß, i hab mir mei ganze Pratzn verbrennt. *Valentin nimmt die Würste.*

DIREKTOR: So, seid ihr nun fertig?

Beide verstecken die Brotzeit, Valentin steckt die heißen Würste in die Tasche.

DIREKTOR: Na was ist denn los, haben Sie Bauchweh?

VALENTIN: Jaa, Bauchweh ...

DIREKTOR: Da müssen S' halt heiße Umschläge machen.

VALENTIN: San ja so so heiß. *Er wirft die Würste weg hinter die Bühne.*

DIREKTOR: Also, was ist jetzt mit dem Scheinwerfer, ist er jetzt fertig?

SIMMERL: Naa, mir können net anfangen, weil mir koa Werkzeug habn.

DIREKTOR: Dann holen Sie sich doch Ihr Werkzeug.

SIMMERL: Des ham ma scho, aber Material brauchen mir auch, des liegt im Lager.

DIREKTOR: Wo ist denn Ihr Lager?

VALENTIN: In Haidhausen.

DIREKTOR: Da brauchen Sie doch mindestens eine Stunde, bis Sie zurück sind. So lange können wir nicht warten, nehmen S' halt von uns was, wir haben doch auch alles da.

VALENTIN: Wir kriegn scho herin a Lager, aber erst im Frühjahr.

DIREKTOR: Das nützt mich doch nichts – also was brauchen Sie, wir haben doch Werkzeug genug da.

SIMMERL: A lange Leiter.

DIREKTOR: Ham ma.

VALENTIN: Litzen und Dräht.

DIREKTOR: Ham ma.

SIMMERL: An Gips.

DIREKTOR: Ham ma.

VALENTIN: An Hamma.

DIREKTOR: Ham ma.

SIMMERL: An Arbeitsgeist.

DIREKTOR: Also Marsch vorwärts, Sie können alles von uns nehmen.

VALENTIN: Ja das geht auch, denn wenn ma an Scheinwerfer macht, muaß er gleich richtig gmacht werdn. Wissen S', mit am Scheinwerfer is's genauso als wie mit was anderm. Des muaß glei richtig in d' Hand gnomma werdn.

DIREKTOR: Also beeilen Sie sich. *Beide ab.*

SIMMERL *schaut schüchtern umher, nachdem beide ab sind und spielt mit der Brezn*: Derweil werd ich an kloana Imbiß zu mir nehma. *Zum Souffleur*: Hans? – Ob i erst ogfangt hab? Naa, naa, i bin scho üba a Jahr in der Firma. Koa Freud hab i eigentlich gar net dazua, des is ja a Drecksarbeit. So was geht ja, des is ja a leichte Arbeit, des is ja a alter Huat. Aber wenn ma oft Kabel legn müassn, wia neulich in der Großmarkthalle, da hab i im Keller drunt durch mindestens zwanzig Zentner dafaulte Birn durchkrabbeln müassn. – Da hab i's früher schöner ghabt, da war i in der Lehr bei einem Waffelbäcker, da ham ma de Waffeln gmacht, de wo ma ins Gfrorne einetaucht. Aber der Moaster hat mich nach vier Wochen schon nausgschmissn, weil i sämtliche Waffeln, die er backa hat, glei gfressn hab, der hat gar nix mehr zum Verkaffa ghabt. Oh, da is mei Vatta aufganga. Na hat er mi zu am Schweinsmetzger in d' Lehr gebn, da hab i mi nacha glei so in Leberkäs eineghängt, daß d' Welt ungleich war. Na ham s' mi wieder nausgschäufelt. Na hat mi mei Vatta in a elektrotechnisches Gschäft do, weil er gsagt hat, Glühlampn wer i doch net gleich verschlinga. Jetzt bin i scho über a Jahr dabei – ha? – ob des mei Moaster is? – A woher – unser Moaster, der gang ja da gar net her, des is a feiner Hund – des is unser Vorarbeiter, des is ja a gscherte Nuß. – Verstehn tuat er aa net viel, denn wenn a komplizierte Arbeit z' machen is, dann muaß er ja mi fragn, weil's i schon viel besser heraußn hab wie er. – Bloß hunzen tuat er mi den ganzen Tag, aber wenn i amal ausglernt hab, dann wer i eahm am letztn Tag no 's Werkzeugkistl nauffalln lassn, zum Abschied.

VALENTIN *kommt mit Stangen und anderen Utensilien unter dem Arm zurück*: Wem laßt du 's Werkzeugkistl nauffalln? Schlawinerbua!

SIMMERL: I hab ja net gwußt, daß Sie hinter mir stehn. Und der hat mich um was gfragt ghabt.

VALENTIN: Was brauchst denn du mit dem Stefften da redn. Arbeit liaber, hast doch ghört, in fünf Minuten solln ma da fertig sein, hat der wampate Aff gsagt. *Simmerl ab.*

DIREKTOR, *der zugehört hat*: Ich helf Ihnen gleich, also sind Sie fertig?

VALENTIN: Naa, jetzt fang ma an.

DIREKTOR: Wo nur der mit der Leiter bleibt? *Simmerl kommt mit Leiter*

und Werkzeugkistl und stößt den Direktor mit der Leiter an den Kopf.
DIREKTOR: Idiot – kannst du deine Augen nicht aufmachen, du Trottel? *Ab.*
VALENTIN *läßt die Stangen auf einen Gast fallen. Die Leiter steht auf der Litze, beide ziehen hin und her.* Ja mit Gewalt geht's gar nicht. Da brauch ma ja bloß die Leiter wieder aufhebn. *Tut es und zieht die Litze unnötigerweise wieder durch die Leiter.* So! *Simmerl trägt die Leiter vor.*
VALENTIN: Net dahin am Vorhang, Depp!
SIMMERL: Wohin?
VALENTIN: Da stellst as her!
SIMMERL *steigt auf die Leiter*: Ah, hab's schon gsehn – da müß ma nüber – da kann i aber net nüberlanga.
VALENTIN: Warum steigst nacha nauf, Hanswurscht? Geh aba!
SIMMERL: Ja.
VALENTIN *steigt auf die Leiter*: Da kann i aa net nüberlanga, da bräuchten mir a runde Leiter um den Turm herum.
SIMMERL: Das ging scho, wenn die Leiter höher wär oder wenn das weiter herunt wär.
VALENTIN: Da müßten wir höchstens a kleins Grüst machen, daß ma da a Brett nüberlegn.
SIMMERL: Ja wie lang soll des Brett sei? Dann hol i oans.
VALENTIN: Wart, i meß 's ab. *Sein Meterstab klappt immer zusammen, er merkt sich mit dem Finger die Stellen, der Meterstab kommt ihm aus, er macht mit dem Bleistift einen Strich in die Luft. Zu Simmerl*: Was schaust denn so blöd?
SIMMERL: I muaß doch Obacht gebn, daß i was lern.
VALENTIN: Da brauchst net Obacht gebn, des kann i selber net. Also ein Meter fünfundachtzig muaß des Brett lang sei, geh zua.
SIMMERL: Ja dann laß i des Sach derweil da. *Er läßt die Leiter auf einer Seite zuklappen und zwickt Valentin die Finger ein.*
VALENTIN: Depperter Depp, depperter, siehgst denn net, daß i meine Finger drin hab?
SIMMERL: Da kann i nix dafür, für was müassen Sie Ihre Pratzn überall neidoa, müassen S' halt Eahnere Batzlaugn aufmacha.
VALENTIN: Schau amal, ob ma da an Anschluß habn? *Simmerl steigt auf die Leiter.*
SIMMERL: I kann gar nix sehn, weil i z' weit weg bin, da müaß ma zerst 's Brett rüberlegn, vielleicht genga S' schnell naus und holn 's Brett, dann wart i daweil da herobn.
VALENTIN: Dir geh i dann glei naus, geh runter, sonst wirf i di runter. *Simmerl steigt herab und Valentin auf die Hand.*

VALENTIN: Auuu, so geh doch runter, du stehst ja drobn!
SIMMERL: Wo? Auf der Leiter?
VALENTIN: Naa, auf der Ding ...
SIMMERL: Auf der Sprossen?
VALENTIN: Naa, auf der ... mir fallt ja der Nama net ein – auf meiner Hand! *Haut Simmerl.* Daschlagn tua i di no amal, siehgst denn net?
SIMMERL: Mit de Schuhsohln kann i doch net sehn, überhaupts werd i amal windi wern, dann hau i Eahna 's Werkzeugkistl nauf, dann könna S' a Lied singa – »O Haupt voll Blut und Wunden«.
VALENTIN: Na gfreu di nur, heut nach Feierabend. Ham ma denn überhaupt an Strom? Da, probier amal die Lampn aus, ob 's brennt.
SIMMERL *zündet mit einem Streichholz die Lampe an*: Naa, die brennt net.
VALENTIN: Was tuast denn wieder? *Er reißt ihm die Lampe aus der Hand und verbrennt sich daran.* Herrgott Sappramen! Geh amal die Leiter nauf, damit i di nimmer siech.
Simmerl steigt die Leiter hinauf.
VALENTIN *pfeift*: Bist schon drobn?
SIMMERL *pfeift auch*: Bin schon da.
VALENTIN: Da herin pfeift ma doch net, du gscherter Lump – Obacht, jetzt wirf i dir an Draht nauf. *Er wirft den ganzen Draht hinauf.* Halt, i brauch ja a End.
SIMMERL: I trag's nunter.
VALENTIN: Na, wirf's runter. – Wart. *Er steigt auf den vordersten Tisch, an dem ein Paar sitzt und zu Abend ißt.*
SIMMERL: Obacht auf den Schaumkuchen, uuuh, jetzt san S' in den ganzen Batz neitretn. *Er wirft die Litze einer Dame an den Kopf. Valentin reißt die Litze und gleichzeitig einige Federn aus dem Hut der Dame.*
GAST: Ja was fällt Ihnen denn ein, können Sie nicht besser Obacht geben?
VALENTIN: Das ist mir gleich, i muaß arbeiten. *Er wirft den Draht wieder hinauf.* So, jetzt ziag o. *Simmerl zieht den ganzen Draht hinauf.*
VALENTIN: Jetzt hat er'n wieder drobn, paß doch auf. *Er steigt wieder auf den Tisch.*
GAST: Was fällt Ihnen denn ein, Sie sehen doch, daß wir essen!
VALENTIN: Um de Zeit frißt ma aa net. – So, Simmerl, jetzt wirfst mir den ganzen Draht runter, du brauchst bloß as End halten. *Simmerl schneidet mit der Schere ein Ende vom Draht ab und wirft den Draht hinunter, wieder auf den Kopf der Dame.*
GAST: Alles, was recht ist – Herr Ober, einen anderen Platz!
VALENTIN: Sie haben auch den ungünstigsten Platz da herin. – Ja, jetzt hat

er mir wieder den Draht runtergworfn, i hab doch gsagt, 's End sollst droben bhaltn.

SIMMERL: Des hab i ja, i hab's doch extra weggschnittn.

VALENTIN: Hundskrüppl mistiger, wo hast denn dein Saukopf?

SIMMERL: Da. *Valentin wirft ihm eine Windnudel ins Gesicht. Simmerl hängt die Litze ein, die Valentin über den Tisch zieht, was erneut den empörten Protest des Gastes herausfordert.*

VALENTIN *zum Gast*: Dann macha Sie an Scheinwerfer, wenn's Eahna net paßt. So, jetzt wirf mir a Messingschräuferl runter.

SIMMERL: Obacht! Schräuferl! *Es fällt der Dame in den Ausschnitt.*

DAME *schreit*: Ah, jetzt ist mir da was reingfalln.

VALENTIN: Wo is's denn hingfalln?

GAST: Da hinein.

VALENTIN *möchte das Schräuferl herausholen, schaut aber erst einmal in den Ausschnitt.*

GAST: Das geht doch nicht, hier vor allen Leuten! Unterstehen Sie sich noch einmal!

VALENTIN: Des is mir gleich, i brauch mei Schräuferl! *Er greift in den Ausschnitt, der Gast schimpft wütend.*

SIMMERL: Sie! Sie! Die Dame soll halt aufstehn, dann fallt's unten raus. *Die Dame steht auf, schüttelt sich, das Schräuferl fällt auf die Erde.*

GAST *gibt Valentin das Schräuferl*: Komm, wir gehen, wir wollen uns bei der Direktion beschweren! *Ab.*

VALENTIN: Ah, des is ja no ganz warm – so, Bua, jetzt klemmst die Litzn in Scheinwerfer nei, und dann schalt i ein.

SIMMERL: Ja, is schon recht. *Kommt herunter.* Also jetzt mach i finster, und dann schalt i ein. So, jetzt brennt er.

VALENTIN: Der brennt net, warum lügst denn scho wieder? *Er haut ihm eine runter.*

SIMMERL: Ja der brennt scho, der andere, auf der andern Seiten.

VALENTIN: Ja gibt's denn so was aa? Den ham ma gricht, und der andere brennt!

DIREKTOR: So, sind Sie jetzt soweit, brennt er jetzt?

VALENTIN: Ja, der brennt, der auf der andern Seitn.

DIREKTOR: Der nützt mich nichts, den muß ich haben.

VALENTIN: Ja den ham ma ja gricht, aber der hat brennt.

DIREKTOR: Das ist ja zum Haare-Ausreißen! *Reißt sich Haare aus.* Der nützt mich nichts, den muß ich haben, der muß brennen!

VALENTIN: Ja, na müaß ma halt den richtn, nacha brennt der!

In der Schreinerwerkstätte

Der Schreinermeister (Karl Valentin) arbeitet an der Hobelmaschine. Ein Kunde betritt die Werkstatt und trägt dem Meister sein Anliegen vor. Dieser jedoch arbeitet ungestört weiter, da wegen des großen Maschinenlärms ohnehin kein Wort zu verstehen ist. Schließlich stellt er die Maschine ab, und der Kunde erzählt alles noch einmal.

MEISTER: Ja da müssen Sie zu einem Bauschreiner gehen, ich hab ja a Möbelschreinerei.

Der Kunde geht. Während dieser ganzen Zeit ist der Lehrbub (Liesl Karlstadt) damit beschäftigt, eine kleine Kiste zusammenzunageln.

MEISTER: Wie lang brauchst denn jetzt noch zu dem Kistl, der Nagel is ja no net ganz drin, da hau nauf auf den Nagel.

Der Lehrbub haut mit dem Hammer auf den Fingernagel des Meisters.

MEISTER: Ja Rindviech, siechst denn nimmer, haut der mich auf den Nagel nauf.

LEHRBUB: Sie ham ja gsagt, auf'n Nagel.

MEISTER: Ah, Depp, doch net auf'n Fingernagel.

FRAU *kommt mit zwei Tassen Kaffee, die sie neben den Leimtopf stellt*: Da habt's euern Kaffee. *Ab.*

LEHRBUB: Heut schaut's wieder drein wie a Lämmergeier.

MEISTER: Heut? Jeden Tag schaut die so drein. *Er bricht eine Semmel auseinander, taucht sie, statt in den Kaffee, in den Leimtopf und beginnt mit seiner Brotzeit.* Pfui Teufel, jetzt hab ich mei Semmel in Leim neitaucht, wer hat ma denn wieder den Leim direkt neben den Kaffee hingstellt?

LEHRBUB: I net, des war d' Moasterin.

MEISTER: Des alte Rindviech!

FRAU *kommt zurück*: Kaspar …

MEISTER: Ah, Roserl, hast du mir den Kaffee neben den Leimhafen hingstellt?

FRAU: Ja, warum?

MEISTER: Weil ich's verwechselt hab und hab in Leimhafen neitaucht.

FRAU: Alt gnua waerst, daß d' an Leim vom Kaffee auseinanderkennst.

MEISTER: Ja schau, Roserl …

FRAU: I gib dir glei a Sauroserl! Der Herr Baron hat rübergschickt, du sollst heut noch nüberkommen und sollst im Speisesalon an Parkettboden ausspandeln.

MEISTER: Heut no? Heut kann i net zum Baron nübergehn – der soll sein Parkettboden rüberschicken.

FRAU: An Parkettboden kann er doch net rüberschicken, a so a saudumms Gred! *Ab.*

LEHRBUB: Sie, Moaster, jetzt hätt i bald vergessen, der Herr Sekretär Weber hat ma angschafft, i soll Eahna sagn, daß Sie die Tür net macha braucha, er hat sich's anders überlegt und laßt sich jetzt im Schlafzimmer statt der Tür vom Tapezierer an Vorhang hinmachen.

MEISTER: So is's recht, jetzt, weil i zugschnitten hab, jetzt werd s' abbstellt – des geht mich gar nichts an, i hab 's Holz scho zugschnitten, zapft is schon – geht mi nix o – des muaß zahlt werdn! I bin doch koa Hanswurscht, ja was war denn net des?

LEHRBUB: Ja der Herr Sekretär Weber hat ja gsagt, wenn Sie schon angfangt ham, na zahlt er halt des, was S' scho gmacht ham.

MEISTER: Des werd aa guat sein – de ganze Tür kostat fünfunddreißig Mark, und des, was i bis jetzt gmacht hab, des macht mindestens zehn Mark; tua a Formular her, i schreib glei a Rechnung. Wie schreibt ma denn da?

LEHRBUB: An Herrn Sekretär Weber ...

MEISTER: Wie soll jetzt i da schreibn, des is saudumm.

LEHRBUB: Schreiben S' – auf Wunsch eine neue Türe ogfangt und mittendrin aufghört.

MEISTER: A so kann i net schreiben, ah was, i schreib – eine neue Türe nicht gemacht: zwölf Mark. So – und nach Feierabend tragst as gleich nüber.

LEHRBUB: Aber zerst mach i mei Kisterl fertig. *Er holt Nägel, hämmert und haut sich einen Vexiernagel in den Zeigefinger.* Au!

MEISTER: Was is denn? Jessas, Marand Joseph! Haut sich der an Nagel in'n Finger nei – und grad von dene, wo ma so wenig ham. *Er zieht den Nagel heraus und verbindet den Finger.*

LEHRBUB: Jetzt ziagt's aba.

MEISTER: Des glaub i schon, weil a Loch drin is im Finger.

DIENSTMÄDCHEN: Grüß Gott, Herr Schreinermeister, mir is was passiert.

MEISTER: No, werd net so gfährlich sein.

DIENSTMÄDCHEN: D' Herrschaft is verreist, i staub heut im Salon alles ab, rutscht mir von dem altdeutschen Schrank der kleine holzgeschnitzte Engel aus der Hand und direkt am Boden ...

MEISTER: Auweh, san d' Flügerl abbrochen?

DIENSTMÄDCHEN: Naa, d' Flügerl net.

MEISTER: Was nacha, d' Fuaßerln?

DIENSTMÄDCHEN: Aa net.

MEISTER: Da Kopf?

DIENSTMÄDCHEN: Aa net.

MEISTER *besinnt sich*: Da Arm?

DIENSTMÄDCHEN: Naa, der aa net.

MEISTER: An Bauch kann er sich doch net brechen, der kleine Engel.

DIENSTMÄDCHEN: Ich hab's ja in dem Papierl da drin. *Sie gibt dem Meister das Papier. Dem Meister fällt aber der Gegenstand heraus und unter die Hobelspäne.*

MEISTER: Da is ja nix drin.

DIENSTMÄDCHEN: Na is's wahrscheinlich rausgfalln.

MEISTER: So und in d' Hobelschoaten nei – was war's denn eigentlich? *Er sucht.*

LEHRBUB: Suacha S' was, was is Eahna denn nuntergfalln?

MEISTER: A so a kleins ... ah, da liegt's. *Hebt es auf und betrachtet es.* Ah, 's Naserl is abbrochen, des wern ma gleich wieder hingleimt ham. *Will es anleimen.* Ja der hat ja sei Naserl, des is ja gar net wegbrochen.

DIENSTMÄDCHEN *deutet verlegen auf die entsprechende Stelle.*

MEISTER: Ach so!!! *Leimt es an.* So, jetzt gebn S' halt recht Obacht – und langa S' ma net hin, weil's frisch gleimt is.

DIENSTMÄDCHEN: Ja, i gib schon Obacht – und was bin ich schuldig, Herr Schreinermeister?

MEISTER: Ah, wegen der Kleinigkeit! Genga S' zua!

DIENSTMÄDCHEN: Besten Dank! Pfüat Gott, Herr Schreinermeister.

LEHRBUB: Pfüat Gott, Fräulein! Aber nimmer hinglangen!

MEISTER: Halt 's Mäu. *Gibt ihm eine Ohrfeige.* Wo hast ma denn überhaupt des andere Brett hindo?

LEHRBUB: In Holzschuppen naus, i hab gmoant, des is scho abghobelt, soll ich's schnell holen?

MEISTER: Ja schnell, da könnt i wieder lang warten – i hol mir's selber. *Ab.*

LEHRBUB: Ah, da liegt sei Pfeifa – jetzt tua i eahm wieder wie neulings Zündholzköpf untern Tabak nei, und wenn er s' anzündt, na schnalzt's wieder. So, da leg ich s' her, daß er s' gleich siecht.

MEISTER *kommt mit dem Brett zurück*: Alisi!

LEHRBUB: Ja?

MEISTER: Geh naus, sperr an Schupfa zua, den hab i offen lassen. *Alisi ab.*

MEISTER *zündet sich seine Pfeife an, die sofort explodiert*: O heilige Zweifaltigkeit, was war denn jetzt des? – I woaß scho, des war wieder der Bua, des hat er mir scho amal do, der Krippi, na wart nur – dir werf i jetzt a Handvoll Sägleim ins Gwaff eini, Saubua mistiger. *Ruft*: Alisi, da geh amal schnell rei zu mir.

LEHRBUB: Ja, i komm scho.

FRAU *reißt die Türe auf, der Meister wirft ihr Sägleim ins Gesicht*: Ah, ah, ah. Herrgott, ja was is denn des, da hört sich ja alles auf, wirft ma der an Haufen Dreck ins Gsicht, was is denn des für a Lausbüberei?

Meister: Du kommst aa allaweil daher, wenn ma di gar net brauchen kann – i hab eben gmoant, der Alisi is's.

Frau: Du hast gar nix z' moana. *Sie öffnet ihre Geldbörse.* Was willst denn heut zum Nachtessen ham, ha?

Meister: A Fünftel Leoni.

Frau: Und?

Meister: Und a halbs Pfund Kaviar.

Lehrbub *kommt mit einem Schachterlteufel herein*: Moaster …

Meister: Jetzt kimmt er daher, wo warst denn du so lang?

Lehrbub: Warum?

Meister: Weil i da Moasterin a Handvoll Sägleim ins Gsicht neigschmissn hab, de wo i dir neischmeißen hätt wolln.

Lehrbub: Ah, na bin i froh, daß d' Moasterin zerst reikomma is.

Frau: Halt dei freche Pappn, sonst fangst oane, daß d' an Leimofen für a neus Postgebäude anschaust. Sag liaber, wos d' so lang warst, wos d' di wieder rumtrieben hast.

Lehrbub: D' Frau Heilmeier hat mir gschrien und hat gsagt, da Moasta soll de Schachtel leima und a paar Nägel neihaun, weil da Boden wegageht.

Frau: Lauter so Glump bringa s' allaweil daher, wo nix verdient is.

Meister: Was is'n des für a Schachtel? *Er nimmt die Schachtel, der Dekkel springt auf, eine Papierschlange schnellt hervor. Die Frau läßt vor Schreck die Geldbörse fallen, schreit auf und fällt in Ohnmacht.*

Meister: O du lieber mein Gott.

Lehrbub: Uh, da Schachterldeifi, Moaster, da schaugn S' her, unser Moasterin is vor lauter Schrecken in d' Ohnmacht gfalln.

Meister: 's Geld heb auf, 's ganze Geld liegt am Boden.

Lehrbub: D' Moasterin is ohnmächtig, helfa S' ihr.

Meister: 's Geld sollst aufklaubn.

Lehrbub: D' Moasterin liegt aber am Stuhl.

Meister: Und 's Geld liegt am Boden.

Lehrbub *spritzt die Meisterin mit Wasser an, gibt ihr Schnupftabak, macht Wind mit einem Brett und haut sie damit auf den Kopf*. Ich mach Wiederbelebungsversuche.

Meister: Des wärn saubere Wiederbelebungsversuche, du machst as no ganz hi.

Die Meisterin erwacht.

Meister: Auweh! Gott sei Dank, jetzt geht's wieder besser.

Frau: Was war denn jetzt los? So bin ich in meim ganzen Leben noch nicht erschrocken – guate Lust hab i und geh nie mehr in d' Werkstatt rei.

LEHRBUB: Ja, Moasterin, des tean S', des kann i Eahna ganz heiß empfehlen.

FRAU: Du bist a frechs Bürscherl, mei Liaber – aber statt daß der Alt gscheiter waar, tuat er auch noch mit. Weil ich eben allaweil z' guat bin, aber euch werd ich noch helfen, Kreuzteufi nei noch amal. *Sie geht ab und schlägt wütend die Tür hinter sich zu. Meister und Lehrbub machen sich wieder an die Arbeit.*

1. KUNDE: Grüß Gott, Herr Schreinermeister, ich hätte da einen Sitz zum Reparieren.

MEISTER: Grüß Gott, was möchten S' denn?

1. KUNDE: Ich hätt da einen Klosettsitz zum Reparieren.

MEISTER: Reparieren? Der is ja so ganz gut.

1. KUNDE: Ja i bin der Hausmeister von Nr. 27, und da schickt mich der Hausherr rüber, Sie solln den Sitz da größer machen, weil …

MEISTER: Größer machen? Ja warum denn?

1. KUNDE: Ja weil – weil – da is de Tag a neue Partei bei uns einzogn und …

MEISTER: Was und?

1. KUNDE: Ja und da is die Frau – des is a direkte Bavaria, so korpulent, und da wenn sich die Frau …

MEISTER: Um wieviel soll er denn breiter werdn?

1. KUNDE: Ja mei, des woaß i aa net, i denk halt ungefähr a so a Stück.

MEISTER: Ja ungefähr nützt mich gar nichts, i muaß 's genaue Maß haben.

1. KUNDE: Ja mei, Sie könna schließlich net von mir verlanga, daß i von dera Frau ihrn Ding 's Maß nimm.

MEISTER: Dann geh i halt mit Ihnen gleich zu der dicken Frau nüber und nimm von der Frau ihrm Rückgebäude gleich 's Maß.

LEHRBUB: Moaster, darf ich mitgehn? Bittschön, Moaster, bittschön, bittschön!

MEISTER: Brauchst net bitten, kriagst as aa so. *Haut ihn.* So, dir helf i! *Im selben Moment hört man von draußen Scherbengeklirr.* Was war jetzt des, jetzt ham s' uns a Fenster eighaut! *Sie schauen zur Tür hinaus.* Was is'n los da heraus?

2. KUNDE: Die lange Stange soll zu Eahna nei. *Zuerst wird das Werkstattfenster eingeschlagen, dann die Oberlichter, jeder hilft mit, endlich liegt die Stange auf der Hobelbank.* Herrschaft, des war jetzt so a Viechsarbeit!

MEISTER: No, des hat lang dauert, bis ma de reibracht ham.

LEHRBUB: D' Hauptsach is, daß ma s' reibracht ham, mit vereinten Kräften geht alles.

MEISTER: Also was soll dann an dera Stanga gmacht werdn?

2. KUNDE: I kumm jetzt mit der Stange bis von der Bayerstraße, der Herr Hamberger schickt mich her, die Stange soll so weiß und blau gstrichn werdn, aber mit einer guten Ölfarb, daß's lang halt.

MEISTER: Was? Angstrichen soll s' werdn? Ja da müssen S' doch zu an Maler gehn, aber net zu mir, i bin doch a Schreinermoaster.

2. KUNDE: San Sie net der Malermeister?

MEISTER: Ja woher!

2. KUNDE: Aber Sie san doch der Herr Bertenbreiter?

MEISTER: Der Bertenbreiter is im andern Hof, des is der Maler, und i hoaß Huber.

2. KUNDE: Na hab i de zwei Namen verwechselt.

MEISTER: Ja, die werdn oft verwechselt.

2. KUNDE: So, Sie san der Huber, also na könna S' sie net streicha?

MEISTER: Naa! Schaugn S', daß S' nauskomma mit dera Stanga, aber so schnell als möglich.

2. KUNDE: So schnell als möglich werd des net geh, denn Sie wissen doch, wie lang ma braucht ham, bis ma s' reibracht ham.

Fremdenrundfahrt

Der Omnibus ist voll besetzt, aber die beiden Fremdenführer streiten noch immer, ob man nach links oder nach rechts abfahren soll.

LIESL KARLSTADT: Wir beginnen nun mit unserer Fahrt und kommen hier zum Wittelsbacherbrunnen. Die Figuren zeigen die fruchtbringende und die zerstörende Kraft des Wassers.

KARL VALENTIN: Der Brunnen macht, wie Sie sehen, einen wässerigen Eindruck.

L. K.: Wir fahren weiter, hier sehen Sie das Schillerdenkmal.

K. V.: Wolfgang Schiller, der bekannte Dichter der Faust-Tragödie, hat uns durch die Erfindung des Fernrohrs die Sterne nähergebracht, denn was wären wir heute ohne Stenographie?

L. K.: Rechts, eigentlich mehr links, der Justizpalast.

K. V.: In demselben werden Gerichtsverhandlungen und hauptsächlich Ehescheidungen geschieden.

L. K.: Jetzt geht es weiter zum Stachus mit dem Karlstor. Das Karlstor ist das westliche Tor der mittelalterlichen Stadt – erbaut im 14. Jahrhundert. Westlich durch die Bayerstraße kommen wir zum Hauptbahnhof.

K. V.: Der Hauptbahnhof ist der Treffpunkt aller fremden Reisenden.

L. K.: Die Fahrt geht nun weiter durch die Bayerstraße zur Theresienwiese, auf welcher alle Jahre im September das Oktoberfest stattfindet. Auf der Theresienhöhe erblicken Sie von hier aus die Bavaria mit der Ruhmeshalle. Ludwig I. erbaute an einer Stelle, von welcher die Stadtsilhouette am besten zu sehen ist, ein Nationaldenkmal für Bayern, umgeben von der Ruhmeshalle von Klenze.

K. V.: Die Bavaria wurde aus hartem Erz gegossen und ist mehr höher als groß.

L. K.: Nun begeben wir uns durch die Lindwurmstraße zum Sendlinger-Tor-Platz. Das Sendlinger Tor entstammt dem 14. Jahrhundert und ist ziemlich unverändert erhalten.

K. V.: Der Name Sendlinger Tor soll vor fünfhundert Jahren dadurch entstanden sein, daß man, wenn man nach Sendling wollte, durch dieses Tor gehen mußte.

L. K.: Wir passieren nun die Sendlinger Straße und kommen zur St.-Peters-Kirche. Das ist die älteste Kirche Münchens, die 1181 erbaut wurde.

K. V.: Vom Petersturm aus hat man eine herrliche Aussicht in die Luft.

L. K.: Es geht weiter zum Marienplatz, zum Mittelpunkt des wirtschaftlichen Lebens von München. Die Mariensäule, errichtet von Kurfürst Maximilian 1638 zum Gedächtnis des Sieges am Weißen Berge.

K. V.: Die Grundsteinlegung zur Erbauung des Marienplatzes erfolgte im Jahre 1412, nachmittags um halb drei. Rechts unten liegt der Fischbrunnen, in welchem alle sieben Jahre der Schäfflertanz aufgeführt wird.

L. K.: Hier vor unseren Augen das Neue Rathaus – ein gotischer Bau von Hauberisser – 1908 vollendet. Im Turm das Glockenspiel. Kunstuhr mit Spielwerk. Zur Linken die Frauenkirche, Münchens größte, jedoch nicht älteste Kirche. Erbaut von Jörg Ganghofer im 15. Jahrhundert. Die eigentümlichen Kuppeln sind das Wahrzeichen von München.

K. V.: Der rechte Turm steht neben dem linken.

L. K.: Wir begeben uns nun vom Tal aus durchs Isartor. Dasselbe ist das östliche Tor des mittelalterlichen Münchens aus dem Jahre 1314. Die Freske zeigt Kaiser Ludwigs Einzug nach der Schlacht bei Mühldorf.

K. V.: Kaiser Ludwig soll damals beim Einzug furchtbare Kopfschmerzen gehabt haben, wurde aber trotzdem von der Menge feierlich empfangen – und weißgekleidete Mädchen überreichten ihm eine Schachtel Pyramidon.

L. K.: Durch die Zweibrückenstraße gelangen wir zur Kohleninsel, auf welcher der Bibliotheksneubau errichtet wurde.

K. V.: Es soll dies nach Aussage einiger Personen der schönste Bau der Welt sein.

L. K.: Dem Museum gegenüber steht das Müllersche Volksbad. Das 1901 im Barock erbaute Volksbad ist die Stiftung eines Münchner Bürgers.
K. V.: In den darin befindlichen Wannenbädern ist das Schwimmen polizeilich verboten.
L. K.: Hier ist das Maximilianeum. Auf dem Ostufer der Isar eine von König Maximilian gegründete Erziehungsanstalt, jetzt Gemäldesammlung.
K. V.: Minimaximilinoleum. Ist im Sommer von grünen Bäumen umsäumt, welche im Winter mit tiefen Schneemassen bedeckt sind. Der darin befindliche Hausmeister feierte vorigen Donnerstag sein fünfundzwanzigjähriges Minimaximilinoleumjubililäum.
L. K.: Isarabwärts fahrend, sehen wir rechts den Friedensengel. – Ein monumentaler Abschluß der Prinzregentenstraße.
K. V.: Der goldene Friedensengel ist aus Erz, sozusagen der Erzengel Friede. Was er während des Weltkrieges da oben getrieben hat, ist allen unerklärlich. Unter der Prinzregentenbrücke sehen Sie den stromabwärts schwimmenden Isarfluß.
L. K.: Wir kommen auf unserer Fahrt zum neuen Nationalmuseum. Erbaut im Jahre 1900 von Gabriel von Seidl. Das Museum zeigt in höchster Vollendung in Einzelstücken die Entwicklung der bayerischen Kunst und des Kunsthandwerks.
K. V.: Die Bediensteten des Nationalmuseums haben jederzeit freien Zutritt.
L. K.: Hier biegen wir in den Englischen Garten ein. Die früheren Isarauen wurden von dem letzten Kurfürsten zu einer großen Parkanlage ausgenutzt.
K. V.: Hier sehen Sie Bäume und ebensolche Fußwege. Hier auf dem Bergesgipfel erblicken Sie den Monopteros. Von unten kann man zu demselben hinaufschauen, was man von oben aus nicht kann.
L. K.: Hier sehen Sie einen der schönsten Wasserfälle.
K. V.: Es ist dies eine traurige Kopie des Niagarafalles.
L. K.: In langsamem Tempo fahren wir zum Chinesischen Turm.
K. V.: Derselbe ist unten breit und wird nach oben zu viermal schmäler. In der Mitte des Englischen Gartens ist der Kleinhesseloher See. Der See darf von Fußgängern nicht betreten werden.
L. K.: Wir verlassen den Englischen Garten, durchfahren die Feilitzschstraße in Schwabing und unseren Blicken ergibt sich ein neuer Anblick. Das Siegestor. Es ist der architektonische Abschluß der von König Ludwig I. erbauten Ludwigstraße, eine Nachbildung des Konstantinbogens in Rom.
K. V.: Die Siegesgöttin mit den vier Löwen wurde oben auf dem Tore angebracht, da sie auf der Straße verkehrsstörend gewirkt hätte.

L. K.: Die herrliche Ludwigstraße entlang kommen wir zur Feldherrnhalle. Dieselbe ist der Abschluß der Ludwigstraße gegen die Stadt. Links die Residenz. Das Maxdenkmal in der Mitte des Platzes – und im Hintergrund das Nationaltheater, die führende Opernbühne Süddeutschlands – die Stätte vieler Erstaufführungen Richard Wagners. Der Bau entstammt dem Anfang des 19. Jahrhunderts.
K. V.: Die im Gärtnerplatztheater gelösten Eintrittskarten haben im Nationaltheater keine Gültigkeit.
L. K.: Wir fahren durch die Maximilianstraße ein kleines Stück östlich, biegen rechts ein, und vor Ihren Augen erblicken Sie das Symbol der Kunststadt München, das Hofbräuhaus.
K. V. und L. K.: Hier rufen wir aus: eins, zwei, drei – gsuffa!!!

Der Theaterbesuch

Der Schauplatz der Handlung ist ein altmodisches, kleinbürgerliches Mansardenzimmer mit vergilbter, billiger Tapete aus Großvätertagen. Über dem geschweiften Plüschkanapee zur Linken hängt in kitschigem Goldrahmen ein Blumenstück im Vierfarbendruck. Die beiden Fenster im Hintergrund scheinen auf irgendeine Brandmauer hinauszugehen; jeder Flügel ist in drei Scheiben geteilt. Lange nicht gewaschene cremefarbige, helle Vorhänge ohne Übergardinen sind zu beiden Seiten der Fenster gerafft, zwischen beiden Fenstern ein altmodisches Frauenbild in ovalem Rahmen, darüber ein unförmig großer Geschäftskalender, der als Datum eine große Acht trägt oder irgendein anderes Datum, das weit zurückliegt, so daß man erkennt, wie lange er nicht abgerissen worden ist. Rechts vom Fenster auf einem Wandbrett ein Vogelbauer, in der Ecke ein Kachelofen mit Blechrohr nach oben, an dem eine Wäscheleine mit Wäsche zum Trocknen festgemacht ist, auf der oberen Ofenkante eine Kaffeemühle, in der Durchsicht eine bauchige, runde, tönerne Kaffeekanne, in der offenbar Kaffee gewärmt wird. Eine altmodische Kommode steht zwischen den Fenstern, darauf ein Radio und mehrere Nippsachen. In der Bühnenmitte ein viereckiges Rohrtischchen, das mit einer weißen Klöppeldecke bedeckt ist, darauf ein Blumenstrauß in einer billigen Vase. Vor dem Kanapee ein runder Tisch mit Plüschdecke und leuchtender Posamentenkante. In der schrägen Seitenwand ein Dachfenster.
DIE FRAU *(Liesl Karlstadt) trägt über ihrem Kleid eine blaue Schürze mit weißer Kante.*

Der Mann *(Karl Valentin) hat einen struppigen Vollbart und eine Glatze, die nur durch wenige zur Seite gekämmte Haare gegen die Stirn abgegrenzt ist. Seine weite dunkle Hose schlägt Falten, die helle, oft geflickte Weste ist aufgeknöpft. Sein Chemisett hat einen niedrigen, breiten Gummiumlegekragen, unter dem eine altertümliche schwarze Binde, wie sie früher die Handwerker trugen, durchgezogen ist.*
Beim Aufgehen des Vorhangs sieht man den Mann am Tisch sitzen und Zeitung lesen.
Die Frau *kommt eilig herein*: Du, Alter, denk dir nur, jetzt geh ich eben über die Treppen rauf, da begegnet mir unsere Hausfrau und hat mir schon wieder was gschenkt – rat amal, was s' mir gschenkt hat?
Der Mann: Sei net kindisch, sag's halt.
Die Frau: Da schau her, zwei Theaterbilletten für'n Faust – was sagst denn du dazu?
Der Mann: Dankschön! Warum geht s' denn net selber nei, des alte Luada?
Die Frau: Ja mei, sie wird halt koa Zeit ham.
Der Mann: Soso, s i e hat keine Zeit, aber w i r müssen schon Zeit habn.
Die Frau: Aber sei doch net so undankbar.
Der Mann: Da siehst doch ganz deutlich, daß die Frau irgendwas gegen uns hat, sonst tat s' doch net ausgerechnet uns die Karten schenken.
Die Frau: Aber sie wollte uns doch nur eine Freude bereiten.
Der Mann: Sie uns?! Haben wir vielleicht ihr schon mal eine Freude bereitet?! – Niemals!
Die Frau: Also willst mitgehn? Ja oder nein?
Der Mann: Wann geht denn des an?
Die Frau: Des weiß i net – i geh nunter und frag s' noch amal.
Der Mann: Des geht halt um halb acht Uhr an.
Die Frau: Jetzt is's ja schon dreiviertel sieben Uhr, da tät ma nimmer fertig werden! Aber die Theater gehn doch meistens erst später an – um acht Uhr.
Der Mann: Naa, zwischen halb acht und acht Uhr gehn s' an.
Die Frau: Naa, vor acht Uhr auf keinen Fall; immer gehn die Theater erst später an; weißt noch, vor vier Wochen warn ma amal in an Frühschoppen, der ist erst um zehn Uhr angegangen.
Der Mann: Ja, was mach ma denn da?
Die Frau: Überleg dir's halt net lang, komm!
Der Mann: Gegessen ham ma auch noch nicht.
Die Frau: Das Essen ist fertig.
Der Mann: Ja, i werd scho fertig, kampelt bin ich gleich.
Die Frau: Das kannst hernach machen, jetzt eß ma zerst. *Sie geht ab. Der*

Mann nimmt einen Spiegel und stellt ihn auf den Tisch; der Spiegel fällt immer wieder um. Die Frau kommt mit Tellern und Besteck. So, jetzt schaun ma, daß wir weiterkommen. Ja gibt's denn des auch – stell 'n halt auf. *Der Spiegel bleibt stehen, aber nur verkehrt herum.*

DER MANN: Ich kann doch net soo neinschaun.

DIE FRAU: Dreh ihn halt um.

Der Mann dreht den Spiegel um, aber nun bleibt er wieder nicht stehen, sondern fällt immerzu um. Die Frau stellt ihn richtig hin. Der Mann kämmt sich.

DIE FRAU: Jetzt möcht ich bloß wissen, was 's da zu kämmen gibt – da kannst doch keinen Scheitel mehr machen, aus der Mordstrumm Plattn.

DER MANN: Das bin ich noch so gewöhnt von früher her.

DIE FRAU: Wie nur der Mensch so eitel sein kann – für wen richtst dich denn gar so schön zsamm, mir gfallst, und wem andern brauchst net gfallen.

DER MANN: Vielleicht sitzt im Theater ein sauberes Madl neben mir.

DIE FRAU: Die wird dann grad dich anschauen, die schaut doch den Faust an!

DER MANN: I mein ja, in der Pause.

Die Frau geht und bringt das Essen, eine Schüssel mit Kraut und Würstchen.

DER MANN: Schon wieder Eintopf!

DIE FRAU: Bei uns hat's doch noch nie was anderes gebn. *Jeder kriegt eine Wurst, er nimmt sie, zieht sein Metermaß aus der Hosentasche, mißt beide Würste, gibt der Frau die kleinere und behält die längere für sich; dann fahren beide hastig mit ihren Gabeln ins Kraut, die Gabeln verfangen sich ineinander, sie ziehen vergeblich jeder nach seiner Seite daran. Endlich schlägt er die Gabeln mit seinem Messer auseinander. Während des Hin- und Herziehens schaut er auf den Regulator an der Wand.*

DIE FRAU: Da, jetzt ist sie krumm, jetzt weiß ich wenigstens, wer unsere Gabeln immer so kaputt macht. Jetzt eß ma aber schnell.

DER MANN: Schnell soll man nicht essen, das ist ungesund.

DIE FRAU: Da hast a Kraut! *Sie steht auf und gibt ihm Sauerkraut auf seinen Teller.*

DER MANN *wirft es zornig mit der Hand zurück.* Ich nimm mir mei Sach scho selber. *Er nimmt sich Sauerkraut. Er schaut in den Spiegel.*

DIE FRAU: Mach doch keine Geckerl, unterm Essen brauchst doch nicht in den Spiegel schaun.

DER MANN: Gerade da – dann hat man zwei Portionen. Was mach ma denn mit unserem Buben, wenn er von der Arbeit heimkommt?

DIE FRAU: Da hab ich schon drandenkt. – 's Essen müss ma ihm warmhalten, und bevor wir fortgehen, müss ma ihm an Zettel schreiben – iß nur du weiter, den schreib ich gleich. *Sie holt aus der Kommode Papier und Tinte.* Dann schreib ich, daß wir nicht daheim sind.

Der Mann: Des brauchst ihm net schreiben, das sieht er ja selber – aber des mußt ihm schreiben, daß wir fortgegangen sind.

Die Frau: Das mein ich ja! Ich schreibe ihm, daß wir nicht da sind, weil wir abwesend sind.

Der Mann: Schreib: München, den –

Die Frau: Nein, ich schreib: Lieber –

Beide: Ja, wie hoaßt jetzt der?

Die Frau: Du als Vater wirst doch wissen, wie der Bub heißt.

Der Mann: Du als Mutter mußt es viel eher wissen.

Die Frau: Weil man eben immer Bub zu ihm sagt, ja wie heißt er denn?

Der Mann: Wart – ich frag die Nachbarin.

Die Frau: Naa – da wern ma doch selber draufkomma, Jeßmarandjosef – ah, Josef heißt er. Also: Mein lieber Josef –

Der Mann: Das kannst net schreiben, weil er mir auch ghört.

Die Frau: Dann schreib ich halt unser lieber Josef, daß d' a Ruah gibst. – Unser lieber Josef …

Der Mann: Sehr geehrter Herr, unser lieber Josef –

Die Frau: Dein Essen steht in der Küche am Ofen, mach es dir warm, weil es schon kalt ist …

Der Mann: Es ist bereits Dezember.

Die Frau: Ich mein doch 's Essen – kalt ist und weil wir ins Theater gehen müssen.

Der Mann: Wenn ma net mögen, müss ma net.

Die Frau: Dann schreib ich dürfen – können – wollen – sollen –

Der Mann: – werden.

Die Frau: Dann sind wir doch schon fort, wenn er den Zettel liest.

Der Mann: Dann schreibst: Gegangen sind.

Die Frau: Sollte das Theater aus werden, dann kommen wir vielleicht bestimmt nach Hause. Es grüßt Dich –

Der Mann: Hochachtungsvollst –

Die Frau: Deine fortgegangenen Eltern nebst Mutter.

Der Mann: Bei die Eltern ist doch d' Mutter schon dabei!

Die Frau: Dann mach i halt an Punkt, sonst liest des Rindviech weiter.

Der Mann: Jetzt schreib noch hin: Solltest Du aber das Essen lieber kalt mögen – dann brauchst Du es nicht warm zu machen.

Die Frau: Weil es sonst zu heiß wird. So, den legen wir jetzt am Tisch her. Oder vielleicht sieht er ihn da net glei – er geht doch meistens bei der Tür herein, dann legen wir den Zettel am Boden her.

DER MANN: Dann tritt er drauf mit die schmutzigen Stiefel und kann ihn nicht mehr lesen.

Er stellt den Brief auf das Seitentischerl, wo er ihn an die Blumenvase lehnt.

DIE FRAU: Das ist nichts da, mit dem Blumenbukett, da meint er ja, er hat Namenstag.

DER MANN: Er hat aber kein Namenstag.

DIE FRAU: Aber das irritiert ihn – also das ist nichts.

DER MANN *lehnt den Brief an den Spiegel*: Das ist großartig, da schau her, jetzt wenn er kommt, stellt er sich daher, schaut in den Spiegel hinein und denkt sich, was ist denn das für ein Zettel? Dann sieht er ihn.

DIE FRAU: Wir schauen freilich nei, weil wir wissen, daß da ein Zettel liegt – aber er hat ja keine Ahnung, jetzt, wenn er nicht neinschaut?

DER MANN: Das ist Grundbedingung, daß er neinschaut.

DIE FRAU: Wenn er aber net neinschaut, dann hast den Zettel umsonst hingstellt.

DER MANN: Ja so, halt, ich hab's – jetzt schreibst noch mal an Zettel: Wenn Du heimkommst, schaue sofort in den Spiegel.

DIE FRAU: Also: Wenn Du heimkommst, schaue sofort in den Spiegel hinein, dann siehgst Du was – schreib ich. So – jetzt ham ma uns so lang mit der Schreiberei aufghalten – jetzt geht's auf sieben Uhr – is gut, daß das Theater erst um acht Uhr angeht.

DER MANN: Um halb acht Uhr geht's an.

DIE FRAU: Ich mein, abspülen tu ich erst morgen früh, sonst wird's zu spät. *Sie serviert ab.*

DER MANN *sucht überall herum, zieht die Schubladen auf und schüttelt den Kopf.* Fanny, wo hast denn mei Kragenknöpferl?

DIE FRAU: Jetzt geht wieder d' Suche nach dem Kragenknöpferl an, hunderttausend Kragenknöpferl hab ich dir schon …

DER MANN: Des is zuviel – oans brauch ich bloß.

DIE FRAU: Ich möcht bloß wissen, wo du die Kragenknöpferl immer hinbringst, ich glaub, du frißt sie direkt. *Sie nimmt die Knopfschachtel und zeigt sie ihm. Der Mann stürzt auf sie zu, beide stoßen mit ihren Köpfen zusammen, er wühlt in der Schachtel, endlich findet er ein Kragenknöpferl und hält es ihr triumphierend unter die Nase.*

DIE FRAU: Jetzt mach ich mich fertig – ah, in d' Küch muß ich noch mal. *Sie geht ab.*

DER MANN *ruft ihr nach*: Wo ist denn mein Kragen?

DIE FRAU: Wos d'n gestern hinglegt hast.

DER MANN *quält sich mit dem Umbinden des Kragens ab, bringt es aber nicht fertig, das Kragenknöpferl durch das zweite Knopfloch des Bünd-*

chens zu schieben: Fanny, mach mir mein Kragen ein, bevor ich narrisch werd.

Die Frau *stürzt mit der Brennschere im Haar wieder herein.* Du mußt mir schon mei Ruh lassen, sonst werd ich auch nicht fertig – was soll ich denn tun?

Der Mann: Mein Kragen sollst mir einmachen, sonst wirf ich ihn hintern Ofen.

Die Frau: Da, halt amal d' Scher! *Sie faßt die Lockenschere an den Holzgriffen und hält ihm das heiße Eisenteil hin.*

Der Mann: Au – dumme Gans, gibt s' mir die heiße Schere so in d' Hand.

Die Frau: Ja, wie soll ich dir's denn sonst geben? Ich kann dir s' doch net so geben! *Sie faßt die Schere am Metallteil an.* Au!

Der Mann *läßt sein Kragenknöpferl auf den Boden fallen*: Jetzt hab ich mei Knöpferl hinuntergeworfen. *Er reißt ein paarmal die elektrische Zuglampe herunter und stößt sich dabei den Kopf an.*

Die Frau: Jetzt hat er wieder kein Knöpferl – also wennst so weitermachst, dann kommen wir viel zu spät, das sag i dir glei. *Sie sucht das Knöpferl.* Vielleicht ist's unterm Diwan?

Der Mann: Der is ja hingemaln, da unter der Kommode is es hingfalln! *Sie bückt sich suchend, er hebt die Kommode etwas auf, das Geschirr und die Nippsachen fallen herunter.*

Die Frau: Jessasmarandjosef, mei schöns Gschirr! *Sie schimpft wütend weiter.*

Der Mann *lacht*: Da is ja 's Knöpferl! Wo is denn mei Kragen –?

Die Frau: Jetzt hat er wieder koan Kragen – da is er ja!

Der Mann: Nein, an Kragen ... da is er ja.

Die Frau: Ich zieh mich jetzt an, dann is wenigstens eins fertig; soll ich das schwarze Kleid anziehn?

Der Mann: Ja.

Die Frau: Oder das braune?

Der Mann: Ja.

Die Frau: Ich kann doch net zwei Kleider anziehn!

Der Mann: Dann friert's dich net.

Die Frau: Wenn man nur dich um was fragt – jetzt ziag i amal 's braune an – dann sehn ma's schon, 's schwarze kann i dann immer noch anziehn. *Sie geht ab.*

Der Mann hat inzwischen Kragen und Krawatte umgebunden. Er sucht seine Schuhe und findet sie. Während er den einen anzieht, stellt er den anderen auf den Tisch. Beim Zuschnüren ärgert er sich über die Schuhbänder.

DIE FRAU *kommt in einem braunen Kleid hereingestürzt.* Geh, mach mir amal mei Kleid ein, das kann ich net allein.
DER MANN: Auweh – jetzt kommen wieder die fünfhundert Hakerln alle.
DIE FRAU: Nein, brauchst koa Angst ham, i hab ja an Reißverschluß hinmachen lassen. *Der Mann macht den Reißverschluß zu.* Des war doch früher furchtbar; wenn man ein Hakerl zugemacht hat, dann is das andere wieder aufghupft, und beim Ausziehen, wenn man eins aufgmacht hat, is des ander wieder zughupft.
DER MANN: Jetzt red net lang, schau, daß d' fertig wirst. *Das Schuhband reißt ihm ab, er schimpft und flucht vor sich hin.*
DIE FRAU: Sei doch net so nervös! Ich weiß net, andere Leut gehn doch auch ins Theater.
DER MANN: Das sind auch keine Schuhbandln.
DIE FRAU: Das nächste Mal zieh ich dir a paar Drahtseil ein – aber die reißt du auch noch ab. *Sie geht ab.*
Der Mann knüpft das Schuhband zusammen, steht dann auf, stampft ein paarmal mit beiden Füßen und zieht dann Weste und Jackett an.
DIE FRAU *kommt mit ihrem Hut in der Hand wieder herein*: Ich weiß net, der Hut, find ich, paßt net recht zu dem braunen Kleid.
DER MANN: Setz an andern auf – schick dich! *Er setzt seinen Hut auf und ist fertig.*
DIE FRAU: Und der macht mich furchtbar frech.
DER MANN: Der hat mir noch nie gfalln.
DIE FRAU: Ich setz das Theatertuch auf, das steht mir auch besser.
DER MANN: Das tust – aber geh – mach – wir kommen zu spät. *Er trippelt nervös hin und her.*
DIE FRAU *sucht ihren Pompadour und ihren Fächer*: Jetzt muß ich noch a bisserl aufräumen.
DER MANN *schimpft*: Ja, d' Stiegn tät ich noch putzen und d' Fenster putzen, langweiliges Frauenzimmer.
DIE FRAU *schimpft auch*: Ja, sei nur net so grantig! Ich kann doch auch nichts dafür, daß i zwei Billetten gschenkt kriegt hab.
DER MANN: Des Mistviech soll 's nächste Mal selber ins Theater gehn und andere Leut net damit belästigen.
DIE FRAU: Ich darf mich nur amal auf was gfreun, bei uns is amal a so, zum Arbeiten bin i 's ganze Jahr guat gnua, aber –
DER MANN: Und i zum Verdienen.
DIE FRAU: Jetzt geht's scho wieder dahin, i kenn di schon, jetzt hört's wieder nimmer auf, jetzt wird an ganzen Weg gstritten, und im Theater drin wird gstritten, und die halberte Nacht hernach wird aa noch gstritten! Aber das sag ich dir, auf a solches Vergnügen verzicht

i von vornherein. Da bleib i lieber daheim, und du gehst allein ins Theater.

DER MANN: Wie kann ich denn mit zwei Billetten allein ins Theater gehn?

DIE FRAU *weint und setzt sich*: Ich kann doch schließlich nichts dafür, wenn mir wer zwei Billetten schenkt.

DER MANN: Auf das hab ich gwart, marsch! Vorwärts ins Theater!

DIE FRAU: Ich hab mich so aufgregt, du weißt, ich kann die Anschreierei nicht vertragen, ich will nicht mehr fortgehn, und ich kann nicht mehr fortgehn; meinetwegen gehst ins Theater, mit wem du magst! Ich zieh mich jetzt aus und geh ins Bett, ich hab soviel Kopfweh kriegt, jetzt –

DER MANN: Dann nimmst a Kopfwehpulver! *Er gibt es ihr.*

DIE FRAU: Da brauch ich dich net dazu, geh hin, wos d' magst, i geh ins Bett. *Sie schluckt die Arznei und geht ab.*

DER MANN: Halt, hast as schon runtergschluckt? Schluck's rauf!

DIE FRAU: Hast mir was Falsches gebn?

DER MANN: Weils d' aber auch alles nunterfrißt!

DIE FRAU: Red, was hast mir denn gebn?

DER MANN: Leopillen zum Abführen.

DIE FRAU: Da hast ja jetzt was Saubers angstellt, des sind ja Leo-Laxierpillen! Da steht's: Prompte Wirkung binnen einer Stunde! Jetzt is's halb acht Uhr, da sitz ma dann grad im Theater um halb neun Uhr, und da geht's dann los.

DER MANN: Um halb acht Uhr geht's los.

DIE FRAU: Ich mein ja bei mir; aber dann genga ma halt jetzt, vielleicht sind wir bis dahin wieder daheim. Ich möcht bloß wissen, ob's bei andere Leut auch so zugeht, wenn s' fortgehn, wie bei uns.

DER MANN: Genauso!

DIE FRAU: So kann's ja gar nirgends zugehn!

DER MANN: De sagn s' bloß net. Also gehn ma.

DIE FRAU: Und gschlampert bist wieder anzogn, des kann ma dir nimmer abgwöhna, ja, was hast denn du für a Hemd an?

DER MANN: A Herrnhemd.

DIE FRAU: Mit dem Hemd wirst doch net ins Theater gehn wolln, das ist ja dein ältestes, das hast ja schon vierzehn Tag an.

DER MANN: Des sieht ma doch net!

DIE FRAU: Nein, mit dem Hemd geh ich nicht fort, keinen Schritt, wenn dich da wer sieht, de Leut meinen ja, ich bin a Drecksau.

DER MANN: Des macht ja nichts.

DIE FRAU: Nein – du ziehst jetzt ein anderes Hemd an! *Sie holt eins aus dem Wäscheschrank.*

DER MANN: Aber den Tag werd ich mir merken; nie mehr, nie mehr ins Theater.

DIE FRAU: Komm, ich helf dir! *Er zieht sich aus bis aufs Hemd, im selben Moment kommt die Nachbarin herein. Sie hält eine Tasse in der Hand. Wie sie den ausgezogenen Mann sieht, schreit sie vor Schreck auf und läßt die Tasse fallen.*

DIE FRAU: Warum klopfen S' denn net an, und du stehst nackat da! – Geh ins Schlafzimmer! *Er schlurft ab.* Wir haben keine Zeit, wir gehen ins Theater.

DIE NACHBARIN: Ah, bittschön, a kleins bisserl a Salatöl wenn S' mir leihen könnten.

DIE FRAU: Sie kommen aber immer im ungünstigsten Augenblick daher, allaweil brauchen Sie was anders. *Sie holt die Ölflasche.* Also, wieviel wolln S' denn?

DIE NACHBARIN: A kleins Tröpferl bloß. *Die Frau gibt ihr Öl in die Tasse. Inzwischen ist der Mann wieder hereingekommen. Er trägt seine Hose noch in der Hand und stößt seine Frau an den Ellenbogen, während sie gerade beim Einschenken ist.*

DER MANN: Wo hast denn mei Hemd? *Das Öl rinnt der Frau aufs Kleid.*

DIE FRAU: Jessas, das auch noch, das schöne Kleid, gleich weinen könnt ich.

DIE NACHBARIN: Das ist mir aber peinlich.

DIE FRAU: Da hab ja i nichts davon – das Kleid is kaputt – is guat, daß's bloß a Öl ist, des gibt wenigstens keine Flecken. Langt Ihnen das? Da! *Sie gibt ihr die volle Tasse.*

DIE NACHBARIN: Dankschön – viel Vergnügen. *Sie geht ab.*

DER MANN: Wo ist denn mein Hemd?

DIE FRAU: Da liegt's doch auf dem Stuhl.

DER MANN *hebt das Hemd auf, faltet es auseinander und hebt es hoch. Man sieht, daß es ein Kinderhemd ist*: Jessas, Jessas.

DIE FRAU: Das is ja an Buam sei Hemd, das ist das einzige, das in der Schublade war, du bist ein gschlamperter Kerl, du weißt ganz genau, daß du bloß zwei Hemden hast – und de reißt immer raus und sagst nichts davon, zieh halt a Brust an – da hast a frische Brust. *Sie gibt ihm ein Gummi-Chemisett.*

DER MANN: Die is ja zu lang.

DIE FRAU: Dann reißt du sie ab! *Sie reißt die untere Hälfte des Chemisetts ab.*

DER MANN: Schnell! Halb acht Uhr ist es! *Er zieht sich mit fliegenden Händen an, Chemisett, Krawatte, Uhr fallen dabei herunter, er steckt die Uhr in die Hose, da fällt sie durch das Bein; die Frau gibt ihm Weste,*

Jackett, Hut, Schirm und dann den Überzieher – er fährt ins Futter und dann mit dem Schirm in den Ärmel; ein fürchterliches Durcheinander entsteht.

Die Frau: Jetzt kommen wir zu spät, jetzt müssen wir mit der Straßenbahn fahren, dann steign mir aber gleich in den vorderen Wagen ein, daß wir früher hinkommen. Halt, den Operngucker haben wir noch nicht, den trägst du. *Sie nimmt ein Opernglas im Futteral aus einer Schublade und reicht es ihm.*

Der Mann *läßt es fallen.* Das ist kaputt.

Die Frau: Mir wär's schön gnug. *Sie macht das Etui auf.* Ah, gut, daß keins drin war, das wär hin gwesen. Also, gehn ma jetzt – hast alles, die Schlüssel, die Geldbörse, a Taschentuch, dein Schnupftabak – hast im Schlafzimmer d' Fenster zugmacht, wenn ein Gewitter kommt? *Sie schaut nach.*

Der Mann: Komm, komm!

Die Frau: Also mach 's Licht aus und sperr zu!

Der Mann *im Finstern*: Billetten hast du?

Die Frau: Nein, die hast du!

Der Mann: Nein, du – wart, mach a Licht.

Die Frau: Das waar ja jetzt die Höhe, wenn wir jetzt keine Billetten hätten. *Sie schaltet das Licht an und schaut in ihre Tasche.* Ich hab doch mei Tascherl gar net aufgmacht. Da drüben bist gsessen, und da hab ich dir die Billetten in die Hand geben.

Der Mann: Vielleicht hast du s' da rüber. *Er geht an die Kommode und legt seine Hand hin.*

Die Frau: Nein – ich weiß es ganz bestimmt. *Sie haut die Schublade zu und zwickt ihm dabei die Finger ein.*

Der Mann: Au – au. *Er weint und lehnt sich an seine Frau.*

Die Frau: Ich kann dir nur sagen, daß mir vor dem Theatergehn schon bald graust! Wenn wir nur die Billetten hätten, denn ohne Billetten lassen s' uns ja nicht hinein.

Der Mann: Halt! *Er zieht die Theaterkarten aus der Hosentasche.*

Die Frau: Da sind s' ja; jetzt tu ich s' aber gleich in mei Tascherl nei, sonst verlierst sie noch einmal, da schau, da hätt ma gleich draufschaun können, da steht's ja, wann's angeht: Anfang acht Uhr – wer hat jetzt wieder amal recht ghabt – ich – die Frau hat immer recht – da steht's schwarz auf weiß – Anfang acht Uhr.

Der Mann: Ja, stimmt, Anfang acht Uhr. Freitag, den 17. Juli.

Die Frau: Wieso Freitag? Heut ist ja erst Donnerstag! *Beide schauen sich entgeistert an.*

Der Wilddieb

Die Mutter sitzt allein in der Stube, draußen zieht ein furchtbares Gewitter vorbei. Es blitzt und donnert unaufhörlich.

MUTTER *schaut zum Fenster hinaus*: Jessas, Maria und Josef, steh mir bei, so a starks Gewitter, und mei Sohn, da Hias, is no net z' Haus. Er werd wohl net grad in des Gwitter neikomma sei, er hat 's Gwehr mitgnomma, des hat nix Guats zu bedeutn. I moan allaweil, i moan allaweil, er is wieder auf die schmale Wand nauf zum Wildern, weil er gar so stad außi is zum Häusl. Gar net kann er's lassn, 's Wildern, und des is no amal sei Unglück, denn der Oberförster hat, glaub i, scho a bisserl an Verdacht auf eahm, und daß e r an Oberförster auf der Lattn hat, des woaß scho 's ganze Dorf. Was hör i? Jessas, da kummt er scho, ja grüaß di Gott, mei Bua.

HIAS: Grüaß di Gott, Muatta! Da schau her, was i heut gschossn hab, an Adler, weil mir heut nix anders vor d' Büchsn kumma is. *Er hält einen Adler samt Brett in der Hand.*

MUTTER: Mei Bua, i hab scho sovui Angst ghabt um di!

HIAS: Um mi brauchst koa Angst habn, i wißt net, warum.

MUTTER: Hias, i hab scho a bisserl Angst ghabt, weil, weil ...

HIAS: Was weil ...

MUTTER: Weils d' heut wieder mit'm Gwehr furtganga bist.

HIAS: Mit'm Gwehr furtganga, ja mit'm Schmetterlingsnetz oder mit a Mausfalln kann i koane Reh fanga.

MUTTER: Du woaßt doch, daß 's ganze Dorf scho munkelt, der Mooshammer Hias is a Wilderer.

HIAS: A Wilderer, ja a Wilderer bin i aa – weil i's net begreifa konn, daß unser Herrgott die Gams und die Reh nur für die Jaga und Förster erschaffen hat, de derfa s' schiaßn, und mir arme Teifi könna Kartoffe fressn.

MUTTER: Aber Hias, denk doch ans Zuchthaus ...

HIAS: Ja, 's Zuchthaus habn s' für uns Arme, des stimmt, aber bloß für de, de wo s' dawischt habn.

MUTTER: Hias, Bua, schau mi o, du redst so gspaßi daher, daß i glei moana kunnt, du hättst was ogstellt.

Der Hias geht auffallend auf und ab.

MUTTER *merkt, daß etwas nicht richtig ist, und schreit ihn an, indem sie ihn umklammert*: Hias, du hast mit'm Oberförster was ghabt, i kenn dir's an ... Dein Todfeind ... Du hast'n ... um Gottes willn ...

HIAS: Ja, i hab'n ...

MUTTER: Daschossn?

HIAS: Daschossn – der kummt nimmer!

Die Mutter sitzt weinend am Tisch.

HIAS: Muatta, horch auf, i erzähl dir, wia's kemma is. Wia i heut in da Fruah außi bin, hab i mi mit'm Gwehr durchs Gebüsch durchgschlichn und bin übern Jagersteig auffi. I geh kaum hundert Meter, wer steht vor meiner – mei Todfeind, der Försterlenz. I nimm an Stutzn, leg o – Schuß – a Krach – und da Förster stürzt blutüberströmt zusammen.
MUTTER: Hast'n troffa?
HIAS: I? Des woaß i net gwiß, denn im selben Moment, wo i an Stutzn oleg und schiaß, fahrt a Blitzstrahl vom Himmel runter, und jetzt woaß i net, hab i an Förster troffa oder da Blitz? Oana von uns zwoa hat'n troffa!
MUTTER: No ja, des werd sich bei der Verhandlung scho rausstelln.
HIAS: Aber Muatta, i hab jetzt höchste Zeit, daß i verschwind. Da Grenzschandarm is ma auf da Spur, und wann der mi da herin dawischt, dann is's aus mit mir, des kost mi an Kopf.
MUTTER: Bua, bleib bei mir, bei deiner Muatta. I woaß an Ausweg – ziag di o als dei Schwester, in de da Schandarm verliabt is. Tua dir dein Bart schnell wegrasiern, und wenn der Schandarm kimmt, tuast bittn um dein Brudern sei Lebn und gibst ihm dei Hand, und alles is wieder guat.
HIAS: Ja, Muatta, i dank dir für dein guatn Rat. *Er rasiert sich und zieht der Vroni ihr Gewand an.*
MUTTER: Du schaust aus wie die Greta Garbo, denselben Blick.
Es klopft.
BEIDE: Herein!
SCHANDARM: Wißt ihr schon das Neueste?
BEIDE: Naa – was is denn passiert?
SCHANDARM: Vor oaner Stund hat ma an Förster von einer Wildererkugel durchbohrt im Jägergrabn gfundn, und mei Pflicht is jetzt des als Schandarm, daß i den Mörder ausfindi mach, der unserm Förster an Garaus gmacht hat, und i glaub, in dera Hüttn herin bin i von dem Mordgselln net weit weg – moan i wenigstens. Na, Vroni – wo is denn heit dei Bruada?
HIAS: Da Hias?
SCHANDARM: Ja, da Hias – der heut so schnell mit'm Gwehr auf de Hüttn zuaglaffa is.
HIAS: Um Gottes willn, Schandarm, du werst wohl auf mein Bruadern koan Verdacht habn, daß der der Mörder is …
SCHANDARM: Verdacht glaub i, is da überflüssig, wenn ma an der Mordstelle zwoa Corpus delicti gfundn hat – und zwar a Bleikugel, die i dem Förster aus der Brust raus hab und de wo … *Er nimmt das Gewehr, das unter dem Tisch liegt, und steckt die Kugel in den Lauf.* De paßt aber genau – is des a Zufall? Und noch ein Corpus delicti – der oane, wenn sechshundert Meter runterstürzt von an Berg, bricht sich d' Füaß, der andere vielleicht d' Händ, aber des is no koa Beweis, denn d' Füaß und d'

Händ schaun alle gleich aus von de Menschen – aber de Bärt net, und des is an Förster sei Vollbart, da gibt's koan Zweifel.
MUTTER: Hat er sich den abbrochen?
SCHANDARM: Aber wenn du mir dein Herz schenkst, auf des i scho seit Jahren hoffen tua, dann tat i halt wegen dem Mordverdacht, den i auf dein Bruada hab, a Aug zuadrucka – wannst aber naa sagst – dann werd halt dei Bruada Hias binnen sechs Wochen um einen Kopf kürzer sein.
HIAS *fällt ihm um den Hals*: Ja, i will dei Weib werdn ums Leben von meim Bruada.
MUTTER: Meinen Segen habt's dazua.
BEIDE *knien sich nieder, und die Mutter gibt ihren Segen. Bengalisches Licht, rot.*
BEIDE *singen im Duett (Melodie:* Waldeslust*):*

Wir beide sind vereint
Solang die Sonne scheint,
Und nach dem Traualtar
Wird alles klar.

Bahnhofszene

Nach der Abfahrt des Zuges

Portier steht allein auf der Bühne und putzt sich die Brille.
FRAU *kommt schwitzend, atemlos mit vielen Koffern gelaufen:* Bitt schön, sagen S' mir schnell, ich hab höchste Zeit, wo muß ich einsteign nach Italien?
PORTIER: Grad is er weggfahrn.
FRAU: Jeß, Marand Josef!!!!
PORTIER: Wärn S' drei Minuten früher komma, hätten S' ihn noch erwischt.
FRAU: So, dann geh ich noch mal heim und komm drei Minuten früher.
PORTIER: Dann komma S' ja noch später.
FRAU: Naa, sagn S', warum ist denn der Zug grad ausgerechnet heut drei Minuten früher weggfahrn?
PORTIER: Naa, der Zug ist net drei Minuten früher weggfahrn, Sie san drei Minuten z' spät komma.
FRAU: Das kommt eben daher, wenn man nicht genau weiß, wann der Zug abfährt.
PORTIER: Hätten S' ins Kursbuch neigschaut, dann hätten Sie's gwußt.
FRAU: Da hab ich ja neigschaut, aber da steht's nicht drin.

PORTIER: Freilich steht's drin.

FRAU: Ja, wissen S', ich hab eben kein Kursbuch daheim, jetzt hab ich in mein Kochbuch neigschaut. Und da steht's nicht drin.

PORTIER: Ja, im Kochbuch steht freilich kein italienischer Zug, höchstens der italienische Salat.

FRAU: Drum hab ich ihn auch nicht gfunden, ja, nicht einmal im Telefonbuch ist er dringstanden.

PORTIER: Sie kunnten ja glei im Katechismus nachschaun.

FRAU: Meina S'?

PORTIER: Nein, ich mein nur.

FRAU: Ja, ich mein auch nur. Aber ich kann's nicht glauben, daß der Zug schon weggfahrn ist.

PORTIER: Freilich ist er weggfahrn.

FRAU: Ist der einfach weggfahrn und hat die Reisenden alle dagelassen?

PORTIER: Nein, die sind alle mitgfahrn.

FRAU: Ja, warum ham denn die den Zug nicht versäumt?

PORTIER: Weil die nicht zu spät komma sind.

FRAU: Wenn aber die auch zu spät kommen wärn, wär dann der Zug auch weggfahrn?

PORTIER: Ja, aber rentiert hätte er sich dann nicht.

FRAU: Was hätten dann die Reisenden alle gemacht, wenn sie alle den Zug versäumt hätten?

PORTIER: Auch so dumm dreingschaut hätten s' wie Sie.

FRAU: Kann ich jetzt gar nichts machen?

PORTIER: Das müssen Sie wissen.

FRAU: Ich mein, was ich jetzt tun soll? Denn wenn ich noch a Zeitlang wart, dann versäum ich ihn immer noch mehr.

PORTIER: Fahrn S' halt mit dem nächsten Zug.

FRAU: Wann geht denn der?

PORTIER: Morgen früh.

FRAU: Ja, das nutzt mich nichts – morgen um die Zeit bin ich ja gar nimmer hier, da bin ich ja schon lange in Italien.

PORTIER: Ja, wie können S' denn da morgen in Italien sein, wenn S' heut den Zug versäumt haben?

FRAU: Ja, da fahr ich ihm halt nach mit der Trambahn.

PORTIER: Da geht keine Trambahn hin.

FRAU: Dann lauf ich ihm zu Fuß nach, das geht auch, das hab ich schon einmal in einem Kino gsehn.

PORTIER: So schnell, wie der Zug fahrt, glaub ich, können Sie nicht laufen, außerdem Sie schicken sich recht.

FRAU: Ja, ich muß nach Italien, ich freu mich schon darauf, warn Sie schon in Italien? Da muß es doch wunderschön sein. Sie, da ist doch der große Vatikan, der immer so speibt?

PORTIER: Verschonen S' mich mit Ihrer Lava. – Sie sind da im Irrtum, der Vatikan kann doch unmöglich speibn, das ist ja ein Gebäude, und ein Gebäude kann doch nicht speibn.

FRAU: Nein, das ist bestimmt der Vatikan, denn mit V geht er an, und dann hab ich ihn schon auf Ansichtskarten gesehn, der ist so groß, und oben geht der Dampf naus.

PORTIER: Dann meinen Sie wahrscheinlich den Vesuv.

FRAU *geht der Koffer auf, und alles Unmögliche fällt heraus:* Jessas, Jessas, so ein Pech wie ich heut habe, zuerst versäum ich den Zug, und jetzt fallen mir meine ganzen Reiseutensilien heraus, wenn das jemand sieht, Sie glauben gar net, wie ich mich geniere.

PORTIER: Ja, mit d e m Zeug derfen S' Ihna freili genieren.

FRAU *alles einpackend:* Ich reise nämlich so selten, Sie glauben gar nicht, wie unbeholfen ich bin.

PORTIER: Des seh ich schon, jetzt schaun S', daß S' mit dera Brockensammlung bald zum Teufel komma.

FRAU: Mein Gott, der Wecker ist, glaub ich, auch kaputt. Horchen S' amal.

PORTIER *horcht, wirft ihn dann auf den Boden.*

FRAU: Ja, wenn Sie's so machen, dann muß er ja hi werden – *wirft ihn auch hin.*

PORTIER: Ja mei, Frau, je öfters daß S'n nunterwerfen, desto hiher wird er.

FRAU: Ach Gott, wenn man keinen Menschen hat, ich reis nämlich ganz allein.

PORTIER: Sie ham doch vier Koffern dabei.

FRAU: Nein, ich mein, wenn eine Frau allein reist, ist es überhaupt nichts; wissen S', ich bin eine Witwe, ich stehe jetzt dreißig Jahre ganz allein am Bahnhof – ah: auf der Welt, wollt ich sagen.

PORTIER: Mir waar's ja gnua, wenn Sie dreißi Jahre am Bahnhof stehen würden, mir glanga schon die drei Minuten.

FRAU: Wissen S', ich war auch verheiratet, aber mein Mann ist als Bub mit vierzehn Jahren nach Südamerika ausgewandert und ist seit der Zeit nie mehr zurückgekommen. Ich hab ihn nie wieder gsehn – verschollen, aber nicht vergessen.

PORTIER: So fanga S' ma 's weina auch noch an, trösten S' Ihna nur, schaun S', ich war auch dreißig Jahre in Südamerika, bin auch wieder zurückgekommen, der kommt schon wieder, wenn's a Gscheiter ist.

FRAU: Oh, das war ein braver Mann, aber ein böser Mann – aber kommen tut er nicht mehr, mein Xaver.

PORTIER: So, Xaver hat er ghoaßn, ich heiß auch Xaver.

FRAU: So – ja, mein Xaver hat immer zu mir gsagt: Wally, ich komm wieder, aber gekommen ist er nicht mehr.

PORTIER: Was, Sie heißen Wally?

FRAU: Ja, Wally Rembremerdeng –

PORTIER: Und ich heiß Xaver Rembremerdeng.

FRAU: Nein, ich heiß Rembremerdeng.

PORTIER: Und ich auch, und in Südamerika war ich auch.

FRAU: Ja, bist du der Xaver? Nein?

PORTIER: Und du d' Wally?

FRAU: Ja, Xaver!!! *Umarmt ihn und wirft ihm den Koffer auf den Fuß.*

PORTIER: Ja, Rindviech!!!!

FRAU: Dreißig Jahre ham wir uns nicht mehr gsehn, hast mich denn nimmer kennt?

PORTIER: Drum ist mir dein Hut glei so bekannt vorkomma.

Die Mondrakete

Auf der Bühne steht ein Raketenflugzeug. Liesl Karlstadt, im hellen Fliegerdreß, kommt mit großer Ölkanne und beginnt einzufüllen. Karl Valentin, ebenfalls im Fliegerdreß, aber im schwarzen, abgeschabten, schmiert Propeller, Seitensteuer, Fernrohr, Globus, Fähnchen und sein Zigarettenetui. Liesl Karlstadt fängt einstweilen an, einzupacken.

KARL VALENTIN: Horch nur grad, der Wind. Ausgerechnet weil wir starten wollen, muß ein solchener Wind gehen.

LIESL KARLSTADT: Geh, du wirst dich doch vom Wind nicht abhalten lassen.

K. V.: Müssen wir morgen fliegen.

L. K.: Geh, red kein Schmarrn, morgen kann auch ein Wind gehn.

K. V.: Dann fliegen wir halt übermorgen.

L. K.: Weißt du das so gewiß, daß übermorgen kein Wind geht?

K. V.: Übermorgen geht selten ein Wind.

L. K.: Jetzt mach, und hilf mir einpacken, ich weiß nicht, du druckst immer so rum. Du tust grad, als ob wir bloß nach Grünwald nauffliegen täten. Wir fliegen doch direkt ins Ungewisse.

K. V.: Wohin?

L. K.: Ins Ungewisse.

K. V.: Die ganze Zeit hast gsagt, wir fliegen zum Mond. Jetzt fliegt er auf einmal woanders hin.

Karl Valentin und Liesl Karlstadt packen miteinander ein: Zwei Worte – Rauscher – Schlicht – Trinke Spaten – Grammophonplatten von Hieber – Schinken – Odol – Maggi – Eckel-Weine – usw.

K. V.: Tu net alles hint nein, sonst schnackeln wir um. *Sie packen immer schneller ein.*

L. K.: Ja wieviel willst denn noch mitnehmen? Es geht ja schon nichts mehr nei.

K. V. *legt noch ein Paket hin:* Des muß noch nei.

L. K.: So, jetzt is aber Schluß. Für meine Füße brauch ich doch auch an Platz.

K. V.: Geht gar nix mehr nei?

L. K.: Naa.

K. V.: Saxendi, auf des Packl geht's jetzt zamm. *Er bringt ein ganz kleines Päckchen zum Vorschein.*

L. K.: Wenn ich dir sag, es geht nimmer nei, des nehmen wir halt das nächstemal mit. *Sie (bzw. er) geht mit einer Kiste ab. – Valentin geht zum Fernrohr und schaut durch. – Liesl Karlstadt kommt zurück.*

K. V.: Ja was ist denn des, ich seh keinen Mond. Mit freiem Aug seh ich ihn schon, aber im Rohr drin net. Nicht einmal verschwommen.

L. K.: Dann hast halt nicht richtig eingestellt. Wennst richtig einstellst, brauchst bloß neinschaun.

K. V.: Dann siehst nix.

L. K.: Wirklich! Hast es kaputt gemacht?

K. V.: Naa. *Er schaut wieder in das Fernrohr, während Liesl Karlstadt am anderen Ende herumschraubt und schließlich den Verschluß runtertut.*

L. K.: Der laßt an Deckel drauf, da glaub ich freilich, daß d' nix siehst. Wenn du herunt scho so dappi bist, möcht ich dich erst droben sehn.

K. V.: Der ghört ja drauf. Wie wir's kauft haben, war er drauf, der ghört zum Schutz für das Glas.

L. K.: Ja, aber wenn d' neischaust doch net. Vergessen hast ihn halt.

K. V.: Siehst, so was ähnliches ist mir schon passiert, das ist genauso wie das, nur wieder anders. Da bin ich im Hofbräuhaus gwesn und hab mir Weißwürscht kauft. Moanst, ich hätt s' essen können? Ich hab s' net nunterbracht.

L. K.: Warum nicht? Waren s' z' hoaß?

K. V.: Naa, aber ich hab vergessen, daß ich 's Maul aufmach. *Liesl Karlstadt nimmt das Dekorationstuch vom Flugzeug fort und räumt es auf. Er hat mittlerweile das Fernrohr umgedreht und schaut verkehrt hinein.* Wie weit meinst du, daß der Mond weg ist?

L. K.: Das weiß ich schon. 383 000 Kilometer.

K. V.: An Schmarrn. Wenn wir in der Sekunde eintausend Kilometer fliegen, dann sind wir in zehntausend Jahr noch net droben, so weit ist der weg. Schaug nei, wennst es nicht glaubst.

L. K. *schaut hinein:* Du schaugst ja verkehrt nei.

K. V.: Meinst, daß das was ausmacht?

L. K.: Freilich. *Dreht es herum.* Jetzt mußt neinschaun!

K. V.: Ja, jetzt brauch ma nimmer nauffliegen, jetzt is er sowieso schon da. *Er geht hinters Fernrohr und zeigt mit der Hand, wo der Mond sich befindet. Der Wind geht.*

L. K.: Ja horch nur grad, der Wind.

K. V.: Nach die Winde dürfen wir uns nie richten. Was hätt denn da der Globus getan, wie er nach Amerika nüber ist und hat Amerika entdeckt. Wie ihm seine dreizehn Brieftauben auskommen sind.

L. K.: Wer?

K. V.: No, der Christian Globus, der Amerika erfunden hat.

L. K.: Du spinnst ja, du meinst an Kolumbus.

K. V.: Naa, der hat Globus gheißen, habn wir in der Schul gelernt.

L. K.: Ja, wo du in d' Schul gangen bist. Da schau hin. *Sie deutet auf den Globus.* Diese runde Pappendeckelkugel ist der Globus, und der wo Amerika entdeckt hat, war der Kolumbus.

K. V. *deutet auf den Globus:* Des ist der Kolumbus. *Liesl Karlstadt holt Raketen herbei.*

K. V.: Gib fei Obacht, der Feuerwerker Burg hat gsagt, die sind mit dem stärksten Pulver gefüllt. Da wenn's eine zreißt, sind von uns nicht einmal mehr Fäserl da, viel weniger Antome. Und dann hat er gsagt, wir dürfen keine Zigarre oder Zigarette hinbringen, also überhaupt kein Feuer, nicht reiben, stoßen, nicht fallen lassen und nicht berühren.

L. K.: Ja, berühren muß man s' ja, wie willst du sie denn sonst einsetzen?

K. V.: Das ist's ja eben.

L. K.: Berühren darf man s' schon, müssn mir halt vorsichtig sein, da ziehn wir halt die Handschuh dazu an. *Beide ziehen Handschuhe an.* Setzt du sie ein?

K. V.: Ja. *Dabei fällt ihm die Zigarette in die Raketenkiste.* Jessas! *Beide werfen die Raketen raus und suchen die Zigarette.*

L. K.: Da liegen s' jetzt.

K. V.: Und wir wären auch bald da glegen. Da wären wir aber weiter kommen wie zum Mond, da wären wir direkt ins Jenseits hinüber.

L. K.: Mir halt er die ganze Zeit einen Vortrag, und dabei laßt er die brennende Zigarette neinfallen.

K. V.: Wennst mich so saudumm fragst, und da ist s' mir halt rausgfallen aus'm Mäu.

L. K. *wirft mit Wucht eine Rakete in die Kiste:* 's ist ja wahr auch, mich warnst immer, und er laßt die Zigarettn hineinfallen.

K. V. *wirft ebenfalls eine Rakete in die Kiste:* Deswegen brauchst auch net glei so umeinander z' werfen. *Beide legen im Zeitlupentempo die Raketen in die Kiste.* Neun Stück sind schon drin, wir brauchen nur noch drei.

L. K.: Was willst mit drei? Da kommst höchstens nach Rosenheim.

K. V.: Hast du eine Ahnung vom Mondflug. Über Rosenheim kommen wir gar nicht. *Er legt die erste Rakete ein.* Noch eine. *Liesl Karlstadt stößt die dritte fest auf den Boden.* So, so, hau nur fest hin, das machst net lang.

L. K.: Horch, da ist ja kein Pulver drin.

K. V.: Die hat höchstens der Lehrbub gmacht. *Er wirft sie weg. Liesl Karlstadt gibt ihm noch eine. Alle drei schmiert Valentin. Liesl Karlstadt trägt die Kiste fort und kommt gleich wieder. Dann Valentin:* Weißt du, was mich wundert, ist dir noch nichts aufgefallen?

L. K.: Daß keine Leut da sind?

K. V.: Ja, bei so einem wissenschaftlichen Werk kommt keine alte Sau, bei einem Mondflug. Ein Maskenzug wenn ist, da stehen die Leut schon um fünf Uhr früh am Marienplatz. Wir, wo unser ganzes Können eingesetzt haben und unser ganzes Vermögen, sechshundert Mark, neigschustert haben, da kommt kein Mensch. Mei Braut ist auch nicht da.

L. K.: Vielleicht haben's d' Leut net gwußt.

K. V.: Freilich, es ist ja überall angeschlagen.

L. K.: Das ist jetzt nur so dumm, wenn wir wegfliegen, und wir kommen nimmer, weiß kein Mensch, wo wir sind.

K. V.: Nacha kommen wir halt net in d' Illustrierte.

L. K.: Weißt was, jetzt ist noch kein Mensch da, jetzt könnten wir einen Probeschuß abgeben, damit wir sehen, ob's funktioniert.

K. V.: Tat ich nicht! Tat ich nicht! Bedenk einmal, wir haben zwölf Raketen, davon schießen wir jetzt eine ab, dann haben wir noch, zwölf weniger eins ist elf, elf Raketen. Jetzt sind wir vielleicht so weit vom Mond weg – *er zeigt, wie weit* – und wir haben die elf schon abgeschossen, jetzt bräuchten wir die zwölfte – schon flackn ma herunt.

L. K.: Ach geh, die eine darf nichts ausmachen. Weißt, ich mein, wenn's den Apparat zreißt, dann könnten wir noch gschwind davonlaufen.

K. V.: Ja, wenn du unbedingt meinst, so kannst ja einen Probeschuß abgeben. Ich muß sowieso noch was besorgen. *Er will weggehen.*

L. K.: So ein Feigling bist du. Zuerst hast gsagt, willst allein fliegen, und jetzt traut er sich kein Probeschuß abgeben.

K. V.: Weißt, mir ist's ja nur wegen dem Zreißen.

L. K.: Das bin ich auch noch net gwohnt. Wir müssen halt vor allen Dingen das Flugzeug festhalten.

K. V.: Ja, das wirst du derhalten können, wenn die Raketen naussaust.

L. K.: Wir müssen halt d' Brems auch noch neintun. So und jetzt laß krachen.

K. V.: Ich hab schon mehr Probeschiß als Probeschuß.

L. K.: Jetzt halt dir die Ohren zu –

K. V.: Wie kann ich die Ohren zuhalten, wenn ich einschalten muß?

L. K.: Na machst halt d' Augen zu! *Sie geben einen Schuß ab und laufen dabei nach vorwärts, als ob das Flugzeug schon starten wollte. Während Karl Valentin schimpft und beide das Flugzeug an den alten Platz schieben, reitet der Schutzmann herein.*

DER SCHUTZMANN: Himmelsapprament, was ist da los? Wer hat da geschossen?

L. K. und K. V.: Mir.

DER SCHUTZMANN: Ja, san denn Sie d' Mondflieger und wollen da herint starten, wo's doch gheißen hat, der Start ist auf dem Flugplatz Schleißheim v o r m Fliegerschuppen. Noch dazu warten Behörden und hunderttausend Menschen schon drei bis vier Stund lang.

K. V. *hat sich dem Pappgaul genähert und streichelt ihn:* Ja, wo is er denn? *Er nimmt auch noch den Vorderfuß.*

L. K.: Ja, v o r dem Schuppen können wir nicht starten.

DER SCHUTZMANN: Warum denn nicht, erklären S' mir das amal.

K. V.: Vorm Fliegerschuppen geht's nicht. Bedenken S' amal, wenn da eine Rakete in den Schuppen saust, wo hundert Benzinfaßl drinstehn. Da tät's uns alle dabreseln.

DER SCHUTZMANN: Ja so gscheit bin ich schon selber. Aber des ko doch koa Mensch net schmecka, daß Sie dahinten wegfliegen wollen. I derf halt sofort nüberreiten auf die andere Seiten und Meldung machen, daß alles da rüberkommt. Wann wollen S' denn starten?

K. V. *unterbricht ihn:* Is mei Braut auch drüben?

DER SCHUTZMANN: Was kümmert mich Ihre Braut. Ich möchte wissen, wann Sie eigentlich starten wollen.

L. K.: In zehn Minuten.

DER SCHUTZMANN: Da darf i schaun, daß i nüberkomm.

Karl Valentin und Liesl Karlstadt schauen sich an.

L. K.: Daß doch bei uns gar nix klappt.

K. V.: Ich kauf mir derweil a Mondhalbe, bis d' Leut kommen. *Sie wollen beide gehen. Geschrei. Die Mauer des Publikums schiebt sich über die Bühne – der Schutzmann, Karl Valentin und Liesl Karlstadt drängen die Leute zurück und schimpfen.*

DER ERSTE FOTOGRAF: Verzeihen Sie, sind Sie die Piloten?

K. V.: Ja. Mondpiloten – Vollmondpiloten.

DER ERSTE FOTOGRAF: Könnte ich Sie vielleicht filmen?

L. K.: Aber schnell muß's gehn. Wir haben nimmer lang Zeit. *Der zweite Fotograf stellt sich vor den ersten. Beide streiten um den Platz.*

DER SCHUTZMANN: Halt, streit's net lang, stellt's euch nebeneinander hin.

DER ERSTE FOTOGRAF: So, jetzt bewegen Sie sich. Rauchen Sie eine Zigarette oder tun Sie sonst was. Nur nicht ruhig halten.

DER ZWEITE FOTOGRAF: So jetzt machen Sie eine schöne Pose, und bitte ganz ruhig stehenbleiben.

DER ERSTE FOTOGRAF: Sie sind wohl verrückt! Kann ich nicht brauchen. Bewegen.

DER ZWEITE FOTOGRAF: Ruhig halten.

DER ERSTE FOTOGRAF: Bewegen.

DER ZWEITE FOTOGRAF: Ruhig halten.

K. V.: Ja, was sollen wir jetzt tun? Wir können uns doch nicht während dem Ruhighalten bewegen. Machen S' halt sie zerst und dann Sie!

DER ERSTE FOTOGRAF: Achtung! Aufnahme! *Karl Valentin und Liesl Karlstadt verrenken sich die Glieder.* Danke!

DER ZWEITE FOTOGRAF: So, und jetzt eine schöne Pose. *Karl Valentin hält mit der Hand Liesl Karlstadt das Gesicht zu.* Nicht so. Jetzt ist's hübsch. Eins – zwei – drei. Dankeschön. *Von hinten hört man ein Auto hupen, Hurra rufen. Musik und Behörden marschieren auf. Der Schutzmann drängt wieder die Menschenmauer zurück – die Musik spielt weiter – der Schutzmann reitet wieder vorbei. Das Pferd scheut, rennt die Leute um und wirft den Kino-Apparat um. – Es gibt Scherben, die Musik setzt aus.*

DER HERR OBERBÜRGERMEISTER: Gestatten Sie: Oberbürgermeister, Herr Oberregierungsrat, Herr Vorderregierungsrat, Herr Hinterregierungsrat. Einen Moment bitte. *Er betritt das Rednerpult.*

Meine Herren Stadträte! Meine hochwohlgeborenen Flieger und sehr geehrte Zuschauermassen! Und so beschließe ich meine Rede mit den Worten: Den beiden tollkühnen Fliegern ein dreifaches Mond-Heil! *Ein Tusch wird geblasen. Der Schutzmann reitet verkehrt vorbei und verliert Pferdeäpfel.*

DER ZWEITE FOTOGRAF *nimmt die Pferdeäpfel auf:* Man kann nie genug Bilder für die Illustrierte haben.

DER HERR OBERBÜRGERMEISTER: Bitte, Herr Oberregierungsrat, nehmen Sie Besen und Schaufel, und entfernen Sie hier diese störende Kleinigkeit. *Der Herr Oberregierungsrat kehrt zusammen und will gehen.*

K. V.: He, Sie, da haben S' oa vergessen. *Er nimmt mit der Zange einen auf und legt ihn auf die Schaufel. Der Oberregierungsrat legt den Besen weg und tut einen mit der Hand auf die Schaufel.*

Der Herr Oberbürgermeister: Bitte, meine Herren, wenn Sie so freundlich wären und uns einige Details über den geplanten Flug selbst zum besten geben wollten.

K. V.: Ja, da wollen wir nichts sagen drüber, das ist ja sozusagen ein Geheimnis.

Der Herr Oberbürgermeister: Glauben Sie, daß der Flug gelingt?

L. K.: Natürlich. Die Voraussetzungen sind ja alle da. Mir sind da – das Flugzeug ist da – der Mond ist da.

K. V.: Das einzige Hindernis ist die Entfernung von der Erde zum Mond.

Der Herr Oberbürgermeister: Und haben Sie die Hoffnung, daß Sie wiederkommen?

L. K.: Ja, die Hoffnung, die müssen wir ja haben.

K. V.: Die Hoffnung ist das Wichtigste. Wichtiger wie die Raketen und das Flugzeug. Wir haben halt zwölf Raketen und ein Stück Hoffnung.

Der Herr Oberbürgermeister: Sie glauben also mit Bestimmtheit, daß Sie hinaufkommen?

K. V.: Na ja, ganz nauf will ich grad net sagen – runter kommen wir bestimmt, wenn wir naufkommen.

Der Herr Oberbürgermeister: Und dennoch möchte ich Sie gebeten haben, uns wenigstens einige Äußerlichkeiten vom Flugzeug zu erklären. *Valentin zögert.*

L. K.: Erklär's ihm nur, der versteht's ja doch nicht.

Der Herr Oberbürgermeister: Wie bitte?

K. V.: Er hat gmeint, es wird schwer zum verstehen sein. Also, das ist ein Ölkandl. Das ist die Seitensteuer – das ist die Einkommensteuer – – naa, das Höhensteuer. Das ist das Steuerrad. Also Sie sehen, wo man hinschaut, nix wie Steuern. Das ist der hintere Führersitz, das ist der vordere Führersitz. Der hintere Führer sitzt immer hinterm vordern Führer, außer, das Flugzeug ist verkehrt, dann sitzt der hintere Führer – *er besinnt sich* – – auch hint. Das sind die verschiedenen Manometer – das is der oa, das is der ander, des is der dritte und der, des wissen wir selber noch net, zu was der ghört. Da müssen wir erst d' Gebrauchsanweisung lesen. Das ist die Antenne, mit der wir die Nachrichten von der Erde empfangen, und das ist das Mikrofon. Mittels diesem können Sie alles hören, was uns im Äther begegnet. Wir sprechen alles hinein, und auf jedem Flugzeugschuppen der ganzen Welt stehen große Lautsprecher, da können Sie alles hören.

L. K.: Wart, ich führ's ihm vor. Also, ich schalte – *jetzt spricht ein Laut-*

sprecher mit – ein. Ich spreche Ihnen jetzt eine kleine Probe vor. Sehr geehrter Herr Bürgermeister. Wir werden jetzt zum Mond fliegen. Schluß.

DER LAUTSPRECHER *allein:* Gute Reise!

Allgemeines Erstaunen.

K. V.: Jetzt das ist gut. Der redt ja mehr, als ma neiredt – – Ah, jetzt weiß ich, da wird von gestern noch a Trumm Gespräch dringwesen sein, und das ist mit rausgrutscht.

ALLE *miteinander:* Das ist ja großartig, das ist fein – *usw.*

K. V.: Und dann sind wir noch ganz raffiniert ausgestattet. Sehen Sie, hier haben wir die Raketen. Funktionieren die Raketen nicht, dann fliegen wir mit dem Benzinmotor weiter. Funktioniert der Benzinmotor nicht, so fliegen wir mit den Raketen weiter. Gehn der Motor und die Raketen nicht, dann fliegen wir sowieso.

DER HERR OBERBÜRGERMEISTER: Das ist ja ganz fein ausgedacht.

K. V.: Sie sehen also, wir haben alles, was andere Mondflieger nicht haben.

DER HERR OBERBÜRGERMEISTER: Andere Mondflieger?

K. V.: Ja so, wir sind ja die ersten.

DER HERR OBERBÜRGERMEISTER *setzt sich in Positur:* Die Stadt hat mich beauftragt, Ihnen für die Verdienste im Flugwesen den Mondraketenflugzeugverdienstorden anzuheften.

K. V.: Das ist noch zu früh, lassen S' uns erst naufkommen.

DER HERR OBERBÜRGERMEISTER: Bitte, verderben Sie uns die Freude nicht. Wir sind ja froh, wenn wir ihn losbringen. Also bitte. *Die Musik spielt einen Tusch.*

K. V.: Nacha is's was anders. *Er läßt sich fotografieren.*

DER HERR OBERBÜRGERMEISTER *zu Liesl Karlstadt:* Auch Ihnen ist ein solcher Orden zugedacht. – *Die Musik spielt wieder einen Tusch.* Und meinen herzlichsten Glückwunsch!

K. V.: Also jetzt müssen wir's packen. Jetzt dürfen wir nicht mehr lang rumdreckeln. *Er verabschiedet sich von allen Honoratioren, von den Fotografen, von Liesl Karlstadt.*

L. K.: Ich flieg ja mit.

Karl Valentin verabschiedet sich noch vom Schutzmann und vom Souffleur, dann fängt er an zu weinen. Liesl Karlstadt tröstet ihn.

DER HERR OBERBÜRGERMEISTER: Gestatten Sie eine Frage. Warum ist Ihr Freund auf einmal so bedrückt?

L. K.: Er wartet schon den ganzen Tag auf seine Braut, und die ist immer noch nicht da. *Zu Valentin:* Schau, vielleicht ist sie unter den Leuten.

K. V. *sucht unter der Menschenmauer und ruft:* Braut, Braut, Marie! *Weinend kommt er zurück und steigt ins Flugzeug.*

DER HERR OBERBÜRGERMEISTER: Gute Reise!
K. V.: Was sagen S'?
DER HERR OBERBÜRGERMEISTER: Gute Reise!
K. V.: Ich versteh Ihna net.
DER HERR OBERBÜRGERMEISTER: Gute Reise!
K. V.: Ah so –– ja! Ja. – *Er läßt den Motor anlaufen.*
DER HERR OBERBÜRGERMEISTER: Halt! Halt! Sie können doch unmöglich in die Menschenmenge hineinfahren. Da sind hundert Personen tot.
K. V.: Ah, übertreiben S' nur net. Zehn oder fünfzehn kann's ja derschlagn, aber net mehr. *Während die Menschenmenge zurückgedrängt wird, kommt die Braut. Er macht ihr Vorwürfe. Sie herzt ihn und weint, er auch.*
DIE BRAUT: Schatzi, geh nicht fort von mir!
K. V.: Ich geh ja nicht, ich flieg ja.
DIE BRAUT: Denk doch an unsere Kinder! *Sie weint.*
K. V.: Bitte, Herr Oberregierungsrat, nehmen S' Ihnen um meine Braut an. *Die Braut fällt Liesl Karlstadt um den Hals und heult laut auf.* Marie, Marie, sei vernünftig –– sei ein Mann.
DER HERR OBERBÜRGERMEISTER: Und jetzt, meine verehrten Zuschauer, wenn Sie die Flugplatzsirenen zum drittenmal heulen hören, werden die beiden Tollkirschen, ah, tollkühnen Flieger schußartig den Erdball verlassen. Also los! *Man hört das erste Zeichen – der Propeller läuft an – wird plötzlich wieder abgestellt.*
Karl Valentin steigt aus dem Flugzeug.
ALLE: Was ist denn los – ist was passiert?
K. V.: Ich muß mich noch rasieren lassen. *Das zweite Zeichen ertönt. Die Braut fällt in Ohnmacht, Liesl Karlstadt erfrischt sie mit dem Ölkandl.*
EIN ZEITUNGSMANN: Das Neueste vom Neuen. Der S.S.P. Eine totale Mondfinsternis! *Der Propeller wird abgestellt.*
DER HERR OBERBÜRGERMEISTER *liest:* Heute, den *(Tag der Aufführung)*, eine totale Mondfinsternis. – Der Mond verfinstert sich tatsächlich.
Allgemeiner Tumult. Man hört rufen: »Sie können nicht fliegen!«
Die Braut tanzt vor Freude.
K. V.: Wir fliegen doch!
Der Mond verfinstert sich – Raketen krachen – die Blechmusik spielt: Muß i denn, muß i denn zum Städtele hinaus. *Der Vorhang schließt sich schnell, geht jedoch gleich wieder auf und zeigt das Bühnenbild ohne das Raketenflugzeug. Die Zuschauer werden nach beiden Seiten hinausgeschoben. Man hört sie rufen:* »Mond heil« – »Auf Wiederse-

hen«. *Der Vorhang schließt sich abermals. Eine Filmleinwand rollt von oben herab. Man sieht den Raketenflug im Film, die Erde wird immer kleiner, der Mond rückt näher, seine Kraterlandschaft öffnet sich immer gewaltiger, das Raketenflugzeug stößt an und stürzt ab. Noch im Krachen der Katastrophe rollt die Filmleinwand wieder nach oben auf, der Vorhang öffnet sich und zeigt das zertrümmerte Raketenflugzeug auf der Bühne. Karl Valentin und Liesl Karlstadt kriechen unter den Trümmern hervor und reiben sich die Glieder. Liesl Karlstadt nimmt den Schinken an sich. Der Oberbürgermeister kommt von rechts, nimmt ihnen die Orden wieder ab und geht nach links ab.*

Radlerpech

Straßenlärm – Trambahngeräusch usw.

STIMMEN: Obacht, Obacht! Jessas! Jessas! Au! Auh! *Schrei.*

KARL VALENTIN: Jessas, Jessas, lauft mir des saudumme Frauenzimmer direkt ins Radl nei – i ko nix dafür – ja, hörn denn Sie net, wenn i scho a halbe Stund läut, Sie narrischs Gwachs, Sie!

LIESL KARLSTADT: Geh, reden S' doch net so unverschämt daher, Sie ham ja überhaupt nicht glitten, was wolln S' denn, Sie sind mir direkt mit Ihrm Radl zwischen d' Füaß neigfahrn.

K. V.: Ich hab schon glitten, ich hab schon glitten, Sie ham mich nicht ghört – des ist nicht wahr, wer hat net glitten, ich hab schon glitten, ich hätt net glitten, für was hab ich denn an meim Radl a Glockn dran – Herr Nachbar, Sie san Zeuge, hab ich an meim Radl a Glockn dran oder nicht?

ZEUGE: Das stimmt, da muß ich dem Herrn Radfahrer recht geben. Der Herr hat an seim Rad a Glockn dran.

L. K.: Das glaub ich schon, daß er a Glockn dran hat, aber glitten hat er net mit der Glockn.

ZEUGE: Geh, Frau, reden S' doch net so dumm daher, was hätt denn de Glockn an dem Herrn sein Radl für an Zweck, wenn er net läuten tät damit?

K. V.: Ja, des glaub i aa.

L. K.: Ach, Unsinn, was verstehn denn Sie? Da, schaun S' her, wie ich ausschau, den ganzen Rock hat er mir zerrissen.

K. V.: So, hätten S' halt kein Rock anzogn.

L. K.: Das tät Ihnen so passen, gell?

K. V.: Ja, mir schon, mir schon.

L. K.: Sie, Herr Schutzmann, wo sind S' denn – Herr Schutzmann, sind S' so gut, komma S' amal her da, bitte, da komma S' amal her, Herr Schutzmann.

K. V.: Ja, da braucha S' dann an Schutzmann dazua – da komma S' glei immer mit'n Schutzmann daher.

Schutzmann: Ja, was ist denn hier los?

K. V.: De Frau is mir direkt ...

L. K.: Schaun S' amal her, ist nicht wahr, lassen S' mich zuerst reden.

K. V.: Lassen S' mich reden, die Frau ist mir ...

L. K.: Dieser Herr ist mir soeben mit seiner Glocken in mein Rock neigfahrn.

K. V.: Ah, ist gar nicht wahr, schaun S', Herr Schutzmann, ich bin mit meim Radl auf der Straßn gfahrn und hab mit der Glockn glitten, die Frau hat mich nicht ghört und mei Glockn auch nicht und ist mir direkt in d' Füaß nei ... de Herrn ham's alle gsehn.

L. K.: Ah – ja wia ma nur so lüagn kann, das ist ja alles gar nicht wahr, was der sagt, das ist nicht wahr, Herr Schutzmann – Sie sind ja ein Schwindler.

K. V.: Ich bin kein Schwindler, ich bin ein Radfahrer.

L. K.: Ist nicht wahr. Ich bitte Sie, Herr Schutzmann, schaun S', schaun S', lassen S' mich doch auch reden, ich bin gewiß eine anständige Frau, nicht wahr ...

K. V.: Ja, des sieht man, Sie wern a anständige Frau sei.

L. K.: Ich bin grad im Moment so allein auf der Straß ganga.

K. V.: Da ham ma's ja.

Schutzmann: Na, na, wenn Sie schon einmal allein auf der Straße gehn, dann sind Sie keine ganz anständige Frau.

K. V.: Ja, des denk i mir eben aa.

L. K.: Bitte, so lassen Sie mich doch zuerst ausreden, nicht wahr. Ich bin grad auf der Straß gegangen, auf einmal kommt der Depp mit seim Radl dahergsaust und fahrt mir mit vierzig Kilometer Geschwindigkeit direkt zwischen d' Füß nei, schaun S' mich doch an, wie ich ausseh, mein ganzer Rock ist dafetzt.

K. V.: Ich gib Ihna nacha an Depp – ah – ich bin ganz langsam gfahrn.

L. K.: Ich verlang von dem Herrn ein Schmerzensgeld.

K. V.: So – ham Sie vielleicht an Eahnan Rock Schmerzen?

L. K.: Ah, Schmarrn – aber Sie als Schutzmann – ich bitte Sie, Sie haben doch die Pflicht, daß Sie diesen saubern Herrn Radfahrer sofort aufschreiben, das kann ich von Ihnen verlangen, jawohl!

K. V.: Ja, mich natürlich, weil Sie mir neiglaffa sind.

SCHUTZMANN: Ja, ja, das mach ich sowieso – aber zuerst Ihre Personalien – Sie heißen?

L. K.: Maria.

SCHUTZMANN: Wie noch?

L. K.: Huber.

SCHUTZMANN: Geboren?

L. K.: Den 23.

SCHUTZMANN: Was 23.?

L. K.: No ja, November.

SCHUTZMANN: Ah ja, weiter, weiter, was für ein Jahr? Diktieren Sie doch schneller, ich hab nicht soviel Zeit, ich muß heute noch mehr Radler aufschreiben, schneller, also los!

L. K.: Was schneller? So schnell könna Sie nicht schreiben, wie ich reden kann.

SCHUTZMANN: Kümmern Sie sich nicht um mich – also schneller, los, los!

L. K.: Ja also, bitte, dann schreiben Sie: Ich heiße Maria Huber, geboren den 23. November 1892 zu Ingolstadt an der Elbe als Tochter eines verheirateten Kehrichttonnenabfuhrchauffeurs, meine Mutter war eine geborene Karolina Dünndipfeldick aus Wallersdorf bei Rosenheim, Bezirksamt Oberbayern.

SCHUTZMANN: Halt, halt! Da komm ich ja nicht mehr mit. Etwas langsamer doch! *Alles lacht.*

L. K.: Gell, gell, ich hab's ja gwußt, ich hab's Ihnen ja gleich gsagt, daß Sie nicht nachkommen, ich hab's Ihnen doch gsagt, daß Sie nicht so schnell schreiben können, wie ich reden kann.

SCHUTZMANN: Na ja, bei dem Mundwerk ...

ALLE *lachen*: Jetzt kommt er nimmer nach ... jetzt kommt er nimmer nach ...

Im Senderaum

Ein Rundfunkstudio. An der Wand ein großes Schild mit der Aufschrift: »Achtung! Wenn rote Lampe brennt, dann größte Ruhe!« In der Mitte ein Tisch mit mehreren Gegenständen, die der Geräuscherzeugung dienen.

LIESL KARLSTADT *geht ans Mikrofon und spricht:* Meine sehr verehrten Hörerinnen und Hörer! Nach dem wissenschaftlichen Vortrag über die Vermehrung der Maikäfer lassen wir nun eine kleine Pause eintreten. Auf Wiederhören in drei Minuten. *Sie schaltet die rote Lampe aus.* So, nun kommt unser Staatsschauspieler dran. Ich möchte nur wissen, wo der Inspizient so lange bleibt; er soll doch schon längst da sein. *Sie ruft in die Kulisse:* Fräulein Annerl, bitte, rufen Sie doch den Abhörraum an, der Inspizient möchte sofort in den Senderaum kommen! *Zum Publikum:* Ich kann doch nicht allein die ganzen Geräusche machen. *Sie überprüft die Requisiten und rückt sie zurecht.* Ist nun alles in Ordnung? Nachher können wir ja den nächsten Vortrag schneiden. *Sie ruft in die Kulisse wie vorhin:* Was ist los? Der Inspizient ist nicht unten? Na, dann werde ich selbst mal nachsehen. *Sie geht ab.*

Karl Valentin tritt auf, geht in die Mitte der Bühne und bleibt am Tisch stehen. Liesl Karlstadt kommt von links und sieht Karl Valentin.

KARL VALENTIN: Guten Tag!

L. K.: Guten Tag! Sie wünschen?

K. V.: Ich möcht fünfundzwanzig Meter länglichen Antennendraht.

L. K.: Wie bitte?

K. V.: Fünfundzwanzig Meter Antennendraht brauch ich.

L. K.: Ja, erlauben Sie amal, wie kommen Sie denn in diesen Aufnahmeraum herein?

K. V.: Bei der Tür da draußen.

L. K.: Ja, das glaube ich Ihnen schon. Aber wir haben hier nichts zu verkaufen.

K. V.: Ein bekannter Freund von mir will sich einen Radio bauen und schickt mich her wegen dem Antennendraht.

L. K.: Der wird Sie bestimmt woanders hingeschickt haben. Hier sind Sie falsch. Hier ist der Senderaum vom Rundfunkhaus, bei uns gibt es keine fünfundzwanzig Meter Antennendraht.

K. V.: Zwanzig Meter auch nicht?

L. K.: Nein, wir haben nichts zu verkaufen, hier wird nur gesendet.

K. V.: Ja, dann senden Sie meinem Freund halt den Draht.

L. K.: Nein, wir haben nichts zu verkaufen.

K. V.: Aber ich habe ja das Geld dabei. *Er nimmt eine Drahtrolle, die auf dem Tisch liegt.* Das wär der richtige.

L. K. *nimmt ihm den Draht wieder weg:* Nein, sage ich, der Draht gehört für andere Zwecke!

K. V.: So?! Brauchen Sie da einen Draht dazu?

L. K.: Schaun S' lieber, daß Sie weiterkommen!

K. V.: Haben Sie vielleicht dann Schräuferln, so junge Schrauben …

L. K.: Nein, bei uns wird nur Theater gespielt.

K. V.: Haben Sie Hörer?

L. K.: Wie?!

K. V.: Ob Sie vielleicht Hörer haben?

L. K.: Sie haben aber eine komische Aussprache. Ja natürlich, Hörer haben wir nach vielen Tausenden.

K. V. *deutet an seinem Kopf an, was er meint:* Nein, einen brauch ich nur.

L. K.: Ach so, Sie meinen einen Kopfhörer.

K. V.: Nein, einen schwarzen.

L. K.: Sind Sie ein Schwarzhörer?

K. V.: Nein, einen schwarzen Kopfhörer mit zwei so Schachterln.

L. K.: Also doch einen Kopfhörer, das sind doch alles Radioartikel.

K. V.: Ja, wir bauen uns einen Radio aufs Hausdach nauf.

L. K.: Das können Sie alles bei uns nicht haben, da müssen Sie in ein Radioartikelgeschäft gehen.

K. V.: Könnten Sie mir vielleicht ein Radiogeschäft besorgen?

L. K.: Es gibt doch hier genug Radiogeschäfte, gleich vorn an der Ecke ist eines, da bekommen Sie alles, was Sie brauchen.

K. V.: Warum?

L. K.: Weil es ein Spezialgeschäft für Radioartikel ist. Aber meinetwegen können Sie auch woanders hingehen.

K. V.: Ja, das wäre mir schon lieber.

L. K.: Aber nun schaun S' endlich, daß Sie hinauskommen. Wir müssen jetzt weiterarbeiten. Sie können gleich dort drüben hinausgehen.

K. V.: Ja, ist schon recht. Also den verkaufen S' auf keinen Fall. *Er nimmt noch einmal die Rolle Antennendraht in die Hand.*

L. K.: Nein, auf gar keinen Fall.

K. V.: Sous les toits de Paris – quelque fleur – Monsieur d'Allemagne – Eau de Lavande – bel ami – lavasse.

L. K.: Wie meinen Sie?

K. V.: La-vas-se.

L. K.: Sprechen Sie Französisch? Wie heißt denn das?

K. V.: Lavasse – leihweise.

L. K.: Nein, nein, jetzt schaun S' aber, daß S' nauskommen! Aber sofort! Gleich da drüben! *Sie geht eilig ab.*

K. V. *bleibt nach ein paar Schritten stehen, geht noch einmal an den Tisch und schaut den Antennendraht an:* Jetzt schaun S' no grad die gscherte Molln an, die hat einen Draht und gibt ihn nicht her. Grad das wär der richtige, den mein Freund braucht. Dann behaltst eben dei Glump! *Er besieht sich die Apparate am Tisch.* Ja, was ist denn das alles für ein Zeug! Was die Menschen heutzutage nicht alles erfinden! Nur für'n Schnupfen ham s' halt noch nichts erfunden! Ah, das ist ein Senderaum-Motor! *Er greift an einen Schalter. Plötzlich geht die Sturmmaschine los, man hört das Heulen des Windes.*

L. K. *kommt entsetzt hereingestürzt:* Ja, was ist denn hier los?
K. V. *deutet auf den Schalter:* Das da.
L. K.: Aber das kann doch nicht von selbst losgehen! *Sie stürzt zum Schalter und schaltet die Sturmmaschine aus.*
K. V.: Doch.
L. K.: Aber das gibt es doch nicht!
K. V.: Freilich is s' von selbst losgangen. Ich war ja dagstanden, und auf einmal hat's angfangt.
L. K.: Da haben Sie halt irgendwo hingegriffen.
K. V.: Nein, ich hab nirgends hingegriffen, ich müßt's ja gsehn ham, wenn i hinglangt hätt.
L. K.: Sie haben also nirgends hingegriffen?
K. V.: Nein.
L. K.: So – und ich soll so dumm sein und das glauben?
K. V.: Jawohl – nein –
L. K.: Natürlich haben Sie hingegriffen, ich sehe es ja.
K. V.: Da schon gleich gar nicht.
L. K.: Also, Sie haben hier nichts berührt?
K. V.: Nein, aber nur ganz wenig.
L. K.: Sie lügen mir ja direkt ins Gesicht.
K. V.: Ja.
L. K.: Das ist unsere Sturmmaschine, damit müssen wir unseren Wind machen.
K. V.: Brauchen Sie da extra eine Maschine zum Windmachen?
L. K.: Natürlich! Was glauben Sie denn eigentlich! Wenn das Mikrofon eingeschaltet gewesen wäre, hätte man das in der ganzen Welt gehört, daß Sie hier Wind machen.
K. V.: So weit?
L. K.: Selbstverständlich. Hier steht doch unser Mikrofon. *Sie zeigt es ihm.*
K. V.: Sehr angenehm. *Er verbeugt sich.*
L. K.: Sie können da noch von einem großen Glück sagen, daß Ihnen nichts passiert ist! Was denken Sie denn! Die ganzen Apparate hier stehen unter einer Spannung von fünfhunderttausend Volt.
K. V.: So teuer!
L. K.: Tot könnten Sie jetzt sein!
K. V.: Um Gottes willen! So jung und schon tot!
L. K.: Wo nur der Inspizient so lange bleibt? Ich bin schon ganz nervös! *Sie ruft in die Seitenkulisse:* Fräulein Annerl, was ist denn eigentlich los mit dem Inspizienten? *Sie horcht hinaus.* Wie? Der kann heute nicht kommen? Das ist ja gut. Ja, was soll ich denn da machen? *Karl Valentin*

geht langsam nach der anderen Seite ab. Liesl Karlstadt hat plötzlich eine Idee und ruft ihm nach: Halt! Haben Sie jetzt etwas vor?

K. V.: Einen Draht möcht ich mir besorgen.

L. K.: Haben Sie momentan sonst nichts Wichtiges zu tun? Ich besorge Ihnen nachher schon einen Antennendraht, wenn Sie mir jetzt aushelfen. Sie können sich sogar damit schnell fünf Mark bei mir verdienen.

K. V. *schaut sie groß an.* Ja, wie meinen Sie jetzt das?

L. K.: Also passen Sie auf. Es handelt sich um folgendes: Der Inspizient, der jetzt momentan so dringend benötigt wird, ist nicht da, er ist einfach nicht gekommen, und da hätte ich Sie nun gebeten, ob Sie nicht für ihn einspringen möchten und hier am Tisch eine Kleinigkeit machen können. Ist Ihnen das möglich?

K. V.: Nein! Ausgeschlossen! Momentan jedenfalls nicht. *Er wendet sich wieder zum Gehen.*

L. K.: Bleiben S' nur da, das können Sie schon. *Karl Valentin kommt fragend näher.* Also, nun passen Sie auf: Es handelt sich darum, unser Sprecher kommt jetzt gleich herein und spricht in das Mikrofon einen Monolog, und dazu müssen wir immer die Geräusche machen. Das tut sonst der Inspizient. Weil er aber heute nicht gekommen ist, müssen Sie mir aushelfen. Legen Sie erst mal Ihren Hut weg! *Sie nimmt ihren Akt zur Hand.*

Karl Valentin weiß nicht, was er mit dem Hut machen soll, legt ihn auf den Tischrand, wo er herunterfällt, dann nimmt er ihn unter den Arm, sieht aber, daß er dann die Hand nicht bewegen kann, hierauf klemmt er ihn unters Kinn.

L. K. *reißt ihm den Hut weg und pfeffert ihn auf den Fußboden:* Legen Sie doch den alten Hut endlich weg! Also, nun passen Sie auf ...

Karl Valentin blickt auf seinen Hut.

L. K. *fährt fort:* Also, unser Sprecher ...

Karl Valentin blickt wieder auf seinen Hut.

L. K.: Aber Sie passen ja gar nicht auf. Was ist denn los?

K. V.: Mein Hut!

L. K.: Der kommt doch nicht weg.

K. V.: Ja, aber, wenn jemand drauftritt?

L. K.: Wer soll denn drauftreten?

K. V.: Ich.

L. K.: Aber Sie wissen doch, daß er hier liegt.

K. V.: Wenn ich es aber vergeß?

L. K.: Ja dann holen Sie sich einfach Ihren Hut! Das ist ja furchtbar mit Ihnen!

Karl Valentin holt sich seinen Hut.

L. K.: Also, nun legen Sie den Hut endlich einmal weg!
Karl Valentin versucht, seinen Hut irgendwo aufzuhängen. Er stülpt ihn über die Glocke, der Hut rutscht herunter. Er nimmt ihn unter allen möglichen Körperverrenkungen und -stellungen in die Hand.
L. K. *pfeffert den Hut auf den Tisch. Der Hut platzt. Sie schreit:* Ja wolln S' den Hut jetzt endlich weglegen?
Karl Valentin nimmt seinen Hut vom Tisch und zeigt Liesl Karlstadt stumm und mit vorwurfsvollem Blick den aufgeplatzten Kopf.
L. K.: Tut mir sehr leid, aber Sie sind selbst schuld daran, Sie sollen dafür einen neuen bekommen. Aber nun passen Sie endlich auf: Also, unser Sprecher kommt herein und stellt sich vor das Mikrofon ...
Karl Valentin blickt ratlos rings um sich herum auf den Boden.
L. K.: Aber was ist denn nun schon wieder los?
K. V.: Mein Hut!
L. K.: Aber der liegt doch gar nicht mehr hier, der liegt doch nun da. *Sie zeigt auf den Tisch.* Also hören Sie: Der Schauspieler stellt sich vor das Mikrofon hin und spricht seinen Monolog hinein und dazu müssen wir immer die Geräusche machen. Sie haben kein Wort zu sagen, aber alles das, was hier in meinem Manuskript rot angestrichen ist, müssen Sie ausführen.
K. V.: Wann?
L. K.: Das sag ich Ihnen schon. Wenn zum Beispiel der Sprecher sagt: Es donnert – da haben wir diesen Apparat hier. *Sie zeigt ihm das Donnerblech.* Damit müssen Sie den Donner machen. Oder wenn er sagt: Der Sturmwind heult –
K. V.: Dann muß ich heulen?
L. K.: Nein, da haben wir zwei Sturmmaschinen hier, die große – *sie deutet auf die Handwindmaschine* – für den großen Wind. *Karl Valentin dreht sie einige Male herum, ein fürchterlicher Taifun ist zu hören. Liesl Karlstadt zieht ihn von der Windmaschine weg.* Und hier die kleine für den kleinen Wind. *Sie zeigt ihm den entsprechenden Schalter.*
K. V.: Die ham mir schon probiert. *Er tritt näher an die Apparate und faßt sie an.* Und was ist das alles? *Er läutet mit der Glocke.* Das gehört für die Brotzeit!
L. K.: Nein. Lassen Sie doch die Apparate in Ruhe! Ich erkläre Ihnen alles! Ich bleibe ja selbst im Raum hier bei Ihnen.
K. V. *schaut in das Manuskript:* A so is des. Wenn er sagt: Wohltätig ist des Feuers Macht – nacha muaß i a Feuer anmacha!
L. K.: Aber nein. Ich habe Ihnen doch gesagt, Sie sollen sich nur an das halten, was rot angestrichen ist! Weiter brauchen Sie gar nichts zu machen. Es ist doch ganz einfach! Es ist genau wie beim Theater.

K. V.: I versteh scho. Da war ich einmal bei einem Gesellenverein, da is ein Wasserfall vorgekommen, den ham mir mit Schmirgelpapier gemacht.

L. K.: Wie hat denn das Stück geheißen?

K. V.: Schneewittchen und die sechs Geißlein.

L. K.: Ja, ja, so wird im Theater ein Wasserfall gemacht, das stimmt schon. Aber das Stück haben Sie verwechselt. Das ist ja ein Märchen, und außerdem heißt es nicht Schneewittchen und die sechs Geißlein, sondern Schneewittchen und die sieben Zwerge.

K. V.: Nein, Schneewittchen und die sechs Geißlein.

L. K.: Aber das ist ja ganz unwichtig, es heißt übrigens doch Schneewittchen und die sieben Zwerge.

K. V.: Früher hat's vielleicht so gheißen, aber jetzt ist eins gstorben.

L. K.: Jetzt ist es aber höchste Zeit! Wir müssen nun anfangen! Noch etwas! Das Wichtigste hätt ich beinahe vergessen.

K. V.: Die fünf Mark für mich!

L. K.: Nein, da schauen Sie: wenn die rote Lampe brennt ...

K. V.: Das weiß ich schon, da wohnt irgendwo eine Hebamme.

L. K.: Nein! Nein! Dann läuft das Mikrofon.

K. V.: Wohin?

L. K.: Dann ist das Mikrofon eingeschaltet, und von diesem Augenblick an hört man alles, was in diesem Raum vor sich geht, in der ganzen Welt.

K. V.: Ja, was ist das!

L. K.: Darum, wenn die rote Lampe brennt, dann dürfen Sie nicht husten, nicht schnupfen, überhaupt keinen Laut von sich geben, also große Ruhe bewahren, wie hier das Plakat besagt. *Sie zeigt es ihm.* Also, jetzt geht's los, jetzt hol ich den Sprecher, er wartet schon lange draußen. *Sie geht ab.*

K. V.: Da wird's mich schön derbröseln.

L. K. *kommt mit dem Sprecher wieder herein:* Darf ich bitten?

DER SPRECHER: Sagen Sie, wie lange soll ich denn noch warten? Ich habe Eile, ich muß ja noch ins Theater! Ich spiele heute den Marquis Posa.

L. K.: Einen Augenblick! Legen Sie bitte einstweilen ab. *Zu Karl Valentin:* Das hier ist der Sprecher. Also nun aufpassen, wir fangen an!

Karl Valentin zieht die leere Hand aus der Hosentasche und hält sie, seine fünf Mark heischend, Liesl Karlstadt hin, macht die Gebärde des Geldzählens, malt eine große Fünf in die Luft und hält seine Hand wieder auf.

Liesl Karlstadt schaltet die rote Lampe ein, legt ihren Finger an die Lippen und zeigt auf das brennende rote Licht.

K. V.: Ah! Jetzt brennt's scho! *Er stolpert auf das Mikrofon zu, stößt dabei einen Eimer um und macht einen Riesenradau.*

Liesl Karlstadt reißt ihn wütend am Arm zurück, deutet auf das Plakat und legt nochmals den Zeigefinger an die Lippen. Sie stellt sich vor das Mikrofon.

Karl Valentin stellt sich vor den Sprecher und frägt ihn durch stumme Gebärden, welche Gage er bekommt, wobei er ihm ebenfalls durch Gesten klarzumachen sucht, daß er – Valentin selbst – nur fünf Mark erhält.

L. K.: Achtung! Achtung! Hier Bayerischer Rundfunk. Meine Hörerinnen und Hörer! Sie hören jetzt Monologe unserer großen deutschen Klassiker, gesprochen von Herrn Staatsschauspieler Heperdepernepi.

Der Sprecher *tritt ans Mikrofon und verbeugt sich:* Meine lieben Hörerinnen und Hörer! Ich bringe Ihnen heute einige Fragmente von unseren großen deutschen Klassikern und beginne mit der Rede des Altgesellen aus Schillers »Lied von der Glocke«.

Karl Valentin läutet eifrig mit der Glocke, die ein hohes Klingeling hören läßt. Liesl Karlstadt reißt ihn entsetzt am Arm zurück.

Der Sprecher:

Wohltätig ist des Feuers Macht,
Wenn sie der Mensch bezähmt, bewacht,
Und was er bildet, was er schafft,
Das dankt er dieser Himmelskraft,
Doch furchtbar wird die Himmelskraft,
Wenn sie der Fessel sich entrafft,
Einhertritt auf der eignen Spur,
Die freie Tochter der Natur.
Wehe, wenn sie losgelassen,

Karl Valentin gibt Hupsignale mit der Autohupe. Der Sprecher und Liesl Karlstadt schauen ihn wütend an und winken ab.

Der Sprecher:

Wachsend ohne Widerstand,
Durch die volkbelebten Gassen –

Karl Valentin läßt Volksgemurmel ertönen, man hört »Rhabarberrhabarber« usw. Der Sprecher und Liesl Karlstadt winken wieder entgeistert ab.

Der Sprecher:

Wälzt den ungeheuren Brand!
Denn die Elemente hassen
Das Gebild der Menschenhand.
Aus der Wolke
Quillt der Segen,
Strömt der Regen;

Karl Valentin schüttet aus einem Maßkrug Wasser in einen Eimer. Es klingt hohl und blechern.

DER SPRECHER:

Aus der Wolke, ohne Wahl,
Zuckt der Strahl.

Karl Valentin macht mit dem Trommelschlegel der großen Trommel am Donnerblech einen gewaltigen Donner. Liesl Karlstadt winkt ab. Karl Valentin läßt sich aber nicht beirren und schlägt weiter immer stärker zu, bis Liesl Karlstadt auf ihn zuspringt und ihm den Schlegel aus der Hand reißt. Sie zieht Karl Valentin mit Gewalt vom Donnerblech, dabei stößt er sich mit dem Kopf an der Glocke, die dadurch wieder ausgelöst wird und zu bimmeln beginnt.

DER SPRECHER:

Hört ihr's wimmern hoch vom Turm?

Karl Valentin läßt auf der Vogelpfeife Lerchengezwitscher ertönen.

DER SPRECHER:

Das ist Sturm!

Karl Valentin schaltet die kleine Windmaschine ein.

DER SPRECHER:

Rot wie Blut
Ist der Himmel;
Das ist nicht des Tages Glut!
Welch Getümmel
Straßenauf!
Dampf wallt auf!
Flackernd steigt die Feuersäule,
Durch der Straßen lange Zeile
Wächst es fort mit Windeseile –

Karl Valentin dreht die große Windmaschine.

DER SPRECHER:

Kochend wie aus Ofens Rachen
Glühn die Lüfte, Balken krachen,

Karl Valentin zerbricht über dem Knie Holzlatten.

DER SPRECHER:

Pfosten stürzen,

Karl Valentin wirft einen Balken auf den Boden.

DER SPRECHER:

Fenster klirren,

Karl Valentin wirft Teller mit Schepperblechen zu Boden.

DER SPRECHER:

Kinder jammern,

K. V. *schreit im Falsett:* Mammaaa – Mammaaa –

DER SPRECHER:

Mütter irren,

Karl Valentin läßt das Drehbüchserl an der Schnur schwirren.

DER SPRECHER:

Tiere wimmern
Unter Trümmern.

Karl Valentin heult wie ein Hund.

DER SPRECHER:

Alles rennet, rettet, flüchtet,
Taghell ist die Nacht gelichtet;
Durch der Hände lange Kette
Um die Wette
Fliegt der Eimer –

Karl Valentin wirft drei Blecheimer von vorn in den Bühnenhintergrund. Liesl Karlstadt wehrt entsetzt ab, stürzt wieder auf ihn zu, erwischt ihn aber erst beim dritten Eimer am Arm und hält ihn auf.

DER SPRECHER:

Hoch im Bogen
Spritzen Quellen Wasserwogen,

Karl Valentin nimmt aus einem Glas einen Mund voll Wasser und spritzt den Sprecher an.

DER SPRECHER:

Heulend kommt der Sturm geflogen,

Karl Valentin schaltet die Sirene ein. Den Sprecher sieht man schreien, ohne ihn zu hören. Er will die Sirene ausschalten, findet aber den Schalter nicht. Karl Valentin sucht gleichfalls fieberhaft danach, der Sprecher rauft sich verzweifelt die Haare. Liesl Karlstadt ringt ratlos die Hände, der Sprecher wirft Karl Valentin das Manuskript an den Kopf und stürzt jammernd hinaus. Liesl Karlstadt dreht fieberhaft vergeblich an allen Schaltern. Endlich springt Karl Valentin auf den Tisch und setzt sich auf den Tellerpilz der Sirene, welche sofort verstummt. Er verbeugt sich zum Publikum, worauf die Sirene sofort wieder losgeht, er setzt sich schnell zum zweiten Male drauf, sie verstummt. Liesl Karlstadt hat endlich den Schalter gefunden und knackt ihn hörbar aus. Der Vorhang fällt schnell, geht aber sofort wieder auf, Karl Valentin verbeugt sich, nimmt triumphierend die Rolle Antennendraht vom Tisch und geht ab. Langsam fällt zum zweiten Male der

Vorhang

Die Erbschaft

Komödie für Bühne und Film

Personen:	DER MANN, LORENZ GEIER	*Karl Valentin*
	DIE FRAU, BABETTE GEIER	*Liesl Karlstadt*
	DER HAUSMEISTER JUNIOR	
	DER HAUSMEISTER SENIOR	
	EIN ZWERG	
	EIN GERICHTSBOTE	

Das erste Bild spielt im etwas primitiv eingerichteten Wohnzimmer (alte, häßliche Möbel) der Familie Geier.

HERR GEIER *sitzt mit seiner Gattin beim Morgenkaffee, schimpft und tobt, weil er sich gestern abend am Stammtisch über seinen besten Freund fürchterlich geärgert hat. Zur Frau:* Dem schreib ich aber jetzt einen Brief! – Haben wir Briefbögen zu Hause? – Hole einen – auch die Tinte und Federhalter!

FRAU GEIER: Also, was soll ich schreiben?

MANN: Datum: den soundsovielten …

FRAU: Also, ich schreib: »Sehr geehrter Herr« …

MANN: Nix geehrter Herr, geehrter weglassen …

FRAU: Na hoaßt's ja bloß »Sehr Herr«.

MANN: Des is Wurscht – schreib jetzt: »Es ist schon kaum unglaublich, daß Sie sich erdreisteten, einen Freund, wie wir zu Ihnen sind, vielmehr waren, in so einer unverschä…« naa, so können wir net schreibn – nimm an neuen Briefbogen!

FRAU: Dieselbe Überschrift?

MANN: Ja – schreib: »Wenn Sie mir binnen – wenn Sie mir binnen –«, hast du's geschriebn?

FRAU: Ja –

MANN: Naa – so können wir auch net schreibn, »binnen« ist eine ganz alte Schreibart. – Nimm an neuen Briefbogen! – Hast'n? Schreib: Nix, gar keine Überschrift. – »Hinsichtlich Ihres gegen uns erzeugten Benehmens Ihrerseits, wo es sich um Familieneinmischungsdifferenzen handelte – handelten, werden Sie zukünftigerseits gegenseitiges Erachtens – Intriguen ignoriert – keinesfalls –«, naa, da kennt er sich net aus – nimm an neuen Briefbogen!

FRAU: Ja mei, mir ham fei bloß mehr a paar Dutzend Briefbogen daheim.

MANN: Die reichen schon – schreib! »Glauben denn Sie, Sie hundsgemeiner Sauhund, daß Sie …«

FRAU: Um Himmels willen, Lorenz, so dürfen wir ihm net schreibn, der verklagt dich ja sofort wegen Beleidigung!
MANN: Stimmt – ja – des is etwas zu derb – nimm an neuen Briefbogen!
FRAU: Des is jetzt schon der fünfte Briefbogen, den mir wegen dem Dreckkerl verpatzt ham –
MANN: No, no, no, Babette, tu dich etwas mäßigen in deinen Ausdrükken, schließlich sind wir ja bessere Leute! – Wir müssen ihm so schreiben, daß er sich sagt: Nach dem Brief nach zu schließen, können das keine gewöhnlichen Menschen sein.
FRAU: Ja – ganz richtig! Schöne Zeilen sollen wir ihm servieren, denn schließlich war er ja doch dein ehemaliger Freund, und du hast schon schöne Stunden mit ihm verlebt.
MANN *in weinerlichem Ton:* Ja, o mei, da derf i gar net drandenken, da könnt i glei weinen …
FRAU: Na, na, Lorenz, vergiß dich nicht!!!
MANN: Schreib: »Mein lieber, guter, alter Freund! Die Wunde, die mir das so jäh zerrissene Freundschaftsband, welches sich einst um uns geschlungen hat, verursacht hat, blutet heute noch. Auch Du, lieber alter Freund, wirst es nie vergessen, als wir in lauer Sommernacht im Hofbräuhauskeller unter duftenden Kastanienbäumen unsere Maßen schlürften und wir dann in der Sternennacht schwer beladen, aber selig, heimtorkelten. Ein Strauß himmelblauer Vergißmeinnicht sollen das Zeichen unserer Freundschaft wieder …« Halt, halt, halt, naa, naa, nix, ja des waar ja der reinste Liebesbrief!
FRAU: Ja, des hab ich mir auch grad denkt!
MANN: Zerreiß sofort den Schmarrn!
FRAU *zerreißt den Brief:* Jetzt wird's aber bald Zeit, daß du dich entschließt, was wir ihm eigentlich schreibn. Ich hab ja noch a andere Arbeit auch.
MANN: Jetzt weiß ich, was ich ihm schreib: – kurz und bündig! Nimm an neuen Briefbogen und schreib: »Geehrter Herr! Ich beschließe nun mein Schreiben und erachte die ganze Angelegenheit für erledigt. Hochachtungsvoll! Lorenz und Babette Geier.«
Es läutet – die Frau öffnet.
DER BOTE *gibt einen Brief ab vom Nachlaßgericht und bittet um Empfangsbestätigung. Ab.*
FRAU: Da schau her, Lorenz – ein Brief vom Nachlaßamt! – Was wird denn das sein?! *Öffnet den Brief und liest ihrem Mann vor:* »Der Nachlaß der vor längerer Zeit verstorbenen Eheleute Anton und Johanna Heizer, bestehend aus einer Schlafzimmereinrichtung, trifft die gerichtlich festgestellten Erben. Das Mobiliar muß heute noch vom Lagerplatz Bahn-

hofstr. 25 abgeholt werden.« – A Schlafzimmer ham mir geerbt, juchhu! – ausgerechnet a Schlafzimmer!

MANN: Was?! I hab a Nasn! Kannst dich noch erinnern? Vor acht Tagen hab ich zu dir gsagt: Unser Schlafzimmer kann ich nicht mehr anschaun; kaufen wir uns doch ein neues Schlafzimmer! – Und jetzt erben wir eins – das ist ein Schlafzimmer-Zufall!!!

FRAU: Ein seltener Zufall – und des alte verkaufen wir sofort!

MANN: So schnell kannst du die Möbel nicht verkaufen; die müssen ja heut noch aus dem Zimmer, denn die geerbten Möbel müssen heute nachmittag schon geholt werden –

FRAU: Vielleicht kauft s' der Hausmeister?

MANN: Der wird sich hüten – des alte Glump mag der nicht einmal gschenkt! – Geh hinunter zu ihm, hol ihn rauf und sag, wir schenken ihm die ganze Schlafzimmereinrichtung, aber er muß uns dafür vom Lagerhaus die geerbten Möbel herfahren und rauftragen.

FRAU *schreit zum Fenster hinunter:* Herr Hausmeister, kommen S' doch zu uns rauf!

HAUSMEISTER JUN. *von der Ferne:* Komm glei!

FRAU: Er kommt gleich rauf. *Spricht eine Minute mit ihrem Mann – Der Hausmeister kommt herein.*

HAUSMEISTER: Was is los, Frau Geier?

Frau und Herr Geier erklären dem Hausmeister umständlich, wo die alten und neuen Möbel hinkommen, bis der Herr Geier ins Geschäft geht und Frau Geier alles allein erklärt. Endlich versteht der junge Hausmeister, daß er Möbel holen soll, und als Lohn bekommt er dafür die alten Schlafzimmermöbel.

HAUSMEISTER: Des alte Glump? Da geben Sie mir zwei Liter Bier, das ist mir lieber; nehmen kann ich das Zeug schon, des soll der Vater heut nachmittag zusammensägen als Brennholz für'n Winter.

FRAU: Des können S' machen, wir brauchen's nimmer, weil wir heut nachmittag schon unsere neue Einrichtung kriegen. Wissen S', ich möcht halt mit der ganzen Arbeit bis am Abend sechs Uhr fertig sein, damit mein Mann a rechte Freud hat, wenn er vom Geschäft heimkommt.

HAUSMEISTER: Ist schon gut, ich komm gleich mit meinem Vater rauf, dann tragen wir die alten Möbel in den Hof nunter, der Vater schlagt dieselben gleich zu Brennholz zusammen, und ich hol mit meinem Freund Toni die Möbel, die Sie geerbt haben. Wo muß ich die holen?

Die Frau gibt ihm den Zettel vom Amtsgericht.

HAUSMEISTER: Ah, Bahnhofstraße 25, Lagerhaus. *Zur Frau:* Und Sie tun, bis wir die Möbel bringen, 's Zimmer putzen.

FRAU: Jawohl, so wird's gmacht! *Sie beschäftigt sich mit dem Abnehmen der Bilder von der Wand usw.*

Inzwischen sieht man, wie Herr Geier in irgendeiner Fabrik (Schachtelfabrik oder dergleichen) mit seinen Kameraden von dieser Erbschaft spricht. Herr Geier ist durch die Freude so verwirrt, daß er allerlei verkehrt macht an seiner Arbeitsstätte.

Hierauf erscheinen Hausmeister junior und senior und tragen das ganze alte Mobiliar in den Hof hinunter, und der alte Hausmeister beginnt sofort mit der Zerkleinerung der Möbel. Einstweilen hat der junge Hausmeister den Zweiräderkarren geholt und einen Freund dazu und fährt in die Bahnhofstraße 25, um die neuen Möbel zu holen. – Die Frau putzt inzwischen ihre Wohnung, und in zwei Stunden kommt der Hausmeister jun. mit lachender Miene zur Frau und sagt: Sind schon da!

FRAU: Die Möbel?

HAUSMEISTER: Ja, die Möbel, wir bringen s' gleich – schöne Möbel, da werden S' schaun!

FRAU: I bin neugierig, ich freu mich schon wie ein Kind! *Läuft vor Freude händereibend in der Wohnung auf und ab; gleich darauf kommen die beiden Möbeltransporteure mit den Möbeln und stellen dieselben mitten in das Zimmer und lachen aus Leibeskräften.* Um Gottes willen, was sind denn das für Möbel?

BEIDE: Liliputaner-Möbel!

FRAU *ist einer Ohnmacht nahe:* Raus mit dem Kinderspielzeug! Sofort unsere alten Möbel wieder rauftragen!

HAUSMEISTER: Ja, die sind nimmer da, die hat der Vater schon alle zu Brennholz zerhackt.

Zwischenbild: Im Hofe an der Mauer liegt Brennholz aufgestapelt.

FRAU: Ja um Gottes willen, was wird da mein Mann sagen, wenn der um sechs Uhr heimkommt! Ja, ich bin unschuldig, er hat selber zu mir gsagt: Schenkst gleich die alte Einrichtung her! – So, so, der wird schaun!

Um sechs Uhr kommt der Mann heim. Als er in das Zimmer tritt und seine neue Einrichtung sieht, glaubt er, er ist verzaubert, er kennt sich nicht mehr aus. Bis seine Frau ihm aber erklärt hat, daß die alte Einrichtung nicht mehr existiert, werden ergebnislose Versuche mit dem kleinen Mobiliar gemacht, und als sich der Mann in das winzige Bett hineinlegt, welches nur einen Meter lang ist, hängen seine Beine einen Meter über das Bett hinaus – eine furchtbar komische Situation!!! Da läutet es draußen, und herein kommt der rechtmäßige Erbe, ein LILIPUTANER, *der dann unter Aufregung erklärt, daß da ein Irrtum vorgefallen sei: er heiße Anton Geier, und auf dem Lagerzettel steht:*

Alfons Geier. Die Möbel werden wieder abgeholt, und das Ehepaar steht im leeren Zimmer.

MANN: Siehst du, Babette, hier ist wieder das alte Sprichwort zutreffend: »Man soll nie etwas wegschmeißen, nur – beiseite stellen!«

Der billige Jakob

Verkaufsstand mit großem Schirm.

Melodie: Ich bin eine Witwe, eine kleine Witwe.

As Gschäft geht heut flau da heraus auf der Dult. Wenn des lang so furtgeht, dann wer i no wuid. Beim billigen Jakob, da stehn s' alle rum, aber kaffa tean s' nixn, bloß schaugn recht saudumm. *Zeigend:* A Wetzstoa, a Sofa, a feins Briefpapier, a Goldbronz, an Huatlack, a prima Stiefelschmier, des alles a Mark heut – wer kriagt's jetzt no amal? *Lang warten.* Naa – so a schlechter Gschäftsgang! Des is wirkli a Skandal!

Naa – i tua's enk glei schenka –
Des – des könnt's euch denka! –
I muaß's ja aa kaffa, i hab aa mei War net gstohln
D' Leut san grad wia Affen,
Kaffa nix, nur gaffen!
's ganze Gschäft, des soll von mir aus glei der Teufi holn.

Naa, naa, d' Leut ham wirkli gar koan Charakter mehr im Geldbeutel drin! – A so an Haufa Sach um a Markl!!!? – Wenn euch des aa no z' teuer is? – Ja – a Schlafzimmereinrichtung mit an goldenen Himmelbett kann i euch net gebn um a Markl! – Aber Leut, i kann's euch net für Übel nehmen – alles is so teuer, jetzt geht's amal her – jetzt wer i euch zoagn, daß i aa was für meine Mitmenschen tua! – Paßt's auf, Leut, was i euch alles mitbracht hab! –

Kinder, druckt's euch net so her – geht's auf d' Seitn, daß die großen Leut auch was sehn! –

Leut, schaut's her – da hab ich das Universalwaschpulver »Fix-Fix«! Die Hausmuatta hat große Wasch dahoam, sie ziagt sich an, geht zum Kramer oder in eine Drogerie und kauft um fünf Mark a Kernsoafa, a Persil, a Wasserglas, an Borax – geht mit dem Glump hoam, fangt's Waschen an und siehe da – die ganzen Waschmittel san viel z' wenig – hint und vorn glangt's net! Die Hausmuatta tuat aus der Schatulln no amal zwei Mark raus und fangt no amal 's Einkaufn an! – Das teure Geld und die ganze Lauferei hätt sich die Hausmutter erspart, wenn sie sich bei mir a Packl Universalwaschpulver »Fix« um eine Mark mitgnomma hätt. Es

ist konstatiert und von Sachverständigen nachgwiesen worn, daß man mit einem einzigen Packerl Universalwaschpulver »Fix-Fix« sämtliche Sacktücher vom ganzen Deutschen Reich waschen kann. Damit Sie aber nicht meinen, ich mach Ihnen da ein Larifari vor, werde ich Ihnen eine kleine Probe von der frappanten Wirkung des Universalwaschpulvers »F.-F.« vor Augen führen. Vielleicht ist einer von den Herrschaften so freundlich und gibt mir ein recht dreckates Taschentuch. *Bekannter gibt eines her.* – Des is recht – so oans hab i wolln. Seht's, Leute, man nimmt das Taschentuch, woacht es ein, fügt dem Wasser etwas von dem Universalpulver »Fix-Fix« zu, rüppelt das Taschentuch mit zwei Fingerspitzen hin und her – und das Taschentuch ist gereinigt. – So schöna Herr, da habn S' Eahna Taschentuch wieder zruck.
Des war ja nur ein kleines Beispiel, meine Herrschaften! – Sie können aber mit dem Universalpulver »Fix-Fix« nicht bloß Taschentücher, sondern alles Erdenkliche reinigen, wie zum Beispiel die Betten, die Vorhänge, das Geschirr, den Fußboden, den Hof, das Klosett, den Keller, den Speicher und so weiter. Wenn man in das Innere eines Menschen hineinkönnte, könnten Sie sich damit sogar Ihre schmutzige Seele reinigen. – Also greifen Sie zu, meine Herrschaften – für dieses Waschpulver »Fix-Fix«, für das Sie in jedem Bamberlgeschäft acht bis zehn Mark hinlegen müssen, zahlen Sie bei mir heute – sage und schreibe – den kindischen Preis von einer Mark. Wer will's jetzt noch amal haben?? Dazu bekommen Sie noch den preisgekrönten Familienzahnstocher aus Aluminium-Stahl. Jahrelang haben Sie die unpraktischen Holzzahnstocher um 's teure Geld gekauft – oder in einer Wirtschaft mitgehen lassen! – Das haben Sie aber alles nicht mehr nötig, wenn Sie im Besitze eines Aluminiumzahnstochers sind – denn dieser Zahnstocher ist zu gebrauchen von Mann, Weib und Kind. – Er paßt für alle Zähne – er paßt für alt und jung. – Er paßt für jede Speise! – Und Sie haben damit nur eine einmalige Ausgabe, denn dieser Aluminiumzahnstocher nützt sich im Gebrauch überhaupts nie ab, und selbst wenn er von einer zwölfköpfigen Familie tagtäglich benützt wird. Dann hab ich aber gleich wieder was anders – das patentierte Wunderpapier »Perplex«.
Die vielseitige Verwendbarkeit des »W.P.« ist epochemachend und hat seit kurzer Zeit die Welt in Staunen versetzt. Ich werde euch jetzt die praktischen Vorzüge des »W.P.« darlegen, net, daß, wenn ihr euch das Papier kauft's und wenn's es dahoam auspackt's, kennt ihr euch net aus – oder wia ma sagt, es steht's dann da wia 's Kind vorm Dreck. Nicht, daß ihr das »W.P.« nur allein zum Schreiben verwenden könnt's, nein, das »W.P.« dient euch auch als Hausmittel – und ebenso als Heilmittel.
Sagen wir, der Großvater dahoam tuat Holz hacken und haut sich, weil er

a Rindviech ist, mit'n Hackl auf'n Finger nauf, und 's Unglück ist ferti; die Wunde klafft, der Schmerz tut weh, der Großvater nimmt sein »W. P.«, reißt ein Stück herunter, streckt die Zunge raus, schleckt es ab und pappt es auf die Unglücksstelle – und siehe – die Wunden sind verschwunden.
Oder die Mutter hat sich beim Milchholen erkältet, sie hat einen rauhen Hals bekommen, sie nimmt das »W.P.«, macht sich davon ein paar Kügelchen, gurgelt sich damit, und in einigen Monaten ist das Leiden verschwunden. Oder sagen wir, die Tochter hat im Antlitz direkt unter der Nase einen kleinen Schönheitsfehler zu verzeichnen – ein sogenanntes Wimmerl, nicht zu verwechseln mit Wammerl, des möcht a jeder gern unter der Nase habn. Sie nimmt ein Stückchen »W.P.«, klebt sich dasselbe auf die betreffende Stelle, und das Wimmerl ist im Nu verdeckt. Oder sagen wir, dem Vater ist der Hut zu groß geworden, er nimmt ein paar Blätter vom »W.P.«, rollt dieselben kunstgerecht zusammen, draht sie in den Hut hinein, und der Hut sitzt wieder wie ein neuer.
Oder Sie machen einen Ausflug. Die Sonne brennt herunter, man hat keinen Sonnenschirm dabei, und die Augen tun weh. Man greift in die Tasche, nimmt ein Blatt »W.P.«, macht sich einen provisorischen Augenschirm, und die Wirkung der Sonnenstrahlen ist gebrochen und ist zugleich auch das Auftauchen von Sommersprossen aus der Welt geschafft.
Oder Sie sind gezwungen, mittags um elf Uhr über den Marienplatz zu gehen, Sie machen sich aus dem »W.P.« zwei Papierstopseln – stecken den einen rechts, den andern ins linke Ohr – und Sie hören das Glockenspiel am Rathausturm nicht.
Oder bei naßkalter Witterung ist ein Katarrh unausbleiblich. Das Taschentuch ist patschnaß überfüllt – man hat sein »W.P.« in der Tasche – dreht sich einige Pfropfen – und verstopft sich damit die tröpfelnden Nasenlöcher. – *Schutzmann kommt.* – Ein anderer hat eine böse Schwiegermutter zu Hause, die schimpft den ganzen Tag, die schimpft die ganze Nacht. – Er weiß sich nicht mehr zu helfen, er kennt sich nicht mehr aus – er nimmt das Wunderpapier »Perplex«, macht davon einen Knaul, stopft ihn der bösen Schwiegermutter ins Maul – die kann nichts mehr sagen! – weil s' nicht mehr reden kann!!! – Ah – der Herr Schutzmann kommt – also nehmen S' Ihnen nur gleich was mit – Ihre Frau hat die größte Freud damit.
SCHUTZMANN: Wer hat Ihnen erlaubt, daß Sie da verkaufen dürfen, Sie wissen doch ganz genau, daß Sie hier Ihren Stand nicht aufstellen dürfen – des können S' drauß auf der Dult machen, aber nicht hier.
FRAU: Was wolln S' denn?? Mir leidt's ja kein Warenhaus, ich bin auf das Standl da angewiesen, tean S' ma fei ja net mei Gschäft vermasseln.

Schutzmann: Also räumen Sie sofort Ihren Stand hier weg, oder ich schreib Sie auf.

Frau: Das ist mir gleich, jetzt bin ich schon so oft aufgeschrieben worden, jetzt geht's auf das eine Mal auch nicht drauf zsamm, aber weggehen tu ich nicht.

Schutzmann: Sie heißen??

Frau: Fanny!

Schutzmann: Wie noch??

Frau: Hichinger!

Schutzmann: Geboren?

Frau: Natürlich!

Schutzmann: Wo Sie geboren sind?

Frau: In der Bettstatt!

Schutzmann: Also vorwärts, wo sind Sie geboren?

Frau: In Haidhausen!

Schutzmann: Straße?

Frau: Landsberger Straße!

Schutzmann: Numero? – Ja schneller – meinen Sie, ich hab so lang Zeit? Ich muß heut noch mehr aufschreiben! – Also diktieren Sie mir schneller!

Frau: Was? Schneller? – So schnell könna ja Sie gar net schreiben, wie ich reden kann!

Schutzmann: Das wär traurig! – Also schneller! – Sie heißen??

Frau: Ich heiße Fanny Hichinger, geboren den 22. Januar 1898 zu München, Landsberger Straße 17/4, Rückgebäude II. Aufgang, bei Frau Katharina Reitmoser, Taglöhnersgattin aus Geiselgasteig.

Schutzmann: Halt, halt, nicht so schnell, da komm ich ja nicht mehr mit.

Frau: Ich hab's Ihnen doch gleich gsagt, daß Sie net so schnell schreiben können, wie ich reden kann – überhaupt, meinen Sie, von Ihnen laß ich mir mei Geschäft vermasseln, wenn ich schon nichts verkaufen darf, dann nimmst as, das ganze Graffl – da hast as!!! *Wirft ihm alle Schachteln nauf* – und das alles zusammen a u c h eine Mark!!!

Eine fidele Münchner Stadtratssitzung Anno dazumal

Stadtrat Oberberger: Ich eröffne die heutige Sitzung und heiße Sie alle herzlich willkommen. Es liegen heute ausgerechnet dreizehn Punkte vor, die ihrer Erledigung harren. Und diese dreizehn Punkte will ich

Ihnen, meine Herren, zwecks Begutachtung bzw. Genehmigung bei der heutigen Sitzung vorlegen. Ich beginne mit meinen Ausführungen:

Punkt 1 Neupflasterung des Speiselokals unseres Herrn Bürgermeisters.

Punkt 2 Erneuerung des unkündbaren Vertrages des Uhrmachers am Karlstor.

Punkt 3 Impfung sämtlicher Eisenfiguren unserer Denkmäler gegen Verrostung.

Punkt 4 Erhöhung der Hundesteuern von dreißig Mark auf zwanzig Mark.

Punkt 5 Antrag auf Erteilung einer Konzession zur Abhaltung von Jugendspielen, wie – »Schneider, leih mir dei Scher« – »Fürchtet ihr den schwarzen Mann?«

Punkt 6 Neubau einer historischen Schweißtropfensammlung mit Erfrischungsraum der Dienstmann-Institute Münchens.

Punkt 7 Neubau einer Entlausungsanstalt der Münchener Lausbuben.

Punkt 8 Das Ersetzen der Petersturm-Musik durch Grammophon oder Lautsprecher.

Punkt 9 Entfernen der Straßenbahnschienen in den verkehrsreichen Straßen der Stadt.

Punkt 10 Verlegung der Auer Dult in den Hofgarten.

Punkt 11 Erlassung eines Verbotes: »Kinder unter acht Jahren dürfen nicht als Mitglieder im Veteranenverein aufgenommen werden.«

Punkt 12 Fällt aus.

Punkt 13 Vorlage zur Genehmigung eines Männergesangvereinerholungsheimes im Zentrum der Stadt.

Nun bin ich mit meinen Ausführungen dieser Ausführungen zu Ende und bitte Sie, zur freien Diskussion übergehen zu wollen. Kollege Stadtrat Huber hat das Wort.

STADTRAT HUBER: Meine Herren! Ich sehe in den dreizehn Punkten eine riesige Aufgabe, deren wir in einer einzigen Sitzung nicht gewachsen zu sein scheinen. Ich denke, wir nehmen zuerst den Punkt 13 in die Hände, damit wir wenigstens die Unglückszahl 13 umgangen haben. Mit den anderen zwölf Punkten werden wir dann schon ins klare kommen. Meine Herrn! Punkt 13. Vorlage zur Genehmigung eines Männergesangvereinerholungsheimes im Zentrum der Stadt.

Meine hohen Herrn! Es war vorauszusehen, daß eine konjunktive Resignation aller gegenwärtigen Handelsabkommenschaften mit beschränkter Anzahl eintreten sollte. Obwohl die Ferienkolonie mit Grundbesitzungen allerorts, aus dem Terrain und Trust – Emanzipationen mit Dis-

ziplinarstrafen und Verkehrsanstalten in gegenseitigen Meinungsaustäuschen sich kreuzten.
Es konnte nur seitens der Neuregelung in Packträgerkreisen und Roten-Radler-Instituten keine Einigung erzielt werden. Es sei denn, daß die wirtschaftlichen ökonomischen Bedingungen das einzige Hindernis in der Hemdknöpflindustrie den geplanten Weg sperren würden, so würden sich dennoch mit vereinten Kräften Mittel und Wege finden, die Überproduktion im Zacherlinhandel im Keime zu ersticken und auf dem 45 000 Quadratmeter großen Grundstück des Realitätenbesitzers N. N. ein Männergesangvereinerholungsheim erstehen zu lassen. – Als Amerika im Jahre 1855 die Ausfuhr von gestöckelter Milli auf ein Minimum beschränkte, da war es König Barbarossa der 66., welcher damals dem Erfinder des Zweiräderkarrens den Auermühlbachorden überreichte. Ja, gerade er war es, welcher hinsichtlich der verkürzten Geschäftsinteressen die prinzipielle Entscheidung in den Abgrund stellte. Großmütig drückte damals der Zitherklub »Gut Klang« seine Meinung gegen alle diese verzweifelten Ansichten aus, und als wahre Wohltat entstanden damals die vielen Bedürfnisanstalten, um die sich die Stadtverwaltung Lorbeeren und herzliche Anerkennungen aus allen Kreisen der Bevölkerung errungen hat. Mit aller Energie griff die Presse um sich und schleuderte seitenlange Artikel gegen das ekelerregende Orangenschalenwerfen auf den Straßen aus, und im Nu war der Christbaumhandel in den Sommermonaten aufgehoben. Der chinesische Armenpflegschaftsrat Tschin Tschin setzte sich mit der Nürnberger Lebkuchenindustrie in Verbindung und bezweckte damit, daß im Prozesse der Römischen Briefmarkensammlungsgesellschaft mit elektrischem Kraftbetrieb gegen die schwedische Turteltaubenzüchterei eine einigermaßen zustande gekommene Einigung erzielt werden konnte.
Die Beiseitelegung des Handelsvertrages mit der sizilianischen Straßenreinigungsaktiengesellschaft, welche mit 120 % des Grund- und Hausbesitzervereins im Kegelklub Alt-Heidelberg eine abermalige Verzinsung der Reichskassakontosteuer zu Allach (Bezirksamt Berlin) in Anrechnung brachte, konnte kraft seines dreihundertjährigen Bestehens des afrikanischen Perlacher Knabenhortes zur nochmaligen Submission herangezogen werden.
Nach meiner Ansicht steht also der Erbauung eines Männergesangvereinerholungsheimes nicht mehr das geringste im Wege und gebe hiermit das Wort Herrn Stadtrat Westermeier.
STADTRAT WESTERMEIER: Meine Herrn! Die Worte meines Vorredners waren Mist! *Pfuirufe.* Niemals soll diese Schundansicht zur Durchführung kommen. *Pfeifen, allgemeines Gemurmel.* Das Übereinkommen

des chinesischen Schaukelbudenbesitzers mit der Nürnberger Lebkuchenfabrikationsgesellschaft ist erbärmliche Lüge!!! *Hört, hört.* Das Kleinhesseloher-See-Geschwader war ja von dem Großhesseloher Kirchweihfest gar nicht eingeweiht. *Lüge – Schiebung.* Das sind ja elende Lausbubengerüchte!!! *Bravo, Bravo – Ha, ha, ha, ha – anhaltendes Hohngelächter.*

Wie konnte Seine Exzellenz der Großkaufmann Plieventans seine Grundbesitzungen zur Erbauung eines Männergesangvereinerholungsheimes reserviert halten – er mußte doch wissen, daß der Grund- und Hausbesitzerverein beim Magistrat, Abteilung für Schmetterlingsammlung, III. Stock, Zimmer Nr. 00, noch gar nicht vorstellig geworden war. *Empörung.*

Wie konnte die Münzenzeltgießerei den Antrag zur Erbauung eines Männergesangvereinerholungsheimes stellen, ohne – nicht den geringsten Einblick in den Laubsägeholzlagerplatz zu haben. Das sind ja direkte Erpressungen. *Ausrufe: Das ist Mumpitz – das ist Humbug.*

Die Anisloabl- und Mohnweckerlkommission hat mit Recht sämtliche Zweiräderkarren des Dienstmanninstitutes konfiszieren lassen, denn gerade durch das Schifferlfahren am Starnberger Bahnhof waren die Geleise derart stark beschädigt, daß das betrügerische Einschränken in und außerhalb der heißen Jahreszeiten im Hofbräuhaus nicht zu-, sondern abnimmt. *Pfui – Gemeinheit – Schluß!!! Hinaus mit dem Kerl!!! – Furchtbarer Tumult. Glockenzeichen BBBBBrrrrrr!!!*

Meine Herren! Meiner Ansicht nach steht also der Erbauung eines Männergesangvereinerholungsheimes nichts mehr im Wege, ich schließe die heutige Sitzung mit der Bitte an alle anwesenden Herren Stadträte …

Auf in den Ratskeller!!!

Im Schallplattenladen

KARL VALENTIN: Guten Tag! Ich krieg eine Schachtel Dritte Sorte.

VERKÄUFER: Ja bei uns gibt es keine Zigaretten zu verkaufen.

K. V.: Was gibt's denn dann?

VERKÄUFER: Bei uns gibt es nur Schallplatten und Gramaphone.

K. V.: So? Dann gebn S' mir halt ein Gramaphon!

VERKÄUFERIN *(Liesl Karlstadt)*: Nun, dann schauen S' Ihnen den da amal an, das ist ein sehr schöner Apparat.

K. V.: Aber der ist ja kaputt, der hat ja ein Loch! *Er deutet auf die Schall-*

öffnung. Und dann möcht ich einen, der da vorne einen Reißverschluß hat.
VERKÄUFERIN: Einen Reißverschluß gibt es doch an einem Apparat nicht.
K. V.: So ein Apparat ist aber recht unpraktisch. Wenn man den Finger hintut und fällt der Deckel zu, dann kann man sich leicht einzwicken.
VERKÄUFERIN: Ja, da muß man halt Obacht geben.
K. V.: Wenn man aber nicht Obacht gibt? Und dann sticht man sich auch sehr leicht an dem Stachel da. Hätten S' nicht einen solchen mit einem Trichter?
VERKÄUFER: Nein, mit Trichter gibt es keinen Apparat mehr. Die sind ja unmodern.
K. V.: Aber grad so einen möcht ich haben.
VERKÄUFERIN: Ja warum denn?
K. V.: Wissen S', ich hab nämlich noch eine ganze Flasche Sidol zu Haus, und die möcht ich aufbrauchen.
VERKÄUFERIN: Nun, da werden Sie doch einen anderen Zweck dafür finden.
K. V.: Ja freilich, ich hab so Schnallen z' Haus.
VERKÄUFER: Wie meinen Sie? Was für Schnallen?
K. V.: So Türschnallen halt.
VERKÄUFER: Ach so!
VERKÄUFERIN: Und wie steht es mit dem Gramola da? Der wäre sehr billig und gar nicht teuer.
K. V.: Also unteuer! Was kostet denn der?
VERKÄUFER: Wir könnten Ihnen den Apparat sehr preiswert überlassen. Ich mache Ihnen ein günstiges Angebot. Sie bekommen den Apparat zum Preise von fünfundachtzig Mark. Also sehr billig! Und dabei verdienen wir hier an diesem Apparat nur fünf Mark, denn der kostet uns selbst im Einkaufspreis achtzig Mark.
VERKÄUFERIN: Du, Josef! Der Apparat hat uns aber nur dreißig Mark gekostet.
VERKÄUFER: Aber nein! Der doch nicht!
VERKÄUFERIN: Du irrst dich, der hat uns nur dreißig Mark gekostet.
VERKÄUFER: Nein, wenn ich dir sage, der hat uns immer schon achtzig Mark gekostet. *Er stößt sie mit dem Fuß.*
VERKÄUFERIN: Warum stößt du mich denn?
K. V.: Die harmonieren auch net zsamm.
VERKÄUFER: Weil der immer schon achtzig Mark gekostet hat.
K. V.: Natürlich, Frau, sonst müßt er doch fünfundfünfzig Mark daran verdienen. Sagen S' mal, haben Sie den Apparat nicht mit Dampfbetrieb?
VERKÄUFERIN: Mit Dampfbetrieb gibt es keinen, aber mit elektrischem

Betrieb, zum Beispiel der hier, das ist ein ganz moderner Apparat mit Lautverstärker.

K. V.: Was kostet denn der?

VERKÄUFERIN: Ja, der ist eminent teuer.

K. V.: Der ist mir auch zu eminent teuer.

VERKÄUFER: Wissen Sie denn, was der Apparat kostet?

K. V.: Nein!

VERKÄUFERIN: Der kostet fünfhundert Mark.

K. V.: Mit der Nadel?

VERKÄUFERIN: Wollen Sie sich nicht das Reisegramola ansehen? Das wäre sehr billig, das kostet nur zwanzig Mark.

K. V.: Mit Reise?

VERKÄUFERIN: Nein, natürlich ohne Reise.

K. V.: Aber ich reise ja fast selten nie, ich bin noch ganz selten gerissen.

VERKÄUFERIN: Sie können ja den Apparat zu Hause auch spielen lassen.

K. V.: Geht der zu Hause auch?

VERKÄUFERIN: Natürlich!

K. V.: Und auf der Reise?

VERKÄUFERIN: Und auf der Reise!

K. V.: Zu gleicher Zeit?

VERKÄUFERIN: Nein, entweder zu Hause oder auf der Reise.

K. V.: Ah, dann ist das ja ein Entweder-Apparat. Sagen S' amal, kann man den Apparat auf der Straßenbahn auch spielen lassen?

VERKÄUFERIN: Aber auf der Straßenbahn wäre doch die Strecke zu kurz.

K. V.: Auf der Ringlinie?

VERKÄUFERIN: In der Straßenbahn spielt doch kein Mensch Gramola.

K. V.: Na also, dann werd ich mich zu einem von den drei beiden entschließen.

VERKÄUFERIN: Und dann machen wir auch Reparaturen.

K. V.: Bevor man schon einen kauft? Das muß ja ein gutes Fabrikat sein.

VERKÄUFER: Nein, falls mal irgendwie Bedarf wäre an Reparaturen.

K. V.: Ja, Sie, ich habe einen bekannten Freund, der hat auch so einen Apparat, und der gibt jetzt immer so unreinliche Töne. Wissen S', der wohnt schon drei Jahre im Waschhaus, und da ist's so feucht, und da ist ihm die Nasn da eingerostet.

VERKÄUFERIN: Die Nadel? Ja und was soll man da machen?

K. V.: Ja, da hat er gmeint, ob man die Nadel da nicht spitzig machen könnt.

VERKÄUFERIN: Nein, das geht nicht. Da soll sich halt Ihr Freund ein Schächterl neue Nadeln kaufen.

K. V.: Ja, das hab ich ihm auch gsagt.

Verkäuferin: Und dann hätten wir noch sehr schöne Sachen in Schallplatten.

K. V.: Die wären mir eigentlich viel lieber als ein Gramaphon.

Verkäuferin: Was sollen das dann für Platten sein?

K. V.: So runde, dunkelschwarze Platten.

Verkäuferin: Ja, ich meine, wollen Sie Schallplatten mit Musik oder mit Gesang?

K. V.: Nein, nur mit Schall, billigem Schall.

Verkäuferin: Gut, wir werden Ihnen mal was vorspielen.

K. V.: Ja, sind S' so frei!

Verkäufer *eine Platte herbeibringend*: So, sehen Sie, da ist zum Beispiel ein sehr schöner Marsch.

K. V.: M – arsch. *Er wiederholt das öfters. Der Verkäufer spielt den Marsch. Karl Valentin pfeift dazu, nachdem die Nadel abgesetzt ist*: I pfeif auf jede Platten.

Verkäufer: Also, was sagen S' dazu, die ist doch schön?

K. V.: Ja, das schon, aber das war doch nicht Caruso?

Verkäuferin: Ja, Sie wollen Caruso hören?

K. V.: So. I!?

Verkäufer: Wollen Sie dann eine Platte hören von Caruso? Das können Sie natürlich auch. *Er legt eine Caruso-Platte mit dem Prolog des Bajazzo auf.*

K. V. *hört zu bis zum Lachen des Bajazzo, bevor die Nadel abgesetzt wird.* Jetzt lacht er, jetzt freut er sich selber, weil er naufkommen ist.

Verkäuferin: Was sagen Sie jetzt?

K. V.: Ja, die Caruso-Platten sind schön, aber man kann doch auf diese Platte nicht tanzen.

Verkäuferin: Auf eine Caruso-Platte tanzt auch kein Mensch.

K. V.: Nicht a u f der Platte, ich mein halt so, so nach der Platte.

Verkäuferin: Ach, Sie wollen eine Tanzplatte haben?

K. V.: Mit Schall!

Verkäufer: Ach, ich verstehe Sie schon. Sie wollen eine Schallplatte hören, nach der man tanzen kann.

K. V.: Ja! *Der Verkäufer legt einen Ländler auf. Karl Valentin – schon bevor die Musik spielt*: Ja, der ist recht. *Er hört einige Takte lang zu*: So was mein ich, das ist die richtige! Was kostet die?

Verkäuferin: Eine Mark fünfzig das Stück.

K. V.: Ist mir zu teuer. Die Hälfte wäre halt recht.

Verkäuferin: Ja auseinanderschneiden kann ich Ihnen die Platte nicht.

K. V.: Nicht von der Platte die Hälfte, vom Preis mein ich.

VERKÄUFERIN: Wir haben schon billigere Platten; wenn ich nur wüßte, was Sie wollen.
K. V.: Sagen S' amal, haben Sie die Platte von der Freiwilligen Sanitätskolonne, das »Sanitätslos« oder so ähnlich?
VERKÄUFER: Wie meinen Sie, das Sanitätslos?
K. V.: Ja, das Sanitätslos!
VERKÄUFER *im Katalog nachsehend*: Wie soll das heißen? Das Sanitätslos?
K. V.: Nein, das Sanitätslos – allein.
VERKÄUFER: Das Sanitätslos allein?
K. V.: Ohne allein.
VERKÄUFER: Nur »Das Sanitätslos«?
K. V.: Ohne das!
VERKÄUFER: Nur Sanitätslos?
K. V.: Ohne Nur!
VERKÄUFER: Also Sanitätslos!
K. V.: Ohne Nur und ohne Also.
VERKÄUFER: Sanitätslos!
K. V.: Ja! – Die mein ich!
VERKÄUFER: Nein, eine solche Platte gibt es nicht.
K. V.: Doch, ich weiß's ja genau.
VERKÄUFERIN: Vielleicht wollen S' einmal die Melodie pfeifen oder singen?
K. V.: Der Refrain geht so: *Er singt die letzte Strophe von* Seemannslos.
VERKÄUFERIN: Ach, Sie meinen ja »Seemannslos«!
K. V.: Ja, stimmt, »Seemannslos« heißt s', ja, so heißt s'.
VERKÄUFER: Die haben wir natürlich auf Lager, die können Sie haben. *Er bringt diese Platte herein, gibt sie der Verkäuferin, die sie Karl Valentin hinhält; der schlägt sie mit dem Stock entzwei.*
VERKÄUFERIN: Um Gottes willen, was machen Sie denn da?
K. V.: Die will ich nicht haben. Die Platte spielt meine Hausfrau seit Jahren jeden Tag, zum Hals wächst mir die Platte raus, Hemmungen hab ich bekommen, dem Irrsinn war ich schon nahe. Diese Platte rotte ich aus, die kauf ich überall auf, Rottiwürfel mach ich daraus.
VERKÄUFERIN: Aber beruhigen Sie sich doch. Nehmen Sie doch Platz!
VERKÄUFER: Aber Sie brauchen diese Platte doch nicht zusammenschlagen.
K. V. *hat sich gesetzt*: Sie, sagen Sie mal, wo ist denn jetzt eigentlich die Lehne?
VERKÄUFERIN: Wie meinen Sie? Was für eine Lene? Bei uns war noch nie eine Lene. Vielleicht in unserem Hauptgeschäft, bei Häring, ich glaube, da ist eine Lene, so ein großes, schwarzes Fräulein?

K. V.: D i e Lehne meine ich!

VERKÄUFERIN: Ach, die Stuhllehne!

K. V.: Der Stuhl ist hier, und die Lehne ist im Hauptgeschäft! Haben Sie vielleicht diese Himbeer-, Heidelbeer-, Brombeer-, Preiselbeerplatten?

VERKÄUFER: Himbeer-, Heidelbeer-, Brombeer-, Preiselbeerplatten? Nein, die gibt's nicht!

K. V.: Halt – Meyerbeer-Platten meine ich.

VERKÄUFERIN: Nein, die haben wir zur Zeit nicht mehr, die sind ausgegangen.

K. V.: Wohin?

VERKÄUFERIN: Kommen Sie mal hier an den Tisch, dann zeig ich Ihnen noch verschiedene Platten.

K. V.: Gestorbene Platten?

VERKÄUFERIN: Ah! – Sie sind ein schwieriger Kunde! – Aber hier, da hab ich was für Sie, das sind biegsame Platten in allen Farben. Da hol ich Ihnen noch welche. *Sie geht ab.*

K. V. *allein*: Ja was 's net alles gibt, biegsame Gramaphonplatten. So ein Glump erfinden s', aber für'n Katarrh haben s' heut noch nix. *Er prüft die Wachsplatten auf Biegsamkeit, zerbricht dabei einige Platten, bis die Verkäuferin entsetzt wieder auf die Bühne kommt.*

VERKÄUFERIN: Ja, was machen S' denn da? Sie haben mir da drei Platten zerbrochen!

K. V.: Vier!

VERKÄUFERIN: Aber die sind doch nicht biegsam, das müssen Sie doch sofort bemerkt haben!

K. V.: Sofort!

VERKÄUFERIN: Aber das geht doch nicht! Kommen Sie mal da rüber, dann zeig ich Ihnen was andres. *Sie nimmt eine Platte, legt sie auf den Hocker, auf dem Valentin gesessen hat, führt ihn an den Tisch rechts*: Sehen Sie, das hier, das sind Kristallplatten!

K. V.: Um Gottes willen! Die sind ja noch empfindlicher! *Er geht zurück zum Hocker und setzt sich auf die dort liegende Schallplatte, die hörbar zerbricht.*

VERKÄUFERIN: Um Gottes willen, jetzt haben Sie mir schon wieder eine Platte zerschlagen.

K. V.: Was heißt »zerschlagen«. Zersetzt hab ich sie! – Sie, sagen Sie mal, früher hat es doch auch so kleine Platten gegeben, ach, da haben Sie s' ja. *Er nimmt die kleinen Platten in die Hand.* Was kostet denn da das Pfund?

VERKÄUFERIN: Die gehen nicht pfundweise, da kostet das Stück – *Karl Valentin hat sich mit dem Stock auf den Ladentisch gelehnt.*

VERKÄUFERIN: Aber ich bitte Sie, nehmen Sie doch den Stock da weg! – *Sie schlägt Valentins Stock vom Ladentisch.*

Karl Valentin fällt neuerdings auf eine Schallplatte, die wieder kaputtgeht.

VERKÄUFERIN: So – jetzt ist schon wieder eine Platte kaputt!

K. V.: Der saudumme Stock! *Er nimmt den Stock und wirft ihn hinter die Bühne; Fensterscheibengeklirr deutet an, daß die große Auslagenscheibe zerschlagen ist.*

Verkäuferin eilt hinaus und bringt den Stock zurück. Der Verkäufer kommt mit herein.

VERKÄUFERIN: Um Gottes willen, Josef, schau nur, was der gemacht hat. Ja, schaun S' nur grad. Jetzt haben Sie uns die Auslagenscheibe auch noch zusammengeschlagen!

K. V.: Wie wär's mit einer biegsamen Auslagscheibe?

VERKÄUFER: Aber das geht nun doch zu weit. Was wollen Sie denn eigentlich hier im Laden?

K. V.: Einen Gramaphon kaufen!

VERKÄUFER: Also, was ist denn mit dem hier?

K. V.: Das ist doch der, bei dem Sie nur fünf Mark verdienen, das will ich nicht.

VERKÄUFER: Und mit dem da, wie steht's damit? *Er weist auf das Reisegramola.*

K. V.: Ja, ich reise ja nie!

VERKÄUFER: Ja, was wollen S' denn dann? *Er wird wütend.*

K. V.: Wieso denn? Haben Sie Kaufzwang?

VERKÄUFER: Was heißt hier Kaufzwang?

K. V.: Ich kann mir doch in einem Laden einen Gramaphon ansehen und kann ihn erst zu Weihnachten kaufen. Das kann ich doch machen, wie ich will!

VERKÄUFER: Ja, das können Sie. Aber Sie haben kein Recht, mir einen derartigen Schaden zuzufügen, haben Sie verstanden?

K. V.: Das ist vergessen! Und übrigens, heute ist die Zeit nicht mehr, daß man in einen Laden hineingeht und kauft sich ganz einfach einen Gramaphon, heute kommt zuerst die Magenfrage!

VERKÄUFERIN: Dann hätten Sie in einen Wurstladen gehen müssen!

K. V.: Das kann Ihnen Wurscht sein!

VERKÄUFER: Nein, das ist nicht der Fall. Wo kämen wir denn hin, wenn wir lauter Kunden hätten, die uns einen derartigen Schaden anrichten?

K. V.: Dann gingen S' zugrund!

VERKÄUFER: Na also! Wie steht's jetzt, was wollen S' nun hier im Laden?

K. V.: Ja, wie gesagt, das liebe Geld halt. Was kostet eine Schallplatte?

VERKÄUFER: Drei Mark.

K. V.: Ja schaun S', um drei Mark, da krieg ich schon einen Hut! Und was kosten Gramaphonnadeln?

VERKÄUFERIN, *ihm verschiedene Arten von Nadeln zeigend*: So ein Schachterl kostet halt sechzig Pfennig.

K. V.: Eine Nadel bräucht ich eigentlich nur. Geben Sie s' nicht stückweise her?

VERKÄUFER: Nein, das geht dann doch schon nicht, das wären nette Geschäfte!

K. V.: Also, so ein Schächterl kostet sechzig Pfennig. Und der – *er zeigt auf das große Grammophon mit Lautverstärker* – der kostet fünfhundert Mark?

VERKÄUFER: Ja!

K. V. *sieht Kataloge auf dem Tisch liegen*: Was kostet denn so ein Katalog?

VERKÄUFERIN: Der kostet nichts!

K. V.: Wie, der kostet nichts?

VERKÄUFER: Nein! Den bekommen Sie gratis, umsonst!

K. V.: Umsonst? So? Dann nehm ich einen Katalog! *Er geht ab.*

VERKÄUFER *ihm nachgehend*: Da hört sich doch alles auf!

Die verhexten Notenständer

Karl Valentin kommt fertig als Clown geschminkt und kostümiert auf die Bühne und wartet.

DER HERR DIREKTOR *kommt von der anderen Seite*: Sie, machen Sie sofort, daß Sie wegkommen! Was wollen Sie denn hier?

KARL VALENTIN: Ich wart bloß auf meinen Freund.

DER HERR DIREKTOR: Das geht nicht, da müssen Sie gehn!

K. V.: Ich hab mich mit meinem Freund zusammenbestellt, Ecke Schwanfelder- und Senetalerstraße.

DER HERR DIREKTOR: Ja, das ist da draußen, aber nicht hier, das ist doch die Bühne.

K. V.: Ja, da haben wir uns zusammenbestellt.

DER HERR DIREKTOR: Also, das geht auf keinen Fall, es kommt nun gleich die nächste Nummer, da können Sie nicht warten, da müssen Sie da nausgehn.

K. V.: Dann bitte sagen Sie meinem Freund, ich war da und bin wieder fortgegangen.

DER HERR DIREKTOR: Ist schon recht, ich werde sagen …

K. V.: Grüß Gott! *Valentin geht ab. Der Direktor will nun auch gehen. Liesl Karlstadt tritt fertig im Clownkostüm auf. Sie wartet.*

DER HERR DIREKTOR: Ja, Sie, was wollen denn S i e hier?

LIESL KARLSTADT: Ich wart bloß auf meinen Freund.

DER HERR DIREKTOR: Das geht hier nicht, da können Sie nicht warten.

L. K.: Mein Freund und ich haben uns nämlich zusammenbestellt Ecke Schwanfelder- und Senetalerstraße.

DER HERR DIREKTOR: Das ist aber draußen auf der Straße, nicht hier auf der Bühne.

L. K.: Nun, wir haben ausgemacht da herin, denn draußen bei dem Sauwetter, da tröpfelt's immer.

DER HERR DIREKTOR: Also das geht mich nichts an, verlassen Sie die Bühne.

L. K.: Bitte, wenn aber mein Freund kommt, dann sagen Sie einen schönen Gruß von mir, und ich war schon da.

DER HERR DIREKTOR: Ja, Ihr Freund war schon da.

L. K.: Wie, der war schon da?

DER HERR DIREKTOR: Gerade im Moment …

L. K.: So, der war schon da, wo ist er denn hingegangen?

DER HERR DIREKTOR: Da hinaus.

L. K.: So, der w a r schon da? Ja, was ist denn jetzt des? *Sie geht eilig ab. Karl Valentin kommt wieder.*

DER HERR DIREKTOR: Sie, nun sind Sie schon wieder da!

K. V.: Ich möchte fragen, ob mein Freund schon da war?

DER HERR DIREKTOR: Der war eben hier, der ist da hinausgegangen.

K. V.: Da bin ich ja hereingekommen, da müssen wir wahrscheinlich aneinander vorbeigegangen sein. – Nun werd ich ihn schon finden. *Er geht ab.*

Liesl Karlstadt kommt wieder herein.

DER HERR DIREKTOR: Was wollen Sie denn schon wieder hier?

L. K.: Ja, Sie haben gesagt, mein Freund wär da draußen, ist ja gar nicht wahr.

DER HERR DIREKTOR: Der war eben wieder herin.

L. K.: Ah, drum war er nicht drauß.

DER HERR DIREKTOR: Jetzt ist er aber drauß.

L. K.: So, dann werd ich ihn schon finden. *Sie will abgehen, stößt aber sogleich mit dem wieder auftretenden Karl Valentin zusammen. Sie geben sich beide die Hand und bleiben Hand in Hand eine ganze Weile stehen, ohne etwas zu sagen.*

BEIDE *zugleich*: Wie geht's Ihnen denn immer? *Sie machen wiederum eine Pause, dann wieder beide zugleich*: O danke, gut! *Sie schweigen abermals.*

L. K.: Jetzt haben wir uns schon lange nicht mehr gesehen.

K. V.: So, so!

L. K.: Da kann man nichts machen!

K. V.: Das hab ich auch schon einmal ghabt ...

L. K.: Sie, ich hätte eine kleine Bitte an Sie, kann ich Sie einen Moment sprechen?

K. V.: Bitte.

L. K.: Ich möchte Ihnen was sagen, sind S' nicht beleidigt?

K. V.: Durchaus nicht, da haben Sie meine Hand.

L. K.: Um die handelt sich's nämlich ... Ich möcht Sie nur ersuchen, ob Sie meine Hand nicht wieder auslassen möchten, die haben Sie noch vom Grüß-Gott-Sagen in der Hand gehabt ... *Sie gehen beide zur Rampe vor.*

K. V.: Liebe Zuhorcherinnen und Zuhorcher! Wir erlauben uns, anläßlich aus unläßlich des Umzuges des Einzuges ...

L. K.: Geh, was reden S' denn da für an Schmarrn zam!

K. V.: Ja, i werd wohl wissen, was ich red!

L. K.: Ja, einen Mist reden S' zam!

K. V.: Wir erlauben uns, hinlänglich des Einzuges Kaiser Ludwigs des Bayern in München im Jahre 1312 ...

L. K.: Hinlänglich – a n l ä s s i g des Einzuges heißt's doch!

K. V.: Anlässig – anläßlich heißt's – Wir erlauben uns, anzüglich des Umzuges – einzüglich des Auszu...

L. K.: Geh – geh – geh – anläßlich des Einzuges heißt's!

K. V.: Ich hab doch gsagt: hinläßlich des Abzuges! – Sie machen mich ganz wirr – wo ich so ein, so schon einer sind – bist – bin – will ich sagen. – Wir erlauben Ihnen ...

L. K.: Was?

K. V.: Wir erlauben u n s, umständlich, ah, anständig ...

L. K.: ... anläßlich ...

K. V.: ... anläßlich des Umstandes ...

L. K.: ... des Einzuges ...

K. V.: ... des Einzuges Kaiser Nepomuks ...

L. K.: Nicht Nepomuk – Kaiser Ludwig –

K. V.: Kaiser Ludwigs in München zum Sendlingerplatztor ...

L. K.: Isartor!

K. V.: ... Isartor, im Jahre 1940 ...

L. K.: Lassen S' mich reden! – Also dann reden Sie!

K. V.: Anläßlich des Einzuges Kaiser Ludwigs des Bayern zum Isartor im Jahre 1312 gestatten wir uns n a c h t r ä g l i c h noch ein Duett zu blasen auf zwei Trompeten, ein sogenanntes halbes Quartett! Wir beginnen mit dem Anfang! *Beide blasen die erste Stimme.* Halt! Jetzt ham mir alle zwei die erste Stimme geblasen; bei einem Duett muß doch einer die erste und der andere die zweite Stimme blasen.

L. K.: Das ist doch klar – das hätten S' aber vorher schon wissen können! *Beide blasen die zweite Stimme, hören wieder auf.* Jetzt blast er a u c h die zweite!

K. V.: Ja, ich hab doch ausdrücklich gsagt: einer die erste und der andere die zweite!

L. K.: Das ist ja recht, und da hab ich den einen gmacht.

K. V.: Den einen hab i c h gmacht; Sie hätten den andern machen solln! – Mir ist's gleich. Ich kann die erste u n d die zweite blasen.

L. K.: Ja – dann kann ich ja heimgehen; dann brauchen S' mich ja überhaupt nicht mehr!

K. V.: Nein! – Ich mein so: ich kann die erste – und kann aber auch die zweite blasen!

L. K.: Das ist eben bei mir leider auch der Fall.

K. V.: Dann sind S' doch froh!

L. K.: Ja – also, was wollen S' denn jetzt für eine blasen?

K. V.: Ach, wissen S' was? Blas ma gar nicht! Oder blasen Sie die erste und ich die zweite – oder umgekehrt!

L. K.: Oder machen wir's so, wie Sie wolln!

K. V.: Ja – so geht's auch! Ja – wie wolln Sie?

L. K.: Wissen Sie was? Sie blasen jetzt die zweite, dann brauch ich nur mehr die erste blasen!

K. V.: Ja, so mach ma's!

L. K.: Können Sie sich's merken?

K. V.: Nein – merken kann ich mir gar nichts – da kann ich eher noch blasen.

L. K.: Da brauchen Sie sich auch gar nichts merken. Sie blasen einfach die zweite Stimme, und das, was ich tu, das geht Sie gar nichts an.

K. V.: So – dann geht Sie das auch nichts an, was ich tu, merken Sie sich's! *Beide blasen falsche Töne.*

DER HERR DIREKTOR *kommt auf die Bühne gestürzt*: Hören S' doch auf, das ist ja ganz falsch!

K. V.: Das hörn wir schon selber! Mischen S' Ihnen nicht in andere Leut nein, mischen Sie sich lieber in sich selbst nein! Sie sind der Allerjüngste, schämen Sie sich, daß S' noch so jung sind!

DER HERR DIREKTOR: Ham Sie denn keine Noten?

K. V.: Freilich, aber nach Noten können wir doch nicht auswendig blasen!

DER HERR DIREKTOR: Das braucht es auch gar nicht; nehmen Sie doch Noten! *Beide blasen das Stück zweistimmig vollkommen falsch.* Furchtbar!

K. V.: Is guat, daß das der Kaiser Ludwig damals nicht gehört hat!

DER HERR DIREKTOR: Nein, das dulde ich nicht! Jetzt spielen Sie einmal nach Noten.

Beide nehmen ihre Noten, Karl Valentin ein kleines, Liesl Karlstadt ein riesengroßes Notenbuch aus Pappe, worin die Notenköpfe übergroß gemalt sind, so daß die Zuschauer die Noten gut erkennen können.

Liesl Karlstadt *kann das große Buch nicht halten und sagt zu Karl Valentin*: Da müssen Sie mir schon helfen.

Karl Valentin nimmt das Buch in der Mitte, zwickt sich damit in den Finger, nimmt es dann an der Ecke, Liesl Karlstadt ergreift es an der anderen Seite, dabei blasen beide unausgesetzt den gleichen leeren Ton in ihre Instrumente.

L. K.: Ja, Sie blasen ja nur immer einen einzigen Ton.

K. V.: Ich kann ja nicht mehr blasen, weil ich nicht auf die Klapperln hindrücken kann.

L. K.: Warum können S' denn auf einmal nicht mehr hindrücken?

K. V.: Weil ich 's Buch in der Hand hab. *Er läßt das Buch los, es fällt Liesl Karlstadt auf den Fuß.*

L. K.: Au, au!

K. V.: Ich hab eine andere Idee, schaun S' her: Ich häng Ihnen mein Buch da hinten nauf, und Sie hängen Ihr Buch ihm nauf. *Dabei zeigt er auf sich selbst.* Mir!

L. K.: Ah, Sie meinen wahrscheinlich so, daß einer dem andern hint neinschauen kann.

Beide hängen sich die Noten gegenseitig auf den Rücken, Liesl Karlstadt trägt ein ganz kleines Notenblatt, Karl Valentin ein riesengroßes, auf Pappe aufgeklebtes, das ihm weit über die Schultern hinausragt. Beide Clowns laufen im Kreis umeinander herum und versuchen zu blasen; dabei bemerken sie, daß immer nur einer blasen kann.

K. V.: Da müssen Sie vor mir stehen.

L. K. *stellt sich vor ihm auf*: Ja, jetzt is's falsch, Sie müssen vor mir stehn, sonst kann ich Ihnen ja nicht da hinten neinschaun.

K. V.: Ja so, da war ich jetzt im Irrtum. Jetzt is's wieder nix. Wia kommt jetzt des? Des müßt scho gehn, aber des geht net.

DER BÜHNENMEISTER *kommt herein*: Jetzt möcht ich bloß wissen, wie lange Sie den Blödsinn noch machen wollen; glauben Sie vielleicht, das Publikum schaut Ihnen noch lange zu?

K. V.: Die solln halt wegschaun, wegen dem Publikum machen wir des auch gar nicht, das machen wir bloß für uns zwei, und fünftens ist das kein Blödsinn! Wir wollten was machen, wir haben zwei Instrumente, zwei Notenbücher, wir sind zu zweit und können uns doch gegenseitig hinten net neinschaun. Wie kommt das?

DER BÜHNENMEISTER: Wissen Sie, was Sie brauchen? Notenständer!

K. V.: Wir haben aber keine.

DER BÜHNENMEISTER: Aber ich hab welche.

L. K.: Ja, geben S' uns a paar.

DER BÜHNENMEISTER: Sie können dann gleich ein paar haben von mir.

L. K.: Dann teilen wir s' zusammen. Jetzt können Sie das Buch wieder runtertun, wenn der Notenständer bringt. Es hat Sie so nicht gut gekleidet, da ham S' ausgschaut wia a Segelflugzeug!

DER BÜHNENMEISTER *bringt einen ganz großen und einen ganz kleinen Notenständer*: So, da haben Sie einen und da Sie.

Karl Valentin nimmt den großen Ständer, sein kleines Notenbüchlein fällt immer durch. Liesl Karlstadt nimmt den kleinen Ständer, aber das große Buch hat nicht Platz, und der Ständer fällt immer damit um.

DER BÜHNENMEISTER: So geht das freilich nicht. Tauschen Sie doch die Ständer.

Karl Valentin und Liesl Karlstadt tauschen ihre Notenständer, indem Karl Valentin sich vor Liesl Karlstadts Notenständer stellt. Da sie aber nur die Plätze gewechselt haben, hat jetzt Karl Valentin den kleinen Notenständer mit dem großen Notenbuch, der immer umfällt, und Liesl Karlstadt den großen Notenständer mit dem kleinen Notenbuch, das immer durchfällt.

DER BÜHNENMEISTER: Jetzt geht's ja wieder nicht! Ich hab doch gesagt, daß Sie tauschen sollen!

L. K.: Das haben wir doch getan!

DER BÜHNENMEISTER *zu Liesl Karlstadt:* Sie haben das große Notenbuch, da nehmen Sie doch den großen Notenständer. *Zu Karl Valentin:* Sie haben das kleine Notenbuch, Sie nehmen den kleinen Notenständer!

K. V.: Das ist doch klar, da wären mir aber selber auch draufkommen, da hätt ma Sie net braucht dazua. *Der Bühnenmeister geht achselzuckend ab.*

Liesl Karlstadt kann das schwere Buch nicht auf den hohen Ständer hinaufbringen. Sie setzt mehrmals an, läßt es aber immer wieder sinken.

K. V. *hilft ihr nicht, sondern steckt die Hände in die Hosentaschen und sagt über die Schulter:* Da werden S' Ihna aber schwertun mit dem Buch.

L. K. *ächzend:* Natürlich, wenn nur wenigstens einer da wäre, der mir helfen täte.

K. V. *schaut sich mit langem Hals auf der ganzen Bühne um, ohne sich vom Platz zu rühren.* Es ist schon niemand da auch.

L. K. *macht eine letzte gewaltige Anstrengung, und es gelingt ihr schließlich mit zitternden Knien, ihre schweren Noten auf den hohen Ständer hinaufzuwuchten. Völlig außer Atem haucht sie:* Dank schön!

K. V.: Bitte, bitte!

Nun wollen beide blasen. Liesl Karlstadt hebt ihr Instrument steil nach oben, um die Noten auf ihrem hohen Notenständer lesen zu können, dabei fällt ihr ihr Clownhütchen immer wieder hinten hinunter, sie hebt es auf und versucht es von neuem, mit dem gleichen Erfolg. Karl Valentin aber muß sich zum Blasen nach vorn bücken, um auf seinen kleinen Notenständer hinunterzuschauen. Dabei fällt ihm sein Hut nach vorn hinunter. Auch ihm gelingt es nicht, mit aufgesetztem Hut sein Blasen zu beginnen.

K. V.: Sie, das geht nicht, der Notenständer ist für mich zu nieder, wenn ich da blas, fällt mir immer der Hut vorn hinunter.

L. K.: Bei mir ist's grad das Gegenteil, wenn ich da hinaufschaue, dann fällt mir der Hut immer hinten nunter, und außerdem ist's bei mir dazu noch furchtbar unappetitlich, denn mir läuft der Saft aus dem Mundstück immer gleich literweis ins Mäu nei, wenn i 's Instrument so hoch hebn muß. Möchten Sie nicht daher gehen und mit mir den Platz tauschen? *Sie geht zu Karl Valentins kleinem Notenständer und setzt sich davor auf den Fußboden. Karl Valentin macht es ihr nach, geht zu ihrem großen Notenständer und setzt sich am Fuß desselben ebenfalls hin. Er schaut steil auf die Noten in die Höhe, die er nun erst recht nicht erreichen kann. Der Bühnenmeister holt die beiden Notenständer schimpfend von der Bühne.*

BEIDE *schauen ihm traurig nach und sagen zugleich:* Jetzt ham ma gar nix mehr, der hat's uns nur leihweise geliehen. *Sie stehen auf und klopfen sich den Staub von den Hosen. Der Bühnenmeister kommt zurück, er bringt einen doppelseitigen, großen Notenständer, Karl Valentin und Liesl Karlstadt legen jeder auf seiner Seite ihre Noten darauf und beginnen zu blasen. Kaum haben sie angefangen, so wird der Notenständer immer länger, sie steigen auf den Stuhl, um ihn einzuholen, indem sie immer weiterblasen, aber der Notenständer geht immer mehr in die Höhe, so daß sie die Noten nicht mehr lesen können, sie lassen die Instrumente resigniert sinken.*

K. V. *schreit in das begleitende Orchester zum Kapellmeister hinunter, der immer weiterspielt:* So hörn S' doch auf, sehen S' denn net, daß er wachst?

K. V. und L. K. *beklagen sich von den Stühlen herunter beim Publikum:*

Haben Sie das gesehen? Wir haben jetzt da geblasen, da ist der Notenständer immer länger wordn, wenn wir jetzt keinen Stuhl hätten, hätten wir überhaupt gar nicht mehr auf unsere Noten schaun können. *Der Notenständer ist inzwischen wieder sanft heruntergesunken und so klein geworden, wie er anfangs war. Karl Valentin und Liesl Karlstadt steigen von ihren Stühlen herunter und sagen dabei:* Jetzt, weil wir am Stuhl droben gestanden sind, jetzt ist der Notenständer wieder ganz herunten. Jetzt brauch ma keinen Stuhl mehr. *Der Notenständer ist inzwischen wieder emporgewachsen, und wie sie ansetzen wollen, bemerken sie es und schauen steil und entgeistert zu ihren Noten hinauf. Dann treten sie ganz dicht unter die Schmalseite des Notenständers, Karl Valentin wackelt an seinem Stiel, der Notenständer saust plötzlich herunter und schlägt mit dumpfem Knall auf ihre Schädel, beide schreien:* »Au, au!« *und jammern, Karl Valentin weint.*

L. K.: Sie, da herin, da spukt's!

Karl Valentin räuspert sich, wischt sich die Augen und spuckt aus.

L. K.: Aber jetzt bin ich draufgekommen! Gehen Sie her, ich muß Ihnen was sagen! *Sie zieht Karl Valentin am Ellenbogen auf die Seite und flüstert:* Können Sie sich das denken, wie jetzt das gegangen ist?

K. V. *ganz laut:* Vielleicht hat der unten an Kunstdünger hing'schmiert, und dadurch wachst der Ständer.

L. K.: Nein, am Boden liegt ein Schnürl, und da zieht der Bühnenmeister wahrscheinlich immer dran, dadurch wird der Notenständer immer länger und kürzer.

K. V.: Dem schneiden wir das Schnürl ab! *Während sie auf der Seite zusammen reden, hat der Bühnenmeister den Doppelständer geholt und unbemerkt einen anderen dafür hingestellt, an dem tatsächlich unten eine Schnur herabhängt, die bis in die Kulisse geht.*

L. K. *bemerkt jetzt das Schnürl:* Ja sehen Sie, da liegt eins. Obacht! Treten S' nicht drauf! Sehen Sie, das ist ein richtiges längliches Schnürl! *Sie zieht an dem Schnürl, ein Schuß ertönt, der Ständer fällt um.*

K. V. *läßt sich vor Schreck auf den Boden fallen und hebt dabei die Hände hoch, als ob er sich ergeben wolle.* Ich bin ganz geschwollen, mir paßt der Hut nimmer. *Er versucht, sein Clownhütchen mit einer Hand wieder auf den Kopf zu setzen, aber das gelingt ihm nicht, das Instrument hat er dabei unter den anderen Arm geklemmt, ohne seine andere Hand aus der Hosentasche zu ziehen.*

L. K.: Da brauchn S' nur Ihre Hand raustun! Überhaupts kann Ihnen ja gar nix wehtun! Das schwere Ding, das da runtergfallen is, is doch mir naufgfallen!

K. V.: So, Ihnen is's naufgfalln, dann tut's mir nimmer weh! *Er lacht vergnügt.*

L. K.: Der Notenständer ist Ihnen eben zu nieder, aber den kann man ja höher machen. *Sie zieht am Schnürchen, der Notenständer hüpft in die Höhe.* Sehen Sie, der ist hinaufgefallen, gut, daß wir nicht droben gestanden sind.

Der Bühnenmeister kommt mit einem neuen Notenständer und schaut vorwurfsvoll auf den in die Höhe gehüpften alten.

K. V.: Sie, da ist was passiert, der is hinaufgefallen!

Der Bühnenmeister: Und ganz von selbst?

L. K.: Ja, wir haben nur naufgschaut, da is er schon davonghupft.

Der Bühnenmeister: Sie müssen doch alles kaputt machen. Da haben S' einen anderen!

Liesl Karlstadt und Karl Valentin setzen ihre Noten auf den neuen Doppelständer, wie sie aber zu blasen anfangen wollen, dreht sich das Oberteil blitzschnell neunzig Grad um die eigene Achse, sie laufen eilig nach, der Notenständer dreht sich abermals um neunzig Grad.

L. K.: Blasen S' doch nicht immer! Da zieht's ja! *Sie setzen beide wieder an, aber mit dem ersten Ton dreht sich der Notenständer abermals, sie laufen um den Ständer herum und versuchen dabei immer wieder zu blasen, der Ständer dreht sich immer schneller, sie laufen in Karriere hinterher.*

K. V. *schreit außer Atem zum Bühnenmeister hinter die Bühne:* Sie, der fliegt davon! *Der Bühnenmeister kommt mit einem neuen Notenständer auf die Bühne gestürzt, stellt ihn hin und geht schnell wieder ab. Liesl Karlstadt und Karl Valentin stellen ihre Noten drauf und wollen anfangen zu blasen, beim ersten Ton schwingt der Notenständer hin und her wie ein Metronom: Tick-tack, tick-tack. Karl Valentin schreit:* Sie, den kann man nicht brauchen, der is ja bsoffen.

L. K.: Der is damisch wordn, den dürfen S' gleich in den Eisschrank neinstellen. *Der Bühnenmeister stürzt verzweifelt auf die Bühne und bringt einen neuen Notenständer. Liesl Karlstadt und Karl Valentin stellen ihre Noten auf und blasen einen kurzen Marsch. Dann verbeugen sie sich, bei der dritten Verbeugung sinkt der Notenständer in sich zusammen.*

K. V. *zum Bühnenmeister:* Sie, den kann man nicht brauchen, der ist zu weich!

Der Bühnenmeister bringt schnell einen neuen Notenständer, Liesl Karlstadt holt die große Trommel.

K. V.: Als nächstes erlauben wir uns, ein Duett vorzutragen auf den verschiedenartigsten Instrumenten der Welt, hier die kleinste Mundharmonika – *er zieht ein winziges Instrument aus dem Westentascherl* – und hier die größte Trommel der Welt.

Liesl Karlstadt bringt ächzend eine riesige Trommel mit einem Meter achtzig Durchmesser.

K. V.: Diese kleine Mundharmonika hat zwanzig Pfennig gekostet, die haben wir bar bezahlt. Die große Trommel kostet sechshundert Mark, aber darauf sind wir noch einige Mäuse schuldig.

L. K.: Raten!

K. V.: Wir ersuchen beim nächsten Vortrag um größtmögliche Ruhe, damit man die Trommel gut hört. *Sie spielen wenige Takte eines Marsches.* Wir erlauben uns noch einen Vortrag vorzutragen, betitelt Da capo.

Der Bühnenmeister kommt und bringt einen neuen Notenständer.

K. V.: Variationen über das bekannte Volkslied »Lang, lang ist's her« für Klarinette und Pomperton. *Liesl Karlstadt bringt ihm ein Bombardon, er nimmt es, setzt sich damit auf den Stuhl, rutscht aber, offenbar von der Schwere des Instruments nach vorne gezogen, nach vorwärts vom Stuhl wieder herunter, Liesl Karlstadt hilft ihm wieder hinauf, er fällt nach links, sie hilft ihm wieder hinauf, da fällt er nach rechts, dann hustet er in das Schalloch des Bombardons hinein, hebt es geschwind hoch, schaut mit einem Auge zum Mundstück hinein und steckt sein Taschentuch wie ein Geiger in den Hemdkragen, nun blasen beide eine Oktave. Karl Valentin hält den tiefen Ton aus und imitiert damit das Brummen des Zeppelins. Dazu sagt er:* Zeppelin! *Dann blasen beide* Lang, lang ist's her, *bleiben aber auf dem vorletzten Ton hängen, alles wartet auf den Grundton, sie blasen immer weiter, Karl Valentin blättert dabei die Noten um, da fallen sie ihm herunter, beide blasen immer noch weiter, während der Notenständer, vom Gewicht der Noten befreit, auseinanderschnalzt, das Oberteil fliegt über die Bühne und verschwindet nach oben. Beide schauen ihm entgeistert nach.*

Der Bühnenmeister kommt mit einem letzten Notenständer auf die Bühne gestürzt und stellt die Noten drauf.

KARL VALENTIN *und* LIESL KARLSTADT *blasen nun den letzten Ton und den Schlußmarsch, das Orchester spielt einen Tusch, sie verbeugen sich, der Notenständer verbeugt sich ebenfalls dreimal nach vorn, Liesl Karlstadt geht ab, Karl Valentin pfeift beim Abgehen dem Notenständer und sagt:* Geh weiter, wir sind schon fertig! *Der Notenständer rutscht von allein in die Kulisse; dabei fällt der*

Vorhang

Der Umzug

Die Bühne zeigt eine Vorstadtstraße. Im Vordergrund eine armselige Bretterhütte mit Tür und zwei schmalen Fenstern. An der linken Ecke des Häuschens ein staubiger Fliederbusch und zwei riesige aufgeblühte Sonnenblumen. Rechts ein Gartenzaun, ein winkeliges Gäßchen mit Schuppen, hinter dem eine Kastanie hervorschaut, aufgehängte Arme-Leute-Wäsche. Vor dem Häuschen ist übereinander der ganze ärmliche Hausrat zusammengestellt.

Bei geschlossenem Vorhang spielt die Musik Morgenstimmung *von Grieg, dazu ertönt Vogelgezwitscher, dann geht der Vorhang auf.*

LIESL KARLSTADT *tritt aus dem Haus, in der Hand einen Blumenstock, den sie abstellt.* Heut sind's grad sechs Jahr, daß ich am Wohnungsamt vorgemerkt bin. Und sooft ich früher in Rosenkranz ganga bin, ins Angerkloster, so oft geh ich jetzt aufs Wohnungsamt. Es ist sozusagen meine zweite Heimat geworden. Es ist zwar immer ein fader Gang da hinauf, und es ist grad gut, daß wenigstens die Herrn Beamten vom Wohnungsamt so nette, freundliche Menschen sind. Der eine gar auf Schalter dreizehn, der sagt jedesmal zu mir: »Schaun S' morgn wieder her!!« und das sagt er so lieb, daß mir jedesmal die Tränen in den Augen stehn, so fürcht ich mich vor dem; 's letzte Mal hat mich der eine Beamte gfragt, ob ich auch wirklich verheiratet bin und ob ich auch wirklich fünf Kinder hab. Er hat's halt gar net recht glauben können, er hat gmeint, ich lüg ihn an. Dann bin ich aber heim und hab s' alle gholt. Mit'n Kinderwagl bin ich glei über d' Stiagn naufgfahrn. Und drobn hab ich s' ihm alle vorgestellt: an Micherl, an Wiggerl, an Sepperl, d' Fanni und d' Walli.

Der hat gschaut, der hat nimmer gsagt: »Sehr angenehm!« Das war ihm schon sehr unangenehm. »So«, hab ich gsagt, »mit dene fünf Kinder, mit mein Mann, mein alten Vatern und der Schwiegermutter, Hund, Katz und Kanari ham mir oan Zimmer. Und manche Großkopferte ham zu zweit, sage und schreibe, sieben bis zehn Zimmer!« Ja, ja, mir sind furchtbar beschränkt – nicht mir selber, sondern mit unserer jetzigen Wohnung. Wohnung kann man da eigentlich nimmer sagn, mir sagn halt so, weil wir bis jetzt noch keinen passenden Ausdruck dafür gefunden ham, wie wir unser Heim nennen könnten. Loschie mögn ma net sagn, weil das ein Fremdwort ist, und Dreckloch, das ist uns zu ordinär. Wir wohnen halt jetzt sechs Jahr in der Vorstadt in der Quellengasse, neben der alten Papierfabrik am Mühlbach. Hausnummer ham ma koane, aber es ist leicht zum finden – wenn S' uns bsuchen wolln, brauchn S' nur in d' Quellenstraß gehn – wo de Kunstmaler allweil umananderhocka – und speziell das Häusl, wo de allweil abmaln – in dem wohna mir. Mir ham ja nie über unser trautes Heim geklagt, aber – wie uns vor drei Jahr das letzte Hochwasser aus'n Zimmer an Fuaßbodn rausgschwoabt hat, von da ab war ein weiteres Ausharren unmöglich. Das einzige Schöne, was wir in der Wohnung ham, ist das laufende Wasser – das lauft Tag und Nacht über d' Wänd runter, so feucht ist's in unsrer Burg. Und ein Leben ist drin! Alle acht Tag werden die Schulkinder klassenweise in unsere Wohnung geführt, und der Herr Lehrer erklärt den Kindern bei uns das Leben und Treiben des Hausungeziefers. Drum hat auch der Herr Kommissär von unserm Bezirk gesagt: »Die Wohnung ist nicht mehr geeignet für menschliche Wesen. Sie müssen eine andre Wohnung kriegen«, hat er gsagt, »dafür ist das Wohnungsamt da!« – Wir kriegn aber keine vom Wohnungsamt, sechs Jahr wart ma jetzt drauf. Nacha is uns des z'bunt wordn, und drum ziagn mir heut schwarz um! *Man hört den Kanarienvogel in seinem Bauer zwitschern.* Ja, der Hansi, der singt schon sein Abschiedslied. *Sie nimmt den Hansi aus seinem Bauer und reißt den Zwirnsfaden von seinem Fuß ab.* Ja, Hansi, jetzt wird's ernst – heut müß ma ausziehn. Mei, Hansi, da wird's dir heut schlecht gehn bei dem Umzug. Da wird's dich umanandaschütteln auf dem Wagen droben, da kriegst ma ja du a Gehirnerschütterung, was mach ma denn da? Halt, i hab's – du bist ja a Vogerl, du brauchst ja net gfahrn werden, du kannst ja hinfliegen, dir sag i jetzt unsere neue Adreß, dann fliegst derweil voraus. Also – Ickstattstraße 42/III links im Rückgebäude. *Sie läßt ihn fliegen.* Weiter links, weiter links – schaug net immer um. Jetzt hätt er sich bald an einen Kamin angstoßn. Ah – der findt scho hin. Jetzt wär's halt recht, wenn der Alte mit'n Karrn scho da wär. Seit drei Stunden wart ich auf ihn. *Sie spricht in die Kulisse.* Was sagn S', Frau Hinterhuber, ich versteh Sie nicht – ja grad sag ich's, jetzt is er noch nicht da – drei Stund is er jetzt aus – jetzt hab ich die schweren Möbel alle allein runtertragn. Und jetzt wär's Wetter so schön, das ist so notwendig beim Umzug – derf bloß a Schütterer daherkommen, dann derweicht's uns unser ganze Rokokoeinrichtung. Ich kann mir gar nicht denken, wo er so lange bleibt – aber Sie wissen ja, die Mannsbilder – da ist einer wie der andere! Ihnen brauch ich ja nichts zu erzählen, Sie haben ja das gleiche Rindviech wie ich … jetzt kommt er ja endlich – also, pfüat Gott, Frau Hinterhuber, bleiben S' recht gesund, wenn ma uns nimmer sehn sollten – und bsuchen S' uns amal in der neuen Wohnung. *Die Musik spielt* Mit Standarten *von Blon. Karl Valentin kommt mit dem Wagen, er schiebt ihn ganz langsam.*

LIESL KARLSTADT: Ja, wo warst denn du so lang? Jetzt wennst noch länger ausblieben wärst, wärst noch später kommen. Und so an kleinen Wagen hast gebracht – da bring ma ja unsere Möbel gar net nauf.

KARL VALENTIN: Dann muß ma halt abermals fahren.

L. K.: Und schwitzen tut er – ja, wenn du mit dem leeren Wagen schon schwitzt –

K. V.: Ja, weil der Karren so schwer zum fahren ist.

L. K.: Ah – ein leerer Wagen kann doch net so schwer zum fahren sein – den nimmt man einfach und schiebt ihn. *Sie probiert es, bringt den Wagen aber nicht vom Platz.* Ja, da gehn die Räder ja gar nicht rum, der is ja kaputt.

K. V.: Nein – da. *Er deutet mit dem Zeigefinger auf das Schloß.*

L. K.: Ja, der ist ja abgesperrt!

K. V.: Deshalb war er ja so schwer zum fahren.

L. K.: Ja, sag amal, bist du den ganzen Weg mit dem abgesperrten Wagn gfahrn?

K. V.: Ja – darum war er ja so schwer zum fahren.

L. K.: Da glaub ich schon, daß du so lang gebraucht hast – ja haben dir die Leute keinen Schlüssel mitgeben zum Aufsperren?

K. V: Natürlich hab ich an Schlüssel. *Er zieht ihn aus der Westentasche.*

L. K.: Da hat er an Schlüssel – ja, warum hast denn nicht aufgesperrt?

K. V.: Der hat gsagt, der Wagen muß immer abgesperrt bleiben, weil er schon amal gestohlen worden ist.

L. K.: Aber unterm Fahrn kann dir doch niemand den Wagen stehlen. *Sie sperrt das Schloß auf.*

K. V.: Sicher ist sicher!

L. K.: Dir könnt man ihn zwar auch unterm Fahren stehlen, so langsam schaust du. *Er steigt über beide Wagengriffe.* Schau nicht lang – und zieh dich aus.

K. V.: Ganz?

L. K.: Nein, mir waar's gnua, dein Mantel und dein Hut sollst runter tun. *Er legt den Hut vorne auf den Wagen, den Mantel hinten zwischen die beiden Griffe.* Ja, da darfst jetzt nichts herlegen, da müssen wir doch Möbel rauflegen. *Er nimmt den Mantel und hängt ihn an den linken Wagengriff. Der Mantel schleift auf der Erde. Er hebt den Wagen auf, da rutscht vorne der Hut hinunter. Er putzt den gleichfalls heruntergefallenen Mantel ab. Sie ruft:* Was is denn?

Er schaut zu ihr hin, haut sich sein Gesicht am Wagengriff an. Er geht vor, legt den Hut auf den schiefstehenden Wagen. Der Hut rutscht immer herunter. Er hebt den Wagen auf und legt den Hut darauf. Dann geht er zu den Wagengriffen zurück. Als er seine Weste ausziehen will, bemerkt er, daß der Mantel wieder auf dem Boden liegt. Er hebt die beiden Wagengriffe auf und balanciert damit. Wir haben doch was Wichtigeres zu tun – laß diese Kindereien, tu den Mantel weg. *Er hält jetzt den Mantel in der Hand.* Da hast an Kleiderbügel. *Sie geht ab. Er hängt den Mantel auf den Bügel. Er weiß nicht, wohin damit, sucht herum und hängt schließlich den Bügel mit dem Mantel auf einen hervorstehenden Pfannengriff. Die mit Geschirr vollbepackte, auf einem hohen Tisch stehende Pfanne fällt herunter.*

L. K. *kommt zurück*: Ja natürlich, wenn man dich zu was brauchen könnte. *Beide legen das Geschirr in die Pfanne. Sie stellt die Pfanne wieder an ihren Platz zurück. Er bückt sich um seinen Mantel, stößt beim Aufstehen wieder an den Stiel der Pfanne, das Geschirr fällt wieder herunter. Sie hebt alles wieder auf. Er hat den Bügel mit dem Mantel in der Hand.* Jetzt hat er den Mantel immer noch in der Hand – zieh ihn halt an. *Sie hilft ihm den Mantel anziehen – er hält den Bügel in der Hand, weiß nicht, wohin damit, und steckt ihn in die Manteltasche. Er holt den Blumenstock.* Nein, der kommt später dran! *Er nimmt einen Stuhl und eine Schüssel mit Geschirr und geht damit zum Wagen.* Warum trägst jetzt das Geschirr, du läßt ja doch wieder alles fallen, nimm doch eins nach dem andern. *Er stellt alles zurück, nimmt den Nudelwalker. Als er ihn auf den Wagen legt, kugelt der Nudelwalker herunter, er wiederholt das dreimal.* Das ist ja zum Kotzen mit dir – der muß ja runterrinnen, weil er rund ist.

K. V.: Zum Umziehn bräucht man halt einen viereckigen Nudelwalker.

L. K.: Da legt man einfach was unter, dann bleibt er liegen. *Sie haut ihn fest auf den Wagen. Er legt den Nudelwalker vorsichtig auf den Wagen, holt den Besteckkasten zum Unterlegen – aber der Nudelwalker ist inzwischen auf den Boden gefallen. Er hebt ihn auf.*

L. K.: Mit so einem Glump fangt auch kein Mensch zum Aufladen an, mit so kleinen Dingen schon gleich gar nicht.

K. V.: Es heißt aber: Mit Kleinem fängt man an.

L. K.: Aber nicht beim Umziehn. Da, nimm ein großes Bett-Teil. *Sie legt eines auf den Wagen.*

K. V. *nimmt auch eines, schlägt damit hinter sich das Geschirr herunter und legt es dann auf den Wagen. Er schaut plötzlich genau hin – nimmt den Nudelwalker und schlägt eine Wanze tot*: Vor de Wanzen hab ich an direkten Abscheu, die mag ich nicht amal streicheln!

L. K. *holt die Flitspritze und spritzt, während er genau hinschaut*: Geh weg! *Sie spritzt ihm ins Gesicht. Er holt einen Puppenwagen und versucht, ihn auf den Wagen zu stellen.* Wie du nur immer das Verkehrteste erwischen kannst, der Wagen ist doch so klein, das Wägerl hat aber doch Räder, das braucht man doch nur an den Wagen anzuhängen, dann läuft es von selber.

K. V.: Ja, das ist wahr, das soll selber fahren, das ist alt genug.

L. K.: Geh weg, lauf mir nicht immer zwischen den Beinen rum, hol was anders. *Sie hängt das Puppenwägerl an den Handwagen an.* Schau, das ist praktisch – wenn wir dann wegfahren, läuft das Wägerl von selber mit. *Er kommt mit einer Wanduhr, von der lange Gewichte herunterhängen, bleibt an der Wagerlschnur hängen, verwickelt sich mit Ketten, Fäustlingen, Taschenuhrkette und Kleiderbügel – schließlich bleibt er rückwärts am Haken hängen und reißt sich einen Triangel in die Hose.* Du machst ja mehr kaputt, als deine ganze Arbeit wert ist. *Sie beginnt, ihn von seiner Umschnürung zu befreien.*

K. V.: So Sachen halten am meisten auf.

L. K.: Die Uhr legen wir gleich hier in das Wägerl, da ist sie am besten geschont. *Er bringt den Blumenstock. Beide tragen eine Kommode zum Wagen, heben sie hoch und merken im gleichen Augenblick erst, daß an dieser Ecke gerade der Hut liegt.* Jetzt liegt der saudumme Hut gerade da. *Er will ihn wegnehmen, kann aber die Kommode nicht auslassen und versucht, ihn wegzublasen.* Stell die Kommode runter. *Sie stellen die Kommode wieder auf den Boden.* Mußt du den Hut gerade da herlegen, den kannst du doch woanders auch hintun. *Sie legt den Hut hinten zu dem linken Wagengriff. Beide überlegen, wie man jetzt die Kommode nehmen soll, er macht eine krumme Armbewegung von vorne nach hinten, sie meint umgekehrt.* Also, wie du willst, aber andersrum wäre es auch gescheiter gewesen. *Beide heben die Kommode auf, halten sie zu zweit nach vorne, die Schublade mit allem Inhalt fällt heraus. Eine Klosettpapierrolle rollt sich auf, er will sie aufnehmen, sie rollt aber immer weiter auf. Beide heben die Sachen auf, er wirft seine Handschuhe, die aber an einer Schnur um seinen Hals hängen, immer wieder in die Schublade hinein und zieht sie immer wieder heraus. Er hebt eine Frauendusche auf, schaut sie lange an. Sie sieht das, reißt sie ihm rasch aus der Hand und legt sie in die Schublade.*

K. V. *hebt den Kleiderbügel vom Boden auf und fährt ihr damit unter den Rock. Dann hebt er vom Boden einen Zettel auf, liest ihn und lehnt sich an die Kommode*: Da schau her, jetzt ham ma 'n, fünf Jahr lang ham ma gsucht, und jetzt ist er da – Geburtsurkunde 1783, Urgroßmutter, katholisch – kann uns nichts mehr passieren.

L. K.: Na also – dann heb ihn nur gut auf. *Beide heben die Kommode wieder auf den Wagen, der nach unten kippen will.* Wart, ich hol was zum Unterstellen – aber laß ja nicht aus!

K. V.: An Blumenstock stell unter!

L. K.: Was nehm ich denn gleich? Und du hältst daweil 's Maul – ah, an Wagen. Das Nachtkastl stellen wir unter. *Sie holt es, geht vorn vorbei, verwickelt sich in die Wägerlschnur und reißt das Puppenwägerl um.* Hilf mir doch, da geh her! *Er kann die Kommode auf dem Wagen nicht*

loslassen. Sie dreht sich um – der Nachttopf mit Inhalt fällt aus dem Nachtkastl.
K. V. *macht Grimassen, weil er sich geniert:* Das ist eine solche Katástrophé.
L. K.: Katastróphe heißt es. *Sie stellt das Nachtkastl auf den Boden und nimmt den Nachttopf.* Ich bin ja heut zu gar nichts gekommen, mit lauter Einpacken. *Dabei stellt sie den Nachttopf ins Nachtkastl hinein und schiebt das Nachtkastl unter den Wagen.*
K. V. *zwickt sich den Finger ein und schreit:* Eventuell verbinden!
Sie holt einen Wäschekorb, zieht ihn am Boden hinter sich und fordert ihn durch Gebärden auf, ihr dabei zu helfen. Beide gehen im Bogen um die Wagerlschnur herum, wollen den Korb auf den Wagen heben, sehen aber, daß der Hut wieder dort liegt, wo sie den Korb hinstellen wollten. Er nimmt rasch den Hut weg und setzt ihn auf, dabei fällt aus dem Wäschekorb der Boden heraus. Sie jammert und legt die Wäsche wieder in den Korb.
L. K.: Die schöne Wäsch, hab s' so schön gewaschen und gebügelt. *Er steigt in den Korb hinein.* Gehst glei raus aus dem Korb! *Sie haut ihm die Fäustlinge auf den Kopf – er steigt wieder hinaus, sucht seinen Hut, reißt alle Wäsche raus, um sie gleich darauf wieder in den Korb zu werfen, und findet dabei endlich seinen Hut. Dann heben beide den Korb auf den Wagen. Er bringt den Blumenstock, dann das Aquarium. Im Herbeigehen spritzt er immer Wasser hinaus.* Wer hat denn gesagt, daß du das alte Wasser mitnehmen sollst – wir haben doch schon ein Vierteljahr keine Goldfische mehr. Zum Andenken an unsere Fisch wirst du's doch nicht mitnehmen wollen? Schütt's doch weg!
K. V.: Wenn ma aber wieder neue Fisch kriegn?
L. K.: Dann nehmen wir wieder a neus Wasser!
K. V.: Oder des reinigen lassen!
L. K.: Schütt es doch weg! *Sie lädt alles übrige auf den Wagen. Er schüttet das Wasser in einen Eimer.* Ausgerechnet in den Eimer schütt er's nei, den müssen wir doch auch mitnehmen.
K. V.: Das weiß ich doch nicht. *Er schüttet das Wasser in die danebenstehende Kanne.*
L. K.: Aber ich bitt dich, nicht in die Kanne nein, die müssen wir doch auch mitnehmen. *Er schüttet das Wasser aus der Kanne wieder ins Aquarium zurück.* Jetzt schüttet er's wieder ins Aquarium. Bist denn du vollständig blödsinnig geworden?
K. V.: Ich weiß ja nicht, wohin ich es schütten soll.
L. K.: Wo man halt a Wasser hinschütt – in 'n Kanal hinein.
K. V.: Wo ist denn ein Kanal?

L. K.: Jetzt findet er wieder keinen Kanal – dann saufst es aus!
K. V. *trinkt das Aquarium leer*: Ex! *Er bringt wieder den Blumenstock.*
L. K.: Nein, der kommt zuletzt. Weißt was, wir müssen das Ganze auch noch verschnüren, sonst könnt's sein, daß wir etwas verlieren. Hast einen Strick?
K. V. *nimmt einen Wollfaden, umwickelt alles, auch die Frau, die vor dem Korb steht*: Ich weiß net, der Schnur traue ich net recht.
Sie hat alles aufgeladen, aber den Helm am Boden liegen lassen. Er hebt ihn auf, will ihn zuerst auf den Wagen legen, setzt ihn aber dann auf.
L. K. *hat das Zuberwaschtischerl hinten verschwinden lassen und das Hirschgeweih in den Korb beim Bett gesteckt*: Weißt, was mir abgeht, unser Keilpolstermatratze – wo is denn die hinkommen? Bei der Kommode ist sie doch vorher gelegen –
K. V.: Da drüben ist sie.
L. K.: Ja wie kommt denn die da nüber – hast du sie da nübergschmissn?
K. V.: Ich hab s' ja gar nicht angrührt.
L. K.: Von allein kann sie doch nicht da nüberlaufen!
K. V.: Die schon! *Er legt sie auf den Wagen – dann geht er zu den Griffen.* Noch unpraktischer hättst das Geweih wirklich nicht hinlegen können, da schau – direkt in d' Nasn stoß ich mir's nei. *Er tut es weg und setzt es sich auf.* Schau, wie a Bock!
L. K.: Bei dir hat's sich schon ausgebockelt!
Er holt den Blumenstock.
L. K. *schlägt ihm denselben auf den Kopf und schreit:* Laß mir doch amal mit dem Blumenstock mei Ruah! *Er taumelt hin und her.* Geh, sei net gar so empfindlich!
K. V. *steckt die Blume ins Knopfloch und schickt sich an, wegzufahren*: Auweh, müß ma alles wieder runtertun – ich seh ja nicht drüber – ich fahr ja ins Ungewisse – alles muaß wieder runter.
L. K.: Um Gottes willen, ich bin froh, daß wir alles droben haben –
K. V.: Ich seh doch kei Straßenbahn – *Er nimmt plötzlich das Hockerl vom Wagen und stellt sich darauf.* Jetzt – da – man muß nur denken können, jetzt seh ich alles.
L. K.: Ja – aber wie ist das unterm Fahrn?
K. V.: Jaso – das ging schon, aber des geht nicht, die Wagengriff gehörn darauf – das ist auch nichts. *Er steigt hinunter.*
L. K.: Du weißt dir schon gar nicht zu helfen, jetzt schaust so blöd aus und bist doch noch so saudumm. – Halt! – Wir müssen ja gar nicht so nüberfahrn, wir wohnen ja da drüben, wir müssen so nüberfahren, dann brauchst doch den Wagen nicht schieben, sondern ziehen.

K. V.: Man sagt ja sowieso umziehen, nicht umschieben.

L. K.: Jetzt wird's ernst – schau dir's Häusl noch amal an!

K. V.: Ich kann's nicht mehr anschaun. *Er weint. Beide singen:*

So leb denn wohl, du stilles Haus.
Wir ziehn betrübt von dir hinaus,
Wir wollten nicht, doch muß es sein,
Denn morgen reißt man dich schon ein.
Wir wollten nicht, doch es muß sein,
Denn morgen reißt man dich schon ein.

L. K. *singt einige Male allein:*

Wir wollten nicht, doch muß es sein –

K. V. *hört ihr zu, geht um sie herum und schlägt ihr die Fäustlinge auf den Kopf*: Hör auf, so oft reißen sie's nicht ein.

L. K.: Also, ich nimm das kleine Wagerl und fahr voraus, und du brauchst bloß hinten nachfahren, dann findest schon hin! *Sie fährt weg.*

Er hebt den Wagen bei den Griffen auf, und alles fällt hinunter. Man hört ein ungeheures Getöse. Er steht entgeistert da. Sie kommt weinend herein. Er will sie kniend um Verzeihung bitten, aber sie haut ihm den Haussegen auf den Kopf, daß er den Rahmen auf den Schultern hat. Er nimmt ihn weg und schaut sich selber wie ein Bild an.

L. K.: Wenn man nur dich was tun läßt! *Sie weint.* Die schöne Einrichtung! *Sie setzt sich erschöpft auf den Wäschekorb und fällt hinein, daß ihre Füße in die Höhe stehen.*

K. V. *legt den Helm auf das Nachtkastl und stützt sich mit flacher Hand auf die Helmspitze. Er schreit auf:* Au!

L. K. *sitzt am Korb und jammert:* Des Unglück! Des Unglück!

K. V.: Das ist kein Unglück, das ist ein Glück.

L. K.: Wieso ist des a Glück?

K. V.: Weil, wenn net alles nuntergefallen wär, hätten wir unser Nachtkastl vergessen.

L. K.: Stimmt, da hab ich gar nicht mehr daran gedacht. Ja, das Jammern hat überhaupt keinen Wert, da müssen wir halt jetzt von vorn anfangen. Wo ist denn der Wagen? *Er zieht den Wagen heran.* Also beeil dich – zieh dich aus.

K. V.: Ganz?

L. K.: Nein, den Mantel und dein Hut sollst runtertun. *Er legt den Hut auf den Wagen und dazu den Mantel.*

L. K.: Ja, da darfst nichts nauflegen, da kommen doch die Möbel nauf. *Er hängt den Mantel an den linken Wagengriff, hebt dann den Wagen auf und putzt den heruntergefallenen Mantel ab.*

L. K.: Was is denn?

Er haut sich das Gesicht am Wagengriff an, und der ganze Umzug geht nun wieder von vorne an.
Damit das Publikum nicht zweimal dasselbe sieht, wird langsam abgeblendet.

Die verfluchte Hobelmaschine

Frau Linsenberger: Ach bitte, Herr, wo komme ich denn hier in die Schreinerwerkstätte vom Holzinger?
Hausmeister: Im Hof rechts. Gehn S' nur da rein, wo die Hobelmaschine so brummt.
Frau Linsenberger: Danke schön, Herr. *Sie geht in die Schreinerwerkstätte hinein. Dort ist der Maschinenlärm so stark, daß man kaum sein eigenes Wort verstehen kann.* So. Sind Sie der Herr Schreinermeister? Mein Name ist Walburga Linsenberger, mein Sohn ist nämlich verlobt und will in zwei Monaten heiraten, ja! Und da soll ich fragen, was bei Ihnen eine Schlafzimmereinrichtung kostet, hell Eiche, also zwei Betten – Nachtkästen – zwei Stühle – einen Sessel – ein Kleiderkasten und eine Kommode, aber alles hochmodern. Mein Sohn, der Lorenz, meint aber, ein Schlafzimmer in Eiche wäre zu hell für ein Schlafzimmer, er meint, Mahagoni wäre für ein Schlafzimmer passender, aber Mahagoni, glaub ich, ist viel teurer als Eiche, ich und mein Mann meinen auch, Eiche wäre vorteilhafter, weil es heller ist, aber meine Schwiegertochter meint wieder, Eiche ist zu alltäglich, das hat man heut nimmer, und Mahagoni ist halt doch Mahagoni und auch noch aparter, weil's nicht so schmutzt als wie Eiche. Wie w i r damals geheiratet haben, haben wir uns ein Nußbaumschlafzimmer machen lassen, und diese Möbel haben wir h e u t e noch, die haben sich tadellos gehalten, aber Nußbaum kommt schließlich genauso teuer wie Mahagoni – Palisander wär ja noch schöner, aber Palisander wird halt zu teuer sein, drum soll ich fragen, wie die Preise sind und ob Sie die Möbel erst anfertigen müssen, oder ob Sie Schlafzimmereinrichtungen gleich vorrätig haben, dann könnte ich ja dieser Tage mit meinem Sohn herkommen zur Besichtigung.
Schreiner: Ja, mei, Frau, ich hab Ihnen nicht recht verstanden, was Sie da wollen, da muß ich schon die Hobelmaschin abstellen, sonst versteh ich nichts. *Stellt die Hobelmaschine ab.* So, also, was wollen Sie eigentlich?
Frau Linsenberger: Ja, ich hab's Ihnen grad gsagt ... mein Sohn ist nämlich verlobt und will in zwei Monaten heiraten, ja! Und da soll ich fragen, was bei Ihnen eine Schlafzimmereinrichtung kostet, hell Eiche, also zwei

Betten – Nachtkästen – zwei Stühle – einen Sessel – einen Kleiderkasten und eine Kommode, aber alles hochmodern. Mein Sohn, der Lorenz, meint aber, ein Schlafzimmer in Eiche wäre zu hell für ein Schlafzimmer, er meint, Mahagoni wäre für ein Schlafzimmer passender, aber Mahagoni, glaub ich, ist viel teurer als Eiche, ich und mein Mann meinen auch, Eiche wäre vorteilhafter, aber meine Schwiegertochter meint wieder, Eiche ist zu alltäglich, das hat man heut nimmer, und Mahagoni ist halt doch Mahagoni und auch noch aparter, weil's nicht so schmutzt als wie Eiche. Wie w i r damals geheiratet haben, haben wir uns ein Nußbaumschlafzimmer machen lassen, und diese Möbel haben wir h e u t e noch, die haben sich tadellos gehalten, aber Nußbaum kommt schließlich genauso teuer wie Mahagoni – Palisander wär ja noch schöner, aber Palisander wird halt zu teuer sein, drum soll ich fragen, wie die Preise sind und ob Sie die Möbel erst anfertigen müssen, oder ob Sie Schlafzimmereinrichtungen gleich vorrätig haben, dann könnte ich dieser Tage mit meinem Sohn herkommen zur Besichtigung.

SCHREINER: Ja, liebe Frau, da sind Sie an der falschen Adresse, da müssen Sie zu einem M ö b e l schreiner gehn – des hier ist eine B a u schreinerei.

Der Moritatensänger

Vater mit Drehorgel und zusammengerollter Bildtafel, hinter ihm die Tochter.

VATER: So, jetzt geh nei, Deandl, jetzt pack ma's wieder. Jetzt is ja sowieso gleich Schluß, des is unser letzter Hof.

TOCHTER: Gott sei Dank, i bin scho so müd, i geh jetzt glei ins Bett.

VATER: A – lüg net so, ins Bett wirst gehn! Zum Tanzen gehst halt wieder!

TOCHTER: Is ja net wahr. Mit dem Hals kann i bloß ins Bett gehn.

VATER *holt einen Stuhl her, steigt drauf und versucht, die Moritatentafel auf einen ziemlich hohen Nagel zu hängen, wobei er laut stöhnt.*

TOCHTER: Ja mei, da wirst doch noch naufkomma. Du wirst alt.

VATER: Wenn der Saunagel auch so weit drobn is. *Steigt wieder herunter und stellt die Drehorgel, die er verkehrt herum, also mit dem Schwengel nach vorne, hereingebracht hat, auf einen kleinen Hocker.*

TOCHTER: Jessas, jetzt hast s' ja wieder verkehrt.

VATER: Ja, der Schwengel is vorn.

TOCHTER: Du bist blöd.

VATER: Dank schön!

TOCHTER: Jetzt schick di doch amal. Fang doch endlich an.

VATER *spielt ein Stück auf der Drehorgel. Am Schluß ein langgezogener Ton.*

TOCHTER: Ja schlafst denn?! Tua halt s' »Volksauto« nei!

VATER: Ja, jetzt kommt 's Auto. Also sing recht schön, und daß d' net wieder stecken bleibst! *Er will anfangen zu drehen, es ertönt jedoch nur ein langgezogener Heulton.*

TOCHTER: Des is doch net des »Volksauto«.

VATER: Des hör i scho selber. *Er probiert ohne Erfolg die Drehorgel in Gang zu bringen.*

TOCHTER: Scheiß doch net so lang herum! Ja, hast denn du die Walzen net dabei?

VATER: Ja, jetzt hat d' Muatter die Walzen net neido, des Riesenrindviech!

TOCHTER: Ja hast denn du net nachgschaut z' Haus?

VATER: A Glaserl Schnaps hab i mir kauft.

TOCHTER: Mit deiner ewigen Sauferei. Wo kriagst du überhaupt no an Schnaps her? Du wirst scho mit richtige Schleichhandler verkehrn! Ja was soll ma denn jetzt machen? Jetzt stehn ma schon heraußen.

VATER: Sing's ohne Musi!

TOCHTER: Ah! Ohne Musi klingt's doch so lätschert.

VATER: Sing's nur ohne Musi – des is doch dene Leut ganz Wurscht.

TOCHTER: Des woaßt ja du net. *Sie schaut verlegen ins Publikum, entdeckt den Klavierspieler und sagt zu ihm:* Könna net vielleicht Sie spieln?

KLAVIERSPIELER: Was denn?

TOCHTER: »Das Volksauto.«

KLAVIERSPIELER: Also, probiér ma's halt amal! *Er spielt die richtige Melodie.*

TOCHTER *hört eine Zeitlang zu:* Ja, des is's!

VATER: Des is's!

TOCHTER: Da hast fei a Massel ghabt. *Zum Publikum.* »Das Volksauto.« *(Melodie:* Drei Lilien ...*)*

Es war einmal ein junger Mann
Und eine junge Frau
Die kauften sich ein Auto,
Das war sehr schlau.

Ein Volksauto um tausend Mark
Das schafften sie sich an,
Es hatten alle beide
Viel Freude dran.

Er machte einen Autokurs,
Bekam den Führerschein
Und fuhr mit seiner Gattin
Nach Garmisch nein.

Doch bei der allerersten Fahrt,
Es war als wie ein Traum,
Da fuhren sie vor Garmisch
An einen Baum.

Der Baum, der war ein Hindernis,
Der Baum, der gab nicht nach,
Doch das Auto ward zertrümmert,
O welche Schmach!

Da lagen alle dreie,
Sie – er und 's Autolein,
Verwundet und zerschellet
Im Abendschein.

Das Auterl wurde abgeschleppt,
Es sah ganz furchtbar aus,
Und ihn und sie – sie fuhr man
Ins Krankenhaus.

Daß »Er« dabei den Kopf verlor,
Das leuchtet jedem ein,
Und »Sie« wurde aufgenommen
Im Witwenheim.

Zum Autofriedhof, wie Sie sehn,
Fuhr man das Auto naus,
Es hauchte, kaum geboren,
Sein Dasein aus.

Und die Moral von der Geschicht
Ich offen sagen muß:
Ihr Leute, fahrt's nicht Auto,
Geht's lieber – z'Fuß!

Die Mutter

Der Sohn (Karl Valentin) kommt von der Arbeit heim, geht in das Zimmer seiner alten, gebrechlichen Mutter, die in einem Lehnsessel sitzt und bitterlich weint.

SOHN: Grüß Gott, Muatter! No, bin i koan Gruß mehr wert?

Die Mutter schaut ihn nicht an und weint weiter. Das einzige, was man vernimmt, ist das Ticken der Wanduhr und das Schluchzen der Mutter.

SOHN *hebt ihr den Kopf und schaut ihr ins Gesicht. Erschrocken:* Ja, Muatter, du weinst ja! Ja, was ist denn los? Bist denn krank? *Er rüttelt die Mutter.* Muatter – du – red, was ist gschehn? Hat's Verdruß gebn im Haus? Sag mir's, hat dich wer beleidigt? An dem vergreif i mi! Muatterl, geh, bist krank, soll i an Doktor holn? Schau mir in d' Augn, Muatterl! Wia i fortgangen bin, warst doch noch ganz guat beinand. Du hast an seelischen Schmerz. I kenn dir's an! Is mit der Schwester was los? Wo is d' Fanny? – Fanny! Fanny! Wo bist denn? Fanny! Was ist denn los? – Was is mit der Muatter gschehn? Warum woant d' Muatter?

FANNY: I woaß net, sie sagt nix, sie sitzt nur da und woant.

SOHN: Da muaß doch was vorgfalln sein; hast mit der Muatter an Streit ghabt?

FANNY: Naa, Hans, i woaß net, was d' Muatter hat.

SOHN: Da is was vorgfalln, i laß mir's net nehma. – Muatter red, hast du mit der Fanny an Verdruß ghabt? Red, Muatter!

FANNY: Hast du was ghabt mit der Muatter, Hans?

SOHN: I komm grad von der Arbeit hoam, i woaß von gar nix; i seh halt, daß d' Muatter dasitzt und woant.

FANNY: Seit Mittag sitzt s' so da, i kenn mi net aus mit ihr.

SOHN: Da stimmt was net, hast du vielleicht d' Muatter beleidigt?

FANNY: Naa, Hans, i taat dir's ja sagn.

SOHN: I muaß wissn, was da los is! Muatter, i bitt di um alls in der Welt, sag mir's! Mir kannst alles anvertraun.

MUTTER: Liaber Bua, du kannst mir doch nimmer helfen!

SOHN: Warum net, Muatter?

MUTTER: Mei liaber Bua, mir is heut mei letzter Zahn rausbrochen.

FANNY: Was ist der Muatter passiert?

SOHN *aufs höchste überrascht:* Aber Muatter! Jetzt hätt i bald was gsagt! Wegn deinem alten Zahn machst a solches Theater! I moan wunder was passiert is! Solche kindische Witz kannst dir mit einem Stiefkind erlaubn, aber net mit dem eigenen Sohn! Heuer wirst achtzig Jahr alt ...

FANNY: Ja, Muatter, achtzig Jahr wirst heuer alt.

SOHN: Jetzt moan i, derfst bald aufhörn mit deiner verfluchten Eitelkeit!

Der Fragebogen

Szenische Einlage zur »Fledermaus«

Doktor Blind klopft an das Gefängnisportal.

FROSCH *(Karl Valentin):* Herein!

DOKTOR BLIND: Ich kann ja nicht hinein.

FROSCH: Was wolln S' denn?

DOKTOR BLIND: Es ist ja zugesperrt!

FROSCH: Ein Gefängnis muß ja zugesperrt sein, wenn da nicht zugesperrt wäre, laufen ja alle Leute herein.

DOKTOR BLIND: Machen Sie keine Sprüch und lassen Sie mich hinein.

FROSCH: Ja, haben Sie einen Ausweis dabei?

DOKTOR BLIND: Einen Ausweis habe ich nicht dabei.

FROSCH: Ja, ohne Ausweis kann ich Sie nicht hereinlassen, da müssen Sie zuerst einen Fragebogen ausfüllen.

DOKTOR BLIND: Ich habe aber keinen dabei.

FROSCH: Das ist ein Fehler. Heutzutage muß man immer einen Fragebogen dabei haben. Also, entschließen Sie sich, entweder bleibn S' draußen, oder gehn S' rein. Rein laß ich Sie auf keinen Fall.

DOKTOR BLIND: Wo bekomme ich denn diese leeren Fragebögen?

FROSCH: Beim Buchbinder.

DOKTOR BLIND: Sie haben keine leeren Fragebögen?

FROSCH: Ja, wir haben schon leere herin.

DOKTOR BLIND: Sie lassen mich ja nicht hinein.

FROSCH: Ich kann Sie ja ohne Fragebogen nicht herein lassen.

DOKTOR BLIND: Ja, zum Donnerwetter, wie komme ich dann zu diesen leeren Fragebögen, wenn Sie mich nicht hinein lassen?

FROSCH: Das weiß ich auch nicht. Ich muß Ihnen halt einen herausbringen. Nehmen S' derweil Platz. *Er holt Schreibutensilien und reicht sie Doktor Blind durch die Türklappe.* So, da ham S' die Tinte.

DOKTOR BLIND: Aufpassen, ja, das sind meine letzten sechzig Punkte.

FROSCH: Reden S' nicht soviel. *Er klemmt ihm das Lineal in den Mund.* Hier die Löschwiege und der Federhalter. *Den Federhalter steckt er ihm ins Nasenloch.* Und hier ist der Fragebogen. Den müssen Sie jetzt genau ausfüllen. Zuerst das Datum, dann Ihren Namen, wo Sie geboren, wie oft und warum, dann wie Ihre Mutter ledig geheißen hat ...

DOKTOR BLIND: Wie mein Vater ledig geheißen hat, brauchen Sie nicht wissen?

FROSCH: Vom Vater steht nichts da. Dann der Zweck Ihres Hierseins. – Wollen Sie einen Gefangenen besuchen?

DOKTOR BLIND: Nein, einen Sträfling.

FROSCH: Ach so. – Ein Gefangener ist ja ein Sträfling. Und dann zum Schluß Ihren Namen oder die Unterschrift. Und wenn Sie fertig sind, dann klopfen oder schreien Sie mir. Der Federhalter ist in Ihren Nüstern.

Doktor Blind klopft mit dem Fuß an die Tür.

FROSCH *durch die Türklappe:* Ja, was is denn? Sind Sie denn schon fertig?

DOKTOR BLIND: Kommen Sie heraus, ich kann ja nicht schreiben.

FROSCH: Ja, glaubn S' denn, daß Sie besser schreiben können, wenn ich bei Ihnen heraußen stehe? Sie sind ein Rechtsanwalt und können nicht einmal schreiben? Dann machen S' drei Kreuze.

DOKTOR BLIND: Das kann ich ja auch nicht.

FROSCH: Dann schämen S' Ihnen! Das werden S' wohl noch können. *Kommt heraus.* Ja Sie, soll ich Ihnen vielleicht noch einen Schreibtisch herausbringen?

DOKTOR BLIND: Sie, sind Sie nicht so frech!

FROSCH: Ich bin Beamter!

DOKTOR BLIND: Warum zittern Sie denn so?

FROSCH: Ich zittere nicht, sondern mich friert.

DOKTOR BLIND: Ja, wovon friert Sie denn?

FROSCH: Ach, das verfluchte Jopaeis.

DOKTOR BLIND: Warum essen Sie denn dann Jopaeis? Ihr anderer Kollege hat immer Schnaps getrunken.

FROSCH: Ja, der hat noch einen ghabt. – Ja, was is denn, Sie habn ihn ja noch nicht ausgefüllt!

DOKTOR BLIND: Ich kann ja nicht, Sie haben mir ja alle Hände vollgepackt.

FROSCH: Schreibn S' halt im Liegen, stellen tut er sich ja schon wie der Hund zum Heulen. Schreibn S' auf meinem Buckel.

DOKTOR BLIND: Ich werde Ihnen doch nicht den Buckel herunterrutschen.

FROSCH: Dann schreibn S' auf meine Schuhsohlen, aber machen Sie sie mir nicht dreckig. – Au, kitzeln Sie mich nicht, die Sohlen sind heutzutage so dünn, daß man 's Schreiben durchspürt. Schicken S' Ihnen, lassen S' die u-Häuberl und die i-Tipferl weg, ich krieg ja schon einen Krampf.

DOKTOR BLIND: Hier ist der Fragebogen, Herr Beamter.

FROSCH: Sie, sind Sie nicht zynisch. *Blind schlüpft durch die Tür und schlägt sie zu.* Jetzt hat mich der Sauhund nausgesperrt, und ich hab keine Schlüssel dabei. He, aufmachen! *Er klopft.*

DOKTOR BLIND *durch die Türklappe:* Herein!

FROSCH: Herein, sagt der, machen S' auf, es ist zugesperrt.

DOKTOR BLIND: Ein Gefängnis muß ja zugesperrt sein, sonst laufen uns ja alle Leute herein.

FROSCH: Eahm schaug an, machen S' auf, sonst sag ich Ihnen gleich was.
DOKTOR BLIND: Ham S' einen Ausweis dabei? Wenn nicht, müssen S' einen Fragebogen ausfüllen, ham S' einen dabei?
FROSCH: Wie soll ich denn einen Fragebogen dabei haben?
DOKTOR BLIND: Das ist ein Fehler. Einen Fragebogen soll man immer dabei haben. Aber weil Sie vorhin so höflich waren, will ich Ihnen ausnahmsweise einen hinausbringen. Nehmen S' derweil Platz.
FROSCH: Wenn der jetzt den Fragebogen herausbringt, rutsch ich geschwind wieder hinein, und er steht wieder heraußen. So gscheit wie der war ich schon vor vierzehn Tag.
DOKTOR BLIND *durch die Türklappe:* Hier ist der leere Fragebogen, und vergessen Sie nicht, wie oft Sie geboren sind.
FROSCH: Jetzt hat er mich doch überlistet. Und doch nicht. Ich brauch keine Schlüssel und keine Tür, ich lasse das ganze Gefängnis hochgehen. *Drückt auf einen Knopf.* Triumph der Technik! *Der eiserne Vorhang geht hoch.*

Wie heißt der Notenwart?

Die Musiker stimmen ihre Instrumente.
KARL VALENTIN: Also, spiel ma wieder oan, daß d' Zeit vergeht.
ERSTER MUSIKER: Habt ihr die Noten schon ausgeteilt?
ZWEITER MUSIKER: Freilich!
K. V.: Also los! Laßt die Klänge klingen! *Jeder der vier Musikanten bläst nun ein anderes Stück. Nach einigen Takten hören sie wieder auf.* Ja, was is denn des für ein Verhau! Da spielt ja jeder was anders, des is ja's reinste vielharmonische Orchester. Ich sag's ja, seit wir keinen Notenwart mehr habn, klappt's bei uns nimmer; schad, daß er nicht mehr bei uns is, der ... no, wia hat denn unser Notenwart ghoaßen? No, der ... jetzt fallt mir sein Name nicht mehr ein.
ERSTER MUSIKER: Der Gallinger Schorschl.
K. V.: Gallinger hat er net ghoaßen, der Gallinger war ja so ein Großer, der Dings war ja nicht groß.
ERSTER MUSIKER: Wer?
K. V.: Na ja, den wo ich meine.
ERSTER MUSIKER: Ich weiß ja nicht, wen du meinst.
K. V.: Um das handelt es sich doch, weil wir nicht wissen, wie der heißt.
ERSTER MUSIKER: Ja, ich weiß doch nicht, wie der heißt!
K. V.: Ja, des weiß ich schon, daß du das nicht weißt, wir wissen's ja auch net!

ERSTER MUSIKER: Ja, wie könnt ma jetzt des wissen, wie der heißt?
K. V.: Am sichersten wird's er selbst wissen, wie er heißt. Wißt ihr was? Wir schreiben ihm eine Postkarte!
ALLE: Ja, des tun wir!
K. V.: Ja aber ... wenn wir nicht wissen, wie er heißt, können wir ihm doch net schreiben!
ZWEITER MUSIKER *besinnt sich:* Hat er net Ott gheißen?
K. V.: Naa, naa, Ott hat er nicht gheißen; soviel ich mich erinnere, war es ein ganz kurzer Name!
ERSTER MUSIKER: Ott ist doch ein kurzer Name!
K. V.: Ott ist zu kurz. Unser Notenwart hat so ähnlich gheißen wie unser früherer Posaunist, der ..., jetzt weiß ich dem sein Namen auch nicht mehr!
ERSTER MUSIKER: Eisele!
K. V.: Naa, naa, so hat unser Posaunist nicht gheißen, das war kein so ein metalliger Name wie Eisele, im Gegenteil, so ein hölzerner Name.
ALLE: Holzinger!
K. V.: Gott sei Dank, daß wir wenigstens dem sein Namen wissen! Aber wie der Notenwart gheißen hat, ob uns des noch einfallt!?
WIRT *ruft von hinten:* Macht doch eine Musik, ich zahl euch doch net fürs saudumme Daherreden!
K. V. *zum Wirt:* Es handelt sich um den Namen von unserem früheren Notenwart. Der Name fällt uns nicht mehr ein, net ums Verrecka!
WIRT: Das ist doch Wurscht, wie der gheißen hat!
K. V.: Ja, Ihnen schon, aber uns ist's nicht Wurscht! Ihnen is schließlich auch net Wurscht, ob Sie Magdalena oder Blasius heißen!
WIRT: Das Publikum will nicht euer Geschnatter hören, sondern ein Konzert!
K. V.: Also, fang ma an! *Der* Von-der-Tann-Marsch *wird geblasen. Valentin hört plötzlich auf.* Aufhören! – Jetzt is mir's eingfallen, wie unser Notenwart gheißen hat. Pfaffinger hat er gheißen!
ALLE: Stimmt! Ja, Pfaffinger hat er gheißen. *Sie spielen weiter.*
K. V., *als der Marsch zu Ende ist, besinnt er sich einige Sekunden:* Nein! Nein! Da hab ich mich getäuscht. Pfaffinger hat er auch net gheißen!
ALLE: Jawohl, Pfaffinger hat er gheißen, das wissen wir ganz bestimmt!
K. V.: Sein Bruder hat Pfaffinger gheißen. *Alle lachen.*
ERSTER MUSIKER: Rindviech, wenn sein Bruder Pfaffinger gheißen hat, dann heißt doch er auch Pfaffinger!
K. V.: Naa! Des war ja sein Stiefbruder!
ALLE: A sooo.

Das Derby

Werner und Trainer laufen aufgeregt über die Bühne.

Werner: Unglaublich – ja gibt's denn des aa – in letzter Minute sagt mir der ab!

Trainer: Um Gottes willen, was ist denn los, Herr Werner?

Werner: So was is mir no net passiert in meiner ganzen Laufbahn, in meiner ganzen Rennbahn, in meiner ganzen Rennlaufbahn.

Trainer: Ja, was ist denn? – Hat denn die oberste Stelle das Rennen verboten?

Werner: Was verboten?! – Die oberste Stelle bin ich da heraußen; mir kann neamands was verbieten. – Da, lesen S'! *Gibt ihm ein Telegramm.* Da ham ma den Salat.

Trainer: Ich kann mir gar nicht denken, was Sie so in Aufregung versetzt.

Werner: Reden S' net lang – lesen S'!

Trainer *liest:* Hochwohlgeborener Herr Rennstallbesitzer Werner! Leider bin ich gezwungen, das heutige Rennen wegen Krankheit absagen zu müssen. Ein Furunkel, welches gerade an einer kritischen Stelle sitzt, macht mir das Reiten unmöglich. Hoffentlich findet sich zur Not ein Ersatz, der die Northruth reitet.

Werner: Ersatz – Ersatz – wo soll ich zehn Minuten vor dem Rennen an Ersatz kriagn, das ist ja unmöglich. Wegen so einem kleinen Wimmerl so ein großes Rennen absagen.

Trainer: Verzeihung, Herr Werner, es ist nicht wegen der Größe des Furunkels, sondern wegen der Stelle, an der es sich befindet –

Werner: Was für a Stelle?

Trainer: Wegen dem Platz, meine ich –

Werner: Was für ein Platz?

Trainer: No, das können Sie sich ja denken –

Werner: Naa, des kann i mir net denken – i hab noch nia a Furunkel ghabt.

Trainer: Ich mein so, Herr Werner, als Vergleich: Wann ein Trompeter an den Lippen ein Furunkel hat, dann kann er doch nicht blasen –

Werner: Was genga denn mich dem Trompeter seine wehen Lippen an!

Trainer *flüstert ihm was ins Ohr.*

Werner: Ah so – ausgerechnet da! *Er schaut auf die Uhr.* Fünf Minuten hat's no, und mir ham noch koan Jockei – so mag ich's!

Trainer: Herr Werner, da schaun S' hin, der bringt jetzt die Northruth.

Werner: Ah, ah, und so in Form ist das Pferd – aber was nützt mi das schöne Pferd, wenn i koan Jockei dazua hab! *Er ruft.* Wo führst as denn hin? Gscherta Lump, geh rei da!

KARL VALENTIN *kommt näher.*

WERNER: Ja sag amal, wo waarst denn jetzt hinganga mit dem Gaul?

K. V.: Am Sattelplatz umi, weil's Rennen glei angeht!

WERNER: In Stall kannst'n wieder neiführn, weil ma koan Jockei ham. Alles verlorn, die zehntausend Mark kann i mir am Nabel naufschreiben. Jessas, jetzt fallt ma was ein – du kannst ma aushelfa!

K. V.: I Eahna aushelfa? *Er reibt fragend Daumen und Zeigefinger aneinander.*

WERNER: Ah, i moan ja net mit'n Zwuns – Zwuns hab i gnua – 's Rennen muaßt reiten.

K. V.: I? – Warum i?

WERNER: Weil der Jockei krank is.

K. V.: Was fehlt ihm denn?

WERNER: Ein Furunkel.

K. V.: Fehlt ihm?

WERNER: Na, fehln tuat's eahm net, aber habn tuat er oans.

K. V.: Wo?

WERNER: Des woaß i aa net.

TRAINER *liest das Telegramm vor:* Ein Furunkel, welches gerade an einer kritischen Stelle sitzt, macht mir das Reiten unmöglich.

K. V.: I versteh des net, daß ma wegen einem Furunkel das Rennen absagt.

WERNER: Wegen dem Furunkel hat er ja net abgsagt.

K. V.: Aber zu mir ham S' gsagt wegen dem Furunkel.

WERNER: Ja, schon wegen dem Furunkel, aber es kummt do schließlich drauf o, wo er des Furunkel hat.

K. V.: Ja, meistens sitzt's hinten am Gnack.

WERNER: Am Gnack hat er's net.

K. V.: Auf der Nasn?

WERNER: Naa – aa net.

K. V.: Aufm Hirn?

WERNER: Naa, erst recht net, am Hirn werd no koaner a Furunkel ghabt habn.

K. V.: Am Hirn? Des glaub i, a Freund von mir, der hat da oans ghabt, a so a Trumm, daß eahm acht Tag der Huat nimmer paßt hat.

WERNER: Also Schluß jetzt mit dem Furunkel, du reitest mir jetzt das Rennen!

K. V.: Ja, i bin ja no net oft gritten …

WERNER: Du brauchst do net vui reiten, der Gaul lauft ja ganz alloa.

K. V.: Alloa, ja wenn er alloa lauft, dann brauch ja i net mitreiten.
WERNER: Geh, red doch net so saudumm daher! – Naa, naa – muaß der ausgerechnet a Furunkel habn!
K. V.: Ja, wo hat er denn eigentlich des Furunkel?
Vom Startplatz herüber ertönt die Glocke, das Rennen hat begonnen. Werner, Valentin und Trainer horchen erstaunt, alle drei schreien zusammen: 's Rennen is oganga!!!
WERNER: Jessas, Jessas, Jessas, jetzt ham wir wegen dem saudummen Furunkel 's Rennen versäumt!
K. V.: Weil Sie mir des net gsagt ham, wo der des Furunkel hat.
WERNER *wütend:* Am Arsch hint hat er's! Daß d' a Ruah gibst!
K. V.: Ah so! Ja, da kann er freilich net reiten! *Besinnt sich.* Ja, grad da hätt er reiten solln, dann wär's aufganga!

Ritter Unkenstein

I. AKT

1. Szene

Ein Raum in Ritter Unkensteins Burg zu Grünwald. Unkenstein und seine Tochter Kunigunde sitzen an einem Tisch.
UNKENSTEIN: Ja, liebe Tochter, es hat sich viel verändert in Grünwald, in der Zeit, wo du fort warst. Der Rodenstein auf seiner Burg Schwaneck, der macht mir die Hölle heiß! Dieser Lump!
KUNIGUNDE: Aber Vater! Das kann ich nicht glauben!
UNKENSTEIN: Doch, liebe Tochter. Der Rodenstein hat mir die Sache eingebrockt, mit dem Zoll und mit den Flößern. Da kann einem ja der Helm hochgehen!
KUNIGUNDE: Was war denn da mit den Flößern?
UNKENSTEIN: Seit fünfzig Jahren verlangt der Rodenstein auf seiner Burg Schwaneck den Zoll von den Flößern, und an meiner Burg Grünwald fließt doch die Isar zuerst vorbei, also hätte ich zuerst das Recht, den Zoll zu verlangen, aber der Rodenstein, dieser Lump, ist mir zuvorgekommen, und ich kann jetzt durch die Finger schauen!
KUNIGUNDE: Ja, Vater, jetzt ist es zu spät! Da hättet Ihr Euch früher rühren sollen!
UNKENSTEIN: Das verstehst du nicht, mein Kind. Rühren, rühren – ich habe mich die ganze Zeit gerührt, aber was soll ich denn machen? Ich kann doch nicht die ganze Isar aussaufen oder zumauern lassen, nur we-

gen diesem Schurken, dem Rodenstein. Ich habe alles versucht, ich habe sogar eine Eingabe gemacht.

KUNIGUNDE: Hat sie etwas genützt, Vater?

UNKENSTEIN: Sie wurde abgelehnt, und warum? Nur weil der Rodenstein gegen mich hetzt. Alle Ritter im Isartal hat er gegen mich aufgehetzt. Die Großhesseloher, die Menterschwaiger, die Harlachinger, die Pullacher. Und was war am vorigen Sonntag? Der Thalkirchner reitet an mir vorbei, wie wenn er mich gar nicht kennen würde. Nicht mal gegrüßt hat er mich, und das habe ich alles dem Rodenstein zu verdanken, diesem Halunken! Aber ich werde es ihnen schon zeigen, wo der Bartl den Most holt!

2. Szene

Recke Heinrich (Karl Valentin) tritt auf und stellt sich hinter Unkenstein.

UNKENSTEIN: Was ist los?

HEINRICH: Nix! I hab bloß fragn wolln, ob was los ist.

UNKENSTEIN: Da fragst du mich? Ich frage dich, was du bisher getan hast.

HEINRICH: Net viel. Den Burghof hab i zamkehrt, und der Köchin hab i a Milli gholt, sonst weiß i nix! Ja, und auf der Bärenjagd war i.

UNKENSTEIN: Das ist doch Weiberarbeit. Ich möchte wissen, ob du etwas erspäht hast!

HEINRICH: Naa, nix ... ja, doch! Etwas hab i erspäht. Vor unserer Burg neben dem Weg liegen so Haufen herum.

UNKENSTEIN: Schweinerei! Das haben wieder diese Hunde getan.

HEINRICH: Keine Hunde. Menschenhäufa sind's, direkte Menschenhäufa.

UNKENSTEIN: So, das auch noch! Sofort wegräumen! Einen Besen und Schaufel, und wegräumen! Ich laß mir nicht nachsagen, daß vor meiner Burg die Haufen umherliegen, damit jeder dreinsteigt.

HEINRICH: De kann i doch net wegräumen, Menschenhäufn sind es doch!

UNKENSTEIN: Ja, soll i c h sie vielleicht wegräumen? Das ist deine Arbeit!

HEINRICH: De kann i allein net wegräumen ... Menschenhaufn, a Haufn Menschen, mein i doch, a ganzer Haufen Menschen sind vor der Burg.

UNKENSTEIN: Was? Volk vor meiner Burg?

HEINRICH: Ja, Volk, Gesindel, Wegelagerer oder Räuber.

UNKENSTEIN: So! Hast du sie erkannt?

HEINRICH: A woher! I kenn doch kein solches Gesindel!

UNKENSTEIN: Hast du irgend etwas gehört?

HEINRICH: Ja, ghört hab i schon was. Da stimmt's schon lang nimmer. Unlängst war ich im Maibräu, und da sind die anderen Knappen und Recken beinand gwesn, und da hab i so ghört, wie s' gredt ham. I hab's net recht verstanden, habn s' vom Rotwein gredt oder vom Rodenstein?

UNKENSTEIN: Rodenstein! Das ist es. Ich hab es ja gewußt, daß da etwas nicht stimmt! *Zu Kunigunde.* Siehst du, liebe Tochter, ich hab es gewußt! Na, ich werde mich persönlich überzeugen. Ich steige auf den höchsten Turm und luge in das Land.

HEINRICH: Ja, lugn S' nur, vielleicht derlugen S' was.

UNKENSTEIN: Und du, Recke Heinrich, siehst in der Waffenkammer nach, ob alles da ist.

HEINRICH: Oh, da schaut's bös aus! A Haufa Lanzen sind abbrochn, die Säbeln sind ganz verrostet, und die Kanonenkugeln ghörn aa wieder amal abgstaubt, sunst wann's wirklich aufgeht, und mir schiaßn mit de Kugeln, sagt dann da Feind, mir sind Drecksäu!

UNKENSTEIN: Also, das muß alles gerichtet werden, dann steigst du auf den kleinen Ostturm und spähst auch da hinunter und meldest mir jede Kleinigkeit. Verstanden? *Zu Kunigunde:* Ängstige dich nicht, mein Liebling, ich komme gleich wieder. *Er küßt sie auf die Stirn. Zu Heinrich:* Na?

HEINRICH *dreht sich um:* Servus.

UNKENSTEIN: Wie heißt das, Kerl? *Heinrich steht stramm. Unkenstein ab.*

3. Szene

HEINRICH: Heut ist er wieder grimmig, was hat er denn?

KUNIGUNDE: Ich weiß es nicht, ich kenne mich nicht aus. Vom Zoll und den Flößern hat er etwas gesagt und vom Rodenstein. Kannst du mir das nicht erklären, Heinrich?

HEINRICH: Ja mei, Fräun Kuni, das is schon a alte Gschicht. Ihr Vater ist bös, weil der Rodenstein den Zoll schon fuchzig Jahr verlangt, und Ihr Vater hat nix, aber er stinkt eahm schon länger. Eahna Vater is einmal vorm Rodenstein seiner Burg vorbeigerittn, und da hat dem Rodenstein sein Bua auf Ihren Vater sein nagelneuen Panzer an Schneeballn hingworfen, direkt mitten auf die Brust.

KUNIGUNDE: Aber Heinrich, das kann ihm doch nicht weh getan haben.

HEINRICH: Weh net, aber prellt hat's ihn, und deswegn ärgert er sich heut noch. – Seit Sie weg warn von Grünwald, is's überhaupt nimmer auszuhalten mit Ihrem Vater. Die ganzen neun Monat, wo Sie weg warn, is er schon so grantig. – Des is jetzt aa guat, daß Sie grad neun Monat fort warn. Unsere ganzen Knappen habn schon immer gredt deswegen, das is so komisch, habn s' gsagt, daß Sie grad neun Monat fort warn – net zehn Monat und net acht, grad neun Monat. Fort sind S' wie a Blutorange, und heimkommen sind S' wie a unbachenes Laibl, wie a Pfund Kas, so bleich.

KUNIGUNDE: Ach, Heinrich! Haben die nichts anderes zum Reden gehabt?
HEINRICH: Wahrscheinlich net!
KUNIGUNDE: Und was denkst du darüber, Heinrich?
HEINRICH: Dasselbe.
KUNIGUNDE: O Heinrich! Du kennst mich ja schon, seit ich auf der Welt bin. Heinrich! Dir kann ich es ja verraten ... ich hab wirklich ein Kind!
HEINRICH: Ja freilich! Is's doch so!
KUNIGUNDE: Ich habe es auch noch dabei ... droben im großen Turm.
HEINRICH: So, Sie haben's dabei, ja, wie haben Sie's denn in die Burg hereingebracht?
KUNIGUNDE: Deine Schlamperei hat mir geholfen, weil du vergessen hast, die Zugbrücke hochzuziehen.
HEINRICH: Und jetzt habn Sie's am Turm oben – auf unserm großen Turm? Ja, da is's ja feucht oben, das wird Eahna ja hin, wann S' das a paar Wochen da oben habn, fangt's Eahna ja zum Graweln an – das kriegt ja an Hausschwamm!
KUNIGUNDE: Aber Heinrich, rede doch nicht so dumm. Es ist nur schade, daß das deine Frau nicht aufziehen kann.
HEINRICH: Mei Frau? Warum denn net, die zieht's schon auf. Der gebn S' a paar Taler, und die zieht's auf, de hat ja mi aa aufzogn ... a, naa, mi net!
KUNIGUNDE: Aber Heinrich! Deine Frau ist doch schon tot.
HEINRICH: Was? Mei Frau? Naa!
KUNIGUNDE: Doch, Heinrich! Schon seit zehn Jahren ist deine Frau tot.
HEINRICH: Was?! Mei Frau is tot? Ja, daß die mir nie was gsagt hat davon! Drum hab i de schon so lang nimmer gsehn.
KUNIGUNDE: Ich weiß nicht, was ich nun machen soll.
HEINRICH: Ja, wie is des ... in der Stadt drin habn S' das Kind geborn? Ja, und wer is der Bohrer? Ah, da Vater, wollt i sagn.
KUNIGUNDE: Das ist es ja, was ich nicht sagen kann! Das einzig Nette ist, daß es ein Bub ist.
HEINRICH: A Bub is's? Aber da hat Ihr Vater die größte Freud!
KUNIGUNDE: Um Gottes willen! Mein Vater darf es überhaupt nicht erfahren!
HEINRICH: Warum denn net? Der hat die größte Freud, er hat doch immer gsagt, wenn nur amal mei Kuni heiraten tät, damit ein Erbe ins Haus käme, wenn i amal abkratz, daß wer mei Burg übernimmt! Das muß ich ihm gleich erzähln.
KUNIGUNDE: Heinrich, um Himmels willen, bleib da! Mein Vater darf das nicht erfahren! Überhaupt kein Mensch! Ich bin ja nicht verheiratet!
HEINRICH: Das ist Wurscht.

KUNIGUNDE: Nein, Heinrich, das ist nicht Wurscht. Du darfst es keinem Menschen sagen. Verstanden?!
HEINRICH: Ja, und wer is jetzt eigentlich der Vater?
KUNIGUNDE: Das kann ich nicht sagen, Heinrich.
HEINRICH: Mir können Sie's schon sagen, Fräun Kunigunde. Kenn ich ihn?
KUNIGUNDE: Freilich kennst du ihn, aber ich sag es nicht!
HEINRICH *sinnt nach:* Wer könnt des jetzt sein? *Pause.* I bin's fei net. Aber i weiß schon, wer's is. Wie hat er denn gheißen ... von Ismaning ... der Ritter Lenz, glaub i, der mit dem roten Spitzbart, is's der?
KUNIGUNDE: Aber nein, Heinrich, der ist es nicht!
HEINRICH: Der ist es nicht? Hat's Kind an roten Spitzbart?
KUNIGUNDE: Aber Heinrich, rede nicht so dumm, das erratest du nie! Gib mir lieber dein Ehrenwort, daß du nichts verrätst.
HEINRICH: Das können S' schon habn. Also, wer is's?
KUNIGUNDE: Der Rodenstein.
HEINRICH: Was?! Wie?! Der Rodenstein – auf Burg Schwaneck? Naa, das gibt's net – Fräun Kuni, das kann net sein – da täuschn S' Eahna.
KUNIGUNDE: Aber Heinrich, ich werde doch wissen, wer der Vater ist!
HEINRICH: Der Rodenstein? O du mein lieber Meingott – ja, was is des! Fräun Kuni, was habn S' da gmacht! Wie können Sie sich so vergessen! Der Rodenstein, von Eahnan Kind der Todfeind, von Eahnan Todfeind das Kind. Wenn das Ihr Vater erfahrt, der laßt Sie dreimal köpfen, der laßt Sie aufspießen wie an Steckerlfisch, der laßt Sie in der Folterkammer strecken, daß S' nur mehr in einer Kegelbahn übernachten können.
KUNIGUNDE: Sonst weißt du mir keinen Rat als das?
HEINRICH: Ja mei, was soll ma denn da sagn?

4. Szene

Unkenstein kommt herein.
UNKENSTEIN *zu Heinrich:* Na, was stehst du hier noch rum? Deinen Rapport!
HEINRICH: Ja freilich. Interessiert Eahna das?
UNKENSTEIN: Lache nicht! Antworte mir: Deinen Rapport will ich wissen!
HEINRICH: Zweimal, glaub i.
UNKENSTEIN: Was soll das heißen, Kerl?
HEINRICH: Ja, i hab Eahna net recht verstanden – was meinen S'?
UNKENSTEIN: Deinen Rapport will ich hören.
HEINRICH: Ach so, Rapport. Das is was anders.

Unkenstein: Ich meine, ob du etwas erspäht hast?
Heinrich: Ja, ich hab schon gspäht, aber es war schon z'spät zum Spähn, drum hab i nix mehr erspäht, aber da herin hab i was erspäht.
Unkenstein: Hier herinnen? Was?
Kunigunde gibt Heinrich einen Stoß.
Heinrich: Nix, gar nix!
Unkenstein: Eben sagtest du doch, du hast etwas erspäht.
Heinrich: A woher, das war nur a Gspaß.
Unkenstein: Laß diese Witze! Antworte mir! *Er sieht, daß Kunigunde Heinrich am Ärmel zupft.* Was soll das heißen? Hat meine Tochter Heimlichkeiten vor mir?
Kunigunde: Aber nein, lieber Vater.
Unkenstein *zu Heinrich:* Du steigst jetzt auf den Turm und spähst abermals! Führe meinen Auftrag genau aus, sonst hole ich mir deinen Kopf!
Heinrich: Da habn S' schon was davon. *Heinrich geht brummend ab.*

5. Szene

Unkenstein: Also, ich möchte nicht erfahren, daß meine Tochter Heimlichkeiten hat hinter meinem Rücken – sonst werde ich tückisch.
Kunigunde: Es ist wirklich nichts, lieber Vater. Hast du etwas erspäht?
Unkenstein: Ja, es sind Reiter vor meiner Burg. Aber die Kerle sind zu weit weg, ich kann sie nicht erkennen.
Kunigunde: Aber du siehst, lieber Vater, der Rodenstein ist bestimmt nicht dabei.
Unkenstein: Ach, dabei oder nicht dabei, auf jeden Fall ist er derjenige, der hetzt. Aber diese Kerle sollen es nur wagen, meine Burg anzugreifen. Mit blutenden Köpfen schicke ich sie von dannen.

6. Szene

Heinrich kommt aufgeregt zurück.
Heinrich: Sie! De kommen schon, a ganzer Haufen sind beinand! Von allen Seiten kommen s'.
Unkenstein: Sind sie bewaffnet?
Heinrich: Freilich! Unzählige Lanzen habn s' dabei, ja fast noch mehr, und Kanonen, mindestens zwanzig Stück, ja, was sag i, fast neunzehn – und zwei Fasanerietrompeten und a paar Mundharmonikabläser ...
Unkenstein: Was? Zwanzig Kanonen haben die?
Heinrich: Ja, und mir habn nur eine, und die ist kaputt, und dann ist von

unserer Kanone der Schlund nach vorn hin gerichtet, und de kommen aber von arschlings!

UNKENSTEIN: Von Arschlings? Das Dorf kenn ich ja gar nicht, das liegt doch nicht im Isartal?

HEINRICH: Arschlings! Das ist doch kein Dorf, das ist doch ein Fachausdruck. Arschlings heißt von hintenwärtsher, von hintenherwärts.

UNKENSTEIN: Ach so! Die kommen von rückwärts. Dann muß die Kanone sofort umgedreht werden nach Dings, nach arschlings!

HEINRICH: Nachher bricht s' uns ganz zusammen, das eine Radl ist schon ganz faul.

UNKENSTEIN: Also, das muß auch sofort gemacht werden.

HEINRICH: Ja und im Rohr is a Schwalbennest drin.

UNKENSTEIN: So ein Saustall!

HEINRICH: Na, kein Saustall, a Schwalbennest.

UNKENSTEIN: Blödsinn! Also sofort die Kanone richten, dann die Zugbrücke hochziehen, den Burggraben vollaufen lassen, einen Kessel voll Pech sieden, meinen Helm und mein Schwert. Wiederholen!

HEINRICH: Was habn S' gsagt? Das is so schnell gangen, i bin net mitkommen.

UNKENSTEIN: Du sollst wiederholen!

HEINRICH: Wiederholen? Was soll ich wieder holen? I hab ja noch nix gholt.

UNKENSTEIN: Meinen Befehl sollst du wiederholen, den ich dir eben gegeben habe.

HEINRICH *suchend:* Mir haben S' an Befehl gebn? Wo hab i denn den hingelegt?

UNKENSTEIN: Du Schafskopf, du sollst meinen Auftrag wiederholen, was du zu tun hast!

HEINRICH: Ja, das kann i mir net alles auf einmal merken.

UNKENSTEIN: Paß doch auf, Kerl! Sind deine Ohren verstopft?

HEINRICH: I weiß net, i seh net nein.

UNKENSTEIN: Mein Gott, ist der Kerl blöd! *Er wiederholt den ganzen Befehl, Heinrich sagt alles verkehrt nach.*

HEINRICH: I werd's schon richtig machn. Und an Helm soll i bringen – welchen Helm? Den Feuerwehrhelm?

UNKENSTEIN: Meinen Streithelm!

HEINRICH: Ach so, diesen wolln S', weil da Dings, da Wil-Helm wäre aa grad da.

UNKENSTEIN: Raus!!! *Heinrich geht eilig ab.*

7. Szene

Unkenstein: Diese Halunken wagen es tatsächlich, meine Burg anzugreifen. Na, denen werde ich es zeigen. Ich werde einen genialen Schlachtplan entwerfen. Reiche mir die Landkarte, liebe Tochter.

8. Szene

Während Kunigunde die Landkarte holt, kommt Heinrich mit dem Helm und dem Schwert zurück.

Heinrich: So! Da is 's Sach. Passen S' auf, daß S' Eahna keinen Schiefer einziehn! *Er gibt Unkenstein das Schwert und setzt ihm den Helm auf das Barett.*

Unkenstein: Na, was treibst du denn da?

Heinrich: Halt aus! Das geht ja net. Sie habn d' Pelzhaubn noch auf. *Er setzt ihm Helm und Barett ab.* Sie, da sieht ma Eahna Gummischnürl von Eahnan Bart. *Er setzt ihm den Helm verkehrt herum auf.*

Unkenstein: Nun, liebe Tochter, jetzt werde ich dir zeigen, wie man einen genialen Schlachtplan entwirft. *Heinrich hat sich aber inzwischen schon über den Plan gebeugt.*

Heinrich: Also, mir werden das am besten so machen ... mir gehen her ...

Unkenstein *wütend:* Schweig!

Heinrich: Mir gehen her und machen das so ... weil de anderen ... drum müssen mir ...

Unkenstein *noch wütender:* Schweig!!!

Heinrich *blickt Unkenstein erstaunt an:* Menterschwaig? Das liegt da ...

Unkenstein: Du sollst schweigen, Kerl!!

Heinrich: Sind Sie doch net so, a anderer hat aa eine gute Idee.

Unkenstein: Du sollst dein ungewaschenes Maul halten! Verstanden?! Ich entwerfe meinen Kriegsplan allein!

Heinrich geht murrend beiseite.

Unkenstein *zu Kunigunde:* Hier liegt meine Burg Grünwald, hier ist Harlaching. Die können durch den Wald nicht durch, weil ...

Heinrich *zeigt mit dem Finger auf die Karte:* Wenn s' aa durch den Wald net durch können, aber über die Isar ...

Unkenstein *haut mit der Hand auf den Tisch:* Du sollst dein Maul halten, Kerl! *Diese Szene wiederholt sich einige Male, bis Unkenstein schreit.* Hebe dich von dannen! Sieh lieber nach, was der Feind macht.

Heinrich *geht zum Fenster:* Gut, mir is's recht, aber i bin fei net schuld, wenn's schiefgeht. *Er trinkt aus einem Glas, das auf ein Stück Pappe gemalt ist, schaut aus dem Fenster, während Unkenstein weiterhin Kunigunde den Plan erklärt. Plötzlich dreht sich Heinrich erschrocken um.* Herr Ritter, de kommen schon, und an der Spitze, wissen S', wer an der Spitze der Heerscharen ...

UNKENSTEIN: Halt dein Maul! Störe mich nicht!

HEINRICH *aufgeregt:* Ja, aber an der Spitze, wissen S', wer an der Spitze ...

UNKENSTEIN: Das ist mir Wurscht, verstanden!

HEINRICH: Das ist keine Wurscht, wann's a Wurscht wär, wär's eh gut, aber es is doch da ...

UNKENSTEIN: Donnerwetter, Kerl, laß mich zufrieden mit deinem Gepappel. Laß sie doch kommen, diese Hunde, ich fresse sie, einen wie den anderen!

HEINRICH: Ach so! Die solln kommen, ja das is was anderes. *Aus dem Fenster rufend.* Kommt's nur! Kommt's nur! Nur eini! Kommt's nur!

UNKENSTEIN *zu Kunigunde:* Und hier an dieser schmalen Stelle werden wir sie überraschen und vernichten. Hier beginnen wir den Kampf. *Er beginnt zu singen, Kunigunde und Heinrich fallen in den Gesang ein.* Auf in den Kampf, ihr Ritter, Stolz in der Brust, siegesbewußt ... *Ein Schuß ertönt, Fenster klirren, eine Kanonenkugel fliegt auf die Bühne. Alle erschrecken und reden durcheinander.*

UNKENSTEIN: Was war das? Was ist geschehen?

HEINRICH *hebt die Kugel auf:* Geschossen habn s' mit einer Kanonenkugel, da schaun S' her. *Er wirft die Kugel von einer in die andere Hand, bevor er sie auf den Tisch legt.* Die is noch ganz heiß. Bei der Tür habn s' reingschiss ..., reingschossen, die Sauhund! Weil's aa alleweil 's Haustürl offen laßt's! Da tun sich de leicht, wenn s' gleich bei der Haustür reinschießn können. *Er riecht an der Kugel.* Das is a Rodensteinkugel, das riech i.

UNKENSTEIN *und* KUNIGUNDE: Wieso vom Rodenstein?

HEINRICH: Das kenn i an der Rundung, das ist eine Rodensteinkugel.

UNKENSTEIN: Kerl, wieso ist das eine Rodensteinkugel?

HEINRICH: Der Rodenstein is ja an der Spitze der Heerscharen, aber Sie haben mich ja net ausreden lassen.

UNKENSTEIN *stürzt ans Fenster:* Tatsächlich, da reitet er, mein Todfeind. Hahahaha!!! *Er wendet sich Kunigunde zu, die zu schluchzen begonnen hat.* Was schluchzest du, liebe Tochter?

HEINRICH: Jetzt wird's gscheckert!

UNKENSTEIN: Du brauchst nicht weinen, liebe Tochter. Auch Rodenstein, diesen Schurken, werde ich vernichten, und du, als meine tapfere Tochter, ziehst mit mir gegen den Feind. Ich werde dir den Falben aus dem Stall holen, und du reitest. *Mit heroischer Geste streckt er wiederholt den Arm, den Heinrich jedesmal hinunterdrückt.* Zum Teufel auch! Laß sie doch reiten! *Zu Kunigunde.* Du reitest an meiner Seite gegen meinen Feind, wie die Jungfrau von Orleans!

HEINRICH: Ist ja keine mehr.

UNKENSTEIN: Was sagtest du da?

KUNIGUNDE: Vater, ich bitte, hört mich an. Ich muß Euch ein Geheimnis anvertrauen.

UNKENSTEIN: Ein Geheimnis? Papperlapapp! Ein Geheimnis, wenn du es mir anvertraust, ist kein Geheimnis mehr. Ich habe keine Zeit. Ich muß in den Schlachthof, in den Burghof, wollt ich sagen, zur Schlacht!

KUNIGUNDE: Vater, ich muß es Euch anvertrauen, hört mich an!

UNKENSTEIN: Gut! Aber beeile dich, liebe Tochter, ich habe wenig Zeit.

KUNIGUNDE: Vater – ich habe ein Kind. *Unkenstein ist wie gelähmt.*

HEINRICH: So! Jetzt ist's heraus, zum zweitenmal.

UNKENSTEIN: Was war das? Hat mich mein väterliches Ohr betrogen?

HEINRICH: Naa, naa. Es stimmt schon.

UNKENSTEIN: Was! Meine Tochter hat ein Kind? Ein außereheliches Kind? Du bringst Schande über meine Burg! *Er stützt sich auf den Tisch, mit einer Hand aber versehentlich auf die noch immer glühende Kanonenkugel, und er schreit auf vor Schmerz.*

HEINRICH: I hab's Eahna aber gsagt, daß die frisch abgschossen is, oder meinen Sie, die schießen mit Eiskästen?

UNKENSTEIN: Diese Schande! Das gibt zu verdauen!

HEINRICH *Unkenstein ins Ohr flüsternd:* Aber es ist a Bub, ein Bub ist es, ein Bub!

UNKENSTEIN: Ein Knabe!

HEINRICH: Ein Knabe ist ja ein Bub. Das war schon lange Ihr Wunsch, einen männlichen Erben. Na, und jetzt haben S' einen! Freuen solln Sie sich jetzt.

UNKENSTEIN: Ja! Ich habe mir schon immer einen Erben gewünscht. Gut, ich will diesmal Gnade für Recht ergehen lassen. Wir sprechen später darüber.

HEINRICH *zu Kunigunde:* Na sehn S', i hab's ja gewußt, daß er a Freud hat, Eahna Vater, brauchen S' net traurig sein.

UNKENSTEIN *zu Kunigunde:* Aber der Vater dieses Kindes?

HEINRICH: Jetzt wird's gräuslich, i geh, i kündige mir gleich selber, pfüat Gott.

UNKENSTEIN: Hierbleiben! Du harrest noch meiner Befehle. *Heinrich steht stramm. Zu Kunigunde:* Der Vater des Kindes, ist das ein edler Ritter?

Kunigunde *schluchzend:* Ja, Vater.

Unkenstein: Gut, hole ihn hierher!

Heinrich: Er kommt so gleich.

Unkenstein: So, er kommt? Das freut mich.

Heinrich: Oha! Des glaub i net!

Unkenstein: Wenn er kommt, gebet ihm Salz und Brot und einen kühlen Trunk, und saget ihm, er muß an meiner und ihrer Seite in die Schlacht ziehen, gegen meinen Todfeind, gegen Rodenstein.

Kunigunde *fällt auf die Knie:* Nein, Vater! Verlange das nicht, das geht nicht!

Heinrich: Naa, das geht doch net!

Unkenstein: Dann soll er reiten, wenn er nicht gehen kann! Mein Schwiegersohn muß gegen meinen Feind ziehen!

Kunigunde: Vater! Er ist ja bei den Feinden dabei!!!

Unkenstein: Waas? Mein Schwiegersohn ist bei meinen Feinden?

Heinrich: Ja! Das ist ja das Komische!

Unkenstein *zu Kunigunde:* Wie heißt dieser Geruchlose?

Kunigunde: Ich kann es nicht sagen, Vater.

Unkenstein: Ich frage dich nochmals, wie heißt dieser Kerl? Weißt du es?

Heinrich: I wissert's schon.

Unkenstein: Du weißt, wie der Kerl heißt?

Heinrich: Ja ... aber i sag's net!

Unkenstein: Nenne mir sofort seinen Namen!

Heinrich: Ha! ... Da werden S' alt und schierlig, brauchen S' also nur mehr alt werden. *Unkenstein geht langsam auf ihn zu, bis er mit seiner Nase an die Heinrichs stößt. Heinrich nimmt die Brille ab, an der die Nase hängt.* Jetzt haben S' mir a Dulln einigmacht, in mei Nasen. *Er setzt die Nase wieder auf.* I sag's net, auf keinen Fall.

Unkenstein: So, du willst es also nicht sagen. Gut, ich zähle bis drei!

Heinrich: Sind S' net so kindisch.

Unkenstein: Eins! Zwei! Drei! *Er zieht sein Schwert und begibt sich in Fechterstellung. Gleichzeitig zieht Heinrich sein um die Hälfte kürzeres Schwert und beginnt mit Unkenstein zu fechten, bricht den Kampf aber nach kurzer Zeit ab und verlangt einen Tausch der Schwerter.*

Unkenstein: Hier, dieses Schwertes Spitze stoß ich dir in deinen mageren Leib.

Heinrich: Ja freilich! Tun S' des Ding weg! Wie oft is schon was passiert durch so eine Dummheit.

Unkenstein: Die stoß ich dir in deinen mageren Leib, daß du dich in deinem Blute wälzt!

HEINRICH: So! Wo i so blutarm bin.

UNKENSTEIN *setzt Heinrich das Schwert auf den Leib:* Wie heißt der Kerl?

HEINRICH *faßt sich an den Rücken, um zu prüfen, ob ihn das Schwert bereits durchstoßen hat:* I kann's net sagen! *Er heult auf wie ein Hund.*

UNKENSTEIN: Sag den Namen, oder ich stoße zu.

HEINRICH *heult noch einmal entsetzlich auf:* Rodenstein! *Unkenstein erstarrt.*

UNKENSTEIN: Waaas?! Rodenstein, mein Todfeind?!! *Er packt Heinrich an der Brust.* Kerl, hast du mir auch die Wahrheit gesagt?

HEINRICH *weinerlich:* Jawohl.

Vor Wut aufschreiend springt Unkenstein zweimal in die Höhe und landet mit derartiger Heftigkeit auf dem Fußboden, daß Heinrich beide Male ein wenig nach oben geschleudert wird. Dann schaut Heinrich Unkenstein grimmig an, fletscht die Zähne und knurrt.

UNKENSTEIN: Du Schandweib! Einmal hast du dich vergessen!

HEINRICH: Sind S' doch net so! Einmal ist keinmal!

UNKENSTEIN: Recke Heinrich – hierher!

HEINRICH *zu Kunigunde, die ihn zurückhalten will:* I komm glei wieder, Fräulein Kuni. *Er steht vor Ritter Unkenstein stramm.*

UNKENSTEIN: Recke Heinrich! Du bürgst mir mit deinem armseligen Kopf, daß du meine Befehle ausführst. Verstanden?! Packe dieses Weib, lege sie in Ketten! Packe sie! *Heinrich packt Kunigunde, wobei er seine Hand klatschend auf deren Hintern legt.* Werfe dieses Schandweib in den Kerker, lege sie in Eisen! Im zweiten Akt lasse ich sie hinrichten.

Kunigunde schreit fürchterlich auf und wird von Heinrich abgeführt.

II. AKT

1. Szene

UNKENSTEIN: Ha! Der Wind pfeift durch die Zinnen meiner Burg. Fürwahr, ein schauriger Morgen bricht an. Und dennoch! Hier an dieser hundertjährigen Stätte, wo meine Tochter das Licht der Welt erblickte, soll sie ihr sündhaftes Leben verhauchen. Noch ehe die Sonne den neuen Tag verkündet, noch ehe die Fehde vor meiner Burg beginnt, will ich ihr Haupt zu meinen Füßen rollen sehen. *Ferner Trommelwirbel.* Ha! Es naht schon der Henkerszug. Dumpfer Trommelwirbel dringt an mein Ohr. Wohlan, heute muß diese Schmach gerochen werden.

2. Szene

Recke Heinrich, der Scharfrichter, Trommler und Pfeifer treten auf.
HEINRICH: Melde gehorsamst, der Henkerszug ist eingetroffen!
UNKENSTEIN: Sage dem Scharfrichter, er möge seines Amtes walten!
HEINRICH *zum Scharfrichter*: Du möchtest deines Amtes walten! *Der Scharfrichter schüttelt den Kopf und redet leise auf Heinrich ein.* Na! Ja is das auch möglich?
UNKENSTEIN *stößt Heinrich mit dem Schwert in den Hintern*: Na, was zögert ihr?
HEINRICH: Moment! *Er macht kehrt und meldet*: Der Scharfrichter weigert sich, er kann die Fräulein Kunigunde net hinrichten!
UNKENSTEIN: Waas? Der Kerl weigert sich?
HEINRICH: Ja. Er sagt, er kennt die Kuni schon so lang, schon als kleines Kind hat er sie kennt, und er bringt es nicht übers Herz, i kann's aa verstehen, aber trotzdem is es feig. *Zum Scharfrichter*: Du feiger Hund, du feiger! Was bist denn nachher a Scharfrichter worden, wannst keine Leut umbringen kannst, das hättst dir ja gleich denken können, daß du keine Ameisen zertreten mußt, sondern Leut umbringen, scham dich – wärst a Schweinemetzger worden!
UNKENSTEIN: Recke Heinrich! Jage diese Memme von meiner Burg, bespeie ihn!
Heinrich packt den Scharfrichter, wirft ihn hinaus und spuckt ihm nach.

3. Szene

UNKENSTEIN: Und das will ein Scharfrichter sein!
HEINRICH: A Stumpfrichter is er! Jetzt ham ma's! Jetzt haben wir keinen Scharfrichter mehr. Jetzt san ma extra um halber fünfe aufgstanden, umsonst, und das Richtschwert hat er auch noch mitgenommen, der Bazi. Jetzt können S' Eahnam Kind den Kopf abbeißen!
UNKENSTEIN: Das kann mich nicht hindern!
HEINRICH: Net den Hintern – den Kopf mein ich.
UNKENSTEIN: Dann lasse ich meine Tochter in den Hungerturm werfen!
HEINRICH: Das geht net, da ist unser ganzer Proviant drinnen, die frißt sich ja deppert da drinnen.
UNKENSTEIN: Dann lasse ich meine Tochter von der höchsten Zinne meiner Burg in die Tiefe stürzen!
HEINRICH: Das geht aa net, da bleibt s' uns schließlich an einem Telefondraht hängen, und dann kriegen wir s' nimmer runter.
UNKENSTEIN: An was bleibt sie hängen?

HEINRICH: An an Telefondraht.

UNKENSTEIN: Telefondraht? Was ist das?

HEINRICH: Na, Sie werden doch an Telefondraht kennen ... Telefondraht ... a, haltaus, den gibt es erst in fünfhundert Jahren, der wird erst erfunden.

UNKENSTEIN: Verdammt! Heute geht überhaupt nichts!

TROMMLER: Dann laßt sie erschießen, edler Herr.

HEINRICH: Halt doch du dei Maul, er kann doch mit seim Kind machen, was er will.

UNKENSTEIN *zum Trommler*: Erschießen? Du Tropf! Dieses Schandweib ist keinen Schuß Pulver wert!

HEINRICH: Dann gibt's nichts anders, und das wäre für Eahna das Einfachste und Billigste und für sie das Beste – begnadigen!

UNKENSTEIN: Waas? Begnadigen? Du elender Wurrrrm!

HEINRICH *entrüstet*: Na, na, na, na!

UNKENSTEIN: Ich will sie tot sehen! Ich werde sie hängen lassen! An den Galgen mit ihr!!!

HEINRICH: Ja, den Galgen haben wir auch nimmer, den ham ma letzten Winter zusammengeschnitten, wie's so kalt war, weil ma koa Brennholz ghabt habn.

UNKENSTEIN: Dann lasse ich sie erwürgen, erdrosseln!

HEINRICH: Ja, das geht. Den Würgnagel haben wir noch, da sind schon Hunderte dran baumelt, des geht, aber wer soll's machen, wenn ma keinen Scharfrichter haben?

UNKENSTEIN: Ich habe einen Scharfrichter – Trommler!

HEINRICH: A der? Der scheißt schon vorher in die Hosen!

UNKENSTEIN: Trommler, schlage einen Wirbel!

Der Trommler zittert und läßt einen Trommelstock fallen.

HEINRICH: Na, du alter Depp! Kannst net amal die zwei Steckeln halten.

UNKENSTEIN *zum Trommler*: Wenn mir das noch einmal vorkommt, laß ich dich fotzen! *Zu Heinrich:* Heinrich, trete vor! Hiermit ernenne ich dich zu meinem Scharfrichter!

HEINRICH *momentan ganz verdutzt*: Naa! Und niemals nein! Das kann ich nicht! Das Fräulein Kunigunde hinrichten, die ich schon als kleines Kind kennt hab. *Er fängt zu heulen an.* Das kann ich net! Nein, das net – Ihnen jederzeit.

UNKENSTEIN: Was? Kerl! Wage das ja nicht mehr zu sagen. Du spielst mit deinem Kopf, verstanden! Ich befehle es dir, du wirst meine Tochter hinrichten!

HEINRICH *fleht weinerlich*: Das kann ich net, das dürfen S' nicht verlangen von mir, das kann ich net!

UNKENSTEIN *zeigt Heinrich einen Beutel Gold*: Und wenn ich dir einen Beutel Gold dafür gebe?
HEINRICH *plötzlich ganz sachlich*: Ja, um Gold schon. Warum sagen S' denn das net gleich, um Gold jederzeit.
UNKENSTEIN: Dann hole sie.
Heinrich geht ab.

4. Szene

Man hört Kunigunde gellend aufschreien. Von Heinrich geführt, betritt sie die Richtstätte.
KUNIGUNDE *fällt vor Unkenstein auf die Knie*: Ich will nicht sterben, Vater! Ich will leben! Gnade, Gnade!
UNKENSTEIN *lacht hämisch*: Gnade? Die Peitsche! *Der Trommler reicht Heinrich die Peitsche.* Recke Heinrich! Gib ihr sechs Schläge!
HEINRICH: Ersparen Sie ihr doch diese Qual.
UNKENSTEIN: Vorwärts! Sechs Schläge, sage ich! *Heinrich streicht die Peitsche sanft über Kunigundes Rücken.* Ja, was denn? Hab ich gesagt, du sollst sie kitzeln? Peitschen sollst du sie! Kräftige Hiebe, vorwärts! *Heinrich gibt Kunigunde mit aller Kraft fünf Hiebe. Nach jedem Schlag schreit Kunigunde fürchterlich auf.* Das waren erst fünf.
HEINRICH: Oh, das langt.
UNKENSTEIN: Soll ich den sechsten dir verabreichen lassen?
HEINRICH: Nein, da gib ich ihn schon lieber der Kunigunde. *Er peitscht sie noch einmal auf den Rücken.*
UNKENSTEIN: Recke Heinrich! Sage dem Trommler, er möge das Todesurteil verlesen.
HEINRICH *zum Trommler*: Du möchtest das Todesurteil verlesen. *Der Trommler verliest das Todesurteil, wobei Kunigunde wieder laut schluchzt.*
HEINRICH *zittert am ganzen Körper*: Sei stad Kuni, es ist sowieso gleich vorbei.
UNKENSTEIN *zu Heinrich*: Den Stab!
HEINRICH *holt den Stab*: Ich bitte nochmals um Gnade für die Kunigunde. Es ist Ihr einziges Kind, edler Ritter!
UNKENSTEIN: Gib mir den Stab, sonst breche ich dich entzwei. *Heinrich gibt ihm den Stab.* Hiermit breche ich den Stab über sie.
Heinrich packt Kunigunde, die noch immer am Boden kniet, schleppt sie an die Wand und legt ihr den Strick um den Hals. Kunigunde schreit. Heinrich schaut zu Unkenstein, der nun ein Handzeichen gibt. Heinrich zieht die Schlinge zu.
UNKENSTEIN: Halt! Gnade! Gnade!

Heinrich lockert sofort den Strick, doch Kunigunde sinkt lautlos zu Boden. Alle schweigen einen Moment.

UNKENSTEIN *niedergeschlagen*: Zu spät!

DAS VOLK: Zu spät!

HEINRICH *streckt Unkenstein die Hand entgegen; Unkenstein schüttelt sie ergriffen*: Nein, mein Gold will ich.

UNKENSTEIN: Gold? Ach, deinen Lohn! *Er wirft Heinrich den Beutel zu.* Hier! Du Judas! Um Gold! Um schnödes Gold hast du das Liebste, was ich hatte, meine Tochter, umgebracht. Da, sieh sie dir an! Meine Tochter ist tot!

HEINRICH: Wer sagt denn das? *Er beugt sich zu Kunigunde.* Fräulein Kuni, stehn S' auf. *Er hilft Kunigunde.*

UNKENSTEIN: Was, meine Tochter lebt? Ja, bin ich denn von Sinnen?

HEINRICH: Nein, von Grünwald.

UNKENSTEIN: Aber Recke Heinrich, du hast sie doch erwürgt, erdrosselt?

HEINRICH *lachend*: Ja, aber mit einem Gummistrick. *Alle lachen.*

III. AKT

1. Szene

Zwei Tage später. Ritterstube des I. Aktes.

KUNIGUNDE *sitzt mit ihrem Wickelkind auf dem Arm und singt*:

Schlaf, Kindlein, schlaf,
Dein Vater ist kein Graf,
Dein Vater ist ein Ritter,
Daß er tot ist, ist bitter.
Schlaf, Kindlein, schlaf.

Schicksal, warum warst du mit mir so grausam – ich bin da, das Kind ist da, Ritter Rodenstein ist nicht mehr da. Er ist tot, und der richtige Vater von dir – er lebt! *Mit erhobenen Händen*: Was soll das noch werden?

HEINRICH *kommt leise herein*: Was ham jetzt Sie grad gsunga, Fräulein Kunigunde?

KUNIGUNDE: Ach, Heinrich, hättest du doch grad einen richtigen Strick genommen bei meiner Hinrichtung, statt diesen verfluchten Gummistrick, dann wären mir alle Qualen erspart geblieben. Mein Vater hat in seinem Zorn den Ritter Rodenstein köpfen lassen.

HEINRICH: Ja und? Da schaun S' hin – Ihr Kind.

KUNIGUNDE: Ja, was ist denn mit meinem Kind?

HEINRICH: Wachsen tut's.
KUNIGUNDE: Das sieht man aber doch nicht.
HEINRICH: Was ist denn eigentlich mit dem Rodenstein?
KUNIGUNDE: Der ist doch unschuldig!
HEINRICH: Machen S' keine Witze, wieso?
KUNIGUNDE: Er ist ja nicht der Vater dieses Kindes gewesen.
HEINRICH: Jessas Maria! Ja wer ist denn dann der Vater?
KUNIGUNDE: Ach, Heinrich, wenn du unbedingt wissen willst, wer der Vater ist – der Ritter mit dem roten Spitzbart.
HEINRICH: Der Ritter Lenz von Ismaning? Gell, ich hab damals doch recht ghabt! Ja, weiß es Ihr Vater schon?
KUNIGUNDE: In meiner Verzweiflung habe ich es ihm gestanden, weil ich doch den Ritter Rodenstein noch retten wollte, aber es war schon zu spät. Und jetzt hat der Vater auch noch Schritte gegen den Ritter Lenz unternommen und hat ihn in unseren Hungerturm werfen lassen.
HEINRICH: Ja, braucht man denn zum Hungern einen Turm?
KUNIGUNDE: Ach, red doch nicht so dumm daher. Weißt du, Heinrich, ich hab's selbst gar nicht geglaubt, denn ich war ja doch nur einmal mit ihm zusammen.
HEINRICH: Na ja, einmal genügt auch für ein Kind – und dann noch was, warum haben Sie denn mit dem Rodenstein auch ein Techtelmechtel betrieben?
KUNIGUNDE: Schau, Heinrich, den Rodenstein kenn ich schon von Jugend auf – wir sind doch Nachbarn gewesen. Und außerdem kann ich doch nicht alle drei Tag nach Ismaning zum Ritter Lenz hinunterreisen.
HEINRICH: Warum alle drei Tag?
KUNIGUNDE: Ach, Heinrich, frag doch nicht so dumm. Außerdem mag mich der Ritter Lenz gar nicht mehr – der hat mich ja sitzenlassen. Sei still, mein Vater kommt. *Heinrich geht ab.*

2. Szene

UNKENSTEIN: Gibt es sonst keine Arbeit in meiner Burg, als daß ihr hier zusammen schwätzet? Ach, mein Kind, es ist ein hartes Dasein. Was ist alles über mich hereingebrochen. Meine eigene Tochter wollte ich erwürgen lassen, aber durch die Schläue des Recken Heinrich, der dich mit einem Gummistrick erwürgte, bliebst du mir erhalten. Kurz und gut, ich habe dich wieder, mein Kind, und auch dein Kind, mein Enkel, ist mir geblieben, aber daß ich mich vergaß und den Vater deines Kindes irrtümlich enthaupten ließ, läßt mich keine Ruhe mehr finden. Ich möchte ihm verzeihen, aber er ist tot.

KUNIGUNDE: Ja, er ist tot.
UNKENSTEIN: O könnte ich ihn nur um Verzeihung bitten.
KUNIGUNDE: Das kannst du!
UNKENSTEIN: Was sagst du?
KUNIGUNDE *geheimnisvoll*: Er ist im Haus.
UNKENSTEIN: Bist du wahnsinnig geworden?
KUNIGUNDE: Er ist im Haus. Täglich nachts in der Geisterstunde zwischen zwölf und ein Uhr geht er in der Burg um. Er zieht durch alle Gemächer.
UNKENSTEIN: Was schwätzest du für Mist?
KUNIGUNDE: Ja, ja, Vater, der Recke Heinrich hat es mir erzählt. Er hätte ihn selbst gesehen, wie er nachts in unserem Kellergewölbe als Geist umherwandelt.
UNKENSTEIN: Erzählest du mir Märchen?
KUNIGUNDE: Nein, mein Vater, es ist so.
UNKENSTEIN: Wo ist Heinrich? – Heinrich!

3. Szene

HEINRICH: Was ist's? Sie haben mir gerieft?
UNKENSTEIN: Ich vernahm eben die Kunde, aus dem Munde meiner Kunigunde, daß du Ritter Rodenstein in unseren Katakomben unten gesehen hättest.
HEINRICH: Ja, ja, edler Ritter, es ist so – mir schaudert die Haut, wollte ich Ihnen davon erzählen.
UNKENSTEIN: Spreche, Heinrich!
HEINRICH: Ihr schicktet mich vor ein paar Tagen in den Keller, um Wein zu holen. Es war nachts zwölf Uhr. Ich ging die Kellertreppe hinabi, und als ich guckt zur Tür hinein, da huben dort im Mondenschein Gespenster, schrecklich anzusehn – so ungefähr a Stuckera zehn. Ich schlich mich durch den langen Gang – da hörte ich ein Gewimmer – ich ging dem Gewimmer entgegen, und wer stand vor mir …
UNKENSTEIN *mit starren Augen*: Rodenstein!
HEINRICH: Nein – ein großes Weinfaß!
UNKENSTEIN: Ach so. Weiter, weiter.
HEINRICH: Der Wind heulte in den Gedärmen, ah, Gemächern, wollt ich sagen, im Burghof heulte der Hund, da hörte ich auf einmal einige Schritte gehen – ich stoppte meine Gebeine, und wer steht vor mir …
UNKENSTEIN: Ritter Rodenstein!
HEINRICH: Nein – wieder ein Weinfaß.
UNKENSTEIN: Ach leck mich doch jetzt bald am Arsch mit deinen Weinfässern.

HEINRICH: Da plötzlich bog ich um die Ecke und ging schnurstracks weiter, und in einem matten Kerzenschimmer – wer stand vor mir?
UNKENSTEIN: Wieder ein Weinfaß?
HEINRICH: Nein – der Rodenstein!
UNKENSTEIN: Was sprachte er zu dir?
HEINRICH: Das kann ich nicht sagen.
UNKENSTEIN: Warum nicht? Ich will es wissen!
HEINRICH: Das wäre zu mannigfaltig, würde ich das verraten.
UNKENSTEIN: Er hat mich ganz sicher verflucht.
HEINRICH: Reden wir von was anderem. Was will der edle Ritter heute zum Mittagmahl?
UNKENSTEIN: Nichts will ich mahlen, wissen will ich, was der Geist Rodenstein zu dir gesagt hat – das macht mich stutzig.
HEINRICH: Ich sage nur das eine, gehen Sie niemals zu nächtlicher Stunde in den Keller. Es wäre schrecklich für Sie.
KUNIGUNDE: Tu das nicht, Vater. Heinrich hat recht. Man soll die Geister nicht versuchen. Wehe, wehe, wehe, es könnte Euch ein Leid zustoßen.
UNKENSTEIN: Papperlapapp – Heinrich, sorge für drei Laternen, es ist gleich zwölf Uhr, wir gehen hinunter zu Rodenstein.
HEINRICH: Ich würde Euch, edler Ritter, abraten, solche Schritte zu unternehmen, denn es gehen dort viele Gespenster um, deren Anblick Euch zum Gruseln veranlassen würde.
UNKENSTEIN: Geister hin oder her – ich befehle dir, die Katakomben zu öffnen, und wir steigen zusammen hinunter. Ich will Ritter Rodenstein um Verzeihung bitten, ich will mit ihm sprechen.
HEINRICH: Er kann ja nicht mehr sprechen.
UNKENSTEIN: Wieso, ein Geist kann doch jedenfalls auch sprechen.
HEINRICH: Ja schon, aber der Rodenstein überhaupt nicht mehr.
UNKENSTEIN: Warum nicht?
HEINRICH: Er hat doch keinen Kopf mehr. Den haben Sie ihm doch runterhauen lassen.
UNKENSTEIN: Er hat keinen Kopf mehr?
HEINRICH: Ein Geköpfter hat doch niemals mehr einen Kopf.
UNKENSTEIN: Ja, wo hat er ihn denn dann?
HEINRICH: Im Arm!
UNKENSTEIN: Das ist ja schauerlich. Und dennoch gehen wir hinunter, dann spreche ich halt mit dem Kopf allein.
HEINRICH: Tun Sie das nicht. Das strengt ihn vielleicht sehr an.
UNKENSTEIN: Zünde die Kerzen an, wir gehen. Du gehst voraus, wir folgen dir.

4. Szene

Ritter Unkenstein, Kunigunde und Recke Heinrich verlassen mit Stalllaternen in der Hand die Bühne, um sich in die Katakomben der Burg zu begeben. Der Vorhang bleibt offen. Die Stimmen werden durch einen Lautsprecher übertragen.

Kunigunde *mit zitternder Stimme*: Es ist eiskalt.

Heinrich: Ich kenne keine Furcht, es sei denn, ich bekäme Angst.

Kunigunde *schreit*: Aaaaah!

Unkenstein *und* Heinrich: Was ist los?

Kunigunde: Eine Maus, eine Maus!

Heinrich: Ausgeschlossen, wir haben keine Mäuse da herunten, das sind vielleicht nur Ratten!

Unkenstein: Wo ist Rodenstein?

Heinrich: Der kann noch net da sein, es ist ja noch nicht zwölf Uhr. Wir gehn halt jetzt durch den langen Gang in das hintere Gewölbe, da hab ich ihn gestern nacht gesehen.

Kunigunde: Hoffentlich sehen wir ihn nicht.

Unkenstein: Du dumme Gans – wir wollen ihn ja sehen, deswegen sind wir doch runtergegangen.

Es schlägt zwölf Uhr. Beim zwölften Schlag heult der Wind stärker. Krähengeschrei, Klopfen.

Kunigunde: Herein!

Heinrich: Da brauchen S' nicht herein sagen, das sind ja nur die Klopfgeister. Die klopfen ja nur, weil s' sonst auch nichts zu tun haben.

Unkenstein, Heinrich, Kunigunde: Jess Maria! Jetzt kommt er daher!

Unkenstein: Seinen eigenen Kopf tragt er im Arm daher.

Heinrich: Hoffentlich laßt er ihn net fallen, sonst kriegt er noch eine Gehirnerschütterung.

Kunigunde: Wie er nur ohne Kopf gehen kann?

Heinrich: Ja, er geht doch mit den Füßen.

Unkenstein: Jetzt gehe ich hin zu ihm und bitt ihn um Verzeihung. – Mein lieber alter Freund Rodenstein! Es tut mir leid, daß ich dich unschuldig köpfen ließ. Ich werde das nie mehr tun.

Rodenstein *mit Geisterstimme*: Das glaube ich dir gerne, strenger Ritter Unkenstein. Ich habe ja auch nur einen Kopf gehabt, und diesen einen hast du mir abschlagen lassen.

Heinrich: Edler Ritter Rodenstein! Haben tust du ihn ja noch, wirf ihn nur net weg, man weiß nie, wie man so was wieder einmal brauchen kann.

Unkenstein: Aber es wird dir eine Genugtuung sein, daß ich den Ritter

Lenz von Ismaning auch aufhängen lasse. Der kann dir dann Gesellschaft leisten, da herunten in diesem langweiligen Labyrinth.
RODENSTEIN: Das hat es nicht nötig. Wenn schon, dann lasse deine Tochter enthaupten, deine Kunigunde, mit der kann ich mich besser unterhalten in der Geisterstunde.
UNKENSTEIN: Du liebst sie auch noch als Geist, wie diese Bemerkung beweist. Wir müssen jetzt wieder gehen. Leb wohl, Ritter Rodenstein, auf Wiedersehen.
RODENSTEIN: Was heißt: Lebe wohl – ohne Kopf.

5. Szene

Alle kommen nun wieder auf die Bühne, und das Tribunalgericht beginnt. Ritter Unkenstein sitzt in der Burgstube als Präses des Tribunals. Links und rechts neben ihm je ein Ritter. Kuni sitzt seitwärts.
UNKENSTEIN *zu Heinrich*: Schleppe mir sofort den Ritter Lenz aus dem Burgverlies, und bringe ihn hierher.
HEINRICH: Jetzt gleich?
UNKENSTEIN: Was heißt gleich?
HEINRICH: Na, i moan, weil er grad abendessen tut.
UNKENSTEIN: Was? Im Hungerturm? Statt zu hungern, tut er abendessen?
HEINRICH: Natürlich. Wenn er nichts zu essen hätt, dann stürb er ja, und wenn er gestorben wäre, dann könnte er ja nicht mehr hungern. Was tät er dann noch im Hungerturm?
UNKENSTEIN: Also los, schlepp ihn herbei! *Heinrich ab.*

6. Szene

KUNIGUNDE: Lieber Vater, ich bitte Euch, seid mit meinem Ritter Lenz, mit meinem zukünftigen Gatten, nicht gar so streng, und gebet Euer Jawort, auf daß er mich zum Altare führe.
UNKENSTEIN: Das kommt erst darauf an, was der saubere, ehrlose Ritter zu seiner Verteidigung hervorzubringen weiß.

7. Szene

Heinrich bringt Lenz gefesselt vor das Tribunal.
LENZ *kniet vor Unkenstein nieder*: Ich liege untertänigst zu Euren beiden Füßen.
KUNIGUNDE *fällt ihm um den Hals und schluchzt*: Geliebter! Du und sonst keiner soll es sein!

Unkenstein: Ritter Lenz, Ihr habt ein heimliches Spiel mit meiner Tochter Kunigunde betrieben, aus dessen Folgen ein uneheliches Knäääähblein entsprungen ist. Ich frage Euch hier vor Zeugen: Seid Ihr der Vater des Kindes meiner Tochter? Nein oder ja?

Lenz: Ja!

Unkenstein: Wollt Ihr meine Tochter zum Traualtar führen?

Lenz: Nein!

Alle *murmeln durcheinander*: Der gemeine Kerl, der Schuft, der ehrlose Schurke.

Unkenstein: Ich frage dich nochmals: Willst du meine Tochter heiraten? Von mir aus liegt nichts im Wege, und meine Tochter liebt dich. Also, willst du meine Tochter heiraten?

Lenz: Nein, ich kann nicht.

Unkenstein: Du kannst nicht heiraten? Heiraten ist doch keine Kunst! Heiraten kann doch ein jeder!

Lenz: Ich nicht.

Unkenstein: Wart, Schurke, ich werde dir die Heirat erpressen. *Zu Heinrich*: Hole die Daumenschrauben herbei.

Heinrich holt die Daumenschrauben und legt sie Lenz an.

Unkenstein *zu Heinrich*: Ziehe die Schrauben an!

Lenz stöhnt.

Unkenstein: Willst du meine Tochter heiraten?

Lenz: Ich kann nicht!

Unkenstein *zu Heinrich*: Ziehe die Schrauben fester an!

Lenz *krümmt sich und schreit*: Nein, ich kann nicht!

Unkenstein: Schraube noch fester! Ich frage dich nochmals, willst du meine Tochter heiraten?

Lenz *brüllt*: Ich – kann – nicht!

Unkenstein: Zum Donnerwetter noch einmal, warum kannst du meine Tochter nicht heiraten? Warum willst du meine Tochter nicht zur Frau?

Lenz: Weil i scho oane hab!

Heinrich: Was, er hat schon eine Frau?

Unkenstein: Und meine Tochter hat von dir ein Kind?

Lenz: Meine Frau hat ja schon elfe von mir!

Heinrich: Na ja, san S' froh, edler Ritter, daß a so is, dann is as Dutzend voll! Furchtbar waar's nur, wenn die Kunigunde von ihm elf ledige hätt und seine Frau von ihm bloß eins.

Unkenstein: Ja, das ist eigentlich wahr. Aber Strafe muß sein. *Er besinnt sich.* Er soll seiner Freiheit beraubt werden.

Heinrich: Nun ja, dann lassen S' ihn doch wieder bei seiner Frau!

8. Szene

UNKENSTEIN: Nun wollen wir aber heben an eine Versöhnung zu feiern, die sich gewaschen hat. Heinrich, schleppe fünf Kannen von unserem guten Rotwein herbei. Mit dem stärksten Rebensaft will ich euch laben, auch bringe das Leckerste aus der Küche hierher.
Heinrich holt Speise und Trank, Kunigunde deckt den Tisch.
UNKENSTEIN: So, ihr Ritter und Mannen, laßt euch meinen Wein gut munden, ergreift die Becher, auf daß wir den Vater meines kleinen Enkels Hunibald hochleben lassen. *Alle erheben sich von den Sitzen.* Der zukünftige Schloßherr, mein kleiner Ritter, Ritter Hunibald von Unkenstein, er lebe hoch, hoch, hoch!
HEINRICH *säuft seinen Krug auf einen Zug leer:* Aaah!
UNKENSTEIN: Brav, mein Recke, du hast einen guten Zug im Halse, nur fürchte ich, daß dich dieses große Quantum Rebensaft bald zu Boden zwingt. Aber vorher lasse noch einige Trutzverschen über uns ergehen.
Heinrich nimmt die Laute und singt. Nach jedem Vers Rittergebrumm.

Rittermänner, laßt die Becher klingen,
Heute wollen wir das Glück besingen,
Heute wollen wir alle lustig sein,
Hoch lebe unser Enkelein!

Und der Ritter drunt von Eulenbach
Hat mit seiner Gattin öfters einen Krach,
Sie ist ein Mistviech, ein ganz derfeits,
Der Mo hat mit dem Weib sei Kreuz!

Und der Ritter von Hahnenspieß,
Der hat den Wolf zwischen die Füß;
Sitzt er mit dem Wolf auf dem Roß,
Sind die Schmerzen sehr groß!

Und der Ritter von Freising drunt
Is ein ganz gspaßiger Hund.
Sieht er ein Mädchen gehn
Bleibt er glei stehn!

Heinrich wird nun besoffen und erlaubt sich in diesem Zustand viel zuviel mit Kunigunde. Als er sie sogar küßt, wird der Ritter Lenz eifersüchtig, und es beginnt ein furchtbarer Wortwechsel, der in eine Rauferei ausartet, bei der mit allerlei Gegenständen geworfen wird, aber der Streit wird von Unkenstein wieder geschlichtet. Die Sauferei nimmt ein Ende. Vor dem Abschied entspinnt sich jedoch wieder ein Streit, und zwar deshalb, weil Ritter Lenz das Kind mit sich nach Haus nehmen will.

LENZ *aufgebracht*: Was, Ihr wollt mir mein Kind nicht mitgeben?

KUNIGUNDE: Du bist verrückt, das ist doch mein Kind!

LENZ: Aber das Kind hab doch ich ...

KUNIGUNDE: Und ich hab's geboren!

HEINRICH: Ihr werdet euch doch net wegen dem kleinen Kind da streiten. *Er nimmt das Wickelkind, legt es auf den Tisch und schneidet es mit dem Schwert mitten auseinander.* Da hast du die Hälfte, und da hast du die Hälfte, und jetzt gebt's miteinander eine Ruh!

Musterung in alter Zeit
(Ritter Unkenstein)

Ein Zimmer in der Burg Grünwald im Isartal. Auf dem Tisch liegen alte Pergamentpapiere und der Helm des Ritterstabsarztes. Am Tisch sitzt der Schreibergeselle Daniel. Dieser hat ein altes Tintenfaß und einen kleinen Kübel Streusand vor sich. In dem Tintenfaß steckt eine Gansfeder.

DANIEL *zum Medizius*: Herr Stabsarzt, was hat denn unser Ritter Unkenstein eigentlich vor, daß er so schnell tausend Mann Kriegsvolk braucht?

MEDIZIUS: Das wissen Sie noch nicht? Er hat doch dem Ritter Lenz auf Schloß Ismaning den Kampf angesagt, und da sollen wir aus dem ganzen Isartal von Harlaching bis Wolfratshausen Kriegsvolk ausmustern, und zwar tausend Mann – wie er sich das vorstellt!

DANIEL: Ich kann mir das auch nicht vorstellen, daß wir die tausend Mannen zusammenbringen, denn von neunhundertfünfundachtzig Mannen, die wir nun seit drei Wochen gemustert haben, sind alle untauglich. Der eine hat keine Zeit, der andere mag nicht, der dritte hat kein Interesse und so weiter. Heute kommen die letzten fünfzehn Mann zum Abmustern.

MEDIZIUS: Was? Fünfzehn Mann haben wir nur mehr zu mustern? Also lassen Sie einen nach dem anderen herein, damit wir endlich fertig werden mit dieser verdammten Musterei. Wenn die fünfzehn auch noch untauglich sind, dann muß sich der gute Herr Ritter Unkenstein zu seinem Krieg Bleisoldaten gießen lassen. Also herein mit dem ersten Mann.

Rumpfentupf tritt ein.

MEDIZIUS: Sie heißen?

RUMPFENTUPF: Balduin Rumpfentupf.
MEDIZIUS: Was sind Sie?
RUMPFENTUPF: Bärenfellgerber.
MEDIZIUS: Haben Sie irgendein kränkliches Gebrechen, welches Sie am Kriegsdienst hindert?
RUMPFENTUPF: Ich habe Sommersprossen.
MEDIZIUS: Im Winter auch?
RUMPFENTUPF: Nur im Sommer.
MEDIZIUS: Also nur für Sommerschlachten geeignet. Halbe Sache, untauglich. Der nächste.
Moselmost tritt ein.
MEDIZIUS: Sie heißen?
MOSELMOST: Carolus Moselmost.
MEDIZIUS: Was sind Sie?
MOSELMOST: Ein Feigling!
MEDIZIUS: Untauglich für den Krieg, abtreten, der nächste.
Orschlo tritt ein.
MEDIZIUS: Sie heißen?
ORSCHLO: Kuno Orschlo.
Daniel kriecht auf dem Boden.
MEDIZIUS: Was suchen S' denn?
DANIEL: Dem sein »ch«.
MEDIZIUS: Was sind Sie?
ORSCHLO: Nachtwächter.
MEDIZIUS: Dann haben Sie also am Tage nichts zu tun?
ORSCHLO: Doch, da muß ich meine Laterne instand setzen für die kommende Nacht, außerdem habe ich Hyazinthen, die mir große Schmerzen verursachen.
MEDIZIUS: Die heißen nicht Hyazinthen, sondern Hämorrhoiden. Untauglich. Abtreten. Der nächste.
Hepperdepperneppi tritt ein.
MEDIZIUS: Sie heißen?
HEPPERDEPPERNEPPI: Justus Hepperdepperneppi.
MEDIZIUS: Was sind Sie?
HEPPERDEPPERNEPPI: Schiffer!
MEDIZIUS: Wo schiffen Sie?
HEPPERDEPPERNEPPI: In der Isar!
MEDIZIUS: Haben Sie irgendein Leiden?
HEPPERDEPPERNEPPI: Ich hab hie und da den sogenannten Schnackler.
MEDIZIUS: Glauben Sie, daß Sie der Schnackler am Kriegsdienst hindert?
HEPPERDEPPERNEPPI: Gewiß, Herr Stabsarzt, ich stelle mir vor, wenn ich

zum Beispiel schießen muß, in dem Moment, wo ich ziele und drücke ab, könnte ich den Schnackler bekommen – hup – verreißt es mir eventuell das Gewehr, und ich schieße daneben.

MEDIZIUS: Möglich. Abtreten. Der nächste!

Benedikt Schlslschl tritt ein.

MEDIZIUS: Sie heißen?

SCHLSLSCHL: Benedikt Schlslschl.

MEDIZIUS: Was treiben Sie?

SCHLSLSCHL: Säue, ich bin Sautreiber.

MEDIZIUS: Haben Sie irgendein körperliches Gebrechen?

SCHLSLSCHL: Ich bin sehr darmschwach.

MEDIZIUS: Erklären Sie mir das näher!

SCHLSLSCHL: Wenn ich zum Beispiel über was erschrecke und mich aufrege, bekomme ich sofort einen Durchfall.

MEDIZIUS: Wie äußert sich der? Das könnte jeder sagen, dafür brauche ich Beweise.

SCHLSLSCHL: Wenn ich das beweisen muß, dann brauchen Sie mir nur zuzurufen: Tauglich! – Schon haben Sie den Beweis!

MEDIZIUS: Pfui Teufel! Untauglich! Abtreten! Der nächste eintreten!

Kuno Zweigbaum tritt ein.

MEDIZIUS: Sie heißen?

ZWEIGBAUM: Kuno Zweigbaum.

MEDIZIUS: Was haben Sie für ein Gewerbe?

ZWEIGBAUM: Flößer.

MEDIZIUS: Sind Sie gesund?

ZWEIGBAUM: Danke schön, Herr Stabsarzt – unberufen! Nur sehen tue ich ein wenig schlecht.

MEDIZIUS: Würden Sie im Kriege den Feind sehen, wenn er auf Sie zukommt?

ZWEIGBAUM: Nein! Ich will auch gar keinen sehen!

MEDIZIUS: Ja, wenn Sie keinen Feind sehen wollen, dann lassen Sie es bleiben; sind wir gleich fertig. Untauglich! Abtreten! Der nächste!

Franz Pliventrans tritt ein.

MEDIZIUS: Sie heißen?

PLIVENTRANS: Franz Pliventrans.

MEDIZIUS: Beruf?

PLIVENTRANS: Sternschnuppenzähler.

MEDIZIUS: Haben Sie sich da noch nicht verzählt?

PLIVENTRANS: Ja, hauptsächlich bei Tag.

MEDIZIUS: Sind Sie gesund oder nicht ungesund?

PLIVENTRANS: Ich habe Hemmungen.

MEDIZIUS: Das sind dumme Angewohnheiten, die werden wir Ihnen schon abgewöhnen.

PLIVENTRANS: Da wäre ich Ihnen zu großem Dank verpflichtet, Herr Stabsarzt! Meine Haupthemmung ist die, wenn ich einige Sekunden mit irgend jemandem spreche, wie zum Beispiel jetzt mit Ihnen, dann fange ich zu gähnen an, und das ist sehr ansteckend auch für den anderen.

MEDIZIUS *nervös*: Um Gottes willen!

Pliventrans gähnt, der Medizius desgleichen.

DANIEL: Auweh, Herr Stabsarzt, jetzt hat er Sie schon – *gähnt* – angesteckt.

MEDIZIUS *kann nur immer einige Worte sagen und gähnt dazwischen*: Der Mann da ist un... un... – *gähnt* – tauglich!

DANIEL *zu Pliventrans, der auch eben wieder gähnt*: Sie sind un... un... – *gähnt* – tauglich. Schaun S', daß Sie sofort hin... hin... – *gähnt* – auskommen! Sie haben uns mit Ihrer saudummen Gäh... Gäh... – *gähnt* – nerei angesteckt.

MEDIZIUS: So... so... – *gähnt* – fort hinaus mit dem Burschen! Der nächste soll ... soll ... soll ... hereinkommen!

Pliventrans geht aber nicht, sondern will sich freiwillig melden zum Kampf gegen Ritter Lenz.

MEDIZIUS: Hinaus, sag ich, wir können ... können – *gähnt* – Sie nicht brauchen. Sie würden ja das ganze tausend Mannen starke Heer mit Ihrer saudummen Gähnerei anstecken. Da würde ja der Ritter Un... Un... Unkenstein seinen Kampf verlieren, wenn die Soldaten statt schießen immer gäh... gäh...nen würden! Also untauglich, weiter!

DANIEL: So gehen Sie doch endlich weiter, mir tut schon das Maul weh!

PLIVENTRANS: Dann können Sie mich, dann können Sie mich zum Innendienst verwenden!

MEDIZIUS: Um Gottes willen! Wir müssen ja hier arbeiten und nicht gäh... gäh... gähnen!

Drei Männer, die noch gemustert werden sollen, kommen herein und beklagen sich, daß sie schon so lange draußen warten müssen, sie hätten keine Zeit mehr, sie möchten doch jetzt endlich gemustert werden. Als sie aber sehen, daß der Stabsarzt und der Schreibergeselle und der Pliventrans ständig gähnen, fangen sie auch alle zu gähnen an.

MEDIZIUS *schaut nun ins Publikum und sieht im Zuschauerraum auch schon einige gähnen.* Um Gottes willen, das ist ja die reinste Gähnepidemie, alles gähnt. Wer schafft hier Abhilfe?

DANIEL: Ich hab ein Mittel dafür! – Licht aus!!

Das Licht geht im Zuschauerraum und auf der Bühne aus, der Vorhang geht im Finstern zu.

Besuch bei Ritter Unkenstein
(Ritter Unkenstein)

1. Szene

Ritter Unkenstein und sein Freund Blasius Meier, Aktuar aus München, sitzen in einer Stube in der Burg Grünwald.

UNKENSTEIN: Mein lieber Freund Blasius, das war heute ein schöner Abend, es ist nur schade, daß du so selten zu mir kommst.

BLASIUS: Lieber Unkenstein, des öfteren würde ich zu dir kommen, aber der weite Weg von München nach Grünwald ist das einzige Hindernis. Bei Tage ist die Reise nicht schwierig, nur des Nachts, die Heimreiterei durch die finsteren Wälder ist nicht so einfach – du weißt, ich bin eine ängstliche Natur und habe eine furchtbare Angst, es sollen doch um Mitternacht Dinge vor sich gehen, von denen man nicht gerne spricht, und jetzt ist es schon halb zwölf Uhr, ich glaub, ich reite jetzt heim.

UNKENSTEIN: Weißt du was, Blasius? Du schläfst heute bei mir.

BLASIUS: Bei dir?

UNKENSTEIN: Nein, nicht bei mir – bei mir schläft meine Frau.

BLASIUS: Im Bett?

UNKENSTEIN: Nicht im Bett, im Schlafzimmer.

BLASIUS: Aber auch im Bett?

UNKENSTEIN: Natürlich im Bett – in ihrem Bett.

BLASIUS: Und du schläfst immer in deinem Bett?

UNKENSTEIN: Immer schließlich auch nicht.

BLASIUS: In ihrem Bett?

UNKENSTEIN: Nein! Wir wechseln halt ab, einmal schlaf ich in meinem Bett, dann schläft sie in dem meinen, und in ihrem Bett schlafe ich, und wenn ein Bett in Reparatur kommt, dann schlafen wir alle beide im Fremdenzimmer, da haben wir auch zwei Betten – und in dem Fremdenzimmer kannst du heute bei uns übernachten.

BLASIUS: Aber ich kann mich doch nicht allein in zwei Betten legen.

UNKENSTEIN: Nein, das kannst du nicht, aber soweit ich dich kenne, traust du dich ja auf einer Ritterburg nicht allein schlafen, wegen der Geisterstunde.

BLASIUS: Ja geht's im Fremdenzimmer auch um?

UNKENSTEIN: Umgehn – also spuken tut's von zwölf bis ein Uhr nachts in allen Räumen der Burg.

BLASIUS: Um Gottes willen! Ja wenn ich schon heute dableiben muß, dann schlaf ich gleich hier im Lehnsessel.

UNKENSTEIN: Das kannst du auch.

BLASIUS: Es ist schon bald zwölf Uhr, ich habe schon jetzt eine Gänsehaut.

UNKENSTEIN: Blasius! Sei ein Mann!

BLASIUS: Das bin ich leider nicht. Vor Geistern fürchte ich mich entsetzlich, besonders vor der Ahnfrau. Brrrrrr!

UNKENSTEIN: Ach papperlapapp, du setzt dich einfach in den Lehnsessel, die Kerze läßt du brennen, und wenn es zwölf Uhr schlägt, dann laß es spuken, kümmere dich nicht, und wenn dir die Ahnfrau erscheint, dann sei nett und freundlich zu ihr, widersprich ihr nicht, es ist alles halb so schlimm, wie du dir die Sache vorstellst.

BLASIUS: Und ich bin ganz allein in dem Zimmer?

UNKENSTEIN: Was heißt allein? Wenn die Ahnfrau da ist, seid ihr doch zu zweit.

BLASIUS: Wenn nur wenigstens deine Köchin noch bei mir schlafen tät, dann …

UNKENSTEIN: Ja freilich, das tät dir passen. Im übrigen muß ich noch zur Köchin hinübergehen und ihr sagen, wann du morgen früh geweckt sein willst.

BLASIUS: So um sechs Uhr.

UNKENSTEIN: Gut, um sechs Uhr soll sie dich wecken. Also mein lieber Blasius, es ist jetzt bald zwölf Uhr, wir trinken noch einen Becher guten Rebensaft, der macht Mut. Prost, alter Freund!

BLASIUS: Prost, Unkenstein! *Blasius führt zitternd den Becher zum Mund.*

UNKENSTEIN: Du zitterst ja wie Schweinssulze.

BLASIUS: Ich schlage vor, wir zwei gehen heute gar nicht ins Bett, wir bleiben hier und trinken, ich bin nämlich heute ausnahmsweise gar nicht müde.

UNKENSTEIN: Das geht nicht, ich muß vor zwölf Uhr noch zu meiner Frau hinüber, die traut sich auch nicht während der Geisterstunde allein sein.

BLASIUS: Aha! Die fürchtet sich also auch.

UNKENSTEIN: Natürlich fürchtet sie sich, aber das ist ja auch ein Weib, du bist aber ein Mann – schäme dich!

BLASIUS: Lieber schämen als fürchten.

UNKENSTEIN *horcht:* Pst! *Es schlägt dreiviertel zwölf Uhr.* Mein lieber Freund, ich muß dich jetzt allein lassen. Also sei tapfer. Ich kann die Geisterstunde leider nicht abschaffen, die existiert schon, solange die Welt besteht. Morgen früh kommst du zu mir und erzählst mir, was los war, oder ich komme zu dir herüber, also – gute Nacht, Blasius, angenehme Ruh.

BLASIUS *zitternd:* Pfüat di Gott. Ich hab mehr Schiß als Angst.

2. Szene

Blasius zieht den Rock und die Weste aus, setzt sich in den Lehnsessel und deckt sich mit einer Decke zu. Es schlägt zwölf Uhr. Da fängt es schon an zu klopfen, das Fenster springt von selber auf. Eine helle Mondnacht. Allerlei Geisterlärm; Geistervögel, Fledermäuse etc. fliegen vor dem Fenster herum. Die Stiefel des Herrn Blasius laufen von selbst zur Tür hin, die Gegenstände des Zimmers wackeln. Katzengeschrei und Hundeheulen aus der Ferne. Plötzlich erscheint die Ahnfrau in weißem Hemd und weißem Schleier.

3. Szene

AHNFRAU: Wer bist du?
BLASIUS *mit ängstlicher, fast weinerlicher Stimme:* Blasius Meier, und wie heißt du?
AHNFRAU: Bist du verheiratet?
BLASIUS: Nein, ich bin noch Junggeselle.
AHNFRAU: Warum bist du noch Junggeselle?
BLASIUS: Ich habe noch nicht die richtige Frau gefunden.
AHNFRAU: Aber du bist doch ein ganz strammer Mann, in den besten Jahren, mit dir könnte doch eine Frau ihr Glück machen.
BLASIUS: Schon möglich, aber ich bin so ängstlich und trau mir kein Mädchen freien.
AHNFRAU: Du mußt Mut haben. Ich werde dir zu deinem Glück verhelfen, ich habe nur sehr wenig Zeit, weil die Geisterstunde zu kurz ist, ich muß nämlich jede Nacht von zwölf bis ein Uhr alle Räume der Burg durchwandeln, wie das so üblich ist.
BLASIUS: Liebe, sehr verehrte Ahnfrau, ich hab mir Sie viel, viel anders vorgestellt. Als so eine alte Hexe, und nun sehe ich, daß Sie so ein lieber Geist sind, und möchte gerne mit Ihnen noch ein wenig plaudern. Bleiben Sie doch heute nacht bei mir, damit ich nicht so allein bin.
AHNFRAU: Das geht leider nicht, weil ich morgen um sechs Uhr Sie wekken muß – Jessas na, jetzt hab ich mich verschnappt. Ich bin nämlich d' Köchin vom Ritter Unkenstein.
BLASIUS: Waaas?
AHNFRAU: Jetzt is's scho gleich, jetzt sag i Eahna alles, aber Sie dürfen meim Herrn, dem Ritter Unkenstein, nichts sagen, was ich Ihnen gsagt hab.
BLASIUS: Nein, ich sag nichts, was ist denn?
KÖCHIN: Der Ritter is vor ungefähr einer halben Stunde zu mir komma und hat gsagt, ich bekomm von ihm a... Gulden, wenn ich Ihnen als Ahnfrau erscheine, und was er mir anschafft, des muß i tun.

Blasius: Mein lieber Freund Unkenstein, dir schwöre ich Rache! Du hast die längste Zeit eine Köchin gehabt.

Köchin: Was soll das heißen, lieber Herr Blasius?

Blasius: Sie kündigen heute, Fräulein Magdalena, und in baldiger Bälde hole ich Sie von Grünwald nach München, und Sie werden meine Frau, aber nicht eine Ahnfrau, sondern meine Frau – von jetzt ab sagen wir du zueinander – und jetzt bleibst du bei mir, denn jetzt fürchte ich mich nicht mehr vor der Ahnfrau, höchstens vor dem Ritter Unkenstein, wenn er seine Köchin herin findet.

Köchin: Das geht nicht, daß ich bei dir bleibe, der Ritter würde mich totschlagen.

Blasius: Nein, er hat mir sogar gesagt, ich soll mit der Ahnfrau lieb und nett sein, und das tue ich jetzt auch. Ich mache jetzt den Vorhang zu und bin bis morgen früh um sechs Uhr lieb und nett zu dir. *Der Vorhang fällt. Durch einen Lautsprecher wird verkündet, daß die folgende Szene fünf Stunden später spielt. – Zwischenmusik:* Nur eine Nacht sollst du mir gehören.

4. Szene

Es klopft an der Tür.

Blasius: Herein!

Unkenstein *betritt das Zimmer und ist entrüstet, als er seinen Freund und seine Köchin vorfindet. Die Köchin hat ihr weißes Gewand umgehängt wie in der Geisterstunde.* Was soll das heißen?!

Blasius: Da bist du selbst schuld, lieber Ritter Unkenstein. Du hast zu mir gesagt, ich soll mit der Ahnfrau lieb und nett sein, und das habe ich gemacht. Weil aber die Geisterstunde von zwölf bis ein Uhr zu kurz war, hat sich die süße Angelegenheit etwas in die Länge gezogen.

Unkenstein: Ja und?

Köchin: Edler Ritter – Sie haben mir geheißen, den Gast zu erschrecken in nächtlicher Stunde, statt daß er erschrocken ist, hat er sich in mich verliebt und will mich als seine Gemahlin zum Altar führen.

Unkenstein: Und was mache ich ohne Köchin?

Blasius: Du gibst im V. B.* eine Anzeige auf: »Zuverlässige Ahnfrau, die auch nebenbei gut kochen kann, gesucht. Burg Grünwald
Ritter von Unkenstein.«

Blasius und Magdalena stehen als Schlußbild umschlungen, einander süß anlächelnd beisammen, Ritter Unkenstein lehnt an der Zimmerwand und weint bitterlich ob seiner Dummheit.

* »Völkischer Beobachter«

Auf der Burg, da gibt's koa Sünd
(Ritter Unkenstein)

KUNIGUNDE: Lieber Vater, ich kann es nicht mehr länger mit mir herumtragen, es muß endlich einmal heraus. Ich muß mir Luft machen – unser Recke Heinrich ist seit langer Zeit sehr zutraulich und frech zu mir.
RITTER: Was? Mein Recke Heinrich?
KUNIGUNDE: Ja, der Recke Heinrich steigt mir nach.
RITTER: Ja, seit wann denn?
KUNIGUNDE: Seit er bei uns im Dienst ist.
RITTER *nachdenklich:* Ja, der ist doch schon fast zwanzig Jahre bei uns auf der Burg. Und du bist doch erst dreißig Jahre alt; dann wäre er dir ja schon nachgestiegen, als du erst zehn Jahre alt warst.
KUNIGUNDE: Das mag stimmen. Nur habe ich es damals noch nicht erfaßt. Aber als ich sechzehn Jahre alt war, war mir alles verständlich.
RITTER: Ja, du einfältige Gans, warum hast du mir denn damals nichts davon gesagt?
KUNIGUNDE: Lieber Vater, damals war ich doch noch so blutjung, da hätte ich mich doch vor dir geschämt, solche Sachen zu sagen.
RITTER: So? Aber vor ihm hast du dich, scheint's, nicht geschämt?
KUNIGUNDE: Vor ihm habe ich mich nicht geschämt. Er meinte es doch so gut mit mir. Er hatte mich doch so lieb und wollte mich heiraten.
RITTER: Waaas? Des Ritters Unkenstein Töchterlein, Kunigunde, will einen gewöhnlichen Recken, einen Dienstknecht von mir, heiraten? Das kann ich ja überhaupt nicht fassen; das kann doch nur ein Witz sein. Ja, weiß denn das deine Mutter schon, die hochedle Ritterin von Unkenstein, meine Gemahlin?
KUNIGUNDE: Natürlich, die weiß es schon seit zwanzig Jahren.
RITTER: Was? Ja was sagt denn die zu diesem elenden Verführer, der schon so lange mit dir ein heimliches Möchteltöchtel treibt?
KUNIGUNDE *geheimnisvoll, im Flüsterton:* Die hat es dir doch nicht sagen können, denn wenn sie dir was gesagt hätte, dann hätte ich sie auch verraten, weil sie auch seit zwanzig Jahren mit ihm ein schmutziges Verhältnis hat.
RITTER: Was? Hör ich recht, oder träume ich? Meine Gattin hat mit meinem Recken Heinrich ein unreines Verhältnis? Was heißt das?
KUNIGUNDE: Sie ist vernarrt in ihn!
RITTER: In wen?
KUNIGUNDE: In den Recken Heinrich.
RITTER: Ich bin per-plex!
KUNIGUNDE: Sie ei-fert!

RITTER: Mit wem?
KUNIGUNDE: Mit mir.
RITTER: Warum?
KUNIGUNDE: Weil ich Heinrich liebe.
RITTER: Ja, da müßte doch ich mit dem Heinrich eifern, wenn der meine Gattin liebt. Da mache ich kurzen Prozeß. Den Hund lasse ich morgen köpfen.
Kunigunde stößt einen markerschütternden Schrei aus und sinkt ohnmächtig auf den Stuhl.
RITTER *schreit nach seiner Gemahlin aus Leibeskräften:* Agathe, Agathe! Komm schnell zur Hilfe! Deine Tochter stirbt!
AGATHE *kommt herbeigeeilt:* Was ist mit Kunigunde geschehen? Mein Kind!
RITTER: Es ist entsetzlich! Sie hat mir soeben verraten, sie hätte mit dem Recken Heinrich, meinem Dienstknecht, seit zirka zwanzig Jahren ein Liebesverhältnis. Es ist ja himmelschreiend! Ich habe ihr soeben verkündet, daß ich morgen früh sechs Uhr bei Sonnenaufgang diesen erbärmlichen Nebenbuhler köpfen lasse.
Agathe stößt ebenfalls einen markerschütternden Schrei aus und fällt in Ohnmacht.
RITTER: Hilfe! Hilfe! Meine Frau Gemahlin stirbt!
Recke Heinrich eilt auf die Hilferufe herbei.
RECKE *erschrocken:* Was ist los, edler Ritter? *Sieht die beiden Ohnmächtigen.* Um Gottes willen! Was ist mit Kunigunde und mit der edlen Rittersfrau geschehen?
RITTER: Geschehen?? Der Schleier des Geheimnisses ist gefallen – ich habe es soeben erfahren, daß du erbärmlicher Hund mit diesen beiden hier ein Liebesverhältnis hast. Beruht das auf Wahrheit?
RECKE: Was heißt Liebesverhältnis? Ich war zu beiden lieb und nett, und aus Dankbarkeit dafür haben mich die beiden nun bei Ihnen verraten.
RITTER: Du frecher Hund! Morgen früh, vor Sonnenuntergang, muß dein Haupt vom Richtblock herunterrollen.
Der Recke stößt einen Schrei aus und fällt ebenfalls ohnmächtig auf den Stuhl.
RITTER: Köchin! Walburga! Eile schnell herbei!
WALBURGA *erschrocken:* Was ist los, edler Ritter?
RITTER: Siehe da, diese drei! Sie liegen hier in Ohnmacht. Meine Tochter, meine Gemahlin und mein Recke Heinrich. Dieser Halunke hat mit meiner Tochter und mit meiner Gattin seit zirka zwanzig Jahren ein heimliches Liebesverhältnis betrieben. Und aus Strafe dafür lasse ich morgen früh seinen Kopf vom Rumpfe trennen.

Walburga stößt einen markerschütternden Schrei aus und fällt auch in Ohnmacht.

Ritter: Ahaaaa! – Die Dritte im Bunde! Das ganze Burgpersonal liegt schuldbeladen und ohnmächtig vor mir. Nur einer ist noch auf der Burg – der Burgpfaff. Ich trau mir nicht, ihn zu holen – es liegen schon genug Ohnmächtige um mich herum.

Die Ahnfrau

Die Uhr schlägt zwölf Uhr Mitternacht. Im Saal wird es finster, durch den Lautsprecher fängt der Sturm an zu heulen, dazwischen mischt sich Krähengeschrei und Katzenkonzert. Schlag zwölf Uhr erscheint die Ahnfrau in weißer Schleierumhüllung, die Körperform ist durch den Schleier zu erkennen. Mit einer brennenden Kerze und mit blaß geschminktem Antlitz, schwarzen Augenhöhlen betritt sie, auf weichen Gummisohlen gehend, das Podium. Zu der ganzen Szene spielt ein Harmonium eine schauerliche Musik.

Ahnfrau: Gestatten Sie, daß ich mich vorstelle, mein Name ist Walburga Wrdlbrmpfd, geborene Rembrengerdeng. Mein Mann selig war halbedler Ritter, aber trotzdem ein großer Sauhund. Ich habe viel mitgemacht mit ihm, er mit mir auch, das muß ich schon sagen. Hier im Färbergraben 33, an demselben Platz, gleich nach der Gründung Münchens im 11. Jahrhundert, da stand eine Burg – dieselbe war nicht sturmfrei, denn sie stand ganz einsam da, als eines der ersten Häuser in München im Färbergraben. Nur die Burg Herzog Josef des Wamperten stand am Ufer der Isar, da wo sich heute das Müllersche Volksbad befindet. In dieser Burg des Herzogs Josef des Wamperten war mein Mann Hausmeister, und ich war Zugeherin. In der Burg des Herzogs gab es viel Arbeit – der Herzog war ein lieber Mann, ich hatte ihn sehr gerne, gerner vielleicht, als ihn seine Frau hatte, aber sie wußte nichts davon, aber ich wußte, daß die Frau Herzog meinen Mann auch gern hatte. Dieser gemeine Hund hatte ein Möchteltöchtel mit der Herzogin. In beiderseitigen schmutzigen Verhältnissen zwischen der Herzogin, meinem Mann und dem Herzog und mir entsprossen eine Menge unehelicher Sprossen, was ich erst nach dem Tode meines geliebten Mannes, dieses Schwindlers, erfahren habe. Dem Herzog kam das zu Ohren, denn er hatte solche, und ließ meinen Mann wegen fortgesetzter Nebenbuhlerei in den Hungerturm werfen, was er auch verdient hatte. Später ließ er ihn sogar aufhängen, und zwar am Freitag, dem 16. Mai im Jahre elfhundertelfundsechzig. Meine Hinrichtung, ebenfalls wegen Nebenbuhlerei, fand vier Wochen später auf demselben Galgen statt. Wir hauchten unsere Seelen aus und verwandelten uns in Geister. Seit dem 11. Jahrhundert spuken wir nun jeden Tag zur nächtlichen Zeit hier umher, aber nur ich allein. Wo der Sauhund spukt, weiß ich nicht. Ich habe ihn in diesen achthundert Jahren noch nicht einmal gesehen und hätte ihm so viel zu sagen, dem Bazi, dem schlechten. *Schaut auf ihre Armbanduhr.* Schon so spät? Nun muß ich wieder verschwinden, ich ziehe mich wieder in meine Gemächer zurück.

Die alten Volkssänger I

Vier Musiker treten auf und ordnen ihre Instrumente. Karl Valentin hat seine Arme um den Körper geschlungen.

DER ZWEITE MUSIKER: So, jetzt pack ma's wieder. *Auf Valentin deutend.* Da is er ja schon. Ja, was hat er denn, was soll denn das bedeuten? So ein Gstell?

KARL VALENTIN: Ja – i war krank – jetzt bin i wieder gsund.

DER ZWEITE MUSIKER: Ja, aber die Arm?

K. V.: Ah, der Doktor hat gsagt, wenn ich 's erste Mal ausgeh, soll ich mich recht halten.

Musiker lachen ihn aus.

K. V.: Wertes Auditorium – werter Zuschauerraum. Unser philharmonisches Orchester bestand sonst – in Friedrichs – ah, Friedenszeiten aus achtzig philharmonischen Musikermännern. Infolge des sich einschleichenden Krieges wurden sechsundsiebzig Musikmänner eingerückt – ah na – sechsundsiebzig sollten eingerückt – na wollten – das stimmt auch net! – jetzt hab ich's, mußten einrücken. – Also zu Haus hab ich's so gut können – immer wenn ich was auswendig lern, bleib ich stecken, und zu Haus hab ich's so gut können – aber ich kann doch net verlangen, daß Sie gschwind mit mir nach Haus gehn. Davon abgsehn, hätt ich gar net soviel Platz. Jetzt fang ich halt noch amal an. Also, wir waren achtzig Mann. Sechsundsiebzig mußten davon einrücken – jetzt sind wir noch – ja, wieviel sind wir denn noch? *Er rechnet auf einem Zettel.* Achtzig weniger sechsundsiebzig – jetzt sind wir noch vier Musiker und ein Weib, welches nicht einzurücken braucht, wenigstens vorderhand nicht. Wir sind jetzt von einem p h i l harmonischen auf ein w e n i g harmonisches Orchester, auf ein sogenanntes Bamberlorchester zusammengeschrumpft. *Die Musiker widersprechen.* Schauen Sie sich nur die Zusammenstellung an – Klavier, Bombardon, Schlagzeug, und der – *er zeigt auf den Kla-*

rinettisten – hat glei sei Instrument aus'm Stiegengländer rausgrissen. Was wir Bruchkapelle aber im Leistenbruch – also reden tu i scho furchtbar schlecht – wenn mir so a Musi machen, wie ich red, dann is's gescheiter, wenn S' jetzt glei wieder gehn – ach ja, was wir im leisten zustande sind, das werden S' jetzt gleich hören. Was nützt das viele Reden! Taten wollen wir sehen und hören! Fanget an!

Die Musiker richten ihre Noten her. Valentin setzt sich auf einen Schemel.

K. V.: Wo ist denn eigentlich jetzt die Lehne?

ANNEMARIE FISCHER: Wer?

K. V.: Die Lehne?

DER ZWEITE MUSIKER: Wen meint er denn da?

ANNEMARIE FISCHER: Ach, unser Kassierin, die blonde.

K. V.: Wieso blond? Ach Schmarrn. *Er nimmt den Schemel in die Hand.* Die Stuhllehne mein ich ja. *Valentin bekommt einen anderen Stuhl.*

DIE MUSIKER: Ach so.

K. V.: An ner Kassierin kann i mich doch net anlehnen. *Er setzt sich auf den richtigen Stuhl, hebt das Bombardon mit großer Kraftanstrengung auf und rutscht samt Bombardon vom Stuhl hinunter. Die Musiker springen hinzu und helfen ihm wieder herauf.*

K. V.: Das ist ja unglaublich! Ihr seid mir schöne Kollegen – pfui Teifi! Da hilft ma einem doch! *Die Musiker sind entsetzt.*

DIE MUSIKER: Ja, wir haben aber doch gholfen – also so was! Der schimpft uns auch noch zsamm.

K. V.: Ja nachher, wie i scho runtergrutscht war.

DER ZWEITE MUSIKER: Mir können dir doch net scho raufhelfen, bevor du überhaupt nuntergrutscht bist. – So gscheit sollst doch schon sei.

K. V.: Naa, so gscheit bin i eben net – drum hab ich mich auf dich verlassen.

DER ZWEITE MUSIKER: Ach Schmarrn.

K. V.: A leck –

DER ZWEITE MUSIKER: Was?

K. V.: Leck – hab i gsagt.

DER ZWEITE MUSIKER: Des is ja unglaublich. Jetzt wiederholt er's auch noch amal.

K. V.: Leck war das Schiff, dann ging es unter. *Er sagt an:* Defilier-Marsch von Scherzer. *Sie spielen den Marsch.*

ANNEMARIE FISCHER *sagt an:* So, und jetzt kommt 's Rehlein.

K. V.: Ah, laß's rein, dann hab ma was z' fressn.

ANNEMARIE FISCHER: Ich mein doch »Das muntere Rehlein«. Das ist ein rheinischer Schlager, den Sie bestimmt alle schon kennen, und damit Sie recht fleißig mitsingen können, liegen extra Zettel mit dem Text auf. Hoffentlich sind noch welche da.

K. V.: Ja, wir habn nur noch a paar, und neue laß ma net drucken – des kommt zu teuer.

ANNEMARIE FISCHER: Also wer keinen Text hat, der braucht ja bloß lalala singen.

K. V.: Des is doch ganz Wurscht, ob die Leut mitsingen oder net. Die Hauptsach is, daß sie drobn eine Mark siebzig Eintritt bezahlt haben.

ANNEMARIE FISCHER *in der Ansage fortfahrend:* Das wär dies Jahr bestimmt d e r Oktoberfestschlager worden. Aber leider is ja die Wiesn ins Wasser gefallen.

K. V.: In'n Krieg is s' gefalln. Eine Million Räusch sind dies Jahr ins Wasser gfalln.

ANNEMARIE FISCHER: Blamier mich doch net so.

ANNEMARIE FISCHER *zum ersten Musiker:* Wie geht's jetzt deiner Tochter?

K. V.: Ja, wie geht's ihr denn? Hat s' schon entbunden?

DER ERSTE MUSIKER: Ja.

K. V.: So – wie lang – ah – wann?

DER ERSTE MUSIKER: Vor drei Tag.

K. V.: Was – vor drei Tag – was hat s' denn kriegt? A Kind oder a Mädel?

DER ERSTE MUSIKER: A Mädel.

K. V.: So, so, ja und wie geht's denn der Tochter – ah, der Mutter – der mütterlichen Tochter?

DER ERSTE MUSIKER: Danke, ganz gut.

K. V.: Liegt s' noch im Bett?

DER ERSTE MUSIKER: Aber geh – vor drei Tag.

K. V.: Ja, da san s' meistens drauf recht müd. – Wenn du dei Tochter triffst – na sagst an schönen Gruß, und sie soll sich ja recht halten, daß s' koan Rückfall kriegt.

ANNEMARIE FISCHER: So, und jetzt sing ma den »Bummelpetrus«. Der is ja genügend bekannt.

K. V.: Des is ja scho a ganz a alter Heiter*. Den ham s' ja schon bei der Hochzeit von Kanaan gsungen.

ANNEMARIE FISCHER: Ja, aber moderne Sachen ...

K. V.: Naa – moderne Sachen passen zu uns net richtig rein. Da müssen S' schon zum Weiß Ferdl in die Bonbonniere gehen. Jess, i Rindvieh mach für den auch noch Reklame.

* Bayerischer Ausdruck für Schindmähre

ANNEMARIE FISCHER: Ihr braucht's fei nur den Refrain mitblasn.
K. V.: Des kann i nimmer.
ANNEMARIE FISCHER: Des wird scho gehn. Also fang ma gleich amal mit dem Refrain an. *Valentin möchte immer zu früh einsetzen und versäumt dann schließlich doch seinen Einsatz. Er macht den ersten Musiker dafür verantwortlich, da dieser ihm kein Zeichen gegeben habe. Valentin schaut gelangweilt in die Gegend, streitet dann wieder mit dem ersten Musiker, fängt ein Gespräch mit dem Pianisten an und versäumt erneut seinen Einsatz. Annemarie Fischer schimpft nun auch mit Valentin, der sich weiter mit dem ersten Musiker streitet.*
ANNEMARIE FISCHER: Das ist ja unglaublich. So eine Patzerei. Und jetzt streitet ihr auch noch. Ihr seid schon wirklich gschert.
K. V.: Das wenn ich ghört hätt.
ANNEMARIE FISCHER: Is schon wahr auch. Da kann man doch nicht singen.
K. V.: Du kannst so auch net singen.
ANNEMARIE FISCHER: Das ist eine Frechheit.
K. V. *zum ersten Musiker:* Du mit deiner Wichtigmacherei – deswegen haben sie dich ja aus der Fachschaft rausgschmissen.
ANNEMARIE FISCHER: Jetzt seid's doch endlich mal ruhig. *Sie sagt an:* Und jetzt kommt das »Glühwürmchenidyll« von Paul Lincke. *Der Pianist fängt zu spielen an, was Valentin und den ersten Musiker nicht hindert, immer heftiger weiterzustreiten. Schließlich geht Valentin zum ersten Musiker und gibt ihm eine schallende Ohrfeige. Der erste Musiker schreit auf, die anderen unterbrechen entsetzt ihr Spiel.*
ANNEMARIE FISCHER: Ja, was ist denn los? Das ist ja unglaublich!
DIREKTOR *kommt aufgeregt herein:* Ja, aber das geht doch nicht.
K. V.: Des is scho gangen.
DIREKTOR: Warum haben Sie denn Ihrem Kollegen eine Ohrfeige gegeben?
K. V.: Weil er mich beleidigt hat.
ANNEMARIE FISCHER: Wieso denn? Was hat er denn gemacht?
K. V.: Eine Sau hat er mich gheißen.
DER ERSTE MUSIKER: Das ist nicht wahr!
ANNEMARIE FISCHER *und* DIREKTOR: Das ist ja unglaublich.
K. V.: Ich brauch mich doch von dem net zu beleidigen lassen, wo er noch dazu der Ältere is.
ANNEMARIE FISCHER: Ja, und warum denn? Da muß er doch einen Grund gehabt haben.
K. V.: Ach, des stammt ja noch von heut nachmittag von der Probe her, das is net so wichtig.

Annemarie Fischer: Doch, des wollen wir jetzt schon wissen. Jetzt hat's 's Publikum auch schon gmerkt.
K. V.: Wenn er wenigstens Schwein gsagt hätt – aber eine direkte Sau hat er mich ghoaßn.
Direktor: Ja, jetzt sagen S' doch endlich einmal, warum.
K. V.: Du bist d' Sau – net ich – ich war ja grad derjenige, der den Ventilator hat laufen lassen. *Alle ab bis auf den Pianisten und Annemarie Fischer, die das* Glühwürmchenidyll *singt. Valentin tritt wieder auf.*
K. V.: Ein Bombardon-Solo: Im tiefen Keller sitz ich hier. Eigentlich müßt's ja heißen – steh ich hier. Da müssen S' aber ganz ruhig sein, sonst hören S' nix. *Valentin vermurkst einen hohen Ton. Zum Pianisten:* Nur recht patzen – des mag ich. *Er spielt weiter. Kurz vor dem Schluß kommt der erste Musiker herein.*
Der erste Musiker: Valentin, Valentin!
Valentin will sich nicht unterbrechen lassen.
Der erste Musiker: Herr Valentin, eine junge Dame ist draußen und hat diesen Brief gebracht. Sie wartet gleich auf Antwort.
K. V.: Ausgerechnet jetzt, das wär doch nicht so wichtig gewesen. Ich hätt doch nur noch einen Ton zum Blasen gehabt. *Valentin fällt das Kuvert hinunter.* Au!
Der erste Musiker: Des kann doch net weh tun!
K. V.: Doch, es is mir ja mit der Kanten naufgfalln. *Der erste Musiker hat inzwischen den Brief wieder aufgehoben und Valentin gegeben. Valentin macht den Brief auf.* Ach, der ist von der. Die schreibt immer gelungen. Des muß ich Ihna vorlesen. *Zum ersten Musiker:* Nehmen S' inzwischen Platz. *Er liest den Brief vor:*

Januar den 33. München 1939

Lieber Geliebter!
Mit weinenden Händen nehme ich den Federhalter in meine Hände und schreibe Dir.
Warum hast Du so lange nicht geschrieben, wo Du doch neulich geschrieben hast, daß Du mir schreibst, wenn ich Dir nicht schreibe. – Mein Vater hat mir gestern auch geschrieben. Er schreibt, daß er Dir geschrieben hätte. Du hast mir aber kein Wort davon geschrieben, daß er Dir geschrieben hat.
Hättest Du mir ein Wort davon geschrieben, daß Dir mein Vater geschrieben hat, so hätte ich meinem Vater geschrieben, daß Du ihm schon schreiben hättest wollen, hättest aber leider keine Zeit gehabt zum Schreiben, sonst hättest Du ihm schon geschrieben.
Mit unserer Schreiberei ist es sehr traurig, weil Du mir auf kein einziges Schreiben, welches ich Dir geschrieben habe, geschrieben hast.

Wenn Du nicht schreiben könntest, wäre es was anderes, dann tät ich Dir überhaupt nicht schreiben, so kannst Du aber schreiben und schreibst doch nicht, wenn ich Dir schreibe.
Ich schließe mein Schreiben und hoffe, daß Du mir nun endlich einmal schreibst, sonst ist dies mein letztes Schreiben, welches ich Dir geschrieben habe. Solltest Du aber diesmal wieder nicht schreiben, so schreibe mir wenigstens, daß Du mir überhaupt nicht schreiben willst, dann weiß ich wenigstens, warum Du mir nie geschrieben hast.
Verzeihe mir die schlechte Schrift, ich bekomme immer den Schreibkrampf unterm Schreiben, Du bekommst natürlich nie den Schreibkrampf, weil Du nie schreibst.

Gruß und Kuß Deine N. N.

Zum ersten Musiker: Sagen S' ihr an schönen Gruß, und sie soll heut nacht Punkt zwei Uhr warten. Aber pünktlich muß s' sein.
DER ERSTE MUSIKER: Ja – und wo?
K. V.: Des is doch Wurscht. *Er bläst den letzten Ton. Der erste Musiker geht ab.*
ANNEMARIE FISCHER: Und jetzt ein Marsch: »Der Gardeleutnant«. Achtung, ganze Abteilung, marsch!
K. V. *trommelt*: Zu gut darf i gar net trommeln, sonst muß ich auch noch einrücken. *Die Kapelle spielt den Marsch zu Ende. Alle bis auf Valentin und den ersten Musiker gehen ab.*
K. V.: So, Sie müssen mir jetzt da bei der Regie a bißl behilflich sein, können S' ma a Trommel leihen?
DER ERSTE MUSIKER: Ham mer.
K. V.: Naa, koan Hammer, sondern eine Trommel.
DER ERSTE MUSIKER: Des moan i ja.
K. V.: Warum sagen S' nachher Hammer?
DER ERSTE MUSIKER: Haben wir.
K. V.: Ja, das is was anders. Sind S' doch net so gschert. Mir ham doch auch norddeutsche Zuschauer. *Er probiert die auf der Bühne stehende große Trommel aus, dann die kleine daneben.* Die kommt gar nicht in Frage. Ham S' net no a andere?
DER ERSTE MUSIKER: Ja, vielleicht unsere kleine Felltrommel.
K. V.: Des is ganz Wurscht, entweder a Feld- oder a Wiesentrommel. *Der erste Musiker bringt eine kleine Felltrommel. Valentin probiert sie aus.* Die hat so an trommelmäßigen Klang.
DER ERSTE MUSIKER: Des is ja a Trommel.
K. V.: Ah so, deswegen – kann scho sein. *Er probiert wieder die ersten beiden Trommeln, wobei er bei der kleinen sagt*: Die kommt nicht in Frage. Wissen S', die große Trommel wär im Klang scho recht, aber die

is wieder net zeitgemäß angestrichen. Es war einmal. Habn S' net no eine?

DER ERSTE MUSIKER: Na nehm ma mei alte.

K. V.: Is scho recht – der hau i auch nauf. *Der erste Musiker bringt eine ganz alte Trommel.* O mei, die war ja wirklich scho beim Dreißigjährigen Krieg dabei – die is ja ganz derfeit – da wär's ma scho lieber gwesn, die hätten S' mir net reingebracht.

DER ERSTE MUSIKER: Ja, dann ham mir nur unsere schöne Konzerttrommel.

K. V.: Schön braucht s' net sein. D' Hauptsach is, daß sie gut klingt. *Der erste Musiker bringt die Trommel.* Ah, die is ja verbronzt. Wer hat denn die angebronzt? *Er probiert die Trommel.* Naa, des is auch net 's Richtige. Ham S' kei solche wie bei der Wachtparade, a Pauke oder wia ma die heißt. *Der erste Musiker bringt eine Pauke.* Die is recht. *Valentin schlägt sehr fest auf die Pauke, so daß das Publikum erschrickt.* Da braucha S' net daschreckn, die wo so herkommen – *er deutet mit dem Arm eine seitliche Bewegung an* – machen nix, nur die von oben kommen. *Er möchte nun noch einmal alle Trommeln durchprobieren.* Jetzt kann i nimmer probiern, weil s' so nah aneinander stehn. Bleibn wir bei der. *Er deutet auf die Pauke. Er beginnt nun, dem ersten Musiker leise etwas zu erklären, wobei er wiederholt auf das Gedichtmanuskript deutet, das er zur Hand genommen hat. Zum Publikum:* Net zuhörn, des is privat. Sie können sich ruhig dazwischen unterhalten. *Er fährt leise in seiner Erklärung fort.* Haben S' mich verstanden?

DER ERSTE MUSIKER: Ja.

K. V. *eindringlich*: Haben S' mich wirklich verstanden?

DER ERSTE MUSIKER: Ja natürlich!

K. V.: Ausschauen tun S' nämlich, wie wenn S' mich net verstanden hätten. Wenn S' jetzt die Trommel naustragen, dann gehn S' gleich selber mit. *Der erste Musiker geht mit der Pauke fort.* Hallo! Hallo!

DER ERSTE MUSIKER: Was is denn?

K. V.: Sie sind ein schrecklicher Mensch. Was hab ich Ihnen denn gsagt? Sie sind ja zum Kotzen! Mit was wolln S' denn trommeln? Mit die Ohrwaschl vielleicht? *Der erste Musiker kommt zurück und nimmt von Valentin den Paukenschlegel entgegen.* Sind Sie am Kopf sehr empfindlich?

DER ERSTE MUSIKER: Ja, furchtbar.

K. V.: So, dann hau i 'n Ihna net nauf.

DER ERSTE MUSIKER: Was man nicht im Kopf hat, hat man in die Füß.

K. V.: Sie ham im Kopf nix und ham in die Füß nix. Sie ham nirgends nix. Reden S' net soviel – tragen S' mehr.

Der erste Musiker murmelt etwas vor sich hin.

K. V.: Murren S' net – sind S' froh, daß Sie in dieser schweren Zeit eine Beschäftigung ham. – Hallo! Gehn S' noch amal her!

Der erste Musiker *kommt nochmals mit der Pauke zurück*: Was is denn?

K. V. *betrachtet die Pauke.* Ja, des is scho die richtige. *Er hebt die kleine Felltrommel hoch.* Ich hab gmeint, Sie ham die mitgnommen. *Der erste Musiker geht wieder mit der Pauke ab.* Also ganz naus in d' Küch. *Zum Pianisten*: Gell, Sie tun's a bißl melodramisch untermalen. *In Richtung Küche*: Sind S' draußen?

Der Dreißigjährige Krieg

Aus großer Zeit stammt mein Gedicht,
Ich nenn des Kaisers Namen nicht,
Auf weiten Fluren, auf weiten Auen,
So weit die Augen konnten schauen,
War Kampf und Schlacht und Schlacht und Kampf
Mit Schwertgeklirr und Pulverdampf.
So ging das dreißig Jahre lang – von Anfang an.
Doch jeder Anfang nimmt sein Ende,
Und plötzlich kam des Schicksals Wende.
Von ferne dröhnt der letzte Schuß *horcht – Paukenschlag*
Der Krieg war aus – 's war Friedensschluß.

Der erste Musiker *bringt die Trommel wieder.* Des is ja unglaublich – wegen dem einen Schlag …

K. V.: Der Schuß war noch zu laut.

Der erste Musiker: Wirklich unglaublich!

K. V.: Ach, des verstehen Sie net. Des is eben Regie.

Die Trommeln werden von der Bühne geräumt.

K. V. *zum Publikum*: Ja, was wollt ich Ihnen jetzt noch erzählen? *Da es ihm nicht einfällt, erzählt er minutenlang von einem Witz, den er dann aber aus politischen Gründen doch lieber für sich behalten möchte. Endlich fällt ihm ein, was er sagen wollte*: 15 Minuten Pause.

Die alten Volkssänger II

Der erste Musiker tritt auf. Er ist allein auf der Bühne. Er begrüßt das Publikum und weist auf die vorzügliche Qualität der Kapelle hin. Er sieht auf die Uhr und entschuldigt sich, daß er seine Rede abbrechen muß, aber Dienst sei Dienst. Er fängt zu trommeln an.

Der zweite Musiker *kommt gelassen herein und fragt erstaunt*: Was machst denn?

DER ERSTE MUSIKER: Trommeln! Hört man das nicht?
DER ZWEITE MUSIKER: Das schon, aber jetzt schon und ganz allein!
DER ERSTE MUSIKER: Schau mal auf deine Uhr.
DER ZWEITE MUSIKER *schaut auf die Uhr:* Jööö! Ja was is des, höchste Zeit. Aber die andern sind auch noch net da!
DER ERSTE MUSIKER: Das ist mir gleich. Ich fang an. Ich laß mir nichts nachsagn.
DER ZWEITE MUSIKER: Nacha fang i auch an. Was spieln ma denn?
DER ERSTE MUSIKER: Den Doppeladler in k-Moll. *Beide trommeln unentwegt.*
K. V. *kommt ebenfalls erstaunt herein. Er raucht eine Zigarette, nimmt das Bombardon, wirft die Zigarette oben hinein, stößt sich den Mund an und bläst.*
DER DRITTE MUSIKER *kommt langsam herein*: Was, is schon Zeit? *Er packt umständlich seine Klarinette aus.*
K. V. *ruft durch das Bombardon*: So, fang schon amal an, steh net rum do!
DER PIANIST *kommt wortlos ans Klavier und beginnt zu spielen. Nach Schluß des Marsches erhebt sich der erste Musiker, um die nächste Nummer anzusagen. Valentin unterbricht ihn.*
K. V.: Was wart's denn net, bis alle beinand sind, es zwei Stiften. Da fangen s' mit zwei Trommeln allein an, die Wichtigmacher, nur damit der Wirt sieht, daß s' da sind. Lieber machen s' den Leut a Saumusi vor mit zwei Trommeln!
DER ERSTE MUSIKER: Ist das Ernst oder Spaß?
K. V.: Das ist Ernst! I mach kein Spaß. Das liegt mir nicht!
DER ERSTE MUSIKER: Ja, aber im Vertrag steht zwanzig Uhr dreißig!
K. V.: I richt mich net nach einem Vertrag!
DER ERSTE MUSIKER *zieht seine Uhr:* Hier, es ist aber Zeit!
K. V.: I richt mich auch net nach der Uhr. Nach deiner schon gar net. I hab selber a Uhr. I brauch de net, was willst denn?! I wohn in der Nähe vom Isartor, da ist die große Turmuhr drobn, und wann ich da in der Früh vorbeigeh, merk ich mir's für 'n ganzen Tag!
DER ERSTE MUSIKER: Das ist ja eine wunderbare Logik! Ich stell mich hierher, erzähl den Herrschaften, was wir für eine wunderbare Kapelle sind …
K. V.: Drum soll man vorher keine Sprüch machen!
DER ERSTE MUSIKER: Sprüch machn! Weiß ich, daß ihr kommt's, wann ihr wollt's?
K. V.: Wolln! Wolln! … Wolln tun wir überhaupt nicht. Meinen S', daß i da hergangert, wenn i net müßt, wann's net wegen die zwei Mark fuchzig

wär. Kein Mensch bringert mich bei der Finsternis raus. I brauch mein Hirn zum Denken und net zum Einrennen.

DER ERSTE MUSIKER: Aber der Mensch muß ein Pflichtgefühl haben!

K. V.: Hast du eins?

DER ERSTE MUSIKER: Gott sei Dank!

K. V.: Paß auf, daß dir's keiner nimmt, sonst hast auch keines. Was willst denn überhaupt? Ich hab mich halt verspätet, Herr Werkführer.

DER ERSTE MUSIKER: Das haben wir gemerkt, Herr Gefolgschaftsmitglied!

K. V.: An was? – Vielleicht weil i spät kommen bin?

DER ERSTE MUSIKER: Weil ihr daherschleicht einer nach dem andern!

K. V.: Na ja, ich war halt beim Mittagessen, und da hab ich mich verspätet.

DER ERSTE MUSIKER: Lächerlich! Mittagessen bis um halb neun Uhr auf d' Nacht!

K. V.: Das geht dich gar nix an, wie lang i zu Mittag eß! *Zum dritten Musiker*: Weißt, i eß alleweil da drüben in der kleinen Wirtschaft in der Neuhauser Krone. Schon seit ersten September eß ich dort jeden Tag und alle Tag lauter Semmelknödel. Seit ersten September lauter Semmelknödel!

DER ERSTE MUSIKER: Warum lauter Semmelknödel?

K. V.: Weil i halt 's Fleisch momentan net so gern mag! Die Semmelknödel waren immer so schön hell, so gelb, so gelblichhell, schön rund aa, so hellgelblichrund!

DER ERSTE MUSIKER: So ein Unsinn! Hellgelblichrund! Wie halt Semmelknödel sind!

K. V.: Ja so!!! Und heut hab ich welche kriegt, die warn so gräuslich, so dunkelfinster, wie die Mauer da. Jetzt hab i den Wirt gfragt, warum die Knödel heut so schwarz sind, so unappetitlich, ob er vielleicht a schwärzers Mehl zuteilt kriegt hat, könnt ja leicht möglich sein. Sagt der Wirt: Nein, er hat noch dasselbe Mehl und die gleichen Zutaten wie früher. Nur die Köchin, sagt er, hat keine Seife mehr!

DER ERSTE MUSIKER *zum Publikum*: Sie werden inzwischen festgestellt haben, daß wir uns tatsächlich in einer Ritterspelunke befinden, und da gehört es dazu, daß wir ein Ritterlied singen. Wir haben eines. Die Melodie ist Tausende Jahre alt und der Text aus neuerer Zeit. Wenn Sie wollen, können Sie beim Kehrreim etwas mitsingen, damit ...

K. V.: Tun S' doch die Leut net aufhetzen. Droben müssen s' eine Mark siebzig Eintritt zahlen, und herunten müssen s' um eahna eigenes Geld singen.

DER ERSTE MUSIKER: Kein Mensch hat gesagt, daß sie müssen, nur wenn sie wollen!

K. V.: Das sehn S' ja, daß net wolln! Kein Mensch singt!

DER ERSTE MUSIKER: Die Leute wissen doch gar nicht, was sie singen sollen!

K. V.: Das macht nix! Wenn s' singen wollen, können s' so auch singen!

DER ERSTE MUSIKER: Da ist gar nichts dabei, wenn die Leute mitsingen.

Nun wird das Couplet Die alten Rittersleut *gesungen.*

DER ERSTE MUSIKER:

Da herunt an diesem Ort,
Sicherlich, mein Ehrenwort,
Da habn edle Ritter ghaust,
Denen hat vor gar nichts graust.

Refrain: Ja so warn s', ja so warn s', die alten Rittersleut,
Ja so warn s', ja so warn s', die alten Rittersleut.

DER ERSTE MUSIKER:

Gsuffa habn s' und das net wia
Aus die Eimern Wein und Bier,
Habn s' dann alls zammgsuffa ghabt,
Dann sind s' untern Tisch drunt gflackt.
Ja so warn s' usw.

K. V.: Die ersten zwei Verse waren mau. Na, für den Anfang gehn s'!

DER ERSTE MUSIKER:

Jeder Ritter – 's is bekannt –
Trug a ganz a blecherns Gwand,
Hat er sich a Loch neingrissen
Hat's der Spangler löten müaßn!

K. V.: Das war ein handwerklicher Vers, der war schon etwas besser.

DER ERSTE MUSIKER:

D' Ritter, die warn lustge Leut
In der guten alten Zeit,
Denn das Leben war da schön,
Es hat noch kein Finanzamt gebn!

K. V.: Zuerst sagn S', die Leut solln mitsingen, daß s' in Stimmung kommen, und nacher singen Sie vom Finanzamt. I wissat aa a Verserl.

DER ERSTE MUSIKER: Also singen Sie's halt!

K. V.: Ja, aber 'n Text, den hab i vergessen! Daheim hab ich ihn noch gewußt, aber i kann doch jetzt net extra heimgehn deswegen. *Besinnt sich eine Weile.* Jetzt weiß ich ihn! Aber er ist ziemlich erotisch.

So ein frühres Ritter-Wei'
War dem Manne niemals treu,
Dem Manne war das einerlei,
Er war auch nur halbedrei!

Der erste Musiker: Das soll erotisch sein?

K. V.: Der Vers war gut, der war prima! Über den Vers könnt i mich selber zschnulln, so gut war der. *Er singt denselben Vers nochmals.*

Der erste Musiker: Das ist doch der gleiche Vers!

K. V.: I weiß es, aber der is so gut, den können d' Leut öfter hörn. *Er will ihn noch ein drittes Mal singen.*

Der erste Musiker: Jetzt ist es aber genug, das will doch kein Mensch hören!

K. V. *zum Publikum*: Jetzt hat er an Neid, das vergönnt er mir net!

Der erste Musiker:

Hatt ein Ritter den Katarrh,
Damals warn die Mittel rar,
Er hat der Erkältung trotzt,
Er hat gräuspert, gschneuzt und grotzt!

K. V.: Das war ein medizinischer Vers, aber sehr schleimig!

Meckerer gab's in früher Zeit,
Damals nicht soviel wie heut,
Denn das Leben war da schön,
Es hat noch nichts zum Meckern gebn!

Der erste Musiker: Und nun kommt unsere kleine, entzückende Annemie Fischer heraus als Soubrette ... aber ...

K. V.: Sie müssen sagen, daß das keine moderne Soubrette ist.

Der erste Musiker: Ich weiß doch, was ich zu sagen habe.

K. V.: Eben net. Sie sagn nur: Sie kommt raus. Was sie macht, müssen S' sagn.

Der erste Musiker: Das will ich, aber ich kann doch nicht alles auf einmal zu gleicher Zeit raussprudeln!

K. V.: Sprudeln Sie's nur raus! Die Leut suchen sich's schon raus.

Der erste Musiker: Das ist doch Unsinn.

K. V.: Sie müssen die Leut aufklären! Das Volk lechzt heute mehr denn je nach Aufklärung!

Der erste Musiker: Ich kann ja nicht aufklären. Kaum daß ich einen Satz beginne, meckern Sie mir schon wieder dazwischen.

K. V.: Blasen S' mich fei net so an da heroben, sonst sag i Eahna was!

Der erste Musiker: Wissen S', was ich Ihnen sag? Die Wahrheit!

K. V.: Das ist ja noch trauriger!

Der erste Musiker: Es ist eine Unverschämtheit! Wenn jemand auf der Bühne steht ...

K. V.: Bühne! Die zehn zammgnagelten Schwartling nennt er Bühne!

Der erste Musiker: Das steht hier nicht zur Diskussion, ob das Schwartling sind oder nicht. Auf jeden Fall ist es eine Ungezogenheit, dieses Dazwischenmeckern. Man steht hier vorne wie ein Depp!!!

K. V.: Das wißn ma schon!

DER ERSTE MUSIKER *zum Pianist*: Hast du das gehört. Ich werde mich beschweren. *Zum Publikum*: Entschuldigen Sie bitte!

K. V.: Bitte, bitte!

DER ERSTE MUSIKER: Und nun kommt unsere Annemie Fischer heraus ...

K. V.: Da! Da! Jetzt kommt s' schon zum drittenmal raus. Die wird ja müd von lauter Kommen. Drücken S' doch net so lang rum. Die steht draußen im Gang. Die ist ja halb nackert, die friert ja. Die zittert jetzt schon wie a Schweinssulz!

DER ERSTE MUSIKER: Aber nun ist es genug! Solche Ausdrücke! Schweinssulz!

K. V.: Das war doch nur ein Vergleich!

DER ERSTE MUSIKER: Ein schöner Vergleich. Wie kann man eine Soubrette, so etwas Delikates, in gleichem Atemzug mit einer Schweinssulz vergleichen?

K. V.: Oha! A Schweinssulz is zur Zeit aa was Delikates! Mir wär heut a Schweinssulz schon lieber wie a Soubrette!

DER ERSTE MUSIKER: Sie sehen, meine sehr Verehrten, da kann man sagen, was man will, da ist Hopfen und Malz verloren.

K. V.: Drum ham ma wieder a Dünnbier. I nehm's bloß zum Gurgeln!

DER ERSTE MUSIKER: Darf ich nun endlich mal weitersprechen ohne Störung?

K. V.: Bitte!

DER ERSTE MUSIKER: Es kommt unsere Annemie Fischer herein, unsere Soubrette. Aber nicht als moderne Soubrette, sondern so um das Jahr 1895 bis ...

K. V.: 96.

DER ERSTE MUSIKER: 1895 bis ...

K. V.: 96, i weiß es doch ...

DER ERSTE MUSIKER *wütend*: 1896 bis 1900!!!

K. V.: Ja, das is was anders!

DER ERSTE MUSIKER: Also um die Jahrhundertwende. Das Kostüm, die Frisur, der Hut, das stammt alles noch aus der damaligen Zeit, nur ...

K. V.: Nur die Figur net! Die haben wir nimmer auftrieben. *Zum Publikum*: Wissen S', früher da hat a Soubrette feist sein müssen. Da war was dran.

DER ERSTE MUSIKER: Das gehört doch nicht hierher!

K. V.: In alle Theaterbüros sind wir rumprescht um a feiste Soubrette.

Mir habn aber keine gefunden. Lauter so magere Hülsen habn s' jetzt. Eine hat sogar den Boanfraß ghabt und solcherne Haxn! *Er zeigt zum Vergleich die Trommelstöcke.*

DER ERSTE MUSIKER: Das sagt man doch nicht! Man muß doch höflich sein zu die Leut!

K. V.: A woher!

DER ERSTE MUSIKER: Wenn unsere Annemie kommt, sind Sie bitte recht lieb und nett zu ihr ... *Wird vom zweiten Musiker angestoßen.* Was ist denn jetzt schon wieder?

DER ZWEITE MUSIKER *deutet auf Valentin.* A Fliagn hat er gfressen!

K. V.: Nein, a Schab war's!

DER ERSTE MUSIKER: Hoffentlich hat s' gschmeckt!

K. V.: Voriges Jahr warn s' besser! Das warn noch Friedensfliegn, de habn noch Woll zum Fressn ghabt. Die heutigen fressen nur Holz!

DER ERSTE MUSIKER: Wie kann man denn nur so was in den Mund nehmen! *Zum Publikum*: Ich wünsche Ihnen zu unserer Soubrette recht viel Vergnügen. Es kommt: die fesche Mizzi! Genießen Sie!!! *Ab. Annemarie Fischer tritt auf und singt einige Couplets.*

Valentin fährt Straßenbahn

ERSTER SCHAFFNER: Hat alles Fahrscheine?

KARL VALENTIN: Nein, ich will mir erst einen kaufen.

ERSTER SCHAFFNER: Was heißt kaufen. Ob S' einen Fahrschein wollen?

K. V.: Freilich will ich einen, sonst wär ich ja net in d' Trambahn eingstiegn, wenn ich keinen Fahrschein wollte; dann steig ich in ein Autotaxi, da braucht man Gott sei Dank noch keinen Fahrschein – das wird schon auch noch kommen!

ERSTER SCHAFFNER: Ja, wo wollen S' denn hinfahren?

K. V.: Wo fahren Sie denn überall hi?

ERSTER SCHAFFNER: Wir fahren am Bahnhof.

K. V.: Am Bahnhof? Auf was für einen Bahnhof? Es gibt ja mehrere Bahnhöfe in unserer Stadt.

ERSTER SCHAFFNER: Ja, wir fahren mit unserer Linie am Bahnhof vorbei.

K. V.: Vorbei? Ja, ich will ja nicht vorbeifahren, ich will ja zum Bahnhof fahren.

ERSTER SCHAFFNER: Dann müssen S' halt am Bahnhof aussteigen!

K. V.: Wann?

ERSTER SCHAFFNER: Na ja, wann ma halt draußen sind.

K. V.: Wo?

ERSTER SCHAFFNER: Am Bahnhof. Und jetzt sagn S' mir endlich, auf was für einen Bahnhof Sie eigentlich wollen.

K. V.: Ja, was für einen Bahnhof können Sie mir denn empfehlen?

ERSTER SCHAFFNER: Ich hab Ihnen doch gsagt, mir fahrn am Ostbahnhof.

K. V.: Dann gebn Sie mir lieber ein Billett für 'n Zirkus.

ERSTER SCHAFFNER: Für 'n Zirkus? Da müssen S' ja entgegengsetzt fahren mit der Linie 19.

K. V.: Wann muß ich da aussteigen?

ERSTER SCHAFFNER: Sofort! In die Linie 19.

K. V.: Danke! *Er steigt aus und in die Linie 19 um.*

ZWEITER SCHAFFNER *läutet ab*: Der Wagen ist besetzt; im hintern ist noch genügend Platz.

K. V.: Bitte drücken Sie sich nicht so zweideutig aus. Sie können genausogut sagen, im hintern Wagen ist noch genügend Platz, dann gibt es kein Mißverständnis.

ZWEITER SCHAFFNER: Wohin?

K. V.: Ein Billett für 'n Zirkus.

ZWEITER SCHAFFNER: Ich hab keine Zirkusbilletten, nur Straßenbahnbilletten.

K. V.: Ein Billett zum Zirkus.

ZWEITER SCHAFFNER: Das hätten S' doch gleich sagen können! – Im übrigen ist das Rauchen hier im vorderen Wagen verboten, deshalb hab ich ja zu Ihnen gesagt, im hintern Wagen ist noch Platz, da können S' auch rauchen.

K. V.: Nein! Sie haben im Hintern allein gsagt.

ZWEITER SCHAFFNER: Mit'm hintern hab ich doch den Wagen gmeint!

K. V.: Ob ich in den hintern hineinsteige oder in den vordern, das kann Ihnen doch gleich bleiben.

ZWEITER SCHAFFNER: Wenn S' nicht rauchen, können S' von mir aus im vordern Wagen sein oder im hintern; und jetzt lassen S' mir amal mei Ruah mit Ihrem Hintern!

ERSTE DAME: Der Herr hat ganz recht, wenn er sich über Ihre kurze Zurechtweisung aufregt, denn es ist doch keine große Zeitvergeudung, wenn Sie sagen: im hintern Wagen!

ZWEITER SCHAFFNER: Jessas Maria, jetzt fangt sie aa no o mit'm hintern! Mei Ruah möcht i jetzt bald! Hat alles Fahrscheine?

ZWEITE DAME: Bahnhof.

ZWEITER SCHAFFNER: Der Schein is ja schon abgrissen!

ZWEITE DAME: Ja, i bin zuerst im hintern gsessen.

ZWEITER SCHAFFNER: Wo san S' gsessen?

Zweite Dame: Im hintern!
Zweiter Schaffner: Im hintern Wagen meinen Sie, sonst könnt i ja meinen, am Hintern sind S' gsessen.
Zweite Dame: Naa, i bin im hintern gsessen und mei Tochter im vordern, drum bin i vom hintern raus und in vordern nei.
K. V.: Sehn S', Herr Schaffner, jetzt sehn S' doch selber ein, daß man nie vom Hintern allein reden soll!

Der zweite Tenor fehlt

Karl Valentin *(Erster Tenor):* Hallo! Herr Rundfunkinspizient, schnell, schnell, kommen S' her.
Inspizient *kommt*: Was ist denn los?
K. V.: Das Mikrofon ist schon eingeschaltet, und der zweite Tenor ist noch gar nicht da – ich kann doch allein kein Gesangsduett singen.
Inspizient: Ja, wo ist denn der zweite Tenor?
K. V.: Was weiß ich. Vielleicht hat er sich verspätet.
Inspizient: Klar! Verfrüht kann er sich nicht haben, sonst wär er schon vor Ihnen dagewesen. – Dann singen Sie halt allein.
K. V.: Ja, ein Duett kann ich doch nicht allein singen. Außerdem, ich singe von dem Liede zuerst die erste Stimme und gleich darauf die zweite Stimme.
Inspizient: Ach, gebn S' Ihnen nur rechte Mühe, und singen S' die zwei Stimmen mitsammen, es geht schon alles, wenn man will.
K. V.: Ich will ja, und trotzdem geht's nicht.
Inspizient: Ja, was machen wir denn da? Die Hörer hören doch schon zu.
K. V.: Meinen Sie?
Inspizient: Was heißt, meinen Sie?
K. V.: Sie können doch von hier aus nicht sehen, ob alle Ihre Hörer hören, oder sehen Sie vielleicht durch die Radiowellen durch?
Inspizient: Na, einige hören immer zu.
K. V.: Ja, zuhören können ja die Hörer; wenn die Hörer aber nichts hören, dann schalten sie ihren Radio sowieso wieder aus, was sollen sie hören, wenn es nichts zu hören gibt?
Inspizient: Freilich hören die Hörer was, die hören doch uns zwei reden.
K. V.: No also. Dann hörn s' doch etwas.
Inspizient: Ja, das wolln s' aber nicht hören, die wollen doch keinen so Mist hören wie wir da zusammenreden, ein Gesangsduett, ein schönes, wollen sie hören.

K. V.: Ich verstehe schon, aber das geht doch nicht, weil der zweite Tenor fehlt.

Inspizient: Zum Donnerwetter, wann kommt denn der zweite Tenor?

K. V.: Der müßte schon lang da sein.

Inspizient: Also, so geht das nicht weiter. Der zweite Tenor ist eben nicht da. Dann machen Sie halt irgend etwas anderes. Das Mikrofon ist noch immer eingeschaltet.

K. V.: Dann schalten Sie's doch endlich aus.

Inspizient: Das darf ich doch nicht, sonst hören ja die Hörer gar nichts mehr.

K. V.: Die Hörer sollen halt in Gottes Namen warten, bis der zweite Tenor kommt.

Inspizient: Ja, wenn er aber überhaupt nicht kommt?

K. V.: Dann hören die Hörer überhaupt nichts.

Inspizient: Aber der Rundfunk ist doch dafür da, daß die Hörer etwas hören.

K. V.: Nein. Der Rundfunk ist deshalb da, daß man alle Monat seine Radiogebühr bezahlt.

Inspizient: Richtig! Und um die Radiogebühr wollen die Hörer etwas hören, und deshalb kann ich das Mikrofon nicht ausschalten, weil dann eine Pause entstehen würde.

K. V.: Ja, horchen denn die Hörer bei den Pausen auch zu?

Inspizient: Ja natürlich.

K. V.: Aber eine Pause kann man doch nicht hören, und wenn ich schon nichts höre, dann drehe ich doch zu Hause meinen Radio zu.

Inspizient: Aber Sie können doch wegen einer kleinen Pause von einigen Sekunden nicht den Radio ausschalten!

K. V.: Natürlich – ich weiß doch nicht, wenn eine Pause beginnt, ob die einige Sekunden oder ob die einige Stunden dauert, denn es gibt doch Pausen in allen Größen.

Inspizient: Na, gewöhnlich dauert eine Pause nicht allzu lang.

K. V.: Mit gewöhnlichen Pausen geb ich mich gar nicht ab.

Inspizient: Um Gottes willen, die Hörer werden heute den Kopf über den Händen zusammenschlagen über diesen Mist, den sie heute von uns zwei anhören müssen.

Sekretärin *kommt herein*: Herr Inspizient, verzeihen Sie, wenn ich bei der Aufnahme störe, Sie möchten sofort ans Telefon kommen in die Intendantur. *Inspizient und Sekretärin gehen ab.*

K. V.: So ist's recht, jetzt bin i ganz alloa, jetzt muaß i selber mit mir reden, daß d' Rundfunkhörer wenigstens was hören, bis der wiederkommt. – A schöns Wetter ham ma heut – na, es geht – vorigs Jahr war's net so schön, no ja, hoffentlich regnt's bald, bevor der Winter kommt – die Hauptsach wär, daß der Inspizient bald kommt, sonst weiß ich nicht mehr, was ich reden soll. Ah, jetzt kommt er ja schon.

Inspizient *kommt eilig herein*: Also, es wurde soeben angerufen, daß der zweite Tenor schon unterwegs ist. Er muß alle Augenblicke kommen, ah, da kommt er ja – schnell, schnell, kommen Sie gleich an das Mikrofon her. Singen Sie das Duett mit, aber nur mehr die letzten zwei Zeilen, denn wir haben nur mehr fünfzehn Sekunden Sendezeit.

Sie singen:

Wenn sich zwoa dean busserln gern,
Braucht's koa Latern.

Eine Schlamperei

Ort und Zeit: Ein Gefängnishof in München im Jahre 1700.

Femrichter *zum Scharfrichtergehilfen*: Schleppe den Delinquenten herbei!

Scharfrichtergehilfe bringt den Delinquenten und gibt ihm Anweisung, sich vor den Richtpflock hinzuknien. Der Delinquent kniet nieder, seine Hände sind ihm auf dem Rücken gefesselt.

Femrichter *liest die Gerichtsurkunde vor*: Ich gebe dem armen Sünder kund und zu wissen, daß der Herzog alleruntertänigst das Gnadengesuch abgelehnt hat und dessenthalben die Todesstrafe an dem Delinquenten sogleich zu vollziehen ist. Nepomuk Hachinger, Dienstknecht dahier, dreiunddreißig Jahre alt, wird heute wegen Wegelagerei und sonstigen Räubereien mit dem Beil vom Leben zum Tode befördert. – Das peinliche Gericht stellt an den Verurteilten noch die letzte Frage, ob er noch einen Wunsch habe. Der letzte Wunsch wird ihm erfüllt. Jawohl!

Delinquent: Mein letzter Wunsch ist, daß man mir die Augen nicht verbindet, weil ich bei meiner Hinrichtung zuschauen möchte.

Femrichter: Na, na – diesen eigenartigen Wunsch kann ich Ihnen leider nicht erfüllen.

Delinquent: Bitte! Sie haben soeben vor zwei Zeugen gesagt, mein letzter Wunsch wird mir erfüllt, und das ist mein letzter Wunsch, daß ich dem Tode ins Auge schaue. Ich bin kein Feigling! Außerdem war es schon längst mein Wunsch, einer Hinrichtung beizuwohnen. Und da habe ich jetzt die beste Gelegenheit.

Femrichter: Wünschen Sie sich das ja nicht! Das ist etwas so Grausiges, das würden Sie Ihr ganzes Leben lang nicht vergessen.

Delinquent: Na, gar so lang wird das Leben nach meiner Hinrichtung nicht mehr dauern! Oder meinen Sie das ewige Leben?

Femrichter: Stellen Sie mir nicht solche Fragen, die ich nicht beantworten kann. – Jedenfalls kann ich nicht gestatten, daß Sie als Delinquent zugleich Zuschauer sein dürfen. *Zum Scharfrichtergehilfen*: Bindet ihm die Binde um!

Scharfrichtergehilfe *bindet ihm die Augen zu*: Befehl vollzogen!

Femrichter *zum Scharfrichter, der mit verschränkten Armen und hocherhobenem Kopf unbeweglich neben dem Richtpflock steht*: Und wenn das Armesünderglöcklein ertönt, und wenn ich den Stab breche, so erhebe dein Beil und amte deines Waltes, ah, Verzeihung, und walte deines Amtes. *Der Delinquent lacht laut, weil sich der Femrichter versprochen hat.* Es ist pietätlos von Ihnen, eine Sekunde vor Ihrem Tode noch zu lachen.

Delinquent: Aber hoher Gerichtshof, das Sprichwort heißt doch: Wer zuletzt lacht, lacht am besten.

Femrichter: Du wirst bald ausgelacht haben! *Zum Scharfrichter*: Was ist los? Trenne dem frechen Gesellen den Kopf vom Rumpfe.

Scharfrichter: Der Gehilfe ist noch nicht da, ich habe ihm befohlen, das Beil zu holen – er bleibt so lange aus.

Der Scharfrichtergehilfe eilt aufgeregt herbei und flüstert dem Scharfrichter etwas ins Ohr und geht wieder ab.

Scharfrichter: Das ist doch eine Schlamperei!

Femrichter: Was ist los?

Scharfrichter: Der Gehilfe findet das Beil nicht.

Femrichter: Ah, ah, ah! Das ist ja nicht zu glauben! Das ist ja eine furchtbare Schlamperei!

Scharfrichter: Bei der letzten Hinrichtung vor zwei Jahren hab ich's in die Kammer hineingetan, und jetzt ist es nicht mehr da.

Femrichter: Aber soviel ich weiß, sind doch zwei Richtbeile da.

Scharfrichter: Wir haben schon zwei, aber das alte ist unmöglich. Das ist vollständig verrostet; da könnte der Geköpfte nach der Hinrichtung die schönste Infektion bekommen. Das wär eine riskante Sache.

Delinquent: Ja, wie lang muß ich denn jetzt noch warten? Mir tun schon die Knie weh von dem langen Kniegeln.

Femrichter: Stehen S' doch einstweilen auf, bis wir das Beil gefunden haben. *Der Scharfrichtergehilfe nimmt dem Delinquenten die Augenbinde ab, macht die Handfesseln los und bietet ihm einen Stuhl an.*

Delinquent: Bin so frei! *Er setzt sich.*

Femrichter: Das ist aber jetzt eine peinliche Sache. Sie entschuldigen schon, daß das gerade bei Ihnen vorkommen muß.

Delinquent: Kann ma nix machen. Schicksal!

SCHARFRICHTERGEHILFE *kommt zurück*: Ich hab jetzt überall rumgsucht, ich kann das Beil nicht finden.

FEMRICHTER *zum Delinquenten*: Des is aber wirklich a große Schlamperei! So was soll wirklich nicht vorkommen!

DELINQUENT: Des is noch lang net das Schlimmste, wenn das Beil net da is. Viel peinlicher wär's, wenn ich mein Kopf net dabei hätt.

FEMRICHTER: Ich verstehe nicht, daß Sie in dieser traurigen Situation noch Witze machen!

DELINQUENT: Ja, Herr Femrichter, das ist der richtige Galgenhumor.

FEMRICHTER: Galgenhumor! Ah! Jetzt bringen Sie mich auf eine gute Idee! Wenn wir Sie schon nicht köpfen können, weil das Beil nicht zu finden ist, so hängen wir Sie auf den Galgen.

DELINQUENT: Ausgeschlossen! In meinem Urteil hab ich es schwarz auf weiß: Enthauptung. Ich bestehe darauf, daß ich geköpft werde, und zwar sofort. Jetzt bin ich schon amal da, und Abschied hab ich auch schon gnommen von meine Angehörigen – also los!! Runter mit'n Kopf! Scheißt's net so lang rum!

FEMRICHTER: Wie man nur so eigensinnig sein kann!

DELINQUENT: Wenn ihr schon so gschlampert seid und euer Beil net findt, des wo die Hauptsach is von der Hinrichtung, dann kann auch ich eigensinnig sein.

FEMRICHTER: Aber es gibt einen Ausweg. Wir könnten doch die Hinrichtung auf acht Tage verschieben. In acht Tagen wird das Beil doch in Gottes Namen zum Vorschein kommen.

DELINQUENT: Wissen S' was, Herr Femrichter, was heißt meine Hinrichtung auf acht Tage verschieben? Wenn Sie mich überhaupt nicht köpfen und schenken mir wieder die Freiheit, dann sag ich niemandem etwas von der Schlamperei mit dem verlorenen Beil.

FEMRICHTER: Also gut! Schaun S', daß S' weiterkomma, aber – 's Maul halten!

Aus guter alter Zeit

1. Szene: Im Gasthaus »Zum Grünen Baum«

Ein grüner Baum breitet seine Äste über den alten Wirtschaftsgarten, in welchem auf alten, verwitterten Holzbänken Altmünchner Volk sitzt: alte Bürgerwehrsoldaten, Flößer usw. Der Wirt steht an der Gasthaustür. Gartenkonzert. Besetzung: Harfe, Zugharmonika, Klarinette, Baßgeige. – Sonntagnachmittagsstimmung.

ALLE *singen (Melodie:* Schunkelwalzer*):*

Im Gasthaus Zum grünen Baumwirt
Am Isarufer entlang,
An schwülen Sommertagen
Sitzen wir fröhlich beisamm.
Die schöne grüne Isar,
Die rauscht ihr altes Lied,
Die frohen Gäste des Baumwirts,
Die singen alle mit.

Refrain: Goldne Zeit, du goldnes Bayernland
Mit deiner Hauptstadt am grünen Isarstrand!

WIRT: Wer kommt denn da daher?

ALLE: Wer kommt denn da daher?

WIRT: 's ist einer von der Bürgerwehr – Bi-Ba-Bürgerwehr, Bi-Ba-Bo-Bürgerwehr.

HAUPTMANN: Grüaß Gott beinand!

ALLE: Grüaß di Gott, Hauptmann, was gibt's Neues?

HAUPTMANN: Neues?! – Ja, habt's es denn no net ghört, Leut?

ALLE: Naaa – was denn?

HAUPTMANN *singt*: Auf der böhmischen Grenz hat's an Fuhrmann verwaht –

ALLE: Duljö, duljö, duljö, hallo.

HAUPTMANN: Ganz recht is eahm gschehn, warum fahrt er so stad.

ALLE: Duljö, duljö, duljö!

WIRT: Ja, meine liabn Leut, wenn's es auf Neuigkeiten gar so versessen seid's, da kunnt eich ich a Neuigkeit sagn!

ALLE: Raus damit, Baumwirt!

WIRT *singt*:

Heut gibt's Weißwürst in der Soß,
Morgn gibt's Gschwollne, aa de san famos,
Übermorgen komma de Dünngselchten dran,
Nachher fang ma wieder mit de Weißwürst an.
Leberwürst und Blutwürst, fein durchspickt
Und ganz frisch vom Schlachten,
Sind nicht zu verachten,
Aber für uns Münchner hat's kein Wert,
Weil der Münchner immer seine alten Bräuche ehrt.

POLIZEIDIENER *tritt ein.* Grüaß Gott, Leutl, eine große Neuigkeit!

ALLE: Wiß ma schon!

POLIZEIDIENER: Was wißt's!? An Dreck wißt's!

ALLE: An Fuhrmann hat's verwaht an der böhmischen Grenz.

Polizeidiener: Schmarrn! I woaß net, ihr sitzt's da beinanda, teat's saufa und singa, und die ganze Stadt is in heller Aufregung!

Alle springen auf.

Polizeidiener *zieht ein Extrablatt hervor, stellt sich in Positur und liest*: Die Polizei gibt allhier wohnenden Einwohnern der Stadt kund, daß eine große Räuberbande in der Umgebung der Stadt ihr Unwesen treibt. Die Stadtmauern sind sogleich zu sperren, nähere Anordnung wird noch angeordnet. Morgen Montag nach dem Kaffeetrinken hat sich die ganze Bürgerwehrartillerie mit Geschütz auf der Exerzierwiese einzufinden. Der Stuckmeister wird vom General beauftragt, zwanzig Kanonenkugeln mitzubringen und den Kanonenwischer nicht zu vergessen.

Hupfauf – General der Bürgerwehr

Wirt: Ja, woaß ma denn scho, wo sich de Räuberbande aufhalt?

Polizeidiener: Ja freili, ganz drobn in de Isarauen, bei der Isarbrucken, da san s' alle in einer Räuberhöhln drin – a dreißg a vierzg Stuck!

Alle: Jessas, glei so vui!

Polizeidiener: No ja, wenn de ganze Polizei und de ganze Bürgergarde mit ausruckt, na derwisch ma s' scho, de Räuberbande. *Zum Wirt*: Du hast nix Eiligeres zu tun, als heut um zwölfe Polizeistund macha, damit de Soldaten morgn früahzeitig aufsteh kenna und net alle bsuffa zum Appell kemma.

Wirt: Ja paß auf, Polizeidiener, oa Räuber is bei mir scho im Haus.

Alle *erschreckt*: Wo?

Wirt: Im Speicher drobn. *Alle ziehen schon die Säbel.* Bleibt's da, des is ja koa gfährlicher Räuber, des is bloß da Fensterreiber.

Alle: Geh, spinnata Teifi, hast du uns jetzt derschreckt!

Polizeidiener: Mit so a heilign Sach macht ma doch koan Gspaß! Also, pfüat Gott mitnand, i muaß jetzt ins Gasthaus »Zum Kettele« und 's Extrablattl noch mal verkündigen, daß 's de aa wissen. *Ab.*

Alle: Pfüat di Gott!

2. Szene: Am Exerzierplatz

Kanonier Stuckmeister ist der erste auf dem Exerzierplatz, er erscheint mit einem Marktnetz voll Kanonenkugeln und einem Kanonenwischer unter dem Arm.

Stuckmeister: San de andern no gar net da – naa – ja was is des – und i bin so langsam ganga, drum sag i immer, man kann net langsam gnug gehn. Wenn i jetzt schnell ganga war, war i jetzt no eher da gwen. Ja, so geht's! Der Mohringer Franz is aa no net da, wo doch der so schnell geht – da sieht ma's, daß 's aufs schnelle Gehen aa net okimmt.

Stangl *Regimentstambour, kommt als zweiter auf die Bühne, Pfeife rauchend*: Grüaß di Gott, Stuckmeister!
Stuckmeister: Grüaß di Gott, Stangl, bist da?!
Stangl: Ja, du aa?
Stuckmeister: Jaaa.
Stangl: Ja – ja.
Stuckmeister: I bin ja scho lang da.
Stangl: Ja?
Stuckmeister: Ja – ja – der Lampl is no net da?
Stangl: Naaa!
Stuckmeister: Ja, heut kommt, scheint's, oaner nach dem andern.
Hauptmann *kommt mit allen Soldaten, sie stellen sich auf.* Obacht, der General kommt! – Still gestanden! – Präsentiert das Gewehr! – Fahnenmarsch!
General *kommt*: Seid's alle da?
Alle: Jaaaaa!
General: Also, paßt's auf! – *Singt*:

Als General der Bürgerwehr
Verkünde ich euch jetzt die Mär:
In unserer Stadt, das ist gemein,
Da soll a Räuberbande sein.
Auf, auf zum Kampf, das Schwert zur Hand!
Zwar ist es Sache unserer Polizei,
Doch ist die Geschichte nicht so einerlei.
A Räuberbande, wie ihr wißt,
Nicht gar so leicht zu fangen ist,
Das gibt gar oft a große Hetzerei.
Mit der Polizei nun Hand in Hand
Zerreißen wir das Räuberband,
Denn vor dem strengen Militär,
Da fürchten sich die Räuber sehr.
Soldaten, seid nun auf der Hut,
Wir fangen diese Räuberbrut!

Hauptmann *singt*:

Herr General, spitzen Sie bitte Ihr Ohr,
Stelln S' Ihna de Sach net gar so einfach vor!
Von de Räuber hat jeder a gladenes Gwehr,
Und schießen wir hin, dann schießen de her!

Alle Soldaten *singen*:

Ja, der Herr Hauptmann, der hat recht
Und nicht der General,

Das ist a Gschäft für unsre Polizei,
Für uns auf keinen Fall!

General *singt:*

Und ich befehl's, es bleibt dabei, zu schonen unsre Stadt!
Warum verliert ihr die Courage, für was seid ihr Soldat!
Die schlechte Räuberbande, die kriegt noch ihren Lohn,
Und wird es ganz gefährlich, rückt aus mit der Kanon!

Alle: Ja, das ist was andres mit der Kanona, des geht, aber mit de Gwehr und Säbeln alloa darf man sich nicht traun, weil die Räuber viel hinterlistiger sind als wia a Feind. Wia oft ham s' an Polizeidiener scho an Säbel gstohln, wenn er gschlafn hat, aber die Kanona, de solln s' uns stehln, des werdn sie sich überlegn! Und wenn s' uns die Kanona stehln taten, dann könnten s' allweil no net schießen damit, weil s' koane Kanonakugeln ham.

General: Paß auf, i reit glei selber nüber mit der Mannschaft und hol d' Kanona selber. Es zwoa bleibt's derweil da, daß de Kugeln net gstohln werdn. *Alle ab.*

Stuckmeister: Siehgst, Stangl, uns zwoa lassen s' wieder stehn wia zwoa alte Regenschirm.

Duett:

Wir ham a Kanona, de hat fei vui kost,
An dera, da feit ebbs, de is stark verrost.
Amal beim Manöver, nachmittags um ara drei,
Da hat's halt net kracht, war des a Viecherei!
Da Schlosser is kemma und hat s' untersucht,
Er hat halt nix gfundn, Herrgott, ham mir gflucht!
Da Zündschwamm war abbrennt, 's war alles in Stand,
Aber pumpert hat's net, Herrgott, ham mir uns gschamt!
Was moanst, was gfehlt hat, mir ham net vui glacht,
's Laden ham ma vergessen ghabt! – drum hat's aa net kracht.

Sie lachen.

Stuckmeister: Jetzt komma s' ja daher mit dem Luada.

Hauptmann: Aufstellung!

Stuckmeister: Wo ist denn der General, Stangl?

Stangl: Der is hoamgrittn, weil er so Zahnweh hat. Den brauch ma net.

Hauptmann: Also Leut, jetzt ist das Probescharfschießen, damit wir uns gut einschießen, wenn mir de Tag mit der Räuberbande zu tun ham. – An die Geschütze! *Der Stuckmeister tritt aus Versehen dem Hauptmann auf den Fuß.* Auweh! Siehst denn net guat, Rindviech saudumms, steig doch auf d e i n e Haxen umeinand!

Der Stuckmeister geht ab.

Die andern beschäftigen sich mit der Kanone. Einer nimmt aus dem Netz die Kanonenkugeln und staubt sie mit dem Federwischer ab.

HAUPTMANN: Wischen! – Wischen! – Warum wischt der Stuckmeister das Kanonenloch nicht aus?

STANGL: Der mag nicht mehr mittun, weilst'n beleidigt hast, weilst'n a saudumms Rindviech ghoaßen hast.

HAUPTMANN: Des hab i doch net so gmeint. Wo is er denn? Schau amal, daß d' ihn findst; sag, er soll komma, es war ja net bös gmoant.

HUBER: Da drübn steht er am Gartenzaun und woant. Er mag nimmer, hat er gsagt.

HAUPTMANN: Der muaß mögn, mir könna ja ohne ihn net schießen. Weint er fest?

HUBER: Ja.

HAUPTMANN: Hat von eich oaner a Stück Pergament und a Kohln? *Er legt das Papier vorne aufs Kanonenrohr und schreibt*: »Lieber Stuckmeister, es ist Dir alles verziehen, kehre wieder zu Deinem Regiment zurück, Dein Dich liebender Hauptmann.« – So, Huaber, jetzt bringst eahm des Blattl.

HUBER: Is scho recht. *Geht ab.*

ALLE: Woaßt, Hauptmann, des hätt's aa net braucht, daß du ihn glei a Rindviech hoaßt!

STANGL: Der Stuckmeister is koa Rindviech, des muaß doch i am besten wissen, wenn i doch allaweil mit eahm verkehr.

Der Stuckmeister kommt weinend auf seinen Platz zurück.

HAUPTMANN: Rindviech saudumms, des hab i doch net so gmoant; bleib da und putz amal de Kanona aus!

Stuckmeister kann den Wischer nicht ganz hineinbringen.

HAUPTMANN: Schneller, schneller!

STUCKMEISTER: Geht ja net, das Loch ist verstopft.

HAUPTMANN: Du bist aa verstopft! – Was soll denn an der Kanona verstopft sein? *Der Stuckmeister schaut in das Loch hinein.*

HAUPTMANN: Gehst glei weg! – Wenn 's plötzlich losgang! – Aber du muaßt natürli dei Nasn in jedem Loch drin habn!

STUCKMEISTER: Ah – junge Schwalberln san drin – wia de zwitschern könna!

HAUPTMANN: Also, schaugt's net lang. – An die Geräte! – Laden! – Zündschwammerl anstecken!

Duett:

Ach, es ist doch wirklich schwer
Bei der Münchner Bürgerwehr.
Gar noch bei der Artillerie –

Mußt dich plagen wie a Vieh.
Tarara-bum, hallo –
Die Artillerie is do!
Tarara-bum, hallo –
Die Artillerie is do! *Schuß*
Des woaß i im voraus schon –
Wenn die Räuber sehn d' Kanon.
Nehma s' uns d' Kanona weg –
Na stehn ma da und ham an Dreck!
Tarara-bum, hallo –
Die Artillerie is do!
Tarara-bum, hallo –
Die Artillerie is do! *Schuß*
De Kanona is famos –
Bergauf schießt s' ganz tadellos.
Doch bergab da ist's a Graus –
Lauft uns allweil d' Kugel raus.
Tarara-bum, hallo –
Die Artillerie is do!
Tarara-bum, hallo –
Die Artillerie ist da! *Schuß*

Signal.

HAUPTMANN: An die Geschütze! – Einspannen! *Ein Pferd wird vor die Kanone gespannt, Kanonier sitzt auf.*

KANONIER: Wohin geht's?

HAUPTMANN: Nach Großhesselohe am Isarabhang!

3. Szene: Vor der Höhle im Isartal

Suche nach der Räuberhöhle. Die Soldaten kraxeln von oben über einen Felsblock herab, in welchem sich die Räuberhöhle befindet.

HAUPTMANN: Ham ma's schon! Ich hab die Räuberhöhle entdeckt!

STUCKMEISTER *sitzt oben am Felsen und schreit*: Was hast entdeckt?

ALLE: Das Loch!

STUCKMEISTER: Wia! Zoag's her!

HAUPTMANN: Mir könna doch dir net das Loch zoagn! Kraxl halt runter, na siehst es selber. – Paßt's auf, Männer! Daß die Räuber da drin san, da gibt's koan Zweifel mehr! Es nützt uns aber nix, entweder müssen wir in die Höhle nei, oder de Räuber, wo drin san, müssen raus. Eins von den beiden! Jetzt brauchn ma nur a Lockmittel, daß de Räuber rausgenga.

STUCKMEISTER: Sei doch froh, daß s' drin san.

HAUPTMANN: Wieso?

STUCKMEISTER: Na ham ma wenigstens nix zu toa mit der Gsellschaft! Die Hauptsach is, daß ma jetzt wissn, wo s' wohna, na verkehrn ma liaber schriftlich mit eahna.

HAUPTMANN: O du Hasenfuß verlierst jetzt scho wieder d' Courage! – – Also, wie könna mir jetzt die Räuber rauslocken?

Alle überlegen.

STUCKMEISTER: Schrei ma eahna halt beim Namen!

HAUPTMANN: Dumms Gred! Mir wissen ja net, wia s' hoaßen.

STUCKMEISTER: Schaun ma halt ins Adreßbuch nei!

HAUPTMANN: A Räuber steht doch net im Adreßbuch.

STUCKMEISTER: Oder stelln ma eahna an Teller voll Weißwürst hin vor die Höhle, dann riechen s' den feina Duft und krabbeln raus. – Na pack ma's!

HAUPTMANN: Was pack ma?

STUCKMEISTER: D' Weißwürst, sunst fressen s' sie ja zam!

HAUPTMANN: Das ist nichts. Wir müssen alle – Halt! – Horcht's! – Jetzt komma s' raus!

ALLE: Ja, jetzt komma s'! – Stad! – Alles zurück! – Versteckt's eich hinter de Felsen!

Alle verstecken sich und lauern erschreckt. Sie beobachten, wie die Räuber langsam aus dem Loch herauskriechen.

STUCKMEISTER: Herrgott, san des Lackeln!

HAUPTMANN: Bssssst!

Sobald alle Räuber die Höhle verlassen haben und verschwunden sind, treten die Soldaten wieder ängstlich in den Vordergrund.

STUCKMEISTER *sich in die Brust werfend*: Herrgott, jetzt san s' uns auskemma! Also, de Räuber san flink!

ALLE: De derwisch ma nimmer!

HAUPTMANN: Männer, mir könna jetzt nix Gscheiters toa, als wie ein Lockmittel ausstudiern, daß ma de Räuber wieder in de Höhln neilocken, und so lang heraußen Posten stehn, bis de da drin verhungert san.

STUCKMEISTER: Ja, des geht net, ich muß auf d' Nacht in 'n Kegelklub.

HAUPTMANN: Dumma Teifi! Ihr werd's doch alle drei Stund abglöst, da kannst scho a wengerl weggehn. Aber eine Vorsichtsmaßregel derf ma net übersehn, wir müssen zuerst die Höhle genau untersuchen, ob die Lumpen net von der andern Seitn aa no an Eingang habn. – Du, Stuckmeister, schlupf amal in die Höhln eini und schau, obst drübn außikommst!

STUCKMEISTER: Des kannst dir denka! I kannt mi gar net bucka wegn mein Kreuzweh!

Hauptmann: Na tean ma einfach Steckerlziehn, und wer das längere Steckerl hat, muaß einikriacha.
Alle: Jawohl, das mach ma!
Hauptmann *erwischt das längere Steckerl. Kriecht in die Höhle.* Herrgott, ist's da eng herin und finster, net amal a Licht ham s', de Saubande! *Sobald er drinnen ist, Gemurmel aus der Ferne.*
Alle: D' Räuber kemma, versteckt's euch! *Alles versteckt sich wieder hinter den Felsen. Die Räuber schlupfen lautlos in die Höhle. – Nachdem alle drinnen sind:*
Stuckmeister: Jessas, unser Hauptmann is ja no in der Höhle drin! – Der muaß jetzt von uns gerettet werdn!
Alle: Jawohl, der muaß gerettet werdn!
Stuckmeister: Geht's her, de Gschicht mach ma so. Jetzt nehma mir den großen Sack, den die Räuber grad verlorn ham, und diesen Sack hebn wir ausgspannt vors Loch hin, und ihr schießt's dazu mit de Gwehr. Der Räuberhauptmann krabbelt ja doch gleich raus und schaut, was los ist, krabbelt in den Sack nei – mir binden den Sack glei zua, und der böse Räuberhauptmann ist gefangen!
Alle *lachen*: Ja, so werd's gmacht!
Stuckmeister: An Sack her! – So! – Du hebst da, und du hebst da! – Jetzt schießt's! *Schüsse.* Kimmt scho – kimmt scho! Festhalten! Net auslassen und zuabinden! *Alle freuen sich.*

4. Szene: Beim Fürsten

Der Fürst sitzt auf seinem Thron und liest das Extrablatt vor, in dem steht, daß der Bürgerwehr-Hauptmann Hupfauf leider von den Räubern gefangen wurde, aber daß es dafür dem Kanonier Stuckmeister gelungen sei, durch List und Schlauheit den gefährlichen Räuberhauptmann zu fangen.
Fürst: Da hast as! – So ein Mordskerl! – Johann, geh amal her! – Der Stuckmeister soll zu mir raufkomma wegen der Ordensverleihung.
Johann: Zu Befehl, Euer Gnaden!
Fürst *zu seiner Frau*: Hast schon so was gsehn, Alte; der Kanonier Stuckmeister, des zaundürre Bürscherl, hat den gefährlichen Räuberhauptmann gfanga.
Fürstin: Was ist denn das gleich für einer, der Stuckmeister?
Fürst: No der – der Stuckmeister halt, der bei der Kindstauf vom kloana Prinzen im Hof drunt mit der Kanona Salut gschossen hat.
Fürstin: So, der ist es! – Das ist freilich ein schneidiger Kerl, den darfst du gleich zum General befördern!

FÜRST: Das tu ich schon! – Und an Orden kriegt er auch!

FÜRSTIN: Laß ihn nur heraufkommen, der muß uns die ganze Geschichte erzählen!

FÜRST: Ich hab so schon gschickt nach ihm. Und die Regimentskapelle will i auch noch bstelln, der muaß großartig empfangen werdn!

JOHANN: Melde gehorsamst – Kanonier Stuckmeister mit Mannschaft zur Stelle!

FÜRST: Rein damit! *Sie treten ein.*

STUCKMEISTER: Grüaß Gott beinand!

FÜRST: Grüaß Gott aa! Mein lieber Stuckmeister, du bist ein Prachtkerl! Seit vierzehn Tag ist die Stadt in heller Aufregung. Unsere drei Polizeidiener san dera Räuberbande gegenüber ohnmächtig gwesen, und so hab ich zehn Mann der Bürgergarde ausrücken lassen, um diesem Gesindel das Handwerk zu legen. – Nie hätte ich es gedacht, daß du mit einer solchen Kaltblütigkeit es fertigbringst, einen so gefährlichen Räuberhauptmann zu fangen, vor dem sich Gott und die Welt gefürchtet hat. Im Namen meiner ganzen Bevölkerung danke ich dir tausendmal für deine Tat! Mein persönlicher Dank sei dir dadurch gezollt, daß ich dich ab heute zum Oberstuckmeister der Bürgergarde ernenne! Außerdem verleihe ich dir noch den Heiligen-Sankt-Andreas-Orden! *Er hängt ihm den Orden persönlich um und gratuliert ihm. Die Musik bläst einen Tusch.* Nun, mein lieber Oberstuckmeister, und nun erzähle uns, wie hast du diese kühne Tat vollbracht?

STUCKMEISTER: Des war a so! – Wir waren kommandiert im Isartal droben, um die Räuberbande auszuspionieren. Da haben wir endlich die Höhle gefunden, wo die Räuber drin warn. Wir ham uns vorm Loch heraußn versteckt und ham gwart, bis die Räuber rauskriacha. Es hat auch gar net lang dauert, na is schon ein Räuber nach dem andern rauskrocha. Jeder hat an mordstrumm Sack dabeighabt, weil s' wahrscheinlich wieder in d' Stadt hinein wollten, um wieder rauben und stehlen zu können. Mir san nachher vors Loch hin, und unser Hauptmann is neikrabbelt, weil er die Höhle untersuchen wollte, ob s' hinten auch noch an Ausgang hat. – Auf einmal ham ma Tritte ghört, und die Räuber san wieder zruckkomma; mir ham uns schnell versteckt, und die Räuber san wieder alle in ihre Höhle nei. – Ich schlauer Kerl bin herganga, hab an ganz großn Sack gnomma, bin schön stad an d' Höhln hingschlicha und hab den Sack vors Loch hinghaltn. Dann ham de andern gschossn, und schon hat es sich grührt in der Höhle; der Räuberhauptmann wollt natürlich schaun, wer da gschossen hat, und wollt aus der Höhle raus, hat aber net könna.

FÜRST: Warum hat er net rauskönna?

STUCKMEISTER: Weil mir an Sack vors Loch hinghalten ham. Da is er natürlich in den Sack neikrocha, und wia er drin war, ham ma zuabunden, und dann war er gfangen. Dann hab ich gschrien: »Rührn balst dich tust, und oa Muckerl wennst machst, na werf ma di in d' Isar nei!« – Mäuserlstad war er im Sack drin, und hoamtragn hat er sich schön lassen wia a Sack voll Kartoffel.

ALLE: Bravo!!! *Tusch.*

FÜRST: Wo habts'n denn jetzt?

STUCKMEISTER: Immer noch im Sack drinna!

FÜRST: Und wo ist der Sack?

STUCKMEISTER: Vor der Tür steht er drauß.

FÜRST: Vor was für a Tür?

STUCKMEISTER: Ja – da drauß!

FÜRSTIN: Um Gottes willen!

STUCKMEISTER: Ja, da braucht Ihr koa Angst ham, der rührt sich net, der fürcht die Isar.

FÜRST: Dieser Schandfleck der Menschheit muß vor meinen Augen enthüllt werden. Rein mit dem Sack! *Zehn Mann mit geladenem Gewehr stehen bereit.* Achtung! – Front! – Feuerstellung! – Legt an! – Geladen! – Stuckmeister, mach du den Sack auf!

Der Stuckmeister bindet den Sack auf. Wer steht in Schweiß gebadet da? – Der Hauptmann von der Bürgerwehr! – Lautloses Schweigen. – Herzliches Gelächter der Anwesenden.

Hausmeisterseheleute gesucht*

Film blendet auf und zeigt das Dach eines alten Hauses mit Dachwohnung. An einem Dachfenster sitzt ein Kätzchen und putzt sich neben einigen Blumentöpfen (à la Spitzweg). Das Bild wird überblendet, und es erscheint das Innere der armseligen Wohnung der kinderreichen Familie Pfafferl. Frau Pfafferl mahlt eben Kaffee, fünf Kinder sitzen um einen alten Holztisch herum und nagen am Brot. Der Vater, Herr Pfafferl (Karl Valentin), zieht unbeholfen seinen Rock an, setzt seinen Hut auf und sagt zur Mutter:

PFAFFERL: Ich geh jetzt zum Herrn Kommerzienrat Winkler, und sollt er mir die hundert Mark Darlehen nicht geben, dann – *schaut stier auf den Boden* – dann – *kleine Pause* – dann – *Mutter schaut ihn erschrocken an* – dann – *kleine Pause* – kann ich immer noch woanders hingehen.

* Dieses Drehbuch wurde nicht verfilmt

MUTTER: Ja, da hast du recht, also behüt dich Gott!
PFAFFERL, *der schon halb zur Türe hinausgegangen ist, dreht sich noch mal um und sagt*: Was meinst du?
MUTTER: Ich hab gesagt: Behüt dich Gott!
PFAFFERL: Ja, is schon recht! *Schlägt die Türe zu, daß alle erschrecken. Herrschaftshaus. Pfafferl steht vor der Wohnungstüre des Herrn Kommerzienrats Winkler. Im Stiegenhaus steht eine Venus, die von Herrn Pfafferl ehrfurchtsvoll gegrüßt wird. Er sucht eine Ziehglocke an der Türe, findet aber keine. Endlich entdeckt er den elektrischen Knopf und läutet. Dienstmädchen öffnet.*
PFAFFERL: Guten Tag, ist der Herr Kommerzienrat zu Hause?
DIENSTMÄDCHEN: Wen darf ich melden?
PFAFFERL: Herrn Anton Pfafferl, wenn ich bitten darf.
DIENSTMÄDCHEN: Privat oder geschäftlich?
PFAFFERL: Privat, wenn ich bitten darf.
DIENSTMÄDCHEN: Bitte, treten Sie ein! *Öffnet eine zweite Tür, die in den Salon des Herrn Kommerzienrats führt. Der Kommerzienrat sitzt an einem prunkvollen Schreibtisch mit Telefon.*
PFAFFERL *tritt schüchtern in das prunkvolle Arbeitszimmer.* Guten Morgen, Herr Kommerzienrat!
KOMMERZIENRAT: Guten Morgen! Was führt Sie zu mir?
PFAFFERL *steht vor dem Schreibtisch, vis-à-vis von dem Kommerzienrat, und läßt vor Aufregung seinen Schirm fallen, hebt denselben wieder auf und vermißt den Hakengriff am Schirm, weil er nun den Schirm verkehrt in der Hand hält.*
PFAFFERL: Jetzt ist mir der Griff von meinem Schirm abgebrochen. *Sucht danach.*
KOMMERZIENRAT: Da unten ist der Griff, Sie haben den Schirm verkehrt in der Hand.
PFAFFERL: Stimmt! Bitte vielmals um Entschuldigung!
KOMMERZIENRAT: Schon gut! – Also, was wünschen Sie von mir?
PFAFFERL: Ja ... mein Name ist Pfafferl! Wir kennen uns doch, Herr Kommerzienrat?!
KOMMERZIENRAT: Nicht daß ich wüßte!
PFAFFERL: Doch! Sind Sie nicht einmal vor ungefähr sieben oder acht Jahren mit der elektrischen Straßenbahn durch die Bahnhofstraße gefahren?
KOMMERZIENRAT: Nein! Ausgeschlossen, ich fahre nie mit der Straßenbahn, nur mit meinem eigenen Auto.
PFAFFERL: So? Dann müssen wir uns irgendwo in einem Auto getroffen haben!
KOMMERZIENRAT *sieht den Pfafferl näher an:* Ja, richtig, jetzt erinnere ich

mich, natürlich kenne ich Sie! Waren Sie nicht ungefähr vor vier oder fünf Jahren ...

PFAFFERL: Stimmt!!!

KOMMERZIENRAT: Was stimmt?! – Lassen Sie mich doch zuerst ausreden. Waren Sie nicht vor vier oder fünf Jahren bei meinem Freund Baron von Rembremerdeng angestellt als Gärtner?

PFAFFERL: Stimmt!!! – Nein, Gärtner war ich nicht, ich war nur in seinem Garten beschäftigt.

KOMMERZIENRAT: Nun ja, dann waren Sie doch als Gärtner beschäftigt?

PFAFFERL: Nein, ich war Spritzbrunnenaufdreher.

KOMMERZIENRAT: Was, Spritzbrunnenaufdreher? Ja, ist denn das auch ein Beruf?

PFAFFERL: Beruf weniger; es war eigentlich so eine kleine Nebenbeschäftigung für mich, denn da habe ich das ganze Jahr nur zwei Mark verdient.

KOMMERZIENRAT: Wie, im ganzen Jahr haben Sie nur zwei Mark verdient? Aber davon kann man doch nicht leben?

PFAFFERL: Ja, leben schon – aber wie!

KOMMERZIENRAT: Das ist mir unverständlich – zwei Mark im Jahr!

PFAFFERL: Ja! Ja! – *Seufzt* – Da heißt's einteilen!

KOMMERZIENRAT: Wie ist das möglich, daß Sie im ganzen Jahr nur zwei Mark verdient haben? Das interessiert mich.

PFAFFERL: Ja, das war so. Der Herr Baron von Rembremerdeng, der hat nämlich in seinem Garten so eine Funk... Funk...

KOMMERZIENRAT: Funkanlage.

PFAFFERL: Nein, eine Funk... wie heißt jetzt das gleich – eine Funk... tttttt, fällt mir nicht ein!

KOMMERZIENRAT: Ah, Sie meinen eine Funkstation?

PFAFFERL: Ja! Nein! Sappramt, jetzt ist mir der Name entfallen! Eine Funk... eine Funk... Funktäne!

KOMMERZIENRAT: Ach, eine Fontäne meinen Sie?!

PFAFFERL: Fontäne, eine Fontäne, stimmt! Nun ja, wir bei uns zu Hause sagen halt Spritzbrunnen. Ja, und diesen Spritzbrunnen hab ich bei Herrn Baron von Rembremerdeng verwaltet; im Frühling hab ich denselben immer aufgedreht, dann hat er gespritzt bis im Herbst, so bis Ende Oktober, und da hab ich ihn dann wieder zugedreht; und da hab ich fürs Aufdrehen eine Mark bekommen und fürs Zudrehen auch eine Mark, das sind also im Jahr – *sich besinnend* – zwei Mark.

KOMMERZIENRAT: So! Nun will ich Ihnen was sagen. Diese zwei kurzen Tätigkeiten sind eigentlich mit zwei Mark ganz gut bezahlt, nach meiner Ansicht!

PFAFFERL: Natürlich ist das ganz gut bezahlt, nur zu wenig Beschäftigung fürs ganze Jahr.

KOMMERZIENRAT: Wie meinen Sie das?

PFAFFERL: Ich mein so: Wenn zum Beispiel der Herr Baron in seinem Garten tausend solche Spritzbrunnen hätte, die noch dazu jeden Tag auf- und zugedreht werden müßten, das wären – *sich besinnend* – pro Tag zweitausend Mark, also pro Jahr ... siebenmalhundert und dreißigtausend Mark, das wär ein Geschäft!

KOMMERZIENRAT: Aber ich bitte Sie, Herr Pfafferl, das ist ja Unsinn; wer kann sich heutzutage einen Luxus von tausend Spritzbrunnen leisten.

PFAFFERL: Ja, niemand! Niemand!

KOMMERZIENRAT *sieht auf seine Armbanduhr.* Ja, sagen Sie, Herr Pfafferl, sind Sie zu mir gekommen, um sich mit mir über Spritzbrunnen zu unterhalten?

PFAFFERL: Nein, gewiß nicht, Herr Kommerzienrat, der Grund meines Besuches ist ein ganz anderer. Ich komme betreffs Not zu Ihnen. Drei Monate Hauszins sind wir rückständig; der Hausherr will uns aus der Wohnung hinausschmeißen, meine Frau liegt krank darnieder, die hat, wie sich der Arzt ausgedrückt hat, vor vierzehn Tagen eine chronische Sommersprossenentzündung bekommen. Die fünf Kinder sind alle noch mündlich ...

KOMMERZIENRAT: Mündig, wollen Sie sagen.

PFAFFERL: Ja, die Kinder gehen teilweise in die Schule, es ist zum Verzweifeln, und ich treibe absolut keine Arbeit auf! Jahrelang geh ich schon zum Stempeln, ich bin das Stempeln schon so gewöhnt, daß ich's fast nicht mehr lassen kann, es ist mir schon zum Laster geworden. – Ich bitte Sie, Herr Kommerzienrat, greifen Sie mir unter die Arme.

KOMMERZIENRAT: Das kann ich schon machen. *Greift ihm unter die Arme.*

PFAFFERL: Nein, ich meine mit hundert Mark, dann wäre mir geholfen!

KOMMERZIENRAT: Nun ja, ich tue so viel für die Armen – *schaut in die Brieftasche* – ich hab's leider nicht da, ich schicke Ihnen das Geld in die Wohnung.

PFAFFERL *weint vor Freude, bedankt sich vielmals und geht rückwärts, wirft aber vor lauter Verbeugungen eine auf einem Sockel stehende teure chinesische Vase um, welche klirrend am Boden zerbricht.*

Weg des Pfafferl vom Kommerzienrat in seine Wohnung. Er geht ins Wirtshaus, führt am Tisch ein Selbstgespräch, poussiert mit der Kellnerin und dergleichen – am Heimweg schaut er in ein paar Schaufenster.

KOMMERZIENRAT *gibt Chauffeur Geld in einem Kuvert.* Wenn Sie mit dem Wagenwaschen fertig sind, bringen Sie das Geld in die Müllerstraße 17/4 zu Pfafferl.

Frau Pfafferl mit ihren fünf Kindern zu Hause beim Essen, es klopft an der Tür. Frau Pfafferl öffnet die Tür, ein Bettler steht draußen und bittet um ein Almosen. Frau Pfafferl gibt trotz eigener Not aus der Geldbörse eine Kleinigkeit.

BETTLER *(Karl Valentin):* Dankschön Frau, vergelt's Gott.

FRAU PFAFFERL: Segn's Gott! *Setzt sich wieder zu ihren Kindern.*

Es klopft wieder. Ein anscheinend besserer Herr tritt ebenfalls in die Wohnung ein und stellt sich als stellenloser Kunstmaler vor.

KUNSTMALER: Gnädige Frau, ich bin Schnellmaler. Ich bin in Not geraten; ich bitte, lassen Sie mich etwas verdienen, lassen Sie von sich ein Ölgemälde malen, ich garantiere für eine exakte Ähnlichkeit. *Zeigt Vorlagen.* Fünfzig Mark ein Ölporträt, Anzahlung zwanzig Mark.

FRAU PFAFFERL: Wir haben kein übriges Geld zu solchen Sachen. Vor einer Stunde erst ist mein Mann fortgegangen zum Herrn Kommerzienrat Winkler um ein Darlehen von hundert Mark. *Der Kunstmaler stutzt.* Wenn er nichts bekommt, können wir nicht mal den Zins bezahlen, den wir schon drei Monate schuldig sind. Es ist schrecklich, wenn man keinen Pfennig Geld im Hause hat!

HERRSCHAFTS-CHAUFFEUR: Eine Empfehlung von Herrn Kommerzienrat Winkler, und er schickt Ihnen hier die versprochenen hundert Mark.

FRAU PFAFFERL: Danke schön, danke schön – eine recht schöne Empfehlung an Herrn Gemeinderat – ah, Kommerzienrat!

KUNSTMALER: Nun haben Sie ja Geld, sehen Sie, wo die Not am größten, ist Gottes Hilfe am nächsten.

FRAU PFAFFERL: Ja, jetzt können wir wenigstens unsere Schulden zahlen damit. O Herr, ich danke dir für deine Hilfe!

KUNSTMALER: Sehen Sie, nun hat der Himmel Ihnen geholfen, jetzt können Sie auch mir helfen. Lassen Sie sich malen, dann verdiene ich auch etwas. Setzen Sie sich bitte auf diesen Sessel, mit dem Kopf gegen den Kasten. *Die Kinder belästigen den Kunstmaler, machen ein furchtbares Geschrei, drücken die Farben aus und beschmieren sich damit.*

FRAU PFAFFERL: Kinder, seid doch nicht gar so ungezogen; geht einstweilen in den Hof hinunter, bis ich gemalen bin.

KINDER: Ist schon recht! *Rennen alle davon bis auf ein Kind.*

KUNSTMALER *nimmt einen Zettel, legt ihn auf den Tisch, drückt der Frau einen Füllfederhalter in die Hand und spricht:* Bitte, gnädige Frau, unterschreiben Sie die Bestellung, es ist nur der Ordnung halber.

FRAU PFAFFERL *unterschreibt.*

KUNSTMALER: So, gnädige Frau, jetzt kann Ihnen nichts mehr passieren!

Er malt die Frau.
HAUSHERR *klopft.*
FRAU PFAFFERL: Herein! *Sie bleibt ruhig sitzen.*
HAUSHERR *öffnet:* Warum machen Sie nicht auf? *Er ist baff.*
FRAU PFAFFERL: Entschuldigen S', daß ich sitzen bleib, ich werde nämlich in Öl gemalen.
HAUSHERR: Das ist der Gipfel der Höhe! Drei Monate den Zins schuldig sein, und da lassen Sie sich noch in Öl malen! Sagen Sie zu Ihrem Mann, wenn Sie bis heute abend die rückständige Miete nicht bezahlt haben, beantrage ich sofortige Zwangsräumung. *Schlägt die Tür zu – wütend ab.*
KUNSTMALER: Wer ist heute nicht die Miete schuldig! Nehmen Sie sich ein Beispiel an mir – ich habe die Skizze soweit fertig, ausarbeiten tu ich die Sache zu Hause, und in acht Tagen erhalten Sie das fertige Bild. Darf ich um die Anzahlung von zwanzig Mark bitten?
FRAU PFAFFERL: Ich hab doch nur den Hundertmarkschein. Können Sie vielleicht achtzig Mark zurückgeben?
KUNSTMALER: Leider nicht! Kommen Sie her, ich laß schnell wechseln.
FRAU PFAFFERL: Ja, bittschön, ich kann so vom Kind nicht weg.
KUNSTMALER *ab mit Hundertmarkschein. – Kommt nicht mehr. Zwischenbild. Kinder spielen im Hof.*
MANN *kommt zurück:* Ich war beim Kommerzienrat, er hat mir versprochen, daß er heute noch die hundert Mark schickt.
FRAU: Sind schon gekommen.
MANN: Wo ist das Geld?
FRAU: Kaum war das Geld da – ist ein Bettler kommen ...
MANN: Und dem hast du hundert Mark geschenkt?
FRAU: Nein, einen Pfennig ...
MANN: Und die hundert Mark?
FRAU: Gleich drauf ist ein Kunstmaler kommen und hat mich gemalen – das kost zwanzig Mark Anzahlung; jetzt ist er nunter und laßt wechseln, der kommt gleich rauf mit den achtzig Mark.
MANN *schimpft. Sie warten auf den Kunstmaler:* Dem werd ich aber meine Meinung sagen! Unsereiner kann sich das nicht leisten, die eigene Frau in Öl malen zu lassen, da tut's eine Fotografie auch!
HAUSHERR *kommt:* So! – Euch Bande werf ich naus! – Morgen früh um acht Uhr muß die Wohnung geräumt sein!!! *Ab.*
Am nächsten Morgen Auszug mit Handkarren, obdachlos. Mann und Frau suchen Anschläge von Zimmern, finden ein Plakat: Kleine, sehr billige Wohnung per sofort zu vermieten.
FRAU: Die nehmen wir sofort!
Sie laden gleich vor der neuen Wohnung die Möbel ab, stellen alles auf

die Straße. Gehen in das Haus, suchen die Hausmeisterin, die mit ihnen in den vierten Stock geht und die Wohnung herzeigt, währenddessen die Möbeltransporteure, die im Nebenhaus einen Umzug machen, sämtliche Möbel, die auf der Straße stehen, also auch Pfafferls Möbel, einladen und wegfahren. – Beide mieten die Wohnung, wollen gleich ihre Möbel holen; als sie auf der Straße sind, ist nichts mehr da. Sie weinen. Hausmeisterin sieht das und bedauert es.

Sie suchen ein möbliertes Zimmer, finden Zettel: Möbliertes Zimmer äußerst billig zu vermieten. Sie gehen hin. Frau Maier öffnet.

MANN: Ist hier das möblierte Zimmer zu vermieten?

FRAU MAIER: Ja, ich vermiete nur an Artisten, weil neben uns ein Zirkus ist. – Sind Sie Künstler?

MANN: Ja, Hungerkünstler!

FRAU MAIER: So, das ist recht. – Sehen Sie, das Zimmer ist an einen Riesen vermietet – das ist an Schlangenmenschen immer vermietet – das können Sie haben für ein paar Tage, bis Sie eine andere Wohnung gefunden haben.

Sie nehmen das Zimmer. Herr und Frau Pfafferl ziehen am Abend um neun Uhr in das Zimmer ein. Es ereignen sich allerlei komische Dinge. Die Kinder werden auf den Boden gelegt, ein Kind auf das Kanapee. Herr und Frau Pfafferl legen sich nun in die gewellten Bettstellen. Am darauffolgenden Morgen erwachen beide. Der Mann hat von dieser schrecklichen Liegerei einen Hexenschuß bekommen, und seine Frau führt ihn am Vormittag zu einem Arzt. Sie kommen ins Wartezimmer, welches von allerlei Personen besetzt ist. Stummes Spiel – immer, wenn die Tür aufgeht, wollen beide hinein zum Arzt, werden aber von den vorher Dagewesenen beschimpft und zurückgewiesen. Endlich kommen beide dran und gehen zum Arzt hinein.

FRAU PFAFFERL: Guten Tag, Herr Arzt!

ARZT: Guten Tag – Sie heißen?

FRAU PFAFFERL: Babette Pfafferl.

ARZT: Sind Sie Ortskrankenkassen-Mitglied?

FRAU PFAFFERL: Jawohl!

Herr Pfafferl steht hilflos daneben und schweigt.

ARZT: Zeigen Sie Ihre Zunge.

FRAU PFAFFERL *zeigt ihre Zunge.*

ARZT: Haben Sie guten Appetit?

FRAU PFAFFERL: Ja.

ARZT: Können Sie gut schlafen?

FRAU PFAFFERL: Jawohl!

ARZT: Wie steht es mit dem Stuhl?

Frau Pfafferl: Jawohl!

Arzt: Ja, dann sind Sie ja gesund! Was wollen Sie dann bei mir?

Frau Pfafferl: Ja, mein Mann hat einen Hexenschuß – der hat in einem Schlangenbett gelegen.

Arzt: Ach so, der Mann – Hexenschuß? Sofort Kugelmassage.

Massiert ihm mit einer riesigen Kugel den Rücken, daß er zittert wie Espenlaub. (Trickaufnahme.) Der Hexenschuß ist verschwunden; beide gehen. Er bekommt noch eine Salbe zum Einreiben; er reibt sich aber nicht ein, sondern drückt die Salbe aus der Tube und frißt dieselbe. Beide gehen nun vom Arzt weg in ihre Wohnung zu den Kindern. Frau Maier gibt den beiden einen Brief vom Arbeitsamt. Sie öffnen ihn freudig – endlich, nach drei Jahren, gibt's Arbeit. Sie erhalten eine Stellung als Hausmeisterseheleute bei Generaldirektor Steinbeiß, Lindenallee 5. Grundbedingungen: 1) kinderlos, 2) Eintritt muß sofort erfolgen. Vergütung: Monatliches Gehalt 150 Mark und freie möblierte Wohnung. Sie schauen ihre Kinder an.

Mann: O diese Kinder!

Sie verheimlichen die Kinder, stecken sie in Säcke, Taschen, Pakete, Rucksack – gehen in die Villa (hochherrschaftliche Villa). Das älteste Kind bekommt Vollbart, wird als Großvater, der schwerhörig und taubstumm ist, vorgestellt und muß schnell, wenn die Gnädige kommt, jedesmal wieder den Vollbart umhängen.

Gnädige: Guten Tag, also Sie können hier bleiben als Hausmeisterseheleute, vorausgesetzt, daß Sie keine Kinder haben – wir lieben die Ruhe. *Die Pakete rühren sich.* Hier ist Ihr neues Heim, Ihre neue Arbeitsstätte. Die Räumlichkeiten, mit denen Sie zu tun haben, wird Ihnen der Diener zeigen, auch alle Anweisungen über Ihre Tätigkeit finden Sie hier auf diesem Zettel. *Gnädige ab.*

Sie sind nun als Hausmeisterseheleute engagiert. Bei dieser Tätigkeit ereignen sich solche Pannen, daß ihnen wieder gekündigt wird. Was die Kinder in der Villa alles anstellen, spottet jeder Beschreibung. – Der Mann soll auf Befehl des Villenbesitzers das Gras mähen im Park, er aber mäht sämtliche Blumen und Rosen in den Beeten mit ab. Und als er zum Schluß das feine Herrschaftsauto waschen soll, verwechselt er den Wasserschlauch mit dem Benzinschlauch, überspritzt das ganze Auto mit Benzin, stopft seine Pfeife, zündet sie an, und die Garage fliegt in die Luft samt dem Auto. – Es wird ihnen gekündigt, sie werden auf der Stelle hinausgejagt, und man sieht die beiden eine lange Landstraße dahinwandern. Das Glück war ihnen nicht hold.

Musik: Muaß i denn zum Städtele hinaus …

Familiensorgen

Eine bürgerliche Stube in einer Kleinstadt.

VATER *zu Afra:* Ja, ja, daß so kommt, des hätt niemand geahnt!

AFRA: Vater! Deine Schuld war's net! Du hast net anders handeln können. Wenn d' Mutter sich a klein wenig drum angnommen hätt, hätte der Heinrich einfach nix macha können. Sei stad, der Heinrich kommt.

HEINRICH: Grüß Gott.

VATER und AFRA: Grüß Gott!

HEINRICH: Der Josef is scho da.

VATER und AFRA: Wann is er denn komma?

HEINRICH: D' Mutter hat gsagt, daß er scho zwei Tag da is.

AFRA: Wie i gsagt hab, aber ihr habt's ja net glaubt.

VATER: Er tuat aber gar nix dergleichen!

HEINRICH: Da hat er aa recht! Der mischt sich halt in so was net drein.

VATER: Da hat er net recht; mit dem Alter denkt man schon weiter.

AFRA: Wie du dir bettest, so wirst du liegen; des is a Sprichwort.

HEINRICH: Des stimmt, aber hie und da is des Sprichwort halt nicht am Platz.

MUTTER *kommt herein. Zum Vater:* So! Was sagst denn du jetzt dazu? Jetzt is's soweit. So hat's kommen müssen.

VATER: Naa! Naa, Muatter, so hätt's net kommen müssen.

AFRA: Ja, was soll denn jetzt der Heinrich tun?

HEINRICH: Was i tu? Des brauch i mir net lang überlegn – i geh zum Bürgermeister nüber, und wenn der sagt: »Laß die Sach ruhen«, dann laß ich s' ruhen, und wenn er sagt: »Nimm's in d' Hand«, na weiß ich auch, was i z' tun hab.

AFRA: Heinrich! Überleg dir das reiflich! Du machst unsere ganze Familie unglücklich!

VATER: Haha! Unsere Familie, daß i net lach! Da müaßt schon wer anders kommen als wie der Herr Bürgermeister.

MUTTER *zum Vater:* Du redst aa vui daher, wenn der Tag lang is. Der Bürgermeister is doch der, von dem wir alles erfahrn habn.

HEINRICH *haut erregt auf den Tisch:* Des is net wahr! Des is a Verleumdung! Man soll net über einen Menschen urteilen, wenn man nicht in die Sache eingeweiht is.

AFRA: Zu dir gsagt – aber ich kenn ihn vielleicht besser als du und ihr alle miteinand, und jetzt kann ich euch noch was verraten. Der Bürgermeister hätt ja gar nix gwußt, wenn ihm net d' Muatter – unser eigne Muatter – des gsagt hätt.

HEINRICH und VATER *bestürzt:* Muatter, is des wahr?

Die Mutter sitzt weinend am Tisch, die Hände vor das Gesicht gehalten.

HEINRICH *steht auf:* Pfüat euch Gott.

VATER und AFRA: Muatter! Der Heinrich geht.

VATER *befehlend:* Heinrich! Du bleibst da! Und zwar sofort.

HEINRICH: Ich geh.

VATER: Du bleibst – eher jag i de – *deutet auf die Mutter* – aus'm Haus.

HEINRICH und AFRA: Aber Vater! Unser Muatter – um Gottes willen!

AFRA: Unser Muatter bleibt da. Aber der, der am Freitag beim Bürgermeister drübn war – und hat uns die Suppn eibrockt – *deutet auf Heinrich* – der ghört naus statt der Muatter.

MUTTER: Naa! Der Heinrich bleibt da. Lieber geh i persönlich. Und jetzt werd i reinen Tisch machen – net ich und net der Heinrich, sondern der Josef hat an Bürgermeister alles klapp und klipp, ah – klipp und klapp erzählt.

HEINRICH, AFRA, VATER *erheben sich erstaunt und reißen die Augen auf:* Der Josef? *Sie setzen sich wieder.*

VATER: Ja, seit wann is denn der Josef wieder hier?

MUTTER *weinend:* Seit vierzehn Tag.

Afra weint, Vater und Mutter trösten sie.

VATER und MUTTER: Wein net, Afra, des is alles reglrechte Bestimmung.

HEINRICH *zu Afra:* Des is a Überraschung. Da Josef is wieder da!

AFRA: Weiß des da Josef schon?

HEINRICH: Da Josef selber wird's doch wissen, daß er wieder da is.

AFRA: Aber von wem woaß 's denn er, des möcht i wissn.

MUTTER: Vater! Was is denn, red! Is dir net guat? Vater! Holt's schnell an Doktor oder an Sanitätsrat.

VATER: Naa, naa, Muatter, es geht mir scho wieder a beßl bisser, ah – beim Biesln besser, ah – bißl besser.

AFRA: Des kann der Josef net verantworten. Sehr einfach, er hat koa Elternliab und kriagt aa koane mehr.

HEINRICH: Laßt's mir nur grad an Josef aus dem Spiel – sunst ...

VATER *steht auf und schreit ihn an:* Was, sunst?? Du werst doch net sagn, daß der Josef ...

HEINRICH: Naa, der Josef net. Aber einer is da, der alls weiß: unser Herrgott. Und wenn der Josef noch a Herz auf der Brust hat, dann werd er wissen, was er z' tun hat.

AFRA *schreit hysterisch:* Du Schuft, du elendiger! Wenn i aa bloß a gwöhnliches Weib bin, aber so weit laß i die Sach net kumma – i und koa andrer kunnt's euch sagn, aber d' Liab zu meine Eltern preßt mir die Lippen zsamm.

VATER *schreit noch besser:* Raus mit der Sprach! Du brauchst koa Rücksicht nehma auf mi und auf dei weibliche Muatter.
HEINRICH *schreit noch besser:* Tua die Afra nicht noch höher ins Unglück stürzen, als sie sowieso schon drunten is – denn sie – und koa anderer hat doch nur unser Bestes wolln.
AFRA *ganz gelassen:* Naa, in dem Haus hab i nix mehr verlorn. I geh. *Ab.*
HEINRICH: Die Afra geht – na geh i aa. *Ab.*
VATER: Wenn de zwo gehn, na geh i aa. *Ab.*
MUTTER *schreit weinend dem Vater nach:* Vater! Du gehst auch? Dann – hab ich da herin auch nix mehr zu suchen. *Ab.*
Bühne leer. Vorhang zu.

Petersturmmusik

Sonntagmorgen-Stimmung, noch dunkel, allmählich heller werdend.
VIER MUSIKANTEN *kommen nacheinander schwer schnaufend die Treppe herauf und betreten die Galerie des Turmes.*
Vogelgezwitscher. DER 1. MUSIKER *kommt mit Laterne und Musikinstrument.*
1. MUSIKER: Ich glaub, da bin i no z' früh komma, weil no koaner da is, no, is gscheiter, als wenn i z' spät komma wär. – Jetzt wart i auf die andern drei, und wenn de net kemma, na geh ich auch wieder, na is vielleicht gar koaner mehr da. *Schnupft.*
2. MUSIKER *kommt:* So, da wärn ma, bist aa scho da?
1. MUSIKER: Des siehgst ja.
2. MUSIKER: Was siehgst?
1. MUSIKER: I moa, des siehgst ja, daß i da bin.
2. MUSIKER: Bin neugierig, wo die andern bleiben.
1. MUSIKER: De lassen sich Zeit.
2. MUSIKER: Aba, da kimmt scho wieder oana dahergschnauft.
3. MUSIKER *kommt:* Herrschaft sapprament, is des a Steigerei bis da rauf, mit de 2676 Staffeln, waar scho bald Zeit, daß uns der Magistrat an Lift reibaun lassat.
2. MUSIKER: De braucha s' zu was andern, de müassn zsammsparn, daß im Jahr 2000 endlich amal die Lichtreklame einführn könna, wie sich's für a fortschrittliche Stadt gehört.
1. MUSIKER: Also, fang ma an.
2. MUSIKER: Was willst denn anfangen, mir könna doch net zu dritt a Quartett blasn, zu an Quartett gehörn doch viere.

3. MUSIKER: Was, viere is erst? Na san ma ja a Stund z' früh dran.
1. MUSIKER: Naa, i moan viere san ma – vier Stück Mann.
2. MUSIKER: Woher – mir san doch erst zu dritt.
1. MUSIKER: Naa, drei san ma – viere wern ma erst, wenn der andere da ist.
3. MUSIKER *zählt:* Eins, zwei, drei, ja, ja, da fehlt ja no oaner.
2. MUSIKER: Ja, der is ja no net da.
1. MUSIKER: No ja, drum müss ma no warten.
2. MUSIKER: Also, dann wart ma halt auf eahm.
3. MUSIKER: Auf wem?
2. MUSIKER: No ja, aufn vierten.
1. MUSIKER: Des is 's Gscheitere was ma toa kenna.
4. MUSIKER *kommt:* Jetzt waar i bald z' spät kemma.
1. MUSIKER: Du bist scho z' spät kemma.
2. MUSIKER: Des is er halt no von der Schul her gwohnt.
3. MUSIKER: Bist in d' Schul aa scho mit'n Bombardon ganga?
4. MUSIKER: Naa, mit der Schiefertafel.
3. MUSIKER: Da hast ja net blasen könna damit.
4. MUSIKER: Aber schreiben. Verschlafen hab i, weil s' ma mein Wecker pfändt ham, und auf mei Alte kann i mi net verlassen.
3. MUSIKER: Warum net?
4. MUSIKER: Weil s' selber no schlaft um halb fünf Uhr, und unterm Schlafen kann s' mi net aufwecken.
Turmuhr schlägt fünf Uhr.
1. MUSIKER: Also, fang ma an. – *Sie haben während der Gespräche die Instrumente ausgepackt und Noten verteilt. Quartett. Erste und Zweite Trompete, Althorn, Bombardon, spielen sehr schön* Tag des Herrn.
Nach Schluß des Liedes schaut einer nunter und sagt: Da schaut's nunter am Marienplatz, steht koa Mensch mehr drunt. Vor zehn Jahren hat no alles gewimmelt vor lauter Leut, und grad zuaghorcht ham s', und die Ohrwascheln ham s' gspitzt, wenn mir blasen ham – grad a Freud war's, wia s' so andächtig zughört ham.
2. MUSIKER: Ja, die Zeiten ändern sich. Wie lang werd's no dauern, na kündigt uns der Magistrat, denn an die schönen alten Volksbräuch hat koaner mehr ein Interesse.
3. MUSIKER: Mir könna doch net da heroben Fußball spieln – oder uns mit de Boxerfäustling anander 's Gsicht dahaun.
4. MUSIKER: Naa, des braucht's net, aber unser Repertoar wern mir halt noch ändern müssen, die schönen alten Lieder wolln s' nimmer hörn, na spieln ma halt die neuen Schlager: »Was macht der Meier am Himalaja?«
2. MUSIKER: Da ham mir ja koane Notn dazua.

3. Musiker: Zu dem Glump brauch ma doch koane Noten, des könn ma im Schlaf auswendig blasen.
Alle blasen Was macht der Meier …
2. Musiker: Da schau nunter, de Haufen Leut, de drunten zsammglaffa sind, und tanzen tean s' mittn am Marienplatz, de narrischen Gwachser – da blas ma halt no oans.
Alle blasen Valencia.
3. Musiker: Siehgst, bei dem müss ma bleibn, des gfallt eahna, und unsere alten schönen Volkslieder könn ma uns einsalzen.
1. Musiker *singt traurig:*

Oh, du alter Petersturm,
Oh, du grüner Isarstrand,
Is denn des mei Münchner Stadt,
Dort, wo meine Wiege stand?

Von der Gmüatlichkeit koa Spur,
Wo man hinschaut, sieht ma nur
Andre Gsichter, andere Leut,

Pfüat di Gott – du alte Zeit.

Die Wildentenjagd

In einer Waldlichtung sitzen zwei Jäger und ein Hund (der Hund kann auch künstlich sein und dessen Gebell synchronisiert werden). Beide Jäger schauen immer in die Luft, das Gewehr schußbereit, um eine Wildente zu schießen. Aber vergebens, es kommt keine.
Karl Valentin: Komisch! Voriges Jahr *schaut auf die Uhr* sind um dieselbe Zeit so viel Enten hier vorbeigeflogen und heuer rührt sich absolut nichts.
Liesl Karlstadt: Vielleicht kommen sie heute etwas später.
K. V.: Es ist doch schon spät.
L. K.: Vielleicht kommen sie heute noch später.
K. V.: Noch später, dann wär's ja schon zu spät.
L. K.: Obacht, ich hör was *beide legen ihr Gewehr an, aber es war nichts, sie legen ihr Gewehr wieder weg und machen sich zu einem Picknick bereit, packen ihre Rucksäcke aus, verspeisen ihre gebratene*

Ente, und Karl Valentin schenkt ein Glas Wein ein. Unterm Frühstücken kommt plötzlich eine Wildente über ihnen geflogen – das Entenfliegen wird dadurch erzeugt, daß von einem Baum zum andern Baum, vielleicht 10 Meter hoch über dem Platz, wo die zwei Jäger sitzen, ein feiner unsichtbarer Stahldraht gezogen ist, aber schräg 10 zu 8 Meter Höhe, damit eine ausgestopfte Ente mit beweglichen Flügeln von dem höheren Ende des Drahtes heruntergleiten kann; – Entengeschnatter wird synchronisiert –; sobald die Ente über beide hinwegfliegt, hat der eine Jäger das volle Weinglas in der Hand und kann natürlich in der Geschwindigkeit sein Gewehr nicht nehmen, während der andere Jäger die Flasche zuerst zustopseln muß, und bis er sein Gewehr nimmt, ist die Ente fort, der ausgestopfte Hund bellt, und die Jäger ärgern sich über das Mißgeschick. Beide Jäger warten nun in Schußstellung, weil sie der Ansicht sind, daß die Ente wieder retourgeflogen kommt, und halten nun ihr schußbereites Gewehr in der Richtung, wo die Ente nun herkommt, da ertönt Entengeschrei: wit, wit, wit, – aber die Ente kommt nicht mehr vorbei. Beide Jäger ärgern sich nun über den Hund und geben dem die ganze Schuld und meinen für was ist er denn ein Jagdhund, er soll doch die Wildenten melden, deshalb haben wir ihn doch mitgenommen, daß er meldet. *Beide essen nun gemütlich ihr Frühstück weiter, da plötzlich bellt der Hund.* Aha – jetzt kommt was! *Aber es kommt nichts, der Sauhund hat sich getäuscht, beide legen die Flinten wieder weg, kaum ist dies geschehen, bellt der Hund wieder, wieder werden die Flinten zur Hand genommen, aber es kommt keine Wildente, die Jäger meinen* auf das Mistviech kann man sich nicht verlassen *und reagieren nicht mehr auf das Gebell, essen ruhig weiter, der Hund bellt wieder.* Ja *meinen die beiden* du bekommst uns nicht mehr. *Sie essen ruhig weiter, aber siehe da, drei Wildenten fliegen über ihre Köpfe hinweg.* Du Sauhund, du miserabliger, warum hältst du uns so zum Narren, das sollst du aber büßen! *Der eine hält ihn und der andere schlägt den Jagdhund mit der Peitsche – natürlich sanft –, aber während dieser Züchtigung fliegen wieder einige Wildenten über die Jäger hinweg. Nun bleibt den beiden nichts mehr übrig, als selbst auf der Lauer zu bleiben. Sie wollen beide ihre Gewehre frisch laden, da bemerken sie, daß sie keine Munition dabei haben, was nun? Wie es der Zufall will, kommt nun eine Wildente dahergeflogen, und anstatt weiterzufliegen, bleibt sie in der Mitte, also über den beiden Jägern, in der Luft stehen und flattert mit den Flügeln, was den beiden Jägern als Wunder erscheint. Nun könnten sie die Ente leicht treffen, aber ohne geladenes Gewehr ist der beste Jäger machtlos. Betrübt ziehen beide von dannen, und in ihrer Jägerstammkneipe bei ihren anderen Jagdge-*

nossen klärt sich unter größter Heiterkeit auf, daß sie einem Schabernack zum Opfer gefallen sind, daß das nur ausgestopfte Wildenten waren.

Der Herr Friedensengel

Ein philosophisches Zwiegespräch

Karl Valentin: Du, jetzt muß ich dumm fragen!
Liesl Karlstadt: Du hast noch nie anders gefragt!
K. V.: Ist der Friedensengel eigentlich männlichen oder weiblichen Geschlechts? – Ich glaub, das ist ein Mann, weil man sagt: der Friedensengel.
L. K.: Natürlich ist er männlich, weil man der Friedensengel sagt; wie der Friedensengel jung war, war es das Friedensengelein.
K. V.: Wie heißt denn der Friedensengel?
L. K.: Ein Engel hat doch keinen Namen.
K. V.: Freilich! Der Engel mit dem Schwert, der als Portier das Paradies bewacht, hat doch Gabriel geheißen.
L. K.: Ja, stimmt!
K. V.: Der alte Engel vor dem Himmelstor, mit dem Schlüssel, hat doch auch einen Namen, der heißt Petrus; dann muß doch der Friedensengel auch einen Namen haben.
L. K.: Stimmt! Wer könnt jetzt dös wissn? Vielleicht der Papst?
K. V.: Da is mir überhaupts vieles nicht klar, mit dem Friedensengel.
L. K.: Wieso?
K. V.: Dem Friedensengel sein himmlisches Geschäft ist nur: Frieden zu stiften.
L. K.: Ja – deshalb heißt er ja Friedensengel. Das Gegenteil von ihm ist der Mars.
K. V.: Ist das auch ein Engel?
L. K.: Nein, das ist ein Gott – der Kriegsgott; der stiftet Krieg.
K. V.: Darf er das tun?
L. K.: Wahrscheinlich!
K. V.: Ist der auch im Himmel?
L. K.: Freilich! Jeder Gott ist im Himmel.
K. V.: Ja, gibt's denn mehrere Gotte?
L. K.: Natürlich, die Götter.
K. V.: Jetzt kenn i mich gar nimmer aus! – Der Kriegsgott und der Friedensengel, die sind alle im Himmel beisammen?
L. K.: Klar!

K. V.: Ja, aber der Kriegsgott, das is doch der, der die Welt immer ins Unglück treibt, mit seinen blutigen Kriegen – der ghört doch, nach meiner Ansicht, in d' Höll nunter, denn das ist doch ein teuflisches Werk, das er betreibt.

L. K.: Dös weiß ich selber nicht! Es kann auch sein, daß der in der Höll drunt is.

K. V.: Ausgschlossn! In der Höll drunt kann doch kein Gott sein!

L. K.: Ja mei, irgendwo wird er schon sein! – Jetzt fallts mir ein, der wohnt ja am Mars.

K. V.: Wo?

L. K.: Am Mars.

K. V.: Ah – das is der mit dem Raupenhelm und dera spitzigen Lanzn, und der Friedensengel hat einen Palmzweig in der Hand.

L. K.: Ja, die Friedenspalme.

K. V.: Was tut nacha der Friedensengel mit der Friedenspalme?

L. K.: Die schwenkt er, so wie man eine Fahne schwenkt. Und dazu singt er dann: »Friede auf Erden und den Menschen ein Wohlgefallen«.

K. V.: Wann singt er denn das?

L. K.: Nur bei Kriegszeiten!

K. V.: Dann singt er jetzt schon drei Jahr lang »Friede auf Erden und den Menschen ein Wohlgefallen«.

L. K.: Natürlich!

K. V.: Wie lang muaß er denn dös no singa?

L. K.: Bis Friede is!

K. V.: Wann is denn Frieden?

L. K.: Ja! – Das wissen die Götter!

K. V.: Jetzt san ma schon wieder bei die Götter. – Du hast doch grad gsagt, der einzige, der den Frieden stiftet, ist der Friedensengel.

L. K.: Mein Gott, du stellst aber auch Fragen, die kein Mensch beantworten kann.

K. V.: Ja, aber gerade die Fragen will ich endlich beantwortet haben. – Ich will auch endlich einmal wissen, wo der Friedensengel umeinanderfliegt, wenn er das Lied singt: »Friede auf Erden und den Menschen ein Wohlgefallen«.

L. K.: Frag doch net so kindisch! Der fliegt doch net in der Luft umher.

K. V.: Nicht? – Ja, für was hat er denn nacha zwei so große goldene Flügel?

L. K.: Ja, als Engel muß er doch Flügel haben – der kann doch net in den Wolken drin z' Fuß gehn – da bleibat er ja stecken.

K. V.: Ja, singt er denn das Lied vom Friede auf Erden usw. in den Wolken drin?

L. K.: Natürlich!
K. V.: Wenn aber ein wolkenloser Himmel is? Oder eine mondhelle Nacht?
L. K.: Ja – da traut sich der Friedensengel heutzutage nicht mehr über der Erdkugel herumzufliegen – wegen der Flak und den großen Bombern.
K. V.: Ja, auf einen göttlichen Friedensengel darf doch niemand schießen!
L. K.: Ja mei, mir habn halt heute den Luftkrieg, und da is es für jeden, der in das Kampfluftgebiet kommt, eine große Gefahr.
K. V.: Ach – da wird sich der Friedensengel nimmer zu uns auf die Erde runterfliegen trauen.
L. K.: Ach Gott, in Friedenszeiten kann er schon wieder herunterfliegen.
K. V.: In Friedenszeiten? Da brauchen wir ihn nicht mehr.

Die gestrige Zeitung

MANN: Du, Frau, hat der Mann, der heute die gestrige Zeitung kaufen wollte, die Zeitung schon bekommen?
FRAU: Dem hab ich's schon gegeben.
MANN: Die gestrige?
FRAU: Nein, die heutige.
MANN: Ach! Der wollte doch die gestrige haben!
FRAU: Die gestrige hab ich nicht gehabt, dann hab ich ihm die heutige gegeben.
MANN: Wann?
FRAU: Heute. Die gestrige hab ich ihm für morgen versprochen.
MANN: Ich auch; dann brauchst Du ihm die gestrige nicht besorgen, weil ich ihm dieselbe besorge.
FRAU: Die gestrige können wir ihm beide nicht mehr besorgen, weil die Redaktion keine mehr hat. Dann muß halt der Mann eine vorgestrige nehmen!
MANN: Eine vorgestrige wird dem Mann doch nichts nützen!
FRAU: Na, wenn er schon eine alte Zeitung will, dann ist doch eine vorgestrige noch älter als eine gestrige!
MANN: Du hast Ansichten! In der gestrigen Zeitung kann aber etwas gestanden sein, was in der vorgestrigen nicht gestanden hat, was nicht einmal in der heutigen steht!

FRAU: Ja, ja! Das hat ja der Herr gesagt, und dann hat er mir die heutige abgekauft und hat gesagt: »Auweh, da steht's nicht drin!« Wahrscheinlich ist das gestern dringestanden! – Was dringestanden sein soll, das hat er mir nicht gesagt!

MANN: Das steht dann sicher in der gestrigen drin!

FRAU: Was?

MANN: Was der Mann in der heutigen g'sucht hat.

FRAU: Das glaub ich nicht, denn solche Sachen stehn oft gar nicht in der Zeitung!

MANN: Was für Sachen?

FRAU: Na ja, so geheime Sachen!

MANN: Woher weißt Du denn, daß der geheime Sachen sucht?

FRAU: Na, wenn das nichts Geheimes wär, dann hätt er mir doch gesagt, was er sucht!

MANN: Was er sucht! – Wasersucht! – Wassersucht ist doch nichts Geheimes, das ist eine Krankheit. Natürlich liest man auch in der Zeitung von Heilmitteln. Vielleicht steht's in der morgigen Zeitung!

FRAU: Die morgige gibt's doch heute noch nicht!

MANN: Aber morgen gibt's die heutige!

FRAU: Aber der Mann will doch die gestrige!

MANN: Ach! – Du machst mich noch ganz wirr! Der Mann war doch gestern da, nicht heute! Und gestern wollte er die gestrige, also ist das in diesem Falle die vorgestrige.

FRAU: Nein! – – – Das hat der Herr nur vermutet; er hat gemeint, wenn es nicht in der gestrigen steht, dann könnte es eventuell in der vorgestrigen stehen.

MANN: Du verstehst mich nicht! Sagen wir, der Mann wäre erst morgen gekommen und hätte die gestrige Zeitung wollen, dann wäre die heutige Zeitung die gestrige gewesen, und die gestrige die vorgestrige. In Wirklichkeit aber wäre die vorgestrige die gestrige gewesen; hast Du das verstanden?

FRAU *ganz laut*: Ja, nicht im geringsten!

MANN *zornig*: Das ist ja auch gar nicht wichtig! Der Herr braucht die Zeitung, wo das drin steht.

FRAU: Dann muß er doch in der vorgestrigen nachschauen!

MANN: Ja, steht's denn in der vorgestrigen?

FRAU: Ja, das weiß doch ich nicht, der Mann weiß es ja selbst nicht!

MANN: Ja, wenn's er selber nicht weiß, was drinsteht, wie solln's denn wir dann wissen!

FRAU: Natürlich weiß er das, was drin stehen soll, nur wo es drinsteht, in was für einer Zeitung, das weiß er nicht! Zu mir hat er g'sagt, in der gestrigen ... Hallo! Hallo! – Sie, Herr! – Du, da ist der Herr! – Sie, die gestrige Zeitung hab ich leider nicht mehr bekommen, wo das drinstehn soll, was Sie suchen ...

Herr: Ach, das ist nicht so wichtig, – ich hab nur wissen wollen, was im Zoologischen Garten der Eintritt kostet!

Karl-Valentin-Witze

VALENTIN *kommt in ein Werkzeuggeschäft und kauft sich einen Meterstab, er schaut den Meterstab mißtrauisch an und sagt zum Verkäufer*: Ich bekomme noch so einen Meterstab.
VERKÄUFER: Genügt Ihnen denn einer nicht?
VALENTIN: Doch, den zweiten brauche ich nur, um den ersten zu messen, ob der auch wirklich 1 Meter lang ist.

RICHTER: Sie haben den Kläger einen Ochs genannt und deshalb ist er beleidigt.
ANGEKLAGTER: Nein, ich habe ihn keinen Ochs genannt, ich habe nur zu ihm gesagt, »Sie Ochs ...«
RICHTER: Nun ja, Sie geben es doch zu, daß Sie »Sie Ochs« zu ihm gesagt haben.
ANGEKLAGTER: Nein, ich hab zu ihm gesagt, »Sie Ochs ...«
RICHTER: Zum Donnerwetter noch einmal, Sie sagten doch gerade im Moment, daß Sie »Sie Ochs« zu ihm sagten.
ANGEKLAGTER: Aber bitte, Herr Richter, fallen Sie mir doch nicht immer ins Wort, lassen Sie mich doch den Satz aussagen; ich sagte zu dem Kläger: »Siochs-Indianer sind ausgestorben.«

A: Gestern habe ich Sie mit einer Dame gesehen, Herr Valentin, wer war denn das?
VALENTIN: Das war meine ehemalige Zukünftige.

Er sucht ein Notenblatt – er findet es nicht – das muß ich verlegt haben – ich bin der reinste Verleger.

VERKÄUFER: Einen Hut wünschen Sie – welche Façon, bitte?
VALENTIN: Außen schwarz und innen hohl.

Valentin trägt seine Schuhe zum Schuster, um sie sohlen zu lassen. Wie kommt das, sagt der Schuster, daß Ihr linker Absatz viel besser abgetreten ist wie der rechte?
Ja, sagt Valentin, vielleicht bin ich mit dem linken weiter gegangen als wie mit dem rechten.

Herr Valentin, können sie mir vielleicht sagen, wieviel Uhr es ist?
VALENTIN: Hörns doch auf mit der ewigen Fragerei, Sie haben mich doch die vorige Woch' scho amal g'fragt.

A: Vielleicht holen Sie mich mit Ihrem Auto ab.
VALENTIN: Ich habe selbst kein Auto, nicht einmal eine Straßenbahn.

VALENTIN: Also Sie san aa im Krieg drauß g'wesen?
B: Freilich – Sie auch?
VALENTIN: Natürli – aber wundern tuts mich, daß wir uns da net g'sehn ham, da drauß?

Eine Dame beauftragte einen Schreinermeister, er möchte in ihrer Wohnung eine Zimmertüre neu anfertigen. Nach drei Tagen aber überlegte sich's die Dame wieder anders, stellte an die Stelle der Tür einen Kleiderschrank und fand nun die Anfertigung der bereits bestellten Türe überflüssig. Sie teilte dem Schreinermeister dieses mit, aber es war bereits zu spät, denn der Schreinermeister hatte mit der Arbeit schon begonnen.
Die Dame einigte sich mit dem Schreinermeister, ihm die bereits gehabten Auslagen zu bezahlen, und bekam von ihm eine Rechnung gestellt folgenden Inhalts:

Eine neue Zimmertüre nicht gemacht ... 16.– Mark

Dankend erhalten
Schreinermeister F. Schwarz

Brief an einen Theaterdirektor, geschrieben 1934

München, im September 1934

Sehr geehrter Herr Direktor!

Wenn ich mir erlaube, über die gestrige Premiere zu kritisieren, so dürfen Sie es mir ruhig gestatten, mich über meine Eindrücke zu äußern. Daß gestern abend in Ihrem fast neuen Volkstheater Theater gespielt wurde, haben Sie eigentlich sich selber zu danken, umsomehr, wo man am Nachmittag noch nicht bestimmt gewußt hat, ob am Abend bestimmt premiert werden kann, haben Sie es fertig gebracht, mit fleißiger Energie und stahlhartem Willen, ein herabgekommenes Theater wieder als Schmuckkästchen zu verwandeln, sogar der Herr Oberbürgermeister war unter den Gästen zu erblicken. Über ihm, im 4. Rang, welcher sich ebenfalls über das famose Spiel glänzend amüsierte, saß ein alter Schulkamerad von meiner Wenigkeit, dieser freute sich mehr über die 2 Freikarten, als über das Stück selbst, was auch nicht schwer zu verstehen ist, denn er hat selbst schon, genau wie der ›Hauptmann‹ auf der Bühne, Unterschlagungen gemacht, nur nicht in Dollar, sondern in Mark und Pein.

Ich selbst will ja nicht Kritik ausüben über das Stück, denn dazu bin ich als früherer Schreiner und Getreidehändler nicht berechtigt – aber es war gut – guter hätte es nicht sein sollen, sonst wäre es zu gut gewesen, und damit verwöhnt man das anwesende Publikum im Zuschauerraum, wenn dann das nächstfolgende Stück nicht so gut ist, ich meine überhaupt nicht gut, also ungut, kann man es so leicht nicht mehr gut machen ... Das einzige, was ich auszusetzen habe, war am Schluß der plötzliche Schuß. Obwohl das ganze Publikum ahnte (ich selbstverständlich auch), daß jetzt der Hauptmann hinausgeht, um Selbstmord zu verüben, erschrak es doch furchtbar. Einer alten Dame hinter mir fiel vor Schreck ihr Gebiß aus der Höhle des Mundes und fiel so unglücklich in die Hände einer neben ihr sitzenden jungen Dame, daß dieselbe meinte, es sei ihr eigenes und es flugs in den Mund schob; natürlich bemerkte sie sofort, daß es nicht mehr Platz hatte, da sie ja die ihren drinn hatte. Es wäre nur eine Anregung meinerseits, wenn vor dem Schuß hinter der Bühne ein Herr vor die Rampe treten und in einer kurzen Ansprache erklären würde, daß das verehrliche Publikum gefaßt sein soll auf den kommenden Revolverschuß. – Oder könnte man den Schuß nicht weglassen und der Hauptmann soll sich mit Veronal vergiften? Dann könnte sich der Herr diese Erklärung ersparen, denn da kann dann das Publikum nicht erschrecken, und solche unliebsame Vorkommnisse, wie das mit dem Gebiß, wären ein für allemal aus der Welt geschafft – vor allem aus der Theaterwelt.

Daß Sie im Erfrischungsraum nur Flaschenbier verabreichen, ist ein widerlicher Gedanke für einen Münchner, aber wahrscheinlich nicht zu umgehen, da das Anzapfen der Fässer während der Vorstellung zu viel Radau machen würde.

Furchtbare Regiefehler waren in dem Stück wahrzunehmen. An der Stelle, wo der junge Bankier Raaz in einem hochmodernen Zimmer mit Stahlmöbeln und Telefon sitzt, hat der junge Mann eine alte Plastron-Kravatte, wie sie mein Urgroßvater getragen hat, als er das erste Mal in die Realschule ging. Sie, werter Herr Direktor, haben so viel in das neue Theater gesteckt – kaufen Sie dem Raaz eine moderne Kravatte, Modell September 1934, statt Januar 1866.

Daß bei dem Stück viel telefoniert wird, ist nicht zu vermeiden (wenn auch nur Schwindel), aber jedenfalls hat gestern das Publikum daran Anstoß genommen, daß die Bühnentelefone fertig waren und die neue Telefonzelle im Vorraum des Theaters noch ohne jede Apparatur ist. Wann wird hier endlich Abhilfe geschafft? – – Sonst ist alles herrlich gewesen, besonders das neue Theatermobilar, die kostbaren Teppiche im Zuschauerraum; schade, wenn dieser wunderbare Bodenbelag durch das Publikum abgenützt wird. Ich würde an Ihrer Stelle niemand hineinlassen.

Gruß und Kuß!

Ihr

Karl Valentin

Die Brennessel

WENN MAN dieses Wort liest, dann denkt man sofort an eine Brennessel. Die Brennessel gehört nicht zu den Säugetieren, sondern zu den Pflanzen. Ein uralter Brauch ist, aus Brennesseln Tee zu bereiten, der sogenannte Brennesseltee, welcher auch zum Trinken verwendet wird. Heute verwendet man die Brennessel* zum Lesen, früher wuchs die Brennessel, heute »erscheint« sie. Die Heilwirkung des Brennesseltees ist natürlich nur vom Kochen der Pflanze »Brennessel« zu erwarten, nicht von der Zeitung »Brennessel«. Nicht die Damen, sondern richtige Gänse essen die Brennessel sehr gern und erblicken in dieser einen Lekkerbissen. Ob sich die Gänse beim Fressen von Brennesseln Zunge, Schlund, Magen, Gedärme und Gansloch verbrennen, ist noch nicht erwiesen. Die Rose hat Dornen und sticht, die Brennessel hat dagegen kein Feuer und brennt doch. Hätte die Rose keine Dornen, könnte sie nicht stechen, was sind das für botanische Widersprüche? (Aus Brennesselfasern hat man schon Stoffe erzeugt und Damenreizwäsche für die Damenwelt fabriziert!!!) Symbolisch wirkt die Brennessel – wenn man schon einen Künstler mit Lorbeerkränzen ehrt, müßte man eigentlich einen Feuerwehrmann, sagen wir, bei seinem Feuerwehrjubiläum, mit einem Kranz aus Brennesseln ehren.

Ich selbst habe die Brennessel als Gegenmittel für Diebstahl angewendet. Folgendes gebe ich anbei kund. Ich habe in der Nähe der Stadt ein kleines Landhaus, darumrum einen großen Riesenblumengarten mit allen erdenklichen, wunderbaren Blumen (keine künstlichen, sondern wirkliche), mein Garten steht in farbiger Pracht. Aber weil die Blumen so schön waren, haben mir die Menschen immer wieder Blumen abgerissen. Nun kam mir die glückliche Idee, ich pflanzte keine Blumen mehr, sondern nur mehr Brennesseln. Die Pracht ist zwar verschwunden, aber die Stehlerei hat ein Ende genommen. Daß ich mir durch diese Erwägung die Mißgunst sämtlicher Blumengärtner zugezogen habe, weiß ich, dadurch habe ich aber die Polizei (Abteilung Blumendiebstähle) entlastet. Sollte ich des Anblicks der Brennesseln überdrüssig werden, pflanze ich Disteln, und statt meinem wachsamen Hund kommen »Igeln« in meinen Garten, dazu Stachelbeersträucher. Was sollte dann noch in meinem Garten gestohlen werden können? Und somit wäre alles über die Brennessel gesagt.

* »Die Brennessel« war eine satirische Zeitung der NSDAP.

Wissen Sie schon ...?

... daß ein Schuhmacher selbstgemachte Schuhe tragen kann, aber daß ein Schweinemetzger niemals selbstgemachte Würste ißt?

... daß mancher seine eigenen Fingernägel zum Fressen gern hat?

... daß Pfingsten vor Ostern kommt, wenn man den Kalender von hinten liest?

... daß Kartoffelsalat nicht als Gurgelwasser verwendet werden kann?

... daß niemand weiß, ob ein Nichtraucher, der nicht raucht, ein Raucher ist oder Nichtraucher?

... daß München heute 76 Kinos hat, gegen gar keine vor 100 Jahren?

... daß ein alter Professor nur mehr seinen Schirm stehen lassen kann?

... daß man ein weiches Ei nicht als Zahnstocher benützen soll?

... daß mancher nicht weiß, was er wissen soll, obwohl er schon viel weiß und es selbst unbewußt nicht gewußt hat?

... daß man aus drei Liter Wasserstoff keine »Windhose« machen kann?

... daß das Aussteigen aus dem Zeppelin-Luftschiff während der Fahrt verboten ist?

... daß die Brillenschlange die gefährlichste, dagegen die Luftschlange die harmloseste Schlange der Welt ist?

... daß die Haustüre nicht zu den Haustieren gehört?

Lichtbildreklamen

Altes Adressbuch
1884 ist wegen Neuanschaffung eines solchen billig abzugeben.
Tausch mit einem Kostkind nicht ausgeschlossen.
Schweizerkäs-Institut Bebrahm und Co.

Für die kommende Reisesaison! Große Auswahl: Reiskoffern, Reißnägel, Reispuder, Reispudding, Reißzeuge, Reiskuchen, Reisbesen, Reißbretter, Abreißkalender usw.
Riess & Reiss, München, Reisingerstr. 2 1/9.

Schuhwarenhaus »Salamander«, Weinstraße 4. Älteste Schuhfabrik der Erde, gegründet im Jahre 200 vor Christi Geburt. Erster Schuhlieferant der Familie Adam und Eva. Spezialität: Ballschuhe und Wasserstiefeln, Kavalier- und Fleckerlschuhe, einzelne Stiefel nach Maß stets vorrätig. Wunderbares Aroma! Schlittschuhe aus prima Kalbleder für jede Eisbahn passend. Damenschuhabsätze bis zu drei Meter Höhe auf Lager. Unsere durchsichtigen Schaufenster sind für den allgemeinen Besuch geöffnet – von morgens früh bis Schluß des Geschäftes. Kaufzwang erwünscht!

Gummiabsätze – Zahnbürsten – Christbaumkonfekt – alte Ostereier – gebrauchte Stiegenhäuser – Nordhäuser – alte Gebisse – übriggebliebenen Kartoffelsalat kauft stets zu höchsten Preisen
H. Glump, Tändler.

Wer leiht einem jungen Sänger ein altes Lied zum Singen?

Grosses Haustor,
2flügelig (massiv Eichenholz), mit dem daran befindlichen 4stöckigen Haus zu verkaufen.

Europäische »Mittwoch-Zeitung«
erscheint ab Montag nur mehr Dienstag und Freitag mit Ausnahme von Aschermittwoch.
Die Rehdagdion.

Gutes Johannisbrot,
leicht beschädigt, jedes Quantum abzugeben. Solange der Vorrat reicht, werden auch Schlittschuhe vernickelt.

100 000 Mark demjenigen, der mir eine Stelle als Ausgeher oder dergl. verschafft.
Offerten an die Exp.

Am verflossenen Freitag wurde Ecke Marienplatz eine Havanna-Zigarre verloren.
Abzugeben bei E. Weiß, Schwarzstraße 0/4.
Vorsicht!! Nicht einstecken – brennt noch!

Alleinstehende Frau, welche sich endlich einmal niedersetzen will, sucht Sessel oder Stuhl zu kaufen. Foto erwünscht. Niedelgeigenstr. 1/8.

In schönster Lage Münchens ist ein
Gebrauchtes Tafelklavier
zu verkaufen. Offerte unter 2 17 89 35 38 17 62 58.

Mondfinsternis: Bei der letzten Mondfinsternis war der Andrang zur Bogenhauser Sternwarte so groß, daß sich die Direktion genötigt sah, die Mondfinsternis einige Nächte zu verlängern!

Oberbayer. Kanalbau- und Laubsägeholz-Manufaktur (Abteilung für Nichtraucher) übernimmt sämtliche Aufträge im Auf- und Abtragen von Aufträgen aller Art. Bester Stiefelabsatzersatz. Eigene Stiegenhausbeleuchtung. Bei schlechtem Wetter keine Preiserhöhung! Auf Wunsch werden Böllerschüsse und Neujahrsgratulationen ins Haus geliefert.
Mit bestem Gruß und Kuß
Aktiengesellschaft Die Damischen. K.V.

Marmor-Gießerei übernimmt sämtliche Aufträge in Stiegenputzen, Preiselbeereinmachen, eig. Fliegenleimdestillation, Einstudieren von Chorgesängen, Kaminausbrennen.
A. Meier mit Frau & Comp. G.m.b.H., St.-Anna-Fußweg – Trambahn-Haltestelle Eglfing.

Ein herrliches Auto um 5000 Mark. Teilzahlung gestattet. Anzahlung 4498 Mark. Rest in wöchentlichen Raten von 1 Mark.
Auto-Fabrik.

Verloren wurde am Freitag, dem 26. März 1713, ein Geldbeutel mit 70 Kreuzer Inhalt. Sollte derselbe noch gefunden oder ausgegraben werden, bitte denselben im Deutschen Museum (Abteilung Münzensammlung) abzugeben.

Altdeutscher Schrank
aus dem Jahre 1926 zu kaufen gesucht.
Vorzustellen täglich Gärtnertheater 3. Rang links.

Stiegen-Geländer auf Samt gearbeitet
Nähe d. Perlacher Forstes ist wegen Abreise zu verkaufen.
Flaschenbier-Gärtnerei Ispinn & LA.

Ein stehendes Messer,
welches jedenfalls jetzt irgendwo liegt, ging verloren.
Vor dem ehrlichen Finder wird gewarnt!!

Seltene Gelegenheit für Zigarren-Raucher!!
Eine Astra-Zigarette Nr. 6 mit Mundstück
wegen Platzmangel zu verkaufen.
Wird auch einzeln abgegeben.

Verloren wurde Dienstagabend
zwischen Karlsplatz und 1/27 Uhr ein
silberner Spazierstock
(längere Fasson). Abzugeben, womöglich brieflich, an die
Exped. der M.N.N.

Besseres Mädchen
(von kinderlosen Eltern) sucht Stellung als Empfangsdame
in einer Hufschmiede.
Sieht mehr auf hohen Lohn als auf schlechte Behandlung.

Wenn Frau Otto Gerber
die bei mir hinterlegten 2 Essiggürkerln
nicht binnen 14 Tagen abholt, wird darüber verfügt.
Frau C. Huber.

Gebildete Dame (sprachkundig) sucht Schlosserei zu kaufen.

Teligadessen-Geschäft Dallmeier empfiehlt: Täglich warme Streichwurst vom Faß, Ölsardinen lebend in Originalpackung, alle Arten von Ost-, West-, Nord- und Südfrüchten, fränkische Wurstwaren aus eigener Konditorei, Christbaumkonfekt zu jeder Jahreszeit, Wickelschinken nach Pfarrer Kneipp, Nervenzucker-waren, Herzschlag-rahm, Limburger Käse mit Prachtgestank. Dienerstr. 188/4.

Münchener Zoologischer Garten. Inhalt: Raubtiere, Autobrillen-Schlangen, Gallenstein Adler, Kenger Ruhe, Vanille-Eisbären, Stachelbeer-Schweine, Mir war's »Gnu«, Öle Fanten, Reichstag Walrösser. 1930. Freier Eintritt 50 Pfg.

Opel-Limousine, fast neu, nur einmal an einen Baum gefahren,
wegen Geistesaufgabe des Besitzers billig zu verkaufen.
Frau N. Pech, Autobesitzerswitwe.

Reiche Auswahl in Stoffen ohne Punkte
(wird nur in Flaschen geliefert), Wasserstoff, Stickstoff etc.
Chemische Fabrik Buchner u. Co., München.

Haltet Euere Zimmeröfen sauber!!
Heizt nicht ein!!!

Heißen Dampf zur Füllung von Dampfheizungen
kauft jedes Quantum
J. Frierimmer, Winterstraße 0.

Tüchtige Verbrecher werden ständig gesucht.
Staatsanwaltschaft München.

Kochherd
samt Feuer und halbfertigem Schweinsbraten
sofort zu verkaufen.

Schöner Papagei,
gut sprechend,
samt Messing-Käfig entflogen.
Dortselbst ist auch eine leere Badewanne zu verkaufen.

Alte verfallene Lotterie-Lose
werden gereinigt und neu hergerichtet.
N. Rein, Chem. Reinigungsanstalt.

FRISEUR,
der auch nebenbei frisieren kann,
sucht Stellung als Friseur,
am liebsten in einer Frisiererei.

TOILETTENFRAU,
die gutbürgerlich kochen kann,
zum Kegelaufsetzen gesucht.
Kaution kann gestellt werden.

SCHÖNER 8-CYLINDER-MERCEDES
Compressor ist wegen
Neuanschaffung eines Hanomags
spöttisch billigst zu verkaufen.

Freiwillige Feuerwehr »Olchhausen«
empfiehlt sich bei Bränden aller Art.
Spezialität: Großfeuer und Kaminbrände.
Kostenvoranschläge und Preiskatalog gratis.
Postkarte genügt.

BRIEFTAUBE
für eingeschriebene Briefe zu kaufen gesucht.

Eine Mundharmonika mit Fußbetrieb
zu kaufen gesucht.
D. Exp.

Wo gehen wir nach der Vorstellung hin?
Durchs Siegestor.
Tag und Nacht geöffnet!

Arme Taglöhnersfrau verlor
auf dem Wege zum Hoftheater
ihr goldenes Brillantcollier mit 60 Brillanten.
Bei Rückgabe 2 Mark Belohnung und freie Wohnung.

Warm zu empfehlen ist mein prima Frucht-Eis:
Vanille-, Erdbeer-, Himbeer-, Saubeer-Geschmack.
Joseph Süß, Conditor-Ei.

Klavier, gut erhalten,
wegen Anschaffung einer Semmelbrösel-Reib-Maschine
zu verkaufen!!

Schönes Speisezimmer,
bestehend aus Speise und Zimmer.
Offerte unter 3333333333.

Das anwesende Publikum wird gebeten,
das nachstehende Lichtbild laut mitzulesen:

Hutfabrik Breiter. Bevor Sie Ihren Bedarf an Stiefeln decken, besichtigen Sie mein reichhaltiges Lager an Hüten, Kappen, Mützen, Strohhüten, Filzhüten, Hauben, Zylindern, Tschabiglappi, Kopfbedeckungen, Pelzmützen, Zipfelhauben, Strohmützen, Filzkappen, Kopfhauben, Strohkappen, Pelzhüten, Zipfelzylindern, Filzmützen, Pelzbedeckungen, Tschabiglappimützen, Zylinderstrohbedeckungen, Filzpelzmützenhelmen, Zylinderkappenmützen, Strohhutkappzipfelhaubenhutmützenfilzpelzhüten.
Große Auswahl in festen Preisen.
Breiter & Schmäler, Dachauerstr. Nr. 14 – Kaufingerstr. Nr. 23 – Bayerstr. Nr. 53a.

Stricke zum Aufhängen
liefert Seilermeister Huber.
Viele Dankschreiben und Anerkennungen liegen auf.

Seiden-Strümpfe
zum An- und Ausziehen erhalten Sie am besten
in einem Seidenstrumpf-Geschäft!

Zugehfrau,
die auch wieder weggeht, sofort gesucht.
Vorzustellen bei M. Tuker, London,
Feldmochinger Street SE 9587 1/7942.

Zeittafel

1882	Am 4. Juni wird Valentin Ludwig Fey in der Münchner Vorstadt Au geboren. Am 10. Juni wird er evangelisch getauft
1888–96	Schulzeit
1899	Valentin beendet seine dreijährige Schreinerlehre
1902	Besuch einer Münchner Varietéschule. Gastspiel im Varieté Zeughaus in Nürnberg. – 7. Oktober: Tod des Vaters. Valentin führt mit seiner Mutter die Speditionsfirma Falk & Fey
1903	Valentin beginnt einen Musikapparat zu bauen
1905	Geburt der ersten Tochter (Gisela) am 19. Oktober
1906	Die Firma Falk & Fey wird verkauft. Valentin stellt seinen Musikapparat fertig
1907	Unter dem Pseudonym Charles Fey geht Valentin mit dem Apparat auf Tournee. Völlig erfolglos kehrt er nach einigen Monaten wieder nach München zurück
1908	Beim Baderwirt trägt Valentin zum erstenmal selbstverfaßte Couplets und Monologe vor und hat unerwarteten Erfolg. Valentin wird vom Singspielhallenbesitzer des Frankfurter Hof engagiert
1910	Geburt der zweiten Tochter (Berta) am 21. September
1911	Valentin lernt im Frankfurter Hof Liesl Karlstadt kennen, die erst seine Schülerin, dann seine Partnerin wird. Am 31. Juli heiratet er Gisela Royes, die 1899 im Hause Fey als Dienstmädchen angestellt worden war
1913	Valentin und Liesl Karlstadt treten zum erstenmal gemeinsam auf
ab 1915	Valentin gastiert in allen bekannten Münchner Kabaretts. – Die ersten Fassungen von *Tingeltangel* entstehen
1922	1. Juli: *Das Christbaumbrettl;* 9. Dezember: *Der Firmling.* Beide im Germaniabrettl
1923	Gastspielreisen nach Wien (chat noir), Zürich (Bonbonniere) und Berlin (Theater am Schiffbauerdamm). – 24. Januar: Tod der Mutter
1924	4. April: *Die Raubritter vor München* in den Kammerspielen. Im September neues Gastspiel in Berlin, im Kabarett der Komiker, wo er dann auch alle seine künftigen Berliner Vorstellungen gibt.
1925	1. Januar: *Der Bittsteller*
1926	5. Mai: *Brillantfeuerwerk* im Schauspielhaus
1927	7. Juni: *Im Photoatelier* im Apollotheater

1928 14. Januar bis ca. 21. März: Gastspiel Berlin. – Auf dem Programm steht, wie bei fast allen seinen Gastspielen, *Die Orchesterprobe* (= *Tingeltangel, Theater in der Vorstadt* etc.)

1929 November: Gastspiel Berlin *(Im Photoatelier)*

1930 Im Frühjahr wieder in Berlin. 3. November: *An Bord* im Kolosseum

1931 Valentin wird der Goethesaal in der Leopoldstraße zur Verfügung gestellt. Er hat nun ein eigenes Theater, das er am 2. März eröffnet, aber schon am 24. April wegen Schwierigkeiten mit den Behörden wieder schließen muß. Ab 16. Mai tritt er wieder im Kolosseum auf

1934 Am 21. Oktober eröffnet Valentin in den Kellerräumen des Hotels Wagner sein Panoptikum, einen Kuriositäten- und Schauerkeller. In dieses Projekt hatte Valentin sein und Liesl Karlstadts gesamtes Vermögen investiert

1935 Das Panoptikum wird wegen Unrentabilität geschlossen. Dezember: Gastspiel Berlin

1938 1. Mai: *Der Umzug* im Apollotheater. Dezember: Letztes Gastspiel in Berlin

1939 Im Färbergraben 33 betreibt Valentin seine Ritterspelunke, eine Verbindung von Panoptikum, Kellerkneipe und Kabarett. Zahlreiche Aufführungen des *Ritter Unkenstein.* Valentins Partnerin ist nunmehr die junge Schauspielerin Annemarie Fischer

1941–46 Valentin tritt nicht mehr auf. Er verfaßt noch zahlreiche Szenen, Monologe und Couplets

1947 11.–15. Dezember: Gastspiel im Bunten Würfel

1948 Bis 15. Januar Gastspiel im Simpl. Bei diesen letzten Auftritten ist Liesl Karlstadt wieder Valentins Partnerin. Anfang Februar zieht er sich eine Erkältung zu, der er am 9. Februar erliegt. Zwei Tage später wird er auf dem Waldfriedhof in Planegg beigesetzt

Editorische Notiz

Der vorliegende Band enthält sämtliche jemals in Buchform erschienenen Werke Karl Valentins. Als Grundlage dienten »Karl Valentin's Gesammelte Werke«, »Sturzflüge im Zuschauerraum. Der gesammelten Werke anderer Teil«, das 1951 erschienene und längst vergriffene Bändchen »Der Knabe Karl«, das die »Jugendstreiche« in der Originalfassung enthält, sowie jene Texte, die in »Das große Karl Valentin Buch« erstmals veröffentlicht wurden.

Die Texte wurden nach Werkgruppen geordnet: Monologe, Dialoge etc. Innerhalb der einzelnen Werkgruppen wurde eine möglichst genaue chronologische Reihenfolge angestrebt. Einige Texte Valentins sind jedoch nicht mit letzter Sicherheit datierbar.

Gerhard Pallmann, der Herausgeber des ersten Bandes der gesammelten Werke, hat gelegentlich, wie zum Beispiel in dem Stück »Im Schallplattenladen«, voneinander unabhängig entstandene Dialoge Valentins zu einer Szene zusammengefaßt. Diese Dialoge wurden ausgesondert und erscheinen hier unter ihren ursprünglichen Titeln.

Die Orthographie wurde vereinheitlicht, fehlerhafte Interpunktion berichtigt. Die oft stichwortartigen oder ungelenk formulierten Regieanweisungen wurden in eine verständlichere Form gebracht. M. S.